KB047077

무엇이
21세기를
지배하는가

무엇이 21세기를 지배하는가

신세계 질서를 여는 여덟 가지

최민자 지음

What Rules the 21st Century?

"신유라시아 시대의 신문명을 전망한다!"

도서출판 모시는사람들

21세기를 견인할 8가지

생각은 정보이며 데이터다. 바로 이 정보에 물질의 옷을 입힌 것이 세상이다. 따라서 잘못된 정보나 데이터로 가득 찬 생각 자체가 바뀌지 않으면 아무리 근사한 제도를 만들어도 효율적으로 작동하기 어렵다. 오늘도 우리는 '정보를 담은 물질'을 만들고, '물질성을 입힌 정보'를 만든다. 현재 우리 인류는 얽히고설킨 세계 시장이라는 복잡계와 통제 불능의 '기후'라는 복잡계가 빚어내는 문명의 대순환주기와 자연의 대순환주기가 맞물리는 시점에 와 있다. 세계적인 미래학자 자크 아탈리는 인류가 금융, 환경, 인구, 보건, 정치, 윤리, 문화적 재앙이라는 학습 과정을 통해 전 지구적인 공조체제 형성이 시급함을 깨달으면 초국가성(transnationality)을 띠는 세계정부 구성을 통해 이런 위기를 극복할 수 있다고 주장한다. 21세기 들어 9·11 테러(2001), 인터넷·검색 엔진·휴대전화·SNS의 출현과 발전, 세계 금융위기(2007~2008), 튀니지의 '재스민혁명(2010)'을 기점으로 민주화 시위 확산, 동일본 대지진(2011.3.11)과 쓰나미로 인한 방사능누출 사고 등은 초국가적이며 민주적인 세계정부의 필요성을 절감케 한다.

사고(thinking)와 말과 행동, 이 세 가지 가운데 가장 강력한 것은 사고다. 말이나 행동은 사고에서만 비롯되기 때문이다. 정보를 다루는 컴퓨터와 사물을 다루는 제작기(Fabricator)의 연결은 '정보'와 '물질'의 상호 전환의 원리(the principle of interconversion)를 밝힌 것으로 정보와 물질이 등가(equivalence)이며 이원화될 수 없음을 보여준다. '아톰(Atom 물질)'에서 비트(Bit 정보)로', 혹은 '비트에서 아톰으로'라는 물질과 정보(비물질)의 상호 전환의 원리는 질량-에너지 등가 원리(질량과 에너지의 상호 전환의 원리)를 밝힌 아인슈타인의 특수상대성이론 공식 $E=mc^2$이나 데이비드 봄의 '양자 형이상학(quantum metaphysics)'에서 이미 밝혀진 것이다. 세상은 물질과 정보, 하드웨어와 소프트웨어가 상호 전환하는 시대로 깊숙이 들어와 있는데, '사고'라는 운영체계가 탑재된 유일한 생명체로 자처하는 호모 사피엔스는 자신이 세상과 분리되어 있다는 왜곡된 믿음에 빠져 세계 도처에서 분열과 대립을 양산해 내고 있다. 분리의식에 사로잡힌 관념으로서의 정의, 거기엔 정의의 가능성이 전혀 없다.

영성(spirituality)이 계발될수록 '봄(seeing)'은 깊어지고 '봄'이 깊어지면 궁극적인 개화가 일어난다. 달을 듣는 강물과도 같이 하늘마음은 진리의 달을 듣는다. '봄'은 곧 '하늘을 들음(聽天)'이다. 하늘파동에 자신을 동조시키는 것이다. '하늘을 들음'이 곧 참앎이다. 이원성을 넘어선 진정한 앎에서 존재계에 대한 전적인 수용이 일어나고 사물을 있는 그대로 바라보는 관조(contemplation)가 일어난다. 그리하여 공동선을 실현할 수 있는 추동력을 지니게 된다. 우리가 보는 세상은 있는 그대로의 세상이 아니라 왜곡된 인식에 기초한 해석이라는 프리즘을 통과한 세상이다. 지배와 복종, 억압과 차별의 이원화된 구조에 입각한 권력정치의 태생적 한계는 모두 분리의식에서 오는 것이다. 인류가 자본주의를 통해 '내 것'을 학습하고, 사회주의를 통해 '우리 것'을 학습했지만, 무늬만 그러할 뿐이다. 진정한 개체성(individuality)은 주관성과 객관성이 하나가 되는 일심(一心)의 경계에서 발휘된다. '한'사상의 '자기조화(self-consistency)'는 바로 이 무경계(no-boundary)라는 본질적 특성에서 오는 것이다.

4차 산업혁명 시대의 환경은 지구상에 존재하는 모든 사람과 사물, 서비스가 상호 연결되어 다양한 플랫폼을 기반으로 물리적 세계(오프라인)와 사이버 세계(온라인)가 결합함으로써 새로운 가치를 창출하는 초연결 사회(hyper-connected society)를 기본축으로 한다. 4차 산업혁명은 물리학, 디지털, 생물학 기술을 다차원적으로 융합하여 인간과 기계, 현실세계와 가상세계, 공학적인 것과 생물학적인 것, 조직과 비조직을 융합하는 특징적 형태를 보이고 있다. 정보통신기술의 발달에 따라 '협력적 소비'를 기반으로 한 '공유경제(sharing economy)'가 혁신 키워드로 급부상하면서 소유권의 이전이 발생하는 생산자와 구매자의 관계가 사용권의 이전이 발생하는 공급자와 사용자의 관계로 변화하고 있다. 피어그룹 간 공유(peer-to-peer sharing)가 일상화되고, 사용자가 동시에 콘텐츠 제작자인 지금의 세상에서 디지털화 추세는 더 높은 투명성을 확보하는 방향으로 진행되고 있다. 또한 '하이퍼 노마드(hyper nomad)' 또는 '디지털 노마드(digital nomad)'라 불리는 새로운 세계 주체들[多衆]이 초국경적 역동성을 만들어내고 세계 공공재를 구현할 전망이다.

공유성을 기반으로 하는 세계 경제 패러다임의 변화로 수평적 권력이 에너지, 경제, 그리고 세계를 근본적으로 바꾸게 될 것이라는 전망이 점차 힘을 얻고 있다. 미국 펜실베이니아대 교수이며 미래학자인 제러미 리프킨(Jeremy Rifkin)은 세계 경제의 패러다임 자체가 위계형 통제 메커니즘에서 협업 메커니즘으로 바뀌면서 '액체 민주주의'와 '협업 경제'로의 이행을 촉발할 것이라고 예고한다. '인류의 사회경제를 순환하는 혈액'인 화폐의 제도적 변신의 필요성을 둘러싼 논쟁도 뜨겁다. 식민수탈의 역사의 산물로서 금권의 역사를 표징하는 금본위제가 1971년 미국의 금태환 정지 선언으로 막을 내리면서, 통화 생성의 비합리적 메커니즘과 과도한 신용창조에서 오는 오늘날 국제통화체제의 한계를 극복할 새로운 대안체제 모색이 시급하다는 것이다. 또한 지구 자원의 한계와 에너지 문제, 원전(原電)의 아킬레스건인 고준위 방사성폐기물 처리 문제, 기후변화, 질병과 이민과 테러를 유발하는 부의 불평등 문제, 북핵 문제 등이 산적해 있는 이 '불확실성의 시대'에 해결책은 과연 무엇인가?

이 책의 특징은 다음 몇 가지로 요약할 수 있다. 첫째는 21세기를 견인할 여덟 가지를 크게 정신(정보, 데이터), 정신을 실현할 다양한 물질(재료), 그리고 '정보'와 '물질'의 상호 전환의 원리를 구현할 지구촌의 시범 프로젝트(pilot project)로 구조화시키고 있다는 점이다. 둘째는 이러한 삼분법적인 구조 체계를 생명이 곧 영성임을 갈파한 '한'사상과, 과학과 의식의 심오한 접합을 함축한 신과학과, 윈-윈 협력체계의 '동북아 그랜드 디자인'으로 구체화하며 신유라시아 시대의 도래와 세계 질서의 문화적 재편을 예단하고 있다는 점이다. 셋째는 특히 화폐제도(불환지폐), 자원 및 에너지 문제, 고준위 방사성폐기물 처리 문제 등에 대해 근원적이고도 지속가능한 해결책을 제시한다는 점이다. 넷째는 한반도 평화통일 문제를 동북아의 역학 구도 및 경제 문화적 지형 변화와 연계해 고찰하고 실효성 있는 대안을 제시한다는 점이다. 다섯째는 오늘날 인류가 처한 딜레마를 문명의 대순환주기와 자연의 대순환주기가 맞물려 일어나는 생명 위기로 진단하고 동서고금의 철학사상과 과학을 접목해 역사철학적 관점에서 인류 문명의 미래를 조망하는 통찰력을 제공한다는 점 등이다.

이 책은 총 8장으로 구성된다. 제1장은 '한(Oneness)'사상, 제2장은 구리본위제도(Copper Standard System), 제3장은 원소 변성 기술, 제4장은 고준위 방사성폐기물(high level radioactive waste) 처리 기술, 제5장은 수소에너지와 핵융합에너지(nuclear fusion energy), 제6장은 5G 이동통신과 디지털 트랜스포메이션(Digital Transformation), 제7장은 디지털 패브리케이션(Digital Fabrication)과 3D 바이오패브리케이션(Biofabrication), 제8장은 유엔세계평화센터(UNWPC, UNEPP)이다.

1장: **'한'사상** '한'사상은 생명이 곧 영성임을 갈파한 생명사상이다. 생명이 영성임을 깨달으면 물질일변도의 사고에서 벗어나게 되므로 공공성과 소통성, 자율성과 평등성의 발휘가 극대화된다. '한'은 무경계이며, 전체성이며, '자기조화'의 의미를 함축하고 있다. '한'은 생명의 전일성과 자기근원성, 근원적 평등성과 유기적 통합성의 의미를 내포하고 있다. '한'사상은 특정 국가나 민족, 인종과 성, 종교와 계급 등 그 어떤 것에도 귀속될 수 없다. '한'사상의 보편성이 여기에 있다. '한'사상은 일즉삼(一卽三)·삼즉일(三卽一)의 논리 구조에 기초한 천인합일의 개천(開天)사상이다. 생명은 삶과 죽음을 포괄하는 전일적인 흐름(holomovement)이라는 것이 '한'사상의 가르침의 진수(眞髓)다. '한'사상은 통섭적 세계관에 기초한 삶의 사상이다. '한'의 통섭적 세계관은 무수한 사상(事象)이 펼쳐진 '다(多, 三)'의 현상계와 그 무수한 사상이 하나로 접힌 '일(一)'의 본체계가 외재적(extrinsic) 자연과 내재적(intrinsic) 자연, 작용과 본체의 관계로서 상호 조응하는 것으로 본다.

'한'사상은 현대 물리학의 전일적 실재관의 원형(prototype)으로서의 개벽사상이다. '한'의 우주관은 주체와 객체의 이분법이 폐기된 양자역학적 실험 결과나, 일리야 프리고진이 밝힌 산일구조(dissipative structure)의 자기조직화 원리와 마찬가지로 이 우주를 자기생성적 네트워크 체제로 인식한다. '한'사상은 에코토피아(ecotopia)적 지향성을 가진 무극대도(無極大道)의 사상이다. '한'사상의 가르침은 진지(眞知)를 통해 만사의 정합성(整合性)을 온전히 이해할 수 있게 함으로써 새로운 계몽시대를 여는 길라잡이 역할을 할 수 있다. 한반도 문제는 지구 문제의 축소판이다. 한반도 매듭이 풀리면 지구의 매듭이 풀린다. '큰 정치'는 보수니 진보니 하는 이념의 프레임에 갇히지 않는 까닭에 '자기조화'적이다. '큰 정치'는 국가·민족·인종·성·계급·종교 등의 성벽에 갇히지 않는 까닭에 무경계이며 전체성이다. '큰 정치'는 객관과 주관의 조화를 함축한 중용(中庸), 다시 말해 하늘의 '때(天時)'와 세상 '일(人事)'의 연계성을 함축한 '시중(時中)'의 도(道)로써만 가능한 것이다. 한반도에는 그런 '큰 정치'가 필요하다. '한'사상이 이 시대에 긴요한 것은 바로 그런 '큰 정치'를 가능하게 하는 사상적 토대를 제공하기 때문이다.

2장: **구리본위제도** 금본위제는 거시경제 현실과는 무관하게 금 생산량에 따라 통화 공급량을 결정하다 보니 위기 상황에 탄력적으로 대처하지 못하여 결국 대공황에 이르게 되었다. 달러본위제는 금과의 연결 고리가 끊어지고 화폐의 상품적 속성을 잃게 되면서 저축 수단과 가치 척도의 두 가지 기능을 상실하고 위태로운 상황에 놓여 있다. 또한 세계 경제 발전과 무역 규모의 증대를 따라잡지 못하는 금과, 화폐적 가치가 불안정한 이산화탄소가 결합된 세계 단일 화폐 역시 가치 척도의 기능을 효과적으로 발휘하기 어려우므로 세계 경제의 불균형 발전을 초래하게 된다. 달러를 대체할 새로운 기축통화로 필자가 제안하는 것은 현대적 의미의 구리, 즉 디지털 카퍼(copper 구리)와 세계 단일 화폐다. 시카고학파의 대부이자 노벨 경제학상 수상자인 밀튼 프리드먼은 내재적 가치가 없는 종이 화폐의 남발은 초인플레이션을 초래하지만, 금속 기반의 화폐는 그것이 금, 은, 구리, 철, 주석, 어느 것이든 간에 초인플레이션을 유발하지 않는다고 말한다.

디지털 카퍼 기반의 세계 단일 화폐 '우리(Uri)'를 대안 화폐로 제시할 수 있는 주요 근거는 다음과 같다. 첫째, 다원적 에너지를 이용한 핵자(核子) 이동으로 채광을 하지 않고도 고순도의 구리(銅)를 안정적으로 확보할 수 있으므로 경기 침체와 과열에 탄력적으로 대처할 수 있고, 외환 거래 비용 및 외환위기 등의 위험을 소멸시킬 수 있으며, 투기적 공격에 노출될 일도 없다는 점, 둘째, 화폐의 네 가지 기능(저장, 교환, 지불, 가치 척도)이 동시에 효과적으로 발휘되고, 경제 활성화를 위한 적극적인 통화정책을 펼 수가 있으며, 시대적 및 사회적 변화에 적실성 있는 통화정책을 구현함으로써 세계 경제가 균형 발전을 이루게 된다는 점, 셋째, 실용성과 보편성을 두루 갖춘 친환경 카퍼 기반의 화폐로서 생태적 지속성을 띤 지구공동체의 실현과 맥을 같이 한다는 점, 넷째, 기축통화국의 '세뇨리지 효과(seigniorage effect 鑄造差益)'를 제거하고 현재와 미래의 노동 성과를 포괄함으로써 내재적 지속성과 외재적 수용성을 동시에 지니므로 안정된 통화 시스템을 유지하고 화폐의 유통 범위를 확장할 수 있다는 점, 다섯째, 충분히 실행가능성(feasibility)이 있다는 점(UNWPC(UNEPP) 또는 아시아 지역에서 단일 화폐로 시험 운행해 볼 수 있음) 등이다.

3장: **원소 변성 기술** 원소는 원자핵을 구성하는 양성자와 중성자 수에 따라 그 성질이 결정되므로 인공적 수단으로 원자핵의 구성이 바뀌면 원소 변성이 일어난다. 연금술에 있어 불변의 대전제는 이 세상의 모든 물질이 단 '하나'—현대 물리학에서 말하는 '단일한 에너지 장(a unifying field of energy)'—로 이루어져 있다는 것이다. 연금술은 '모든 이원성의 화해와 온갖 지식의 통일적인 전개'를 통하여 비금속(卑金屬)을 귀금속(貴金屬)으로 변환하는 '현자의 돌(philosopher's stone)'을 만드는 것을 궁극의 목표로 삼았다. 현대 물리학의 기초가 되는 $E=mc^2$은 연금술의 핵심 원리를 공식화한 것이다. 현대 원자론의 시작은 당대 최고의 물리학자로 꼽히던 영국의 물리학자 조지프 존 톰슨이 1897년 음극선 실험을 통해 전자(electron)를 발견하고, 영국의 물리학자이며 '핵물리학의 아버지'로 불리는 어니스트 러더퍼드가 1911년 원자핵을 발견하면서부터다. 러더퍼드의 원자핵 발견은 원자력 시대의 서막을 열었으며, 그의 새로운 원자 모형은 핵의 세계에 접근할 수 있는 통로를 만들었다.

1919년 러더퍼드는 질소 기체를 향해 알파(α) 입자 발사 실험을 하던 중 질소 원자핵과 알파 입자가 충돌하여 질소 원자핵이 깨지면서 그 속에 들어있던 수소 원자핵으로 보이는 입자가 방출되는 것을 발견했다. 알파 입자를 질소 원자핵에 충돌시켜서 최초로 인위적 원소 변환을 실현한 것이다. 그는 실제 실험을 통해 원자핵을 쪼개 양성자를 발견함으로써 원소의 인공 변환의 서막을 열었다. 러더퍼드의 원자 모형에서 확인된 원자핵의 존재는 닐스 보어가 양자론을 도입하는 데 결정적인 근거가 됐다. 우리나라에서 처음 개발된 액티바 신소재와 원천기술은 핵자 이동의 촉매제로서의 기능과 더불어 제련(製鍊)시

인고트(Ingot)화 시키는 데 이온이 기화되지 않고 용융(melting)되게 하며 고순도의 구리 추출을 가능케 한다. 양성 수소 핵자가 양성자수 26인 철 원소 핵자들을 포격, 철 원소 핵자들에 의해 수소 양성자 3개가 포획되어 새로운 원소, 즉 양성자수 29인 구리 원소로 변성하는 액티바 신기술은 핵자 이동의 원리로 설명될 수 있다.

4장: **고준위 방사성폐기물 처리 기술** 방사성 핵종 폐기물을 흡착 유리고화(琉璃固化 vitrification)하여 영구처리하는 무기이온 교환체 액티바 신소재와 원천기술은 변성구리 제조의 핵심 열쇠이기도 하지만, 이 개발의 원래 취지는 핵폐기물과 악성 산업폐기물 등에 함유된 방사능과 유해물질을 안전하고 완벽하게 영구처리하기 위한 것이었다. 사용후핵연료는 핵분열은 멈춘 상태지만 엄청난 열과 함께 방사선을 내뿜는 고준위 방사성폐기물이기 때문에 안전한 처리가 요망된다. 이 방폐물이 반감기를 거듭해 인체에 해롭지 않은 수준으로 안정화되려면 최소 10만 년이 걸린다고 한다. 방사성폐기물 유리고화 소재인 액티바의 응용 기술은 저온 용융(550℃ 이하)으로 방사성 물질의 휘발을 방지하고, 원전 가동에 따른 방폐물을 기존 드럼 처리 방식에 비해 획기적으로 감량처리하며, 무결정(無結晶)의 최첨단 유리고화 공법으로 영구처리를 가능케 하므로 핵폐기물을 임시로 저장하는 방폐장이 거의 필요치 않게 된다.

또한 재처리 과정에서 분리 추출되는 플루토늄의 핵무기 전용 가능성을 원천적으로 차단한다는 점에서 원자력의 평화적 이용을 담보하는 세계 최초의 획기적인 기술이다. 뿐만 아니라 사용후핵연료를 재처리해서 연료로 재활용할 수 있게 하므로 충분히 경제성이 있다. 따라서 전 세계 원전 시장과 방폐물 처리 시장 및 원전 폐로(閉爐) 시장, 국내의 원전 기술과 플랜트(plant) 수출에서 액티바 기술을 적용한 엔지니어링 기술 수출을 병행함으로써 차별화된 국제 경쟁력을 확보할 수 있음은 물론, 원전 · 군수용 · 병원 · 산업체 등에서 나오는 방폐물과 악성 산업폐기물 처리 시장에서도 이 기술이 유용하게 활용될 수 있다. 신소재 액티바를 이용한 혁신적 응용기술이 에너지·환경·생명과학 분야에서 국내외적으로 널리 보급되면 고(高)유가와 지구온난화 주범인 온실 가스 문제에 직면한 지구촌 각국에서 에너지난 해소와 지구온난화 문제 해결 책으로 안전성과 경제성을 갖춘 원전 발전량을 크게 늘리게 될 것이다.

5장: **수소에너지와 핵융합에너지** 수소는 1차 에너지를 이용하여 물·화석 연료·바이오매스 등 자연으로부터 추출해 연료전지에 저장한 뒤 전기로 변환시켜 사용할 수 있는 2차 에너지이기 때문에 수소 생산에 들어가는 무공해의 저렴한 에너지 확보가 관건이다. 수소 가격이 저렴해지면 에너지 민주화의 길이 열리면서 수소는 '만인의 에너지'가 될 것이다. 분산에너지 인프라는 에너지 산업의 탈중앙화를 가져옴으로써 에너지 민주화의 기틀을 마련하고 개인이나 지역사회 모두 에너지 소비자인 동시에 생산자가 되게 할 것이다. 태양열, 풍력, 지열, 조력 등 다양한 종류의 신재생에너지가 있지만 수소에너지가 '탈화석연료 시대'의 대체에너지원으로 가장 주목받고 있다. 그 이유는 태양열과 태양광 에너지는 에너지 밀도가 낮고, 풍력·지열·조력 등은 특정 지역에서만 제한적으로 이용 가능한 데 비해, 수소는 우주 구성 원소의 90%를 구성하는 무한·청정·고효율의 지속가능한 미래의 주요 에너지원이기 때문이다. 수소산업을 전개하려면 현재로서는 원자력발전이 지구에 미치는 온실가스 영향을 최소화하는 가장 저렴한 방법이다.

세계는 지금 핵융합 기술로 '인공태양'을 만들어 무한·청정·고효율의 핵융합에너지를 마련하려는 연구개발에 적극 나서고 있다. 한국을 포함하여 미국, 러시아, 중국, EU(유럽연합), 일본, 인도의 7개국은 핵융합에너지 상용화의 기술적 실증을 위해 세계 최대 규모의 '국제핵융합실험로(ITER)' 개발 프로젝트를 진행하고 있다. 핵융합에너지는 중수소(D/2H), 삼중수소(T/3H) 같은 가벼운 원자핵이 융합해 무거운 헬륨 원자핵으로 변하는 과정(DT 핵융합 반응)에서 발생한 질량의 감소분이 막대한 에너지로 변환된 것이다. 핵융합에너지는 원자력 에너지보다 안전성이 높고 바닷물에서 연료를 추출해 낼 수 있으므로 연료가 무한하다. 온실가스와 고준위 방사성폐기물이 발생하지 않아 친환경에너지로 평가되며, 태양광·풍력·바이오매스(biomass) 등의 신재생에너지와는 비교가 안 될 정도로 대규모 발전이 가능하다. 또한 산출 장소가 지역적으로 편중돼 있는 석유 등 에너지 자원과는 달리 바닷물은 널리 분포해 있으므로 에너지 확보를 위한 국제적 분쟁의 우려가 없으며, 또한 핵융합 기술은 군사적으로 전용될 가능성이 없다는 장점이 있다.

6장: **5G 이동통신과 디지털 트랜스포메이션** 5G 이동통신이 만들어 갈 세상은 '유비쿼터스 모바일 인터넷'을 기반으로 한 세상이다. 5G 이동통신 네트워크가 지원하는 환경에서 사물인터넷(IoT), 클라우드, 빅데이터, 인공지능(AI)이 정보통신기술(ICT) 산업의 성장을 견인하게 될 것이고, ICT 산업이 성장하면 의료, 운송, 생산, 금융, 유통, 교육 분야 등에서도 지능정보 가치가 창출되고 우리의 삶과 비즈니스에도 혁신적인 변화가 일어날 것이다. 한마디로 4차 산업혁명의 성공의 열쇠는 5G 기반의 ICT 기술이다. 따라서 ICT 산업의 성장을 견인할 수 있도록 5G와 AI의 융합을 통해 '지능형 네트워크'로의 진화가 요망된다. 디지털 시대에 도태되지 않고 살아남기 위해선 IT 인프라도 중요하지만 무엇보다 전략적 사고방식을 훨씬 더 업그레이드해야 한다. 디지털 기술이 고객, 경쟁, 데이터, 혁신, 가치의 규칙을 모두 새로 쓰고 있는 지금, 산업 주자들의 게임 규칙이 달라진 새로운 디지털 환경에 적응하기 위해선 경영전략적 차원에서 조직, 프로세스, 비즈니스 모델 등을 근본적으로 혁신할 필요가 있다.

디지털 혁신에 대응하여 기업이 생존하고 성장할 수 있는 길은 새로운 가치명제로 적응하고 다변화하고 지속적으로 새로운 고객 가치를 창출해 내는 것이다. 디지털 트랜스포메이션은 '제품 중심'의 사고방식에서 디지털 가치를 제공하고 고객 가치를 구현하는 '고객 중심'의 사고방식으로 혁신하는 것이다. 플랫폼 비즈니스가 성공하려면 새로운 디지털 비즈니스 모델 발굴 및 최적의 포트폴리오 구축과 함께 플랫폼 자체의 가치 극대화에 집중하여 플랫폼 참여자들의 역할과 니즈에 대한 이해를 바탕으로 지속적인 교류와 참여를 유도하는 수요 중심의 규모의 경제에 착안해야 할 것이다. 새로운 타이탄(Titan)이 반드시 디지털 시대 산업에서 나올 것이라고 단정해서도 안 되고, 또 미국에서 나오리라는 보장도 없다. 지금 우리는 예기치 않은 변수가 역사의 흐름을 바꿔놓을 가능성이 매우 큰 시대에 살고 있다. 기업이나 조직의 지속가능한 생존 전략은 '공익에 대한 공감' 능력을 확충하는 일에 정책의 우선순위를 두어야 할 것이다.

7장: **디지털 패브리케이션과 3D 바이오패브리케이션** 디지털 패브리케이션의 핵심은 PC와 결합하는 '개인화'와 인터넷과 연결되는 '분산화'라는 점에서 제조업의 관점이 아니라 정보통신과 정보화 사회의 관점에서 바라볼 필요가 있다. 팹랩의 의미와 가치는 '기술과 사회를 통합하는 사회변혁의 모델'을 창출하는 데 있다. 따라서 팹랩의 정신을 커뮤니티 내 참여자들이 공유하는 것이 무엇보다 중요하다. 바이오패브리케이션 기술은 바이오기술(BT)·나노기술(NT)·정보기술(IT) 등이 융복합된 기술로서 기술의 잠재적 확장성이 매우 크다. 이 혁신기술은 다양한 범위의 합성 및 천연 재료를 사용하여 복잡한 기하학적인 3D 구조를 신속하게 구축하거나 자유자재로 설계 변경을 가능하게 하며, 세포와 생체적합성 물질 및 지원 구성 요소를 복잡한 3D 기능을 하는 살아 있는 조직으로 3D 프린팅할 수 있게 했다. 3D 프린팅 기술이 바이오 분야에 적용된 것은 2000년을 전후하여 수지 적층 조형(FDM) 기술에 생체친화성(bioaffinity)/생분해성(biodegradability) 고분자를 적용해 조직재생용 인공지지체

(synthetic scaffold)를 직접 제작하여 의공학 분야에 활용하면서부터였다.

3D 바이오프린팅과 바이오패브리케이션 기술은 향후 손상된 조직을 대체하는 수준을 넘어 유전자 정보를 바탕으로 ICT 기술을 적용함으로써 증강휴먼(augmented human)으로 발전할 가능성이 크다. 따라서 산학연 협업을 통해 바이오프린팅 기술의 해상도(resolution)와 속도, 출력물의 화학적 후처리 공정, 장비 표준화 등을 지속적으로 개선함으로써 실제 조직과 유사한 개발이 이루어질 수 있도록 기술을 고도화하고 생체적합성·생분해성을 가진 소재를 개발해야 한다. 또한 공학, 의학, 생물학, 생명과학, 생체재료과학 등 다양한 분야와의 융합을 통해 생체환경에 대한 이해를 증진시키고, 각 신체 부위가 갖는 세포의 종류와 구조적 및 기능적 특징을 이해할 필요가 있다. 4D 프린팅 기술의 핵심은 형상기억합금(SMA)과 같은 자가조립 또는 자가변형 기능이 있는 스마트 소재와 변형 과정을 예측할 수 있는 설계 기술, 그리고 스마트 소재를 프린팅할 수 있는 고기능성 프린터 및 공정기술이다. 현재 진행 중인 데스크탑 혁명은 컴퓨터가 눈앞에서 사라지고 세상 자체가 인터페이스가 되는 날이 머지않아 도래할 것임을 예견케 한다.

8장: **유엔세계평화센터** UNWPC(UNEPP)는 윈-윈 협력체계를 기반으로 동북아의 '고르디우스 매듭'을 푸는 열쇠로 기획된 것이다. UNWPC는 중국 방천에서 막혀 버린 동북3성, 즉 랴오닝성·지린성·헤이룽장성에서 동해로 진출하는 길을 열어 극동러시아와 북한, 그리고 동해를 따라 일본 등으로 이어지는 환동해경제권을 활성화하고 아태지역의 거대 경제권 통합을 이루며 동북아를 일원화함으로써 한반도 통일과 동북아 평화 정착 및 동아시아 공동체, 나아가 유라시아공동체 구축을 통해 21세기 문명의 표준을 전 세계에 전파하는 북방 실크로드의 발원지가 될 것이다. TKR과 TSR, TCR 등 유라시아 철도망이 연결되고, 동해에서 두만강을 따라 내륙으로 중국·북한·러시아를 관통하는 운하가 건설되면 동북아 광역 경제 통합이 탄력을 받게 되면서 아태시대, 유라시아 시대의 개막은 본격화될 것이다. UNWPC는 동북아의 '공동지능(Co-Intelligence)' 계발을 위한 '평화의 방'이며, 광역 경제 통합을 위한 '동북아 공동의 집'이다. 동북아의 협력적이고 호혜적인 구도가 정착되면 한반도 통일은 동북아의 경제 문화적 지형을 변화시키는 큰 그림 속에서 이루어질 것이다.

세계체제론의 관점에서 볼 때 UNWPC는 초국적 실체에 대한 인식 및 협력의 다층적 성격에 대한 이해와 더불어 초국적 발전 패러다임을 모색함으로써 세계시민사회가 직면한 지역화와 세계화, 특수성과 보편성의 통합문제를 담아내고 있음은 물론, 통일 한반도의 새로운 발전 패러다임을 제시하는 틀을 제공한다. UNWPC 건립은 동북아 지역의 긴장과 갈등 해소를 통해 21세기 환경·문화의 시대를 선도함과 동시에 동아시아 나아가 지구촌의 문화예술·경제활동의 중심지이자 환경문화교육센터로서 지역 통합과 세계평화의 기반조성에 기여할 것이다. 새 시대의 진정한 힘은 생명을 살리는 정신문화와 신과학기술과 경제력에서 나온다. 오늘날 광범하게 사용되고 있는 '리오리엔트(ReOrient)'란 용어는 근대 서구사회의 종언을 함축하고 있는 개념으로 세계 질서의 '문화적 재편(cultural reconfiguration)'을 시사한다. UNWPC의 구상 배경은 상생과 조화의 패러다임에 기초한 지역 정체성 확립과 상호 신뢰 회복을 통해 한반도 평화통일과 지구촌의 미래 청사진을 제시하기 위한 것이다.

우리는 지금 세상이라는 이름의 '팹랩(FabLab(Fabrication Laboratory 제조 실험실))'에서 살고 있다. 오늘날 제조업 분야의 '팹랩'에서도 '사람을 해치는 물건'의 제작을 금지하는 팹랩의 정신이란 것이 있다. 본서는 세상이라는 이름의 '팹랩'의 현주소와 지향해야 할 정신(정보, 데이터)과 정신을 실현할 다양한 물질(재료), 그리고 '정보'와 '물질'의 상호 전환의 원리를 구현할 지구촌의 시범 프로젝트를 펼쳐 보인 것이다. 다시 말해 생명이 곧 영성임을 갈파한 '한'사상과, 과학과 의식의 심오한 접합을 함축한 신과학과, 윈-윈 협력체계의 동북아 그랜드 디자인으로 신유라시아 시대의 신문명을 건설하자는 것이다. 팹랩 UNWPC는 협업 지식을 높이고 진정한 '팹라이프(FabLife)' 모델을 전 세계에 확산시키는 동북아의 플랫폼 역할을 할 수 있을 것이다. 그렇게 되면 만인이 노래하는 국경 없는 세상, '지구적 의식(planetary consciousness)'의 미덕을 노래하는 시대는 오게 되지 않을까?

상생의 바다로 출항하는 방주(方舟)에 여러분의 동승(同乘)을 기대하며, 이 책을 '해혹복본(解惑復本)'의 시대를 간구(懇求)하는 모든 분들과 함께 나누고 싶다. 끝으로, 이 책이 출판되기까지 성심을 다한 '도서출판 모시는사람들'의 박길수 대표와 편집진 여러분에게도 감사드린다.

2019년 2월
우주 가을로의 초입(初入)에서 최민자

무엇이 21세기를 지배하는가
What Rules the 21st Century?

"…오히려 전 우주의 불가분적인 양자적 상호 연결성이 근본적 실재이고,
상대적으로 독립하여 행동하는 부분들은 단지 이 전체 내의
특수한 우연적인 형태라고 할 것이다."

"…Rather, we say that inseparable quantum interconnectedness of the whole
universe is the fundamental reality, and that relatively independently behaving
parts are merely particular and contingent forms within this whole."

- David Bohm & Basil Hiley, "On the Intuitive Understanding of Nonlocality
as Implied by Quantum Theory," *Foundations of Physics*, vol. 5(1975)

01

'한(Oneness)'사상

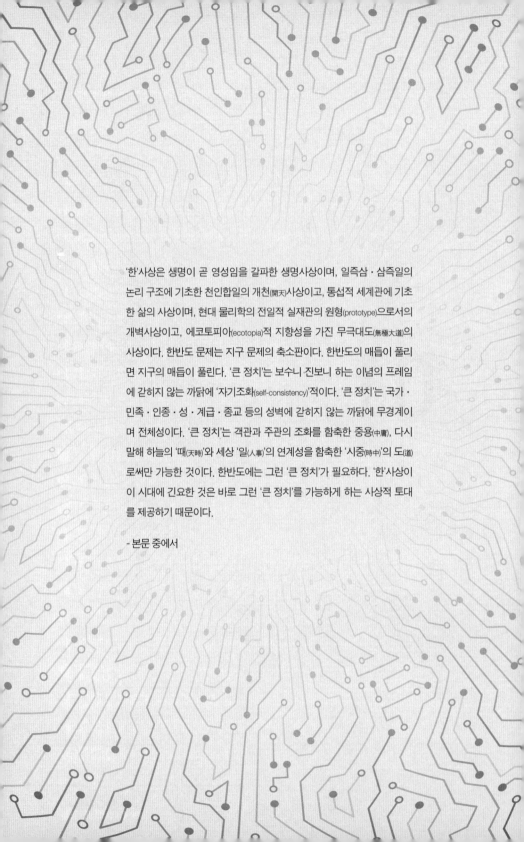

'한'사상은 생명이 곧 영성임을 갈파한 생명사상이며, 일즉삼·삼즉일의
논리 구조에 기초한 천인합일의 개천(開天)사상이고, 통섭적 세계관에 기초
한 삶의 사상이며, 현대 물리학의 전일적 실재관의 원형(prototype)으로서의
개벽사상이고, 에코토피아(ecotopia)적 지향성을 가진 무극대도(無極大道)의
사상이다. 한반도 문제는 지구 문제의 축소판이다. 한반도의 매듭이 풀리
면 지구의 매듭이 풀린다. '큰 정치'는 보수니·진보니 하는 이념의 프레임
에 갇히지 않는 까닭에 '자기조화(self-consistency)'적이다. '큰 정치'는 국가·
민족·인종·성·계급·종교 등의 성벽에 갇히지 않는 까닭에 무경계이
며 전체성이다. '큰 정치'는 객관과 주관의 조화를 함축한 중용(中庸), 다시
말해 하늘의 '때(天時)'와 세상 '일(人事)'의 연계성을 함축한 '시중(時中)'의 도(道)
로써만 가능한 것이다. 한반도에는 그런 '큰 정치'가 필요하다. '한'사상이
이 시대에 긴요한 것은 바로 그런 '큰 정치'를 가능하게 하는 사상적 토대
를 제공하기 때문이다.

- 본문 중에서

01 '한(Oneness)'사상

> 영혼이 의미하는 진여(眞如)란 만물의 전체적인 전일성(全一性), 즉 일체를 포괄하는 거대한 전체다.
>
> What is meant by the soul as suchness(tathata), is the oneness of the totality of all things, the great all-including whole.
>
> - Ashvaghosha, *The Awakening of Faith*(1900)

'한'사상의 보편성

2017년 10월 미국의 거물급 영화제작자인 하비 와인스타인(Harvey Weinstein)의 성폭력 및 성희롱 행위를 비난하기 위해 소셜미디어(SNS)의 해시태그(#MeToo)를 활용한 게시글이 폭주하면서 '미투 운동(Me Too movement)'은 전 세계로 빠르게 확산됐다. 이 해시태그 캠페인은 2006년 미국의 사회운동가 타라나 버크(Tarana Burke)가 창안한 것으로, 미국의 배우이자 가수인 앨리사 밀라노(Alyssa Milano)에 의해 대중화되었다. 밀라노는 여성들로 하여금 트위터를 통해 성폭력, 여성혐오 등의 경험을 공유하도록 독려했으며, 이후 저명인사를 포함한 많은 사람들이 이 해시태그를 활용해 자신들의 경험을 공유했다. 한국에서도 SNS에 '나도 피해자(Me Too)'라며 자신들의 피해 경험을 잇달아 폭로함으로써 우리 사회에 만연한 성폭력과 성희롱의 심각성을 일깨웠다. 특히 업무상 위력(威力)에 의한 성폭력 및 성추행과 갑질 행위에 주목하는 계기가 되었다.

'미투 운동'은 우연히 촉발된 일과성 운동이 아니다. 그것은 지천태괘(地天泰卦 ䷊) 시대의 도래와 맥을 같이 한다. 우주력(宇宙曆) 전반 6개월(春夏)의 선천(先天) 건도(乾道)시대는 생장·분열의 시기이며 천지비괘(天地否卦 ䷋)인 음양상극의 시대인 관계로 강자가 약자를 억누르고 민의(民意)가 제대로 반영되지 못하며 빈부 격차가 심하고 여성 억압과 자연 억압이 만연한 시대로 일관해 왔다. 하지만 우주력 후반 6개월(秋冬)의 후천(後天) 곤도(坤道)시대는 수렴·통일의 시기이며 지천태괘인 음양지합[正陰正陽]의 시대인 관계로 일체 대립물의 통합이 이루어지며 종교적 진리가 정치사회 속에 구현되는 성속일여(聖俗一如)·영육쌍전(靈肉雙全)의 시대다. 우리는 지금 후천시대의 초입에 들어서 있다. 그럼에도 세상 사람들이 하늘의 '때(天時)'와 세상 '일(人事)'의 연계성[1]을 인식하지 못하는 것은 천지의 형체만을 알 뿐 그 천지의 운행을 주재하는 하늘은 알지 못하기 때문이다.

공자(孔子 또는 孔夫子, 이름은 丘)는 극기복례(克己復禮), 즉 자기를 이기고 예로 돌아가면 천하가 인(仁)으로 돌아갈 것이라며, 그 세부 실천조목으로 사물론(四勿論: 非禮勿視 非禮勿聽 非禮勿言 非禮勿動)을 제시했다. 예가 아니면 보지도, 듣지도, 말하지도, 움직이지도 말라고 하는 '사물(四勿)'이 극기복례의 행동지침이고, 그 잣대가 되는 것이 객관과 주관의 조화를 함축한 중용(中庸), 즉 시중(時中)의 도(道)이다. 공자는 하늘의 '때(天時)'와 세상 '일(人事)'의 연계성을 함축한 '시중'의 도[2]로써 대동사회의 이상을 구현하고자 했다. 천명(天命)·성(性)·도(道)·교(敎)로써 중용의 철학적 근거를 밝힌 『중용(中庸)』1장은 생명의 본체인 하늘과 그 작용인 만물의 일원성(oneness)을 여실히 보여준다. 성(性)이란 만물이 제1원리인 생명[天, 神]으로부터 품수(稟受)한 것으로 만물이 생겨나면 반드시 그 만물의 성이 있다. 성(性)은 생명이 만물에 배분된 것이다.

하늘이 명한 것(天命)을 성(性)이라 하고, 성을 따르는 것을 도(道)라 하며, 도를 닦는 것을 교(敎)라 한다

天命之謂性 率性之謂道 修道之謂敎[3]

‘미투 운동’은 지천태괘 시대의 도래를 예고하는 징후(syndrome)다. 사회적 약자에 대한 강자의 억압에 저항하는 풀뿌리민주주의(grassroots democracy) 운동은 국가 · 민족 · 인종 · 성 · 계급 · 종교 등의 다양한 영역에서 줄기차게 지속되어 왔다. 정의 없이는 이 땅 위에 평화가 안착할 수 없다는 것은 분명한 사실이지만, ‘내로남불’ 풍조가 만연한 사회에서 과연 누가 정의의 심판자인가? 살아 있는 권력인가? 미국의 정치철학자 마이클 샌델(Michael J. Sandel)은 『정의란 무엇인가 Justice: What's the Right Thing To Do?』(2009) 결론 부분에서 공리주의와 자유주의를 모두 비판하며, ‘정의란 미덕을 키우고 공동선을 고민하는 것’[4]이라고 했다. 행복, 자유, 미덕, 시민의식, 희생, 봉사 등 샌델이 열거하는 제 가치는 정의와 공동선의 실현과 불가분의 관계에 있다. 문제는 이들 제 가치가 어떻게 활성화될 수 있느냐는 것이다. 한마디로 의식(意識)이 진화하는 만큼만 활성화될 수 있다.

에고(ego 個我)에 갇힌 관념으로서의 정의, 거기에는 정의의 가능성이 전혀 없다. 정의의 가능성이 전혀 없는 분리의식으로 질편한 말잔치를 벌이는 것, 그것이 지식인의 역할인가? 보는 것이라고는 세상이라는 동굴 벽에 드리운 그림자의 움직임뿐, 그것이 보이지 않는 실체의 투사영임을 알지 못하는 그들이야말로 플라톤(Plato)의 『국가론 Politeia』(제7권) ‘동굴의 비유(the allegory of the Cave)’에 나오는 동굴에 갇힌 죄수다. 목마른 자에게 사탕을 주어 그 목마름을 잠시 잊게 하는 것이 지식인의 사명인가? 정의는 관념이 아니라 참앎(眞知)이다. 우주의 본질인 생명이 무엇인지를 아는 것이다. 참앎은 전체의식에서 일어난다. 정의는 전체의식 즉 보편의식이고, 이는 곧 우주의 ‘큰사랑’이다. 경전에서 사랑이나 자비를 가장 큰 덕목으로 제시한 것도 내편 네편 가르지 않는 '큰사랑'이 곧 정의이기 때문이다. 참 알지 못하면 정의에 대한 논의는 한갓 공론(空論)에 불과한 것이 되므로 공동선을 실현할 그 어떤 추동력도 지닐 수 없게 된다.

오늘의 인류가 직면한 전 지구적 문제의 본질은 영적 일체성(spiritual identity)의 결여에 있다. 영적 일체성은 의식의 순도(純度)에 비례한다. 의식의 순도가 낮을수록 생명의 전일성을 자각하지 못하게 되므로 내편 네편 가르는 분리의식에 빠지게 된다. 그리하여 오로지 '나' 자신을 중심축으로 내가 속해 있는 집단, 민족과 국가, 종교만을 내세우며 다른 모든 것은 근절되어야 할 악으로 간주하게 된다. 많은 사람들이 '불행한 의식(unhappy consciousness)'에 빠지는 것은, 생각이나 행동의 99.99%가 실재하지도 않는 '그들 자신'에 초점이 맞춰져 있기 때문이다. '실재는 무경계(reality is no boundary)'이므로 전체와 분리된 개별적 실재란 환영(幻影)에 지나지 않는다. 고통이나 두려움이란 것도 그 스스로의 실체가 있는 것이 아니라 에고 의식의 부산물일 뿐이다. '나'라는 에고가 사라지면 고통하거나 두려워할 주체가 없는데 누가 고통하며 두려워한다는 말인가?

에너지의 흐름이 실재하지도 않는 '그들 자신'을 향하면 향할수록 실재와는 더욱 멀어지게 되므로 종국에는 우주 생명의 뿌리로부터 단절된다. 그리하여 물질계의 그 어떤 것으로도 대체될 수 없는 공허감만 확대 재생산하게 된다. 하지만 있는 그대로의 우주를 자각하면 모든 문제는 순식간에 사라진다. 사실 그대로의 우주를 자각하지 못하는 것은 물질적 환영(幻影)인 마야(maya)의 장막이 우리와 이 세상을 분리시키고 있기 때문이다. 선과 악, 쾌락과 고통, 삶과 죽음이라는 이원론적 상황에 대한 인간 정신의 종속이 참 앎을 가로막는 마야의 장막이다. 이러한 사념의 장막은 영성(靈性)의 결여 때문에 생겨나고 이로 인해 삼사라(samsara 生死輪廻)가 일어나지만, 카르마(karma

業)의 법칙에 따른 영적 진화(spiritual evolution) 과정을 통해 종국에는 마야의 미망과 삼사라의 구속에서 벗어나 '참나'에로 환귀하게 된다. 우리 모두는 우리의 본신인 '참나', 즉 신(神, 天, 靈)으로 가는 도상에 있다. 어떤 사람은 오늘, 또 어떤 사람은 내일, 그리고 또 다른 사람은 모레…, 거기에 이를 것이다.

　지리산에서 춘안거(春安居)에 들었을 때의 일이다. 지리산과 마주한 거실 벽면의 통유리창은 액자가 되고 연초록빛 파스텔톤의 지리산은 그 액자 속의 그림이 되어 박혔다. 사흘째 되던 날, 지리산의 '안개 설법'이 시작되었다. 안개가 순식간에 온 산을 감싸면서 일체의 경계가 사라지고 마침내 거실 창 액자에 박힌 지리산은 형체도 없이 하얗게 변해 버려 하늘인지 바다인지 알 수가 없게 되었다. 그것도 잠시, 안개는 산 정상에서부터 걷히면서 산 중턱에서 윤무를 하기 시작했다. 시시각각으로 변하는 지리산의 안개 춤사위는 산 정상을 향해 솟구치는가 하면, 어느새 그 깊이를 가늠조차 할 수 없는 심연 속으로 가라앉곤 했다. 종일토록 신비스런 안개 춤사위로 진행된 지리산의 생명에 관한 심오한 설법을 경청하노라니, 선화(仙畵) 같은 삶을 살았던 조선시대 진묵 대사(震黙大師)의 선시(仙詩)가 떠오르며 그의 장대한 춤사위가 안개 속에 묻어오는 듯했다.

하늘은 이불, 땅은 요, 산은 베개	天衾地席山爲枕
달은 촛불, 구름은 병풍, 바다는 술독이라	月燭雲屛海作樽
크게 취해 거연히 춤을 추나니	大醉居然仍起舞
긴소매 곤륜산에 걸릴까 저어하네	却嫌長袖掛崑崙

영성이 계발될수록 '봄(seeing)'은 깊어지고 '봄'이 깊어지면 궁극적인 개화가 일어나게 되는 것이니, 봄(seeing)은 곧 봄(spring)이다. 영성의 개화가 일어나는 것이니, 우주의 봄이다. 보는 주체가 사라지니 대상도 사라지고, 주체와 대상이 모두 사라지니 투명한 하늘마음이 드러난다. 달을 듣는 강물과도 같이 하늘마음은 진리의 달을 듣는다. '봄'은 곧 '하늘을 들음(聽天)'이다. 하늘파동에 자신을 동조시키는 것이다. '하늘을 들음'이 곧 참앎이다. 이원성을 넘어선 진정한 앎에서 존재계 자체에 대한 전적인 수용이 일어나고 사물을 있는 그대로 바라보는 관조(contemplation)가 일어난다. 참 알면 평등성지(平等性智)가 드러나므로 만유를 차별 없이 사랑할 수 있게 된다. 그리하여 공동선을 실현할 수 있는 추동력을 지니게 된다. 참앎은 전체적이므로 지식(knowledge)에서 일어날 수 없다. 지식 저 너머에 있다. 지식이 달을 가리키는 손가락이라면, 참앎은 손가락 너머에 있는 달이다.

안개 속을 걸으면 알 수 있듯이, 안개는 위치라는 것이 없으므로 어디에도 존재하지 않거나 또는 모든 곳에 존재하는 비국소성(non-locality)[초공간성]을 띤다. '미시세계에서의 역설(the paradox in the micro-world)'이란 이를 두고 하는 말이다. 이러한 비국소성은 '양자장(quantum field)'이 작용하는 차원에서는 분리 자체가 근원적으로 불가능하기 때문에 위치라는 것이 더 이상 존재하지 않음을 시사한다. 따라서 양자계가 근원적으로 비분리성(inseparability) 또는 비국소성을 갖고 파동인 동시에 입자로서의 속성을 상보적으로 지닌다는 양자역학(quantum mechanics)적 관점을 이해할 수 있게 한다. 미시세계에서의 파동-입자의 이중성(wave-particle duality)은 자연이 불합리해서가 아니라 대립자의 역동적 통일성에 기초하는 '스스로(自) 그러한(然)' 자의 본질인 까닭이다. 이러한 이중성은 생명의 본질 자체가 내재성인 동시에 초월성이며, 전체성인 동시에 개체성이며, 우주의 본원인 동시에 현상 그 자체로서 본체와 작용을 상호 관통하는 완전한 소통성인 데에 기인한다.

생명의 밤이 오면 만물은 본체계로 되돌아가고, 생명의 아침이 밝아오면 다시 현상계로 나와 활동을 시작한다. 그렇게 우주만물은 내재된 필연적 법칙성에 따라 생성과 소멸을 끝없이 순환 반복하는 것이다.[5] '생명의 낮과 밤'은 본체계[의식계]와 현상계[물질계]를 상호 관통하는 생명의 순환을 표징한다. 생사(生死)란 생명의 낮과 밤의 학습 주기일 뿐, 생명의 흐름은 영원히 이어진다. 동학에서는 이를 '무왕불복지리(無往不復之理)',[6] 즉 가고 돌아오지 않음이 없는 이법(理法)이라고 했고, 『천부경(天符經)』에서는 돌아서 처음으로 되돌아오는 무극(無極)의 원기(元氣)를 시작도 끝도 없는 영원한 '하나(ONE 天地人)'* 라고 했다. 우주만물은 '하나'에서 나와 다시 '하나'로 복귀하므로 '하나'의 견지에서 보면 늘어난 것도 줄어든 것도 없다. 만물만상은 무상한지라 한결같을 수 없고 오직 '하나'만이 한결같아서 이러한 대립과 운동을 통일시킨다. 말하자면 일체 만물이 생성과 소멸을 반복하고 있지만 생멸을 초월한 영원한 실재의 차원이 있다는 것이다. '한'사상의 보편성은 다음의 몇 가지 상호 연관된 '한'사상의 특질 속에서 찾아볼 수 있다.[7]

첫째, 공공성(公共性)과 소통성을 본질로 하는 생명사상

'한'사상의 '한'은 전일(全一)·광명(光明) 또는 대(大)·고(高)·개(開)를 의미

---

* 이 '하나(一)'가 근원적 一者(유일자, 유일신, 궁극적 실재)인 '하나'님 또는 '하늘'님이다. 우주만물이 다 그로부터 나오니 그냥 '하나'라고 하기엔 너무 신령스러워 존칭의 의미로 '님'자를 붙이기도 한다. 생명은 분리 자체가 근원적으로 불가능한 절대유일의 하나인 까닭에 유일자 또는 유일신이라고 명명하기도 한다. 따라서 '하나'님, '하늘'님, 유일신은 특정 종교에 귀속된 고유명사가 아니라 종교와는 무관하게 생명의 본체를 나타내는 대명사이다.

한다. '한'은 무경계이며, 전체성이며, '자기조화(self-consistency)'의 의미를 함축하고 있다. '한'은 생명의 전일성과 자기근원성, 근원적 평등성과 유기적 통합성의 의미를 내포하고 있다. 이 세상 그 어떤 것도 포괄하지 않음이 없고 포괄되지 않음도 없다. 따라서 '한'사상은 특정 국가나 민족, 인종과 성, 종교와 계급 등 그 어떤 것에도 귀속될 수 없다. '한'사상의 보편성이 여기에 있다. 『천부경』에서 근원적 일자(一者)에 이름을 붙이지 않고 그냥 '하나(一)'라고 한 데서도 알 수 있듯이, '한'사상은 무수한 진리의 가지들을 하나의 진리로 되돌리려는 우리 국조(國祖)의 심원(深遠)한 뜻이 담긴 것이다. '한'사상의 정수(精髓)를 담고 있는 천부경은 생명의 유기성과 상호 관통에 기초한 생명경(生命經)이다. '한'은 생명의 비밀을 그 어떤 종교적 교의나 철학적 사변이나 언어적 미망에 빠지지 않고 단 한 자로 열어 보인 '대일(大一)'의 사상이다. 한마디로 '한'사상은 생명이 곧 영성임을 갈파(喝破)한 생명사상이다. 생명이 영성임을 깨달으면 물질일변도의 사고에서 벗어나게 되므로 공공성과 소통성, 자율성과 평등성의 발휘가 극대화된다.

'한'사상은 천·지·인 삼재의 융화에 기초한 경천숭조(敬天崇祖: 祭天을 기반으로 한 '경천'과 忠孝를 기반으로 한 '숭조'의 합성어)의 '보본(報本: 근본에 보답함)'사상이다. 고조선에서는 본래 제왕을 '한'이라고 호칭했으며, '태양=하느님[天]=단군=단굴(단군이 계신 전당)' 숭배가 하나의 체계로 통합되어 고조선 문명의 신앙적 특징을 형성했다.[8] 상고시대 우리 조상들은 박달나무 아래 제단을 만들고 소도(蘇塗)라는 종교적 성지가 있어 그곳에서 하늘과 조상을 숭배하는 수두교를 펴고 법질서를 보호하며 살았다. 예로부터 높은 산은 하늘로 통하는 문으로 여겨져 제천의식이 그곳에서 거행되었다. 천제의식을 통해 해혹복본(解惑復本: 미혹함을 풀고 참본성을 회복)함으로써 광명이세(光明理世)·홍익인간의 이념을 구현하고자 했다. 이러한 이념이 정치의 근간이 되어 왔음은 상고시대 환인씨(桓因氏)가 세운 나라인 '환국(桓國: 밝고 광명한 나라, 즉 태양의 나라, BC 7199~BC 3898)'[9]이라는 국호가 잘 말하여 준다. 이처럼 하늘에 제사지내고 보본하는 소도의식을 통해 천인합일·군민공락(君民共樂)을 이루어 국권을 세우고 정치적 결속력을 강화하며 국운의 번창을 기원했다.

둘째, 일즉삼·삼즉일의 논리 구조에 기초한 천인합일의 개천(開天)사상

한민족('한'족)은 '개천절(開天節)'을 가진 유일한 민족이다. 일체의 생명이 근원적으로 평등하고 유기적으로 연결되어 있다는 천인합일의 '개천'사상으로 나라를 세운 것*을 기념하기 위해 개천절을 정한 것이다. 여기에는 천도(天道)에 순응하는 도덕적 인격의 완성을 통해 마음을 밝히고 세상을 밝혀서 이화세계(理化世界)를 구현하려는 의미가 함축되어 있다. 말하자면 전 인류사회의 평화와 행복을 추구하는 홍익인간·광명이세의 정치이념이 담긴 것이다. 일즉삼·삼즉일(一卽三·三卽一)**의 논리구조가 말하여 주듯, 우리 상고

---

* '개천'사상으로 나라를 세운 것이 언제인가에 대해서는 견해가 일치하지 않는다. 桓雄神市 倍達國 시대라고 보기도 하지만, 적어도 桓檀시대를 열었던 桓國(BC 7199~BC 3898)으로까지 거슬러 올라가야 한다는 것이 필자의 생각이다. 환단시대는 환인(7대)의 나라 환국, 환웅(18대)의 나라 배달국, 단군조선(47대)으로 이어진다. 하지만 前문화시대로까지 더 거슬러 올라갈 수도 있다. 『高麗史』 제36권 世家 제36 忠惠王條에는 충혜왕이 몽골로 끌려갈 때 백성들 사이에서 불려진 '阿也謠'라는 노래가 나온다. "阿也 '麻古之那' 從今去何時來", 즉 "아아 '마고의 나라' 이제 떠나가면 언제 돌아오려나"라는 이 짧은 노래는 충혜왕이 귀양길에서 독을 먹고 죽자 백성들이 마고성의 복본을 기원하며 '麻古之那(마고의 나라)'를 노래로 지어 부른 것이다. 이는 우리나라의 옛 이름이 '마고지나'였음을 알 수 있게 한다. 따라서 '개천'사상으로 나라를 세운 기점이 '마고의 나라'까지 거슬러 올라갈 수도 있으나 이에 대해서는 좀 더 면밀한 연구가 필요하다.

** 기본수 三이 표징하는 천·지·인 삼재는 곧 사람과 우주만물을 나타내므로 三은 多와 그 의미가 같은 것이다. 따라서 一卽三·三卽一은 곧 一卽多·多卽一로서 생명의 본체와 작용의 전일적 관계를 나타낸다. 이는 곧 생명의 전일성을 의미하는 것으로 천

시대로부터 이어져 온 '한'사상은 생명의 본체[본체계]와 작용[현상계], 영성(靈性)과 물성(物性)이 하나라고 보는 천·지·인 삼신일체의 사상이다. 상고시대의 신교(神敎) 역시 삼신일체에 뿌리를 두고 있다. 생명은 본체의 측면에서는 분리 자체가 근원적으로 불가능한 절대유일의 '하나(一)'이니 '한'사상이지만, 작용의 측면에서는 천·지·인 삼신[三神 우주만물]이니 삼신사상이다. 삼신일체는 그 체가 일신[유일신]이며 작용으로만 삼신이다. 한마디로 생명은 삶과 죽음을 포괄하는 전일적인 흐름(holomovement)이라는 것이 '한'사상의 가르침의 진수(眞髓)다.

우리 고유의 사상인 '보본'사상은 일즉삼·삼즉일의 원리를 생활화한 것이다. '집일함삼(執一含三)'·'회삼귀일(會三歸一)'[10]을 뜻하는 이 원리는 생명의 본체인 '하나'에서 우주만물이 나오고 다시 그 '하나'로 되돌아가는 다함이 없는 생명의 순환과정을 도식화한 것으로 생명의 근원적 평등성과 유기적 통합성을 명징하게 보여준다. 삼라만상의 천변만화(千變萬化)가 모두 한 이치 기운(一理氣)의 조화(造化)작용인 까닭에 생명의 본체인 '하나'와 그 작용인 우주만물은 상호 연관·상호 의존 관계에 있다는 것이다. 마고(麻姑)의 삼신(三神)사상, 즉 '한'사상은 고조선의 개국을 주도한 '한'족(한민족)—맥(貊)·예(濊)와 결합해서[11]—의 근간이 되는 사상일 뿐만 아니라 모든 종교와 진리의 모체가 되는 사상이다. 우리 조상들은 참본성을 따르는 것이 곧 천도(天道)이며,[12] 만유를 떠난 그 어디에 따로이 하늘이나 신이 존재하는 것이 아님을 알고서 경천(敬天)·경인(敬人)·경물(敬物)의 '삼경(三敬)'을 생활화해 왔다. 홍익인간·광명이세의 건국이념과 경천숭조의 보본사상, 천부(天符)사상*과

___

인합일이란 이를 두고 하는 말이다.

* 천부사상은 '한'사상의 맥이 이어져 桓檀시대에 이르러 핀 꽃이다. 천·지·인 삼신일

신교, 우리 고유의 풍류(風流, 玄妙之道)[13]는 '한'사상의 전형을 보여준다.

셋째, 통섭적 세계관에 기초한 삶의 사상

'한'의 통섭적 세계관은 무수한 사상(事象)이 펼쳐진 '다(多, 三)'의 현상계와 그 무수한 사상이 하나로 접힌 '일(一)'의 본체계가 외재적(extrinsic) 자연과 내재적(intrinsic) 자연, 작용과 본체의 관계로서 상호 조응하는 것으로 본다. '한'의 통섭적 세계관의 특질은 『천부경』[14] 81자가 표징하는 '생명의 3화음적 구조(the triad structure of life)'* 속에 잘 나타나 있다. 즉 상경(上經) 「천리(天理)」에서는 생명의 본체인 '하나(一)'에서 우주만물(三)이 나오는 일즉삼의 이치를 드러내고, 중경(中經) 「지전(地轉)」에서는 음양 양극 간의 역동적인 상호작용으로 천지 운행이 이루어지고 음양오행이 만물을 낳는 과정이 끝없이 순환 반복되는 '하나(一)'의 이치와 기운의 조화작용을 나타내며, 하경(下經) 「인물(人物)」에서는 우주만물의 근본이 '하나(一)'로 통하는 삼즉일의 이치와 소우주인 인간의 대우주와의 합일을 통해 하늘의 이치가 인간 속에 징험(徵驗)됨을 보여준다.[15] 한마디로 천부경은 생명의 유기성과 상호 관통을 바탕으로 한

체의 천도에 부합하는 사상으로 주로 『天符經(造化經)』·『三一神誥(敎化經)』·『參佺戒經(治化經, 366事)』의 사상을 지칭한다. 모든 경전의 宗主요 사상의 원류라 할 수 있는 이들 경전은 일즉삼·삼즉일의 원리에 기초해 있는 까닭에 '한'사상 또는 삼신사상이라고도 한다.

* '생명의 3화음적 구조'란 용어는 拙著, 『천부경·삼일신고·참전계경』(서울: 모시는사람들, 2006)에서 필자가 천부경 81자의 구조를 천·지·인[法身·化身·報身, 聖父·聖子·聖靈, 內有神靈·外有氣化·各知不移], 즉 생명의 본체-작용-본체와 작용의 합일이라는 세 구조로 나누면서 처음 사용한 新造語다. 여기서 報身, 聖靈, 各知不移를 '人'과 조응하는 것으로 본 것은 '人'의 실체가 물질적 형상이 아닌 참본성, 즉 一心이기 때문이다. 생명의 본체-작용-본체와 작용의 합일이라는 우주섭리를 도형화한 것이 圓方角의 三一圖(△) 도형이다.

생명경(生命經)이다.

우리 고유의 '한'사상이 근대의 시공간 속에서 수운(水雲) 최제우(崔濟愚)에 의해 독창적으로 발현된 동학(東學) 역시 통섭적 세계관을 바탕으로 하고 있다. 본체계와 현상계를 회통(會通)하는 동학의 불연기연(不然其然: 그렇지 아니함과 그러함)[16]의 논리와 「시천주(侍天主: 하늘(님)을 모심)」[17] 도덕은 천·지·인 삼재의 연관성에 대한 자각에 기초하여 우주만물이 한 기운 한 마음으로 꿰뚫어진 까닭에 우주만물의 생성·변화·소멸 자체가 모두 지기(至氣, 混元一氣)인 하늘의 조화작용인 것으로 본다. 통섭적 세계관에 기초한 천·지·인 삼신일체의 삼신사상, 불교의 삼신불(三身佛: 法身·化身·報身), 기독교의 삼위일체(聖父·聖子·聖靈), 동학 「시(侍)」의 세 가지(內有神靈·外有氣化·各知不移) 의미가 진리의 정수(精髓)로 여겨지는 것은 그것이 바로 생명의 비밀을 푸는 마스터키이기 때문이다. 『천부경』의 실천적 논의의 중핵을 이루는 '인중천지일(人中天地一)'은 천·지·인 삼신일체의 천도(天道)가 인간 존재 속에 구현된 일심의 경계로, 인간의 자기실현이란 이를 두고 하는 말이다.

넷째, 현대 물리학의 전일적 실재관의 원형으로서의 개벽사상

'한'의 우주관은 주체와 객체의 이분법이 폐기된 양자역학적 실험결과나, 일리야 프리고진(Ilya Prigogine)이 밝힌 산일구조(dissipative structure)의 자기조직화 원리와 마찬가지로 이 우주를 자기생성적 네트워크 체제로 인식한다. 근원적 일자인 '하나'는 스스로 생성되고 변화하여 돌아가는 '스스로(自) 그러한(然)' 자이므로 본체와 작용이 둘이 아니다. '한'의 우주관은 절대유일의 '하나'가 만유의 본질로서 내재해 있는 동시에 만물화생(萬物化生)의 근본원리로서 작용한다는 사실을 밝힘으로써 생명의 순환을 이해할 수 있게 한다. '한'은 무경계의 사상이며 개벽사상이다. 개벽이란 하늘이 열리고 땅이 열린다는 '천개지벽(天開地闢)'에서 유래한 말로서 쉼 없이 열려 변화하는 우주의 본성을 일컫는 것이다. '한'의 우주관은 부분과 전체가 함께 진화하는 공진화 개념이나, '참여하는 우주(participatory universe)'의 경계를 밝힌 양자역학적 관점을 이해할 수 있게 한다. '한'의 우주관은 현대 물리학의 전일적 실재관*의 원형(prototype)을 보여 주는 것으로 생명의 근원적 평등성과 유기적 통합성의 본질에 접근할 수 있게 한다.

'한'은 '무주(無住)의 덕(德)'**18에 계합한다. 그 덕이 미치지 않는 곳이 없으므로 모든 곳에 존재한다고 할 수 있지만, 특정한 위치에 머무르지 않으므로 어디에도 존재하지 않는다는 의미에서 '무주의 덕'이라고 한 것이다. 평등성지(平等性智)가 드러난 '무주의 덕'을 이해하면, 소립자(elementary particle)의 수준에서 물질은 어디에도 존재하지 않거나 또는 모든 곳에 존재하는 비국소성(non-locality)을 띠는 안개와도 같은 것으로 나타나는 '미시세계에서의 역설'의 의미 또한 이해할 수 있다. '무주의 덕'은 적정(寂靜)한 일심(一心)의 체성(體性)이 그대로 드러난 것이므로 그 덕과 기운과 하나가 되면, "공(空)도 아니고 공 아닌 것도 아니어서 공함도 없고 공하지 않음도 없다."19 따라서 '진여(眞如)'인 동시에 '생멸(生滅)'로 나타나는 마음의 구조를 이해하면, 파동인 동시

---

* 현대 물리학의 전일적 실재관은 이 우주가 부분들의 단순한 조합이 아니라 유기적 통일체이며 우주만물은 개별적 실체성을 갖지 않고 전일적인 흐름 속에서만 파악될 수 있다고 본다.

** 『金剛三昧經論』「本覺利品」의 장에 나오는 無住菩薩은 "本覺(一心의 본체)에 달하여 본래 기동함이 없지만 그렇다고 寂靜에 머무르지 않고 항상 두루 교화하는 일을 하기 때문에 그 덕에 의해 '무주'란 이름이 붙여진 것이다." 無住의 德은 태양이 四海를 두루 비추고 비가 대지를 고루 적시는 것과도 같이 평등무차별한 속성을 띤다. 神[自然]은 없는 곳이 없이 실재하지만(無所不在) 無住의 德을 지니는 까닭에 普遍者라고 명명하기도 한다.

에 입자로 나타나는 양자역학적 세계관을 이해할 수 있다. 이는 곧 물질[色. 有]의 궁극적 본질이 비물질[空, 無]과 하나*라는 것이다. '한'은 '오래된 미래'의 전형을 보여주는 사상이다.

다섯째, 에코토피아적 지향성을 가진 무극대도(無極大道)의 사상

'한'사상은 인간 존재의 '세 중심축'―종교와 과학과 인문, 즉 신과 세계와 영혼의 세 영역(天地人 三才)―의 연관성에 대한 자각에 기초해 있는 까닭에 본질적으로 생태적이며 영적이다. '한'사상은 일체 생명이 동일한 내재적 가치(intrinsic value)를 지니며 인간과 비인간 모두가 평등하다고 보는 점에서 서구의 탈근대 논의에 나타난 생명관―그 핵심은 근대합리주의의 근간을 이루는 이분법의 해체(deconstruction)이며, 영성이 배제된 객관적 이성 중심주의 내지는 개성과 다양성이 배려되지 않은 전체성의 관점을 거부하는 것―과 일맥상통하는 바가 있다. 한마디로 생명은 곧 영성(靈性)이다. 생명의 본체인 절대유일의 '하나'가 바로 만물이 만물일 수 있게 하는 제1원인[神, 天, 靈]이며 그것이 우주지성[性]인 동시에 우주 생명력 에너지[命]이고 우주의 근본 질료[精]라는 사실을 알게 되면, 우주만물이 모두 이 '하나'의 자기현현(self-manifestation)임을 자연히 알게 된다. '한'사상은 생명의 전일성과 자기근원성에 대한 갈파(喝破)이며, 생태적 지속성(ecological sustainability)을 띤 지구생명공

---

* 이는 $E=mc^2$ (질량 m, 에너지 E, 광속 c)이라는 질량-에너지 등가원리(principle of equivalence)를 밝힌 아인슈타인의 특수상대성이론(special theory of relativity)에서도 잘 나타나고 있다. 이 질량-에너지 등가(mass-energy equivalence) 관계식은 모든 질량이 그에 상응하는 에너지를 가지고 모든 에너지 또한 그에 상응하는 질량을 가지며, 에너지가 질량으로 변환될 수 있고 질량 또한 에너지로 변환될 수 있다는 것이 핵심이다.

동체의 실현을 추구한다.

'한'사상은 삼경(三敬: 敬天·敬人·敬物)을 실천함으로써 하늘(天)과 사람(人)과 만물(物)이 소통하는 세상을 구가하고자 한다. '자기원인'이자 만물의 원인인 하늘은 만물과 분리될 수 없다. 그런 까닭에 특정 종교의 하늘(님)이 아니라 만인의 하늘이며, 우리가 경배해야 할 초월적 존재가 아니라 마음이 곧 하늘이다. 유일신 논쟁은 일체의 생명현상이 자기근원성을 가지고 있음을 인식하지 못하고 주체와 객체의 이분법으로 무리하게 설명하려는 데서 오는 것이다. 우리가 살고 있는 세계는 생물적·심리적·사회적·환경적 현상이 상호 연결·상호 의존해 있는 까닭에 생태 패러다임에 근거한 생태적 통찰(ecological insight)이 필요하다.[20] '한'사상에는 고금을 통하고 역사를 초월하며 민족과 종교의 벽을 뛰어넘는 보편성이 흐르고 있다. '한'의 이념은 국가·민족·인종·성·계급·종교 등 일체의 장벽을 초월하여 평등하고 평화로운 이상세계를 창조하는 토대가 될 수 있다는 점에서 에코토피아(ecotopia: 생태적 이상향)적 지향성을 가진 무극대도(無極大道)의 사상이다.

생장·분열의 천지비괘에서 수렴·통일의 지천태괘로 넘어가는 문명의 대변곡점에서 '한'사상은 오늘날 다시 주목받고 있다. 이 시대의 가장 큰 사건은 현대 과학의 발달에 따른 생명의 재발견이다. 생명이 영원한 신비인 것은 이성과 논리를 초월한 초의식 상태에서만이 이해될 수 있는 그 '무엇'이기 때문이다. 세계적인 물리학자이자 신과학운동의 거장인 프리초프 카프라(Fritjof Capra)가 말한 것처럼,[21] 현대 물리학은 고대 동양의 현자들이 물리적 세계의 구조가 마야(maya 幻影) 또는 '유심(唯心)'이라고 말한 것을 실험적으로 입증하고 있다. 우리가 살고 있는 현상계는 생명의 본체인 '영(Spirit)' 자신의 설계도가 스스로의 지성[性]·에너지[命]·질료[精]의 삼위일체의 작용으로 형상화되어 나타난 것이므로 만유는 '물질화된 영(materialized Spirit)'이다. 무위(無爲)의 천지창조 또는 생명의 자기조직화(self-organization)에 의해 실재세계와 그림자세계, 즉 본체계와 현상계의 양 차원이 생겨난 것이다. 일체가 에너지로서 접혀 있는 전일성의 세계인 본체계와 무수한 사상(事象)이 펼쳐진 다양성의 세계인 현상계는 내재적 질서에 의해 하나의 고리로 연결되어 있으며 상호 조응·상호 관통한다.

미국의 양자물리학자 데이비드 봄(David Bohm)과 신경생리학자 칼 프리브램(Karl Pribram)의 홀로그램(hologram) 우주론에 따르면 우리가 인지하는 물질세계는 실재하는 것이 아니라 단지 우리 두뇌를 통하여 비처지는 홀로그램적 영상에 지나지 않는다.[22] 말하자면 이 우주는 우리의 의식이 지어낸 이미지 구조물이다. 홀로무브먼트(holomovement)의 관점에서 우주는 그 자체가 거대한 홀로그램적 투영물로서 전자(electron)는 기본 입자가 아니라 단지 홀로무브먼트의 한 측면을 지칭한 것에 지나지 않는다.[*23] 물성(物性, 개체성)과 영성(靈性, 전체성)의 역동적 통일성을 이해하지 못하는 정신적인 소음 상태에서는 사실 그대로의 우주를 조망할 수 없으므로 지식의 대통합을 기대하기 어렵다. 그런 상태에서는 각 부분 속에 전체가 내포되어 있는 거대한 홀로그램적 투영물인 우주를 어떤 부분들의 단순한 집합(assemblage)으로 간주하는가 하면, 분리 자체가 불가능한 파동체인 생명현상을 단순한 물리 현상으로 귀속시키기도 한다.

지구촌은 지금 '양자혁명(quantum revolution)' 시대에 진입해 있으며 양자혁명이 가져온 사상적·사회적 및 기술적 영향으로 패러다임 전환이 가속화

---

* 데이비드 봄에 따르면 '숨겨진 질서(implicate order)'는 우주의 창조적 에너지의 흐름, 즉 홀로무브먼트 그 자체이며, 주체와 객체의 이분법은 성립되지 않는다.

되고 있다. '상호배타적인 것이 상보적'이라는 양자역학의 전일적 실재관은 동양의 유기론적 세계관과 유사하여 과학과 영성의 접합에 관한 논의를 촉발시키고 있다. 과학이 진보할수록 우리가 살고 있는 복잡계의 실상이 드러나게 되므로 과학과 영성의 경계에 대한 탐색은 더욱 치열해질 전망이다. 물성과 영성의 역동적 통일성에 대한 자각이야말로 물질 일변도의 사고에서 벗어나는 길이며, 지배와 복종, 억압과 차별의 이원화된 구조에 입각한 권력정치의 태생적 한계를 극복할 수 있는 길이다. 우리가 보는 세상은 있는 그대로의 세상이 아니라 왜곡된 인식에 기초한 해석이라는 프리즘을 통과한 세상이다. 이 우주는 부분과 전체가 상즉상입(相卽相入)의 구조로 상호연기(緣起)하고 있으므로 관찰자와 관찰 대상이 따로 있는 것이 아니다. 생존의 영적 차원의 중요성을 인식하게 하고 유기적 생명체 본연의 통합적 기능을 회복하게 함으로써 개인과 공동체가 '자기조화'를 이루는 새로운 계몽시대를 개창하는 것, 그것이 21세기 '한'사상의 과제다.

삶과 '한'사상

고대 이스라엘의 다윗 왕이 궁중 세공사에게 이르길, "나를 위한 아름다운 반지를 하나 만들되, 승리에 도취한 순간에도 자만심을 가라앉히고, 절망의 순간에도 용기를 줄 수 있는 그런 글귀를 새겨 넣으라." 고민 끝에 세공사는 다윗 왕의 아들 솔로몬 왕자에게 도움을 청하여 다음과 같은 글귀를 새겨 넣었다.

이것 또한 지나가리라.
This, too, shall pass away.

솔로몬의 지혜는 삶이란 것이 하나의 과정이며 전일적 흐름임을 설파한 것이다. 2차원에서 공이 굴러가면 공 전체가 보이지 않고 지면에 닿는 공의 단면만 보이듯, 3차원에서의 삶이란 것도 전체가 보이지 않고 현상계라는 단면만 보인다. 현재 보이는 단면에만 집착하여 일희일비(一喜一悲) 하다 보면 전체를 놓치게 되어 왜 사는지도 모르고 삶과 죽음의 계곡을 오가게 된다. 역사상 지성세계를 뜨겁게 달구었던 논쟁들은 대부분이 생명의 본체[天, 神, 靈]와 작용[우주만물]의 관계성에 관한 것이었다. 플라톤의 이데아계와 현상계, 아리스토텔레스(Aristotle)의 형상과 질료, 베네딕투스 데 스피노자(Benedictus de Spinoza)의 실체와 양태, 이(理)·기(氣) 개념에 근거한 송대(宋代)와 조선시대의 이기론(理氣論), 동학의 불연(不然)과 기연(其然) 등은 모두 본체계[의식계]와 현상계[물질계]의 관계성에 관한 것이었다. 진여[본체, 본체계]인 동시에 생멸[작용, 현상계]로 나타나는 생명의 본질적 특성을 알지 못한 채 세상을 논하는 것은, 마치 달과 달그림자의 관계를 이해하지 못한 채 단순히 천강(千江)에 비친 무수한 달그림자에 대해서만 논하는 것과 마찬가지로 실재성이 없기 때문이다.

중세 스콜라철학(Scholasticism)은 보편논쟁(controversy of universal)으로 불리는 보편[神, 實在]의 문제로 일관하였다. 보편논쟁은 스콜라철학의 핵심에 대한 논쟁으로 이 보편의 문제는 중세철학 전체를 관통하는 가장 중요한 문제였다. 보편논쟁은 한마디로 이사(理事)·체용(體用)의 문제이다. 이는 곧 보편과 특수, 전체와 개체, 실재와 현상, 의식과 존재, 정신과 물질의 관계성에 대한 문제로서 본체[體, 본체계]와 작용[用, 현상계]이라는 불가분의 관계로 분석될 수 있다. 보편논쟁은 교부철학(patristic philosophy)의 대표자인 성 아우구스티누스(성 어거스틴 Saint Augustine of Canterbury)의 삼위일체론의 논리적 범주를 벗어나지 않는다. 보편과 특수, 실재와 현상, 전체와 개체는 상즉상입(相卽相入)의 구조로 상호 연기(緣起)하는 까닭에 보편은 개체에 '앞서' 존재하는 것(보편실재론 universal reallism)도 아니고, 개체 '뒤에' 존재하는 것(唯名論 nominalism)도 아니며, 개체 '안'에 존재하는 것(온건실재론 moderate realism)도 아니고, 개체 '밖'에 존재하는 것도 아니다.* 보편은 없는 곳이 없이 실재하며(無所不在), 시작도 끝도 없고(無始無終), 태어남도 죽음도 없다(不生不滅). 보편은 내재성인 동시에 초월성이며, 전체성인 동시에 개체성이며, 우주의 본원인 동시에 현상 그 자체다.

아우구스티누스의 『삼위일체론』은 생명의 순환을 근원적으로 이해할 수 있게 하는 인식의 기본 틀을 제공한다. 그의 삼위일체론은 니케아 종교회의(325)에서 채택된 니케아 강령의 프레임웍(framework)을 강화한 것이다. 성부·성자·성령의 삼위(三位)는 일즉삼·삼즉일의 관계로서 이러한 관계는 육적(肉的)으로 유추할 수는 없으며,[24] 삼위 모두 동등한 불변의 영원[25]이다. 삼위일체는 천·지·인 삼신일체의 삼신사상이나 불교의 삼신불, 동학 「시(侍)」의 '3화음적 구조'[26]와 동일한 구조적 맥락에서 이해될 수 있다.** 또한 삼위일체는 삼신불이나 「시」의 세 가지 의미와 마찬가지로 생명의 전일성과 자기근원성을 '생명의 3화음적 구조'—즉 본체[성부]·작용[성자]·본체와 작용의 합일[성령]—로 밝힌 것으로 '한'사상과 일맥상통한다. 삼위일체 사상이

---

* 스콜라철학은 초기(11~12세기)·전성기(13세기)·말기(14~15세기)의 세 시기로 구분할 수 있다. 이 세 시기는 바로 보편논쟁의 세 시기를 일컫는 것으로 크게 실재론(實在論 또는 實念論 Realism)과 유명론(唯名論 또는 名目論 Nominalism)으로 대별되는데, 초기와 전성기는 실재론이 지배적이었고, 말기는 유명론이 지배적이었다.

** 성부·성자·성령은 삼위일체이며, 천·지·인 삼신일체와 조응한다. 즉 성부는 '天[본체계, 의식계]'과 조응하고, 성자는 '地[현상계, 물질계]'와 조응하며, 성령은 '人'과 조응한다. 성령을 '人'과 조응한다고 한 것은 '人'의 실체가 물질적 형상이 아닌 참본성, 즉 一心이기 때문이다. 따라서 一卽三(一卽多)이요 三卽一(多卽一)이다.

'한'사상과 일맥상통하는 것은 당연한 것인지도 모른다. 상고시대 아시아의 대제국 환국(桓國)의 12연방 중 하나인 수밀이국(須密爾國)은 천부사상('한'사상) 으로 메소포타미아 문명의 전신인 수메르 문화·문명을 발흥시켰으며, 특히 수메르인들의 종교문학과 의식이 오늘날 서양 문명의 뿌리라고 할 수 있는 기독교에 상당한 영향을 미쳤기 때문이다.[27]

만약 기독교인들이 삼위일체 사상의 정수(精髓)가 삼신일체의 '한'사상과 일맥상통한 것임을 알았다면, 다시 말해 삼위일체의 진수(眞髓)가 생명의 전일성과 자기근원성에 있다는 사실을 이해했다면, 1,500년간 기독교에 대한 조금 다른 해석을 지키기 위해 다른 기독교인 수백만 명을 학살하지도 않았을 것이고, 16~17세기 유럽에서 가톨릭과 개신교 사이의 악명 높은 종교전쟁도 일어나지 않았을 것이다. 역사상 얼마나 많은 자들이 종교를 표방하며 진리를 농락하고 인간의 영혼에 치명상을 입혔는지를 우리는 알고 있다. 그러한 농락은 지금도 계속되고 있다. 다양한 집단이 저마다의 하늘을 섬기며 종교적·정치적 충돌을 일삼는 것은, 탐(貪: 탐욕)·진(瞋: 성냄)·치(痴: 어리석음)라는 맹독성 물질로 인해 분리의 환영(幻影)에 사로잡혀 있기 때문이다. 혹자가 내게 물었다. "종교가 있는가?"라고. "삶 자체가 종교인데, 무슨 다른 이름의 종교가 필요한가?" 내 대답이었다. 성직자의 마지막 사명은 종교의 성벽 속에 가두어 놓은 하늘('하늘'님, '하나'님, 유일신, 알라(Allah: 아랍어로 神이라는 뜻))을 만인의 하늘로 되돌려주고 사라지는 것이다.

생명의 본체는 분리할 수 없는 절대유일의 하나(유일자, 유일신, '하나'(님)], 즉 영성 그 자체이므로 전일성의 속성을 띠지만, 본체의 자기복제(self-replication)로서의 작용으로 우주만물이 생겨나는 것이니 전일성은 동시에 다양성의 속성을 띤다. 전일성과 다양성, 영성과 물성을 통섭하는 원리가 바로 성령[一心]이다. 그래서 성령이 임해야 성부와 성자가 한 분 하느님임을 알 수 있다고 한 것이다. '한 분 하느님'이란 분리 자체가 근원적으로 불가능한 생명의 전일성을 일컫는 것이다. 원효(元曉) 대사가 '귀일심원(歸一心源)', 즉 일심의 원천으로 돌아갈 것을 강조한 것도, 일심의 원천으로 돌아가야 생명의 전일성과 자기근원성을 인식할 수 있게 되고 그리하여 만유를 차별 없이 사랑하는 실천이 나올 수 있기 때문이다. 우주의 본질인 생명의 본체를 흔히 신이라고 명명하는데, 「요한복음」(4:24, 14:6)과 「요한일서」(4:8)에는 신이 곧 영(靈)이고 진리이고 생명이고 사랑이라고 나와 있다.

> 신은 영(靈)이시니 예배하는 자들은 마땅히 영과 진리로 예배해야 한다.
> God is spirit, and his worshipers must worship in spirit and in truth.[28]

> 나는 길이요 진리요 생명이니….
> I am the way and the truth and the life….[29]

> 신은 사랑이시니 사랑하지 아니하는 자는 신을 알지 못한다.
> Whoever does not love does not know God, because God is love.[30]

신은 만물의 근원[생명의 본체]을 지칭하는 대명사이다. '신'이란 용어 자체를 폐기처분한다고 해서 만물의 근원에 대한 규명의 필요성이 사라지는 것은 아니다. 고대로부터 현대에 이르기까지 철학적 사색과 과학적 탐색이 치열하게 전개된 것은 만물의 근원에 대한 규명이 없이는 존재계의 의미를 이해할 수도, 행복할 수도 없다는 것을 간파했기 때문이다. 신이 무엇인지에 대한 인식론적 고찰 없이 '신은 있다 혹은 없다'라는 존재론적 차원의 문제로 일축하는 것은 논리적 모순이며, 지식의 박피를 드러낸 것이고, 그 숱한 지성들의 치열한 탐구정신과 정치(精緻)한 철학체계를 모독하는 것이다. 신이 무엇인지도 모르는데, 있는지 없는지 어찌 알겠는가? 신은 무명(無名)이다. 도(道)와 마찬가지로 무어라 명명할 수 없어 그냥 그렇게 이름을 붙였을 뿐이다. 신이라는 이름을 넘어서지 않고서는 결코 신을 인식할 수 없다는 것이 신의 역설이다. 비록 아브라함(Abraham)의 자손이라 남의 종이 된 적이 없다 할지라도 '죄를 범하는 자마다 죄의 종(everyone who sins is a slave to sin)'[31]이 되는 것이니, 진리를 알지 못하고서는 진실로 자유로울 수가 없다. 「요한복음」(8:32)은 진리에 대한 올바른 인식이 자유의 필수조건임을 분명히 선언한다.

너희는 진리를 알게 될지니 진리가 너희를 자유롭게 하리라.

Then you will know the truth, and the truth will set you free.[32]

구한말의 대표적인 선승(禪僧) 경허(鏡虛)는 "문득 '콧구멍 없는 소'라는 말을 듣고 온 우주가 내 집임을 깨달았네…(忽聞人語無鼻孔 頓覺三千是我家…)"라는 오도송(悟道頌)을 남겼다. '콧구멍 없는 소(牛無鼻孔處)'는 중국 법안종(法眼宗)의 종주 법안(法眼) 선사의 어록에 나오는 선어다. 고삐를 꿸 콧구멍이 없는 소는 끌려다닐 일이 없으니 자유와 해탈을 상징한다. 내게도 '콧구멍 없는 소'를 찾아 헤매던 시절이 있었다. 다리가 쉬도록 아지랑이 능선만 밟고 다니다가 집으로 돌아와 웃음 짓고 의식의 등불 밝히니, '콧구멍 없는 소'가 그 모습을 드러내며 이렇게 말했다. "나는 그대의 신성(神性)이다. 의식이 물질 차원에 가까울수록 나는 형상화된다. 그대 의식 속에서 신이라는 형상을 지워버리면 나는 곧 그대 자신이다." 언젠가 '존재의 집'에 이르게 되면 알게 될 것이다. 마치 소를 타고 소를 찾아 헤매는 것처럼, 우리의 본신인 신을 찾아 천지

사방을 헤매었다는 것을!

인도의 대서사시 『마하바라타 *Mahābhārata*』에 나오는 『바가바드 기타 *The Bhagavad Gita*』에서는 이 세상 모든 것을 신의 자기현현으로 여기는 사람은 분리의식에서 벗어나 신을 깨닫게 된다고 말한다. 『바가바드 기타』 의 다음 구절은 『해월신사법설(海月神師法說)』「영부주문(靈符呪文)」의 '이천식천 (以天食天)-이천화천(以天化天)', 즉 하늘로써 하늘을 먹고 하늘로써 하늘을 화할 뿐이라고 한 구절을 떠올리게 한다. 일체 만유가 다 하늘, 즉 신의 자기 현현이니 신 아닌 것이 없는 것이다. 힌두교에서 만물을 창조하고 유지하며 해체하는 신성의 세 측면을 각각 브라흐마(Brāhma: 창조의 신), 비슈누(Vishnu: 유지의 신), 시바(Śiva: 파괴의 신)의 삼신(三神)으로 명명한 것도 생명의 순환과정을 상징적으로 의인화하여 나타낸 것이다. 말하자면 삼신이 따로 존재하는 것이 아니라 유일자 브라흐마의 세 기능적 측면을 나타낸 것으로 트리무르티 (trimurti: 삼위일체)를 의미한다.

> 이 세상 모든 것을 신으로 여기는 사람은 진실로 신을 깨닫게 된다. 숭배하는 행위도 신이고, 바쳐지는 제물도 신이다. 제물인 신이 신에 의해 신의 불길에 타는 것이다.
>
> Who in all his work sees God, he in truth goes unto God: God is his worship, God is his offering, offered by God in the fire of God.[33]

『우파니샤드 *Upaniṣad*』에서는 생명의 본체인 브라흐마(Brāhma: 대우주)와 그 작용인 아트만(Ātman: 소우주)이 마치 숲[전체성]과 나무[개체성]의 관계와도 같이 분리 자체가 근원적으로 불가능하며 상즉상입의 구조로 상호 연기(緣起) 하고 있음을 보여준다. 유일자 브라흐마와 브라흐마의 자기현현인 우주만물을 불가분의 하나, 즉 불멸의 음성 '옴(OM)'으로 나타내고 있다. "불멸의 음성 '옴(OM)'은 과거요 현재요 미래이며 시간을 초월한 존재 브라흐마이다. 일체 만물이 '옴'이다."³⁴ 이는 「요한계시록」(1:8)에서 "나는 알파와 오메가라 이제도 있고 전에도 있었고 장차 올 자요 전능한 자라"³⁵고 한 것과 맥을 같이한다. '옴', 브라흐마, '하늘'(님), '하나'(님), 유일신은 모두 생명의 본체인 근원적 일자(궁극적 실재)를 달리 명명한 것이다. 일체 만물이 불멸의 음성 '옴'이라고 한 것은 이 우주가 분리할 수 없는 거대한 파동의 대양(氣海)임을 나타낸 것으로, 브라흐마와 아트만이 생명의 본체[전체성]와 작용[개체성]의 관계로서 상호 관통하고 있음을 말해준다.

"브라흐마는 이 세상의 모든 것이며 아트만이 곧 브라흐마이다."³⁶ 브라흐마가 만유의 본질로서 내재해 있는 것을 두고 아트만이라고 부르는 것이니, 아트만이 곧 브라흐마이다. 우주만물은 생명의 자기조직화로 생겨나는 것이니, 창조하는 주체도 없고 창조되는 객체도 없다. 따라서 주체와 객체의 이분법은 성립되지 않는다. 이 우주는 각 부분 속에 전체가 내포되어 있는 거대한 홀로그램적 투영물인 까닭에 브라흐마가 없는 곳이 없고 아트만이 없는 곳이 없다. 이러한 상호 연관과 상호 의존의 세계 구조를 『화엄경(華嚴經)』에서는 인드라망(Indra網: 제석천왕의 보배그물)으로 비유한다. 제석천궁(帝釋天宮)에는 그물코마다 보석이 달려 있는 무한히 큰 그물이 있는데, 서로의 빛을 받아 서로 비추는 관계로, 하나만 봐도 나머지 전체 보석의 영상이 보이게 된다. '이것'이 곧 다른 '모든 것'임을 뜻한다는 것이다. 생명은 전체적인 것, 거기엔 어떤 분열도 경계선도 없다. 그럴진대, 어찌 본체계와 현상계의 전일적 관계에 대한 이해 없이 존재계를 논할 수 있겠는가?

모든 존재의 개체성은 우주적 에너지의 흐름 속에서만 파악될 수 있으므로 전체와 분리된 개체는 그 어떤 의미에서도 진리가 아니다. 자유가 아니다. 생명의 전일적 흐름과 연결되지 못한 것은 결국 허구다. 세상은 통섭의 시대에 깊숙이 들어와 있는데 인식은 획기적 전환을 이루지 못하고 있다. 지식과 삶의 화해를 전제하지 않은 통섭은 존재의 실상을 외면한 허구에 불과한 것이다. 실재를 인식할 수 있는 유일한 방법은 지성(intelligence)*을 향상시키는 길밖에 없다. 그러나 쾌락이나 부귀영화에 눈먼 사람에겐 오직 이 세상이 존재할 뿐, 또 다른 실재 같은 것은 없다. 곧 사라져 버릴 일시적인 것들에 전 존재를 걸고 있으니 계속해서 죽음의 지배하에 놓이게 되는 것이다. 죽음의 덫은 바로 이런 사람들을 잡기 위한 것이다.

누에는 뽕잎을 먹고도 비단똥을 누지만, 인간은 산해진미를 먹는다고 해서 비단똥을 누는가? 인간의 머리가 온갖 지식의 파편들로 꽉 채워져 있다 해도 연결성이 결여되면(통섭되지 못하면) 전자(電子 electron)의 운동을 방해하는 쓰레기에 불과한 것이다. 파편적 지식보다 연결이 중요한 것이다. 인간의 두뇌는 뉴런(neuron)으로 조직되어 있고 사고활동은 시냅스의 작용으로 이루어지는데, 시냅스의 연결이 두뇌의 뉴런보다 중요한 것과도 같다. 지식을 두뇌의 뉴런이라고 한다면, 지성은 시냅스의 연결이다. 시냅스의 연결로 지성이 높아지면 포괄적 이해능력이 향상되어 공동체적 삶의 중요성을 인식하게 된다. 인간 사회는 바로 이 시냅스의 집합체로서 상호의존적이며 불가분의 전체다. 한 사회가 어느 정도 계몽된 사회, 즉 양질(良質)의 사회인가 하

---

* 사람은 각성이 될수록 두뇌에 있는 뉴런(neuron 신경세포)과 뉴런을 연결하는 시냅스(synapse 신경세포 連接)가 확장되어 사고능력이 증폭되고 지성이 높아진다. 지성(intelligence)의 어원은 라틴어 'intelliger'로서 그 뜻은 '사물을 연결하다'이다. 여기서 '연결하다'라는 '-liger'는 뉴런과 뉴런을 연결하는 '시냅스의 연결'을 뜻한다. 말하자면 지성이 높다는 것은 시냅스의 연결이 확장되는 것을 의미하며, 시냅스의 연결고리가 확장될수록 각성된 지성인이 되는 것이다.

는 것은 어느 정도로 확장된 시냅스를 보유하고 있느냐에 달려 있다. 말하자면 공동체 구성원 각자가 어느 정도로 스스로의 개체성을 공동체의 전체성과 연결시키고 있느냐에 달려있는 것이다.

인생은 예술이라고 말하기도 한다. 인생 자체가 예술이 되려면 마음을 내려놓아야 한다. 마음을 내려놓는 것, 그것이 최고의 예술이다. 마음을 내려놓으면 내면의 하늘이 열린다. 참본성이 열리는 것이다. '성통공완(性通功完)', 즉 참본성이 열려야 사회적 공덕을 완수할 수 있다. 참본성이 곧 하늘(天)이요 신(神)임을 알지 못하고서는 인간의 자기실현은 불가능한 까닭에 모든 경전에서는 그토록 우상숭배를 경계했던 것이다. 모든 존재는 연기(緣起)에 의한 것일 뿐 실체가 없다. 물질 요소인 색(色: 地水火風 4대)과 정신 요소인 수(受)·상(想)·행(行)·식(識)의 다섯 가지 요소가 잠정적으로 모여 쌓인 오온(五蘊)* 그 자체가 참자아가 아니라는 사실을 깨닫지 못하고 집착할 때 이분법적인 인식의 틀이 형성되고 괴로움이 따르는 것이다. 그러나 무명(無明)의 마음이 소멸되면 경계도 소멸되고 갖가지 분별지(分別智)도 멸진(滅盡)하게 되므로 이분법적인 인식의 틀이 허물어져 근원적 일자인 '하나'의 진성(眞性: 性[지성]·命[에너지]·精[질료])을 간파할 수 있게 된다.

예술의 존재성과 의의를 인생과 직결시키는 태도는 러시아의 대문호 레프 니콜라예비치 톨스토이(Lev Nikolayevich Tolstoi)의 예술론에서 잘 드러난다. 그는 예술의 가치성이 사랑의 완성에 있는 것으로 보았다. 그에게 있어 인

---

* 불교에서는 물질과 정신을 구성하는 色·受·想·行·識을 五蘊이라고 한다. 色은 물질을 가리키지만 여기서는 地·水·火·風의 四大로 구성된 육신을 뜻하고, 受는 감수 작용이며, 想은 지각 표상작용이고, 行은 의지작용이며, 識은 인식 판단의 작용이다. 말하자면 五蘊은 물질계와 정신계를 통틀어 일컫는 것이다. 그러나 지혜[般若]의 눈으로 보면 五蘊은 실로 없는 것이다.

생의 지고의 목표는 사랑이며 그 사랑을 완성하는 데에 예술의 목적이 있다. 예술의 목적은 정서를 순화하고 사념(邪念)을 제거하여 완전한 소통성을 실현하는 데 있으며, 이로 인한 일체감의 형성은 사랑의 바탕을 이루는 것이 된다. 사랑의 비밀은 존재의 본질인 관계성의 회복에 있으며 이를 위해서는 감정의 순화와 소통이 필요하다. 따라서 소통성을 고려하지 않은 단순한 심미주의적 예술태도는 예술과 인생을 분리시키므로 사랑의 완성에 기여할 수 없다는 것이다. 공자의 예술관 역시 톨스토이의 예술관과 일맥상통한다. 공자는 시(詩)와 악(樂)이 실천도덕과 통해 있으므로 인간을 도치(陶治)하고 대동사회를 구현함에 있어 순기능적으로 작용할 수 있다고 보았다. 이러한 그의 관점은 『시경(詩經)』 300편의 내용을 '사무사(思無邪)'[37], 즉 '생각에 사특함이 없다'라는 말로 나타낸 데서도 잘 드러난다.

'한'사상은 사랑을 바탕으로 한 삶의 사상이다. 죽음의 커튼이 드리워진 절반의 삶이 아니라 생물과 무생물, 삶과 죽음의 경계마저도 넘어선 온전한 '하나됨'의 삶을 추구한다. 인간이 영적으로 확장될수록 사랑은 그만큼 전체적이 된다. '한'사상은 완전한 소통성을 실현함으로써 삶 자체를 예술로 승화시키고자 한다. 예술의 창조적 생명력은 소통성의 실현에서 오는 것이다. 예술적 정서가 감정을 순화시켜 인간다움을 확장시킬 때, 그리하여 의식이 긍정성으로 가득 찰 때 창조적 생명력이 발휘되고 영적으로도 진화할 수 있게 된다. 보기에 따라서는 인생만큼 치열한 예술도 없다. 삶의 예술을 음미할 수 있는 심미안을 가진 사람은 생성, 유지, 파괴, 소멸이라는 성주괴공(成

住壞空, 生住異滅)*38의 네 과정을 순환 반복하는 생명의 순환작용이란 것이 단지 끊임없이 계속되는 우주심장(cosmic heart)의 확장과 수축 작용에 지나지 않는 것임을 알게 된다. 그리하여 종국에는 생과 사가 동반자이며 하나의 기운(混元一氣: 무어라 형용할 수 없는 태초의 한 기운)39이 천하를 관통하고 있음을 알게 되므로 만물을 하나로 평등하게 보는 '도추(道樞)' 또는 '천균(天鈞)'의 경지에 이르게 된다.

천·지·인 삼신일체의 천도에 부합하는 상고(上古)의 천부(天符)사상은 삶이라는 종합예술의 사상적 토대였다. '한'사상의 전형인 천부사상은 하늘과 사람이 하나이고, 사람과 사람이 하나이며, 사람과 만물이 하나이므로 우주만물의 근본이 모두 하나로 통해 있다고 본다. 말하자면 신성과 인성과 물성이 한데 어우러져 상호 관통하고 있다고 보는 것이다. 한마디로 상고의 예술은 천부사상의 패러다임에 기초한 천부예술이었던 까닭에 '자기조화'의 묘미를 함축하고 있다. 천부예술과 문화의 잔영은 세계 각지의 신화, 전설, 종교, 철학, 정치제도, 역(易)사상과 상수학(象數學), 역법(曆法), 천문, 지리, 기하학, 물리학, 언어학, 수학, 음악, 건축, 거석(巨石), 세석기(細石器), 빗살무늬 토기 등 거의 모든 분야에서 찾아볼 수 있다. 고대 예술혼의 정수가 되었던 천부사상이 오늘날 다시 주목받게 된 것은 전 세계 종교와 사상 그리고 예술과 문화가 수많은 갈래로 나뉘어 제각기 발전하여 꽃피우고 열매를 맺

---

* 『大乘起信論別記』에서는 '四相唯是一心'이라 하여 四相一生·住·異·滅一이 一心일 뿐임을 강조하고, 마음과 四相의 뜻을 바닷물과 파도에 비유한다. 또한 『大乘起信論疏』에서는 '俱時而有皆無自立'이라 하여 마음과 四相이 동시에 존재하는 것이고 그 어느 것도 독자적으로 존재하는 것이 아니라고 밝히고 있다. 이 하나인 마음(一心)이 眞如[본체계]와 生滅[현상계]을 다 포괄한다는 것이다. 우주심장의 확장과 수축 작용이란 生滅인 동시에 眞如인 一心의 작용을 상징적으로 나타낸 것이다.

었다가 이제 다시 하나의 뿌리로 돌아가 통합되어야 할 시점에 이르렀기 때문일 것이다.

원시반본(原始返本)이다. 가을이 되면 나무가 수기(水氣)를 뿌리로 돌리듯, 우주 가을로의 초입에서 천부사상으로의 원시반본 또한 사상적 원시반본을 통하여 인류가 영원한 생명을 체득하기 위한 것이다. '자기원인'이자 만유의 원인이며, 그 어떤 것도 포괄하지 않음이 없고, 없는 곳이 없이 실재하는 생명의 근원성·포괄성·보편성을 이해하는 것이 생명의 전일성과 자기근원성을 이해하는 관건이며 '한'사상의 실천적 본질에 접근하는 길이다. 우주적 견지에서 보면 죽음은 소우주인 인간이 영적 진화[의식의 진화]과정에서 단지 다른 삶으로 전이하는 것에 불과하다. 삼라만상은 죽어 없어지는 것이 아니라 단지 변화할 뿐이다. 우주에서 일어난 모든 것은 사라지는 것이 아니라 보이지 않는 질서 속으로 접혀져 들어가 있으며, '접혀진(enfolded)' 질서 속에는 과거·현재·미래 우주의 전 역사가 담겨져 있다. 우주의 실체는 육체와 같은 물질적 껍질이 아니라 의식이며, 생명계는 '부메랑 효과(boomerang effect)'로 설명되는 에너지 시스템이다.

우리가 물질이라고 지각하는 것이 특정 주파수대의 에너지 진동에 불과하며 99.99%가 텅빈 공간으로 이루어져 있다는 사실을 직시한다면, 안과 밖, 내재와 초월, 미시와 거시의 구분이 사라지게 되므로 본체[理, 본체계]와 작용[氣, 현상계]의 구분 또한 사라지게 된다. 영국의 세계적인 물리학자 스티븐 호킹(Stephen Hawking)은 만물의 최소 단위가 입자가 아니라 '진동하는 끈'이라고 보는 끈이론(string theory 또는 superstring theory)에 기초한 'M이론(M-theory)'으로 우주의 생성 원리를 설명할 수 있다고 보았다. '만물의 이론(theory of everything, TOE)'이라고도 불리는 이 이론은 기본입자들을 끈의 진동이나 '막(membrane, M)'으로 보고 중력이론(gravity theory)과 양자역학(quantum mechanics)

의 통합을 통하여 거시적 세계와 양자역학의 세계를 결합하고자 한다. M이론은 바로 독일 태생의 미국 이론물리학자 아인슈타인이 추구했던 '통일장이론(unified field theory)'[40]이다.

오늘날 과학자들은 중력과 우주의 거시적 구조를 기술하는 일반상대성이론(general theory of relativity)과 극도로 미시적 규모의 현상들을 다루는 양자역학으로 우주를 기술한다. 그러나 이 두 이론은 상호 모순되기 때문에 오늘날 물리학에서는 두 이론을 통합하는 새로운 이론, 즉 양자중력이론(quantum theory of gravity)을 탐색하고 있다.[41] 이 우주는 가시권에서 비가시권에 이르기까지, 극대로부터 극미에 이르기까지 내재된 필연적 법칙성에 따라 상호 연관과 상호 의존의 세계 구조를 완벽하게 구현해 내고 있다. M이론이 자연계의 네 가지 기본 힘(중력, 강력, 약력, 전자기력)을 통합하여 궁극적인 만물의 이론, 즉 우주만물에 대한 통합된 설명이 되려면 본체계[파동]와 현상계[입자]를 회통하는 자연의 순환법칙에 대한 인식이 선행되어야 한다. 자연계의 네 가지 기본 힘이란 것도 우주 변화의 기본이법(理法)인 생장염장(生長斂藏, 春夏秋冬)의 네 과정을 끝없이 순환 반복하는 자연의 순환법칙에 조응해 있기 때문이다.

본체계와 현상계를 오가는 삼라만상의 천변만화(千變萬化)를 정이(程頤)와 주자(朱子)는 '이일분수(理一分殊: 理는 하나이지만 그 나뉨은 다 다름)'라는 명제로 나타냈다. 만물은 개별의 이(理)를 구유하고 있고 그 개별의 '이'는 보편적인 하나의 '이'와 동일하다는 것이 '이일분수'라는 명제다. 정이의 '이일분수'라는 명제를 주자는 존재 일반으로까지 확충시켰다. '만상일천(萬像一天)', 즉 만 가지 모습은 하나의 천리(天理)가 만 가지 사물에 품수(稟受)된 것이다. 이치는 근본적으로 하나이지만 다양한 만물 속에서 다양하게 실현된다는 것으로 본체와 작용의 합일을 나타낸 것이다.[42] 마치 허공에 떠 있는 달은 하나이지만, 천강(千江)에 수없이 비춰질 수 있다는 월인천강(月印千江)의 비유와도 같은 것이다. 하나의 태극이 만물의 각각에 조응하는 수많은 종류의 이(理)로 나뉘어 본체계를 구성하고, 음양의 기(氣)를 질료로 하여 만물을 낳아 현상계를 형성하는 것이다.

'한'사상이 함축한 '자기조화(self-consistency)'의 의미는—불교의 연기적(緣起的) 세계관[43]이나 제프리 츄(Geoffrey Chew)의 '부트스트랩(bootstrap 구두끈)' 가설에서 보듯—자연이 물질의 기본 구성체와 같은 독립된 실체로 환원될 수 없고 '자기조화'[44]를 통해서 이해되어야 한다는 주장과 일맥상통한다. 여름에 백두산에 오르면 야생화가 만발해 있다. 바람 따라 물결치면 야생화 들녘은 몽환적인 아름다움과 싱그러움을 뿜어내는 천상의 화원이 된다. 그러나 자세히 보면 예쁘게 잘 자란 꽃들도 있지만, 어떤 것은 꽃잎이 이지러져 있고, 어떤 것은 줄기가 휘었으며, 어떤 것은 벌레가 먹었고, 어떤 것은 시들고 말라비틀어진 다양한 개체들로 이루어져 있음을 보게 된다. 그렇다고 이들을 다 뽑아 버린다면 천상의 화원은 사라져 버릴 것이다. 야생화 들녘의 아름다움은 '자기조화'에서 오는 것이다. 인간계도 이와 같다. 세상에 존재하는 모든 것은 나름대로의 존재이유와 가치를 지니고 있다.

'한'사상의 '자기조화'는 무경계(no-boundary)라는 본질적 특성에서 오는 것이다. '한'사상의 체계 속에서 진(眞)과 속(俗), 이(理)와 사(事), 정(淨)과 염(染), 공(空)과 색(色), 일(一)과 다(多) 등의 상호 대립하는 범주들은 각각 생명의 본체와 작용이라는 불가분의 관계로 통섭된다. 미국 애리조나 주(州)의 세도나에는 강력한 에너지 볼텍스(vortex)가 네 군데 있는데, 그중에서도 벨락(Bell Rock 종 바위)은 높은 진동의 특이한 에너지 패턴이 형성되어 있다. 그 모양이 흡사 종처럼 생겨 벨락이라고 불리는 이곳은 강렬한 접지(接地) 에너지를 느끼게 한다. 이른 아침 금방이라도 종소리가 울릴 것 같은 벨락의 장엄하고도 경건한 자태를 바라보며 걷노라면 어느새 영혼의 순례자가 되어 버린다.

하지만 종 바위산에 오르면 한 점 오점 없는 벨락의 모습과는 달리 곳곳에 깨어진 돌조각과 말라비틀어진 나무, 밟혀서 으깨진 선인장과 왔다 간 흔적을 남긴 방문객들의 낙서가 있다. 인간의 영혼을 정화시키는 '벨락의 마법'은 이 모든 것을 품는 '자기조화'에서 오는 것이 아닐까?

인류가 '자기조화'를 이루지 못하고 원죄로 인한 심리적 추방감에 시달리는 것은 선악과(善惡果)라는 생명의 열매를 따먹음으로 해서 생명의 전일성이 훼손되었기 때문이다. '선악과'는 분별지(分別智)를 표징하는 것으로, 선악과를 따먹는다는 것은 선과 악이라는 '분별지'가 작용하는 것을 말한다. 영적 무지(spiritual ignorance)에 따른 분별지가 작용하면서 인간은 낙원[根本智]에서 멀어지게 되고 드디어는 번뇌의 대해(大海)에 들게 되었다. 선과 악의 진실게임에 빠져들면 삼사라가 일어난다. 존재하지도 않는 절대선과 절대악이라는 이분법적 망령에 사로잡혀 영성 계발과 영적 교정을 위해 하늘이 쳐 놓은 카르마*의 그물에 걸리는 것이다. 말하자면 영적 진화를 위해 재수강할 기회가 주어지는 것이다. 카르마는 유통 기한이 없으므로 아무리 미세한 카르마라 할지라도 언젠가는 반드시 보상하게 되어 있다. 『명심보감(明心寶鑑)』에는 "오이씨를 심으면 오이를 얻고 콩을 심으면 콩을 얻는다. 하늘의 그물이 넓고 넓어서 보이지는 않으나 새지 않는다"라고 나온다.[45] 『성경 Bible』에서 '뿌린 대로 거두리라'고 한 것도 카르마의 법칙을 보여주는 것이다.

---

* '카르마(karma 業)'는 산스크리트어로 원래 '행위'를 뜻하지만, 죄와 괴로움의 인과관계를 나타내는 '業'이라는 의미로 흔히 사용된다. 지금 겪는 괴로움은 과거의 어떤 행위가 원인이 되어 나타나는 결과라는 것이다. 카르마의 그물에 걸린다는 것은 生死輪廻의 굴레에 빠진다는 것이다. 生死란 물질의 관점에서는 있는 것이지만, 의식의 관점에서는 정녕 없는 것이다. 의식계[본체계]와 물질계[현상계]가 둘이 아님을 알게 되면, 오는 것도 가는 것도 없음을 알게 되어 生死輪廻에서 해방된다.

전 우주는 자연법인 카르마의 지배하에 있다. '한'사상에 대한 인식과 실천은 카르마에 대한 인식을 전제로 한다. 『참전계경(參佺戒經)』제357사 「천라(天羅)」에서는 '하늘의 그물(天羅)'은 넓고 넓으나 사소한 일 하나라도 놓치지 아니하므로 악을 행하면 반드시 재앙을 만나게 되어 하는 일마다 끝을 맺지 못한다[46]고 하였고, 『참전계경』 제358사 「지망(地網)」에서는 '땅의 그물(地網)'은 그 누구도 벗어날 수 없으므로 악을 행하면 반드시 흉한 곳만 찾아다니게 되어 하는 일마다 끝을 맺지 못한다[47]고 하였다. 카르마의 법칙[인과의 법칙, 輪廻의 법칙]은 아이작 뉴턴(Isaac Newton)의 운동 제3법칙인 '작용 반작용의 법칙(law of action and reaction)'과도 같은 것으로 영적 진화를 추동하는 법칙이다. 영적 진화과정에서 삶과 죽음을 관통하는 이 우주의 법칙은 인간 행위의 불완전성에서 기인한다. 말하자면 오직 이 육체가 자기라는 분리의식에 빠져 이기적 행위에 사로잡히는 데서 기인하는 것이다. 카르마에 대한 유일한 용제(溶劑)는 인내·용서·사랑이다.

카르마의 목적은 단순한 징벌에 있는 것이 아니라 인간의 영혼이 완성에 이르기 위한 조건에 관계한다. 내적 자아의 각성과 영성 계발을 위해 있는 것이다. 물질계의 모든 제도와 조직, 그리고 역사의 발전 과정은 거칠고 방종한 자아를 길들이는 의식의 자기교육과정과 조응해 있으며 영적 진화[의식의 진화]를 위한 학습여건 창출과 관계된다. 우리가 살고 있는 상대계는 의식의 확장을 위한 최적 조건을 창출한다. 의식을 탐구하는 수단으로 감각기능이 주어지고 이를 활성화할 양 극단의 상황—행복과 불행, 성공과 실패, 사랑과 증오, 건강과 병 등—이 주어지는 것이다. 시련은 하늘이 드는 신성한 '사랑의 매'다. '사랑의 매'는 인간을 잠에서, 무의식적인 삶에서 깨어나 스스로의 신성[참본성]과 마주치게 해주는 것인 까닭에 신성한 것이다. 시련은 물질적 또는 정신적인 문제, 건강의 문제로 다가오기도 하고, 때로는 이들이 복합된 문제나 천재지변의 형태로 다가오기도 한다. 신성이 열린다는 것은 개안(開眼)이 일어나는 것이다. 신성의 눈이 열리면 하늘을 듣는 '청천(聽天)'이 일어난다. 하늘파동에 자신을 동조시키게 되는 것이다. 그리하여 불멸의 위적을 남기기도 한다.

삶의 철학을 음악으로 생생하게 표현한 세계적인 악성(樂聖) 루트비히 판 베토벤(Ludwig van Beethoven)의 월광 소나타(Mondschein)는 그가 거의 청각을 잃어갈 무렵 극심한 고통에 처해 있을 때, 하숙집 눈먼 여인이 베토벤의 귀에 대고 '달빛을 보기 위해서라면 내 모든 것을 내줄 것이다'라고 외치는 소리에 깊은 영감을 받아 작곡되었다. 청각장애인과 눈먼 여인의 조우가 심혼(心魂)을 울리는 월광 소나타를 탄생시켰으니, 이 얼마나 절묘한 영혼의 전략적 배치인가! 프랑스의 문학가이자 사상가인 로맹 롤랑(Romain Rolland)은 베토벤 전기 서문에 "만약 신이 인류에게 저지른 범죄가 있다면 그것은 베토벤에게서 귀를 빼앗아간 일이다"라고 기록했다. 인생의 단면은 고통으로 전율할 것들이 있지만 곧 지나간다. 최후의 눈이 닫히는 순간, 이 세상이 야생화 들녘처럼 아름다운 배움의 장이었음을, 모든 것이 '강화학습(reinforcement learning)'을 위한 내 영혼의 전략적 배치의 산물이었음을 깨닫게 되리라.

세상사 모두 눈꽃(雪花)이다. 완전몰입형 가상현실(virtual reality, VR)이란 것이 바로 우리가 사는 세상이다. 간밤에 꿈속에서 또 꿈을 꾸고 그 꿈속의 꿈에서 깨어나면서 꿈이었다고 중얼거리며 안도의 한숨을 내쉬다가, 아침이 되어 그 꿈에서마저 깨어날 때 당신은 어떤 생각이 드는가? 꿈속의 꿈에서 일어난 일들이 그 꿈속의 꿈에서는 대단히 생생하고 현실감 있게 느껴졌지만, 그 꿈속의 꿈에서 깨어나면 여전히 꿈속이지만 한갓 헛된 것이라고 생각하게 되고, 아침이 되어 그 꿈에서마저 깨어나면 헛된 것이라고 생각하던 그 생각마저도 어디론가 사라져 버린 것을 알게 될 것이다. 꿈은 현실이라는 더 큰 꿈을 깨기 위한 하나의 암시이다. 죽음이라는 충격과 마주하는 순간, 현실이라고 생각했던 세상사마저도 한바탕 어지러운 봄꿈이었음을 알게 되리라. 우리 영혼이 빛으로 충만할 때 세상사라는 눈꽃은 녹아 없어진다. 눈꽃은 바라볼 수는 있지만 소유할 수는 없다. 정녕 무심(無心)으로 눈꽃을 바라볼 수 있으면 우리 영혼은 환희의 비상을 하게 될 것이다.

'한'사상과 지구생명공동체

'한'사상은 통섭적 세계관에 기초한 생명사상이고 에코토피아적 지향성을 띤 천인합일의 사상이며 실천적 삶과의 관계성에 주목하는 삶의 사상이다. 널리 인간 세상을 이롭게 하고 천리(天理)에 순응하는 광명한 세상을 만들고자 했던 홍익인간·광명이세의 정치이념은 국가나 민족, 인종, 성, 종교, 계급의 경계를 넘어선 인류 보편의 이념을 함축한 것이었다. 비록 상고시대에는 오늘날과 같이 인터넷이나 언론매체, 각종 SNS를 통해 동(同)시간대에 연동되는 지구촌 차원의 '한마당'이 형성되지는 못했지만, 그 시대 나름의 전지구적 문명이 있었다. 신라 눌지왕(訥祇王) 때의 충신 박제상(朴提上)의 『부도지(符都誌: 『澄心錄』15誌 가운데 第1誌)』에 따르면, 파미르 고원의 마고성(麻姑城)에서 시작된 한민족은 황궁씨(黃穹氏)와 유인씨(有因氏)의 천산주(天山州) 시대를 거쳐 환인씨의 적석산(積石山) 시대, 환웅씨(桓雄氏)의 태백산(중국 陝西省 소재) 시대, 그리고 단군 고조선 시대로 이어지는 과정에서 전 세계로 퍼져 나가 천·지·인 삼신일체의 가르침에 토대를 둔 천부사상('한'사상)과 문화를 세계 도처에 뿌리내리게 했다.

『부도지』에는 그 첫머리에 "마고성이 지상에서 가장 높은 성으로 천부(天符)를 받들어 선천(先天)을 계승하였다"[48]라고 나와 있고, 제10장에는 "유인씨가 천부삼인(天符三印)을 이어받으니 이것이 곧 천지본음(天地本音)의 상(象)으로, 진실로 근본이 하나임을 알게 하는 것"[49]이라고 나와 있으며, 또한 "유인씨가 천 년을 지내고 나서 아들 환인씨에게 '천부'를 전하고…"[50]라고 나와 있고, 제33장에는 "마침내 오늘의 사람들로 하여금 가히 '천부'의 실재를 들어서 알게 하며…"[51]라는 말이 나와 있는 것으로 보아 『천부경』이 환인 이전의 시대로부터 전승되어 온 것으로 국본(國本)을 상징하는 것임을 알 수 있다. 환국이 열린 시기가 기원전 7199년부터 기원전 3898년까지이니, 지금으로부터 9,000년 이상 전이다. 『환단고기(桓檀古記)』「삼성기전(三聖紀全)」[52]에서는 고기(古記)를 인용하여 아시아의 대제국 환국이 일곱 대를 전하여 지난 햇수가 모두 3,301년 혹은 63,182년이라고 하고 있다. 여기서 3,301년은 환인 7세의 역년만을 계산한 것이고, 63,182년은 전(前)문화시대까지 합산한 전체 역년인 것으로 보인다. 따라서 천부사상 즉 '한'사상의 전승은 실로 오래된 것이다. '한'사상이 한민족('한'족)에게 전승되어 오는 것은 아마도 우리 한민족이 장자민족이기 때문일 것이다.

국내에서는 일부 연구자들이 『환단고기』의 사료적 가치에 대해 의문을 제기하기도 하지만, 서울대 천문학과 박창범 교수와 표준연구원 천문대의 라대일 박사는 『환단고기』「단군세기(檀君世紀)」에 나오는 13세 단군 흘달(屹達) 50년(BC 1733) 무진(戊辰)에 수성, 금성, 화성, 목성, 토성의 다섯 행성이 결집한 오성취루(五星聚婁) 현상과 같은 단군조선시대의 천문 현상을 컴퓨터 합성 기법을 이용해 역으로 추적하여 시각화함으로써 『환단고기』의 내용을 과학적으로 검증한 바 있으며,[53] 그 연구 결과는 『하늘에 새긴 우리역사』(2002)라는 책으로 출간되었다. 또한 일본에서는 『환단고기』의 사료적 중요성에 대해 일찍이 주목한 바 있다. 즉 '대동아전쟁'이 끝나자 일본에서는 고사 고전 연구가 붐을 이루면서 『환단고기』가 일본의 고사 고전 가운데 『호

쯔마 전(秀眞傳)』 및 웃가야(上伽倻) 왕조사의 내용과 부합하는 것에 주목한 것이다. 일본의 가시마(鹿島昇)는 『환단고기』를 일어로 전역(全譯)하고 그것이 또하나의 웃가야 왕조사[54]라고 주장한다. 그는 『환단고기』를 사서로서뿐만 아니라 문화서로서도 독자적 지위를 갖는 것으로 높이 평가하였다.[55]

환국의 12연방 중 하나인 수밀이국이 천부사상으로 수메르 문화・문명을 발흥시켰고, 그것이 오늘날 서양 문명의 뿌리라고 할 수 있는 기독교에 상당한 영향을 미쳤다는 점, 그리고 그 옛날에는 아시아 대륙이 오늘날처럼 여러 국가나 민족으로 분화되지 않고 열려 있었다는 점에서 '한'사상은 한민족만의 사상이 아니라 인류의 뿌리사상이며 동・서양의 문화・문명을 발흥시킨 모든 종교와 진리의 모체가 되는 사상이라고 해야 할 것이다. 이러한 사실이 점차 밝혀지고 있는 것은 천・지・인 삼신일체의 '한'사상에서 전 세계 종교와 사상 및 문화가 수많은 갈래로 나뉘어 제각기 발전하여 꽃피우고 열매를 맺었다가 이제는 다시 하나의 뿌리로 돌아가 통합되어야 할 시점에 이르렀기 때문일 것이다. 수천 년 동안 국가 통치엘리트 집단의 정치대전이자 만백성의 삶의 교본으로서 전 세계에 찬란한 문화・문명을 꽃피우게 했던 『천부경』은 현재 지구촌의 종교세계와 학문세계를 아우르는 진리 전반의 문제와 정치세계의 문명충돌 문제의 중핵을 이루는 유일신 논쟁, 창조론・진화론 논쟁, 유물론・유심론 논쟁, 신・인간 이원론, 종교적 타락상과 물신 숭배 사조, 인간소외 현상 등에 대해 단 81자로 명쾌하게 그 해답을 제시하고 있다.[56]

조선 초기의 학자이자 생육신의 한 사람인 매월당(梅月堂) 김시습(金時習)의 『징심록추기(澄心錄追記)』는 우리 역사상 왕권과 결부되는 것으로 간주되는 금척(金尺)에 『천부경』이 새겨져 있음을 확연히 보여준다. 『징심록추기』 제8장에는 금척이 천부경의 원리를 본떠 만들었고, 천부경을 영원히 보존하기 위하여 금으로 만들었으며, 무오류성을 지닌 우주만물을 재는 척도로서의 자(尺)로 만든 것이라고 나와 있다.[57] 제10장에는 "신라 창시의 근본이 이미 부도(符都)에 있었으니, 금척의 법이 또한 단군의 세상에 있었음을 가히 알 수 있는 것이다"[58]라고 나오고, 이어서 "혁거세 왕이…13세의 어린 나이로 능히 뭇 사람들의 추대를 받은 것은 그 혈통의 계열이 반드시 유서가 깊었기 때문으로 금척이 오래된 전래물임을 또한 미루어 알 수 있다"[59]고 나오며, 제13장에는 "(조선조) 태조가 꿈에 금척을 얻은 것이 어찌 우연이라 할 수 있으리오"[60]라고 나온다.

금척은 하늘의 뜻에 부합하는 천부도(天符都)를 건설하기 위한 신기(神器)였다. 내용에 보면, '필재어금척지수리(必在於金尺之數理)'…'기수사심난(其數辭甚難)'이라 하여 금척에 새겨진 수리(數理)가 심히 어렵다고 하고, 대저 그 근본은 곧 '천부지법이제지(天符之法而製之)'라 하여 천부경의 법을 본떠 만든 것이라고 하였으니, 수리는 곧 천부경의 수리임이 분명하다. 이렇게 볼 때 금척은 환단(桓檀)시대로부터 전래되어 온 영원성·무오류성을 지닌 우주만물의 척도로서 천부경을 새겨서 천권(天權)을 표시한 천부인(天符印)[61]의 일종이다. 발해국 시조 대조영(大祚榮, 高王)의 아우 반안군왕(盤安郡王) 대야발(大野勃)의 『단기고사(檀奇古事)』에도 천부경의 원리와 그 가르침이 나타나 있으며,[62] 또한 조선 정조(正祖) 5년 구월산 삼성사에 올린 치제문(致祭文)[63]에 '천부보전(天符寶篆 또는 天符寶典)'이 지금에 이르러서는 사실적 물증이 없으나 우리 동국역사에서는 신성하게 일컬어지며 세세로 전해져 왔다'라고 기록되어 있어 『천부경』의 지속적인 전승과 심대한 가치를 짐작케 한다.[64]

『천부경』은 상고시대 조선이 세계의 정치적·종교적 중심지로서, 사해의 공도(公都)로서, 세계 문화의 산실(産室) 역할을 하게 했던 '천부보전'이었다. 당시 국가지도자들은 사해(四海)를 널리 순행했으며, 천부에 비추어서 수신하고 해혹복본(解惑復本)을 맹세하며 모든 종족과 믿음을 돈독히 하고 돌아와 부도(符都)를 세웠다. '부도'란 천부의 이치에 부합하는 나라 또는 그 나라의 수도라는 뜻으로 환국·배달국·단군조선에 이르는 우리 상고시대의 나라 또는 그 수도를 일컫는 것이다. '한'사상에서 복본을 강조한 것은, 본연(本然)의 참본성을 회복하면 일체의 이원성에서 벗어나 조화세계를 구현할 수 있기 때문이다. 참본성을 회복한다는 것은 천·지·인 삼신일체의 천도를 체득한다는 것이고, 이는 곧 근본지(根本智)로 돌아가 하늘과 사람과 만물의 '하나됨'을 자각적으로 실천하는 것이다. 인내천(人乃天)이란 것이 바로 이것이다.

『삼일철학역해종경합편(三一哲學譯解倧經合編)』「삼일신고서(三一神誥序)」에는 발해국 반안군왕(盤安郡王) 대야발(大野勃)이 천통(天統) 17년 3월 3일에 쓴『삼일신고』서문이 실려 있다. 이 글은 세상을 혼란케 하는 수많은 문제들이 기실은 모두 참본성에서 멀어진 데서 기인하는 것임을 생생하게 나타내 보이고 있다. 참본성을 자각하지 못하고 탐·진·치라는 삼독(三毒)에 물들게 되면 육체는 불타는 집과도 같이 고통스러운 것이 된다. 삼독의 불길이 스스로를 다 태워 재가 되게 함으로써 결국에는 우주 생명력 에너지가 고갈되게 되는 것이다. 분별지(分別智)에 빠져 참본성이 가려지면 있는 그대로의 세상을 볼 수가 없으므로 실효성 있는 해결책을 기대하기 어렵다. 근사한 옷을 입는다고 해서 몸의 질병이 치유되는 것이 아니듯, 근사한 제도를 만든다고 해서 세상의 질병이 치유되는 것은 아니기 때문이다. 대야발의『삼일신고』서문을 일부 발췌해 보기로 한다.

> 뭇 작용은 형상이 있되 그 작용의 본체인 진정한 주재자는 형상이 없다 하였으니, 아무것도 없는 데서 도균(陶鈞, 轆轤)이 도자기를 만들어 내듯 만물을 생육(生育)하시는 이가 곧 '하나'님이요, 형상을 빌려 나고 죽고 즐기고 괴로워하는 것들

이 바로 사람과 만물이라. 처음에 '하나'님이 주신 성품은 본디 참됨과 망령됨이 없었건만[根本智] 사람이 그것을 받은 뒤로부터 순수함과 순수하지 못함이 생겨났으니[分別智], 비유컨대 백 갈래 냇물에 외로운 달 하나가 똑같이 비치고, 같은 비에 젖건마는 만 가지 풀이 다 달리 피어남과 같음이라. 애닯다! 뭇 사람들은 갈수록 사특하고 어리석어져 마침내 어짊과 지혜로움에는 어둡게 되어 마음속 이글거리는 불길이 세상이라는 화로에 서로를 지지고(煎), 서로 다투는 허망한 생각의 먼지가 본성의 문을 가리고 말았도다. 그로 말미암아 성(盛)하다가는 쇠(衰)하고 일어났다가는 멸(滅)하는 것이 마치 아침 햇살 아래 노는 뭇 하루살이와도 같고 밤 촛불에 날아드는 가엾은 부나비 신세를 면치 못하도다.…교화를 펴고 나라를 세우신 까닭이라.[65]

대야발의 『삼일신고』 서문에는 발해 고왕(高王) 대조영이 교화를 펴고 나라를 세운 배경이 절절하게 나타나 있다. 여기서 "뭇 작용은 형상이 있되 그 작용의 본체인 진정한 주재자는 형상이 없다 하였으니, 아무것도 없는 데서 도균이 도자기를 만들어 내듯 만물을 생육하시는 이가 곧 '하나'님이요, 형상을 빌려 나고 죽고 즐기고 괴로워하는 것들이 바로 사람과 만물이라"고 한 것은 영성과 물성, 본체[본체계, 의식계]와 작용[현상계, 물질계]의 전일적 관계를 의인화하여 나타낸 것이다. 하늘['하나'(님)]의 조화(造化)작용은 무위이화(無爲而化)인 까닭에 아무것도 없는 데서 도균이 도자기를 만들어 내듯 만물을 생육한다고 한 것이다. 또한 본래 참본성[根本智]은 하나이지만 선과 악이라는 분별지(分別智)가 생겨나면서 "어짊과 지혜로움에는 어둡게 되어 마음속 이글거리는 불길이 세상이라는 화로에 서로를 지지고, 서로 다투는 허망한 생각의 먼지가 본성의 문을 가리고 말았다"고 한 것이다. 그로 인해 밤 촛불에 날아드는 가엾은 부나비 신세를 면치 못하게 되었으므로 '큰 덕과 큰 지혜와 큰 힘(大德大慧大力)'으로 교화를 펴고 나라를 세우게 되었다는 것이다.

우주만물의 생성 · 변화 · 소멸은 아무런 작위(作爲)함이 없는 '하나(하늘)'의 조화작용인 까닭에 '무위이화'라고 한다. 이러한 무위이화의 덕과 그 기운과 하나가 되는 것을 동학에서는 '조화정(造化定)'[66]이라고 하고, 이러한 조화기 운과 하나가 되면 동귀일체(同歸一體)가 이루어져 천덕(天德)이 현실 속에서 현 현하게 된다고 본다. 하늘의 조화(造化)기운과 하나가 됨으로써 진실로 우주 만물의 근본이 '하나'임을 아는 것, 바로 여기에 마음을 밝히고 세상을 밝히 는 '인중천지일(人中天地一)' · '성통공완(性通功完)'의 비밀이 있다. 『삼일신고』 의 요체인 '성통공완(性通功完)', 즉 참본성이 열리고 공덕을 완수하는 것이나, 『천부경』의 요체인 '인중천지일(人中天地一)', 즉 천 · 지 · 인 삼신일체의 천도 를 체현하는 것은 모두 우주만물의 근본이 하나임을 자각하는 것을 전제로 한다. 마음을 밝히고 세상을 밝히는 '큰 덕과 큰 지혜와 큰 힘', 즉 우주 '큰사 랑'은 바로 생명의 전일성에 대한 자각에서 발휘된다.

고구려 안장왕(安藏王) 때 조의선인(皂衣仙人)[67]의 애창곡이었던 '다물흥방지 가(多勿興邦之歌)'의 가사 내용에는 "사람 속에 천지가 하나됨이여, 마음은 신 과 더불어 근본이 되도다(人中天地爲一兮 心與神卽本)"라고 나와 있어, 고구려인들 의 삶과 정신세계에도 천부경의 원리와 가르침이 깊이 용해되어 있었음을 말해준다. 생명의 전일성에 대한 자각적 실천은 무명(無明)의 삶의 행태를 벗 어날 수 있게 함으로써 '만방의 백성들을 편안케 하는' 것이다. 『참전계경』 은 재세이화(在世理化) · 홍익인간을 구현하는 방법을 366사로써 제시하고 있 다. 참전계경의 가르침은 한마디로 참전계경 제345사에 나오는 '혈구지도 (絜矩之道)'로 압축될 수 있다. '혈구지도'란 남을 나와 같이 헤아리는 추기탁인 (推己度人)의 도이다. 남을 나와 같이 헤아린다는 것은 내 마음으로 미루어 남 의 마음을 헤아리는 것이다. 이러한 천부사상의 가르침은 단군팔조교(檀君八

條敎),[68] 부여 구서(九誓)[69]의 가르침에도 나타나 있다.『대학(大學)』「전문(傳文)」 치국평천하(治國平天下) 18장에서는 군자가 지녀야 할 '혈구지도'를 효(孝)·제(悌)·자(慈)의 도(道)로 제시하고 있다.

이상에서 볼 때 '한'사상은 인류 보편의 사상으로 지구생명공동체의 실현을 추구한다는 점에서 오늘의 우리에게도 많은 시사점을 제공한다. '한'사상의 가르침은 우주와 지구와 인간의 새로운 관계 정립이 요망되는 현 시점에서 진지(眞知)를 통해 만사의 정합성(整合性)을 온전히 이해할 수 있게 함으로써 새로운 계몽시대를 여는 길라잡이 역할을 할 수 있다. 이원성을 넘어선 진정한 앎에서 평등성지(平等性智)가 드러나고 삶 자체에 대한 전적인 수용과 더불어 만유를 차별 없이 사랑하는 실천이 나오게 된다. 현실과 유리된 영성에 관한 논의는 관념에 불과한 것이고, 진리와 유리된 지식이나 학문은 '지적 희론(知的 戱論)'에 불과한 것이므로 인류가 추구하는 제 가치를 실현할 수가 없다. 오늘날 '한'사상이 긴요한 것은, '하나됨'에 대한 인식과 실천이 없이는 인류가 추구하는 제 가치가 실현될 수도, 새로운 계몽시대가 열릴 수도 없기 때문이다.

'한'사상은 천인합일의 생명사상으로 실천적 삶과의 관계성에 주목하는 까닭에 물성과 영성, 지식과 지성의 간극을 메울 수 있게 한다. 오늘날 학문 세계에서 운위되고 있는 통섭이 지식 차원을 넘어 생명 차원의 통섭으로 나아가지 못하는 것은, 정신·물질 이원론에 입각한 기계론적 세계관으로는 물성과 영성의 역동적 통일성을 이해하는 데에 한계가 있기 때문이다. 이 우주에는 우리의 인식 여부와는 상관없이 필연적인 자기법칙성에 따라 움직이는 진리의 차원이 분명 실재하며, 그러한 내재적 법칙성에 의해 끝없는 생명의 순환이 일어나는 것이다. 본체계와 현상계를 관통하는 생명의 순환을 이해하면 천리(天理)에 순응하는 삶을 살게 되므로 영성과 물성의 간극이 사라지고 하늘과 사람과 만물의 '하나됨'을 자각적으로 실천하는 '인내천'이 발휘된다. 영적 무지에서 기인하는 왜곡된 인식에 따른 물성과 영성의 괴리야말로 모든 불행과 비극의 원천이다. 비극과 고통이 분리의식의 소산이라면, 기쁨과 환희, 희열은 '하나됨'의 소산이다. 참 앎은 무명(無明)을 넘어 영원으로 통하는 문이다.

인간 사회의 진화는 우주의 실체인 의식의 진화와 표리(表裏)의 조응관계에 있다. 이 세상 자체가 마음속 생각의 투사영이기 때문이다. 의식의 진화는 곧 의식의 상승(ascendence)이며 이는 영적 자각과 직결되어 있다는 점에서 본질적으로 영적 진화이며 공진화이다. 우주의 진행 방향이 영적 진화인 것은, '영(또는 靈性)'의 자기조직화 원리인 우주지성의 작용에 기인한다. 우주지성은 현대 과학에서 자기조직화의 창발 현상을 가능하게 하는 '정보-에너지장(information-energy field)'이나 초사이클(hypercycle)로 명명되는 효소의 자기조직화하는 원리, 루퍼트 쉘드레이크(Rupert Sheldrake)의 형태형성장(morphogenic field)이나 데이비드 봄의 초양자장(superquantum field)과도 유사한 것이다. 우주지성은 곧 우주의식[보편의식, 전체의식, 一心]이며 정보파동(information wave)이고 에너지다. 디지털 물리학(digital physics)에서 우주의 본질은 정보[에너지]다. 우주만물을 잇는 에너지 장(場)—'디바인 매트릭스(Divine Matrix 우주지성)'[70]라고도 불리는—은 언제 어디에나 이미 실재하며, 바로 이 에너지 장에 의해 우리 모두가 하나라는 인식이 고대로부터 전승되어 오고 있다.

왜 지식인이 지성인이 되지 못하는가? '하나됨'에 대한 인식, 즉 조건 없는 사랑이 결여되어 있기 때문이다. '하나됨'에 대한 인식(각성)은 에고(ego)가 '에고(아이고 I go!)' 할 때(죽을 때) 일어난다. 지성은 조건 없는 사랑이다. 사랑이 없는 지식으로는 결코 정의를 실현할 수 없으며 인류애나 평화를 실현할 수도 없다. 모든 인류가 추구하는 제 가치의 바탕이 되는 것은 사랑이기 때문이다. 우주 '큰사랑'이 발휘되기 위해서는 내적 앎을 높여가야 한다. 앎(knowing)이 깊어지면 봄(seeing)도 깊어지고, '봄'이 깊어지면 삶(life)도 깊어진다. 삶의 심화는 온전한 앎에서 오는 것이다. 독일 이상주의 철학을 종합 집대성한 게오르크 헤겔(G. W. F. Hegel)이 그의 『법철학 *Grundlinien der Philosophie des Rechts*』(1821) 서문에서 "미네르바의 올빼미는 황혼이 질 무렵에야 비로소 날기 시작한다(The owl of Minerva spreads its wings only with the falling of the dusk)"[71]라고 한 말은 행동하지 않는 많은 지식인들로 하여금 자기반성을 촉구하게 했다.

영국의 생명과학자 라이얼 왓슨(Lyall Watson)이 이론화한 '100마리째 원숭이 현상(The Hundredth Monkey Phenomenon)'은 인간 사회에도 적용될 수 있는 보편적인 현상이다. 1950년대 초 일본 교토대학의 영장류연구소에서는 미야자키현 고지마라는 무인도의 원숭이를 관찰했다. 이 지역 원숭이들은 고구마에 묻은 흙을 손으로 털어내서 먹었는데, 그중 한 마리에게 바닷물로 고구마를 씻어먹도록 학습시킨 결과, 흙도 없고 소금기가 있어 맛도 좋아 다른 원숭이들도 차츰 따라 하기 시작했다. 그런데 고구마를 씻어먹는 원숭이가 100마리 정도로 늘어나자, 그 섬에서 멀리 떨어진 오분현 지역의 원숭이들까지 고구마를 씻어먹기 시작했다. '100번째 원숭이'를 기점으로 고구마를 씻어먹는 행위가 '형태공명(morphic resonance)'을 일으킨 것이다. 왓슨은 이 현상을 '100마리째 원숭이 현상'이라고 명명했다. 어떤 행위를 하는 개체 수가 임계치에 달하면 그 행위는 그 집단에만 국한되지 않고 시공을 뛰어넘어 확산되는 현상이다. 인간 사회의 가치체계나 구조 역시 각성한 사람 수가 임계치에 달하면 변화한다. 밝은 세상을 만들기 위해서는 솔선수범하는 그

'한 사람'이 필요하다.

인위의 정신개벽·사회개벽을 통해 각성한 사람 수가 늘어나면 인간 사회의 가치체계와 구조도 변화하게 될 것이다. 인류가 처한 딜레마는 다양한 것 같지만 본질적으로는 모두 생명에 관한 문제와 관련되어 있으며 또한 거기서 파생된 것이다. 오늘날 지구촌이 '자기조화'를 이루지 못하고 파편화된 것은 영적 무지에 따른 '분별지'의 작용으로 인해 이 우주가 상호 긴밀히 연결된 '에너지-의식의 그물망'임을 인지하지 못한 데 기인한다. 말하자면 존재계의 관계적 본질에 대한 통찰이 일어나지 못함으로 해서 전일적 과정으로서의 생명현상을 파악하지 못했기 때문이다. '열린사회'의 적(敵)은 닫힌 의식이다. 종교 충돌·정치 충돌·문명 충돌이 말해 주듯 인류의 뿌리 깊은 이분법은 소통성이 결여된 닫힌 의식에서 오는 것이다. 의식이 닫힌 상태에서 운위되는 정의니, 사랑이니, 평화니, 복지니 하는 것은 공허한 말잔치에 불과하다. 오늘날 우리가 목도하는 권력정치의 유산은 파괴와 불협화음이다. 20세기 이후로도 양차 세계대전과 600만 명의 유대인 학살 등에서 보듯이, 인류가 그토록 심대하고도 처절한 의식의 자기교육과정을 겪을 수밖에 없었던 것은 인류 의식의 자기분열이 너무 깊기 때문이었는지도 모른다.

이러한 의식의 자기교육과정은 지금 이 순간에도 전쟁이나 테러, 정치적 폭압 등 갖가지 형태로 지구 도처에서 진행 중이다. 2001년 9·11 테러 이후 생명 위기의 극복은 21세기 역사의 중심 주제가 되었을 뿐 아니라 인류의 정치실천적 과제가 되고 있다. 현재 급속하게 진행되고 있는 전 지구적 차원의 생태 재앙과 정치적·종교적 충돌, 나아가 총체적인 인간 실존의 위기는 이제 인류가 정치적 결단을 내려야할 임계점(critical point)에 이르렀음을 환기시킨다. 선진국을 중심으로 한 자원과 에너지의 과잉소비, 지구경제의 남북 간 분배 불균형, 인구증가와 환경악화 및 자연재해에 따른 빈곤과 실업의 악순환, 민족간 · 종교간 · 지역간 · 국가간 대립과 분쟁의 격화, 군사비 지출 증대와 같은 현상은 생명 위기가 발생하는 배경과 긴밀한 연계성을 갖는다. 또한 지구 온난화와 오존층 파괴, 생물종 다양성의 감소와 대기 · 해양의 오염, 유해폐기물 교역과 공해산업의 해외 수출 등 환경문제는 국제정치경제의 새로운 쟁점이 되고 있다. 나아가 정치적 혼란과 빈곤과 환경파괴의 악순환에 따른 수많은 '환경난민(environmental refugees)'의 발생은 국제적 차원의 해결책을 요구하고 있다.

지금도 유럽으로 밀려들고 있는 수많은 난민은 유럽의 골칫거리가 되고 있다. 이들을 모두 수용할 수도 없고, 그렇다고 인도적 차원에서 외면할 수도 없기 때문이다. 2018년 6월 19일 유엔난민기구(UNHCR)가 발표한 보고서 내용에 따르면, 2017년 말 기준 전 세계 난민 누적 인원이 6,850만명(자국내 유랑민 4,000만명 포함)으로 제2차 세계대전 난민 5,000만명보다 많다.[72] 유럽 내 최대 난민 수용국인 독일에서는 난민을 겨냥한 인종 테러가 급증하면서 제노포비아(Xenophobia · 이방인 혐오현상)로 몸살을 앓고 있다. 주로 시리아인, 이라크인, 아프가니스탄인으로 구성되어 있는 난민들의 공통점은 내전국가 출신이라는 것이다. 특히 시리아의 경우, 2011년 '아랍의 봄'으로 일컬어지는 아랍권의 반정부 민주화 시위의 파장이 밀어닥치면서 전면적인 내전 상황으로 치닫게 되었다. 시리아 내전은 장기독재에 대한 저항, 종교갈등, 민족갈등, 중동 역내 · 외 국가들의 이해관계가 맞물린데다가 이슬람국가(IS)가 본거지로 삼으려는 곳이기도 하니, 매우 복잡한 양상을 띨 수밖에 없다. 시리아 내전과 이슬람국가와의 전쟁이 벌어지는 곳은 '비옥한 초승달 지대(Fertile

Crescent)'*의 한가운데이다. 그런데 2015년부터 시리아 아사드(Assad) 정권에 대한 러시아의 지원과 개입으로 시리아 내전과 이슬람국가와의 전쟁은 '초승달 지대'를 둘러싼 열강의 치열한 국제전으로 그 성격이 바뀌고 있다.**

뿐만 아니라 2018년 5월 8일(현지 시각) 도널드 트럼프(Donald J. Trump) 미국 대통령의 이란 핵협정(Joint Comprehensive Plan of Action, JCPOA · 포괄적 공동행동계획) 파기 선언 및 같은 해 8월 이란 제재 복원, 2018년 5월 14일(현지 시각) 이스라엘 주재 미국 대사관의 예루살렘 이전으로 중동의 역학관계는 더 복잡해질 전망이다. 트럼프 대통령은 JCPOA에 참여한 유럽 3개국(영국, 프랑스, 독일)의 반대에도 불구하고 미국의 JCPOA 탈퇴를 공식 선언하며 이란에 대한 제재를 되살리기로 했다. 미국 대사관의 예루살렘 이전은 2017년 12월 트럼프 대통령이 예루살렘을 이스라엘의 공식 수도로 인정하며 텔아비브에 있는 미국 대사관을 예루살렘으로 이전하겠다고 발표한 내용을 이행한 것이다. 대사관 이전은 아랍권에 맞선 선전포고와도 같은 것이다. 유엔은 예루살렘을 동 · 서로 나눠 각각 팔레스타인과 이스라엘 관할권으로 인정하고 국제사회도 이를 받아들이고 있지만, 이스라엘은 동예루살렘까지 불법 점령하고 있다. 예루살렘은 유대교(통곡의 벽), 기독교(성묘교회), 이슬람교(바위의 돔), 세

---

* '비옥한 초승달 지대'는 미국의 고고학자이자 역사가인 제임스 헨리 브레스테드(James Henry Breasted)에 의해 발굴된 서아시아의 고대 문명 발생지에 대한 雅稱이다. 그 범위는 왼쪽으로 이집트에서 시작해 지중해 연안인 시리아 · 요르단 · 팔레스타인 · 레바논과, 그 위의 터키, 오른쪽으로 이라크와 이란을 포함하는 초승달 모양의 지역이다.

** 시리아 내전은 단순한 내전이 아니라, '초승달 지대'를 둘러싸고 전략적 우위를 지키려는 미국, 중동 진출의 교두보를 확보하려는 러시아, 새로운 플레이어로 진출하는 중국, 지역 패권을 두고 각축전을 벌이는 터키 · 이란 · 사우디아라비아 · 이스라엘, 이슬람국가 등 이슬람주의 세력이 벌이는 국제전으로서의 성격이 강하다.

종교의 성지(聖地)로서 '평화의 도시'라는 뜻이다. 그러나 그 이름과는 달리 분쟁이 끊이지 않은 도시다.

동아시아 지역 또한 신냉전시대의 대립 관계가 지속되고 있다. 한 · 일 간의 독도, 러시아 · 일본 간의 쿠릴열도(북방 4개 島嶼), 중국 · 일본 · 대만 간의 댜오위다오(釣魚島 · 일본명 센카쿠(尖閣) 열도), 중국 · 대만 · 말레이시아 · 인도네시아 · 베트남 · 필리핀 · 보르네오 · 브루나이 간의 남중국해 난사군도(南沙群島), 중국 · 필리핀 간의 난사군도에 있는 황옌다오(黃巖島 · 스카보러 섬), 중국 · 베트남 간의 시사군도(西沙群島 · 파라셀군도 · 베트남명 호앙사군도) 등 영유권 문제 관련국만 해도 동아시아 주요 국가들이 대부분 망라돼 있다. 중국이 2012년 5월부터 제작한 새 전자여권 속지에 새겨진 중국 전도에 남중국해 주변을 따라 그은 9개의 직선, 이른바 '남해구단선(南海九段線 nine dash line · 일명 'U形線')'이 포함되면서 남중국해 도서 영유권 분쟁의 파고가 다시 거세졌다. 미 · 중, 중 · 일의 아태(亞太) 패권 경쟁 본격화와 한반도의 변화 방향 또한 이 지역의 질서 재편에 중대한 변수다.

한반도는 지금 세계의 이목이 집중되어 있다. 미 · 중 · 러 · 일은 물론 유엔과 유럽연합(EU)이 북한의 비핵화에 플레이어로 역할하고 있기 때문이다. 1994년 북한의 비핵화를 위한 북미 제네바 합의 이후 국제사회의 강력한 경고에도 불구하고 2017년 9월 3일 북한의 6차 핵실험 강행으로 결국 2017년 9월 11일 유엔 안전보장이사회는 대북제재 결의 2375호에 따라 북한에 대한 제재를 더욱 강화했다. 이러한 국제사회의 대북제재에도 불구하고 2017년 11월 29일 북한이 또다시 장거리 탄도미사일(대륙간탄도미사일 · ICBM) 발사를 감행하자, 같은 해 12월 22일 유엔 안보리는 한층 더 강화된 새 대북제재 결의 2397호를 만장일치로 채택했다. 주요 내용은 원유와 정제유 제재 강화, 북한 해외노동자 24개월 이내 송환,[73] 해상 차단 강화, 수출입 금지 품목 확대, 개인 및 단체에 대한 제재대상 추가 지정 등이다. 2018년 2월 26일(현지 시각) 유럽연합은 안보리가 채택한 새 대북제재 결의 2397호를 반영해 대북 제재를 더욱 강화하는 한편, 대북제재를 위반한 것으로 의심되는 선박들에 대한 해상 제한 조치 등 EU 차원의 추가적인 독자 제재안도 마련하고 24개월 이내에 자국법과 국제법에 따라 모든 북한 노동자들을 송환하기로 했다.

중요한 것은 비핵화 선언이 아니라 비핵화 개념에 대한 합의다. 이러한 합의가 없이는 남북정상회담이나 북미정상회담이 실효를 거두기 어렵기 때문이다. 비핵화 개념에 대한 미국의 입장은 2018년 5월 13일(현지 시각) 존 볼턴(John Bolton) 백악관 국가안보보좌관의 ABC · CNN방송 인터뷰에서 잘 나타난다. '영구적 비핵화(PVID)*[74]란 어떤 것이냐'는 질문에 그는 '북한의 모든 핵무기의 제거 · 폐기와 미국 테네시주(州) 오크리지**로 옮기는 것'이라며, '선(先) 비핵화 후(後) 제재해제 · 경제보상'이라는 원칙을 재확인함으로써 '단계적 · 동시적' 비핵화라는 북한의 입장을 수용할 수 없음을 분명히 했다. 국제원자력기구(IAEA)도 일정한 역할을 하겠지만, 미국이 직접 북핵을 폐기하겠다는 것이다. 이어 그는 '비핵화 절차가 완전하게 진행돼야 하며, 그것은 불가역적인 것'이라고 했다. 또한 그는 '비핵화가 핵무기뿐만 아니라 북한이

---

* 'PVID(permanent, verifiable, irreversible dismantlement)'는 2018년 5월 2일(현지 시각) 마이크 폼페이오(Mike Pompeo) 미국 국무장관이 열린 취임식에서 북한 비핵화 원칙과 관련해 기존의 'CVID(complete, verifiable, irreversible dismantlement)' 대신 사용한 용어다. '영구적이고 검증가능하며 불가역적인 핵폐기'를 의미하는 PVID는, '완전하고 검증가능하며 불가역적인 핵폐기'를 의미하는 CVID와 본질적으로 다르지 않지만 '핵 보유능력 불능화 검증'이라는 '미국이 지향하는 북한 비핵화의 방향'을 더 분명히 한 것으로 보인다.

** 오크리지 연구소는 2차 세계대전 당시 핵폭탄 제조를 주도한 곳으로, 카자흐스탄 · 리비아의 고농축우라늄과 핵개발 장비 등이 보관되어 있어 '핵무덤'으로 불리는 곳이다. 미국이 북한 핵무기 처리장소를 언급한 것은 2018년 5월 13일 인터뷰가 처음이다.

과거 수차례 동의했던 우라늄 농축과 플루토늄 재처리 능력 포기를 의미한 다'며, 생화학무기 등의 대량살상무기(WMD)와 대륙간탄도미사일도 폐기해 야 한다는 입장을 밝혔다.

볼턴이 밝힌 미국의 북한 비핵화 목표는 핵탄두·핵물질·핵시설은 물 론, 핵무기의 운반 수단인 탄도미사일과 생화학무기 등 모든 대량살상무기 를 제거하는 것이다. 그 절차는 핵무기를 포함한 모든 대량살상무기 프로그 램 위치 신고, 국제원자력기구 등이 참여하는 공개 검증, 미국 오크리지로 반출해 미국이 직접 폐기, 대북 보상의 순이다. 대북 보상 시점은 비핵화 조 치 단계마다 보상을 받고자 하는 북한의 입장과는 달리, 대북 보상 전에 영 구적이고 검증가능하며 불가역적인 핵폐기가 선행되어야 한다는 것이다. 대북 보상 방안은 미국의 직접적인 경제 원조 대신 북한의 '정상국가화(대북 제재와 테러 지원국 지정 해제 등)'를 통한 무역·투자·금융 지원의 방식이다.[75] 또 한 미국의 북핵 폐기 방식을 놓고 볼턴이 주장한 '리비아 모델'에 대한 북한 의 반감이 커지자 미국은 '트럼프 모델'을 제시했다. 2018년 5월 17일(현지 시 각) 트럼프 대통령은 '북한이 비핵화를 통해 산업화된 한국의 길로 갈 것인 지, 아니면 결국 정권이 붕괴되고 파괴된 리비아의 길로 갈 것인지를 선택 하라'며 '트럼프 모델'의 윤곽을 드러냈다.[76]

이상에서 볼 때 비핵화의 성공 여부는 비핵화 개념의 간극을 어떻게 해소 하느냐에 달려 있다. 그러나 그 간극의 해소는 정치공학적인 것이 아니라 생각 자체가 바뀌어야 하는 문제인데, 그 생각이란 것이 권력의지와 단단히 결합되어 있으면 바꾸기 어려운 법이다. 더욱이 한반도 문제는 동북아의 역 학구도, 특히 중·미 패권구도와 맞물려 있는 관계로 고난도의 고차방정식 이다. 평화가 정치공학적으로 실현되기 어렵다는 것은 인류의 역사가 증명 한다. 인류의 역사가 반목과 대립과 갈등으로 점철될 수밖에 없었던 것은,

평화는 정치적 슬로건에 불과했고 그 이면에서는 권력의지가 끊임없이 충돌했기 때문이다. 1919년 6월 독일 제국과 연합국 사이에 맺어진 제1차 세계대전의 평화협정인 베르사유 조약(Treaty of Versailles)은 1919년 6월 28일 서명되어 1920년 1월 10일 공포되었다. 그러나 수많은 문제들이 얽히고설킨 베르사유 체제는 평화체제가 아니라 2차 세계대전이 발발하기까지 '20년간의 위기(The Twenty Years' Crisis, 1919~1939)'의 서막이었음을 우리는 잘 알고 있다.

유럽을 혼란시킨 모든 일이 베르사유 조약에서 기인한 것으로 본 네빌 체임벌린(Arthur Neville Chamberlain)이 1937년 영국 총리로 취임했을 때, 아돌프 히틀러(Adolf Hitler)가 자신이 희망하는 것은 1919년의 잘못을 시정하는 것이라고 하는 말을 믿고 그에 대한 '유화정책'을 추진했다. 히틀러의 정복전이 가시화되기 시작한 1938년, 체임벌린은 전쟁을 막기 위해 4강(독일·영국·프랑스·이탈리아) 회담을 제안하여 그해 9월 30일 뮌헨협정(Munchen agreement)을 맺었다. 뮌헨을 떠나기 전 체임벌린과 히틀러는 평화보장을 위한 협의를 통해 의견차를 해소하겠다는 희망을 밝힌 서류에 서명했다. 체임벌린은 의기양양하게 귀국해 전쟁의 위협이 사라졌으며 명예롭게 평화를 이룩했다고 환영군중을 안심시켰다. 그러나 다음해 3월 히틀러가 체코의 나머지 영토를 합병하고 9월에는 폴란드까지 침공하자, 영국은 하는 수 없이 독일에 선전포고를 하고 전쟁에 돌입하였는데, 이것이 제2차 세계대전으로 확전된다.

우리가 역사로부터 얻는 교훈은, 회담이나 조약 또는 협정은 정치적 전략의 산물인 까닭에 동상이몽인 경우가 허다하며 그 자체가 평화를 보장하는 것은 결코 아니라는 것이다. 그것이 지켜지는 것은 이해관계가 일치하는 동안만이다. 평화는 공동선에 대한 인식과 실천이 없이는 실현될 수가 없다. 설령 제도적 통일이 이루어진다고 해도 그것이 곧 평화를 보장하는 것은 아니다. 우리 상고시대 수천 년 동안 동아시아를 평화롭게 다스렸던 것은 무기체제에 의해서가 아니라 천·지·인 삼신일체의 천도(天道)에 부합하는 천부사상, 즉 '한'사상(삼신사상)에 의해서였다. 당시에는 정치의 교육적 기능을 제일로 꼽았다. 독일의 철학자 마르틴 하이데거(Martin Heidegger)가 세계 역사상 완전무결한 평화적인 정치로 2천 년이 넘도록 아시아 대륙을 통치한 단군 고조선의 실재를 자신이 인지하고 있다며, 모 철학 교수에게 한민족('한'족)의 국조 단군의『천부경』을 이해할 수 있도록 설명을 요청했다는 일화는 우리로 하여금 많은 생각을 하게 한다.

한반도 문제는 지구 문제의 축소판이다. 한반도 매듭이 풀리면 지구의 매듭이 풀린다. '큰 정치'는 보수니 진보니 하는 이념의 프레임에 갇히지 않는 까닭에 '자기조화'적이다. '큰 정치'는 국가·민족·인종·성·계급·종교 등의 성벽에 갇히지 않는 까닭에 무경계이며 전체성이다. '큰 정치'는 객관과 주관의 조화를 함축한 중용(中庸), 다시 말해 하늘의 '때(天時)'와 세상 '일(人事)'의 연계성을 함축한 '시중(時中)'의 도(道)로써만 가능한 것이다. 한반도에는 그런 '큰 정치'가 필요하다. '한'사상이 이 시대에 긴요한 것은 바로 그런 '큰 정치'를 가능하게 하는 사상적 토대를 제공하기 때문이다.

What Rules
the 21st Century?

"역사가 주는 분명한 교훈은 불환지폐가 금융 조작, 기업 불신, 투기적 거래를
초래하고, 그러한 조건에서 모든 폐해가 나온다는 것이다."

"The Lesson of history is emphatically that irredeemable paper money
results in monetary manipulation, business distrust, a speculative condition of
trade, and all the evils which flow from these conditions."

- Irving Fisher, *The Purchasing Power of Money: Its Determination and
Relation to Credit, Interest and Crises*(1912)

02

구리본위제도
(Copper Standard System)

- 화폐의 발달사와 인류 사회의 진화
- 국제통화제도의 시대적 변천과 한계
- 구리본위제도의 근거와 적실성

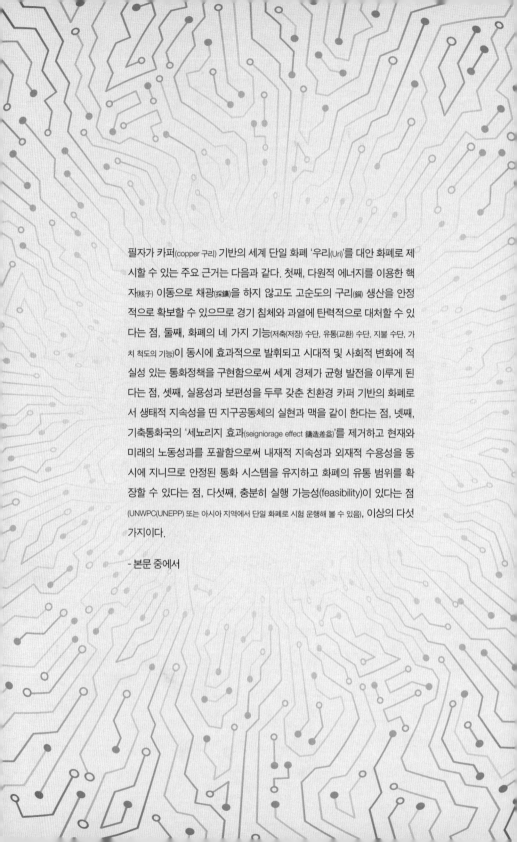

필자가 카퍼(copper 구리) 기반의 세계 단일 화폐 '우리(Uri)'를 대안 화폐로 제시할 수 있는 주요 근거는 다음과 같다. 첫째, 다원적 에너지를 이용한 핵자(核子) 이동으로 채광(採鑛)을 하지 않고도 고순도의 구리(銅) 생산을 안정적으로 확보할 수 있으므로 경기 침체와 과열에 탄력적으로 대처할 수 있다는 점, 둘째, 화폐의 네 가지 기능(저축(저장) 수단, 유통(교환) 수단, 지불 수단, 가치 척도의 기능)이 동시에 효과적으로 발휘되고 시대적 및 사회적 변화에 적실성 있는 통화정책을 구현함으로써 세계 경제가 균형 발전을 이루게 된다는 점, 셋째, 실용성과 보편성을 두루 갖춘 친환경 카퍼 기반의 화폐로서 생태적 지속성을 띤 지구공동체의 실현과 맥을 같이 한다는 점, 넷째, 기축통화국의 '세뇨리지 효과(seigniorage effect 鑄造差益)'를 제거하고 현재와 미래의 노동성과를 포괄함으로써 내재적 지속성과 외재적 수용성을 동시에 지니므로 안정된 통화 시스템을 유지하고 화폐의 유통 범위를 확장할 수 있다는 점, 다섯째, 충분히 실행 가능성(feasibility)이 있다는 점 (UNWPC(UNEPP) 또는 아시아 지역에서 단일 화폐로 시험 운행해 볼 수 있음), 이상의 다섯 가지이다.

- 본문 중에서

02 구리본위제도(Copper Standard System)

불환지폐는 이를 채용한 나라에 예외 없이 저주를 내렸다.
Irredeemable paper money has almost invariably proved a curse to the
country employing it.

- Irving Fisher, *The Purchasing Power of Money:*
Its Determination and Relation to Credit, Interest and Crises (1912)

화폐의 발달사와 인류 사회의 진화

화폐는 '욕망의 운반체이자 무덤'이라는 말이 있다. 욕망은 화폐를 통하
여 운반되고 교환되고 거래된다. 종국에는 욕망의 불길이 스스로를 집어삼
켜 최후를 맞게 되는 것이니, 화폐는 욕망의 무덤이다. 오늘도 지구상에는
숱한 사람들이 돈(錢) 때문에 울고 웃고, 때론 세상과 작별을 고한다. 화폐는
풍요와 기쁨을 가져다주기도 하지만, 재앙과 고통을 안겨주기도 한다. 세상
에서 가장 강력한 종교는 머니교(money教)다. 역사상 수많은 제국과 종교가
명멸을 거듭했지만 '머니교'는 시공을 초월하여 건재를 과시하며 제국과 종
교집단을 죽음도 불사하는 광신도로 만들었다. '머니교'는 국가 · 민족 · 인
종 · 성 · 계급 · 종교의 장벽이나 다른 어떤 이념의 장벽도 허용하지 않으
며 오로지 '돈의 향기'만으로 신과 왕이 실패한 곳에서도 성공했다. 히브리
대 역사학 교수 유발 하라리(Yuval Noah Harari)는 화폐를 '역사상 최대의 정복
자, 극도의 관용과 융통성을 지녔으며 사람들을 열렬한 사도로 만들었던 정
복자'[1]라고 말한다. 국제 금융과 통화체제의 최고 권위자로 인정받는 미국
의 경제학자 배리 아이켄그린(Barry Eichengreen)은 국제통화체제에 대한 이해

의 중요성을 이렇게 설명한다.

> 국제통화체제는 국민경제들을 묶는 접착제이다. 그것의 역할은 외환시장에 질
> 서와 안정성을 부여하고, 국제수지 문제의 해소를 장려하며, 교란의 충격이 발
> 생할 경우 국제 신용을 이용할 수 있게 해주는 것이다. 적절하게 기능하는 국제
> 통화 기제가 없다면 국가들은 교역과 해외 차입에서 오는 이득을 효율적으로
> 이용하기 힘들다는 것을 알게 될 것이다.…국제통화체제를 이해하지 않고서 국
> 제경제의 작동을 이해하기란 불가능하다.[2]

화폐는 연금술과도 같은 신비한 힘이 있어서 화폐의 운명이 곧 국가의 운
명이자 세계의 운명이라고 할 만큼 5,000여 년의 화폐 역사 속에서 그 힘은
막강해졌다. 전 세계는 화폐의 복잡한 그물망으로 얽혀 있어 금융위기가 일
어난 원인을 찾는 것은 어렵지 않지만 그 해결책을 찾기란 쉽지 않다. 돈의
흐름을 알지 못하고서는 현대 경제의 작동을 파악하기란 사실상 불가능하
다. 우리는 20세기 말 이후 10여 년간 전 세계가 겪은 금융위기를 기억하고
있다. 1997년 화폐 위기로 촉발된 아시아의 금융위기, 2001년 라틴아메리카
의 채무위기, 2007년 미국의 서브프라임 모기지 사태(subprime mortgage crisis)
에서 2008년 리먼 브라더스 사태(Lehman Brothers crisis: subprime mortgage loan의 붕
괴에 따른 글로벌 투자은행 리먼 브라더스의 파산)로 이어지는 이른바 '2007-2008 세계
금융위기(financial crisis of 2007~2008)', 2009년 유로존의 채무위기는 한데 맞물려
영향을 주고받는 원인이자 결과가 되었다. 각국 정부의 위기 대응책은 시장
에 많은 화폐를 푸는 양적완화(quantitative easing, QE) 정책으로 일관했다. 금융
위기 이후 미국 정부는 7,000억 달러, 유럽 중앙은행 및 영국과 스위스의 중
앙은행은 900억 달러, 일본 정부는 8조 엔, 중국 정부는 4조 위안을 투입한

다고 발표했다.[3]

그러나 단기적인 양적완화 정책은 화폐가치를 떨어뜨리고, 화폐가치가 떨어지면 물가가 오르는 인플레이션 현상이 나타나게 된다. 아프리카 짐바브웨는 한때 화폐 남발로 인해 인류 역사상 가장 높은 수준의 하이퍼(超)인플레이션(hyperinflation)을 겪었다. 세계에서 가장 큰 금액의 지폐는 1,000억 짐바브웨 달러인데, 호화주택 10채를 살 수 있었던 이 돈은 달걀 3개의 가치로 떨어졌다. 한때 남미 제일 부국이던 베네수엘라는 우고 차베스(Hugo Chavez) 전(前) 정권의 포퓰리즘 정책과 국제 유가(油價) 하락으로 연간 물가상승률이 8만%가 넘는 초인플레이션에 달하는 등 최악의 경제난을 겪고 있다. 국제통화기금(IMF)는 2018년 베네수엘라의 물가상승률이 100만%에 달할 것으로 전망했다. 계속되는 화폐 남발로 경제가 쇠퇴했고, 노동인구의 해외 유출로 생산 활동이 감소했으며, 환율하락으로 수입품 가격이 상승한 것이다. 1960년에서 2011년 말까지 미국은 GDP가 28배 느는 동안 달러 총액은 38배 늘었고, 영국은 GDP가 32배 느는 동안 파운드 총액은 240배 늘었다. 한편 중국은 1977년에서 2011년 말까지 GDP가 41배 느는 동안 위안화 총액은 991배가 늘었다. 화폐가 경제발전과 인류 사회의 진보를 촉진하긴 했지만, 인플레이션, 채무위기, 재정 적자, 환율과 국제통화 시스템의 불균형 등의 문제는 지금도 계속되고 있다.[4]

2018년 6월 7일(현지 시각) 아르헨티나가 국제통화기금(IMF)에서 3년간 500억 달러의 지원을 받게 됐다. IMF가 시장 전망치(300억 달러)보다 200억 달러 많은 금액을 지원키로 한 것은 아르헨티나의 금융위기가 터키, 브라질, 멕시코, 인도 등 신흥시장 전반으로 확산되는 것을 사전에 차단하기 위한 조치로 보인다. 워싱턴포스트(WP)의 경제 전문 칼럼니스트 로버트 새뮤얼슨(Robert J. Samuelson)은 2018년 5월 13일(현지 시각)자 칼럼을 통해 아르헨티나의 경제위기로 인해 신흥시장으로의 자본 유입이 현저하게 둔화될 경우 세계 경제에는 부정적인 영향이 광범하게 나타날 수도 있다고 분석했다. 국제금융협회(IIF)의 자료에 따르면 2017년 한 해 동안 신흥시장 25개국으로 유입된 투자 자본은 1조2,000억 달러에 달했다.[5] 아르헨티나는 2000년에도 IMF에서 구제금융을 받은 전력이 있어 외환위기가 재현된 것이라는 불안감을 던져주고 있다. 아르헨티나의 페소화 가치가 사상 최저 수준으로 하락했고, 자국의 통화 방어를 위해 중앙은행의 잇단 금리 인상에도 불구하고 디폴트(default · 채무불이행) 우려가 나오고 있다. 페소화가 사상 최저치를 경신한 데는 미국 금리 인상의 영향이 컸다. 이번 금융위기가 최근 달러 강세와 미국 시중금리의 인상으로 신흥국의 통화가치가 급락한 데 따른 것이라는 점에서 화폐 정책의 파급효과를 읽을 수 있다.

　화폐의 발달사는 인류 사회의 진화와 궤를 같이 한다. 화폐는 재화와 용역을 교환하는 교환 수단이자 지불 수단이며, 가치의 저장 수단이자 가치 척도로서의 기능도 갖는다. 인간 사회의 모든 활동은 부를 창조하고 배분하는 것으로 귀결된다. 노동을 통해 부를 창조하고, 분배 시스템을 통해 부를 획득하는 것이다. 인류 문명의 발전 궤도는 '부의 창조의 효율성과 부의 분배의 형평성'[6]에 의해 결정됐다. 화폐[금융 시스템]는 사회적 부를 배분하는 핵심적인 수단이므로 화폐 발행의 토대가 도덕성 원칙에 입각해 있지 않으면 사회적 부를 형평하게 분배할 수 없다. 『화폐전쟁 Currency Wars』의 저자 쑹훙빙(宋鴻兵)은 화폐 발행의 도덕성 원칙이라는 토대 위에 '좋은 화폐'가 되려면 '완벽한 주권을 가진 화폐, 신용도가 높은 화폐, 사용성이 편리한 화폐, 안정적인 화폐, 간편하게 얻을 수 있는 화폐, 선호도가 높은 화폐'[7]의 조건을 동시에 만족시켜야 한다고 본다. 이 여섯 가지 조건을 갖추면 세계화폐로

부상할 수 있다는 것이다.

화폐 주권은 타국 화폐의 영향을 받지 않고 자국의 화폐 정책을 완전히 통제할 수 있는 권리다. 완전한 주권을 가진 화폐로는 19세기의 파운드화와 20세기의 달러화를 들 수 있다. 화폐의 신용도는 대중의 신뢰를 얻는 것에 비례한다. 신용도가 낮은 화폐로는 장제스 정부의 법폐와 금원권을 들 수 있다. 현재 미국의 양적완화 정책은 달러를 남발해 자국 채무 부담을 타국에 전가하는 것이라는 비판이 있다. 화폐의 사용성은 필요한 상품의 구매 능력에 비례한다. 화폐가치가 높아도 필요한 물건을 사지 못하는 화폐는 사용성이 없다. 예컨대, 달러로만 결제가 가능하고 엔화 결제가 불가능하다면, 엔화는 달러에 비해 사용성이 낮은 화폐다. 화폐 안정성은 화폐 구매력의 안정성에 비례한다. 금본위제 시대에 파운드화와 달러화의 구매력은 수백 년 동안 안정성을 유지했다. 간편하게 얻을 수 있는 화폐란 금융 인프라스트럭처(infrastructure)가 잘 갖춰져 화폐를 얻는 데 들어가는 금전적, 시간적 소모가 크지 않은 것이다. 화폐의 선호도는 화폐의 유통 범위와 화폐를 선호하는 사람 수를 가늠하는 지표다. 인민폐는 달러에 비해 유통 범위가 넓지 않다. 국제무역에서는 통화스와프(currency swaps)*로 이 문제를 해결한다.[8]

화폐의 발달은 인지의 발달과 무역 및 상거래 혁명과 맥을 같이 한다. 영국의 금융시장 분석가이자 '파이낸셜서비스클럽(Financial Services Club)'의 설립자 겸 의장인 크리스 스키너(Chris Skinner)에 따르면, 돈이라고 볼 수 있는 가치가 최초로 언급된 것은 1만2,000년 전 안토니아(Antonia)의 한 고대 부족민

---

* 통화스와프란 서로 다른 통화를 사용하는 두 나라의 중앙은행이 계약을 체결해 상대국의 통화를 약정된 환율에 따라 교환할 수 있는 국가 간 외환거래를 지칭하는 것으로, 외환보유고가 감소하거나 외환수요가 증가할 때 부족한 외환을 안정적으로 조달할 수 있다는 장점이 있다.

들이 흑요석(黑曜石)*을 교환해 가치를 저장하기 시작한 데서 찾을 수 있다. 이는 제품의 기본적인 생산에서 제품과 서비스의 거래로의 변화를 의미한다.[9] 보편적인 상호신뢰 시스템이 형성되지 않았던 고대 초기 버전의 화폐는 흑요석 외에도 조개껍데기, 가축, 가죽, 곡식, 소금, 구슬, 천과 같이 그 자체가 내재적 가치를 지닌 물품화폐의 형태로 가치가 거래됐다. 자본(capital)이라는 용어가 소와 양의 머리를 뜻하는 라틴어 카피타(capita)에서 유래한 데서도 알 수 있듯이, 사유재산 개념의 등장은 수렵채집사회에서 목축사회로의 진화와 맥을 같이 한다. 마지막 빙하기가 끝난 후 온화하고 습기가 많고 비옥한 지역은 인구 압력의 증대와 지역 간 교환의 증가로 1만~1만1,000년 전부터 세계 여러 지역에서 일부 수렵채집 공동체들이 정주하기 시작했고, 이들이 생산의 집약화를 선택하면서 결국 농업공동체를 형성하게 된다.

초기 농업공동체들은 수렵채집 공동체들과 공존했으며 또 다른 농업공동체들과 교역을 하기도 했다. 공동체를 능가하는 권위나 국가 권력 같은 것은 없었지만 외부 공동체들과의 교환 네트워크가 대부분의 공동체에 영향을 미쳤다. 초기 농업사회의 말기 무렵 방어를 위한 담이 등장하는 것으로 보아 가족과 촌락 재산에 대한 분명한 개념이 형성된 것으로 보인다. 수렵채집 사회가 대체로 평등주의적 사회였던 것과는 달리, 농업 사회는 부의 집중과 새로운 형태의 불평등이 출현할 수 있는 조건들을 만들어 냈다. 농업 생활 방식으로의 전환 과정은 중동 지방의 가장 오래된 주요 신석기 유적지인 요르단 강 서안의 예리코(Jericho 여리고)와 터키 중남부 코니아 부근의

---

* 흑요석은 점성질 용암이 급속히 냉각되어 형성되며 유리광택이 있는 화산암이다. 그것은 날카로운 날을 만들어내고 또 갈면 빛이 나기 때문에 품질이 좋은 무기, 도구, 장신구, 거울 등을 만드는 데 사용되었다.

차탈휘위크(Catalhuyuk)에서 찾아볼 수 있다. 기원전 9000년경 중석기의 수렵민들이 이곳으로 찾아들었고 오랜 기간에 걸쳐 정착하여 기원전 8000년경에는 조직된 공동체로 발전했다. 이 지역에서 상당한 수준의 무역 활동도 행해졌음을 알 수 있게 하는 폭넓은 교환체제의 증거도 발견됐다. 터키의 흑요석, 시나이반도의 터키옥, 지중해와 홍해 지역의 조개껍데기 등이 예리코에서 발견된 것이다.[10]

농경은 점차 복잡성을 증가시킴으로써 피시스(physis 자연)에서 노모스(nomos 인위)로, 자연에 대한 권력에서 인간에 대한 권력으로, 도시와 국가 그리고 문명의 세계로 이행하는 교량 역할을 했다. 생산성 증대에 따른 인구 증가로 공동체의 규모가 커지면서 저장된 자원을 관리하고 재판을 관장하며, 전쟁을 치르고 사원을 짓고 종교의식을 담당하는 새로운 역할이 생겨났고, 노동 분업 및 전문화가 진척되면서 새로운 형태의 계급질서가 생겨났다. 공동체가 더 광범한 교역 네트워크를 형성함에 따라 새로운 유형의 권력과 서열이 나타났다. 지도자들이 활용할 수 있는 자원이 늘어나면서 전문화된 인력을 양성하거나 초보적인 형태의 군대를 양성할 수 있게 되었으며, 자원 징수와 노동 통제를 뒷받침할 힘을 얻게 되었다. 그리하여 마침내 '도시'라고 하는 대규모의 정주 공동체가 출현했고, 거의 같은 시기에 '국가'라고 하는 보다 강력한 정치 구조가 등장했다.

모든 세계권역 가운데 규모가 가장 크고 인구도 가장 많았던 아프로유라시아에서는 최초의 도시와 국가가 기원전 4000~3000년경에 출현했다. 문명의 특징으로 흔히 거론되는 것으로는 '식량의 저장, 기념건조물, 중앙집권화된 정치, 비농경 전문가, 사회계층, 무역 증대, 문자 발명, 공물, 군대와 상비군의 발전, 거대 공공건물, 성 불평등의 확산'[11] 등이 있다. '도시'라고 할 만큼 크고 '국가'라고 할 만큼 강력한 공동체의 출현을 보여주는 최초의 증거는 기원전 4000~3000년경 아프리카와 유라시아 대륙의 네 지역에 있는 큰 강 유역에서 나왔다. 티그리스·유프라테스 강 유역의 메소포타미아 문명, 나일 강 유역의 이집트 문명, 인더스 강 유역의 인더스 문명, 황허 유역의 황허 문명이 발생한 이들 지역은 모두 교통이 편리하고 기후가 온화하며 토양이 비옥하고 관개 농업에 유리하도록 물이 풍부하여 고대 농업 발달에 유리한 조건을 갖추고 있었다. 또한 청동기, 문자, 도시 국가라는 키워드로 대표되는 공통된 문화적 특징을 지니고 있었다.

문명사회로의 이행과 더불어 통화 사용과 가치의 저장 수단으로서의 기능도 발전했다. 수천 년에 걸쳐 발전을 거듭하는 동안 무역과 상거래에 혁명이 일어났고, 기술과 무역, 상거래가 발전함에 따라 금융도 발전했다. 복잡한 상거래망과 역동적 시장이 출현할 수 있었던 것은 부의 전환과 저장, 이동을 쉽고 값싸게 할 수 있도록 만든 화폐 덕분이었다. 화폐는 '보편적 전환성'과 '보편적 신뢰'라는 두 가지 보편적 원리를 기반으로 하는 까닭에 무역과 산업에 종사하는 수많은 사람들이 효율적으로 협력할 수 있었다. 이런 신뢰가 창조되는 것은 금융 시스템이 정치, 사회, 경제, 이데올로기 시스템과 매우 긴밀하고도 장기적인 네트워크를 형성하기 때문이다.[12] 화폐의 역사는 금속화폐가 물품화폐를 대체하면서 본격적으로 시작됐다. 금속화폐 초기에는 무게에 따라 교환가치가 정해진 칭량(秤量)화폐였다가, 점차 모양이 일정하고 국가가 각인(刻印)으로 품질과 중량을 보증하는 주조화폐(coin 鑄貨)로 바뀌었다. 주화는 물품화폐에 비해 내구성이 있고 표준화가 가능하며 휴대가 용이해 국가 화폐제도의 기초가 되면서 '본위화폐(本位貨幣 또는 法貨)'로 불리고, 그 재료가 금, 은이 되면서 금본위제, 은본위제가 등장했다.

인간은 언어와 정보, 화폐를 통해 다양한 형태의 가치를 교환하는 무역체계를 만들어냄으로써 문명사회로의 진입을 촉발시켰다. 기원전 3000년 고대 수메르(Sumer: 남부 메소포타미아)의 사제들은 화폐를 발명함으로써 무역과 교환의 혁명을 일으켰다. 이 최초의 화폐는 셰켈(Shekel)*이라는 동전 주화였다. 셰켈의 '셰'가 아카드어로 '보리'를 뜻하는 것이라는 점에서, 셰켈은 역사상 화폐의 최초 버전으로 알려진 수메르의 보리 화폐에서 유래된 것으로 보인다. 수메르는 메소포타미아에서 최초의 문명이 발생한 지역으로 세계에서 가장 오래된 문명이다. 수메르인들이 수메르 지방에서 살기 시작한 것은 대략 기원전 7000년부터였으며, 기원전 제3천년기에 가장 융성했다. 사제들이 초과 생산된 농작물에 대한 대가로 농부들에게 셰켈을 지급할 수 있었던 것은, 수메르인들이 농사를 짓고 체계적인 식량 생산 시스템을 창조한 데 기인한다.[13] 수메르인들은 나일강 유역과 인더스강 유역의 다른 도시들과 무역을 했다. 농업이 널리 확산되면서 무역과 상거래 혁명도 일어났다.

기원전 7세기 소아시아 서북부의 교통 요지에 위치한 고대 왕국 리디아(Lydia)의 금화(gold coin)는 현재까지 발견된 가장 오래된 금화다. 금과 은의 매장량이 풍부한 지리적 이점을 살려 금과 은의 천연합금인 '일렉트럼(electrum 琥珀金)'으로 표준화된 주화를 만들었는데 사자의 모습이 인각(印刻)되어 있고 금속무게를 증명하는 내용도 들어 있었다고 한다. 기원전 7세기 기게스(Gyges) 왕이 사르디스(Sardis)에 세운 리디아 왕조는 페르시아에 의해 멸망할 때까지 소아시아 연안의 그리스 식민도시들과 활발하게 교역을 했고, 그리스인들에게 깊은 영향을 주었다. 특히 기원전 7세기 중반에서 기원전 6세기 중반 사이 알리아테스(Alyattes) 왕과 그의 아들 크로이소스(Kroisos) 왕 때 전

---

* 현재 이스라엘의 화폐단위는 세계 最古 통화인 '셰켈(New Israel Shekel, NIS)'이다. 구약성서에도 아브라함이 사라를 위해 묘지를 살 때 사용한 화폐단위가 셰켈인 것으로 나온다.

성기를 이루어 이오니아 본토까지 영역을 확장하여 소아시아를 지배했다. 리디아인들이 발명한 금속주화는 그리스인들이 도입해 기원전 6세기 상업혁명의 촉매 역할을 했으며, 이후 페르시아와 로마에도 전파되었다.

고대 한반도에서 사용된 화폐는 중국에서 유입된 명도전(明刀錢)·오수전(五銖錢) 외에도 삼한과 가야 등에서 주조한 철정(鐵鋌)이 있었다. 철정은 일본의 고분에서도 발견된 것으로 보아 한반도의 철정이 일본으로 유입되어 무역의 결제수단으로 사용되었을 가능성이 크다. 삼국시대에는 금과 은이 화폐로 이용되었지만 문양을 새긴 주화는 유통되지 않았던 것으로 보아 국가보다는 개인들의 필요에 의해 유통된 것으로 보인다. 통일신라시대 때는 당나라의 화폐가 다량 유입되어 유통되었다. 고려시대 때는 국가가 적극적으로 화폐를 주조했다. 고려 성종 15년(996) 건원중보(乾元重寶)를 주조했는데, 철전과 동전의 두 종류가 있었으며 중국의 건원중보와 차별화하기 위해 '동국(東國)'이라는 글자를 새겨 넣었다. 국가의 화폐 주조는 15대 숙종 때 본격화되어 주전도감(鑄錢都監)을 설치하고 삼한통보(三韓通寶)와 해동통보(海東通寶)를 주조했다. 숙종 6년(1101)에는 호리병 모양의 귀금속화폐인 은병(銀甁)을 주조하여 유통시켰으나 위조은병이 시중에 나돌면서 칭량화폐였던 '은병'은 화폐로서의 가치를 상실했다. 고려 말 공양왕 3년에는 지폐인 저화(楮貨)를 발행했다.

조선시대 세종은 동전인 조선통보(朝鮮通寶)를 주조했다. 조선의 화폐 유통이 크게 늘어난 것은 17세기 들어서이다. 인조 때부터 주조하기 시작한 상평통보(常平通寶)는 숙종 때에는 전국적으로 유통되었다. 19세기에 조선 경제가 활기를 상실하고 국가재정이 악화되면서 대원군은 당백전(當百錢)을 발행했는데, 당백전은 상평통보의 100배의 명목가치를 갖는 주화였으나 실질가치는 5~6배를 넘지 않아 조정은 엄청난 주조 차익을 얻었다. 조선시대의 대표적 악화라 할 수 있는 당백전의 강제 유통으로 물가가 급등하여 백성들의 불만이 고조되었다. 당시의 주된 통화였던 상평통보를 많은 관청에서 주조하다 보니 위조화폐가 대거 유입되어 실질가치가 명목가치에 미치지 못하는 경우가 많았다. 개항이 되면서 외국의 상인들에 의해 외국의 주화도 유통되었다. 1883년 전환국(典圜局)이 설치되어 화폐를 주조했으나 대부분 실제 가치가 적은 백동화였으며 본위화폐인 5냥 은화의 주조는 극히 미미했다. 갑오개혁을 통해 개화파 정권은 조세를 은화로 납부하도록 하고 서양식 은본위제를 채택했으나 은이 확보되지 않아 1냥짜리 은화가 본위화폐가 되었다.[14] 1904년 국내 전환국은 일본에 의해 폐지되고 1906년 일본 오사카 조폐국에서 우리나라 최초의 금화가 발행되었다.

1950년 한국은행 설립 후 당시 통용되던 화폐와 더불어 한국은행권이 유통되었으나 북한군이 조선은행권을 불법 발행함에 따라 대통령 긴급명령을 통해 한국은행권으로 통화가 통일되었다. 1953년 한국은행은 한국전쟁으로 인한 경제 혼란을 타개하기 위해 긴급통화조치를 단행해 한국은행권만을 법화로 인정했다. 1962년 새 정부는 긴급통화조치를 통해 기존의 '圜' 표시 화폐를 현재 사용하는 '원'으로 변경하고 소액거래를 위한 '전' 단위를 사용했다. 1970년대는 우리나라 화폐가 현재의 액면체계를 형성한 시기로 경제성장에 따른 고액권 발행의 필요에 따라 다양한 고액 화폐가 발행되었다. 1980년대는 현용화폐의 형태가 완성되고 시각장애인을 위한 식별기능 및 위조방지 강화를 위한 다양한 기능들이 추가되는 등 고급화가 이루어진 시기다. 2006년 이후는 각종 첨단 위조방지장치가 적용되고 예술적 세련미가 가미된 시기다. 또한 2009년에는 36년 만의 새로운 고액권인 50,000원 권이 발행되어 오늘에 이르고 있다.[15]

금속으로 만든 주화의 등장으로 물물교환의 불편함은 해소되었지만, 주화를 위조해 이득을 취하려는 범죄행위도 급증했다. 순도가 낮거나 무게가 정량에 미달하는 주화가 시중에 유통되는가 하면, 금화와 은화의 가장자리를 깎아내는 수법이 동원되기도 했다. 시중에 불량 주화가 넘쳐나자 사람들은 순도가 높은 양화(良貨)는 자신이 보관하고, 불순물이 섞인 조악한 악화(惡貨)만 사용하게 되었다. 시간이 지날수록 양화는 시중에서 구하기 어려워졌고, 불량 주화인 악화만이 유통됨으로써 결과적으로 악화가 양화를 시장에서 몰아내는 상황이 되었다. 영국 엘리자베스 1세(Elizabeth 1)의 재정고문이었던 토머스 그레샴(Sir Thomas Gresham)은 1558년 여왕에게 보낸 편지에서 이런 상황을 '악화가 양화를 구축(驅逐)한다(bad money drives good money out of circulation)'는 말로 압축적으로 표현했다. '소재 가치가 높은 화폐(良貨)는 유통시장에서 사라지고 소재 가치가 낮은 화폐(惡貨)만 유통되는 현상'[16]을 가리키는, 이른바 '그레샴의 법칙(Gresham's law)'이 바로 이것이다.[17]

한편 고대 로마의 흥망사는 로마의 주요 화폐인 데나리우스(Denarius 또는 데나리온) 은화(銀貨)에 그대로 투영되어 있다. 로마 군대가 유럽과 아프리카, 중동에 걸쳐 있는 지중해를 '내해(內海), 우리 바다(Mare Nostrum)'라 부르며 지중해 지역의 광활한 땅을 세력권으로 편입시킴에 따라 데나리우스는 그 일대에서 널리 유통되며 세계 최고의 거대 문명을 창출했다. 서기 1세기 데나리우스는 인도 시장에서도 교환수단으로 받아들여질 만큼 주화를 통칭하는 이름이 되었다. 데나리우스의 가치에 이방인들도 쉽게 동의할 수 있었던 것은, 주화에 그 이름과 얼굴이 새겨진 로마 황제의 권력과 진실성에 대한 신뢰가 있었기 때문이다.[18] 만일 주화가 없었다면 광대한 제국을 유지하기는 불가능했을 것이다. 무슬림 칼리프들은 데나리우스의 이름을 아랍어화한 디나르(Dinar)라는 화폐를 발행했다. 오늘날에도 디나르는 요르단, 리비아, 쿠웨이트, 이라크, 세르비아, 튀니지, 바레인, 알제리 등 다수 이슬람권 국가들의 공식적인 화폐 명칭이다. 마케도니아 공화국의 화폐인 '데나르(Denar, MKD)'도 데나리우스의 이름을 딴 것이다.

콘스탄티누스 대제(Constantinus I)의 화폐개혁으로 폐지될 때까지 로마의 주요 화폐였던 데나리우스 은화는 기원전 211년 로마와 카르타고 사이에 벌어진 제2차 포에니 전쟁(BC 218~BC 202) 중 로마 원로원에 의해 발행되기 시작했다. 로마와 카르타고는 지중해 최대의 섬 시칠리아 영유권을 놓고 세 차례에 걸쳐 이른바 포에니 전쟁(BC 264~BC 146)을 벌이는데, 제2차 포에니 전쟁을 끝으로 로마는 서부 지중해의 전체 패권을 장악하고 거대제국으로 뻗어나가게 된다. 제2차 포에니 전쟁에서 승기를 잡은 시점에 로마는 지중해 무역을 위해 그리스의 드라크마(Drachma) 은화에 대응하는 데나리우스 은화를 발행했다. 제3차 포에니 전쟁에서 완전한 승리를 거둔 로마는 지중해를 지배하는 대제국으로 발전하게 된다. 데나리우스 은화의 유통 범위 확장으로 로마제국(Roman Empire)의 통합 능력이 크게 증대하면서 국력이 비약적으로 향상되었다. 스스로 종신 집정관이 되어 로마를 제국화한 가이우스 율리우스 카이사르(Gaius Julius Caesar)가 살해된 뒤, 옥타비아누스(Octavianus)가 로마제국의 초대 황제 아우구스투스(Augustus)로 즉위하면서 고도성장을 이룩해 '팍스 로마나(Pax Romana)'[19]의 기초를 마련했다. 이때 데나리우스는 순도 100%의 화폐가 되었다.

그런데 서기 54년에 즉위한 네로(Nero) 황제의 폭정으로 인한 재정 적자를 메우기 위해 화폐가치를 평가절하하는 조치가 취해졌다. 로마 은화의 은 함유율은 서기 54년의 100%에서 68년 90%, 180년 75%, 211년 50%로 계속 떨어져 번영을 구가하던 로마제국은 몰락의 길을 걷게 되었다. 260년부터 268년까지 로마 은화의 순도가 4%로 급락하면서 악성인플레이션이 만연했고 조세 부담이 가중되면서 내란과 전쟁이 끊이지 않았다. 275년 아우렐리아누스(L. D. Aurelianus) 황제는 불만을 품은 군대의 모반에 의해 암살됐다. 뒤이어 즉위한 디오클레티아누스(G. A. V. Diocletianus) 황제는 잠시 활력을 불어넣긴 했지만 화폐개혁과 경제개혁 및 '사두정치체제(4頭 통치)' 모두 성공하지 못했다. 결국 로마제국의 경제는 파탄에 이르고 화폐 시스템은 완전히 붕괴되어 물물교환 시대의 경제로 퇴보했다. 350년 전후 로마 은화의 가치는 아우구스투스 시대의 30,000,000분의 1로 곤두박질쳤고, 마침내 서로마 제국은 붕괴에 직면하게 되었다.[20] 이후 콘스탄티누스 대제[21]가 즉위해 화폐개혁을 단행하여 데나리우스 은화를 솔리두스(Solidus) 금화로 대체했다. 비잔틴제국(Byzantine Empire · 동로마 제국)은 이 금화를 통해 천여 년 동안 패권을 유지하며 존속할 수 있었다.

이상에서 볼 때 로마제국은 화폐경제의 좋은 연구 대상이다. 당시 로마제국이 세계를 제패할 수 있었던 것은 막강한 군사력과 더불어 그에 상응하는 로마 화폐 기반의 경제구조와 금융시스템을 구축했기 때문이다. 로마의 세력권 확장과 더불어 데나리우스 은화가 주화를 통칭하는 이름이 될 정도로 널리 유통됐고, 솔리두스 금화 또한 비잔틴제국 주변의 적대국과 아프리카 및 서유럽에서도 통용될 만큼 신용도가 높았다는 사실이 이를 증명한다. 로마는 무력 정복을 통해 로마 화폐의 유통 범위를 더욱 확장시킴으로써 오늘날의 달러에 버금가는 기축통화국(국제통화 보유국)의 지위를 누렸다. 말하자면 로마는 국제통화를 보유한 국가가 화폐 주조를 통해 얻는 경제적 이익으로 광대한 제국을 유지하는 데 드는 군대 유지비며, 폭증하는 순수 물류비며, 도로 유지 및 합병 지역 통치에 필요한 재원을 마련했다. 이처럼 국제통화 보유국이 누리는 경제적 이익을 통상적으로 세뇨리지 효과(seigniorage effect)라고 한다. 화폐를 발행하면 교환가치에서 발행비용을 뺀 '화폐주조 이익'이 발생하는데 그중에서도 기축통화국의 이익을 말한다.

세뇨리지 효과란 화폐의 액면가와 발행가의 차익, 즉 주조차익(鑄造差益)을 말한다. 이 용어는 중세 시기 자신의 성내에서 화폐주조에 대한 배타적 독점권을 가진 봉건영주(프랑스 어로 seignior)가 재정적자를 메우기 위해 금화에 불순물을 섞어 유통시킨 데서 유래한다. 군인황제가 난립하면서 국경을 지키는 병사들이 황제의 자리를 노리는 군사령관의 사병이 되어 로마로 진군하고 야만인들의 침략을 방관하던, 이른바 '3세기의 위기'가 심화되던 시기에 로마 은화의 순도는 4%에 불과했고, 이로써 로마 화폐의 '보편적이고 효율적인 상호신뢰 시스템'은 완전히 무너졌다. 로마의 국경을 수비하던 용병들에게 은 함유율이 4%밖에 되지 않는 거의 쇳덩이에 불과한 데나리우스를 지급하고서 국경이 지켜지기를 기대할 수는 없었을 것이다. 서로마제국은 수많은 야만족의 침입에 시달리다 결국 476년 게르만 용병대장 오도아케르(Odoacer)에 의해 멸망했다. 로마제국의 생활 방식과 경제, 사회, 정치 조직이 고대 세계보다 현대 세계에 더 가깝다는 점에서 로마제국의 흥망이 오늘의 우리에게 시사하는 바가 크다.

농업의 발달이 창조해 낸 금이나 은으로 만든 동전은 오랫동안 효과적이긴 했지만 그 부피와 무게 때문에 장거리 이동에는 불편함이 따랐다. 11세기 북송(北宋)시대에 상업이 발달한 쓰촨에서는 동(銅)이 부족해 철로 만든 주화가 상업무역에 널리 사용됐다. 그런데 천 한 필을 사는 데 철전(鐵錢)이 2만개나 필요했고 무게도 500근에 달해 마차로 운반해야만 하다 보니 거래 원가가 너무 높았고 경제발전을 심대하게 저해했다. 이 문제를 해결하기 위해 쓰촨에서 활동하던 일단의 상인들은 조합을 결성하여 세계 최초의 지폐 발행기관을 설치하고 철전을 담보로 교자(交子)라는 세계 최초의 지폐를 발행했다. 북송 정부도 1024년에 교자를 법정 지폐로 공인했다. 교자 발행 담보는 '초본(鈔本)'이라 불렸는데 보통 철전이 담보물로 사용됐으며 담보물 비율은 지폐 발행량의 30% 정도였다. '초본'의 약 3배가 되는 지폐를 발행한 일종의 부분 지급준비금 제도(fractional reserve banking system)라 할 수 있다. 교자 발행 후 처음 100년 동안은 발행량이 비교적 안정되어 사회 경제도 크게 발전했다. 그러나 1160년대부터 '초본'의 비율이 교자 발행량의 60분의 1로 감소했고, 나중에는 정부에서 지폐를 마구 찍어내는 지경에 이르렀다.[22]

남송(南宋)이 들어서고 말년에 이르기까지 150여 년간 인플레이션은 20조 배에 달했다. 송나라는 남송의 화폐 시스템이 붕괴하면서 정부의 세수가 급감하고 그에 따라 군사력과 전투력도 약화돼 몽골군의 침략으로 결국 멸망했다. 금(金)나라 역시 약세 화폐가 악성 인플레이션을 유발해 화폐 시스템이 붕괴하면서 외침으로 멸망했다. 원(元)나라 정부는 송나라와 금나라의 화폐제도 붕괴에서 교훈을 얻어 정책적 개혁을 통해 세계 최초로 은본위제와 유사한 화폐제도를 구축했다. 그러나 계속되는 전란과 기근, 왕실과 귀족층의 과소비 등 무절제한 지출로 인해 보초(寶鈔: 원나라의 지폐)의 남발이 이어졌고, 20년 후 보초의 가치는 10분의 1로 급락했다. 원나라 말기 쌀값이 6만 배나 폭등하면서 보초제도는 완전히 붕괴됐다. 보초의 가치를 불신한 백성들이 실물인 은을 거래 수단으로 사용하자 화폐는 유통기능을 상실하게 되고 정부는 재정수입과 세수를 통제할 방법이 없어 원나라는 국력이 쇠약해져 망국의 길로 들어섰다. 명(明)나라 때는 지폐제도가 150년 정도 유지됐으나 1522년에 보초의 가치가 원래의 2%로 급락하면서 인플레이션이 만연하자 명나라 정부는 지폐제도를 폐지하고 은이나 현물을 이용한 거래로 복귀했다.[23] 이처럼 중국의 500년 화폐 역사는 지폐제도의 취약성을 여실히 보여준다.

유럽에서는 중국보다 600여 년 늦은 17세기 영국에서 처음으로 지폐가 사용되었다. 당시 영국에서는 '골드스미스'라고 불리는 금장(金匠: 금세공사)이 금융 업무를 수행했다. 귀족계급이나 상인들은 귀금속 화폐를 금장에게 맡기고 그 예치증서(어음)인 '골드스미스 노트(Goldsmith's Note)'를 받아서 거래에 이용했으며, 그 예치증서를 지정된 금장에게 가지고 가면 금화로 교환할 수 있었다. 말하자면 그 '노트'는 경화(硬貨 hard money)로 태환(兌換)할 수 있는 증서였다. 그러나 시간이 지나면서 '노트'의 취약성이 드러나기 시작했다. 금장들은 보관하고 있는 귀금속보다 더 많은 '노트'를 발행해서 이자를 받고 그것을 빌려주는 대출 업무를 병행했다. 그렇게 해서 많은 돈을 벌어들인 금장들은 점차 금세공사 일보다는 오늘날의 은행과 비슷한 업무를 수행하게 되었고, 나중에는 '노트' 대신에 자체적으로 지폐를 발행하기까지 했다. 독자적으로 지폐를 발행하는 은행들이 늘어나자 영국의 중앙은행인 잉글랜드은행은 다른 은행들의 지폐 발행을 금지시키고 화폐주조에 대한 배타적 독점권을 갖게 된다. 이와 같이 금장이 발행한 골드스미스 노트는 은행권의 선구가 된 것으로 이것이 발전해서 오늘날의 지폐가 되었다.

그러나 지폐는 태생적으로 내재적 취약성을 안고 있었다. 이는 잉글랜드은행(Bank Of England, BOE)의 설립 배경에서도 잘 드러난다. 17세기 중반 영국은 전쟁과 정국 혼란으로 국고가 바닥나 있는 데다가, 프랑스 루이 14세(Louis XIV)와의 전쟁에 따른 전비 조달 문제로 인해 국가재정이 악화일로로 치닫고 있었다. 전비를 조달하기 위한 방안으로 1692년 국채 발행이 시작됐고, 1694년 최초의 현대적 은행인 잉글랜드은행이 설립됐다. 잉글랜드은행은 오늘날의 미연방준비은행(Federal Reserve Bank, FRB)과 마찬가지로 민영 중앙은행이다. 잉글랜드은행이 영국 정부에 제공한 120만 파운드의 현금에 대해서는 이자만 지급하고―그것도 국민의 세금으로―원금은 계속 채무로 남겨 두는 것이어서 국왕과 정부로서는 손쉽게 전비 조달 문제를 해결하고 정국 혼란을 수습할 수 있는 방안이었다. 하지만 그것은 오늘날의 미국 달러와 마찬가지로 채무가 발생함과 동시에 발행된 채무화폐(法定不換紙幣 fiat money)라는 태생적 결함을 안고 있었다. 이후 잉글랜드은행은 국가의 승인 아래 은행권*을 배타적으로 발행할 수 있는 권리를 갖게 되고 이자 수입까지 챙기게 된다. 그러나 시간이 지나면서 금 보유량보다 많은 은행권을 남발하게 되어 지폐의 전형적인 취약성을 그대로 드러냈다.

18세기 프랑스 루이 15세(Louis XV) 때의 상황도 영국과 비슷했다. 당시 프랑스는 루이 14세가 벌인 여러 전쟁과 왕실의 사치·향락으로 국가재정이 고갈되어 총체적인 난국에 처해 있었다. 또한 귀금속이 부족하여 통화량이 급감했고 동전의 주조량도 제한을 받게 되었다. 그러자 프랑스 정부는 당시 화폐였던 주화의 금 순도를 낮추어 대량 발행하지만 심화된 위기를 되돌릴 수는 없었다. 이러한 난국을 타개하기 위해 루이 15세의 섭정이었던 오를레앙 공 필리프 2세(Philippe II)는 프랑스로 건너온 스코틀랜드 은행가 존 로(John Law)를 금융 책임자(Controller General of Finances)로 임명했다. 로가 제시한 위기 타개책은 지폐본위제다. 생산량을 늘리기 위해서는 통화량을 늘려야 하는데 주화는 화폐의 대량생산에 한계가 있으므로 신뢰도가 떨어진 주화 대신 생산이 용이한 지폐를 새로운 화폐로 정해야 한다는 것이 그 요점이다. 1716년 그는 일반은행(Banque Générale, 1718년 왕립은행이 됨)을 설립하고 은행권 발행을 선도적으로 추진하며 지폐를 사용하기 시작했다. 또한 그는 미시시피 회사(Mississippi Company)를 설립하고 마구 찍어낸 화폐로 주식시장을 공략해 대성공을 이어갔다. 하지만 엄청난 물가상승으로 인해 화폐가치가 급락하면서 그의 정책은 실패로 끝나고 지폐제도는 완전히 폐기되었다.

---

* 당시 사람들은 금화를 은행에 맡기고 그 영수증인 은행권(금화보관증)을 받아서 거래에 이용했기 때문에 은행권이 사실상 화폐로서의 기능을 했다.

한편 식민지 시대 북아메리카에서는 영국에서 발행된 은행권과는 달리 정부가 발행하는 성격의 지폐가 처음 발행되었다. 1690년 매사추세츠 주 식민지에서 병사들의 급료를 지급하기 위해 발행되어 사람들 사이에서 통용되었는데, 주 지폐에 대한 신뢰도는 그다지 높지 않았다. 아메리카 식민지의 지폐 발행이 영국 의회에 의해 제동이 걸리자 많은 식민지인들의 불만을 초래해 아메리카의 반란이 일어나는 중요한 원인의 하나가 되었다. 영국과의 독립전쟁을 주도한 대륙회의(Continental Congress)에서도 전비 조달을 위해 자치 화폐인 컨티넨탈(Continental Currency)을 발행했다. '컨티넨탈'은 발행량을 견제할 수 있는 장치가 없었기 때문에 가치가 크게 하락했지만 이 지폐가 미국의 독립에 기여한 것은 확실하다. 그러나 '컨티넨탈'의 가치 폭락과 그에 따른 인플레이션으로 연방정부는 지폐를 발행하지 못하게 되었다. 하여 독립 후에는 미국의 은행들이 지폐 발행을 맡게 되었는데, 소규모 은행들이 태환(兌換) 능력 없이 지폐를 남발해 통화량은 늘어났지만 지폐의 신용도는 낮았고 위조지폐가 끼어들 여지도 많았다.

이러한 혼란상을 타개하기 위해 1863년 통화법은 '국법은행(National Bank)'들로 하여금 일정한 크기와 양식의 은행권을 발행하도록 강제함으로써 지폐의 통일이 상당히 이루어졌다. 남북전쟁기에는 연방 재무부에 의해 '그린백(Greenback)' 지폐도 발행되었다. 그린백은 전시의 긴박한 지출을 위해 잠정적으로 발행되었으며 의회도 그 발행액을 제한했다. '그린백'은 이자도 붙지 않고 경화로의 태환도 보장되지 않으며 관세 납부에도 사용될 수 없었지만 전후에도 회수되지 않고 계속 유통되었다. 1870년대에 '그린백'의 유통 문제를 놓고 첨예한 정치적 대립이 초래되었다. 화폐를 수월하게 손에 넣을 수 있기를 바라는 일반 서민층은 '그린백' 유통량을 더 늘리기를 원했지만, 화폐가치의 엄격한 유지를 원하는 금융보수파들은 가치도 하락하고 태환성

(兌換性)도 없는 '그린백'을 없애기를 원했다. 결국 타협이 이루어져 약간 줄어든 액수가 약 100년 동안 유통되다가 점차 통화량이 줄어들어 1960년대 말 사실상 화폐로서의 기능을 다했다.[24] 1913년 미연방준비은행(FRB) 제도가 시행됨에 따라 연방준비은행이 발행하는 은행권이 오늘날 미국 지폐의 근간을 이루게 되었다.

현대 사회에서 통용되는 지폐 역시 경화(硬貨)로 태환되지 않는 불환(不換)지폐다. 화폐의 실제 가치와는 무관하게 화폐에 새겨진 액면가로 유통되는 명목화폐[記號貨幣]인 것이다. 그러나 화폐의 액면 가치와는 달리 교환가치는 변화한다. 통화량이 증대하면 화폐가치가 떨어지므로 화폐의 구매력은 감소한다. 호화주택 10채를 살 수 있는 1,000억 짐바브웨 달러가 달걀 3개의 가치로 폭락한 것은 그 대표적인 사례이다. 위에서 살펴보았듯이, 전쟁이나 정치적 혼란, 경제위기를 단기적으로 수습하기 위해 화폐를 마구 찍어내면 통화 남발로 인해 화폐가치가 폭락하고 악성인플레이션이 만연하게 된다. 화폐가 문제없이 유통되는 것은 금태환(金兌換) 지폐처럼 지폐를 경화로 태환할 수 있다는 믿음이 유지되는 동안만이다. 이런저런 이유로 금융시장이 불안정하거나 해당 은행의 재정상태가 불안정하게 되면 예금주들이 한꺼번에 은행으로 몰려가는 대규모 예금 인출사태, 즉 '뱅크런(bank run)'이 일어나게 되고 이러한 뱅크런은 도미노 현상을 일으켜 금융시장을 붕괴시킬 수도 있다.

지금까지 고찰한 바와 같이 물품화폐에서 금속화폐(鑄貨)로, 그리고 지폐(신용화폐)로의 화폐 발달사는 화폐가 상품의 속성을 이탈하면 유통시장에서 퇴출될 수밖에 없다는 사실을 극명하게 보여준다. 주화의 순도가 낮거나 무게가 정량에 미달하는 경우 그 주화는 불량주화 즉 불량상품이므로 퇴출될 수밖에 없다. 액면 가치와 소재 가치(화폐 재료의 가치)가 불일치하는 태생적 결함을 안고 있는 불환지폐는 '보편적인 상호신뢰 시스템'이 무너지면 휴지조각이 되고 만다. 인류 사회의 진화와 더불어 통화의 형태도 계속 진화하고 있다. 산업혁명 이후 세계 무역과 상거래의 중대한 변화가 일어나면서 인류는 새로운 형태의 통화가 필요하게 되었다. 정부는 은행의 설립[25]을 인가하기 시작했고, 정부의 인가를 받은 기관들은 금전만큼 신뢰할 만한 지폐(수표나 은행권)를 발행할 권리를 얻었다. 19세기에 들어 금본위제도(gold standard system)가 국제적으로 확산되는데, 1816년 영국의 화폐법 제정으로 금태환(gold conversion)이 재개되고 1817년부터 본위화폐인 소브린(Sovereign) 금화(1파운드 금화)가 발행된 것이 계기가 되었다.

유럽 각국과 미국도 금본위제로의 전환이 이루어지고 19세기 후반에는 영국의 파운드 스털링(pound sterling)을 중심으로 한 국제금본위제도가 성립되었다.. 1914년 제1차 세계대전이 발발하면서 전비 조달을 위해 금본위제가 정지되고 변동환율제도(floating exchange rate system)로 전환하여 각국 정부의 재량하에 통화를 증발(增發)하는 정책이 실시되었다. 이후 금본위제가 일시 재개되기도 했지만 1929년 세계대공황(Great Depression)으로 다시 정지됐다. 1944년 브레튼우즈 협정(Bretton Woods agreement)이 체결되어 미국 달러화를 기축통화(基軸通貨 key currency)로 하는 고정환율제도의 도입과 금환본위제도(금·달러본위제)의 실시, 국제통화기금(IMF)과 국제부흥개발은행(IBRD, World Bank) 창설, 특별인출권(SDR) 창출 등이 채택되었다. 제2차 세계대전 이후의 국제통화금융의 운영에 관한 방침을 정한 이 브레튼우즈 체제(Bretton Woods system)는 27년 동안 국제통화제도의 중추적인 역할을 하다가 1971년 미국 리처드 닉슨(Richard Nixon) 대통령의 금태환 정지 선언으로 주요국 통화는 변동환율제로 이행하게 되었고, 이로 인해 브레튼우즈 체제는 붕괴했다. 또한 1998년에는 유럽 중앙은행이 설립되었고, 1999년에는 유럽연합(EU)의 단일 통화인 유로화(Euro貨)가 공식 출범해 11개국에 도입됐다.

크리스 스키너는 1만2,000년 동안 인류 사회가 거쳐 온 화폐의 발달사를 다섯 단계로 분류했다. 즉 '목축사회를 위한 물물교환, 농경사회를 위한 현금, 산업사회를 위한 수표, 사무 중심 사회를 위한 카드, 네트워크 사회를 위한 칩', 이상의 다섯 단계이다. 1950년대에 근로자들이 공장에서 사무실로 이동하자 미국은 사무혁명을 주도했고, 수표의 문제점을 해결하기 위해 신용카드*를 발명했다.[26] 오늘날 디지털화된 세상에서 신뢰를 창출하기 위해서는 디지털 ID, 즉 나만의 정체성이 필요하다. 정체성에는 두 가지 형태가 있는데, 바로 나 자신과 내가 소유한 기기나 장치와 같은 디바이스다. 말하자면 생체인식(목소리, 지문, 홍채, 심장박동 등) 인증과 암호화 기술을 적용한 블록체인(blockchain) 인증의 두 가지다. 생체인증은 모바일 장치를 통해 가능하다. 2020년이면 모든 스마트폰과 태블릿, 웨어러블 기기에 생체인식 센서가 내장될 것으로 전망되고 있다. 그런데 냉장고나 TV 혹은 자동차가 스스로 물건을 주문할 때는 생체인식을 할 방법이 없으므로 그것이 나의 것들임을 증명하는 다른 방법이 필요하다. 그것은 바로 내가 디바이스에 등록한 블록체인이 인증도구가 되는 것이다. 스키너는 블록체인이 M2M(Machine to Machine: 기계간의 통신, 즉 사물통신) 거래를 인증하는 기본 시스템으로 자리 잡을 것으로 본다.[27]

크리스 스키너는 블록체인을 '비트코인 프로토콜(protocol)에서 탄생한 분산형 디지털 거래장부 시스템'이라고 정의하며 이렇게 설명한다. "비트코인의 모든 거래는 공공 도메인에서 블록체인에 기록되므로 누구든 공공 게시

---

* 1950년에 설립된 다이너스클럽 인터내셔널(Diners Club International)은 뉴욕 시의 14개 레스토랑을 회원으로 시작해 세계적인 신용카드사가 되었다.

판에서 거래 내역을 볼 수 있다. 다만 거래의 세부사항이 아니라 거래가 이루어졌다는 사실이 기록되며 거래 사실이나 시간, 장소를 철회하거나 말소할 수 없다. 다시 말해 진행 중인 거래를 취소할 수 없는 기록이 생기는 것이다. 취소할 수 없는 거래 기록이란 이를테면 무언가를 사고파는 일이나 소유권 이전 등의 계약 기록이다.…시간이 흐르면 블록체인은 거래되는 가치의 모든 것을 기록하는 세계적인 시스템이 될 것이며, 이는 블록체인이 향후 소유권 이전을 기록하는 메커니즘이 될 수 있다는 뜻이다."[28] 스키너는 사물인터넷(Internet of Things, IoT) 시대에 네트워크에서 가치를 교환하는 것을 '가치웹'이라 일컬으며 가치를 교환할 새로운 메커니즘으로 블록체인을 꼽는다. P2P(Peer to Peer) 네트워크를 활용한 블록체인 기술은 금융기관을 거치지 않고 개인들 간의 직접거래를 가능하게 하므로 투명성과 신뢰성을 확보할 수 있으며, 실시간으로 '칩 기반 경제를 지원하는 메커니즘'이라는 것이다.

칩 기반 경제는 사물인터넷·만물인터넷(Internet of Everything, IoE)을 기반으로 한 연결과 융합이 핵심이다. 모든 것의 내부에 작은 칩이 내장되어 다른 모든 것과 소통하며 언제 어디서나 어떤 것과도 가치를 교환할 수 있고 이들 디바이스는 모두 블록체인(blockchain)을 통해 우리에게 소속된다. 칩 기반 경제는 '실시간으로 비용을 거의 들이지 않고 가치를 교환하는 일종의 블록체인을 토대로 하는 시스템'이다. 블록체인으로 가능해진 칩 기반 경제는 시간, 장소, 대상, 거래자에 구애받지 않고 모든 금융과 제품, 서비스를 교환할 수 있다. 블록체인은 분권적이고 네트워크로 연결되어 있으며 신뢰받는 제3자(블록체인)를 통해 구매자와 판매자를 연결함으로써 우버(Uber)와 똑같은 일을 수행한다고 해서, 스키너는 블록체인을 '금융의 우버'라고 일컫는다. 블록체인에서 중요한 것은 물건은 중복 소비될 수 없으므로 그 과정에 필요한 확인과 보장을 제공하고 누구든 거래 내역을 확인할 수 있도록 '공적 거

래장부(public ledger)'를 보존한다는 점이다.[29]

현재 인류는 지식혁명·산업혁명·디지털혁명을 넘어 '혁신 4.0' 시대를 맞고 있다. 지식혁명(혁신 1.0)으로 근대가 시작됐고, 산업혁명(혁신 2.0)으로 농업사회에서 산업사회로 이행했으며, 디지털혁명(혁신 3.0)으로 후기산업사회로 이행하게 되었다. 이제 네트워크 융합, 빅데이터, 인공지능 등으로 촉발된 4차 산업혁명(혁신 4.0)으로 산업 간 융합 활성화와 더불어 개방형 공유경제로 이행하고 있다.[30] 기술혁신에 따른 현실과 가상현실의 융합으로 모든 것이 연결되고 확장되어 보다 지능적인 사회로의 진화가 가속화되고 있다. 오늘날 핀테크(FinTech)가 각광을 받는 것도, 건물과 인간을 소프트웨어와 서버로 대체하며 금융을 거래하는 기술 플랫폼을 제공함으로써 디지털 시대의 요구에 부응하기 때문이다. 이제 우리 사회는 초연결·초지능 사회로의 이행에 부합하는 새로운 형태의 통화를 요구한다. 오늘날 '세계 전체의 화폐 총량은 약 60조 달러지만 주화와 지폐의 총액은 6조 달러 미만'[31]으로 화폐의 90% 이상이 컴퓨터 서버에만 존재한다. 이는 우리의 가치를 교환하는 방식이 디지털화되었으며 인류가 디지털화된 세상 속으로 깊숙이 들어와 있음을 말해준다. 전자결제 서비스인 전자화폐는 1990년대부터 선보이기 시작해 스마트카드와 사이버머니(cyber money)의 형태로 보급되어 있다.

2008년 미국발(發) 금융위기 당시, 블록체인 기술을 적용한 통화 시스템을 기반으로 비트코인(Bitcoin)이 등장한 이후 1,000가지가 넘는 암호화폐(가상화폐)가 쏟아져 나왔다. 잉글랜드은행은 영국 최초의 모바일 암호화폐 일렉트로니움(Electroneum)을 개발했고, 러시아 정부는 암호화폐 '크립토루블(cryptorouble)' 개발에 착수했다. 암호화폐로 촉발된 블록체인에 대한 관심은 그것의 기술적·산업적 가능성 및 영향에 대한 관심으로 확장되고 있다. 2015년 세계경제포럼(WEF)은 2027년까지 전 세계 GDP의 10%가 블록체인

기술에 저장될 것으로 전망했다.[32] 디지털거래가 보편화되어 있는 스웨덴은 5년 내 무(無)현금 사회를 구현한다는 의지를 보이고 있다. 이와 더불어 세계 단일 화폐에 대한 전망도 무성하게 나오고 있고, 현금·통장·지점 없는 3무(無) 금융시대가 목전에 와 있다.

인류는 지금 '보이는' 화폐에서 '보이지 않는' 화폐로 의식의 지평을 넓혀가고 있다. 이러한 인류 사회의 진화는 '보이는' 물질적 우주(물질계, 현상계)와 '보이지 않는' 비물질적 우주(의식계, 본체계)의 상관관계를 이해하는 단초가 될지도 모른다. 물질과 비물질의 일원성을 완전히 체화(體化)하는 단계가 되면, 화폐는 더이상 컴퓨터 서버에조차 남아 있지 않고 완전히 사라질 것이다. 물질세계를 표징하는 화폐는 인류의 중요한 학습도구이자 정의와 평화 실현의 기제가 되는 것인 만큼, 우리 모두는 화폐의 미래에 대해 진지하게 고민해볼 필요가 있다.

국제통화제도의 시대적 변천과 한계

금이 화폐로 통용된 역사는 오래되었다. 기원전 7세기 소아시아의 리디아 왕국에서 발행되어 페르시아를 비롯해 그리스, 로마의 화폐에 영향을 끼쳤던 일렉트럼(electrum 琥珀金) 금화, 콘스탄티누스 1세(재위 306~337) 시대에 도입되어 1,000여 년간 사용된 로마제국(비잔틴제국)의 솔리두스(Solidus) 금화, 7세기 초기 무슬림 칼리프들이 발행하여 오늘날까지 이슬람권에 통용되고 있는 디나르(Dinar) 금화, 1252년 피렌체 공화국에서 주조되어 유럽 전체로 퍼져나가 유럽의 기축통화가 되기도 했던 플로린(Florin) 금화, 1284년 베네치아 공화국에서 처음 주조되어 1914년 제1차 세계대전 이전까지 유럽 각국에서 통용된 두카트(Ducat) 금화, 1816년 영국의 화폐법에서 본위화폐로 제정되어 금본위제도가 국제적으로 확산되는 계기를 마련한 영국의 소브린 (Sovereign) 금화*가 대표적인 금화들이다. 이처럼 금화는 이탈리아·영국·프랑스 등 유럽 각지에서 근대적인 통화로 사용되기 시작했고, 제1차 세계대전이 발발하기 전까지 세계화폐제도의 중심에 있었다.

1816년 영국의 화폐법 제정을 시작으로 금태환(金兌換 gold conversion)이 재개되고 소브린 금화가 영국 화폐의 기본이 되는 본위화폐가 된 것은 은행권의 태환(兌換) 재개를 둘러싼 지금논쟁(地金論爭)에서 은행학파의 승리가 가져온 결과였다. 1790년대부터 프랑스와의 전쟁으로 인해 영국의 물가가 급등하고 금 보유량이 격감하자, 1797년 잉글랜드은행은 은행권의 금태환을 정지하는 조치를 취했다. 이 시기에 일어난 통화학파와 은행학파의 '지금논쟁'이 은행학파의 승리로 끝나면서 금태환이 재개되고 소브린 금화 발행과 동시에 은화는 보조화폐가 되었다. 이후 금태환은 다시 한번 정지되기도 했으나 1821년에 완전히 재개되었고, 1844년에는 당시의 수상 로버트 필(Rebert Peel)에 의해 잉글랜드은행의 은행권 발행을 규정한 필조례(Peel's Bank Act)가 제정되었다. 이 조례(條例)에 의해 잉글랜드은행은 은행권 발행에 대한 배타적 독점권을 갖는 중앙은행이 되어 금태환의 안정성을 확보했다. 이와 더불어 세계 각지에서 금 생산이 증가하면서 런던은 금지금(金地金) 거래의 중심이자 국제적인 금융센터가 되었다.

영국은 19세기 초부터 완전 금본위제를 채택했지만, 19세기 유럽 국가들이 처음부터 금본위제를 채택했던 것은 아니다. 19세기 많은 국가들의 화폐

---

* 1816년 영국의 화폐법에서 제정된 '소브린' 금화는 1489년 헨리 7세 때 발행(1604년까지 발행)된 '소브린' 금화에서 유래한다. 헨리 7세 때 발행된 소브린 금화에는 헨리 7세의 초상이 각인되어 있었으며 그 이름도 '군주'를 뜻하는 'Sovereign'이었다.

법은 금화와 은화 양 화폐의 주조와 유통을 모두 허용하는 복본위제(bimetallic standard system)를 채택했다. 독일,* 오스트리아-헝가리 제국, 스칸디나비아, 러시아 그리고 극동지역은 은본위제(silver standard system)를 채택했다. 복본위제 국가들은 금본위권과 은본위권 사이의 중계 역할을 했다. 배리 아이켄그린에 따르면, 유럽 국가들이 줄지어 1870년대에 금본위제를 채택한 것은 산업혁명의 확산과 보불전쟁(普佛戰爭, 1870~1871)에서 절정에 이르는 국제적 대립의 격화로 더 이상은 복본위제가 현실적 필요에 부합하지 않았기 때문이다. 영국이 산업혁명으로 19세기에 세계적인 금융 및 상업 세력으로 부상하자, 영국의 통화제도는 영국과 교역하고 자본 차입을 필요로 하는 국가들에게 현실적인 대안이 되었다. 또한 유럽의 2위 산업국 독일이 1871년 보불전쟁에서 승리하고 금본위제를 채택했을 때 다른 나라들이 금본위제를 채택할 유인(誘因)은 더 커졌다. 당시 독일은 패전국 프랑스로부터 받은 배상금으로 1871년 은화 주조를 중단하고 금본위제 통화 마르크(mark)를 창출했다.[33]

영국의 파운드 스털링을 중심으로 한 국제통화제도(international monetary system)의 성립에 따른 경제적 유인이 커지면서 금본위제로의 전환은 신속하게 이루어졌다. 1873년에는 덴마크, 네덜란드, 노르웨이, 스웨덴, 그리고 라틴통화동맹(Latin Monetary Union) 국가들이 금본위제를 도입했다. 이들은 모두 독일 인접국으로 독일과 교역했으며 독일의 결정은 그들의 경제적 이해관계에 커다란 영향력을 행사했다. 1876년에는 프랑스가, 1897년에는 러시

---

* 1871년 통일이 되기 전의 독일은 39개의 군소국가로 나뉘어 있었다. 1871년 프로이센 왕국의 주도로 통일이 이루어져 프로이센의 국왕 빌헬름 1세(Wilhelm I)가 독일제국의 황제(재위 1871~1888)가 되었다. 이후 독일은 양차 세계대전을 일으켜 전쟁에서 패배하고 1945년 항복하여 동·서독으로 나뉘었다가 1989년 11월 베를린 장벽이 붕괴되면서 하나로 통일되었다.

아와 일본이 뒤따라 도입했고, 1898년에는 인도가 자국화폐 루피(rupee)를 파운드·금에 연동시켰으며, 뒤이어 실론(스리랑카)과 시암(태국)도 금에 연동시켰다. 19세기 말에는 불환지폐(inconvertible paper money)를 사용하는 스페인을 제외하고는 모두 금본위제를 도입했다. 오스트리아-헝가리와 이탈리아는 금태환을 제도화하지는 않았지만(이탈리아가 잠시 금본위제를 채택했던 1880년대를 제외하면) 19세기 말부터 금본위제 국가들의 통화에 그들의 통화를 고정시켰다.[34] 이후 금본위제는 1914년 제1차 세계대전이 발발하기 전까지 비교적 안정적으로 지속되었다.

한편 미국은 금·은복본위제(bimetallism)를 채택하고 있었으나 1873년 화폐주조법 통과로 금본위제가 채택됐다. 1849년에 본격적으로 시작된 캘리포니아 골드러시(gold rush)가 서부 개발의 발판이 됐다는 사실에서도 알 수 있듯이, 미국에서도 금은 상품화폐로서의 가치뿐만 아니라 가치 저장 수단으로서의 기능 또한 널리 인정되었다. 하지만 금본위제 채택 이후 은 가격이 하락하고 금 수요의 증가에 따른 금 보유량 부족으로 통화 공급량이 줄어들어 계속해서 물가가 하락하고 경기가 후퇴하는 악성디플레이션이 발생했다. 이로 인해 화폐가치가 급등하면서 농민과 채무자들은 부채의 실질 상환부담이 가중되어 커다란 고통을 겪었다. 노벨 경제학상 수상자이자 통화주의(monetarism)의 대부인 밀턴 프리드먼(Milton Friedman)은 미국의 화폐주조법에 '은본위 달러'를 포함시키지 않은 것이 이후 수십 년간 미국의 경제와 정치에 심대한 영향을 끼쳤다고 말한다. 금본위제로의 이행이 미국 남북전쟁 직후보다 더 심각한 디플레이션을 겪게 했다는 것이다.[35] 프리드먼의 이런 관점에 대해 아이켄그린도 "미국과 유럽에서 은화주조가 계속되었다면 동일한 양의 상품구매에 더 많은 비용이 발생했을 것이고, 이 같은 디플레이션은 피할 수 있었을 것이다"[36]라며 동조를 표시했다.

이런 시대적 배경에서 미국의 작가이자 신문편집자인 라이먼 프랭크 바움(Lyman Frank Baum)은 미국의 화폐제도에 관련한 정치현실을 풍자하기 위해 『오즈의 마법사 *The Wizard of Oz*』(1900)를 저술했는데, 그가 지향하는 바는 '은화자유주조' 내지는 '금·은본위제' 주장과 맥이 닿아 있다. 1896년 미국 대통령 선거 당시 은화자유주조주의자인 윌리엄 제닝스 브라이언(William Jennings Bryan) 민주당 후보는 금본위제의 수정, 특히 은을 화폐시스템에 추가하는 공약을 내걸고, "그대(금본위제)는 가시면류관을 노동자의 이마 위에 내리누르지 말라. 그대는 사람을 황금의 십자가에 못 박지 말라"[37]는 의미심장한 연설을 했다. 그러나 그는 금본위제 유지를 주장하는 윌리엄 맥킨리(William Mckinley) 공화당 후보에게 패배했다. 그 결과로 미국에서도 금본위제는 제1차 세계대전이 발발하기 전까지 통용되었다.

근대적 금본위제는 1816년* 영국이 금을 유일한 화폐로 인정하는 금본위제를 화폐법으로 정하고 그에 따라 금태환이 재개되면서 시작되었다. 하지만 금본위제가 국제통화 업무의 기반으로 등장한 것은 1870년 이후부터다. 이때부터 각국은 화폐 공급의 기초로 금을 사용했으며, 금본위제에 기초한 고정환율(fixed exchange rate)이 확고히 수립되었다.[38] 금본위제는 화폐가치를 금의 일정량에 고정시키는 제도로서 금화본위제(金貨本位制)와 금지금본위제(金地金本位制)를 포함한다. 금화본위제는 중앙은행이 발행한 금화를 법정화

---

* 근대적 금본위제가 실시된 1816년은 영국, 네덜란드 및 프로이센 등의 연합군이 1815년 워털루 전투(Battle of Waterloo)에서 프랑스군을 격파한 직후다. 워털루 전투 이후 시작된 영국 주도의 국제질서 '팍스 브리타니카(Pax Britannica: 영국 주도하의 평화)'는 약 200년간 지속되다가 1914년 제1차 세계대전이 발발하면서 사실상 막을 내리게 된다.

폐로 통용하는 것이고, 금지금본위제는 중앙은행이 금화 대신 금화와 동일한 가치의 지폐와 보조화폐를 발행하는 것이다. 금본위제 하에서 금은 국제통화로도 통용될 수 있었고 금화를 직접 사용하기도 했지만 대체로 중앙은행이 실제 금 보유량에 해당하는 화폐를 발행하고 이를 금으로 교환해주는 금태환 방식이 기용되었다. 말하자면 화폐는 '골드스미스 노트'와 같은 일종의 태환증서였다. 당시 국제금본위제는 세계 경제와 금융의 중심이었던 영국의 금본위제 채택, 영국의 파운드 스털링을 중심으로 한 국제통화제도의 성립, 대규모 금광의 발견에 따른 화폐용 금의 충분한 공급 등에 의해 추동되었다.

제1차 세계대전 이전의 고전적 금본위제는 지폐와 부분 지급준비금 제도(fractional reserve banking system)의 발전 이전에 나타난 다양한 상품화폐로부터 진화했다. 금본위제는 영국이 1717년에 우연히 채택한 사실상의 금본위제에서 유래했다. 당시 조폐국을 총괄했던 아이작 뉴턴(Isaac Newton)이 은 대비 금 가격을 너무 낮게 설정하면서 결과적으로 대부분의 은화가 유통시장에서 사라지게 된 것이다. 19세기에 영국은 세계의 주도적인 금융 및 상업 세력으로 부상했고, 영국과의 교역 및 자본 차입을 필요로 했던 은본위제 국가들에게 영국의 통화제도는 현실적인 대안이 되었다. 고정환율의 국제통화제도는 특정한 역사적 조건에서 각국의 자율적 선택으로 등장했다. 당시는 각국 정부가 통화와 외환 안정에 우선권을 부여하는 분위기가 지배적이었기 때문에 정책을 다른 목표로 돌리려는 압력으로부터 비교적 자유로울 수 있었다.[39] 영국 총리(1868, 1874~1880) 벤저민 디즈레일리(Benjamin Disraeli)가 글래스고 상인들과의 대담에서 '금본위제는 영국이 이룩한 상업적 번영의 원인이 아니라 결과'라고 한 말은 금본위제가 당시의 특정한 역사적 조건의 산물이었음을 상기시킨다.

영국 『이코노미스트 *The Economist*』(1974.07.13)지에 따르면, 영국 물가는 1664년부터 1914년까지 250년 동안 금본위제 하에서 안정적이면서 약간 하락하는 추세를 유지했고, 파운드화의 구매력 또한 매우 안정적인 수준을 유지했다. 1664년의 물가지수를 100이라고 설정할 때 제1차 세계대전 발발 당시 영국의 물가지수는 91이었으니, 1914년 1파운드의 구매력이 250년 전 1파운드의 구매력보다 더 높았던 셈이다. 금본위제를 채택할 당시의 미국도 비슷한 상황이었다. 1787년 미국 헌법 제1장 10절에서는 미국 화폐가 반드시 금·은을 기초로 해야 한다는 원칙을 밝히고 있다. '1792년 화폐주조법'이 제정됨에 따라 1달러를 미국 화폐의 기본 도량형으로 확정했다. 1달러는 순은 함량 24.1그램에 해당하며, 10달러는 순금 함량 16그램에 해당하는 것이었다. 금과 은의 가격 비율은 15대1로서, 은은 달러 화폐체계의 기초였다. 1800년 미국의 물가지수는 102.2였으며, 1913년에는 80.7로 하락했다. 미국에서 비약적인 생산 증대가 이루어지고 본격적인 공업화가 실현된 113년 동안 평균 통화 팽창률은 거의 제로에 가까웠으며 연평균 가격파동은 1.3%를 넘지 않았다.[40]

그러나 제1차 세계대전이 발발할 무렵 고정환율의 국제통화제도를 성립시킨 조건들은 경제적 및 정치적 근대화로 인해 많이 약화되어 있었다. 20세기 초 유럽과 미국의 사회변혁적 노동조합운동인 신디컬리즘(syndicalism)의 부상은 당시 물가상승과 실질임금의 감소, 실업률 상승이 심각한 사회적 문제로 대두한 것과 맥을 같이 한다. 노동자들의 불만이 고조되고 사회적 제반 문제 해결에 대한 정책적 압력이 거세지면서 각국 정부는 더 이상 통화와 외환 안정에 우선권을 부여할 수 없게 되었다. 게다가 전액 지급준비금 제도에 반(反)하는 부분 지급준비금 제도의 등장은 금본위제의 치명적 약점을 드러냈다. 언제든지 은행권을 금화폐로 교환할 수 있다는 금태환(金兌

換)에 대한 믿음이 흔들리게 된 것이다. 예금주들의 집중적인 대규모 인출사태에 은행들의 취약성이 드러나고 금융체제 전반이 위험에 처하게 되자, 중앙은행과 정부의 개입이 필요하다는 주장이 나왔다. 각국의 중앙은행과 정부는 금본위제에 부합하는 한에서만 신용을 제공할 것인가 아니면 추가적인 유동성을 공급할 것인가라는 딜레마에 직면했다. 이 딜레마가 금본위제를 붕괴시키지 않았던 것은 '행운'과 '위기 시 국제적 연대를 허용했던 정치적 조건' 때문이었다.[41]

1907년 10월 금융위기는 중앙은행이 없는 미국 사회의 취약성을 그대로 드러냈다. 마침내 1910년 11월 미국 조지아 주(州) 지킬 섬에서 '연방준비은행법(Federal Reserve Act)'의 초안을 작성하기 위한 비밀회의가 열렸다. 참석자들은 모두 미국의 거물급 은행가들이었다. 그중에서 폴 바르부르그(또는 폴 와버그 Paul Warburg)는 이 초안의 주요 기안자이자 해설자로서 미연방준비은행(FRB)의 총설계사였다. 초안에서 바르부르그는 영국 국제 금융재벌과의 결탁 이미지가 강한 중앙은행이라는 명칭 대신에 '연방준비시스템'이라는 이름을 사용했다. 하지만 잉글랜드은행과 마찬가지로 개인이 보유한 주식으로 구성되었으며, 이를 통해 거액의 이익이 창출되는 순수 민영 중앙은행이었다. 바르부르그는 뉴욕 은행재벌에 대한 대중의 반감을 줄이는 방안으로 미연방준비은행 본부를 정치 수도 워싱턴에 두고 12개의 연방준비은행 지점으로 전체 시스템을 구성하는 방안을 설계했다. 또한 미연방준비은행을 총괄하는 통화기구 미연방준비제도이사회(Federal Reserve Board, FRB)의 이사는 대통령이 임명하고 의회가 심의하며 은행가가 고문이 되는 내용도 설계에 포함됐다.[42]

연방준비은행 설립을 막후에서 추진했던 인물들은 현재 미국 대부분의 인프라산업과 자원을 관장하고 있는 월스트리트(wall street)의 7인*이었다. 지킬 섬 비밀회의에 참석했던 넬슨 올드리치(Nelson Aldrich) 상원의원과 월스트리트의 결탁 관계는 잘 알려진 사실이었고, 1912년의 미국 대선 열풍과 맞물려 극적으로 진행되었다. 대통령에 당선된 우드로 윌슨(Woodrow Wilson)이 1913년 3월 취임했고, 그해 12월 23일 '연방준비은행법'이 상원에서 통과되면서 미연방준비제도이사회가 창설되었다.[43] 부분 지급준비금 제도의 가장 중요한 추진력이며 최대의 수혜자인 국제은행 카르텔은 이렇게 해서 부분 지급준비금 제도의 전형인 미연방준비은행을 설립하는 데 성공했고 미국 화폐 발행권을 갖게 되었다. 시카고 미연방준비은행은 달러를 이렇게 해석했다. "미국에서는 지폐든 은행 저축이든 상품과 같은 내재적 가치를 지니지 않는다. 달러는 그냥 종이일 뿐이며…달러의 액면 가치는 반드시 외부의 힘으로 강제된다." 이후 부분 지급준비금 제도에 기반을 둔 미연방준비은행의 악화(惡貨) 달러가 전액 지급준비금 제도의 금·은화폐인 양화(良貨)를 시장에서 몰아내기 시작해 결국 1960년대에 이르러 은 달러를 성공적으로 폐기한 데 이어 1971년에는 금과 미국 달러의 연결 고리마저 끊어냄으로써 부분 지급준비금 제도가 화폐 영역을 독점하게 되었다.[44]

국제통화제도의 시대적 변천은 은본위제[45]와 금·은복본위제를 거쳐 금본위제(1870~1914), 그리고 전간기(戰間期 interwar period, 1918~1939)를 거쳐 브레튼

---

* 월스트리트의 7인은 모건 그룹에 속해 있는 J. P. 모건, 제임스 힐(James Hill), 조지 베이커(Gorge F. Baker: 뉴욕 퍼스트내셔널은행장), 그리고 스탠더드오일 씨티은행 그룹(Standard Oil City Bank Group)에 속해 있는 존 데이비슨 록펠러(John Davison Rockefeller), 윌리엄 록펠러(William Rockefeller), 제임스 스틸먼(James Stillman: 내셔널시티은행장), 야곱 쉬프(Jacob Schiff: 쿤롭 사), 이상 7인으로 이들이 구성하는 자본의 핵심 축이 미국을 통제하고 있다.

우즈 체제(Bretton Woods system, 1944~1971), 킹스턴 체제(Kingston system, 1976~현재)로 크게 나눌 수 있다. 근대의 국제통화는 금본위제로 이행했지만 완전 금본위제가 시행된 것은 1870년 이후부터 1914년까지이다. 1914년에 제1차 세계대전이 발발하자 각국은 전비 조달을 위해 금태환을 중지하고 변동환율제도(floating exchange rate system)로 전환하여 정부의 재량 하에 통화를 증발(增發)하였으며, 개별국가의 국내 정책목표가 국제통화질서나 외환안정보다 우선시되었다. 그러나 통화 증발에 따른 악성인플레이션을 겪게 되자 1922년 금본위제의 재개를 촉구하는 제노바 회의 결의에 따라 금본위제가 일시 재개되기도 했다. 이 시기의 금본위제는 국제금환본위제(international gold exchange standard system)로 통칭되는데, 금화본위제(gold coins standard system)의 미국, 금지금본위제(gold bullion standard system)의 영국과 프랑스를 제외한 대부분의 나라는 금환본위제(gold exchange standard system)를 채택했다. 금환본위제는 금본위국에서 발행된 환어음을 금본위국의 금과 태환할 수 있는 제도다. 하지만 1929년 세계대공황으로 인해 각국은 자국 무역 보호와 수출경쟁력 확보를 위해 경쟁적으로 자국 통화 평가절하(devaluation)를 단행하면서 금본위제에서 이탈했다.

세계대공황 이후 파운드화의 태환성(convertibility)에 대한 신뢰가 흔들리면서 투자자들의 대규모 예금 인출사태에 직면한 영국은 1931년 파운드화의 금태환 정지를 공표했고, 그로써 고정환율의 금본위제는 폐지되었다. 1933년 미국 대통령으로 취임한 프랭클린 루스벨트(Franklin D. Roosevelt)는 양적완화, 즉 QE(quantitative easing) 정책을 실시해 금본위제에서 이탈했으며,[46] 달러화 안정이 아니라 국내 경제 회복에 역점을 두었다. 고정환율제 붕괴 이후 각국은 환투기에 의한 불안정 요인을 제거하기 위해 중앙은행이 외환시장에 개입해 환율을 조정하는 관리변동환율제도(managed floating exchange rate system)를 도입했다. 관리변동환율제도는 외국환평형기금(foreign exchange equalization fund)의 운용을 통해 환율 관리를 하는 관리통화제도(managed currency system)이다. 또한 각국은 자국 경제를 보호하기 위해 블록 경제 구축에 착수했다. 영연방을 중심으로 한 파운드 블록, 미국을 중심으로 한 달러 블록, 독일을 중심으로 한 중동부 유럽 블록, 프랑스를 중심으로 한 골드 블록 등이 형성되면서 개별국가 간, 지역 블록 간 경제전쟁은 심화되어 갔다.

　제2차 세계대전이 막바지에 이른 1944년 7월, 각국의 경쟁적인 평가절하에 따른 국제금융시장의 혼란을 수습하고 세계 경제를 위기에서 구하기 위해 연합국 44개국 대표들이 미국의 뉴햄프서 주(州) 브레튼우즈에서 연합국 통화금융회의를 개최했다. 전후의 새로운 국제통화제도를 수립하기 위해 브레튼우즈 협정(Bretton Woods agreement)이 체결되어 미국의 달러화를 기축통화(key currency: 국제결제시스템이나 금융거래의 기본이 되는 통화)로 하는 고정환율제도의 도입과 금환본위제도(금·달러본위제)의 실시, 국제통화기금(IMF)과 국제부흥개발은행(IBRD, 별칭 세계은행) 창설, 특별인출권(SDR) 창출 등이 채택되었다. 제2차 세계대전 이후의 국제통화금융의 비전을 제시한 브레튼우즈 체제는 안정적인 통화 시스템을 구축하기 위해 금·달러본위제와 고정환율제도를 기초로 미국 달러화의 가치를 금에 고정시키고(금 1온스(oz)당 35달러로 고정) 다른 나라의 통화는 달러화에 고정시키는* 방식으로 각국 통화를 달러를 통해 간접적으로 금과 연계시켰다. 말하자면 미 달러화가 유일한 금태환성(gold convertibility) 화폐로 인정되었으며, 미 달러화를 기축통화로 하는 새로운 국제통화질서가 성립되었다.

---

* 　고정환율제를 실시하되, 환율 조정폭은 상하 1%이며 국제수지의 근본적인 불균형 (fundamental disequilibrium)이 있는 경우 그 이상의 변동도 예외적으로 허용했다.

이러한 금·달러본위제, 즉 금환본위제는 1922년에 출범한 금환본위제의 업그레이드 버전이라고 할 수 있었다. 파운드화는 달러화로 대체됐고 그 적용범위는 전 세계로 확대됐다. 브레튼우즈 회의는 제2차 세계대전이 끝난 이후 시작되는 미국 주도의 국제질서 '팍스 아메리카나(Pax Americana)'의 전야제와 같은 것이었다. 쑹훙빙은 브레튼우즈 체제를 '금을 허수아비 황제로 내세우고 달러화가 실권을 장악하는' 새로운 국제통화질서의 수립이라고 말한다. 브레튼우즈 회의에서 채택한 금환본위제는 명목상으로는 금본위제이지만, 금 보유량 세계 1위인 미국의 달러화를 국제통화로 인정하자는 것이니 실상은 달러본위제였다. 당시 영국 경제학자 존 메이너드 케인스(John Maynard Keynes)는 국제청산동맹안(Proposals for an International Clearing Union, 일명 케인스案)을 제안하며 방코르(bancor)라는 국제통화의 도입을 주장했다. 달러나 금 대신 방코르를 국제결제시스템(IPS)으로 삼자는 것이 영국 정부의 입장이었다. 그러나 미 달러화만이 금과의 태환성을 갖는 것으로 제시한 미국 정부의 안이 최종적으로 채택됨에 따라 영국 파운드화의 기축통화로서의 역할은 사실상 미 달러화가 대체하게 되었다. '파운드 블록'을 붕괴시킨 최후의 일격은 제2차 세계대전 직후 영국이 케인스를 미국에 파견해 전후 자금 지원 문제를 협상하는 과정에서 일어났다.

미국은 영국의 재정 적자 보충에 필요한 자금 37억 5,000만 달러를 지원하되, 영국 정부가 1947년 7월 15일까지 파운드화를 다른 통화와 교환할 수 있도록 해야 한다는 조건부였다. 이러한 조건은 영국에게는 치명적인 것이었다. 왜냐하면 영국이 전쟁 기간 동안 달러화 강세에 밀릴 것을 우려해 파운드화의 외환 거래를 금지했던 까닭에 제2차 세계대전 이후 각국의 외환 준비금 중 파운드화 자산이 달러화 자산의 두 배에 달했고 그중 3분의 2가 파운드 블록에 집중되어 있었기 때문이다. 게다가 전후 영국의 대외 채무는

150억 달러로 금 및 외환보유고의 여섯 배가 넘었다. 이런 상황에서 영국이 파운드화의 외환 거래 금지 조치를 해제할 경우, 파운드 보유국들이 앞다퉈 파운드 자산을 달러로 바꾸게 될 것이고 그렇게 되면 파운드화 가치는 급락할 게 분명했다. 하지만 다른 대안을 찾지 못했던 영국은 결국 미국의 요구를 수락했고, 200년간 유지해온 파운드화 패권은 1947년 7월 15일 완전히 붕괴했다.[47] 그리하여 미 달러화가 기축통화의 역할을 대체하게 되면서 미국이 국제금융센터의 중심이 되었다.

브레튼우즈 체제는 미 달러화를 중심으로 국제통화제도를 관장하는 국제통화기금과 세계은행(World Bank, WB)의 양대 축에 의해 작동했다. IMF 창설의 이론적 배경은 미국 재무성 차관보 화이트(W. White)가 제시한 국제환안정기금초안(A Draft for an International Exchange Stabilization Fund, 일명 화이트案)이다. 이 안은 각국의 출자에 의해 외환기금을 조성하는 방식으로 외환문제를 해결하려는 기금(fund)사상에서 출발했다. 케인스안(案)이 제시한 국제청산동맹은 회원국의 쿼터에 제약받지 않고 금과 일정배율의 등가관계를 가진 방코르(bancor)라는 국제통화를 발행할 수 있게 하고 변동환율제를 선호하였으며, 아울러 채무 회원국에게 당좌대월(overdraft)을 할 수 있게 하는 등 신용창조(credit creation) 기능이 부여되어 있어 세계중앙은행으로서의 역할을 함축하고 있었다. 그러나 화이트안(案)이 제시한 국제환안정기금은 회원국의 쿼터로 기금을 조성하고 국제수지상의 위기에 직면한 회원국에 대한 자금지원 규모를 당해국의 쿼터 범위 내로 한정함으로써 신용창조 기능을 완전히 배제하였으며 고정환율제도를 지향하고 있었다.[48]

1944년 뉴욕에서 열린 30개국 전문가회의에서 '화이트안'이 '케인스안(국제청산동맹안)'을 누르고 '국제통화기금설립에 관한 공동성명'이 채택되었으며, 이어 브레튼우즈 회의에서 설립 안(案)이 확정되었다. 1947년 3월 1일 발족된 국제통화기금은 별칭 '세계의 중앙은행'으로도 불리며 통화체제의 안정을 목표로 삼았다. 그 주요 기능은 각국의 환율을 안정시키는 것이다. IMF의 기금 조성은 미국이 주도적 역할을 자임했다. IMF 회원국은 자국 환율을 조정할 필요가 있을 때 출자금 비율에 따른 대출 한도 내에서 자금을 대출받아 자국의 환율 시장에 개입해 환율을 적정 수준으로 회복하는 게 가능해졌다. 화이트안이 모체가 된 IMF는 금환본위제, 고정환율제 및 기금인출제를 통해 국제유동성 공급 및 국제수지조정 문제를 해결하고자 했다. 1945년 12월 27일 창설된 세계은행(World Bank)은 설립 초기에는 제2차 세계대전 이후의 복구 자금을 지원하는 것이 목적이었으나 점차 개발도상국의 경제개발 자금도 지원하는 것으로 그 범위를 확대했다. 다만 세계은행의 원조는 미국이 주도하는 브레튼우즈 체제에 가입하는 것이 그 전제조건이었다.

하지만 브레튼우즈 체제는 '이중 신용창조'를 발생시키는 금환본위제의 내재적 모순이 전 세계로 확산되는 기제로 작용했다. 금 1온스를 35달러로 고정시킨 브레튼우즈 체제하에서 달러 공급량은 빠르게 증가한 반면, 금 공급량의 증가 속도는 상대적으로 느렸다. '이중 신용창조'의 작동 방식은 다음과 같다. 미국 정부에는 화폐 발행권이 없으므로 미국 재무부가 발행한 국채를 담보로 민영 중앙은행인 연방준비은행이 화폐를 발행하는 것이 1차 신용창조(credit creation)다. 연방준비은행이 발행한 달러가 A국에 유입되면 그 나라 외환보유액도 늘어나게 되므로 A국은 이에 맞춰 자국 화폐 발행량을 증대시켜야 했고, 이때 A국은 유입된 달러를 미국의 은행 시스템에 저축하고, 미국은 다시 A국이 저축한 달러를 담보로 자국 내에서 재차 신용을 창조하는 것이다. 이렇게 되면 시간이 갈수록 달러의 공급량이 증가하고, 유동성도 커지고, 채무 버블 또한 팽창하게 된다. 이 채무 버블이 붕괴한 것이 1930년대의 세계적 대공황이다. 1950년대와 1960년대에도 상황은 비슷하여 브레튼우즈 체제의 한계가 달러화 버블을 가져왔고, 이 버블이 붕괴하면서 1970년대에 전 세계적으로 달러화 위기와 초인플레이션이 발생했다.[49]

브레튼우즈 체제는 금환본위제의 내재적 모순 때문에 붕괴했다. 미 달러화가 기축통화로서의 역할을 하려면 세계 경제의 성장과 무역 규모의 증대에 걸맞게 지속적으로 국제유동성(international liquidity)을 공급해야 하는데, 달러화의 공급 규모가 금 보유량을 초과하면 유동성 과잉이 발생해 달러화 가치의 안정성이 위협을 받게 되므로 금태환에 대한 우려가 발생하게 된다. 벨기에 출신 미국의 경제학자이자 유럽결제동맹(European Payments Union, EPU)의 창설자인 로버트 트리핀(Robert Triffin)은 이미 1947년에 브레튼우즈 체제가 달러화와 금의 고정환율이라는 모순적 기반 위에 세워져 있음을 간파하고 이른바 '트리핀 딜레마(Triffin's dilemma)'가 브레튼우즈 체제를 불안정하게 만든다고 주장했다. 이러한 딜레마는 경제학에서 말하는 '불가능한 삼위일체(impossible trinity)', 즉 자본이동, 고정환율, 독립적인 통화정책의 세 가지를 동시에 달성할 수 없다는 이론과도 상통하는 것이다. 미국은 경제원조, 군사원조, 베트남 전쟁 등으로 만성적인 국제수지 적자가 지속됐고, 또한 '국채의 화폐화'를 통해 만들어진 대량의 달러가 미국의 해외 군비와 다국적 기업의 해외직접투자에도 투입되면서 달러화 가치는 약세를 면치 못했다.

1960년대 초 유럽이 보유한 달러 준비금이 처음으로 미국의 금 준비금을 초과했다. 각국의 달러 준비금이 미국의 금 준비금을 초과하면서 금태환의 신뢰성은 흔들릴 수밖에 없었다. 1964년 린든 존슨(Lyndon Baines Johnson)이 미국 대통령으로 당선되면서 '위대한 사회(Great Society)' 계획과 격화된 베트남 전쟁 수행에 따른 무절제한 재정 지출로 인해 미 달러화에 대한 신뢰도는 급격히 하락했다. 1965년 샤를 드골(Charles André Marie Joseph De Gaulle) 대통령 집권 시 프랑스은행은 달러 준비금을 금으로 태환할 것이라고 공개 선언했으며, 이러한 금태환 붐은 전 세계로 확산됐다. 결국 1971년 8월 미국 리처드 닉슨(Richard Nixon) 대통령의 금태환 정지 선언으로 주요국 통화는 변동환율제로 이행하게 되었고, 이로 인해 국제통화제도의 중추적인 역할을 해 온 미국 주도의 브레튼우즈 체제는 붕괴하게 된다. 미국은 루스벨트 대통령의 양적완화 정책으로 금본위제에서 이탈한 이후 브레튼우즈 체제하에서 금·달러본위제(금환본위제)를 실시하다가 1971년 닉슨 대통령의 금태환 정지 선언으로 금은 화폐로서의 공식적인 지위에서 물러나게 되었다.

브레튼우즈 체제의 붕괴가 세계 경제에 가져올 파장을 우려한 10개국 재무장관들이 1971년 12월 워싱턴의 스미소니언 박물관에 모여 달러화의 기축통화 유지를 골자로 하는 스미소니언 협정(Smithsonian agreement)을 채택했다. 주요 내용은 고정환율제를 바탕으로 미 달러화의 평가절하(금 1온스당 기존의 35달러에서 38.02달러로 평가절하) 및 각국 통화의 평가절상, 환율 조정폭의 확대(기존의 상하 1%에서 2.25%로 확대) 등이다. 1973년에는 금 1온스당 42.22달러로 재차 평가절하하였으나, 1973~1974년의 1차 석유파동(오일쇼크)과 맞물려 미국의 만성적인 경상수지 적자와 미 달러화 가치 추가하락으로 국제수지 불균형은 계속되었다. 고정환율제 하에서는 국제유동성 공급과 국제수지조정 문제가 해결될 조짐이 보이지 않았다. 결국 1973년 고정환율제가 붕괴되고 각국은 변동환율제로 이행하게 되었으며, 이로써 스미소니언 협정은 파기됐다.

1976년 1월 10개국 재무장관들이 자메이카의 킹스턴에서 열린 국제통화기금(IMF) 잠정위원회(Interim Committee)에서 새로운 국제통화제도의 수립에 합의하고 회원국의 비준을 거쳐 1978년 4월 1일 발효됨으로써 킹스턴 체제가 정식 출범했다. 킹스턴 체제는 회원국들에게 경제여건에 적합한 환율제도를 자유롭게 선택할 수 있는 재량권을 부여함으로써 1973년 이후 현실화된 변동환율제도를 공식화했다. 킹스턴 체제에서는 국제통화체제의 안정을 저해하는 국제수지 불균형 문제를 해결하기 위해 IMF에 신용창조 기능을 부여하는 등 국제수지 조정 지원 기능을 확대했다. 또한 금의 공정가격을 폐지하여 국제통화로서의 금의 기능을 철폐했다. 미래 국제통화제도에서 금의 역할의 중요성을 강조한 프랑스와는 달리, 미국은 금의 완전한 폐화(total demonetization of gold)를 주장했다. 금의 폐화(廢貨) 조치에 따라 IMF의 특별인출권(special drawing rights, SDR)이 금의 기능을 대체하게 되었으며 그 사용범위도 크게 확대됐다. IMF의 특별인출권이 생겨나게 된 것은, 미국의 만성적인 무역적자와 스털링의 평가절하로 금에 대한 신뢰도가 급격히 하락한데다가 달러화 가치의 불안정성이 심화되면서 제3의 새로운 국제통화의 창출이 긴요해진 데 따른 것이다.

SDR(별칭 Paper Gold)은 1969년 국제통화기금 워싱턴회의에서 IMF 회원국의 국제수지 적자를 해소하기 위해 도입이 결정됐다. 세계 경제가 성장하고 무역 규모가 확대되면서 IMF의 기본 운영통화인 금과 달러화만을 국제결제시스템으로 하기에는 통화량이 부족하게 된 것이다. 그런데 금은 생산의 한계가 있었고, 달러화의 공급 증대는 미국의 막대한 경상수지 적자를 전제로 할 수밖에 없는 딜레마를 안고 있었기 때문에 이를 해결하기 위해 IMF가 SDR을 창출하게 된 것이다. 당초의 IMF가 회원국의 출자에 의한 기금조성을 통해 외환문제 해결을 도모했다면, SDR은 글로벌 유동성을 관리하고 외환위기에 대처하기 위해 IMF가 창출한 가상의 국제준비통화라는 점에서 그 의미가 새로운 것이다. SDR은 IMF 회원국들이 외환위기 시 담보 없이 필요한 만큼 외화를 인출할 수 있는 권리이며 각국이 보유한 SDR은 외화보유액으로 산정된다. 이 SDR은 신용창조 기능이 부여된 국제준비통화라는 점에서 부분적으로 '케인스안(案)'의 차용인 것으로 보인다. IMF 설립 이래 2018

년 5월 현재까지 189개 회원국 가운데 149개국이 IMF로부터 구제금융을 지원받았고, 한국도 1997년 외환위기 당시 IMF로부터 195억 달러의 구제금융을 지원받았으며 2001년 8월 조기상환했다.

SDR의 가치는 미국, 유럽연합, 영국, 일본, 중국 5개국 통화의 가중 평균치로 산정한다. 기존 SDR 통화바스켓(basket)에 들어 있는 미국 달러(USD, $), 유럽연합 유로(EUR, €), 영국 파운드 스털링(GBP, £), 일본 엔(JPY, ¥)에 이어 2015년 11월 중국의 위안(CNY, 元)이 SDR 통화바스켓에 편입되었다. 이 SDR 통화는 국제적인 기축통화로서의 지위를 가지며 대외 지급을 위한 준비로 각국이 보유하고 있는 국제준비통화로서 그 창출 규모는 세계 경제에 인플레이션이나 디플레이션을 초래하지 않는 범위 내에서 결정된다. IMF 회원국은 매년 일정한 양의 SDR을 배정받아 국제부채의 상환에 사용하는데, 이 SDR은 통화로 교환하지 않고 채무를 최종적으로 변제할 수 있는 수단이기 때문에 국제유동성 문제와 국제통화제도의 불안정성을 어느 정도 해소할 수 있었다. 그러나 SDR은 달러와 같이 일반적인 지급수단으로 사용되는 통화가 아니며, 그 거래 범위도 각국 통화의 가치평가나 정부 간 공적 거래에 국한되기 때문에 국제통화로서의 달러를 완전히 대체할 수는 없었다.[50] 킹스턴 체제로의 이행 이후 환율 결정 방식은 바뀌었지만 국제통화로서의 금과 달러의 위상이 크게 바뀌지 않았다는 사실은 세계금융시장에서 SDR의 역할의 한계를 말해준다.

변동환율제도는 수년간 비교적 잘 유지되었으나 1978~1980년의 2차 석유파동으로 세계 경제는 인플레이션이 가속화되고 교역조건이 악화되면서 경기침체가 동시적으로 진행되는 스태그플레이션(stagflation: 물가상승과 경기침체가 동시에 나타나는 현상)이 나타나기 시작했다. 1981년 미국 로널드 레이건(Ronald Wilson Reagan) 행정부는 경기부양을 위해 시카고학파의 '공급경제학'

을 내세우며 세금인하, 세출삭감, 긴축통화, 규제완화 등을 골자로 하는 레이거노믹스(Reaganomics)를 시행한 결과 대규모 재정적자를 초래했다. 여기에 미국의 계속적인 고금리 정책은 달러화 강세를 초래하면서 이른바 '쌍둥이 적자'로 불리는 대외 무역수지 불균형과 대내 재정적자가 심각한 양상을 띠게 된다. 따라서 국제무역의 균형성장을 위해서는 해결이 필요했다. 미국의 무역수지를 개선하기 위한 환율 조정의 필요성이 생겨난 것이다. 이렇게 해서 도출된 것이 플라자 합의(Plaza agreement)다.

플라자 합의는 1985년 9월 22일 뉴욕의 플라자호텔에서 G5(선진 5개국: 미국, 영국, 서독, 프랑스, 일본) 재무장관과 중앙은행 총재들이 미국의 무역수지 개선을 위해 국가 간 환율의 인위적 조정에 합의한 것이다. 구체적으로는 국제수지 불균형의 주범인 일본 엔화와 독일 마르크화를 평가절상하며, 이 조치가 작동하지 않을 경우 정부의 외환시장 개입을 통해 목적을 달성한다는 내용이다. 플라자 합의에 따라 마르크화는 1주 만에 약 7%, 엔화는 약 8% 정도 평가절상되었고, 이후 2년 동안 달러화 가치는 30% 이상 평가절하 되었다.[51] 플라자 합의 이후 엔화의 평가절상이 진행되면서 동아시아는 세계에서 가장 자본투자수익률이 높은 신흥시장으로 부상했다. 엔화 절상 이후 일본의 기업들은 경쟁력 약화를 보완하기 위해 저임노동력이 몰려 있는 동남아시아에 대거 진출했고, 또한 엔화 절상이라는 환율조정으로 한국이나 대만 등의 상품이 일본이나 싱가포르 시장에서 경쟁력을 갖게 되면서 동아시아 역내국가 간 상호의존도는 급속히 심화되었다.[52] 이는 엔고(円高)가 가져온 동아시아 지역경제의 통합적 효과라 할 수 있다. 1997~98년의 동아시아 금융위기가 지역적 동조화(synchronization) 현상을 일으킨 것은 바로 동아시아 국가 간 자본투자비중의 증대로 역내국가 간 금융연계(financial linkage)가 심화된 데 그 원인이 있다.

국제무역의 불균형을 해소하기 위한 인위적인 환율조정과 달러화의 평가절하로 인해 미국의 무역적자와 경제상황은 단기적으로는 개선되었지만 미 달러화의 가치는 급속히 하락했다. 각국의 경제성장을 저해하는 달러화의 가치 급락을 막고 국제통화시장의 안정화를 도모하기 위해 1987년 2월 22일 프랑스 파리에서 G6(선진 6개국: 미국. 영국, 캐나다, 프랑스, 서독, 일본) 재무장관들이 루브르 합의에 서명했다. 한편 1985년 이후 10년 동안 지속됐던 플라자 체제에서 독일과 일본은 장기 경제 불황을 겪었다. 특히 일본은 플라자 합의 이후 급속히 진행된 엔화 강세로 불황이 심화되자 1995년 4월 G7(선진 7개국: 미국. 영국, 캐나다, 프랑스, 서독, 이탈리아, 일본) 경제장관과 중앙은행 총재 회의에서 엔화의 평가절하를 위한 합의가 이루어졌다. 이 합의는 플라자 합의와는 반대되는 내용이라 하여 '역(逆)플라자 합의'라고 부른다. 이 합의로 달러는 강세가 되었고 엔은 약세로 돌아섰다. 또한 1995년 1월에는 GATT(관세 및 무역에 관한 일반 협정)체제를 대신해 세계무역질서를 세우고 UR(우루과이라운드)협정의 이행을 감시하는 WTO(세계무역기구)체제가 들어섰다. 하지만 각국의 무역수지 불균형 문제는 여전히 현재진행형이다.

최근 들어 '한국판 플라자 합의' 논쟁이 일고 있다. '제2 플라자 합의' 대상으로 거론되는 국가는 중국과 한국이다. 미국과 중국 간 첨예한 무역마찰로 인해 중국 위안화 가치는 계속 절상되고 있다. 미국 무역적자의 절반을 차지하는 중국과의 무역적자를 줄이기 위해서도 미국에게 위안화 절상은 긴요한 과제다. 중국도 시진핑(習近平) 정부 출범 이후 위안화 국제화 과제, 위안화의 SDR 통화바스켓 편입, 아시아인프라투자은행(AIIB) 설립 등을 통해 중국 중심의 팍스 시니카(Pax Sinica) 체제를 구축하기 위해 노력해 온 만큼, 위안화 절상의 필요성을 느끼고 있다. 하지만 한국은 중국과는 달리 고비

때마다 환율로 어려움을 겪어 왔다. 2007년 말 '키코(KIKO)' 사태*에서 보듯이, 금융위기 이후 원·달러 환율이 급락할 것으로 예상한 수출업체를 중심으로 환헤지(換hedge)**를 했지만 '마진콜(margin call: 증거금 부족)'을 당한 미국 금융사의 디레버리지(deleverage: 투자자산 회수) 과정에서 원·달러 환율이 급등해 막대한 환차손이 발생했다. 최근에는 원·달러 환율의 지속적인 하락으로 '역(逆)키코' 사태를 우려하는 시각이 확산되고 있다. 2015년 12월 이후 미국 중앙은행의 금리인상으로 원·달러 환율이 급등할 것을 우려한 수입업체(글로벌 투자 금융사)를 중심으로 환헤지를 했지만 원·달러 환율이 하락하자 이미 상당 규모의 환차손을 입고 있다.[53]

한 나라의 금융위기가 전 세계로 확산될 수 있는 오늘날의 금융체계에서 불환지폐에 대한 신뢰도는 높지 않다. 게다가 국제적 협조체제도 원활하지 않다. 2018년 6월 9일(현지 시각) 캐나다 퀘벡주에서 열린 G7정상회의에서 채택된 공동성명─보호무역주의와 관세장벽을 배격하는 입장을 천명한─이 미국 대통령에 의해 거부되는 초유의 사태가 발생했다. 이번 사태를 두고 CNN은 제2차 세계대전 이후 '서방세계가 지켜내려던 가치의 분열'이라고 평가했다. 보호무역이 초강세를 띠었던 1930년대와는 달리, 제2차 세계대전 이후의 새로운 국제통화질서의 비전은 브레튼우즈 체제에 함축되어 있듯이 시장 확대에 장애가 되는 보호무역을 철폐하고 자유무역을 지향하는 것이었다. 그런데 최근 트럼프 미국 대통령의 보호무역주의가 촉발한 무역

---

* '키코사태'는 2007년 말 은행들의 권유로 파생금융상품 키코(KIKO)에 가입했던 700여 개 중소·중견기업들이 큰 손해를 입고 파산한 대형 금융 사건이다.

** 환헤지란 환율 변동에 따른 리스크를 없애기 위해 현재 수준의 환율로 거래액을 고정시키는 것을 말한다.

전쟁의 위협은 글로벌 경제에 악영향을 미칠 수 있다는 지적이 나온다. 미국의 대표적인 경제조사기관 컨퍼런스보드(The Conference Board)도 '2018 하반기 세계 경제 전망'에서 올해 세계 경제성장률을 올해 2월 전망치보다 0.1% 낮춘 연 3.2%로 하향 조정했다.[54] 대미(對美) 무역흑자국에 대한 미국의 대대적인 보호무역 공세는 여전히 해소되지 않고 있는 심각한 무역 불균형 때문이라고 미국 스스로 밝히고 있다.

이번 G7정상회의에서 미국과 나머지 6개국이 극명하게 대립한 사태에 대해 크리스틴 라가르드(Christine Lagarde) 국제통화기금(IMF) 총재는 '가장 크고 어두운 징조는 무역이 이뤄지는 방식, 관계가 다뤄지는 방식, 다국적 기구들이 운영되는 방식에 이의를 제기함으로써 발생한 신뢰의 저하'[55]라고 역설했다. 미국의 무역 불균형 문제는 이미 오래 전부터 거론되어 온 구조적인 문제다. 이러한 문제에 대처하기 위해 1980년대에 플라자 합의나 미국통상법 301조(Section 301 of the Trade Act, 일명 슈퍼 301조) 제정이 있었고, 1990년대에는 공산품을 비롯해 농산품과 서비스, 투자 등을 자유무역의 대상으로 하는 WTO체제를 출범시키기도 했다. 그러나 이러한 노력에도 불구하고 미국의 무역적자는 계속 확대되어 왔다. 2008년 글로벌 경제위기 때에도 미국의 무역 불균형 문제는 재차 거론되었다. 더 이상 미국이 여타 국가들의 경제성장을 떠받치는 수입국 역할을 감당하기에는 한계에 이르렀다는 지적이 나오고 있다. 그리하여 중국의 역할이 강조되는가 하면, 미국의 무역 불균형 문제가 단지 통상적인 불균형에만 기인하는 것이 아니라 미 달러 기축통화제라는 구조적인 모순에도 기인하고 있음을 인식할 필요가 있다는 주장이 제기되기도 한다.[56]

2008년 9월 15일 미국 4대 투자은행인 리먼 브라더스(Lehman Brothers)의 파산으로 시작된 글로벌 금융위기는 서브프라임 모기지론(subprime mortgage loan)*의 붕괴가 원인이 된 것으로 미국 역사상 최대 규모의 기업 파산이었다. 이러한 미국발(發) 금융위기로 기존 금융권에 대한 불신이 극도로 높아졌을 무렵, 같은 해 10월 31일 오후 2시 10분(미국 동부 시간) 수백 명의 공학자와 컴퓨터 프로그래머에게 메일 한 통이 날아들었다. 금융 독점 시스템을 바꿀 것을 주창한 사토시 나카모토(Satoshi Nakamoto)라는 정체불명의 인물은 메일에 첨부한 논문에서 조작이 불가능하고 개인 정보를 요구하지 않으며 거래의 투명성이 보장되는 획기적인 통화(通貨) 시스템과 이를 구현할 수 있는 기술을 제안했다. 비트코인(Bitcoin: 컴퓨터의 정보 저장 단위 '비트'와 동전을 뜻하는 '코인'의 합성어)이라고 명명한 이 암호화폐(cryptocurrency 가상화폐)의 특징은 희소성과 블록체인 기술의 적용이다. 나카모토는 2009년 1월 최초의 비트코인을 직접 만들어낸 뒤 '완전히 탈중앙화(decentralized)한 시스템'이라고 주장했다. 가상화폐 광풍을 불러일으켰던 비트코인의 현재 총 가치는 약 194조원에 이르는 것으로 평가된다.[57]

국제통화기금(IMF)도 커져 가는 암호화폐의 잠재력에 주목하고 있다. 동혜(Dong He) IMF 자본시장국 부국장은 31일(현지시각) 성명을 통해 암호화폐가 언젠가는 중앙은행의 역할과 영향력을 크게 줄일 수 있다며, 각국 중앙은행들은 암호화폐의 일부 개념을 채택할 것을 고려해야 한다고 주장했다. 이러한 그의 주장은 크리스틴 라가르드 IMF 총재의 암호화폐에 대한 적극적인 태도와 맥을 같이 하는 것이다. 또한 그는 개인 간 거래(P2P)가 가능한 중앙은행 자체의 암호화폐를 발행하면 전자상거래와 같은 디지털 시장에서 소비자들이 친숙하게 사용할 수 있게 되는 계기가 될 것이라며, 암호화폐가

---

* 서브프라임 모기지론은 신용등급이 낮은 저소득층을 대상으로 한 미국의 주택담보대출상품이다.

현금과 은행 예금으로는 처리할 수 없는 부분을 보완할 수 있다고 보았다. 헤 부국장의 이러한 주장은 최근 암호화폐를 기반으로 하는 블록체인 기술이 점진적으로 채택되고 있는 국제적 동향과 무관하지 않다. 그러나 업계 전문가들은 각국 중앙은행이 암호화폐를 채택하거나 자체적인 암호화폐를 출시할 가능성보다는 규제 강화를 통해 중앙은행의 입지를 강화할 가능성이 있다며, "암호화폐 거래와 활용에 세금을 부과함으로써 소비자 보호 정책을 강화할 수 있다"고 말했다. 자체적인 암호화폐 출시와는 별도로 각국 중앙은행들은 블록체인 기술 및 암호화폐에 대한 연구에 나서는 추세다.[58]

비트코인을 만들어 낸 나카모토의 실체는 여전히 베일에 싸여 있지만 그가 암호화폐를 통해 추구한 이상은 분명했다. 비싼 수수료와 많은 개인 정보를 요구하며 금융거래 정보를 독점하고 막대한 수수료 수익을 챙기는 기존 시스템을 바꾸자는 것이다. 블록체인이라는 데이터 저장 기술을 이용해 중개자가 필요 없는 시스템, 해킹이 불가능한 시스템을 만들자는 것이다. 비트코인 주창자들은 암호화폐와 블록체인이 인터넷의 독과점 구조를 깨뜨려 시장을 민주적으로 재편함으로써 보다 평등한 세상을 구현할 수 있다고 본다.[59] 그러나 실제 운용에 있어서는 암호화폐 발행을 주도한 사람들과 거래소를 중심으로 또 다른 독과점 구조가 형성될 수도 있다. 블록체인 기술이 해킹을 방지한다고 하지만, 현재 사용되는 법정불환지폐(fiat money: 교환이 보증되지 않는 지폐)는 해킹 문제 외에도 어느 날 갑자기 휴지조각이 되어버릴 수 있는 위험성이 잠재해 있다.

암호화폐 주창자들이 추구하는 민주화, 평등화로의 방향은 분명 시대적 흐름에 부합한다. 그러나 국제통화체제가 안정적이고 효율적으로 기능하기 위해서는 국제통화제도의 본질적 기능인 국제유동성 공급 및 국제수지 조정 문제가 해결되어야 한다. 탈중심의 전자화폐시스템인 암호화폐가 기반하고 있는 기본적 기술 시스템은 특정 그룹이나 개인에 의해 만들어진 것으로 국제통화체제의 안정성 및 효율성 실현의 문제는 검증된 바가 없다. 뿐만 아니라 '골드러시'를 연상케 하는 '가상화폐 러시'는 탈세·범죄·돈세탁 등 크고 작은 많은 문제를 유발할 수 있다. 한편 암호화폐는 도입기, 성장기, 성숙기 세 단계를 거쳐 금융 빅뱅을 불러올 것이라는 예측도 있다. 성장기에는 구글과 같은 소수의 기업 화폐가 암호화폐 시장을 독과점할 것이 예상되지만, 화폐의 통제권과 세금 징수권 확보를 위하여 결국 국가가 암호화폐를 규제하고 국가 주도 암호화폐를 발행하게 되리라는 전망[60]이다. 또한 비트코인의 '확장성'에 주목하여 암호화폐를 블록체인 시대의 '넥스트머니(Nex Money)'로 보는 시각[61]도 있다. 모든 제도가 그러하듯이 통화제도 또한 우리의 학습도구이며 사회적 필요에 의해 생겨나고 그 필요가 다하면 또 다른 형태로 진화하기 마련이다. 하지만 아무리 근사한 제도라 할지라도 그 운용 주체인 인류의 의식 자체가 바뀌지 않고서는 실효성을 발휘하기 어렵다. 본서 제1장에 '한'사상을 배치한 것은 그 때문이다.

구리본위제도의 근거와 적실성

전 세계 대부분의 중앙은행들이 보유한 외환보유액 중에서 달러화가 여전히 가장 큰 비중을 차지하고 있다는 점에서 오늘날 실제 작동하는 국제통화체제는 달러본위제다. 그러나 1971년 금본위제를 폐지한 이후 달러화 구매력은 크게 감소해 2010년 미화 1달러의 구매력은 90% 줄었다.[62] 이러한 달러화의 대폭적인 하락은 '허수아비 황제'인 금을 밀어내고 달러화가 스스로 황제가 되었을 때 경화(硬貨: 금화·은화 등 내재적 가치가 있는 화폐)로 태환할 수 있다는 믿음이 사라졌기 때문이다. 쑹홍빙은 브레튼우즈 체제 붕괴 후 사실상 확립된 달러본위제가 수십 년 동안 전 세계에 천문학적인 신용과 채무를 발생시켰다며, 그 결과 마침내 오늘날의 글로벌 금융위기를 유발했다고 본다.[63] 글로벌 베스트셀러 『달러의 위기 *Dollar Crisis*』(2003)의 저자인 리처드 던컨(Richard Duncan)에 따르면 진정한 자본주의(capitalism)는 1914년에 죽었으며 '신용주의(creditism)'가 그 자리를 대체하고 있고, 화폐가 번영의 원인이기도 했지만 '신용천국(creditopia)'이 몰락하면서 화폐는 위기의 원인이 되고 있다. 신뢰가 무너지면 국제통화체제는 안정적이고 효율적인 제도로 기능하기 어렵다.

던컨에 따르면 1973년 브레튼우즈 체제 붕괴 이후 전개된 달러본위제는 미국 이외의 국가들이 그들의 상품을 미국에 신용으로 판매하도록 허용함으로써 세계화의 시대를 열었으며, 특히 대부분의 개발도상국들에게 빠른 경제성장을 가능케 했다. 하지만 지금은 세계 경제가 극단적인 불균형 상태에 있으며 대공황 이후 가장 심각한 경기침체에 빠져들 위험에 처해 있다고 진단한다. 그는 특히 미국의 무역수지 적자가 과도한 신용창조를 야기했고, 경상수지와 투자수지의 비정상적인 불균형이 흑자 국가들에게 엄청난 미달러 표시 부채증서들을 보유하게 했으며, 그리하여 경상수지 적자 국가인 미국을 역사상 최대 채무국으로 전락시켰다고 말한다. 한마디로 그는 달러본위제가 실패했고 위기로 붕괴되기 시작했다며, 이러한 위기를 '달러의 위기'로 규정한다. 왜냐하면 이러한 위기는 '달러 준비자산의 과도한 창출로부터 야기되었고 달러화 가치의 붕괴로 정점에 달할 수 있기 때문'이라는 것이다. 하여 그는 오늘날 세계 경제의 과도한 불균형(disequilibrium)의 궁극적 원인이 되는 지속적인 무역 불균형(imbalances)을 막는 방법으로 국제통화체제 개혁의 필요성을 강조한다.[64]

오늘날 전 세계 통화 공급은 미국 경상수지 적자에 의해 결정되고 있다. 이 제도는 불안정할 뿐만 아니라 지속가능하지 않고 쉽게 통제되지도 않는다. 미국이 미국 이외의 국가들에게 더욱 많은 부채를 계속해서 질 수 없기 때문에 그것은 지속가능하지 않다.…새로운 국제 통화 협정이 필요하다. 새로운 시스템은 지속적인 무역 불균형을 차단해야만 한다. 그리고 전 세계 통화 공급의 증가가 통제되어 정연하고 합리적인 방법으로 배분될 수 있도록 하는 메커니즘이 시행되어야 한다.[65]

국제통화체제 개혁의 필요성은 금세기 들어 꾸준히 제기되어 오고 있으며, 특히 2008년 글로벌 금융위기 이후 집중적으로 제기되고 있다. 본 절의 주제와 관련하여 우리는 두 가지 포인트를 명료화할 필요가 있다. 그 하나는 왜 국제통화체제를 개혁해야 하는가 하는 것이고, 다른 하나는 어떤 방식으로 개혁할 것인가 하는 것이다. 이 두 가지 중에서 '왜 개혁해야 하는가'에 대해서는 전문가들의 견해가 대체로 일치한다. 그런데 '어떤 방식으로 개혁할 것인가'에 대해서는 견해가 엇갈리고 있고 참신한 관점도 찾아보기 어렵다. 대개는 금본위제 또는 금 · 은복본위제로 복귀하는 것이 좋다거나, 금본위제는 불가하다는 입장을 취하는 정도이다. 금 · 은복본위제나 금본위제가 왜 폐지되었는지 벌써 잊은 것이다. 그리고 금본위제가 불가하다면 다른 어떤 대안이 있는지에 대한 제시도 없다. 또 한 가지 대안으로 제시되는 것은 세계 단일 통화(single global currency)이다. 그러나 세계 단일 통화의 경우에도 본질적인 문제는 여전히 남아 있다. 달러본위제에서와 같이 법정불환지폐로 할 것인지, 아니면 브레튼우즈 체제 아래에서와 같이 금환본위제로 할 것인지, 또는 IMF의 특별인출권을 원용한 어떤 시스템을 도입할 것인지 등의 문제가 남아 있는 것이다.

어느 경우든 필자는 구리본위제(Copper Standard System)를 대안으로 제시한다. 이러한 대안을 제시할 수 있는 주요 근거는 다원적 에너지를 이용한 핵자(核子 nucleon: 양성자와 중성자) 이동으로 채광(採鑛 mining)을 하지 않고도 구리(copper) 생산이 가능하다는 데 있다. 다시 말해 액티바(Activa) 신기술을 적용한 하이테크 변성공법으로 고철(Fe_2O_3)을 고순도 구리로 변성 인고트(Ingot: 구리괴)화하는 것이 세계 최초로 가능해졌기 때문이다. 그렇게 되면 안정적이고도 지속적으로 고순도의 구리를 공급할 수 있게 된다. 원소 변성에 관한 기술적인 설명은 제3장에서 자세히 다룰 것이다. 모든 통화제도의 본질적인 문제는 공급과 신뢰의 문제로 압축될 수 있다. 브레튼우즈 체제 아래에서 금환본위제는, 금 공급의 증가 속도는 상대적으로 느린 반면 세계 경제의 성장과 무역의 확대로 달러 공급량은 빠르게 증가해 유동성도 커지고, 채무 버블 또한 팽창하다가 결국 붕괴해 세계 경제에 치명타를 입혔다. 달러본위제 역시 과도한 신용창조가 과잉 투자를 야기하고 천문학적인 부채를 발생시킴으로써 글로벌 금융위기를 유발했다. 그러면 왜 국제통화체제를 개혁해야 하며, 어떤 방식으로 개혁할 것인가에 대해 역사적 사례 분석을 통해 차례로 살펴보기로 한다.

내재적 가치가 없는 종이 화폐의 남발은 초인플레이션을 초래하지만, 금속 기반의 화폐는 그것이 금, 은, 구리, 철, 주석, 어느 것이든 간에 초인플레이션을 유발하지 않는다고 밀튼 프리드먼(Milton Friedman)은 말한다. 케인스학파에 맞서 자유시장경제를 옹호한 시카고학파의 대부이자 노벨 경제학상 수상자인 프리드먼은 그의 저서 『화폐의 폐해 *Money Mischief*』(1992) 제8장에서 많은 나라들의 최신 자료와 역사적 사례 분석을 통해 「인플레이션은 언제 어디서나 화폐적 현상이다(Inflation is always and everywhere a monetary phenomenon)」라는 핵심명제를 증명해 보이고 있다. 프리드먼에 의하면 역사적으로 볼 때 과거의 많은 인플레이션들이 하이퍼(超)인플레이션으로까지 발전하지 않은 것은 오직 한 가지 이유, 즉 화폐의 재료가 금속(금, 은, 구리, 철, 주석 중 어느 것이든)이었기 때문이다. 역사적으로 인플레이션의 발생 원인으로는 새로운 광산의 발견이나 금속의 채취비용을 감소시킨 기술의 혁신, 또는 화폐의 재료를 귀금속에서 비속한 금속으로 대체하는 데 따른 화폐의 가치 훼손을 들 수 있다. 새로운 광산의 발견이나 기술의 혁신은 화폐량의 완만한 증가를 초래하므로 초인플레이션은 일어나지 않는다. 화폐의 가치 훼손의 경우 역시 아무리 비속한 금속을 사용한다고 해도 생산비용이 발생하기 때문에 이 비용이 화폐 수량의 한계를 설정한다는 것이다.[66]

오늘날의 법정불환지폐는 종이에 숫자를 인쇄하기만 하면 되기 때문에 비용 부담 없이 거의 무제한 발행될 수 있다. 일찍이 미국 독립전쟁 당시의 '컨티넨탈' 화폐와 프랑스혁명 당시의 '아시냐(assignats)' 화폐는 남발로 인해 초인플레이션을 야기했고 결국 화폐로서의 가치를 상실했다. 연방준비제도이사회(FRB) 의장을 네 번 역임하고 '미국의 경제 대통령', '통화정책의 신의 손'으로 불리는 앨런 그린스펀(Alan Greenspan)은 "정부의 구매력을 증가시키기 위해 중앙은행에 화폐를 인쇄하도록 요구하는 것은 반드시 초인플레이션 대폭발을 유발한다. 그 결과로 정부가 전복되고 사회적 안정이 심대하게 위협받는다는 것을 역사가 말해주고 있다"[67]고 했다.

프리드먼에 따르면 초인플레이션은 차치하고라도 일반적인 인플레이션조차도 지폐가 널리 통용되면서부터 가능해진 현상이다. 생산량이 화폐량과 같은 속도로 증가하면 물가는 안정될 것이지만, 화폐량이 생산량보다 상당히 빠르게 증가하면 인플레이션이 발생한다. 생산량 단위당 화폐 수량의 증가가 빠르면 빠를수록 인플레이션이 높아진다는 것은 경제학 명제 가운데 가장 확고하게 정립된 명제다. 인플레이션이 화폐적 현상이라는 명제의 중요성이나 수많은 역사적 증거에도 불구하고 이 명제가 널리 받아들여지지 않는 것에 대해 프리드먼은 인플레이션에 대한 책임을 감추려는 정부의 연막수단 때문인 것으로 본다. 역사상 상당 기간 지속된 인플레이션의 경우 이에 상응하는 화폐량의 증가가 수반되었고, 화폐량이 급격히 증가한 경우 이에 상응하는 상당한 인플레이션이 수반되었다.[68]

본서 제2장 1절에서 살펴보았듯이 중국의 500년 화폐 역사는 지폐제도의 취약성을 분명히 보여준다. 11세기 초반 쓰촨성에서 철전을 담보로 세계 최초의 지폐가 발행되어 1세기 이상 통용되었으나 나중에는 주로 군비 지출을 위해 정부에서 지폐를 마구 찍어내는 지경에 이르렀다. 남송이 들어선 후 말년에 이르기까지 150여 년간 인플레이션은 무려 20조 배에 달해 정부의 세수가 급감하고 군사력과 전투력도 약화돼 송나라는 결국 멸망했다. 금나라와 원나라 역시 처음에는 안정기를 유지했으나 시간이 갈수록 화폐 남발로 이어져 물가가 폭등하면서 화폐 시스템의 붕괴로 국력이 쇠약해져 멸망했다. 명나라 역시 안정기를 거쳐 나중에는 화폐 남발로 인플레이션이 만연하게 되자, 결국 지폐제도를 폐지하고 은이나 현물을 이용한 거래로 복귀했다. 한편 서양에서 지폐가 널리 통용된 것은 18세기에 들어서이다. 루이 15세 때 금융 책임자로 임명된 존 로(John Law)는 국가 위기 타개책으로 지폐 본위제를 내세우며 미시시피 회사를 설립하고 지폐를 마구 찍어내 '미시시피 버블(1719~1720)' 현상을 야기했다. 하지만 엄청난 물가상승과 더불어 화폐 가치가 급락하면서 지폐제도는 완전히 폐기됐다. 19세기에 들어서는 영국을 필두로 금본위제가 국제적으로 확산되게 된다.

흔히 초인플레이션은 전쟁과 혁명의 산물인 것으로 알고 있지만 이제는 평화 시기에도 초인플레이션을 경험하는 나라들이 적지 않다. 프리드먼은 현대 세계의 인플레이션이 '화폐인쇄기 현상'이라고 본다. '상당률의 인플레이션은 언제 어디서나 화폐적 현상'[69]이라는 것이다. 미국 건국의 아버지 중한 사람인 토머스 제퍼슨(Thomas Jefferson)은 일찍이 이렇게 경고했다. "만약 미국인이 끝까지 민간은행으로 하여금 국가의 화폐 발행을 통제하도록 둔다면 이들 은행은 먼저 통화 팽창을 이용하고 이어서 통화 긴축 정책을 써서 국민의 재산을 박탈할 것이다. 이런 행위는 어느 날 아침 그들의 손자들이 자기의 터전과 선조들이 개척한 땅을 잃어버렸다는 사실을 깨달을 때까지 계속될 것이다."[70] 말하자면 먼저 유동성을 늘리고 신용대출을 확대해 자산 투자를 늘리도록 한 다음, 다시 통화 긴축 정책으로 자산 가격이 폭락하면 이를 헐값에 인수하는 방식이다. 1980년대 미국은 경기부양을 위해 레이거노믹스를 시행해 경상수지 적자를 확대했고, 과도한 신용창조로 신흥국의 외환보유고가 늘어나자 다시 통화 긴축 정책으로 달러를 회수하는 화폐 정책을 폈다.

통화 팽창의 발원지는 부분 지급준비금 제도다. 그 전형이 바로 민영 중앙은행인 미연방준비은행(FRB)이다. 부분 지급준비금 제도에서 '지급준비금'이란 FRB가 상업은행에 저축의 10%만을 남겨 놓을 수 있도록 규정한 돈을 말한다. 저축액의 90%는 대출로 운용하므로 이 90%의 돈이 은행에서 신용대출로 이용되어 은행에 이자 수입을 가져다준다. 경제주체로 흘러들어간 화폐가 상업은행으로 돌아오면 더 많은 횟수로 새로운 돈을 만드는데, 스무 차례 정도의 순환 사이클 동안 1달러의 국채는 FRB와 상업은행의 협조 아래 10달러에 해당하는 화폐 유통량을 만들어 낸다. 화폐 유통 증가량이 경제성장의 수요를 넘을 경우 구매력 저하로 인플레이션의 원인이 된다. 다만 FRB와 미국의 은행기관이 미국 국채를 사들일 때만 새로운 달러를 발행하기 때문에 미국이 당분간은 인플레이션을 통제할 수 있겠지만, 미국 은행의 수중에 없는 국채는 만기일이 다가오게 되어 있고 반년에 한 번씩 이자도 지급해야 하므로(30년 만기 국채) FRB는 그때 새로운 달러를 발행해야 한다. 부분 지급준비금 제도에 채무화폐 체계가 결합된 것이 장기적인 인플레이션의 본질적 원인이다.[71] 따라서 순수한 법정불환지폐 제도에서는 악성인플레이션을 막지 못할 것이고 세계 경제에 치명적인 위기를 초래할 것이므로 국제통화체제는 개혁되어야 한다.

쑹훙빙은 '연방준비은행(FRB)'이란 것이 '연방'도 없고, '준비금'도 없으며, '은행'이라고 할 수도 없다고 말한다. 미국 정부는 화폐 발행 권한이 없으며 필요할 경우 국민이 납부할 미래의 세수(국채)를 FRB에 담보로 잡히고 '연방준비은행권', 즉 '달러'를 발행하게 한다. 현재 주요 선진국에서 통용되는 법정불환지폐 체계는 채무화폐이며, 미국 달러는 전형적인 채무화폐로 그액면 가치는 외부의 힘에 의해 강제된다. 유통되는 모든 달러는 일종의 차용 증서이며 모든 차용증은 날마다 이자가 복리로 불어나 달러를 발행하는 FRB에 천문학적 이자 수입을 가져다준다. 미래의 돈을 빌려 현재의 수요를 충족하는 채무의 화폐화야말로 현대 경제에 도사린 심대한 잠재적 불안이라고 쑹훙빙은 말한다. 금·은화폐로 대표되는 비채무화폐는 채무가 따르지 않는 내재적 가치를 지닌 화폐로 인류가 이미 이룩한 노동의 성과가 반영된 것이다. 이는 수천 년 동안 인류 사회와 더불어 자연적으로 진화해 온화폐로 시대와 국경을 넘어 유통되는 최종 지급 수단이다. '차용증＋약속'을 의미하는 법정불환지폐와는 달리, 금·은화폐는 '실질적인 소유'를 나타낸다는 점에서 본질적인 가치의 차이가 있다는 것이다.[72]

이렇게 볼 때 오늘날 국제통화체제의 한계는 채무 발생과 동시에 발행되는 통화 생성의 비합리적 메커니즘과 과도한 신용창조에서 오는 것이다. 리처드 던컨에 따르면 1930년대 세계대공황은 화폐와 금의 관계가 끊어지고 과도한 신용창조가 경제 호황을 유발했지만 그 신용이 상환될 수 없었기 때문에 세계적인 경제 붕괴로 끝이 난 사건이다. '광란의 20년대'를 견인했던 신용을 상환할 수 없게 되었을 때 은행들은 무너지기 시작해 1930년에서 1933년 사이에 9,000개의 미국 은행이 파산했고, 그에 따른 예금의 파괴로 통화 공급은 1928년에 460억 달러에서 1933년에 310억 달러로 3분의 1이나 감소했다. 통화 공급이 수축됨에 따라 신용 확대가 유발한 행복한 경제 동력은 힘을 잃게 되었고 글로벌 경제는 대재앙으로 빠져들었다.[73] 던컨은 그의 저서 『새로운 불황 the New Depression』(2012)에서 1971년 미국 닉슨 대통령의 금태환 정지 선언으로 시작된 신용 호황이 새로운 대공황으로 선회할 가능성에 대해 다음과 같이 예측한다.

"1964년부터 2007년 사이에 신용이 50배 확대되는 동안 번영은 계속되었지만, 2008년 신용이 수축되기 시작하면서 신용에 기반을 둔 경제 시스템이 위기에 내몰리게 된 것이 바로 '새로운 불황'의 시작이다. 한 세대 이상 글로벌 경제를 형성해 온 신용 기반의 경제 패러다임은 이제 붕괴될 심대한 위험에 처해 있다. 추가적인 신용 확대를 통한 성장이 한계에 봉착하고 부채 디플레이션(debt deflation)이 고착화되면, 이 경제 시스템은 경제적 재앙으로 시작해서 지정학적 재앙으로 끝난 1930년대와 유사한 시나리오로 파탄지경에 이를 것이다."[74] 그는 대공황을 일으킬 결정적 변수로 금융위기(banking crisis)를 들고 있으며 보호무역주의(protectionism) 또한 재앙의 기폭제가 될 수 있다고 본다. 대규모 실직, 광범위한 신용 파괴, 국제 무역의 붕괴와 같은 1930년대 대공황의 완전한 반복이 일어날 수 있다는 것이다.[75] 현 국제통화체제가 안정적이지도 않고 지속가능하지도 않다는 것은 부인할 수 없는 사실이기 때문에 개혁으로의 길은 시대적 필연이다.

다음으로 국제통화체제를 어떤 방식으로 개혁할 것인가에 대해 살펴보기로 하자. 미국 경제학자이자 연방준비제도이사회 14대 의장 벤 버냉키(Ben S. Bernanke)는 그의 저서 『연방준비제도와 금융위기 The Federal Reserve and The Financial Crisis』(2013)에서 금본위제도는 완전한 통화시스템과는 거리가 멀다며 금본위제도로의 복귀 주장은 비현실적이고 타당성이 없다고 말한다. 그가 펼치는 논지를 요약하면 다음과 같다.

> 금본위제도는 자원의 커다란 낭비를 초래한다. 금을 모두 캐낸 후 뉴욕 연방준비은행의 지하 금고로 옮겨야 하는 것이 금본위제도의 매우 심각한 비용이다.…금본위제도는 통화 공급량이 금에 연계되어 있기 때문에 경기 침체와 과열에 탄력적으로 대처할 수가 없다.…고정환율제인 금본위제도에서는 한 나라의 통화 정책이 다른 나라에도 파급되므로 자국만의 통화정책 관리에 필요한 독립성을 잃기 쉽다.…금본위제도에서 중앙은행이 일반의 신뢰를 잃게 되면 투기적 공격에 노출된다.…금본위제도는 장기적으로는 물가안정 효과가 있지만, 단기적으로는 인플레이션이나 디플레이션의 주기적 반복으로 경제적 불안정을 초래한다.…금본위제도는 민주주의와 양립할 수 없다.…금본위제도가 유지되려면 중앙은행이 실업이나 경제 활성화 같은 다른 정책 목표보다 금과 연계된 자국 통화의 가치 방어에 최우선 순위를 두어야 한다.[76]

이러한 버냉키의 논지는 '금본위제도로 돌아가자는 주장이 왜 아직도 나오고 있으며 또 그것이 가능하기나 한 것인가'라는 질문에 대한 답변에서 보다 명료하게 드러난다. 버냉키는 금본위로의 복귀 옹호론이 두 부분으로 구성되어 있다고 말한다. 그 하나는 '달러화 가치' 유지에 대한 소망, 다시 말해 장기적으로 물가안정을 누리려는 소망으로, 금본위제도를 채택하면 인플레이션이 없을 것이라는 주장에 근거를 둔 것이다. 역사적으로 볼 때 그런 주장은 장기적으로는 어느 정도 사실과 부합하지만, 단기적으로는 사실과 부합하지 않는다고 버냉키는 말한다. 또 한 가지 이유는 금본위제도가 호황 및 불황에 대해 통화정책으로 대응하는 중앙은행의 재량권을 제거해주기 때문인 것으로 보고 있다. 금본위 옹호론자들은 중앙은행에게 그런 신축성을 부여하지 않는 편이 더 낫다고 말한다는 것이다.[77] 화폐자산을 많이 보유하고 있는 자산가들이나 보수적인 시장주의자들은 중앙은행이 경기부양을 위해 통화를 증발하여 인플레를 유발하고 화폐가치를 훼손하는 것을 원치 않으므로 금본위제도로의 복귀를 주장하는 것이다.

버냉키는 금본위제도의 실행이 불가능한 이유로 실용적 이유와 정책적 이유 두 가지를 들고 있다. 우선 실용적인 측면에서 국제 금본위제도의 필요를 충족시킬 정도로 금이 충분하지 않다는 것이다. 그런데 그보다 더욱 근본적인 사실은 '세상이 바뀌었다'는 것이다. 과거 영국 잉글랜드은행이 소량의 금준비(gold reserve), 즉 '금 박막(a thin film of gold)'을 보유하고서도 금본위제도를 유지할 수 있었던 것은 잉글랜드은행의 최우선 순위가 금본위제도의 유지였으며 통화 안정을 제외한 다른 정책 목표에는 전혀 관심이 없었다는 사실을 누구나 알고 있었기 때문이다. 사실 19세기와 20세기 초까지만 해도 노동자나 일반 국민들은 투표권이 없었으므로 정부의 정책에 반대할 만한 위치에 있지 않았고, 중앙은행은 불황기에 마음대로 금리를 올려 통화를 방어할 수 있었다. 그러나 제1차 세계대전 이후에는 경제적 · 정치적 근대화로 노동운동이 강화되었고, 대다수의 사람들이 실업과 경기변동에 훨씬 더 많은 관심을 갖기 시작했으며, 그에 따라 경제 활성화를 위한 적극적인 통화정책을 필요로 했다. 잉글랜드은행의 확고한 의지에 대한 의구심이 생겨나자, 1931년 투기자들은 모두 파운드화를 잉글랜드은행에 제시하며 금태환을 요구했고 금은 곧 동이 나버려 영국은 어쩔 수 없이 금본위제도를 포기해야 했다. 고정환율제인 금본위제도는 거시경제 현실과는 무관하게 금의 수급에 의해 통화 공급량을 결정하다보니 위기 상황에 탄력적으로 대처하지 못하여 결국 대공황에 이르게 된 것이다.

버냉키에 따르면 대공황이 그토록 심각하게 오랫동안 지속된 주요 원인 중 하나가 금본위제도였으며, 금본위제도를 일찍 포기함으로써 통화정책의 신축성을 되찾은 나라들은 금본위제도를 고수하다가 파국을 맞은 나라들에 비해 더 빨리 회복했다. 오늘날 다시 금본위제도로의 복귀를 주장하는 것은 실업이 얼마나 악화되든 통화정책을 이용하여 그에 대처하는 일은 결코 없을 것임을 맹세하는 의미가 될 것이라고 그는 말한다.[78] 1896년 미국 대통령 선거 당시 윌리엄 제닝스 브라이언 민주당 후보가 "그대(금본위제)는 가시면류관을 노동자의 이마 위에 내리누르지 말라. 그대는 사람을 황금의 십자가에 못 박지 말라"[79]고 한 연설 내용은 금본위제도와 민주주의가 양립할 수 없음을 단적으로 표현한 것이다. 금본위제도는 세계 경제의 성장과 무역 규모의 확대에 따른 화폐수요의 증대를 충족시킬 수 있을 정도로 금 생산량이 충분하지 못하여 유동성 문제를 야기하는 내재적 한계가 있었다. 또한 경제적·정치적 근대화에 따른 사회적 요구―실업문제 해결, 경제 활성화 등―에 탄력적으로 대처하지 못했으며, 국가 간 자본이동의 증대로 고정환율을 유지하기도 어려워졌고, 또 자국만의 통화정책 관리가 어려워 위기에 취약한 제도로 인식되었다. 1971년 미국의 금태환 정지 선언으로 금본위제는 완전히 폐지되고 주요국 통화는 변동환율제로 이행하게 되었다.

이렇게 해서 금본위제도는 종말을 고했지만 인류의 오랜 관성 때문인지 여전히 금본위제를 주장하는 이들도 있다. 캐나다 출신으로 컬럼비아대 경제학 교수이자 노벨 경제학상을 수상한 '유로화의 아버지' 로버트 먼델(Robert Alexander Mundell)은 '21세기에는 금이 국제적인 화폐시스템의 일부가 될 것'이라고 했고, 쑹훙빙은 '금에 기초하지 않은 화폐는 쇠퇴할 수밖에 없는 운명'이라고 했다. 샤를 드골 전 프랑스 대통령은 '금 이외에는 어떤 표준도 기준도 있을 수 없다'고 했다. 그런데 금본위제가 자원의 커다란 낭비를 초래할 뿐만 아니라 엄청난 환경파괴를 야기한다는 사실에 주목한다면 생각을 바꿀지도 모른다. 금 1온스(서양에서 보통의 결혼반지 한 개에 쓰이는 양)를 얻기 위해 파내는 바위나 광석의 양이 무려 250톤이라고 하니, 케인스가 '황금은 야만적 유물'이라고 할 만하다. 오히려 이 수치를 들어 금의 희소성을 강조하며 금을 예찬하는 이들도 있긴 하다. 인류가 지금까지 채굴한 금의 양은 대략 16만3,407t으로 이 금만큼의 광산 폐기물을 쌓는 데는 16시간밖에 걸리지 않는다고 한다. 이 중 약 90%는 1848년 이후, 65%는 1950년 이후 생산된 것으로 추산된다. 인류가 파낸 금 중 15%는 다시 자연 속으로 사라졌다. 약 20%에 해당하는 3만2,000t은 각국의 중앙은행이 보유하고 있고, 나머지는 개인과 기업이 장신구·금괴 등으로 보유한 것으로 추정된다.[80]

인류 역사를 통하여 금은 권력자의 지배 대상의 1호였다. 세상을 움직인 권력자들은 모두 금을 소유했지만 그들의 영혼은 금에 의해 소유되었고 마침내 파멸의 길을 걸었다. 로마 공화정의 군인이자 정치가로서 율리우스 카이사르와 폼페이우스(Gnaeus Pompeius Magnus)와 함께 제1차 삼두정치를 이끌기도 했던 크라수스(Marcus Licinius Crassus)는 로마 역사상 최대의 부호로 알려져 있다. 그는 파르티아와의 전쟁에서 대패하여 붙잡히게 되었는데 적장은 녹인 황금을 크라수스의 목에 쏟아부어 죽게 했다고 한다. 교회나 사원, 왕가의 위용(威容)이 모두 금에서 나왔으며 금은 언제나 신성했다. 그러나 동시에 금은 물질만능주의의 표징이었으며 세속적이었다. 또한 금은 만인의 로망이었으며 단 한순간도 그 낭만적인 특성을 잃지 않았다. 유럽인과 팀북투 원주민 사이에 형성되었던 금 1온스 대 소금 1온스의 맞교환 거래는 금의 역사에서 가장 순연(純然)하고도 원초적 낭만이 돋보였던 거래였다. 만약 금이 없었다면 아마도 인류의 정치경제사는 그토록 역동적이고 드라마틱하게 전개되지는 않았을 것이다. 금은 금권의 역사를 표징하는 물질로서 인간 자신의 탐욕을 응시하게 하는 학습도구였다.

근대 유럽의 화폐혁명은 15세기 포르투갈과 스페인에 의한 신대륙의 발견으로 식민지에서 막대한 양의 금과 은이 유럽으로 유입되어 대부분 화폐로 주조된 데 기인한다. 16세기 유럽 통화량의 지속적인 증가는 유럽의 전반적인 물가상승, 이른바 '가격혁명(price revolution)'을 유발함으로써 지대수입에 의존하는 봉건귀족들의 몰락을 초래했고, 또한 상업 활동을 추동함으로써 초기 자본주의의 발달을 견인하는 동력이 되었다. 금본위제든 은본위제든 모두 가혹한 식민수탈 역사의 산물이며, 민주주의와는 본질적으로 양립할 수 없고, 채굴과정에서 엄청난 환경생태계 파괴를 야기한다는 점에서, 더욱이 그 생산량이 세계 경제의 성장과 무역 규모의 증대를 따라가지 못한다는 점에서 비현실적이고 비합리적인 제도다. 영국과 미국, 프랑스는 각각 1816년, 1873년, 1876년 금본위제를 채택할 때까지 금·은복본위제를 채택하였으나, 이 제도 역시 금과 은의 수급에 따라 가치 변동이 수시로 일어나고 유통과정에서 가치가 떨어지는, 즉 악화(惡貨)가 양화(良貨)를 몰아내는 그레샴의 법칙[81]으로 인해 통화의 안정적 운용이 어렵다.

2008년 9월 금융위기가 일어난 지 얼마 지나지 않은 같은 해 11월 13일 '유로화의 아버지' 로버트 먼델은 디이차이징르바오(第一財經日報)에서 세계화폐 정책 추진의 필요성을 이렇게 밝혔다. "우리는 오늘날 이 위기의 시대에 세계화폐 정책을 추진할 수 있기를 기대하고 있다. 지금의 금융위기는 그것이 가능한 유일한 시기이다. 위기의 시대에만 새로운 시스템을 세울 수 있기 때문이다."[82] 또한 전 연방준비제도이사회(FRB) 의장 폴 볼커(Paul Adolph

Volcker)는 "글로벌 경제는 세계화폐를 필요로 한다"[83]고 했고, MIT 경제학 교수 찰스 킨들버거(Charles P. Kindleberger)는 1969년에 "세계 최고의 통화 시스템은 세계적인 금융 권위를 자랑하는 세계 단일 화폐이다"[84]라고 했다.

미국 하버드대 교수 리처드 쿠퍼(Richard Cooper)는 1984년 FRB 보스턴 컨퍼런스에서 한 발언에서 그의 제안이 단기적으로는 매우 과격해 보이지만 장기적으로는 더 밝은 세계의 미래를 보장해 줄 것이라며 우리가 선택해야 할 방안을 이렇게 제시했다. "세계의 모든 공업화된 민주국가들이 공동으로 단일 통화 시스템을 구축하고, 단일 화폐 발행 은행을 설립하고, 통합 화폐 정책을 실시하는 방안이다."[85] 또한 글로벌 파이낸셜 데이터 수석 이코노미스트 브라이언 테일러(Bryan Taylor)는 이미 1998년에 이렇게 예측했다. "세계 단일 화폐가 전 세계에 보급되는 속도는 놀랄 정도로 빠를 것이다. 아마 10년 안으로(2008년까지) 세계의 200여 종의 화폐가 단일 화폐로 통일될 것이다. 그리고 25년 후(2023년 후)에는 역사학자들이 20세기에 존재했던 화폐들이 역사 무대에서 사라지게 된 원인에 대해 연구하게 될 것이다."[86]

세계 단일 통화는 특정 국가나 집단의 반대가 있다고 해도 막을 수 없는 미래의 추세다. 국제통화기금(IMF)은 미국 메사추세츠 주에 본부를 설립하고 유로화를 모델로 단일 통화를 추진 중이며, 2024년에 세계 단일 통화 출범을 공식 선언할 것이라고 한다. 세계 단일 통화의 가장 큰 장점은 외환 거래 비용의 제거와 외환위기 등의 위험 소멸을 들 수 있다. 2000년에 발표된 노르웨이의 《2030 국가보고서》에서도 2030년에 현존하는 국가가 소멸되고 세계정부가 출현할 것이라고 예측하였다. 세계의 학자들과 기관들은 2024년에 세계 단일 통화가 나올 것으로 예측하며, 세계정부는 2030년 정도에 등장할 것으로 본다.[87] 현재 세계정부를 만들기 위해 준비하고 있는 단체나 기구들은 약 5,000여 개에 달한다고 한다. 특히 국가 간 이기주의가 전 지구적 문제인 기후 변화와 에너지 고갈 등에 대한 해결책을 제시하지 못하는 데서 세계정부가 대안으로 등장하게 된다. 말하자면 국익을 기반으로 한 주권국가 간의 연합, 즉 국제연합(United Nations, UN)의 태생적 한계에서 비롯되는 것이다.

한편 2007년 미국 외교협회의 빈 스틸(Benn Steil) 국제경제부 부장은 영국 파이낸셜 타임스(Financial Times)에 "디지털 골드와 글로벌 질서의 결함(Digital Gold and a Flawed Global Order)"이라는 제목의 글에서 현재 글로벌화 과정에서 가장 취약한 부분이 글로벌 통화 시스템이라고 역설했다. 그가 주장하는 대안 통화는 현대적 의미의 금, 즉 디지털 골드를 결제 수단으로 사용하는 것이다. 인류가 2,500년 동안 금을 화폐로 사용해 온 사실을 감안하면, 디지털 골드 체제가 달러화 체제보다 생명력이 훨씬 더 길 것이라는 사실을 알 수 있다는 것이다.[88] 또한 그는 미국 외교협회의 기관지 《포린 어페어스 Foreign Affairs》에 '통화 민족주의의 종결(The End of National Currency)'이라는 제목의 글에서 오늘날의 금융 혼란이 모두 '주권국가의 화폐교란'으로 인해 발생했다고 주장한다. 1971년 닉슨 대통령의 금태환 정지 선언 이후 세계 각지에서 유통되는 화폐는 실물에 대한 청구권을 의미하지 않게 되었으며, 모두 정부들이 마술처럼 만들어 낸 주권의 표상에 불과하다는 것이다.

스틸은 화폐 국가주의와 글로벌화가 물과 불처럼 서로 용납하지 못한다며 세계 단일 화폐라는 개념을 제기하면서 주권 통화 폐지를 강력하게 주장했다. 이어 그는 달러도 초기에는 다른 정직한 화폐(금)를 지불 보증으로 삼았다며, 달러 가치가 변하지 않을 것이라는 믿음 때문에 사람들은 달러를 신뢰했고 미국 정부는 달러화의 가치를 유지해야 할 부담을 떠안게 된 것인데, 미국 정부는 그 중차대한 임무를 소화하지 못함으로 해서 달러화의 글로벌 기축통화 지위를 점차 약화시키고 있다는 것이다. 그가 제안한 해결

방안은 디지털 골드와 세계 단일 화폐다. '현대의 과학기술을 이용해 금본위 통화 시스템(디지털 골드)을 구축하는 것은 충분히 가능한 일이며, 각국 정부의 지지나 지원이 없이도 각국의 주권 통화를 폐지하고 금본위의 세계 단일 화폐를 출범시킬 수 있다'는 것이다.[89] 스틸이나 그린스펀의 골드 화폐에 대한 가치관은 유럽의 국제 은행 가문, 그중에서도 특히 로스차일드가(Rothschild Family)의 관점을 계승했다.

쑹훙빙에 의하면 오늘날 세계 금융을 움직이는 양대 세력은 로스차일드가를 대표로 하는 '친환경 골드 화폐 지지파'와 록펠러가(家)를 필두로 하는 '석유 전쟁 지지파'이다. 그러나 금 1온스를 얻기 위해 파내는 바위나 광석의 양이 무려 250톤에 달하는데 골드 화폐가 친환경적일 수는 없다. 그에 따르면, '석유 전쟁 지지파'는 화폐 배후의 폭력적 요소를 중시했으며 중동의 석유 공급을 장악하면 천하를 호령할 수 있다는 생각을 가진 반면, '친환경 골드 화폐 지지파'는 화폐의 도덕적 속성 및 내재적인 공평성과 합리성을 강조했으며 향후의 세계화폐가 화폐로서의 성실성과 탄력성을 가지기 위해 반드시 '금'과 '친환경'이라는 양대 기본 요소를 포함해야 한다고 생각했다.[90] 그러나 이러한 그의 해석은 앞서 살펴보았듯이 금본위제가 가혹한 식민수탈의 역사의 산물이며, 민주주의와는 본질적으로 양립할 수 없고, 금 채굴 과정에서 엄청난 환경생태계 파괴를 야기한다는 사실, 그리고 그가 그토록 비판하는 미연방준비은행(FRB)의 총설계사가 로스차일드 가문의 영국과 프랑스 대리인 폴 바르부르그(Paul Warburg)였다는 사실을 잠시 잊은 듯하다. 1913년 12월 23일 미연방준비제도이사회가 창설되고 부분 지급준비금 제도의 전형인 FRB가 설립된 것에 대해, 쑹훙빙은 '미국의 민선 정부가 금권에 의해 전복되었다'[91]라고 했다.

화폐의 발달사를 통해서 볼 때 화폐 권력의 속성은 그것이 표방하는 이념과 가치가 무엇이든지 간에 화폐 자산가들의 이익을 극대화하는 방향으로 움직이게 되어 있다. 그런 점에서 이 양대 세력을 도덕적 기준에 의해 분류하는 것은 실제와 부합하지 않는다. 쑹홍빙은 이 양대 세력의 싸움이 국제적으로는 미국과 유럽 또는 달러와 유로 간의 대결로 나타나고 국내적으로는 친환경을 주장하는 민주당과 석유 전쟁을 지지하는 공화당 사이에서 벌어지는 각축을 의미하는 것으로 보았다. 나아가 그는 글로벌 금융위기가 심화될수록 더 많은 주류 매체와 전문가들이 금에 대해 지대한 관심을 나타낼 것이라며 금 가격의 폭등은 달러화 체제 붕괴의 신호탄이 될 것으로 내다보았다. 달러화 체제가 폐지될 경우 우려되는 두 가지 영향으로는 미국의 철저한 채무 불이행과, 기존 국제 통화 시스템이 혼란에 빠져 세계 단일 화폐 출범의 목소리가 높아지는 것이다. 이는 1907년의 위기가 1913년 FRB를 출범시킨 것과 상당한 유사성이 있다는 것이다.[92]

통화 주권을 포기하도록 유도하는 것에 대해 스틸은 전 세계 화폐를 달러 및 유로, 아시아 단일 화폐의 세 가지로 통합하는 방안을 제안했다. 이러한 그의 제안은 달러 및 유로, 엔화 기반의 새로운 국제 화폐 단위를 만들 것을 주장한 로버트 먼델의 관점과 맥을 같이 한다. 먼델은 달러 및 유로, 엔화가 합쳐진 '데이(Dey)'라는 새로운 세계화폐를 만들고, IMF가 이 새로운 세계화폐를 발행해야 한다고 주장했다. 세계 단일 화폐의 실현을 목표로 하는 경제학자들의 자발적 단체인 세계단일화폐위원회(SGCA) 회장 모리슨 본패스(Morrison Bonpasse)는 지역 단일 화폐를 세계 단일 화폐로 통합하는 것에 대해, '지역 단일 화폐 모델은 세계 단일 화폐 모델의 발판이다. 147종의 화폐를 하나로 통합하여 세계 단일 화폐를 추진하는 데 최대 걸림돌은 갈수록 팽창하는 통화 민족주의와 그 잔여 정치세력들이다'라고 했다.[93]

세계 단일 화폐가 나올 것으로 예측되는 2024년까지 세계 경제는 미증유의 혼란을 겪게 될 가능성이 큰 것으로 전망되고 있다. 1923년부터 1924년까지 지속된 독일의 하이퍼인플레이션처럼 악성 인플레이션이 이어지면서 금융위기가 일어나고 달러화를 대표로 하는 주권 통화가 그 원인으로 지목되면서 위기 해결의 특효약으로 세계 단일 화폐가 급부상하리라는 것이다. 미국의 의료보험 및 사회복지기금 적자가 100조 달러 규모에 이르는 2020년이 되면 부채 압력을 견디지 못한 미국은 철저한 '파산 보호'를 받게 되리라는 것이 쑹훙빙의 전망이다. 이는 곧 달러화 체제를 포기하게 된다는 말이다. 그리하여 세계 단일 화폐는 2020년부터 2023년까지 시험 운행되다가 2024년부터 정식으로 출범하게 되리라는 것이다. 시기가 다소 차이가 날 수는 있겠지만, 세계 단일 화폐로의 길은 거스를 수 없는 역사 발전의 추세다. 이제 남은 문제는 세계의 부를 분배하는 데 있어 형평성을 유지할 수 있는 통화 시스템이 어떤 것인가 하는 것이다.

역사적 교훈이 말해주듯, 화폐 메커니즘이 안정적으로 유지될 수 있는 것은 화폐의 네 가지 기능, 즉 저축(저장) 수단, 유통(교환) 수단, 지불 수단, 가치 척도의 기능이 동시에 발휘될 때이다. 순수 신용 화폐 제도인 달러화는 한때 화폐의 이 네 가지 기능을 온전하게 수행했으나 1971년 금과의 연결 고리가 끊어진 뒤 저축 수단과 가치 척도의 두 가지 기능을 상실하고 현재는 위태로운 상황에 처해 있다. 쑹훙빙은 달러화 체제가 붕괴할 경우 이를 대체할 주권 통화가 더 이상 존재하지 않게 되므로 신용 화폐 제도는 달러화의 붕괴와 더불어 사라지고 금이 다시 화폐의 위치를 차지할 수밖에 없다고 말한다. 황금 화폐를 도입하면 저축 수단의 기능을 회복해 화폐의 네 가지 기능을 모두 수행할 수 있다는 것이다. 그러나 이전의 금본위제를 그대로 현대 통화 시스템에 도입하면 금 생산량이 세계 경제 발전 속도를 따라잡지 못하기 때문에 저축 수단 기능은 충분히 이행할 수 있으나 가치 척도의 기능을 효과적으로 발휘하기 어려우므로 순수한 황금 화폐 시스템 하에서 세계 경제는 불균형 발전을 이루게 된다.

따라서 미래의 세계 단일 화폐는 이러한 금의 단점을 보완할 수 있는 요소가 추가된 새로운 형태가 되어야만 지속적으로 안정된 통화 시스템을 유지할 수 있다는 것이다. 쑹훙빙은 세계 단일 화폐의 새로운 구성 요소가 반드시 금의 강성(剛性)에 상응하는 탄력성이 있어야만 디플레이션 유발 가능성이 있는 금의 단점을 보완하고 화폐의 네 가지 기능을 충분하게 수행할 수 있다고 본다. 이 점에서 그는 달러를 대체할 새로운 기축통화로 금과 함께 이산화탄소의 화폐적 가치를 중시하는 '친환경 골드 화폐 지지파'의 입장에 손을 들고 있다. 말하자면 금과 이산화탄소가 결합된 세계 단일 화폐가 달러를 대체할 새로운 기축통화라는 것이다. 이산화탄소의 화폐적 가치를 중시한 이유는 이산화탄소 배출량이 인류의 생존과 직결되기 때문이며, 따라서 이산화탄소 배출량 '상한'이라는 규정을 두고 제한해야 한다는 것이다.[94] 이러한 입장은 '교토의정서(Kyoto Protocol)'나 '파리협정(Paris Agreement)'의 등장과 맥을 같이 하는 것이다.

1997년 12월 일본 교토에서 개최된 유엔기후변화협약 제3차 당사국 총회(COP3)에서 채택되고 2005년 2월 16일 공식 발효된 교토(京都)의정서(교토기후협약)는 1992년 채택된 유엔기후변화협약(UNFCCC)을 이행하기 위해 만들어진 국제협약으로 지구온난화를 초래하는 온실가스를 효율적으로 감축하기 위해 각국에 이산화탄소 등 여섯 가지 배출 쿼터를 할당한 것이다. 이 중에서 배출량이 가장 많은 것이 이산화탄소이므로 일반적으로 배출권은 탄소배출권을 말한다. 감축 기준을 충족시키지 못할 경우 탄소배출권 시장에서 타국의 여유분 배출권을 구매할 수 있도록 배출권거래(Emission Trading) 제도를 도입하고 있다는 점에서 교토의정서는 '이산화탄소 배출 쿼터에 금융적 가치를 부여한' 세계 최초의 국제협약이다. 그러나 교토의정서는 미국의 비준 거부, 캐나다의 탈퇴, 일본·러시아의 기간 연장 불참, G2의 반열에 오른 중국이 온실가스 감축 의무에서 제외되는 등 한계를 드러냈다.

또한 2015년 12월 12일 제21차 유엔기후변화협약 당사국 총회(COP21)에서는 2020년 만료되는 교토의정서를 대체할 신(新)기후체제인 '파리협정(Paris Agreement)'이 195개국의 합의로 채택됐고, 2016년 11월 4일부터 기후협정으로서는 최초로 포괄적 구속력을 갖는 국제법으로서 효력이 발효됐다. 파리협정은 지구 평균온도 상승 폭을 산업화 이전 대비 섭씨 2도 이하로 유지하도록 온실가스 배출량을 단계적으로 감축하는 내용을 담고 있다. 미국은 애초 파리협정 주도국이었으나 트럼프 대통령이 2017년 6월 협정의 내용이 미국에 일방적으로 불리하다며 탈퇴를 공식 선언했다. CNN방송에 따르면 미국은 중국에 이어 세계 2위의 온실가스 배출국으로 2015년 한 해에만 510만kt에 이르는 온실가스 배출량을 기록한 것으로 유럽연합(EU) 집행위원회는 집계하고 있다. 이는 EU 28개 회원국 전체 배출량을 뛰어넘는 수준이며, 지구 전체 온실가스 배출량의 6분의 1에 해당하는 규모다.[95] 세계 최대 경제 대국이자 탄소배출량 2위인 미국의 갑작스런 이탈로 파리협정의 미래는 불투명한 상태다.

세계 단일 화폐가 화폐로서의 탄력성을 가질 수 있도록 하기 위해 금과 이산화탄소를 결합한 취지는 그럴 듯하지만, 자국이 불리하다는 이유로 거대 온실가스 배출국이 빠져 버리면 기후협정의 실효성 문제가 제기될 수밖에 없고, 그렇게 되면 이산화탄소의 화폐적 가치 역시 안정적인 기반을 유지하기 어렵다. 따라서 세계 경제 발전 속도를 따라잡지 못하는 금과, 화폐적 가치가 불안정한 이산화탄소가 결합된 세계 단일 화폐는 가치 척도의 기능을 효과적으로 발휘하기 어려우므로 순수한 금본위제 아래에서와 마찬가지로 세계 경제는 불균형 발전을 이루게 된다. 앞서 살펴보았듯이 밀튼 프리드먼은 내재적 가치가 없는 불환지폐의 남발은 초인플레이션을 초래하지만, 금속 기반의 화폐는 그것이 금, 은, 구리, 철, 주석, 어느 것이든 간에 초인플레이션을 유발하지 않는다고 했다. 화폐의 상품적 속성을 완전히 제거하면 화폐의 저축 수단 기능이 혼란에 빠져 균형을 잃게 되지만, 그렇다고 화폐가 기반한 금속이 반드시 금일 필요는 없는 것이다.

앞서 살펴보았듯이 11세기 북송(北宋)시대에 쓰촨에서는 철전(鐵錢)을 담보로 세계 최초의 지폐가 발행되어 1세기 이상 통용되었으나 1160년대부터 교자 발행 담보물 비율이 교자 발행량의 60분의 1로 감소했고, 나중에는 주로 군비 지출을 위해 정부에서 지폐를 마구 찍어내면서 무려 20조 배에 달하는 악성인플레이션에 시달리게 되었다. 말하자면 악성인플레이션을 유발한 것은 화폐가 기반한 금속이 금이나 은이 아니어서가 아니라 교자 발행 담보물인 철전의 비율이 현저하게 낮아지면서 화폐의 상품적 속성이 제거되었기 때문이다. 스웨덴의 경우에도 1625년 구리본위제를 채택했으나 구리 가격은 은 가격의 100분의 1인데 비해 그 무게는 같은 가치의 은화보다 100배 더 나갔다. 거래를 위해서는 역시 마차가 필요했다. 이러한 불편함 때문에 서유럽에서는 금화나 은화가 더 널리 사용됐다. 그러나 금본위제는 불황에 대처하는 부적절한 방식 때문에 역사 과정에서 민주주의에 의해 밀려났다.

지금까지 제2장 1절과 2절 그리고 3절의 앞선 논의들은 구리본위제의 근거와 적실성을 도출해 내는 논리적 기반을 제공한다. 역사적 경험과 사례 분석을 통해서 볼 때 인류가 추구하는 대안 통화는 금본위제나 달러본위제와 같은 기존 통화 시스템의 결함과 한계를 극복할 수 있는 것이어야 한다는 것이 필자가 도달한 결론이다. 금본위제는 거시경제 현실과는 무관하게 금 생산량에 따라 통화 공급량을 결정하다 보니 위기 상황에 탄력적으로 대처하지 못하여 결국 대공황에 이르게 되었다. 달러본위제는 금과의 연결 고리가 끊어지고 화폐의 상품적 속성을 잃게 되면서 저축 수단과 가치 척도의 두 가지 기능을 상실하고 위태로운 상황에 놓여 있다. 또한 세계 경제 발전과 무역 규모의 증대를 따라잡지 못하는 금과, 화폐적 가치가 불안정한 이산화탄소가 결합된 세계 단일 화폐 역시 가치 척도의 기능을 효과적으로 발휘하기 어려우므로 세계 경제의 불균형 발전을 초래하게 된다. 문제를 야기한 바로 그 세계관에서 나온 해결책으로는 실효를 거두기 어렵다는 것이 자명하다. 근본적인 발상의 전환이 필요한 이유다.

달러를 대체할 새로운 기축통화로 필자가 제안하는 것은 현대적 의미의 구리, 즉 디지털 카퍼(copper 구리)와 세계 단일 화폐다. 이는 채광(採鑛)을 하지 않고도 핵자(核子) 이동으로 구리 생산을 가능하게 하는 첨단소재와 원천기술이 개발된 데 따른 것이다. 필자는 디지털 카퍼라는 이 새로운 화폐의 이름을 잠정적으로 '우리(Uri)'라고 부른다. '우리(宇理)'는 우주원리를 의미하는 것으로 이는 곧 사랑이다. '나(I)'와 '너(You)'를 넘어선 '우리(We)'는 '열린 자아'에 기초한 상생의 의미를 함축하고 있다. '우리'는 초국가적 실체를 기본단위로 대등한 상호의존적 협력체계에 기초하여 진정한 지구공동체 실현을 지고(至高)의 가치로 삼는다. '우리'는 만물이 상호연결·상호연관·상호의존해 있다는 사실에 기초하여 우주 '한생명'에 대한 인식을 바탕으로 한다. 이러한 우주 인식은 전일적이고 유기론적인 시스템적 세계관의 바탕을 이루는 것으로 주관과 객관, 개체성과 전체성이 하나라는 통합의 논리에 의해 우리(We) 모두가 주인인 조화(harmony)의 세계를 낳는다. 또한 초국가적 실체에 기초한 '우리' 시대에는 국익을 기반으로 한 「국가간의 연합」을 의미하는

'국제연합(United Nations, UN)'보다는 「우주원리 즉 사랑의 연합」을 의미하는 '우리연합(United Uri, UU)'이란 명칭이 세계정부의 기능을 보다 함축적으로 담아낸 것으로 볼 수 있다.

필자가 카퍼 기반의 세계 단일 화폐 '우리(Uri)'를 대안 화폐로 제시할 수 있는 몇 가지 주요 근거는 다음과 같다. 첫째, 다원적 에너지를 이용한 핵자(核子 nucleon) 이동으로 채광(採鑛 mining)을 하지 않고도 고순도(高純度)의 구리(銅) 생산을 안정적으로 확보할 수 있다는 점이다. 다시 말해 세계적 첨단 신소재인 액티바(Activa)와 원천기술을 적용한 하이테크 변성공법에 의해 고철(Fe₂O₃)을 고순도 구리로 변성 인고트(Ingot: 구리괴)화하는 것이 세계 최초로 가능해졌기 때문이다. 실용적인 측면에서 국제 구리본위제도의 필요를 충족시킬 정도로 구리 생산량이 충분하다는 것이다. 따라서 통화 공급량이 구리에 연계된 구리본위제는 구리 생산량을 필요에 따라 인위적으로 조절할 수 있으므로 경기 침체와 과열에 탄력적으로 대처할 수 있다. 금본위제 하에서 금태환이 가능했던 것처럼, 구리본위제 하에서 구리태환(銅兌換 copper conversion) 역시 가능하다. 또한 디지털 카퍼 '우리(Uri)'는 세계 단일 화폐로서 외환 거래 비용을 제거하고 외환위기 등의 위험을 소멸시킬 수 있으며, 적정량을 생산하기 때문에 투기적 공격에 노출될 일도 없고, 금본위제에 비해 경제적 불안정을 초래할 가능성도 낮다.

둘째, 카퍼 기반의 세계 단일 화폐 '우리(Uri)'는 금본위제나 달러본위제, 또는 금과 이산화탄소를 결합한 다른 통화 시스템과는 달리, 화폐의 네 가지 기능, 즉 저축(저장) 수단, 유통(교환) 수단, 지불 수단, 가치 척도의 기능이 동시에 효과적으로 발휘됨으로써 구리본위 통화 시스템 하에서 세계 경제는 균형 발전을 이루게 된다는 점이다. 금본위제도가 유지되려면 중앙은행이 실업이나 경제 활성화 같은 다른 정책 목표보다 금과 연계된 자국 통화의 가치 방어에 최우선 순위를 두어야 하지만, 카퍼 기반의 세계 단일 화폐 '우리(Uri)'는 구리 생산량을 조절할 수 있으므로 통화 안정에 최우선 순위를 둘 필요가 없으며, 시대적 및 사회적 요청에 부응하여 실업과 경기변동에 훨씬 더 많은 관심을 갖고 경제 활성화를 위한 적극적인 통화정책을 펼 수가 있다. 말하자면 채광을 하지 않고도 고순도의 구리 생산을 가능하게 하는 첨단소재와 원천기술의 개발로 시대적 및 사회적 변화에 적실성 있는 통화정책을 구현할 수 있다는 것이다.

셋째, 세계 단일 화폐 '우리(Uri)'는 산화철 및 고철을 순도 높은 구리로 변성 생성케 하는 첨단소재와 신기술을 적용해 생산한 친환경 카퍼 기반의 화폐라는 점이다. 액티바 첨단소재와 원천기술은 무차별적인 자원 개발에 따른 환경 파괴와 이산화탄소(CO_2) 배출이 많은 에너지에 의한 제련으로 대기오염 및 토양오염을 유발하는 폐단을 극소화하고, 폐철 자원을 재활용하는 친환경적인 방법으로 양질의 전기동(電氣銅), 황금동(黃金銅), 무산소구리(oxygen free copper, OFC)를 생산해 낸다. 따라서 채광을 통해 금을 얻는 환경 파괴적 방식과는 현저하게 차별화된다. 금의 낮은 활용도에 비해, 구리는 모든 산업분야와 의료, 예술 부문에 이르기까지 실물 경제활동 전반에 두루 쓰이는 대표적인 기초 원자재다. 구리 가격은 실물 경기를 예측하는 경기선행지표로 활용되는 까닭에 '닥터 카퍼(Dr. Copper)'라 불리기도 한다. 말하자면 세계 단일 화폐 '우리(Uri)'는 실용성과 보편성을 두루 갖춘 친환경 카퍼 기반의 화폐로서 생태적 지속성을 띤 지구공동체의 실현과 맥을 같이 한다.

넷째, 카퍼 기반의 세계 단일 화폐 '우리(Uri)'는 기축통화국의 '세뇨리지 효과(seigniorage effect · 鑄造差益)'를 제거하고 현재와 미래의 노동성과를 포괄함으로써 내재적 지속성과 외재적 수용성을 동시에 지니므로 안정된 통화 시스템을 유지하고 화폐의 유통 범위를 확장할 수 있다는 점이다. 말하자면 세계 단일 화폐 '우리(Uri)'는 가치성과 확장성을 두루 갖춘 카퍼 기반의 화폐라는 점이다. 또한 세계 단일 화폐 '우리(Uri)'는 우리가 처한 문명의 시간대를 정확히 반영하고 있다. 금본위제가 식민수탈의 역사의 산물로서 강자가 약자를 억압하는 천지비괘(天地否卦) 시대를 표징하는 통화 시스템이라면, 디지털 카퍼 '우리(Uri)'는 금권의 역사를 표징하는 금본위제의 태생적 한계를 극복하고 성속합일(聖俗合一)·영육쌍전(靈肉雙全)의 지천태괘(地天泰卦) 시대를 표징하는 화폐로서 천시(天時)와 인사(人事)의 상합을 보여준다.

다섯째, 카퍼 기반의 세계 단일 화폐 '우리(Uri)'는 충분히 실행가능성(feasibility)이 있다는 점이다. 세계 단일 화폐로 사용하기에 앞서 그 중간 단계로 아시아 지역 단일 화폐, 더 좁게는 본서 제8장에 나오는 UNEPP(유엔생태평화공원 또는 유엔세계평화센터(UNWPC))에서 시험 운행해 볼 수 있다. 이 지역은 북·중·러 3국이 접하는 황금의 삼각주 일대로 아시아-유럽의 동서문화권이 만나는 지점이자, 한반도·일본 등의 해양문화권과 중·러의 대륙문화권이 만나는 전 세계의 중심축이 되는 사통팔달의 동북 간방(艮方) 핵심 지역이며, TKR(한반도종단철도)과 TSR(시베리아횡단철도)이 만나는 지점이기도 하다. 지정학적으로는 반도와 대륙 그리고 해양과 대륙을 가교하는 동북아시아의 요지로서, 경제지리학적으로나 물류유통상으로는 유라시아 특급 물류혁명의 전초기지로서, 새로운 동북아 시대의 허브(hub)가 될 수 있는 요건을 갖춘 곳이다. 한마디로 미래의 세계정부가 들어설 수 있는 곳이다. 만약 이 지역에서 카퍼 기반의 화폐 '우리(Uri)'가 통화 시스템으로 성공적인 안착을 할 경우, 이 화폐는 아시아 단일 화폐, 나아가 세계 단일 화폐로 성공할 가능성이 크다.

이상에서 우리는 역사적 경험과 사례분석을 통하여 구리본위제도의 근거와 적실성에 대해 살펴보았다. 구리가 금이나 은에 비해 희소성이 떨어진다고 하지만, 전 세계 구리 수요는 특히 중국과 인도의 산업화와 생활수준의 향상으로 계속해서 증가하고 있으며, 전자·전기·통신 등 첨단산업 발달로 구리 소비량은 해마다 늘고 있다. 중장기적으로는 4차 산업혁명과 맞물려 구리 시장에 큰 변화를 가져올 것으로 예상된다. 현재의 구리 사용 추세가 계속된다면 대체로 20년이 경과하면 경제성이 있는 구리 광물은 고갈될 위험에 처할 것으로 추정된다. 구리는 실용성과 보편성, 가치성과 확장성을 가진 매우 중요한 기초 원자재다. 필자가 구리본위제도를 제안할 수 있는 것도 이십여 차례에 걸친 시연(試演)에 직접 참여하여 철이 염화구리로, 그리고 구리괴로 변성하는 과정을 지켜보면서, 원소 변성을 통해 철 원소를 구리 원소로 변성할 수 있다는 사실을 확인했기 때문이다. 전도성이 높은 초고순도 구리인 무산소구리로 구리화폐의 내재적 동력을 유지한다면, 카퍼 기반의 화폐 '우리(Uri)'는 새로운 통화 시스템으로 정착할 수 있을 것이다. 세계의 부는 언제나 그 가치를 보호해 주는 곳으로 흘러가게 되어 있기 때문이다.

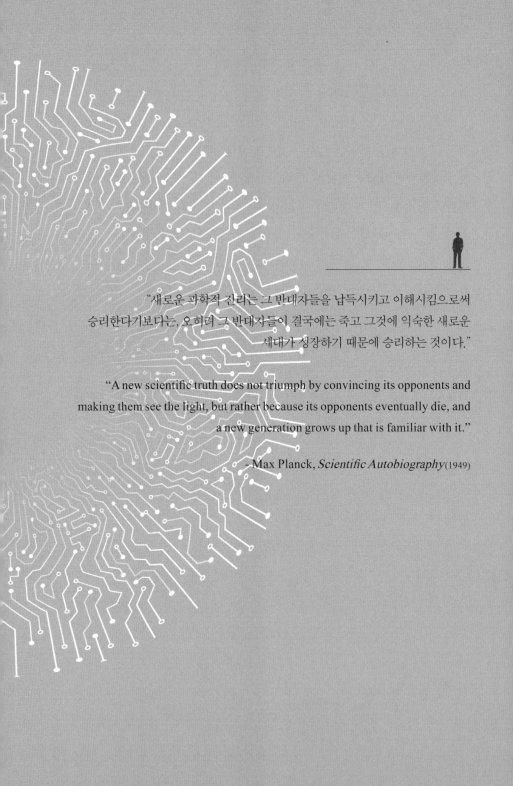

"새로운 과학적 진리는 그 반대자들을 납득시키고 이해시킴으로써
승리한다기보다는, 오히려 그 반대자들이 결국에는 죽고 그것에 익숙한 새로운
세대가 성장하기 때문에 승리하는 것이다."

"A new scientific truth does not triumph by convincing its opponents and
making them see the light, but rather because its opponents eventually die, and
a new generation grows up that is familiar with it."

- Max Planck, *Scientific Autobiography* (1949)

03

원소 변성 기술

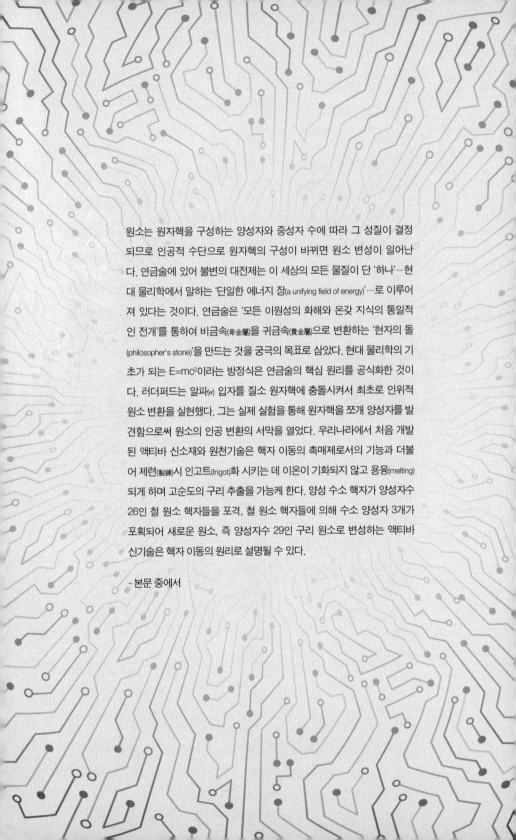

원소는 원자핵을 구성하는 양성자와 중성자 수에 따라 그 성질이 결정되므로 인공적 수단으로 원자핵의 구성이 바뀌면 원소 변성이 일어난다. 연금술에 있어 불변의 대전제는 이 세상의 모든 물질이 단 '하나'—현대 물리학에서 말하는 '단일한 에너지 장(a unifying field of energy)'—로 이루어져 있다는 것이다. 연금술은 '모든 이원성의 화해와 온갖 지식의 통일적인 전개'를 통하여 비금속(卑金屬)을 귀금속(貴金屬)으로 변환하는 '현자의 돌(philosopher's stone)'을 만드는 것을 궁극의 목표로 삼았다. 현대 물리학의 기초가 되는 $E=mc^2$이라는 방정식은 연금술의 핵심 원리를 공식화한 것이다. 러더퍼드는 알파(α) 입자를 질소 원자핵에 충돌시켜서 최초로 인위적 원소 변환을 실현했다. 그는 실제 실험을 통해 원자핵을 쪼개 양성자를 발견함으로써 원소의 인공 변환의 서막을 열었다. 우리나라에서 처음 개발된 액티바 신소재와 원천기술은 핵자 이동의 촉매제로서의 기능과 더불어 제련(製鍊)시 인고트(Ingot)화 시키는 데 이온이 기화되지 않고 용융(melting)되게 하며 고순도의 구리 추출을 가능케 한다. 양성 수소 핵자가 양성자수 26인 철 원소 핵자들을 포격, 철 원소 핵자들에 의해 수소 양성자 3개가 포획되어 새로운 원소, 즉 양성자수 29인 구리 원소로 변성하는 액티바 신기술은 핵자 이동의 원리로 설명될 수 있다.

- 본문 중에서

03 원소 변성 기술

양자적 가능성을 현실로 만들기 위해서는 '비범한 의식 상태'가 되어야만 한다.
To make a quantum possibility a present reality, we must be in 'a non-ordinary state of consciousness'.

- Amit Goswami, physicist

원소 변성과 연금술

고대로부터 2,000년 이상 신봉되었던 원소 변환설을 근거로 연금술사들은 납(Pb)과 같은 비금속(卑金屬)을 금(Au)과 같은 귀금속(貴金屬)으로 변환하는 '현자의 돌(philosopher's stone)'을 찾아내려고 부단히 노력하였다. 원소는 원자핵을 구성하는 양성자와 중성자 수에 따라 그 성질이 결정되므로 인공적인 방법을 통해 원자핵의 구성이 바뀌면 원소 변성이 일어난다. 중세 연금술의 주원료였던 납의 양성자 수는 82인데, 납의 원자핵에서 양성자를 세 개만 제거하면 양성자 수가 79가 되어 금이 만들어진다. 또 양성자 수가 29인 구리와 양성자 수가 50인 주석(Sn)의 원자핵을 융합시키면 양성자 수가 79인 금이 된다. 연금술(鍊金術)을 의미하는 'alchemy'의 어원은 아라비아어로 기술을 의미하는 'alkimia'이다. 여기서 'al'은 the와 같은 아라비아어의 정관사이고 어근 'kimia'는 고대 이집트를 가리키므로 'alchemy'란 '이집트의 기술'을 의미하는 것이 된다. 오늘날의 화학을 뜻하는 'chemistry'는 바로 이 'alchemy'에서 유래된 것이다.[1] 연금술은 근대 화학이 발달할 수 있는 토양을 마련하는 데 크게 기여했다.

인류의 역사에서 연금술은 두 갈래로 나타난다. 한 갈래는 금속을 변환시키는 것과 같은 자연의 탐구이고, 다른 갈래는 철학적·영적인 훈련이다. 과학의 탐구로서의 연금술은 화학, 합금, 물리학, 의학으로 발전되어 나갔으며, 철학적인 영적인 훈련으로서의 연금술은 점성술, 신비주의, 심령술로 그 맥이 이어졌다.[2] 이처럼 연금술의 목적은 황금변성뿐만 아니라 인간의 영성을 높이는 것도 포함되어 있었다. 중세 아라비아에서는 인간처럼 불완전한 존재를 신처럼 완전한 존재, 즉 불로불사의 완전한 상태로 바꾸기 위해 만능약 엘릭서(Elixir)를 만드는 것도 연금술의 중요한 목적이 되었다. 고대 동양에도 서양의 연금술과 비슷하게 불로장생의 명약을 만들려는 연단술(鍊丹術)이 있었는데, 야금술·점성술·철학·천문학·의술·신비술이 모두 연단술의 일종이었다. 중세 유럽의 연금술사들은 황금변성과 불로불사를 가능하게 하는 '현자의 돌'을 만드는 것에 열중했다. 연금술사 중에는 호문쿨루스(Homunculus 인조인간)를 만들 수 있다고 생각한 사람도 있었다. 17세기경에는 연금술의 목적이 더욱 확대되어 완전한 이상사회와 완전한 우주의 실현이라는 목표를 지향하게 되었다.[3]

중세시대 이탈리아의 연금술사 루카렐리는 연금술을 정의함에 있어 다음의 네 가지 기본적인 조건들을 제시했다. 즉 '1) 우주의 운행, 특히 생로병사의 근원에는 지적인 힘 또는 의식적인 힘이 작용하고 있다는 믿음, 2) 인간이라는 존재의 육체적 불멸 가능성에 대한 믿음, 3) 거역할 수 없는 질서에 따라서 움직이는 세상, 4) 고도로 발달한 야금술의 존재', 이상의 네 가지이다. 이집트, 그리스, 아랍, 메소포타미아, 인도, 중국 등 세계의 주요한 고대 문명권에서 이러한 조건들은 연금술 고유의 지식으로 발전하는 최초의 원리들을 형성하게 되었다.[4] 이러한 원리들은 어렴풋하게나마 옛 '화학철학자'의 꿈과 현대 물리학의 관계에 대해 사유하게 한다.

1960년대 루이스 파월(Lewis Powell)과 자크 베르지에(Jacques Bergier)는 『마법사의 아침 *The Morning of the Magicians*』에서 '아주 오래된 옛날에 인간이 에너지와 물질의 비밀을 발견했으며, 연금술이 지금은 사라진 문명에 속해 있던 과학과 기술과 철학의 가장 중요한 장 가운데 하나가 될 수 있다'는 생각을 밝히고 있다. '난해하고 활용하기 힘들며 맥락이 결여된 사라진 과학의 잔해가 연금술 안에 존재한다'는 것이다.[5] 연금술은 '모든 이원성의 화해와 온갖 지식의 통일적인 전개'를 궁극의 목표로 삼았다. 베르지에와 파월은 물질을 다루는 황금변성과 인간의 영성을 고양시키는 훈련이 실제 연금술에서는 결국 하나임을 밝히고 있다.

> 연금술사는 물질을 다루는 '작업' 끝에 그 자신에게서 일종의 변환이 생기는 것을 본다고 한다. 도가니에서 일어나는 일이 의식이나 영혼 속에서도 일어나는 것이다. 상태의 변화가 있는 것이다. 전통적인 모든 텍스트들이 이 점을 언급하고 있으며 '위대한 과업'이 완수되고 연금술사가 '깨달은 자'가 되는 순간을 환기시키고 있다. 이 고대의 텍스트들은 기술적인 것까지 포함하여 물질과 에너지의 법칙에 대한 진정한 지식을 얻는 마지막 순간을 그리고 있는 것으로 보인다. 우리 문명 역시 바로 그러한 지식의 소유를 향해서 돌진해 가고 있다.[6]

연금술은 기원전 3세기부터 기원후 3세기 사이에 이집트의 알렉산드리아에서 탄생했다. 이집트가 그리스, 로마의 지배하에 놓인 시대에도 알렉산드리아는 총인구 100만 명의 국제도시로 번영했으며 이러한 번영 속에서 연금술이 탄생했다. 알렉산드리아의 연금술은 이집트와 메소포타미아의 공예 기술, 아리스토텔레스와 플라톤으로 대표되는 고대 그리스 철학, 메소포타미아의 점성술, 그리고 신플라톤주의, 그노시스주의(gnosticism 靈智主義) 등을 융합한 헤르메스(Hermes) 사상으로 대표되는 이집트 주변의 신비사상, 그리고 이집트 마술, 기독교 신학, 이교(異教)의 신화 등이 한데 어우러져 탄생한 것이어서 복합적이고 신비로운 색채를 띠었다.

알렉산드리아의 연금술에 대해 좀 더 자세히 살펴보면, 이집트에서는 기원전 3000년경에 야금(冶金), 건축, 약제 조합, 염료 및 안료 만들기, 기직(機織) 등의 공예기술이 크게 발달했다. 기원전 3세기 이전에는 유리 제조 기술을 확립하고 착색합금과 인공보석도 만들었다. 이런 종류의 기술은 메소포타미아에서도 발달해 있었으며 연금술의 기술적 부분을 떠받치는 필수적인 요소였다. 알렉산드리아는 기원전 332년에 마케도니아의 알렉산드로스 대왕(Alexandros the Great)이 건설한 도시로 지적인 그리스인들이 대거 식민지 건설에 참여하고 있었기 때문에 고대 그리스의 철학에도 친숙해 있었다. 메소포타미아에서 탄생한 점성술도 오래전부터 이집트에 침투해 있었다는 점에서 이집트의 공예 기술 중에 이미 점성술과 마술이 포함되어 있었다고 할 수 있다.[7]

이렇게 볼 때 연금술은 '그리스 자연철학의 물질관에 기초하여 금·은의 형상을 가열·증류·승화 등의 수단에 의해 추출하고 이것을 비금속의 질료에 부여해 형상 전화를 실현하려는 착상이 이집트의 전통적인 고도한 야금 기술, 합금·착색에 의한 금·은과 외견상 비슷한 재료를 얻으려는 금속 가공기술에 결합하여' 생겨난 것이라 할 수 있다. 또한 연금술은 '이집트·바빌로니아·메소포타미아 등 중동지역의 신비주의 관념과, 기술을 주술로서 파악하는 고래의 관념이 그리스 철학과 유착하고, 여기에 천체와 금속을 관련짓는 점성술 사상도 포섭되어' 탄생했을 때부터 복합적이며 신비로운 색채를 띠고 있었다.[8] 알렉산드리아에서 활동한 대표적인 연금술사로는 기원전 2세기경 그리스어 책 『피지카 Physika』를 저술한 볼로스 데모크리토스(Volos Democritos), 3세기경 금속의 화학 변화 등에 관해 많은 기록을 남긴 조시모스(Zosimos) 등이 있다.

한편 헤르메스 사상은 헤르메스(그리스 신화의 저승의 신)와 토트(Thoth, Thot: 이집트 신화의 지혜의 신)의 습합신(襲合神) 헤르메스 트리스메기스토스(Hermes Trismegistos: '세곱으로 위대한' 헤르메스라는 뜻)의 가르침으로 신봉된 서양의 사상적 전통으로, 기원 전후에 이집트에서 성립된 것으로 추정된다. 여기서 헤르메스 트리스메기스토스라는 위대한 연금술 시조의 전승이 생겨났다. 헤르메스 사상은 비교(秘教)로서 계승되어 유럽 및 이슬람권에서 점성술 및 연금술의 철학으로서 연구되었으며, 이슬람권에서는 시아파 이슬람 신학과 결부되어 전개되었다. 특히 르네상스 시대에 이탈리아에서 『코르프스 헤르메티쿰(Corpus Hermeticum: 헤르메스 선집)』이 번역·간행되어 사람들에게 커다란 영향을 미쳤다. 그중에서도 폴란드의 천문학자 니콜라우스 코페르니쿠스(Nicolaus Copernicus), 영국의 의사이며 과학자로서 전기 및 자기(磁氣)에 관한 최초의 과학적 연구를 수행한 윌리엄 길버트(William Gilbert), 독일의 수학자이자 17세기 천문학 혁명의 핵심 인물인 요하네스 케플러(Johannes Kepler) 등 근대과학의 창시자들에게 신봉되어 근대과학 성립의 계기를 마련했다.[9]

고대 이집트의 알렉산드리아에서 탄생한 연금술은 4세기에 알렉산드리아의 기독교 사교(司教) 테오필로스(Theophilos)에 의한 이교 문화 탄압으로 연금술 연구의 중심지 중 하나였던 세라피스 사원(Temple of Serapis)과 유명 도서관이 파괴되면서 결국 쇠퇴했다. 이후 연금술의 중심지는 비잔틴제국(동로마제국)의 콘스탄티노플로 옮겨져 철학자 스테파노스(Stepanos) 등에 의해 연구되었다. 7세기경 아라비아에 이슬람교가 생겨나고 100년이 채 되지 않은 기간에 시리아, 페르시아, 이집트, 아프리카, 스페인을 지배하는 거대한 제국을 세워 고대 그리스 학문과 헬레니즘 시대에 유행한 마술과 점성술 등을 받아들이면서 연금술은 아라비아로 전해졌다. 아라비아인들이 연금술의 발전에 큰 역할을 했다는 것은 연금술(alchemy), 증류기(alembic), 알코올(alcohol) 등 연금술의 중요한 용어에는 아라비아어의 정관사 al-이 모두 들어가 있다는 사실에서도 잘 드러난다. 또한 아라비아인들은 연금술을 의학에 응용하는 길을 개척하기도 했으며 이들의 연금술은 유럽으로 전해졌다.

연금술 중심지의 시대적 변천을 다시 요약하면, 기원전 3세기부터 기원후 4세기 사이에는 이집트의 알렉산드리아가 연금술의 중심지였다. 그러나 4세기 이교 문화 탄압으로 연금술 연구가 쇠퇴하면서 4~8세기에는 비잔틴제국의 콘스탄티노플이 연금술의 중심지가 되었다. 7~8세기 이슬람제국의 대두로 8~11세기에는 아라비아 세계가 연금술의 중심지가 되었다. 아라비아 세계에서 연금술은 이론적으로 체계화되고 기술적으로도 발달하여 화학의 전신(前身)으로서의 성격을 띠게 되었다. 11세기 말~13세기 후반에 수차례에 걸친 십자군 원정으로 유럽인들이 아라비아 세계의 지혜에 눈을 뜨고 아라비아 과학 연구가 시작되면서 12~17세기에는 유럽 세계가 연금술의 중심지가 되었다.[10] 중세 유럽의 연금술은 아라비아에서 전해졌으며 라부아지에(Antoine-Laurent de Lavoisier)의 실험적 원소 개념이 확립되기까지 오랫동안 영향을 미쳤다. 연금술이 기원한 알렉산드리아 시대에서부터 연금술이 크게 번창한 중세 유럽 시대까지 연금술의 불변의 대전제는 이 세상의 모든 물질이 단 '하나'—현대 물리학에서 말하는 '단일한 에너지 장(a unifying field of energy)'—로 이루어져 있다는 것이다.

아리스토텔레스는 그것을 제1질료(prima materia, 靈)라고 불렀다. 동물이든 식물이든 광물이든 별이든 그 무엇이든지 간에 제1질료가 형태를 바꾼 것이라는 말이다. '하나는 전체, 전체는 하나'라는 연금술의 격언이 이를 말해준다. 모든 물질을 구성하는 4대 원소(불, 공기, 물, 흙)는 제1질료에 냉

(冷), 열(熱), 건(乾), 습(濕)의 네 가지 성질 중 두 가지를 더해서 만들어진다. 제1질료에 열, 건의 두 가지 성질이 더해져서 불이 되고, 제1질료에 열, 습의 두 가지 성질이 더해져서 공기가 되며, 제1질료에 냉, 습의 두 가지 성질이 더해져서 물이 되고, 제1질료에 냉, 건의 두 가지 성질이 더해져서 흙이 된다. 이때 제1질료와 두 가지 성질을 결합하는 힘이 되는 것이 프네우마(pneuma · ether · spirit=제5원소)로 모든 물질 속에 존재하는 것으로 여겨졌다. 연금술사들은 대우주(macrocosmos)인 천체와 소우주(microcosmos)인 인간이 완전한 대응관계에 있는 것으로 생각했다.[11] 점성술 역시 이러한 생각을 바탕으로 이루어져 있었다. 이러한 생각은 고대 동양의 유기론적 세계관이나 현대 과학의 시스템적 세계관과 일맥상통한다.

연금술사들은 유황, 수은, 소금을 4대 원소 다음으로 중요하게 생각하고 3원질(tria prima) 이론을 만들었다. 아라비아의 연금술에서는 유황과 수은을 중시했는데, 유황에는 연소작용과 금속을 황금색으로 변환하는 작용이 있고, 수은은 상온에서 액체 상태이며 합금이 되기 쉽도록 변환하는 성질을 가지고 있기 때문이었다. 유황은 남성적이며 능동적이고 불휘발성인 데 비해, 수은은 여성적이며 수동적이고 휘발성의 성질을 갖는 것으로 상정되었다. 그리고 이 두 가지 원소가 연결되어 7가지 금속(철, 동, 납, 주석, 수은, 은, 금)이 만들어진다고 생각했다. 이러한 아라비아의 2원질 이론이 유럽에 들어와 기독교의 삼위일체론의 영향으로 유황, 수은, 소금의 3원질 이론이 되었으며, 금속뿐 아니라 모든 물질이 이 3원질로 만들어진다고 생각했다. 이 3원질 이론을 확립한 사람이 16세기 스위스의 의화학자(醫化學者)이자 전설적인 연금술사 파라셀수스(Paracelsus)[12]였다. 하지만 실제 연금술에서 소금은 거의 사용되지 않았고 유황과 수은만 사용되었다. 여기에 점성술이 더해져 7가지 금속은 색 등의 특징에 따라 천체의 7혹성과 연결되었다. 즉 철=화성, 동

=금성, 납=토성, 주석=목성, 수은=수성, 은=달, 금=태양으로, 각 금속은 대응하는 혹성의 영향을 받아 성장하는 것으로 생각되었다.[13]

연금술사의 최고 목표는 '현자의 돌'을 만드는 것으로, 이 작업은 '마그누스 오푸스(magnus opus 위대한 걸작)'라고 불렸다. 그들은 유황과 수은의 결합으로 '현자의 돌'을 얻을 수 있다고 생각했다. 이 작업은 이상적인 유황과 수은을 추출하는 작업과, 얻어진 유황과 수은을 결합하는 작업의 두 단계가 있었다. 여기서 말하는 유황과 수은은 현실의 유황과 수은이 아니라 모든 물질의 기본적인 요소가 되는, 가공의 이상적인 유황과 수은이다. 연금술사들에 의하면 모든 물질은 유황과 수은으로 이루어져 있으므로 어떤 물질에서도 유황과 수은을 추출할 수 있지만 가장 자주 이용된 것은 금과 은이다. 금에서 유황, 은에서 수은이 추출되었다. 연금술의 조작에는 하소(煆燒), 승화, 융해, 결정화, 증류 등이 있었다. 이러한 화학적 조작을 통해 이상적인 유황과 수은을 추출하면 다음에는 그것을 결합하는 작업이 진행되었다. '철학자의 알'이라는 구형의 플라스크에 유황과 수은을 넣어 아타노르(Athanor)라고 불리는 화로로 가열한다. 이것이 '현자의 돌'을 만드는 대체적인 순서이지만 연금술은 점성술과 깊은 관련이 있었기 때문에 각 작업은 천체의 영향을 고려할 필요가 있었다.[14]

알렉산드리아에서 탄생한 연금술은 이후 아라비아를 중심으로 확대된 이슬람 세계에서 발전했다. 칼리드 이븐 야지드(Khalid b. Yazid, ?~704년경)는 우마이야 왕조의 교주 야지드 1세의 왕자로 최초로 연금술을 배운 이슬람교도였다. 칼리드는 교주가 되어야 할 입장이었지만 후계자 분쟁에 염증을 느껴 권력투쟁에서 물러나 연금술 연구를 시작했다. 그는 몇 명의 그리스 철학자를 이집트에서 불러 연금술 서적을 아랍어로 번역시켰다. 이슬람 세계에서 처음으로 외국어 번역 작업이 이루어진 것이다. 그때 마침 알렉산드리아의 연금술사 스테파노스의 제자였던 기독교의 수도사 마리아누스(Marianus)가 포교를 위해 찾아왔다가 칼리드가 연금술에 흥미가 있다는 것을 알고 자청해서 황금변성을 시연(試演)해 보였다. 우여곡절 끝에 칼리드는 마리아누스에게서 연금술의 비밀을 배웠으며 그것을 은유적으로 표현한 수많은 연금술의 시를 남겼다. 대표작으로는 『부적의 서』, 『기예에 관한 유언서』, 『지식의 천국』 등이 있다.

자비르 이븐 하이얀(Jabir b. Hayyan, 721~815년경)은 『천일야화(아라비안 나이트)』로 잘 알려진 칼리프 하룬 알라시드의 궁정에서 활약한 이슬람 세계 최고봉의 연금술사였다. 중세 유럽의 연금술사 사이에서는 게베르(Geber)라는 이름으로 알려져 있었다. 하이얀은 실제로 '엘릭서(만능약)'를 소유하고 있었으며 그 약으로 빈사상태에 있던 사람을 살려냈던 것으로 전해진다. 하이얀은 모든 물질이 유황과 수은의 결합에 의해 탄생한다는 생각을 연금술에 도입함으로써 연금술 이론 면에서도 크게 공헌했다. 그는 혹성의 영향하에 흙속에서 유황과 수은이 결합하여 금속이 생겨나며, 금속의 종류가 다양한 것은 유황과 수은이 순수하지 않았기 때문이라고 생각했다. 완전히 조화가 이루어진 결합에서는 반드시 금이 생겨나게 된다는 것이다. 그리고 '엘릭서'가 있다면 그것이 가능하게 된다고 생각했다. 하이얀은 모든 물질이 4대 원소로 이루어져 있으므로 어떤 물질을 재료로 이용해도 금속 변성은 가능하다고 생각했다.[15]

한편 유럽의 연금술은 11세기 말부터 시작된 중근동으로의 십자군 원정으로 유럽이 이슬람 세계의 지식에 눈을 뜨기 시작하면서 이슬람 세계에서 유럽으로 수입된 것이었다. 당시 학자들은 이슬람의 지배를 받고 있던 시실리아 섬과 스페인으로 가서 아라비아의 학문을 본격적으로 연구하기 시작했다. 11세기 말부터 12세기 후반 사이에 영국인 체스터의 로버트(Robert of Chester), 영국인 바스의 애덜라드(Adelard of Bath), 영국인 크레모나의 제라르(Gerard of Cremona) 등 번역가들은 연금술을 포함한 각종 문헌을 유럽에 소개했다. 13세기에 들어서는 알베르투스 마그누스(Albertus Magnus), 토마스 아퀴나스(Thomas Aquinas), 로저 베이컨(Roger Bacon)과 같은 대학자들이 등장하여 여러 학문을 연구했지만 그중에는 연금술도 포함되어 있었다. 이들 대학자들은 모두 황금변성의 가능성을 인정했다.* 빌라노바의 아놀드(Arnold of Villanova)는 이 시대에 활약한 가장 중요한 연금술사였다. 그는 연금술의 다양한 화학적 실험을 통해 연금술의 오의(奧義)를 통달하고 그것을 라이문두스 룰루스(Raymundus Lullus)에게 전수했다. 룰루스는 유럽에서 최초로 황금변성을 성공시킨 인물로 알려져 있다. 룰루스 이후에는 니콜라스 플라멜(Nicolas Flamel), 알렉산더 시튼(Alexander Seton) 등 황금변성 전설을 가진 연금술사들이 계속해서 등장했다.[16]

『해리포터 Harry Potter』에 등장하는 최고의 마법사 알버스 덤블도어(Albus Dumbledore)와 함께 연금술을 연구한 니콜라스 플라멜은 중세 때 실존했던 인물로 연금술의 역사에서 매우 중요한 위치를 차지하는 것으로 알려져 있다. 역사 기록에 따르면 14세기 파리의 연금술사 니콜라스 플라멜은 1382년 1월 17일 정오에 수은(Hg)을 은(Ag)으로 변화시켰고, 같은 해 4월 25일 오후 5시에는 수은을 금으로 변화시키는 데 성공했다고 전해진다. 플라멜의 성공 소문은 많은 과학자들로 하여금 연금술에 몰입하게 했다. 당시

---

* 유럽에서 연금술은 대체로 지배 계층이나 상류 계층 사람들 사이에 퍼졌다. 그리스어, 라틴어, 아라비아어 등의 문헌을 읽고 다양한 장치와 재료 구입을 필요로 하는 연금술에 몰두하기 위해서는 높은 교양과 재력이 요구되었기 때문이다. 먼저 기독교의 수도승들―알베르투스 마그누스, 토마스 아퀴나스, 로저 베이컨 등―사이에서 활발하게 연구되다가 유럽 각지에 대학이 설립되면서 귀족과 상류 계층으로 퍼지게 되었다.

연금술은 화학과 구별하기 어려웠다. 왜냐하면 같은 원리와 도구를 사용하고 있었기 때문이다. 군이 구분한다면 "화학은 염색작업이나, 양조, 증류작업 등 좁은 영역의 전문가 작업이었고, 연금술은 보다 정신적인 면이 가미되어야 했다. 즉 성공적인 연금술사가 되기 위해서는 '순수한 정신'과 '신성한 초월에 대한 이해'가 있어야 했다."[17]

프랑스의 전설적인 연금술사 풀카넬리(Fulcanelli)의 유일한 제자 외젠 캉슬리에(Eugène Canseliet, 1899~1982)는 연금술사가 자연 그 자체와 같이 진실하고 단순하고 인내심과 믿음을 가져야 함을 강조한다. "실제로, 불을 잊어서는 안 된다. 말하자면 불은 열기와 불꽃의 요소로서, 인내심을 요구하는 기나긴 철학적인 작업 과정에 처음부터 개입하는 주요한 장본인인 것이다.…사실상 진리란 단순한 것이다. 그것은 자연 속에만 있으며 믿음을 가진 자에게만 전해지는 것이다."[18] 캉슬리에의 스승 풀카넬리는 1922년 '현자의 돌'이라 불리는 화금석(化金石)을 만들었으며, 3명의 증인이 지켜보는 작은 실험실에서 이 화금석을 가지고 200그램의 납을 순금으로 변성시키는 실험을 해 보였다고 전해진다.[19] 화학 연구자들도 연금술사들과 동일한 기구들을 사용했지만 그 용도는 달랐다. '화학자'들은 이용하기 위해 연구했지만 '연금술사(철학자)'들은 지식의 탐구자였다. 연금술사들의 공통된 생각은 경건한 영혼과 진실성과 단순성, 인내심과 믿음만이 진리의 문을 열어줄 진정한 열쇠가 되리라는 것이었다.

근대과학의 초석을 마련한 아이작 뉴턴(Isaac Newton)은 고전역학이나 광학 외에 연금술에도 상당히 심취했던 것으로 전해진다. 그가 남긴 자료 중에는 연금술을 다룬 『화학색인(Index Chemicus)』이 있는데, 그 자료는 큰 제목만 879개이며, 분량도 100쪽이 넘는다고 한다.[20] 연금술을 현대 과학의 잣대로 평가하지 않고 현대 화학이 출현하기까지 밑거름이 되었던 역사적 유산으로 이해하려는 인식이 생겨나면서 뉴턴의 연금술 연구 자료가 재조명을 받고 있다. '아이작 뉴턴의 화학'이라는 연구 프로젝트를 주도하고 있는 미국 인디애나대학교의 과학사학자 윌리엄 뉴먼(William Newman)은 뉴턴 광학과 연금술의 관계를 이렇게 해석했다. "연금술사들은 화합물이 그것을 구성하는 부분들로 쪼개어질 수 있으며 다시 조합할 수 있다는 점을 인식했던 최초의 사람들이었다. 당대에 뉴턴은 그것을 백색광 연구에 적용했다. 백색광을 분해해 그것을 구성하는 색깔들로 나누었으며 다시 그것을 재조합했다. 뉴턴이 연금술에서 배운 게 있다면 그것이다."[21]

근대 자연과학의 발달로 연금술의 시대는 끝나고 18세기가 되면서 연금술은 오컬트 세계에서만 주목을 받게 되었다. 그런데 20세기에 들어와 스위스의 정신과 의사이자 분석심리학의 창시자인 칼 구스타프 융(Carl Gustav Jung)이 연금술을 심리학적으로 연구함으로써 연금술에 대한 관심이 되살아나게 되었다. 융은 인간의 심리적인 성장 과정과 '현자의 돌'의 제조 과정을 대응관계로 보았다. 융에 따르면 심리적인 성장 과정에서 마주하게 되는 여러 가지 이미지 중 제일 먼저 마주하는 무의식은 「그늘(진정한 자신과 마주하는 고통)」이다. 이는 '현자의 돌'의 제조 과정에서 흑화(Nigredo 부패)에 대응한다. 다음으로 「그늘」에서 해방되어 완전히 긍정적인 상태로 접어드는 단계는 백화(Albedo 재생)에 대응한다. 마지막으로 인간 내부의 정반대 요소가 통일되어 최고의 단계에 도달함으로써 심리적 완성 상태에 이르는 단계는 적화(Rubedo 현자의 돌의 완성)에 대응한다.[22]

융에 의하면 인간의 무의식 세계에도 유전자와 같은 아키타입(archetype 原型)이 존재하며, 바로 이 아키타입이 고대인과 현대인 사이의 일치나 보편적 경험을 가능하게 한다. 그는 사람 마음속의 집단무의식이 우주에 충만해 있는 집단무의식과 동일하다고 본 까닭에 합리적 설명 내지 인과적 연결이 불가능한 꿈과 현실의 모호한 경계, 과거와 미래의 뒤섞임에 대하여 비인과적인 동시성(synchronicity)의 원리[23]로 설명할 수 있다고 보았다.[24] 그에 의하면 건강한 사람은 이성과 논리의 세계에 집착하지 않으며, 미지와 신비, 무의식의 세계에 대해 수용적인 특성을 지닌다. 또한 집단무의식에 개방적이기 때문에 인간의 관계적 본질을 한층 더 깊이 인식하고 통찰할 수 있으며, 한마음(一心)의 속성을 알기 때문에 타인을 이해하고 진정한 삶의 가치를 느낄 수 있다. 한마음은 모든 것을 포괄하고 모든 존재를 이루지만, 그 자체는 아무것도 아니며 어떤 존재의 속성도 지니지 않는다고 『티벳 해탈의 서』 해제 서문[25]에서 융은 말한다.

사람들은 종종 자기가 알지 못하는 것은 하찮은 것이라고 매도하기를 좋아한다. 그렇게 하지 않으면 자신의 명예가 손상을 입을 것이라고 믿기 때문이다. 또한 자신이 전혀 이해하지 못하는 진실을 다른 사람들은 이해할 수 있다는 말을 듣고 싶어하지도 않는다. 그러나 연금술이 탄생한 알렉산드리아 시대부터 이슬람 세계, 그리고 중세 유럽 세계와 근대 과학혁명, 나아가 현대 과학혁명에 이르기까지 각 시대의 선구자들은 모두 '열린의식'의 소유자였으며 연금술의 오의(奧義)에 통달해 있었다. 연금술을 비과학적이라고 일축하는 것은 과학을 물리(物質) 영역에 국한시킨 '닫힌의식'에 기인한다. 우주의 실체가 의식임을 발견한 현대 물리학의 관점에서 과학은 의식 영역으로까지 확장되고 있다. 연금술 철학에 깊은 조예가 있거나 현대 물리학의 진수(眞髓)를 파악한 사람이라면, 현대 물리학과 앞서 살펴본 연금술 철학의 전제들 사이에 상당한 유사성이 있다는 사실을 인정하지 않을 수 없을 것이다. 연금술에서 물질적 변환을 통해 정신적 변환이 일어나고 또 그 역(逆)도 가능한 것은 물질과 비물질이 본래 하나이기 때문이다. 붓다와 예수는 '사랑의 연금술'에 통달함으로써 정신적 변환을 통해 마침내 물질세계를 초극했다.

'현대 물리학의 거성(巨星)' 알버트 아인슈타인(Albert Einstein)의 특수상대성이론(special theory of relativity)은 질량-에너지 등가원리(principle of equivalence)를 밝힌 것으로 $E=mc^2$(에너지=질량×광속의 제곱)이라는 질량-에너지 등가(mass-energy equivalence) 관계식으로 나타난다. 이 관계식은 모든 질량이 그에 상응하는 에너지를 가지고 모든 에너지 또한 그에 상응하는 질량을 가지며, 에너지가 질량으로 변환될 수 있고 질량 또한 에너지로 변환될 수 있다는 것이 핵심이다. 질량 보존의 법칙과 에너지 보존의 법칙을 하나로 묶는 질량-에너지 등가 개념은 물질의 궁극적 본질이 비물질과 하나임을 보여주는 것이다. 현대 물리학의 기초가 되는 $E=mc^2$이라는 방정식이 연금술의 핵심 원리를 공식화한 것이라는 사실을 깨닫게 되면 놀라움을 금치 못할 것이다.

원소 변성 이론의 역사적 전개

순철 또는 산화철을 구리 원소로 변성하는 액티바(Activa) 신기술을 논하기에 앞서 원소 변성(變性)에 관한 이해를 돕기 위해 본 절에서는 원소 변성 이론의 역사적 전개[26]에 대해 살펴보기로 한다. 우선 근대적 의미의 원소(元素 element)란 만물을 구성하는 가장 기본이 되는 물질, 다시 말해 '화학적으로 더 이상 분해될 수 없는 물질'을 의미하는 것으로 정의할 수 있다. 1869년 러시아의 화학자 드미트리 이바노비치 멘델레예프(Dmitri Ivanovich Mendeleev)는 원소를 원자량의 증가 순서에 따라 원소의 주기성(週期性)을 이용하여 배열한 원소주기율표(the periodic table of the elements)를 창시했다. 이후 1913년 영국의 물리학자 헨리 모즐리(Henry Gwyn Jeffreys Moseley)가 이를 개량하여 원자번호, 즉 양성자 수의 증가 순서에 따라 재배열하여 오늘날의 주기율표와 유사한 형태를 지니게 됐다. 주기율표는 가로 줄은 주기(period)라 하고, 세로 줄은 족(group)이라고 한다.

현재 사용되고 있는 주기율표는 국제 순수·응용화학연맹(IUPAC)에서 고안한 장주기형 주기율표로서 총 118번까지의 원소[27]를 7주기 18족으로 분류한 것으로 동일 족의 원소들은 물리·화학적으로 비슷한 성질을 나타낸다. 원자번호 1부터 92까지는 자연(천연)원소이고, 93부터는 인공원소다. 주기율표상의 원소들은 크게 전형원소(typical element)·전이원소(transition element), 금속원소(metallic element)·비금속원소(nonmetallic element)로 분류된다. 전형원소는 주기율표의 1~2족, 12~18족 원소들로서 3~11족까지의 전이원소를 제외한 모든 원소를 말한다. 금속원소는 전자를 잃고 양이온이 되기 쉬운 원소이고, 비금속원소는 전자를 얻어 음이온이 되기 쉬운 원소다.[28] 이 밖에 금속과 비금속의 중간적 성질을 띠어 그 구분이 명확하지 않은 원소를 준(準)금속(metalloid)이라고 부르는데, 붕소(B), 규소(Si), 게르마늄(Ge), 비소(As) 등이 이에 속한다. 또한 금속과 비금속의 성질을 모두 지니고 있어 산(酸)과 염기(鹽基 또는 알칼리)와 모두 반응하는 원소를 양쪽성원소라고 부르는데, 알루미늄(Al), 아연(Zn), 납(Pb), 주석(Sn) 등이 이에 속한다.

만물을 구성하는 기본 물질인 원소에 대한 설명은 기원전 600년경 이오니아(Ionia)를 중심으로 주로 우주 혹은 자연의 원리에 대해 깊은 관심을 표명한 고대 그리스의 자연철학자들로까지 거슬러 올라간다. 소크라테스 이전의 자연철학자들의 관점은 크게 일원론(monism)과 다원론(pluralism)으로 나뉜다. 이들 중 일원론(一元論)적이고 물활론(物活論 hylozoism)적이며 우주론적인 자연철학을 전개한 당시의 대표적 철학자로는 우주의 아르케(archē 原理·元素)를 물(water)이라고 본 탈레스(Thales), 탈레스의 제자로서 '아페이론(apeiron 無限者)'이라고 본 아낙시만드로스(Anaximander), 아낙시만드로스의 제자로서 공기(air)라고 본 아낙시메네스(Anaximenes)가 있었는데, 이들 세 사람은 이오니아지방의 그리스인 식민도시 밀레투스(Miletus) 출신으로 밀레투스학파라고 불린다. 또한 피타고라스학파(Pythagorean School)를 형성한 피타고라스(Pythagoras)는 수(數)가 세계의 모든 것을 설명하는 기본 원리라고 보았고, 에페시안학파(Ephesian School)를 형성한 헤라클레이토스(Heraclitus)는 우주의 아르케를 불(fire)이라고 보았으며, 엘레아학파(Eleatic School)의 선구자가 된 크세노파네스(Xenophanes)는 의인적 신관에 반대하여 우주의 아르케를 불생불멸·불변부동의 일원론적 특성을 지닌 것으로 보았다.

한편 다원주의학파(Pluralist School)를 형성한 엠페도클레스(Empedocles, BC 490?~430?)는 우주의 근원이 단 하나의 원소가 아니라 물·공기·불·흙의 4원소로 이루어져 있다고 보고 이들 절대적인 4원소를 이합(離合)시키는 사랑과 증오라는 작용인(作用因)으로 세계 변화를 설명함으로써 처음으로 다원론적 자연철학을 전개하였다. 이들 4원소는 액체·기체·고체 등의 상태를 대표하고, 건(乾)·습(濕)·냉(冷)·열(熱)·중량 등의 성질도 가지고 있으며, 이들 원소가 로고스에 의해 결합·분리될 때 이 세상의 모든 변화가 일어난다는 것이다. 이러한 사원론(四元論)은 그보다 훨씬 앞선 동양의 지·수·화·풍이라는 사대설과도 상통하는 것이다. 이러한 다원론적 자연철학은 원소론자로 불리는 아낙사고라스(Anaxagoras)에 의해 더욱 발전되는데, 그는 몇 개의 원소가 아닌 무수한 '스페르마타(spermata 씨)'가 있다고 보고 이 스페르마타가 이성의 힘인 '누스(nous)'의 작용으로 질서 있는 세계를 형성한다고 했다.

또한 원자학파(Atomist School)를 형성한 레우키푸스(Leucippus, ?~?)와 그의 제자 데모크리토스(Democritus, BC 460?~370?) 등에 의해 전개된 원자론은 불생불멸의 더 이상 쪼갤 수 없는 아토마(atoma)가 무수히 있다고 보고 이러한 아토마가 존재하고 운동하기 위한 장소로서 케논(Kenon 공허)을 그 원리로 삼았다. 아토마가 각 방면에 움직여 충돌하는 동안에 선회운동을 일으키며 다양한 결집 방법을 통하여 물체를 형성하고 그에 따라 세상이 이루어진다는 것이다. 즉 선회운동 시 비교적 가벼운 원자는 바깥으로 밀집하여 공기·불·하늘이 되고, 비교적 무겁고 큰 원자는 안쪽으로 밀집하여 대지가 된다는 것이다. 모든 현상은 동질의 영원한 원자로 이루어져 있는 까닭에 절대적인 관점에서는 새로 생겨나거나 사라지는 것은 없다. 그러나 원자로 이루어진 복합체는 원자량의 증감에 따른 원자 구조의 질적 변화로 인해 형체의 변화를 가져오게 되는 것이므로 생성과 소멸은 이로써 설명될 수 있다.[29]

플라톤(Plato, BC 427~347)은 당시 자연철학자들의 사유를 이어받아 우주를 구성하는 근본 물질을 물·공기·불·흙의 4원소라고 보았지만 그들과는 달리 4원소를 기하학적 입자로서 설명하고, 우주의 생성 원리에 대해서도 수(數)의 비례 관계를 근거로 삼았다. 그의 형상론(形相論)의 근간을 이룬 것은 만물의 근원이 수(數)이고 수가 세계의 모든 것을 설명하는 기본 원리라고 본 피타고라스의 사상이었다. 피타고라스는 수가 양적인 크기를 가질 뿐만 아니라 기하학적인 모양도 가지고 있다며 자연 속에 내재한 수의 조화를 밝히는 일에 천착했다. 그리하여 그는 우주의 질료인(質料因 causa materialis)을 다뤘던 밀레투스학파와는 달리 형상인(形相因 causa formalis)을 다뤘던 것이다. 이러한 피타고라스의 사상은 플라톤을 통해 서양 철학 전체에 지대한 영향을 미쳤다. 플라톤의 후기 대화편 『티마이오스 Timaeus』는 수와 기하학적 질서에 근거한 우주의 발생과 구성 원리에 대한 이야기를 담은 것으로 현대 과학이 우주를 다루는 방식을 그대로 보여준다.

아리스토텔레스(Aristotle, BC 384~322) 또한 4원소설이 논리적으로 타당하다고 주장했다. 그는 원소를 상보적 성질인 습함과 건조함, 뜨거움과 차가움으로 설명하고 이들 4원소가 상호 변환하는 것으로 보았는데, 이러한 그의 견해는 근대 과학혁명이 일어나기까지 서양의 물질관을 지배했다. 당대 최고의 석학이었던 아리스토텔레스의 이러한 견해로 인해 모든 물질이 더 이상 쪼갤 수 없는 변하지 않는 원자로 구성돼 있다는 데모크리토스의 원자론은 배척됐다. 오늘날의 원자론과 상당히 유사한 데모크리토스의 원자론은 19세기에 들어 영국의 화학자이자 물리학자이며 기상학자로서 화학적 원자론을 창시한 존 돌턴(John Dalton, 1766~1844)에 의해 재발견된다. 아리스토텔레스는 모든 물질이 4원소가 적정 비율로 조합돼 만들어진다고 본 까닭에 금속에서 4가지 원소의 비율만 바꾸면 금도 만들 수 있다고 생각했다. 이러한 그의 원소 이론은 연금술의 이론적인 근거가 되기도 했다. 그러나 이러한 4원소설은 17세기 아일랜드의 화학자이며 물리학자인 로버트 보일(Robert Boyle, 1627~1691)에 의해 도전을 받게 된다.

　보일의 과학은 연금술적 전통에서 출발했으나 근대 화학의 기초를 마련한 것으로 평가된다. 보일은 뉴턴과 교류하며 그와 더불어 연금술을 신비주의의 영역에서 끌어내렸다. 보일의 주저(主著) 『회의적 화학자 The Sceptical Chemist』(1661)는 아리스토텔레스의 4원소이론과 파라셀수스(Paracelsus, 1493-1541)의 3원질(소금 · 황 · 수은) 대신 실험적 방법과 입자철학을 도입하여 근본입자 개념을 발전시킴으로써 근대 화학의 효시가 됐다. 그에 따르면 물질이 서로 다른 것은 근본입자의 수 · 위치 · 운동이 다르기 때문이며, 모든 자연현상은 아리스토텔레스의 원소들과 성질에 의한 것이 아니라 근본입자들의 운동과 조직에 의한 것으로 설명될 수 있다는 것이다.[30] 그리하여 '성질 혹은 성분'으로 이해되던 원소 개념은 '물질' 개념으로 전환하게 된다. 그는 실험을 통해 더 이상 간단한 성분으로 쪼갤 수 없는 물질을 원소라고 정의하며, 물질은 각각의 여러 원소로 이루어져 있고 이들의 결합으로 화합물이 된다고 보았다. 말하자면 고대 그리스 철학에서 비롯된 형이상학적이고 선험적인 원소 개념이 구체적인 물질 개념으로 대체되기 시작한 것이다. 그는 일정한 온도에서 기체의 부피는 압력에 반비례한다는 '보일의 법칙(Boyle's Law)'을 발견하였으며, 이 법칙은 1662년 그에 의해 $PV=k$(k는 상수)로 공식화됐다.

연금술에서 출발한 근대 화학은 4원소설과 플로지스톤(phlogiston 가상의 불의 요소)설에서 탈피하여 과학의 영역으로 나아갔다. 18세기 후반 프랑스의 화학자이며 근대 화학혁명의 선구자인 라부아지에(Antoine-Laurent de Lavoisier)는 연소에 관한 플로지스톤 이론을 산소 이론으로 대체하고 새로운 원소관(元素觀)을 확립하여 근대 화학 발전에 크게 기여했다. 그는 세상의 모든 물질이 전통적인 4개의 기본 원소체계(물·공기·불·흙)로 이뤄졌다는 주장에 동의할 수가 없다며 연소 과정에서 공기의 역할에 대해 연구했다. 그는 1781년에 출판된 보고서에서 연소는 물질이 산소와 결합하는 현상임을 밝혔다. 또한 그는 공기가 25%의 산소와 75%의 질소로 이루어진 것이라고 발표했고, 물은 산소와 수소가 결합하여 만들어진 화합물이라고 과학아카데미에 보고했다. 그는 물을 분해하여 수소를 얻는 데도 성공하였으며, 물의 분해가 성공함으로써 물질의 조성을 양적으로 조사하는 실험 또한 가능하게 됐다.[31]

1787년에는 라부아지에의 발견과 이론을 반영한 『화학명명법 Méthode de nomenclature chimique』이 일단(一團)의 프랑스 화학자들에 의해 출판되어 새로운 화학의 정립에 중요한 역할을 했다. 라부아지에의 『화학요론 Traité élémentaire de chimie』(1789)은 그의 이론을 더욱 널리 확산시켰다. 이 책 서문에서 그는 원소를 화학적으로 더 이상 분해될 수 없는 물질이라고 정의하고, 이들이 결합하여 다른 물질을 만든다고 주장했다. 이 책에는 그의 원소 정의에 따른 33개의 원소가 들어 있는 원소표가 실려 있다. 또한 화학반응에서 물질의 총질량은 변하지 않는다는 '질량 보존의 법칙(law of conservation of mass)'이 명확하게 기술돼 있다. 그는 발효 실험을 통해 화학반응의 전후에 질량은 보존되며, 따라서 생성되거나 소멸되는 것은 없고 단지 변형만이 있을 뿐이라는 질량 보존의 법칙을 증명할 수 있었다. 이 법칙은 현대 화학에서도 그대로 받아들이는 법칙으로 그 핵심 내용은 다음과 같다. "우리는 기술과 자연의 모든 작동에서 아무것도 창조되거나 파괴될 수 없다는 것을 명백한 원칙으로 세워야 한다. 실험의 앞과 뒤에는 똑같은 양의 물질이 존재한다. 원소의 질과 양은 정확하게 똑같이 유지된다. 이런 원소들의 조합에서 변화와 변형 외에는 아무것도 일어나지 않는다."[32]

물질의 조성을 설명하기 위해서는 '질량 보존의 법칙' 외에도 '일정성분비의 법칙(law of definite proportions 또는 정비례의 법칙)'에 대한 이해가 필요하다. 이두 법칙은 가장 근본적인 화학적 관찰이다. 1799년 프랑스의 화학자 조제프 루이 프루스트(Joseph Louis Proust, 1754~1826)는 화합물을 구성하는 각 성분 원소의 질량비가 항상 일정하다는 '일정성분비의 법칙'을 증명함으로써 부정(不定)성분비를 주장한 프랑스의 화학자 클로드 루이 베르톨레(Claude Louis Berthollet, 1748~1822)와의 오랜 논쟁을 승리로 이끌었다. 모든 화합물에서 구성 원소의 질량비가 일정하다는 일정성분비의 법칙은 질량 1의 수소가 산소와 반응할 때는 언제나 질량 8의 산소와 반응하는 것을 그 예로 들 수 있다. 즉 두 원소의 질량비는 항상 1:8로서 일정하다는 것이다. 그는 프랑스 전역에서 산출되는 염기성 탄산구리와 실험실에서 만든 염기성 탄산구리의 구성 성분을 조사한 결과, 탄소 · 산소 · 구리 · 수소의 비율이 일정하다는 것을 발견했으며, 다른 여러 가지 종류의 화합물에서도 그 조성 비율이 일정하다는 것을 입증했다. 이 원리는 1808년 존 돌턴의 화학적 원자론에 의해 구체적으로 공식화됐다.

돌턴은 프루스트의 연구를 확장하여 그리스의 원자론을 화학적 원자론으로 대체했다. 1808년에 출판한 그의 저서 『화학철학의 신체계 *A New*

System of Chemical Philosophy』(1808~1810) 제1권에서 돌턴은 원자설을 제창함으로써 질량 보존의 법칙과 일정성분비의 법칙을 공식화했다. 그 주요 내용은 다음과 같다: 1) 모든 물질은 더 이상 쪼갤 수 없는 원자라는 작은 입자들로 구성돼 있다. 2) 같은 원소의 원자는 같은 크기와 질량, 성질을 가진다. 3) 화학반응에서 원자는 재배열될 뿐 다른 원소의 원자로 바뀌거나 소멸되지 않으며 질량은 보존된다. 4) 화합물을 구성하는 각 성분 원소의 질량 사이에는 간단한 정수비가 성립한다(배수비례의 법칙). 그러나 그의 가설 중 몇 개는 현대 물리학의 관점에서 수정이 요구되고 있다. 즉 원자는 쪼개질 수 있으며, 핵분열과 핵융합에 의해 다른 원자로 바뀔 수 있고, 같은 원소의 원자라도 질량이 다른 동위원소가 존재하며, 방사성 붕괴로 원자의 종류가 변할 수 있다는 점 등에서 돌턴의 원자설은 수정돼야 한다는 것이다.[33]

현대 원자론의 시작은 당대 최고의 물리학자로 꼽히던 영국의 물리학자 조지프 존 톰슨(Sir Joseph John Thomson, 1856~1940)이 1897년 음극선 실험을 통해 전자(electron)를 발견하고, 영국의 물리학자이며 '핵물리학의 아버지'로 불리는 어니스트 러더퍼드(Ernest Rutherford, 1871~1937)가 1911년 원자핵을 발견하면서부터이다. 돌턴의 원자 모형이 단단한 공 모양이었다면, 톰슨의 새로운 원자 모형은 마치 푸딩에 건포도가 박혀 있는 것처럼 양전하를 띤 물질로 이루어진 균일한 구(atom) 속에 음전하를 띤 전자가 박혀 있는 이른바 '플럼-푸딩 모형(plum-pudding model)'[34]이다. 톰슨은 전자를 발견함으로써 원자 구조에 대한 지식을 혁명적으로 변화시킨 공로로 1906년 노벨 물리학상을 수상했다. 그는 전자가 모든 종류의 물질 속에 존재하며 원자보다 훨씬 더 가볍다는 결론을 얻었다. 또한 음극선의 전하량과 질량의 비를 측정하고 음극선의 입자성을 발견함으로써 상대성이론이 출현하는 계기를 마련했다. 음극선의 입자성 발견은 과학계에 X-선의 본성에 대한 논쟁을 일으켜 파동-입자의 이중성이라는 빛에 대한 새로운 인식이 나타나게 된다. 이러한 빛의 이중성 개념은 드브로이(Louis Victor de Broglie)의 물질파(또는 드브로이파) 개념과 함께 양자역학의 성립에 커다란 역할을 했다.[35] 19세기 말에 이르러 대부분의 과학 분야에서 톰슨의 광범위한 발견을 수용함으로써 톰슨은 원자 물리학을 현대 과학으로 정착시킨 인물로 평가받게 됐다.

그러나 톰슨의 원자 모형은 1911년 러더퍼드의 원자핵 발견에 따라 러더퍼드의 새로운 원자 모형으로 대체됐다. 러더퍼드의 원자 모형은 마치 태양계의 '행성 모형(planetary model)'[36]과도 같이 양전하를 띤 원자핵 주위를 전자들이 돌고 있는 모양이다. 러더퍼드의 원자핵 발견은 원자력시대의 서막을 열었으며, 그의 새로운 원자 모형은 핵의 세계에 접근할 수 있는 통로를 만들었다. 러더퍼드는 케임브리지대학교(University of Cambridge)의 캐번디시 연구소(Cavendish Laboratory) 소장이었던 톰슨과 함께 전자기파의 검출에 관한 연구를 시작으로 기체 방전 현상을 연구해 방사능과 원자구조에 대해 관심을 갖게 됐다. 1898년 톰슨의 추천으로 캐나다 맥길대학교(McGill University)의 물리학 연구소장으로 부임하여 그곳에서 화학자 프레드릭 소디(Frederick Soddy)*와 함께 방사성 원소를 연구했다. 그 결과, 우라늄·토륨 등의 방사성(radioactivity) 원소는 방사선(radiation)을 내면서 다른 원소로 변성된다는 사실을 발견했다.[37] 드디어 원소의 변성 가능성이 확인된 것이다.

모든 원소는 다른 원소로 바뀌지 않는다는 돌턴의 원자설에 익숙해 있는 당시의 화학자들에게 이러한 연구 결과는 중세의 연금술과도 같이 믿기 어려운 것이었다. 1902년 러더퍼드와 소디는 그동안의 연구 결과를 '방사선의

---

* 소디는 방사성 원소의 붕괴에 관한 연구를 통해 처음으로 동위원소의 존재를 밝혔으며, 1921년 방사성 동위원소에 관한 연구로 노벨 화학상을 수상했다.

원인과 본질'[38]이라는 제목의 논문으로 발표했다. 이들은 방사능이 원자 내부 현상이며, 원소가 자연 붕괴하고 있음을 증명하는 현상이라고 밝혀 종래의 물질관에 커다란 변혁을 가져왔다. 1904년 방사능에 관한 보고서를 출판함으로써 전 세계적으로 인정을 받아 두 사람은 럼퍼드 메달(Rumford Medal)을 받았다. 1908년 러더퍼드는 방사선과 화학원소의 변환에 관한 논문으로 노벨 화학상을 수상했다. 노벨상 심사자들이 원소가 바뀌는 것을 화학반응으로 잘못 알고 화학상을 수여한 것에 대해, 그는 수상 연설에서 자신이 물리학자에서 화학자로 바뀐 것이 원소의 변화보다도 더 놀라운 일이라고 말했다는 웃지 못할 일화가 있다. 1911년 러더퍼드는 알파입자(alpha particle) 산란 실험을 통해 양전하를 띤 원자핵의 존재를 발견하고 그 주위를 음전하를 띤 전자들이 돌고 있다는 것을 알게 됐다. 그 후에도 원자를 향해 알파입자를 발사하는 실험은 계속됐다.

1914년 러더퍼드는 수소 원자핵이 모든 양전하를 가진 입자 중에서 가장 작은 알갱이라는 것을 밝혀냈다. 1919년 톰슨의 뒤를 이어 캐번디시 연구소 소장이 된 그는 질소 기체를 향해 알파(α) 입자 발사 실험을 하던 중 질소 원자핵과 알파입자가 충돌하여 질소 원자핵이 깨지면서 그 속에 들어 있던 수소 원자핵으로 보이는 입자가 방출되는 것을 발견했다. 알파입자를 질소 원자핵에 충돌시켜서 최초로 인위적 원소 변환을 실현한 것이다. 이 실험을 통해 그는 수소 원자핵인 양성자(陽性子 proton)가 모든 원자핵을 구성하는 기본입자라고 결론지었다. 실제 실험을 통해 원자핵을 쪼개 양성자를 발견한 것은 그가 처음이었다. 양성자수(원자번호)가 원소의 종류를 결정한다는 점에서 양성자 발견은 원소의 인공 변환의 서막을 연 것이라 할 수 있다. 1920년 그는 중성자(neutron)가 존재할 수 있다는 생각을 발표했다. 원자가 전기적으로 중성이 되려면 원자핵에 들어 있는 양성자수와 원자핵 주위를 도는 전자수가 같아야 하는데, 원자핵의 무게는 원자핵에 들어있는 양성자 무게보다 훨씬 무거워 원자를 구성하는 제3의 알갱이가 존재할 수 있다고 본 것이다.*[39] 중성자는 1932년 영국의 물리학자 제임스 채드윅(Sir James Chadwick)에 의해 발견됐고, 그 공로로 그는 1935년 노벨 물리학상을 수상했다.

러더퍼드의 연구를 바탕으로 덴마크의 물리학자 닐스 보어(Niels Bohr, 1885~1962)와 이탈리아계 미국의 물리학자 엔리코 페르미(Enrico Fermi, 1901~1954)는 핵물리학을 발전시켰고, 이로써 인류는 핵에너지를 사용할 수 있게 됐다. 졸리오퀴리(Joliot-Curie)**에 의해 인공방사능이 발견되면서(1934) 페르미는 중성자에 의한 거의 모든 원소의 핵변환(核變換) 가능성을 시사했다. 실제로 그는 중성자에 의한 핵변환을 행하여 많은 인공 방사성 동위원소를 만들어 핵분열 연구의 길을 열었고, 맨해튼 계획(Manhattan Project)에도 참여하여 원자폭탄을 개발했으며, 볼프강 파울리(Wolfgang Pauli, 1900~1958)의 중성미자(中性微子 neutrino) 가설을 도입하여 베타 붕괴 이론을 완성시켰다. 1938년 그는 중성자에 의한 인공 방사능 연구의 업적으로 노벨 물리학상을 수상했다.[40] 1942년에는 세계 최초의 대형 원자로인 '시카고 파일 1호'를 건설하여 원자핵 분열(atomic fission) 연쇄 반응을 성공적으로 제어함으로써 인류가 핵에너지 시

---

* 원자의 무게를 나타내는 원자량(질량수)은 원자핵 속에 들어 있는 양성자 수와 중성자 수를 합한 것이다. 수소 원자는 1개의 양성자로 된 원자핵과 1개의 전자로 이루어져 있고, 수소 이외의 모든 원자의 원자핵은 양성자와 중성자를 포함하고 있다.

** 졸리오퀴리(Joliot-Curie) 부부는 프랑스의 원자물리학자 이렌 퀴리(Irène Curie, 1897~1956)와 그의 부군인 장 프레데리크 졸리오(Jean Frédéric Joliot, 1900~1958)를 지칭한다. 이렌은 라듐과 폴로늄 발견의 업적으로 노벨 화학상(1911)을 수상한 마리 퀴리(Marie Curie)의 장녀이며, 마리의 실험조수로 있던 원자물리학자 장 프레데리크 졸리오와 결혼하여 1934년 세계 최초로 인공 방사능을 발견하였고, 그 공로로 이들 부부는 1935년 노벨 화학상을 수상했다.

대에 돌입할 수 있게 했다.

한편 러더퍼드의 원자 모형에서 확인된 원자핵의 존재는 보어가 양자론을 도입하는 데 결정적인 근거가 됐다. 1913년 보어가 제안한 원자 모형은 양자역학적 원자 모형의 초기 형태이다. 보어의 새로운 원자 모형은 원자핵 주위를 행성처럼 도는 전자들의 운동에 대한 러더퍼드 원자 모형의 문제를 해결하기 위한 것이었다. 중력이 작용하는 행성들은 태양 주위를 돌아도 에너지를 잃지 않으므로 계속해서 태양 주위를 돌 수 있고 따라서 태양계는 항상 안정된 상태를 유지할 수 있지만, 원자핵 주위를 돌고 있는 전자의 경우는 그렇지 못하다는 것이다. 원자핵 주위를 돌고 있는 전자는 전하를 가지고 있어 전자기파를 방출하기 때문에 에너지를 잃게 되고 결국 원자핵 속으로 끌려 들어가는 모순을 안게 되므로 물리학적으로 불안정한 원자 모형이라는 것이다. 이러한 모순을 해결하기 위해 보어는 막스 플랑크(Max Planck)와 아인슈타인이 발전시키고 있던 양자화 가설을 도입하여 이전의 고전적 모형과는 달리 원자핵 주위의 전자가 가지는 물리량이 양자화되어 있다는 착상에 근거한 새로운 '궤도 모형(orbit model)'을 제시했다.[41]

보어가 제시한 새로운 원자 모형은 원자핵 주위를 돌고 있는 전자가 모든 에너지를 가질 수 있는 것이 아니라 특정한 조건의 에너지만 가질 수 있다고 가정했다. 즉 궤도전자는 양자화된 에너지를 흡수 또는 방출하지 않고서는 에너지 준위(energy level)가 다른 궤도로 옮겨갈 수 없다는 것이다. 따라서 주어진 에너지 준위에서 돌고 있는 전자는 전자기파를 방출하지도, 에너지를 잃지도 않으므로 안정 상태에 있게 되지만, 그러한 에너지 준위를 뛰어넘는 전이(transition)가 일어나면 에너지를 방출하거나 흡수하게 되므로 불안정한 상태에 있게 되는 것이다. 그리하여 그는 수소 원자 내의 전자 에너지 준위를 계산하여 수소 원자가 내는 스펙트럼의 진동수를 설명해 내는 데 성공헌다.[42] 보어가 제시한 새로운 원자 모형의 중요성을 처음 간파한 사람은 아인슈타인이었다. 그러나 양자역학에 대한 표준해석으로 여겨지는 코펜하겐 해석(CIQM, 1927)을 둘러싼 두 사람의 논쟁으로 인해 이러한 협력 관계는 오래 가지 않았다. 보어의 원자 모형이 수소 원자가 내는 빛의 스펙트럼 실험 결과를 성공적으로 설명해 내자 대부분의 물리학자들도 보어 원자 모형의 탁월성을 인정했다. 원자의 내부 구조를 설명하려면 양자론에 대한 이해가 필요함을 알게 된 것이다. 비록 보어의 원자 모형이 수소 원자에만 적용되는 것이긴 했지만, 그의 혁명적인 관점은 양자물리학의 성립에 중요한 역할을 했다.

양자물리학은 양자화된 물리량을 파동함수를 이용하여 다루는 까닭에 물리량의 양자화와 입자와 파동의 이중성에 대한 이해가 필수적이다. 독일의 이론물리학자이며 양자역학의 태두로 불리는 하이젠베르크의 행렬역학(matrix mechanics, 1925)은 오스트리아의 이론물리학자 슈뢰딩거의 파동역학(wave mechanics, 1926), 영국의 이론물리학자이며 반(反)물질(antimatter)[43]의 존재를 예견한 디락(Paul Adrian Maurice Dirac, 1902~1984)의 상대론적 양자역학(relativistic quantum mechanics, 1926) 등과 함께 양자물리학 이론의 가장 중요한 부분으로 일반적 이론 체계로서의 양자역학의 성립에 결정적으로 기여했다. 하이젠베르크가 제안한 불확정성의 원리(uncertainty principle)는 코펜하겐 해석의 핵심 내용 중의 하나로서 양자물리학의 내용 중 가장 널리 알려진 것이기도 하다. 이러한 불확정성 원리를 기반으로 하는 양자역학의 원자 모형은 원자핵 주위에 '전자구름'*이 확률적으로 분포하는 '전자구름 모

---

* 원자핵 주위를 돌고 있는 전자의 공간적 분포 상태는 양자장(quantum field)이 작용하는 차원에서는 非局所性(non-locality)[초공간성]의 원리에 따라 위치라는 것이 더

형(electron cloud model)'이며, 전자구름은 양자수에 따른 파동함수로 기술된다. 양자역학의 탄생에 기여한 공로를 인정받아 하이젠베르크는 1932년 노벨 물리학상을 수상했고, 슈뢰딩거는 디락과 공동으로 1933년 노벨 물리학상을 수상했다.

이상에서 보듯 최초의 원자 모형인 돌턴의 원자 모형은 더 이상 쪼개지지 않는 원자라는 가장 작은 알갱이로 이뤄진 모형이었으나, 톰슨의 전자 발견에 따라 양전하를 띤 원자 속에 음전하를 띤 전자가 박혀 있는 '플럼-푸딩 모형'으로 대체됐다. 또한 톰슨의 원자 모형은 러더퍼드의 원자핵 발견에 따라 양전하를 띤 원자핵 주위를 전자들이 돌고 있는 '행성 모형'으로 대체됐고, 이는 다시 원자핵 주위의 전자가 가지는 물리량이 양자화 돼 있다는 착상에 근거한 보어의 '궤도 모형'으로 대체됐으며, 이는 또다시 원자핵 주위에 확률적으로 분포하는 전자구름을 파동함수로 나타낸 현대의 '전자구름 모형'으로 대체됐다. 이처럼 원자들이 나타내는 물리·화학적 성질을 설명하기 위해 제시된 원자 모형은 계속해서 새로운 모형으로 대체돼 왔고 또 앞으로도 그럴 전망이다.

물질은 원자로 구성되고, 원자는 원자핵과 전자로 구성되며, 원자핵은 양성자와 중성자로 구성된다. 말하자면 모든 원자는 양성자, 중성자, 전자라는 세 종류의 입자로 구성된다. 우주 탄생을 설명하는 입자물리학 '표준모형'에 따르면 우주만물은 기본입자 12개와 힘을 전달하는 매개입자 4개 등 16개의 소립자로 이뤄져 있고, 여기에 '힉스 입자'를 포함하면 17개의 소립자가 물질계를 이루고 있다. 2012년 7월 4일 유럽입자물리연구소(CERN)는 거대강

이상 존재하지 않으므로 이를 구름에 비유하여 '전자구름'이라고 한 것이다.

입자가속기(LHC) 실험을 통해 우주 생성의 비밀을 풀 수 있는 열쇠로 알려진 '힉스 입자'와 일치하는 입자가 발견됐다고 발표한 데 이어 2013년 3월 14일에는 그것이 '힉스 입자'임이 분명하다고 밝혔다. 그런데 빅뱅 직후 우주만물을 이루는 16개 입자에 질량을 부여한 것으로 추정돼 '신의 입자'로 불리는 힉스 입자가 우주 탄생 초기에 다른 입자들에 질량을 부여하고 사라졌다는 설명은 생명의 전일성과 자기근원성이라는 관점에서 볼 때 명쾌하지가 않다. 이 우주는 누가 누구에게 질량을 부여한 것이 아니라 자기조직화한 것이기 때문이다. 말하자면 에너지의 바다(氣海)에 녹아 있는 질료가 스스로의 동력인(動力因)과 목적인(目的因)에 의해 응축돼 물질화되어 나타난 것이다.

힉스 입자 발견으로 우주 생성의 비밀이 풀릴 수 있게 되면 현대 물리학은 획기적인 전환을 이루게 될 것이다. 음극선 실험을 통한 톰슨의 전자 발견(1897), 러더퍼드와 소디의 방사성 원소 연구에 따른 원소의 변성 가능성 확인(1898~1904) 및 방사선과 화학원소의 변환에 관한 논문으로 러더퍼드의 노벨 화학상(1908) 수상, 알파(α) 입자 산란 실험을 통한 러더퍼드의 원자핵 발견(1911) 및 최초의 인위적 원소 변환 실현(1919), 채드윅의 중성자 발견(1932), 중성자에 의한 핵변환을 통해 페르미의 인공 방사성 동위원소 제조 및 핵분열 연구 개막(1934~1938), 핵자(核子) 이동설을 제시한 유카와 히데키의 중간자 이론(1935), 보어 · 하이젠베르크 · 슈뢰딩거 · 디락 등에 의한 20세기 양자 물리학의 발전, 그리고 원소 변환과 상온 핵융합 등 19세기 말 이후 본격화된 원소 변성에 관한 이론의 전개 과정은 우주의 비밀에 한 발짝 더 다가설 수 있게 한다. 전자 발견과 원자핵 발견이 20세기 전자 시대와 핵에너지 시대의 개막으로 이어졌듯이, 힉스 입자 발견은 새로운 우주 시대의 개막으로 이어질 것이다. 또한 원소 변환과 상온 핵융합이 실용화되면 청정에너지원의 무한한 공급 가능성을 기대할 수 있을 것이다.

원소 변성의 실제

본 절은 액티바 첨단소재와 원천기술을 개발한 에코액티바 환경기술연구소(이하 액티바연구소) 윤희봉(尹熙鳳) 소장의 3부작—『무기이온 교환체 ACTIVA 연구와 응용의 실제와 가설 1권: 기초 점토연구 편』(1988);『무기이온 교환체 ACTIVA 연구와 응용의 실제와 가설 2권: 파동과학으로 보는 새 원자 모델 편』(1999);『무기이온 교환체 ACTIVA 연구와 응용의 실제와 가설 3권: 물의 물성과 물관리 편』(2007)—과 액티바연구소 자료집(2002~2018), 그리고 지난 십 년간 이십여 차례에 걸친 시연(試演) 참여와 대담·토론 등을 바탕으로 정리한 것임을 밝혀 둔다.[44] 1999년에 ㈜에코액티바(EcoActiva)는 '규산염(硅酸鹽) 광물(화강암, 규장암, 고령토 등)을 열수변질 진동파쇄법(熱水變質振動破碎法)을 이용, 7~20 마이크로미터 파장대 원적외선 방사(복사)체 규산염 광분 제조' 특허를 취득하고 다양하게 응용 범위를 확대해 나가고 있다. 그러면 먼저 원소 변성 소재로 활용되는 액티바 소재에 대해 살펴보기로 한다.

모든 물체는 양(+)이온과 음(-)이온의 흐름으로 분자 조직을 유지시키고 분자 간의 강력한 결합으로 물성을 유지한다. 그런데 절대온도가 0(-273℃)이 되면 전자파가 가동되지 않으므로 물성이 없고, 그보다 온도가 상승하면 물체는 고유의 전자파가 가동된다. 액티바연구소를 주도적으로 이끌어 온 윤 소장에 따르면 모든 물체의 전자파는 신축(伸縮), 변각(變角), 회전(回轉), 병진(竝進) 등 4대 운동을 한다. 예컨대, 물(H$_2$O)의 경우 수소핵과 산소핵 간의 신축운동, 산소핵을 중심으로 2개의 수소 진동폭에 의해 각이 변하는 변각운동, 분자 전체의 외부 회전운동, 분자 외부 회전운동 궤도에 일어나는 병진운동이 그것이다. '물질의 각(角)을 변화시키면 지구를 지배한다'는 말이 과학계에서 나오고 있지만 이는 아직은 도전할 수 없는 미지의 영역으로 남아 있다. 그런데 액티바는 태양광선 중 7~20㎛ 파장대 광파를 흡수·방사하여 물의 물분자각을 파장 세차수(勢差數)와 같이 공명시켜 핵자기 운동이 일어나는 높은 에너지(1,200Hz~20,000Hz)까지 물의 변각운동을 증폭시키는 원리로 개발한 것이다.

물체의 전자파는 물의 경우 물을 통과하는 것과 물 분자와 공명하는 것, 그리고 물에 반응을 주지 않는 광파광선이 있듯이 에너지 흡수 파장대를 달리한다. 윤 소장의 연구에 따르면 물 분자와 가장 공명 반응이 높은 액티바의 생육광파(生育光波)는 6각원환형(六角圓丸形)의 구조로 구조상 안전하고, 열수변질 진동파쇄법을 이용하여 제조상 안전하며, 나노입자의 독성 문제를 해결하여 생체이론상 안전하고, 무석면 물질을 선택하여 원료 선정상 안전하다는 것이다. 그가 밝히는 액티바의 특성과 구조를 요약하면 다음과 같다.

> 액티바는 물 분자와 가장 공명 반응이 높은 7~20μm 파장대의 광(光)에너지를 방사(복사)하는 규산염 광분이다. 주성분은 SiO_2이고, Al과 화합한 수화성 규산알루미늄(천연규산알루미늄)으로 구성돼 있으며, Ca, Mg, K, Na, Ti, Ge, Au 등 20여 종 전위원소들이 함유된 수화성 무기물(천연 미네랄)이다. 광분은 화강암, 규장암, 고령토 등에서 열수변질 진동파쇄법(발명특허 보유), 즉 천연의 수화성(OH)을 잃지 않는 범위의 400℃ 수온 이내에서 물의 팽창을 이용한 구조 분쇄로 시트 상태에서 동형치환(同形置換 isomorphous substitution)된 6각원환형 구조의 다정점(多頂点) 산소를 갖고 있는 다공성구상형(多孔性球狀形)이다. 4,267w/㎠/40℃의 높은 에너지 방사성을 보유하고 있으며, 물 분자와의 공명 활성도를 170Hz/㎝⁻¹에서 1,200Hz/㎝⁻¹ 이상 약 2.2π 배 높여 물이 가지는 물성을 고도화한 것으로 7~20 μm 파장대 92~95%의 원적외선 방사율을 높인 무중금속, 무독성, 무석면, 무유리질화한 약알칼리성 음이온 천연 규산알루미늄이다.[45]

순철 또는 산화철을 변성시켜 구리 제조법을 발명해 낸 윤 소장에 따르면 두 개의 원소가 결합하여 제3의 새로운 물질이 생성되는 과학 이론을 전개하려면 핵반응의 높은 결합 에너지가 필요한데, 다원적 에너지를 이용한 핵자(核子 nucleon: 양성자와 중성자) 이동으로 새로운 물질을 만드는 것이 현실적으로 가능하다는 것이다. 액티바 구리(Activa copper)는 세계적 첨단 신소재인 액티바와 원천기술을 적용한 하이테크 변성공법에 의해 고철(Fe_2O_3)을 비철금속인 구리로 변성 인고트(Ingot: 구리괴)화 하는 고순도 전기동(電氣銅) 생산을 일컫는 것이다. 이러한 액티바 구리는 액티바를 원재료로 사용한 액티바 F400으로 이온 상태의 변성된 구리 분말을 인고트화 하는 고순도 구리 추출 기술을 입증한 것이다. 액티바 시스템(Activa system)은 구리 생산 전 과정에 환경오염 발생이 없는 최첨단 기술력에 의한 무방류의 친환경 공정으로 설계되어 있음을 보여준다. 이처럼 에코액티바는 세계 최초 최첨단 공법인 액티바 시스템을 적용한 신기술로 철을 비철금속인 구리로 변성 인고트화 양산에 성공함으로써 국가 신성장 동력 사업의 발판을 마련하고, 안정적인 고용 창출에도 기여하며, 나아가 세계 자원화할 것으로 전망하고 있다.[46]

필자는 시연에 직접 참여해 철이 염화구리로, 그리고 구리괴로 변성하는 과정을 지켜보면서, 근대 과학혁명에 중요한 기여를 한 프랜시스 베이컨(Francis Bacon)의 과학적 유토피아인 『신아틀란티스 *The New Atlantis*』가 떠올랐다. 거기에는 과학자들이 실험을 통해 철을 황금으로 변성시키는 이야기가 나오는데, 그러한 '황금'시대로의 진입에 대한 베이컨의 예단이 결코 공허한 것이 아님을 체험적으로 알게 되었다. 당시 시연에 참여한 일본 과학자들은 핵자 이동으로 새로운 물질을 만드는 것을 비교적 잘 이해하고 있었는데, 이는 1949년 일본인으로서는 처음으로 노벨 물리학상을 수상한 일본의 이론물리학자 유카와 히데키(湯川秀樹 Yukawa Hideki, 1907~1981)의 지적

유산에 힘입은 것이라 생각되었다. 핵력(核力 nuclear force: 양성자와 중성자를 결합시키는 힘)을 매개하는 중간자(π中間子 pion)의 존재를 정확히 예측한 유카와 히데키의 중간자 이론에 따르면 모든 핵자(혹은 핵입자)는 지속적으로 파이온을 내놓거나 흡수하는데, 이때 다른 핵자가 근처에 있으면 방출된 파이온은 원래의 핵자로 돌아가지 않고 다른 핵자로 이동할 수 있다는 것이다.

양성 수소 핵자가 양성자수(원자번호) 26인 철 원소 핵자들을 포격, 철 원소 핵자들에 의해 수소 양성자 3개가 포획되어 새로운 원소, 즉 양성자수 29인 구리 원소로 변성하는 액티바 신기술은 핵자 이동의 원리로 설명될 수 있다. 윤 소장의 연구에 따르면 액티바는 핵자 이동의 촉매제로서의 기능과 더불어 제련(製鍊)시 인고트(Ingot)화 시키는데 이온이 기화되지 않고 용융(鎔融 melting)되게 하며 고순도의 구리 추출을 가능케 한다. 시연에 참여한 일본 과학자들은 설령 철을 구리 원소로 변성할 수 있다 하더라도 이온이 대부분 기화되는 관계로 거기서 추출해 낼 수 있는 구리 양이 극히 미미해 전혀 경제성이 없다는 것이 문제인데, 철 함량에 해당한 것만큼 고순도의 구리 양이 100% 추출되는 것을 보고 엄청난 고부가가치를 창출해 내는 액티바 신소재와 원천기술이야말로 '노벨상 0순위감'이라고 했다. 액티바 신기술을 이용해 철을 구리로 변성할 수 있다면, 같은 원리로 다른 원소 간의 핵자 이동에도 이러한 신기술이 응용될 수 있을 것이다. 그렇게 되면 인류의 난제인 지구 자원 문제 해결에도 획기적인 전기를 마련할 수 있다.

구리 제조는 철 원소가 화학적인 반응에 의해 핵반응을 일으키며 구리 원소로 변성하는 원리를 이용한 것이다. 그 기술을 요약하면 다음과 같다.

환경오염의 중요 인자가 되는 산화철, 고철, PCBs 등 오염된 특정 폐기물과 방사선에 오염된 원전 방사성 폐기물 또는 핵잠수함 등의 방사성 폐철재 등을 부가가치가 높은 구리 원소로 변성시키기 위해, 가격이 저렴한 염화가스와 염산의 결합반응 및 분열반응이 수중(水中)에서 많은 에너지를 내는 발열작용을 하고, 이때 갈라져 나온 수소(H)가 H+,H+2,H+3 등으로 에너지를 잃지 않는 것을 이용하여, 철 원소($_{26}Fe^{53-60}$)가 핵반응을 일으켜서 구리 원소($_{29}Cu^{63-67}$)로 변성케 되며 이를 제련하여 구리로 Ingot화 하는 것을 특징으로 한다. 좀 더 상세히 설명하면, 화학반응을 이용하여 산화철을 염화제일철로 만들고, 이어서 용액 중 물의 백탁점(cloud point)을 활용하기 위해 70℃ 이상으로 용액을 상온시킴과 동시에 염화가스를 분사 투입하여 염화제이철로 변화하는 과정에서 폭발적인 에너지 상승으로 양성 수소 핵입자를 철 원소 핵입자들이 포획하여 새로운 원소, 즉 구리 원소로 변성하는 기술이다. 본 발명은 핵반응 공법을 사용하여 철 원소를 구리 원소로 변성시켜 천연자원의 결핍을 대체하려는 핵입자 이동 기술이다.[47]

윤 소장은 위 발명의 내용을 다음과 같이 부연해서 설명한다.

염산(HCl)은 염화수소로 결합될 때(H⁺+Cl→HCl) 800~1,000Kcal/mol의 높은 에너지를 발열하고, 염산이 물분자에 구속되어 35%±1%밖에 용해되지 않을 때에도 18Kcal/mol의 높은 에너지를 발열한다. 물분자 세차진동을 증폭하기 위해 수온이 70℃±3℃에서 백탁점에 이르면 물분자의 고분자쇄가 저분자쇄로 폭발적으로 갈라져 세차진동을 증폭시켜 염산의 H와 Cl 사이 반지름 간격의 세차진동을 공진 공명시킨다. 따라서 물 분자 질량보다 높은 염산의 질량에 진동에너지를 20,000H²/cm⁻¹까지 상승시켜 핵반응할 때에 포획·포격하기 위한 핵입자들의 문턱에너지(threshold energy)를 만족시켜 주므로 철 원소가 구리 원소로 변성된다. 좀 더 자세히 설명하면, 염산의 수소와 염소의 결합 또는 해체 반응 에너지와 원소의 정전기적 쿨롱 인력(coulomb attraction)과 원소 외각 전자 활동의 전자기 인력과 광파에너지와 물 분자 전자파 등 다원적 에너지를 촉진하는 염산과 광촉매 등을 이용하여 핵자기 공명을 일으켜 핵자 이동에 따른 두 원소의 결합으로 제3의 물질이 되기 위한 에너지를 만족시키는 것이다. 따라서 광가속기나 전자입자가속기 등 고가의 첨단 장비와 첨단기술용역을 의뢰하지 않고 저비용으로 저가인 폐철재로써 고부가가치의 무산소구리가 될 수 있는 염화구리를 변성, 생성시키려는 데 그 목적이 있다.[48]

윤 소장은 환경오염의 주범인 고철 등을 활용하여 자원인 구리를 만드는 친환경적인 기술의 이론적인 근거를 핵반응 공법으로 나타내고 있다. 다만 질량불변의 원칙을 설명하기 위해 화학적 표현을 이용하고 있음을 밝히고 있다. 기술의 이론적인 근거 및 내용은 그가 제시하는 '핵반응을 이용하여 철 원소에서 변성구리 원소를 얻는 수익률 계산'에서 명료하게 드러난다.

1. $2Fe + 6HCl \rightarrow 2(Fe + 3H)Cl + 2Cl_2 \rightarrow 2CuCl + 2Cl_2$이므로 1차 반응 후 세척 건조물은 $2CuCl$

핵 반응식은 $\underset{(53-60)}{\overset{26}{Fe}} + \underset{(1-3)}{\overset{(1\times3)}{3H}} \rightarrow \underset{(63Cu와\ 65Cu)로\ 안정됨}{\overset{29(양성자수)}{Cu}}$

2. 제련되기 전 $2CuCl$ (Cu_2Cl_2)에 2% 정도 수분이 함유되어 있으므로

$\underset{127 + 71 = 198}{Cu_2Cl_2}$ (2,180g)가 Cu는 1,397g

실취득한 Cu(99.90%) 1,380g이 되었으므로 17g이 결손된 것은 수분으로 평가되며 따라서 취득율은 100% 되었다고 사료됨. 반응과정에서 0.3TZn 철판조각은 Fe가 74%로 원자재 4,000g 중 Fe는 2,960g 함유되어 있으므로

2Fe 원자량(55.8) × 2 = (126) 2,960g   2,960g (Fe)

6H 원자량(2) × 6 = (12) 294g   3,254g (Fe+H)

2Cl 원자량(35.4) × 2 = (70) 1,715g   4,969g (Fe+H+Cl)

2(Fe+3H)Cl 총 예상무게는 4,969g이며, Cu 3,254g의 100% 제련 취득하여 ingot Cu(99.9%)를 얻게 된다. 반응조에서 H 중량 294g(약10%) 감량을 산업면에서는 결손으로 본다. 폐용액은 무한 재활용하고 수증기 증발과 공정상 약간의 결손이 있을 뿐이므로 Fe 함량에 해당한 것만큼 Cu 양은 100% 얻을 수 있다.[49]

또한 기술의 이론적인 근거 및 내용은 그가 제시하는 '용액의 재활용 및 무방류 시스템'에서도 명료하게 드러난다.

Cu 1t을 얻기 위해 CuCl 1,330kg이 필요하다. 즉 CuCl 1,330kg에서 Cl 30%를 제외하면 Cu 1t이 형성된다. HCl 35% 염산 용액 1㎥ 속에는 HCl의 양이 0.35㎥. 그중에서 H(2), Cl(17+20)이므로 H(2) : Cl(37)의 비율이 된다. Cl의 무게는 330kg이며, 이는 진공상태에서는 만족하지만 제조 공정 과정에서 결손이 발생하는데, 이러한 공정상 결손은 Cl₂가스로 충진 보충해 주면 된다. Cl₂가스는 H₂O와 반응하는데, H+(OH)의 H와 반응하여 2HCl이 되기도 한다. 따라서 용액 1㎥ 속에 Cl₂가스 1.7%(약 2%) = 0.025㎥(20kg) 정도를 보충해 주면 된다.[50]

윤 소장은 구리 생산 공정을 다음과 같이 1단계 염화구리 생산 단계와 2단계 구리괴 생산 단계로 간단하게 도식화하였다. 1단계 염화구리 생산은 구리 이온 분말 생산 및 건조 단계이고, 2단계 구리괴 생산은 제련 단계이다.

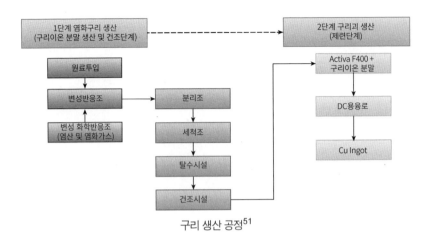

구리 생산 공정[51]

2012년 6월 11일 삼일회계법인 입회하에 경산 공장에서 이루어진 염화구리 간이 생산과정(기술 시연)을 보면, 고철 2.4kg을 투입하여 약 6시간 후에 구리괴 1.36kg이 생산되었으며, 확인된 고철 대비 구리괴의 수율은 약 57%였고, 이 중 샘플링하여 한국화학융합시험연구원(KTR)에서 구리 원소와 99.91% 일치하는 것이 확인됐다. 염화구리 소량 생산과정의 세 단계를 도식화하면 다음과 같다.

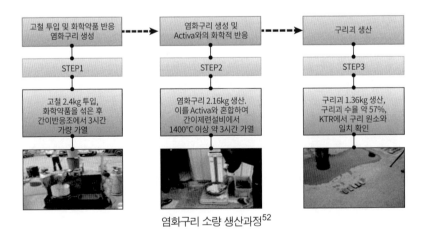

염화구리 소량 생산과정[52]

철 원소를 구리 원소로 변성시키는 핵자($核子$) 이동 기술의 원리에 대한 이해를 돕기 위해 원소 변성 방법을 살펴보기로 하자. 원소 변성 방법의 예로는 방사선 동위원소의 인공 변환, 인공적인 양자수 변환, 양성자를 주고받는 산-염기 반응 등이 있다. 우선 방사선 동위원소의 인공 변환의 예로서 알파붕괴(alpha decay)와 베타붕괴(beta decay)를 들 수 있다. 알파붕괴는 불안정한 원자핵이 알파입자를 자발적으로 방출함으로써 원자번호(양성자수)가 2, 질량수가 4 줄어든 핵으로 변환되는 방사성 붕괴의 한 형태다. 즉 알파입자는 2개의 양전하를 가지며 질량수 4를 갖기 때문에 알파붕괴에 의해서 생성되는 원자핵의 전하는 2단위가 감소하고 질량은 4단위가 감소하므로 폴로늄-210(Po: 질량수 210, 원자번호 84)이 알파입자를 방출하면 납-206(Pb: 질량수 206, 원자번호 82)이 된다.[53]

베타붕괴는 불안정한 원자핵이 전자 방출, 양전자 방출, 전자 포획을 통하여 원자량은 변하지 않고 원자번호가 1 증가하는 원소로 변성되는 방사성 붕괴의 한 형태다. 이를 좀 더 자세히 설명하면 다음과 같다. 모든 화학 원소는 동위원소들을 가지고 있는데 동위원소의 핵들은 양성자수가 동일한 반면 중성자수는 서로 다르다. 동위원소들 중에서 질량이 중간 정도인 동위원소는 다른 원소에 비해 비교적 안정된 상태에 있지만, 중성자수가 적은 가벼운 동위원소는 양전자 방출이나 전자 포획을 통하여 안정된 핵으로 되려는 경향이 있고, 중성자수가 많은 무거운 동위원소는 전자를 방출하여 안정된 핵으로 되려는 경향이 있다.[54]

다음으로 인공적인 양자수 변환에는 핵분열 방식과 핵융합 방식의 두 가지가 있다. 핵분열 방식은 원자핵 분열에 의해 원자번호가 낮은 원소로 변성되는 것인데, 우라늄(U: 원자번호 92)에 중성자 1개를 넣으면 핵분열에 의해 바륨(Ba: 원자번호 56)과 크립톤(Kr: 원자번호 36)으로 변성된다. 핵융합 방식은 아연(Zn: 원자번호 30)에 납(Pb: 원자번호 82)이 합쳐지면 코페르니슘(Cn, 원자번호 112)으로 변성되고, 구리(Cu: 원자번호 29)에 주석(Sn: 원자번호 50)이 합쳐지면 금(Au: 원자번호 79)으로 변성된다. 끝으로 산-염기 반응에 대해 살펴보면, 산(acid)은 양자를 내놓는 물질이고, 염기(alkali)는 수소이온을 받아들이는 물질이다. 철(Fe: 원자번호 26)에 리튬(Li: 원자번호 3)이 합쳐지면 구리(원자번호 29)로 변성되고, 납(원자번호 82)에서 리튬(Li: 원자번호 3)이 제거되면 금(원자번호 79)으로 변성된다.[55]

　이상에서 볼 때 원소 변성은 철 원소를 구리 원소로 변성하는 것뿐만 아니라 다른 원소들 간의 변성에도 확장 적용될 수 있다. 핵자 이동에 의한 원소 변성이 가능하다면 인류의 난제인 지구 자원 문제 해결에도 획기적인 전기를 마련할 수 있을 것이다. 그런데 왜 지금까지 그러한 기술이 실용화되지 못했던 것일까? 그 이유는 경제성이 없는 것으로 판단됐기 때문이다. 예컨대, 철을 구리 원소로 변성할 수 있다 하더라도 이온이 대부분 기화되는 관계로 거기서 추출해 낼 수 있는 구리의 양은 극히 미미할 뿐만 아니라 고가의 첨단 장비와 첨단기술 용역을 의뢰해야 하는 경제적 부담이 크기 때문이다. 그런데 핵자 이동의 원리로 설명되는 액티바 신소재와 원천기술은 고가의 첨단 장비와 첨단기술 용역 의뢰 없이도 양성 수소 핵자가 양성자수(원자번호) 26인 철 원소 핵자들을 포격, 철 원소 핵자들에 의해 수소 양성자 3개가 포획되어 양성자수 29인 구리 원소로 변성하는 것을 입증했을 뿐만 아니라, 철 함량에 해당한 것만큼 고순도의 구리 양을 100% 추출해 낼 수 있었다.

　필자는 지난 십 년간 이십여 차례에 걸친 시연에 직접 참여하여 철이 염화구리로, 그리고 구리괴로 변성하는 과정을 지켜보면서, 변성구리 제조의 핵심 열쇠는 바로 액티바 첨단소재와 원천기술에 있다는 것을 알 수 있었다. 액티바 신소재와 기술은 핵자 이동의 촉매제로서의 기능과 함께 제련 시 인고트(Ingot)화 시키는데 이온이 기화되지 않고 용융되게 하며 고순도의 구리 추출을 가능케 한다. 액티바를 투입하지 않을 경우 구리 이온은 대부분 기화되어 추출해 낼 수 있는 구리의 양은 극히 미미했다. 실로 변성구리 제조는 원소 변성의 실용화를 촉발시킴으로써 지구 자원 문제 해결의 단서를 제공할 수 있다는 점에서 자원 혁명의 신호탄이라 할 수 있다. 또한 친환경적인 액티바 신소재와 원천기술은 구리 생산과 더불어 방사능 폐기물 처리 및 오·폐수 처리, 수소 생산 등의 사업과도 연계돼 있어 경제적 부가가치가 매우 높고 원가 경쟁력이 탁월하여 '과학기술 한류(Korean Wave)'의 원동력이 될 것으로 예상된다.

국내적으로 보더라도 대부분 수입에만 의존해 있는 국내 구리 수요 약 90만을 액티바 시스템 공법으로 무산소 전기동(電氣銅)을 생산·공급하면, 경제성 있는 정광동(銅)이 생산되지 않는 국내의 현실을 고려할 때 양질의 동(銅)에 대한 수입대체 효과로 수십억 달러 절감 효과가 있는 것으로 분석된다. 뿐만 아니라 변성구리 제조와 국내 구리 사용 제품 및 유기·황동(신주)·황금동의 합성 제련 제품의 수입 대체 및 수출 효과까지 합하면 수천억 달러 규모의 외화 획득이 가능한 것으로 추산된다. 구리 수요는 전원 개발 사업의 확대로 인한 전기동의 수요 증대와 가공 산업의 발달로 급속한 증가 추세를 보이고 있으며, 또한 세계 구리 시장의 수요량을 감안한 수출 시장을 고려하면 구리 산업은 성장 가능성이 매우 높은 산업인 것으로 분석된다.[56]

필자는 한반도가 21세기 과학혁명을 견인하는 액티바 혁명의 진원지가 될 것이라고 예단한다. 그 근거로는 남(南)의 자본·기술과 북(北)의 자원·노동이 만나면 고도의 시너지 효과(synergy effect)를 발휘할 수 있기 때문이다. 민간연구단체 북한자원연구소의 최경수 소장에 따르면 '2012년 현재 북한의 주요 지하자원인 18개 광물의 잠재가치는 2012년 상반기 시장가격 기준으로 9조7천574억6천만 달러(약 1경1천26조원)'인 것으로 추정된다. 그는 2001

년부터 2008년까지 30여 차례 방북해 북한의 광산을 직접 살펴본 북한 지하자원 전문가다. 그에 따르면 "2012년 북한 지하자원의 잠재가치는 남한(4천563억 달러)의 21배 수준이며, 북한 철광석의 잠재가치는 6천207억 달러로 남한 철광석의 잠재가치 46억7천600만 달러의 133배다."[57] 남북경협이 이루어져 북쪽의 풍부한 철을 변성시켜 구리를 제조하면 그 부가가치만으로도 통일 비용을 충분히 해결할 수 있는 수준이 될 것이다.

오늘날 구리의 주요 용도를 살펴보면, 구리의 약 60%는 전선에 사용된다. 특히 구리는 열·전기 전도성이 높고 가공성, 내식성(耐蝕性 corrosion resistance), 내구성(耐久性 durability), 가공성, 합금성이 뛰어나 전력 설비·통신용 케이블·전자제품·조명장치·열 교환기 등 각종 전기 및 전자제품 재료, 공장 장비류·공업용 밸브 및 장치·자동차 라디에이터·철도·선박·항공우주산업 등 각종 기계 장치의 부품 재료, 난방용 배관 및 송수관·열수축 튜브·에어컨디셔닝 및 공업용 냉장냉동 설비·건축철물·돔 지붕 등 건축자재, 탄피·탄환의 군수품 재료, 동상·도금·주화(鑄貨)·주방 기구·장신구 등 소비재 및 일반 제품 재료와 산업 전반에 널리 사용된다. 또한 주석(Sn), 아연(Zn), 니켈(Ni)과의 각각의 합금으로 청동, 황동(놋쇠), 백동 등을 만드는 합금재료로도 사용된다. 이 외에도 구리와 구리 화합물들은 항균 작용이 있고, 인체 독성이 거의 없으며, 표면에 생물이 들러붙어 번식하는 것을 막기 때문에 배의 밑바닥 처리와 살균제로도 사용된다. 나아가 구리는 생명체의 미량 필수원소로서 여러 가지 효소의 생산과 활성화에 관여하고, 세포의 손상을 방지하는 생체 내 항산화 기능에도 관여하며, 공기호흡에도 관여하는[58] 등 그 용도가 보다 다양해지고 있고 중요성 또한 날로 높아지고 있다.

구리는 IT, 건설, 통신, 전력 등 모든 산업 분야에 사용되는 관계로 시장 경기를 구리 가격에 의해 판단하기도 한다. 말하자면 구리 가격은 주요 경제지표(economic indicator) 중의 하나가 되는 셈이다. 구리 소비량은 대개 국가 경제가 활성화되고 생활수준이 향상되면 증가하는 경향이 있는데, 특히 중국의 산업화와 생활수준 향상이 전 세계 구리 수요를 증가시키는 주요 요인이 되고 있다. 중장기적 관점에선 4차 산업혁명이 구리 시장에 큰 변화를 가져올 것으로 예상된다. 모든 생산 공정을 무인자동화 하는 스마트팩토리(Smart Factory)는 각종 센서와 카메라, 데이터 장비를 설치함에 따라 구리 사용량도 증가한다. 또한 전기차 보급이 늘어남에 따라 구리 사용량도 증가한다. 현재 휘발유 엔진 중형차 한 대에 소요되는 구리는 약 20kg이지만, 전기차는 엔진 및 관련 부품 관련 구리 사용량이 40kg이다. 전기차 시장의 성장 규모에 비례해 구리 소비량도 늘어나게 되는 것이다.[59]

한국비철금속협회에서 조사한 세계 구리 매장량은 다음 도표와 같다. 도표에서 보듯 칠레, 페루, 호주 3개국의 구리 매장량 점유율이 전 세계 구리 매장량의 약 51%를 차지하는 것으로 나타난다. 멕시코의 구리 매장량 점유율은 약 6%, 미국은 약 5%, 그리고 기타 지역에 약 38%가 산재해 있는 것으로 나타난다. 그러나 경제적으로 가치 있는 구리의 매장량은 전 세계적으로 약 6억3,500만t이다.

국가명	매장량(천t)	점유율(%)
칠레	150,000	24
페루	90,000	14
호주	80,000	13
멕시코	38,000	6
미국	35,000	5
기타	242,000	38
세계 총계	**635,000**	**100**

〈표 3.1〉 세계 구리 매장량[60]

한편 영국 에너지컨설팅회사 우드 맥킨지(Wood Mackenzie)에 따르면 2017
년 전 세계 구리 총 소비량은 28,999kt에 달하는데, 이 가운데 구리를 가장
많이 소비하는 국가는 중국으로 전 세계 총 소비량의 45.9%인 13,301kt에
이르고 있다. 매년 10% 증가하는 소비량과 가채불가능량 등을 감안할 때 약
20년이 경과하면 사실상 구리 매장량은 고갈 위험에 처하게 된다. 이러한
자원의 희소성과 산업 전반의 광범위한 필요성에 비추어 볼 때 산화철 및
고철을 구리로 변환하는 액티바 첨단소재와 원천기술은 무한한 성장 가능
성을 예측케 한다.

순위	국가	사용량(KT)	비중(%)
1	중국	13,301	45.9
2	미국	2,113	7.3
3	독일	1,557	5.4
4	일본	1,445	5.0
5	한국	1,058	3.6
6	이탈리아	930	3.2
7	인도	910	3.1
8	대만	741	2.6
9	터키	609	2.1
10	러시아	439	1.5
상위 10개국 소비량		**23,103**	**79.7**
전 세계 총 소비량		**28,999**	

〈표 3.2〉 2017년 세계 구리 소비량(출처: Wood Mackenzie)[61]

전기동(電氣銅) 가공산업은 비철금속인 구리를 녹여 부스바(bus bar) 형태
등으로 제조·가공하는 산업이다. 전기동은 주조(鑄造 casting), 연속열처리
(continuous heating furnace), 수중압출(extrusion in water), 풀림(annealing), 냉간인발
(冷間引拔 cold drawing)과 냉간압연(冷間壓延 cold rolling), 교정(straightening), 절단

(cutting), 포장(packing), 출하(shipping)의 가공 과정을 거친다. 전기동 가공산업은 전기, 전자, 자동차, 건설, 조선 등에 쓰이는 기초 소재 산업으로 이들의 경기변동과 직접 관련되어 있으며, 중국의 수요 증감과 세계 재고량의 변동, 투기세력의 자금 유입 및 회수로 인한 원자재 가격의 급등락에 의해 큰 영향을 받고 있다. 근년에 들어 IT, 정보통신 산업의 발전에 따른 구리 제품의 수요 증대와 더불어 자동차·조선·건설 등 주요 산업의 발전에 힘입어 전기동 가공산업은 향후 높은 성장성을 지닌 산업으로 인식되고 있다.[62]

향후 변성구리 제조는 자원 혁명의 신호탄이 될 것이며, 더욱이 구리 제조를 가능케 하는 액티바 첨단소재와 원천기술은 그 활용 범주가 인류가 안고 있는 많은 난제들을 해결할 수 있을 전망이다. 그 활용 범주는 1) 수질 및 대기오염방지, 폐수처리, 소각로, 핵폐기물 유리고화 영구처리, 유기농업, 치산치수 산업 등 환경산업 소재, 2) 농약 및 방사능 분해, 생장촉진 등 토양 개선제, 3) 동·식물 생장촉진제, 4) 음용수(飮用水) 활성 미네랄 연수화(軟水化), 5) 간염 치유 식품산업, 당뇨 치유 식품산업, 암과 에이즈 치유 의약산업 등 생활건강 소재, 6) 기능성 식품 가공제, 7) 의약품 첨가제, 8) 의료기기 소재, 9) 원자력발전 산업, 수소생산 산업 등 에너지 산업 소재, 10) 원소 변성 소재, 11) 연료 절감기, 12) 화장품 소재 등이다. 한마디로 한반도가 액티바 혁명의 진원지인 것이다. 일본의 노벨 물리학상 수상자인 에사키 레오나(江崎玲於奈) 박사와 점토 및 세라믹의 최고 권위자인 기무라 구니오(木村邦夫) 박사는 액티바를 '이 시대의 무기물산삼(無機物山蔘)'이라고 평가하였다.[63] 이렇게 볼 때 액티바는 문명의 대전환을 예고하는 이 시대의 엘릭서(Elixir 萬能藥)라고 할 수 있지 않을까?

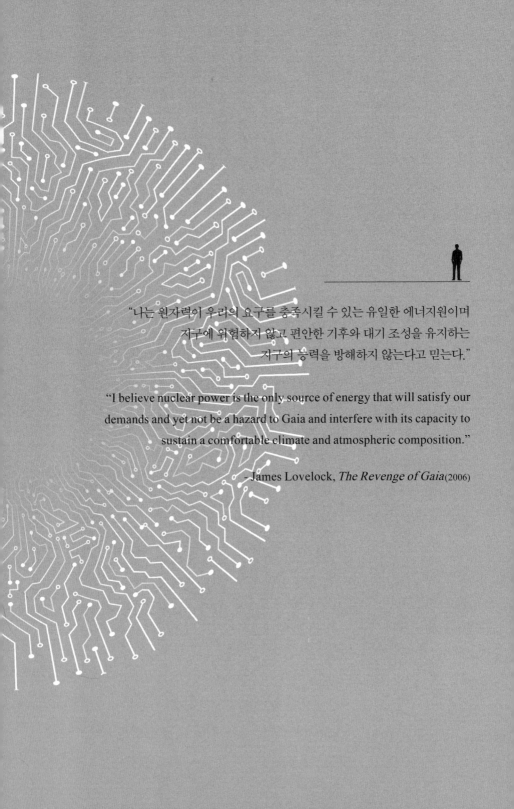

"나는 원자력이 우리의 요구를 충족시킬 수 있는 유일한 에너지원이며 지구에 위험하지 않고 편안한 기후와 대기 조성을 유지하는 지구의 능력을 방해하지 않는다고 믿는다."

"I believe nuclear power is the only source of energy that will satisfy our demands and yet not be a hazard to Gaia and interfere with its capacity to sustain a comfortable climate and atmospheric composition."

- James Lovelock, *The Revenge of Gaia* (2006)

04

고준위 방사성폐기물 처리기술

- 호모 이그니스(Homo Ignis)와 '제3의 불'
- 고준위 방폐물 처리 기술
- 원자력 산업의 전망과 과제

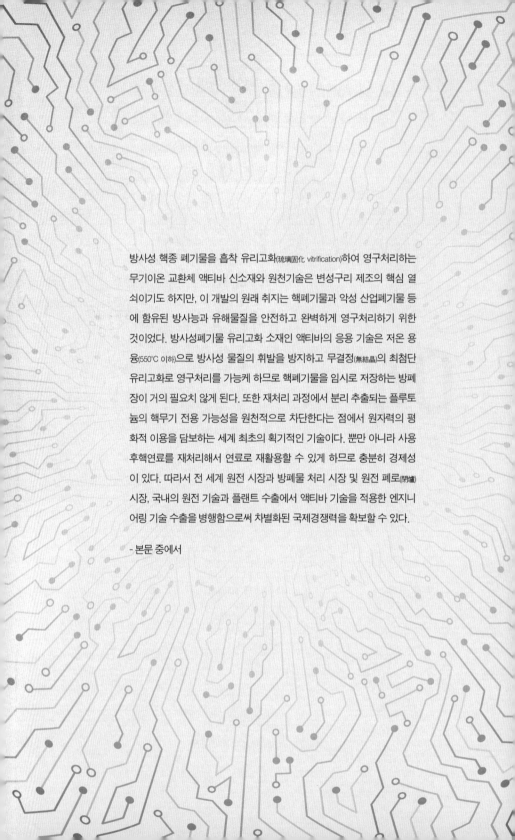

방사성 핵종 폐기물을 흡착 유리고화(琉璃固化 vitrification)하여 영구처리하는 무기이온 교환체 액티바 신소재와 원천기술은 변성구리 제조의 핵심 열쇠이기도 하지만, 이 개발의 원래 취지는 핵폐기물과 악성 산업폐기물 등에 함유된 방사능과 유해물질을 안전하고 완벽하게 영구처리하기 위한 것이었다. 방사성폐기물 유리고화 소재인 액티바의 응용 기술은 저온 용융(550℃ 이하)으로 방사성 물질의 휘발을 방지하고 무결정(無結晶)의 최첨단 유리고화로 영구처리를 가능케 하므로 핵폐기물을 임시로 저장하는 방폐장이 거의 필요치 않게 된다. 또한 재처리 과정에서 분리 추출되는 플루토늄의 핵무기 전용 가능성을 원천적으로 차단한다는 점에서 원자력의 평화적 이용을 담보하는 세계 최초의 획기적인 기술이다. 뿐만 아니라 사용후핵연료를 재처리해서 연료로 재활용할 수 있게 하므로 충분히 경제성이 있다. 따라서 전 세계 원전 시장과 방폐물 처리 시장 및 원전 폐로(閉爐) 시장, 국내의 원전 기술과 플랜트 수출에서 액티바 기술을 적용한 엔지니어링 기술 수출을 병행함으로써 차별화된 국제경쟁력을 확보할 수 있다.

- 본문 중에서

고준위 방사성폐기물 처리기술

> 우리는 핵에너지에 대한 두려움에서 벗어나 핵에너지를 지구에 미치는 온실가
> 스 영향을 최소화하는 안전하고 검증된 에너지원으로 받아들여야 한다.
> We must conquer our fears and accept nuclear energy as the one safe and
> proven energy source that has minimal global consequences.
>
> - James Lovelock, *The Revenge of Gaia* (2006)

호모 이그니스(Homo Ignis)와 '제3의 불'

우리 인류는 불(火)과 함께 진화해 왔고 또 불이 인류 문명의 원천이 되어
온 까닭에 '호모 이그니스(Homo Ignis)'라고 불린다. '호모 이그니스'란 '사람
속(屬)'을 뜻하는 라틴어 호모(Homo)와 불을 뜻하는 라틴어 이그니스(Ignis)의
합성어다. 인류는 불을 사용함으로써 다른 동물과 차별화되기 시작했고 또
한 불을 이용해 자연의 한계를 극복함으로써 마침내 지구의 지배자가 되었
다. 인류 문명의 전개와 긴밀히 연계된 불의 발달사에서 흔히 프로메테우
스(Prometheus)의 불을 '제1의 불', 전기를 '제2의 불',* 그리고 원자력을 '제3의
불'이라고 일컫는다. 그리스 신화에서 프로메테우스가 제우스(Zeus) 몰래 불
을 훔쳐 인간에게 건네준 이야기는 문명의 흥망성쇠를 좌우해 온 '불'의 의
미가 선지자(先知者)라는 뜻을 지닌 프로메테우스라는 이름에 교차돼 문명의

---

* 오스트리아-헝가리 제국 출신 미국의 발명가이자 전기공학자 니콜라 테슬라(Nikola
  Tesla)는 상업 전기에 중요한 기여를 했으며, 19세기 말과 20세기 초 전자기학의 혁명
  적인 발전을 추동함으로써 2차 산업혁명을 선도하는 역할을 하였다.

성립을 은유적으로 표현하고 있다.

원자력은 21세기 프로메테우스의 불이다. '제3의 불'인 원자력이 꺼지면 문명의 불도 꺼진다. 지구온난화 주범인 이산화탄소(CO_2) 배출의 증대로 지구 생태계가 교란되고 인류의 건강이 심대하게 위협받고 있는 상황에서 신재생에너지(new renewable energy)가 보급을 확대하는 데에는 실용적 한계가 있기 때문이다. 따라서 현재로서는 이산화탄소 배출이 거의 없는 원자력발전(원전)이 화석연료의 대안이자 신재생에너지의 실용적 한계를 극복할 수 있는 방안이다. 2011년 3월 11일 일본 동북부 지방을 관통한 규모 9.0의 대지진과 쓰나미로 인해 후쿠시마현(福島県)에 위치한 후쿠시마 제1원전의 방사능 누출 사고가 발생한 이후 일본을 포함하여 각국에서 원전회의론이 급부상하기도 했지만, 각국이 원전 재가동으로 정책을 선회한 것은 원자력의 치명적인 유용성을 인지했기 때문이다.

2012년 12월 30일 아베 신조(安倍晋三) 총리는 신규 원전 증설에 긍정적인 견해를 밝힘으로써 '탈(脫)원전', '졸(卒)원전' 계획을 사실상 포기했으며, 그가 재집권에 성공한 뒤 2014년 원전 재가동으로 유턴했다. 일본은 2011년 동일본 대지진 직전까지 원전 50기를 가동해 전체 전력 29%를 충당하는 원전 대국이었으나 후쿠시마 원전 사고로 전국의 원전 가동을 중단한 결과 에너지 부족이 심각해지고 전력 가격도 폭등했다. 최근 아사히신문은 일본 정부가 2018년 7월 3일 확정한 '제5차 에너지 기본계획'에 따라 "현재 전체 전력 공급의 2% 정도인 원전 비중을 2030년까지 20~22%로 10배 이상 늘리고 가동 원전 수도 현재 9기에서 30기로 늘리려고 한다"고 보도했다. 또한 2016년 기준 14.5%인 재생에너지를 2030년까지 22~24%로 늘리고, 원전과 재생에너지를 제외한 나머지 56%는 화력발전으로 충당할 것이라고 보도했다. 한편 동일본 대지진 당시 쓰나미 피해를 입어 비상 정지했던 도카이(東海) 제2

원전은 재가동 합격 판정을 받았다. 일본은 태양광·풍력 등 재생에너지를 '주력(主力) 전원'으로, 원전을 '기반(基盤) 전원'으로 하는 에너지 기본계획을 확정했다.[1]

2018년 8월 19일 세계원자력협회(WNA)가 발간한 '2018년 세계 원자력 성과보고서'에 따르면 2017년 말 기준 전 세계 원자력 발전설비 용량은 전년보다 2GW 늘어난 392GW를 기록했다. 전 세계에서 원전으로 생산한 전력은 전년보다 29TWh(1.2%) 증가한 2,506TWh로 집계됐다. 발전설비 용량은 4년 연속 증가 추세이고, 전기 생산량은 6년 연속 증가 추세다. 2018년 6월 말 기준 전 세계 가동 가능 원전은 총 448기이며, 건설 중인 원전은 59기이다. 건설 중인 원전을 지역별로 보면 아시아 40기, 동유럽·러시아 11기, 서·중유럽 4기, 북미 2기, 남미 2기 등이다. 국가별로는 중국이 18기로 가장 많고, 인도가 7기로 뒤를 이었다. 미국은 당초 4기에서 2기로 축소되기는 했지만 현재 신규 원전을 건설 중이고, 영국은 지난 25년 동안 민간 투자에만 의존했던 원전 건설에 정부 예산을 투입해 2030년까지 원전 16기를 지을 예정이다. 최근 국제에너지기구(IEA)는 전 세계 원자력 발전량이 2040년까지 46% 증가할 것으로 전망했다. 김학노 한국원자력학회장은 "원전 1기 수출은 자동차 100만대 수출과 맞먹을 정도로 경제적 효과가 크다"며 "현재 한국 원전이 전 세계적으로 경제성과 기술력을 인정받고 있지만, 앞으로 탈원전이 본격 진행되면 수출시장에서 경쟁력을 유지할 수 있을지 의문"이라고 지적했다.[2]

더욱이 전기차·무인차·인공지능(AI)·사물인터넷(IoT)·빅데이터 등 4차 산업혁명이 진행되면서 전력수요는 폭증하고 있다. 국내 데이터센터는 2009년 73개에서 2015년 124개로 늘었으며 이들의 연간 전력사용량은 26억kWh로, 70만 가구의 전력 소비량과 비슷했다. 국제에너지기구(IEA)는 '세계

에너지 전망 2017'에서 현재 200만대에 불과한 전기차가 2040년엔 2억8,000만대로 늘어날 것으로 전망했는데, 전기차 급증 역시 전기 수요 증가로 이어진다. 서울 목동 KT 인터넷 데이터센터(IDC)에선 수만 대의 서버가 24시간 쉼 없이 가동되는데, 2016년 한 해 전력사용량이 1억8,000만kWh로, 4만 8,000여 가구의 전력 소비량과 비슷했다. 4차 산업혁명이 진행될수록 전력 수요가 증가할 것에 대비해 세계 각국은 값싸고 안정적인 전력 공급을 위해 원전을 늘리고 있는 실정이지만, 한국은 2017년 6월 현 정부가 '탈원전·탈석탄' 정책을 선언한 이후 2018년 1분기 원전 발전량이 2년 전보다 37%, 2017년보다 29% 급감했다. 원전 24기 중 8기의 가동이 중단돼 2016년 80%였던 원전 가동률은 2018년 6월 현재 58%다. 그러나 '탈석탄' 정책 선언과는 달리 2018년 1분기 실제 석탄화력발전량은 오히려 2년 전에 비해 22%, 2017년보다 6% 늘었다. 날씨의 영향을 받는 태양광·풍력 등 재생에너지만으로는 원전을 대체할 수 없어 결국 석탄발전을 늘린 것이다.[3]

한국의 경우 원전 비중은 줄고 석탄화력발전 비중은 늘어남에 따라 미세먼지와 온실가스 배출량도 크게 늘어났다. 이에 따라 2017년 한국전력의 6개 발전 자회사들이 탄소배출권 구매에 지급한 돈은 4,000억원에 달했다. 파리 기후협약에 따라 온실가스 감축을 위해 석탄화력발전 비중을 2016년 28%까지 축소한 경제협력개발기구(OECD) 국가들과는 대비된다. 국제원자력기구(IAEA)에 따르면 원전이 1kWh 전력을 만들 때 배출하는 온실가스는 10g으로, 석탄(991g)이나 LNG(549g)와는 비교가 안 될 정도로 적다. 현대경제연구원은 최근 발간한 '에너지 전환 정책의 실효성 제고 방안'이란 보고서에서 "석탄화력발전 증가가 지속될 경우 미세먼지 발생, 온실가스 배출 등의 문제가 심화될 것으로 우려된다"며, "환경비용을 반영해 에너지원 가격을 조정하고 시뮬레이션을 통해 분석한 결과, 미세먼지와 온실가스 감축 목표를 달성하기 위해서는 2017년 43%에 달했던 석탄화력 비중을 2022년까지 30.1%로 축소하고, 같은 기간 원전 비중은 26.8%(2017년 기준, 2018년 1~5월엔 20.8%로 떨어짐)에서 31.6%로, LNG 발전 비중은 22.2%에서 27.4%로, 신재생에너지 발전 비중은 5%에서 9.7%로 확대할 필요가 있다"고 했다.[4]

탈원전 정책은 급증하는 전력수요를 충족시킬 수 없을 뿐만 아니라 원전의 공백을 메우기 위해 석탄화력발전을 크게 늘림으로써 미세먼지와 온실가스 배출량을 증가시켰고, 또 값비싼 LNG(액화천연가스)와 석탄 발전 증가로 한국전력(한전)과 한국수력원자력(한수원) 등 발전 공기업에 막대한 영업 손실과 부채를 안겨주고 있다는 점에서 비현실적이다. 우량 공기업이던 한전은 2018년 상반기에만 1조원 넘는 적자를 냈고, 한수원의 부채는 1년 만에 2조 8,000억원 증가했으며, 원전 조기 폐쇄와 건설 백지화로 인해 허공으로 사라지는 혈세도 기하급수적으로 늘고 있다. 월성 1호기의 수명 연장에 투입된 7,000억원도 조기 폐쇄로 인해 허공으로 사라졌고, 신규 원전 4기에 투입된 937억원(영덕 천지원전 904억원, 삼척 대진원전 33억원)도 건설이 백지화되면서 허공으로 사라졌다. 신고리 5 · 6호기는 공론화에 따른 건설 중단으로 공사가 지연되면서 1,228억원의 손실이 발생했다. 남동발전과 중부발전 등 발전 공기업들은 자금난 해소를 위해 채권 발행에 나서고 있는 실정이다.[5] 원전(原電)은 오늘날 4차 산업혁명 시대에 폭증하는 전력수요를 값싸게 안정적으로 충족시킬 수 있을 뿐만 아니라 온실가스 배출량을 최소화함으로써 지구 기후붕괴(global climate disruption)를 막고, 나아가 무한에너지인 청정 수소에너지 산업을 촉진하는 지름길이다. 따라서 원전을 끄는 것은 미래로 가는 다리를 끊는 것이다. 수소에너지에 대해서는 제5장에서 다룰 것이다.

영국 과학자이자 환경론자이며 '가이아 이론(Gaia theory)'의 창시자인 제임스 러브록(James Lovelock)에 따르면 금세기에 지구 기온의 급상승으로 가이아

(Gaia: 그리스 신화에 나오는 대지의 여신)는 혼수상태에 빠질 것이며, 가이아가 자기 조절 시스템을 가동해 온 지금까지와는 달리 이제 그 시스템이 제대로 작동할 수 없는 위기 상황에 직면하게 됐다고 한다. 러브록은 그의 저서 『가이아의 복수 *The Revenge of Gaia*』(2006)[6]에서 환경 대재앙을 가이아가 인간에게 되돌려주는 '복수'라는 관점에서 분석하며, 인류가 지구에 '이중 타격'을 가하는 방식으로 해악을 끼쳤다고 진단한다. 즉 화석연료의 사용으로 대기 중의 온실가스 농도가 급격히 증가하여 가이아에 열을 가하는 동시에 그 열을 조절할 수 있게 하는 숲을 파괴해 왔다는 것이다. 숲 파괴와 관련하여, 인구에 회자되는 대표적인 것이 '햄버거 커넥션'이다. 값싼 햄버거용 쇠고기를 생산하기 위해 목초지를 조성하면서 아마존 열대우림이 대규모로 파괴되고 있다는 것이다.

친환경(?) 태양광 발전소를 세우기 위해 환경을 파괴하는 역설적인 사례도 있다. 한국의 경우 전국에 태양광 패널을 설치하려고 나무를 베고 산을 깎으면서 지반이 약해져 봄비에도 산사태가 나고 산림 훼손과 부동산 투기, 주민 간 갈등을 야기하고 있다. 2018년 1~5월 설치된 전국 태양광발전 설비 용량 66만kW 중 산림 태양광(22만kW)은 3분의 1에 달했다. 탈원전 정책을 추진하는 정부(산업통상자원부)에 따르면 원전 1기에 해당하는 1GW 전력을 생산할 태양광 발전소를 세우려면 여의도(면적 2.9㎢) 4.6배 면적(13.2㎢)이 필요하다. 원전은 1GW 설비 용량을 갖추는 데 필요한 부지가 0.6㎢에 불과하다. 이익환 전 한전원자력연료주식회사(KNF) 사장은 "우리나라는 지정학상 양질의 태양광발전이 힘들다. 태양광발전 설비는 양지바른 산에 설치할 수밖에 없으며 정부 계획대로 100만kW급 30기 이상을 설치하는 데는 천문학적인 면적이 들어간다. 산림의 훼손은 물론, 태풍과 홍수가 있게 되면 무슨 재난이 발생할지 예측이 사실상 불가능하다"면서, "'원자력 생태계'는 한번 무너지면 복원이 어렵다"[7]고 말했다. 우리나라는 일조량이 미국의 70%에 불과하다. 최대 가동 능력 대비 실가동률을 뜻하는 태양광발전의 평균 설비 이용률도 낮다. 미국 21%, 중국 17%에 비해 한국은 이 수치가 12~15%다. 날씨의 영향을 받는 태양광발전의 불안정성을 보완하기 위해서는 값비싼 LNG 발전 설비나 양수발전 설비가 추가로 필요하다.[8]

문제는 또 있다. 석탄과 LNG 가격은 국제 원유가격에 따라 가격 변동 폭이 크다. 최근 전문기관들이 2019년 말 유가(油價) 100달러를 넘는 고유가 시대가 다시 올 것이란 전망을 잇따라 내놓고 있으며, 특히 2018년 11월 미국의 2단계 이란 제재*로 유가가 더 빨리 급등할 것으로 예상된다. 에너지의 90% 이상을 해외 수입에 의존하는 우리 경제는 커다란 타격이 우려된다. 결국 태양광·풍력 등에 막대한 비용을 투입하고도 전기요금 인상, 물가 상승, 환경파괴 등의 부작용은 피할 수 없을 것으로 보인다. 한국원자력학회가 2018년 7월 9일 기자회견을 열어 '국가 에너지 정책은 정치적 가치가 아닌 국가 실익이 우선'이라며 '과학적 재검토'를 호소한 것도, 안정적 에너지원을 확보하지 못한 채 결국 국민 부담을 늘리게 되는 탈원전 정책의 실효성에 문제를 제기한 것이다. 제임스 러브록은 기후붕괴의 연착륙을 위해 이산화탄소를 방출하지 않는 원자력발전을 가장 효과적인 대안이라고 주장한다. 원자로는 화석연료에 비해 200만분의 1에 불과한 폐기물만을 배출하고

---

* 트럼프 미국 대통령이 이란 핵협정을 파기하고 이란 제재를 복원한 것이 油價의 가장 큰 국제정치적 불안 요인이다. 트럼프 대통령은 특히 전 세계를 대상으로 이란산 원유 거래 시 미국의 '세컨더리 보이콧' 대상이 될 것임을 경고했다. 이란의 달러 매입, 귀금속·광물 매매, 자동차·비행기 부품 거래를 금지한 것이 2018년 8월 1단계 제재였다면, 2018년 11월 2단계 제재는 에너지와 금융 부문으로 확대되어 이란산 원유·석유 제품, 리알화·외환, 해운·조선 관련 거래를 모두 금지하고 있다.

온실가스를 만들지 않으면서 효율성이 높기 때문에 현재로서는 원자력발전이 우리 수중에 있는 유일하게 효과적인 처방이라는 것이다.[9]

　또한 원전(原電)에 대해 비판적 입장을 취해 온 미국의 대표적 비영리단체 (NPO)인 UCS(The Union of Concerned Scientists · 참여 과학자 모임)도 최근 '원자력의 딜레마'란 보고서에서 온실가스를 줄여 기후변화에 대응하기 위해선 원전을 계속 가동해야 한다는 입장을 밝혔다. 최근 미국과 일본은 원자력을 온실가스를 배출하지 않는 '청정 에너지(clean energy)'로 규정하고 양국 간 원전 관련 협력을 강화하기로 했다. 미국 상무부, 에너지부와 일본 경제산업성, 문부과학성은 2018년 11월 13일 혁신적 원자로를 포함한 연구개발, 폐로 및 핵폐기물 관리, 안전성 향상을 위한 산업협력 등 5개 분야로 구성된 각서를 체결했다. 미 · 일이 원자력 각서에 합의한 것에 대해 원전에 비판적인 도쿄신문은 "원전을 지구 온난화 대책에서 필수적인 전원(電源)으로 자리매김하는 분위기를 만들고 싶어 하기 때문"이라며, 합의 배경에는 지난 5월 출범한 '청정에너지 미래계획(Nuclear Innovation Clean Energy Future Initiative)'을 의미하는 '나이스 퓨처(NICE Future)'—미국 · 일본 · 캐나다가 중심이 된—가 있다고 분석했다.[10]

　'제3의 불'인 원자력이 실용화된 이후 '호모 이그니스'는 죽음의 폭탄과 미래의 에너지원이라는 원자력의 두 얼굴과 운명적으로 마주하게 되었다. 제2차 세계대전이 끝나갈 무렵인 1945년 8월 6일 미국은 세계 최초로 일본 제국의 히로시마(Hiroshima)에 원자폭탄(우라늄 폭탄)을 투하했고, 이어 8월 9일 나가사키(Nagasaki)에 두 번째 원자폭탄(플루토늄 폭탄)을 투하했다. 원폭이 투하된 후 2~4개월 동안 히로시마에선 90,000명에서 166,000명, 나가사키에선 60,000명에서 80,000명에 이르는 사망자가 집계됐는데 이들 사망자의 절반은 원폭 투하(atomic bombings) 당일에 사망한 숫자라고 한다.[11] 이러한 가공할 만한 원폭의 위력 앞에 일본 제국은 나가사키 원폭 투하 6일 후인 8월 15일 연합군에 무조건 항복을 선언했다. 그러나 원폭 투하로 모든 것이 불타고 연기로 뒤덮인 처참하고도 충격적인 광경은 인류의 무의식 속에 지워지지 않는 트라우마를 남겼다.

종전(終戰) 후 원자력의 국제 관리가 핵심 의제가 되면서 국제연합이 우라늄 생산을 독점해 원자폭탄 개발을 관리하자는 바루크 계획(Baruch Plan)이 나왔다. 정치적 색채가 배제된 이 계획안에 대해 과학자들은 강력한 지지를 보냈으나, 소련(지금의 러시아)의 반대로 무산됐다. 미국에서는 히로시마 원폭 투하 약 1년 후 원자력위원회(Atomic Energy Commission, AEC)가 출범하여 종전 후 미국 내 원자력 관리를 맡게 되면서, 원자력 과학자들은 값싼 원자력으로 화석연료를 대체할 수 있으리라는 전망을 피력했다. 그러나 전후의 원자력 이용은 일사불란하게 폭탄 제조에 매진했던 '맨해튼 프로젝트(Manhattan Project)'에서와는 달리, '에너지를 얻기 위한 개발이냐? 군사 무기를 위한 개발이냐?'라는 연구의 우선순위를 놓고 의견이 엇갈렸다. 그리하여 연구비 배분에서 군용과 민수 중 어느 쪽에 얼마나 더 비중을 둘 것인지를 놓고 원자력위원회 구성원들 간의 이해관계는 심각한 논쟁으로 비화됐고 갈등 또한 가시화됐다. 1947년 트루먼 독트린(Truman Doctrine) 선언을 계기로 공산권에 대한 전면적인 봉쇄정책이 실시되고 1949년 소련의 핵실험 성공, 1950년대 초 미국과 소련의 수소폭탄 제조와 더불어 이들 양 진영을 주축으로 한 동서 냉전체제가 본격화되면서 원자력의 평화적 이용을 위한 연구도 진행됐으나 폭탄 제조 등 군수가 정책적 우위를 갖게 되어 민수 분야의 비중은 상대적으로 위축됐다.[12]

원자력이 일상생활에 직접적인 영향을 미치게 된 것은 원자력이 상업 발전에 이용되면서부터였다. 1954년 6월 소련(지금의 러시아)에서 세계 최초의 원자력발전소(nuclear power plant)인 오브닌스크(Obninsk, 흑연감속형 원자로 6MW) 원전이 가동됐고(지금도 가동 중임), 1956년 10월 영국에서 두 번째 원전이자 세계 최초의 상업 원자력발전소인 칼더홀(Calder Hall-1, 기체냉각형 원자로 60MW) 원전이 가동됐으며, 1957년 12월 미국에서 시핑포트(Shippingport, 가압경수형 원자로 100MW) 원전이 가동됨에 따라 상업적인 발전이 시작됐다.[13] 미국은 원자력발전(原子力發電 nuclear power generation) 산업의 추진이 소련과의 냉전에서 승부수가 될 것으로 전망했다. 그리하여 1953년 12월 8일 드와이트 아이젠하워(Dwight D. Eisenhower) 대통령은 국제연합(UN) 총회에서 '원자력의 평화적 이용안(Atoms for Peace)'을 제안했는데, 그 핵심 내용은 1) 원자력의 평화적 이용 촉진을 위해 UN 산하에 원자력 기구 설치, 2) 핵분열성 물질의 평화적 이용에 대한 국제적 규모의 조사 실시, 3) 세계가 보유한 핵무기 축소 방안 미국 의회에 제출 등이다. 이러한 제안은 1949년 소련의 핵무기 개발로 인해 미국의 절대 우위가 위협받게 되자 이를 제어하기 위한 전략적 방안의 일환으로 나온 것이다.[14]

그리하여 미국의 원자력법 개정으로 1954년 8월 30일 새로운 원자력법안이 마련됨으로써 원자력에 관한 국제 협력과 민간 협력이 강화되고 민간 기업이 원자력 산업에 참여할 수 있게 됐다. 새로운 원자력법안의 기본 방침은 민간 기업이 원자력발전소를 건설하고 소유하되, 정부가 핵물질을 소유하고 관장한다는 것이었다. 1955년 미국의 원자력위원회는 공기업이 원자력발전소 건설을 맡는 것을 장려했는데, 이때 참여한 기업이 최대 규모의 여러 공기업을 거느리고 있던 원자력그룹(Nuclear Power Group), 컨설팅-건설 회사인 벡텔(Bechtel) 사(社)였다. 그리고 GE(General Electric Company), 웨스팅하우스(Westinghouse Electric and Manufacturing Company), B&W(Babcock and Wilcox),

CE(Combustion Engineering) 등은 원자로 생산시설 관련 기술을 확보하고 있었다. 이들 기업은 실험용 원자로 해외 판매 지원금과 연구 개발비 등 정부의 막대한 지원을 받았다. 이렇듯 아이젠하워 집권 시기(1953~1961)에 거대 원자력 산업체제가 확립됐으며, 이러한 '군산복합체(military-industrial complex)'의 새로운 경제체제 탄생과 더불어 본격적인 원자력 시대가 개막됐다. 그리하여 수소폭탄 제조, 원자력 해군 확립, 대륙간 탄도미사일(ICBM) 개발, 국립 항공우주국(NASA) 출범 등 군비의 첨단화는 가속화됐다.[15]

  종전 이후 원자력의 평화적 이용은 1942년 페르미에 의해 개발된 원자로의 초기 형태에 이어 1948년 프랑스의 졸리오퀴리(Joliot-Curie) 부부에 의해 새로운 원자로 '조에(Zoe)'가 완성됨에 따라 공업, 농업, 의학 분야로 확대됐다. 원자력발전은 핵무기 개발 과정에서 파생된 일종의 정치적 선택이었다. 말하자면 1953년 아이젠하워 대통령이 제안한 '원자력의 평화적 이용안'(1953)은 새로운 주도권 모색에 나선 미국의 정치적 고려에서 나온 것이었다. 아이젠하워 대통령이 UN 총회에서 연설하던 그 시간에도 미국이 원자폭탄과 수소폭탄 생산을 대규모로 확장하는 계획을 진행하고 있었다는 사실이 이를 뒷받침한다.[16] 이를 계기로 폭탄용 원자로가 상업 발전용 원자로로 변형됨으로써 핵에너지가 상업적으로 이용될 수 있게 됐다. 그리하여 핵무기 개발 규제와 원자력의 평화적 이용을 위한 연구개발 실용화, 그리고 원자력에 관한 과학기술정보 교환 및 핵 공동관리를 위해 1956년 국제원자력기구 (International Atomic Energy Agency, IAEA)가 UN 산하의 준독립기구로 설립돼 1957년 법령이 시행되었다. 그리고 IAEA가 체결 주체인 핵확산금지조약(Nuclear Non-Proliferation Treaty, NPT)이 1969년 UN 총회에서 채택돼 1970년 조약이 발효되었다.

  핵에너지의 이용에서 문제가 되는 것은 군사적 목적과 평화적 목적 사이의 경계가 매우 불분명하여[17] 핵개발 가능성이 항상 열려 있다는 점이다. 원자력발전은 원자로 내의 핵분열(nuclear fission) 연쇄반응으로 생기는 열을 이용해 만든 고온·고압의 수중기로 터빈을 돌려서 에너지를 얻는 발전 방식이다. 원자력은 핵분열이 일어날 때 연쇄적으로 생기는 에너지인데, 원자로는 그 에너지 방출이 서서히 일어나도록 조절하여 필요한 만큼의 에너지를 안전하게 사용할 수 있게 한다. 핵무기는 핵반응을 통해 방출되는 에너지를 군사적인 용도로 이용하는 것이다. 핵무기 개발은 핵분열성(fissile) 물질의 확보, 기폭장치의 개발, 핵실험, 투발 수단과의 결합 등이 필요한데, 대표적인 핵분열성 물질에는 천연자원인 우라늄(U_{235})과 우라늄으로 만든 핵연료를 원자로 내부에서 핵반응을 일으켜 제조하는 인공원소인 플루토늄(Pu_{239})이 있다.[18] 특정 국가가 핵을 원전에 사용하는지 아니면 무기화하는지에 대해 핵 사찰단은 우선 해당국의 우라늄 보급 및 취급 과정을 관찰하고서 우라늄 농축 과정에서 가장 흔하게 쓰이는 가스원심분리기의 배열 상태를 통해 핵의 무기화 여부를 판단한다.*

  1960년대 원자력발전은 미국으로부터 세계로 퍼져 나가 1973년 제1차 석유파동에 따른 에너지 위기를 계기로 에너지 안보 차원에서 빠르게 확산됐다. 그러나 1979년 3월 28일 미국 펜실베이니아 주에서 일어난 스리마일 섬(Three Mile Island) 원자력발전소 2호기 노심(爐心) 용융(meltdown) 사고와 1986

---

* 국제원자력기구(IAEA)에 따르면 U_{235}의 비율이 20% 이상이면 고농축 우라늄(HEU), 그 미만이면 저농축 우라늄이다. 원전의 연료로 쓰이는 저농축 우라늄은 U_{235} 비율이 3~5%인 반면, 핵무기의 원료가 되는 고농축 우라늄은 U_{235} 비율이 90% 이상이다. 이에 따라 원심분리기의 배열 상태가 결정적인 판단 기준이 될 수 있다는 것이다. (http://news.chosun.com/site/data/html_dir/2012/07/23/2012072300170.html (2018.8.23))

년 4월 26일 소련 체르노빌(Chernobyl: 현 우크라이나 공화국 수도 키예프시 남방 130km 지점) 원자력발전소 4호기 노심 용융 사고를 계기로 원전 확대 계획에 제동이 걸리게 됐다. 스리마일 섬 원전 사고(TMI nuclear accident, INES 레벨 5)는 원자로의 자동 감압 장치인 릴리프 밸브(Relief Valve)에 고장이 발생하기는 했으나 고장에 따른 냉각재 누출을 오판해 비상 노심 냉각장치(Emergency Core Cooling System, ECCS)의 작동을 조기에 중단시키는 등 운전원의 실수가 더 컸던 인재였다. 그로 인해 냉각장치가 파열되어 노심이 외부로 노출되면서 미국 원자력발전 사상 최대의 노심 용융 사고로 진행된 것이다.[19] 스리마일섬 사고 조사특별위원회 보고서(케메니 보고)에 따르면, 사고 원인은 경수형 원자력발전 기술의 불완전성, 규제 행정의 결함, 방재 계획의 결여 등인 것으로 지적됐다.[20] 체르노빌과는 달리 격납용기가 제 구실을 한 덕분에 체르노빌만큼의 대형 사고는 아니었지만 원자력 기술 종주국인 미국에서 발생했다는 점에서 세계적인 파장을 불러일으켰다.

체르노빌 원전(原電) 사고(Chernobyl nuclear accident, INES 레벨 7)는 낙후된 원전 기술과 허술한 관리 체계가 빚어낸 인재로서 20세기 최대·최악의 원전 방사능 누출 사고였다. 국제원자력기구(IAEA)가 빈(Vienna)에서 주최한 전문가 회의(1986. 8. 25~29)에서 소련 국가원자력이용위원회가 제출한 보고서에 따르면, 터빈 발전기의 관성력을 이용하는 실험을 하기 위해 원자로 출력을 1/3 정도로 낮출 계획이었으나 실수로 거의 정지 상태까지 낮춤으로써 재기동(再起動)이 곤란하게 된 상태에서 무리하게 출력을 높이려고 제어봉(制御棒)을 과도하게 올렸기 때문에 RBMK형 원자로(흑연감속 沸騰輕水 압력관형 원자로) 특유의 양(陽)의 반응도(反應度) 계수영역에까지 출력이 올라가 긴급 정지 조작을 할 틈도 없이 원자로 내부에서 수소폭발을 일으켰다는 것이다.[21] 더욱이 체르노빌 원전 원자로에는 격납 용기가 설치돼 있지 않아 수차에 걸친 수소·화학폭발로 원자로 4호기 구조물 상부가 날아감과 동시에 화재가 발생하고 원자로의 노심이 녹아내리면서 방사능을 함유한 분연(噴煙)은 높이 800~1,000m까지 치솟아 방사능 물질이 유럽 전역에 확산됐고 그 일부가 북아프리카와 아시아 지역에까지 도달했다. 피폭(被曝) 등의 원인으로 1991년 4월까지 5년 동안 7,000여 명이 사망했고 70여만 명이 치료를 받은 것으로 알려져 있다.

스리마일 섬 사고와 체르노빌 사고는 전 세계를 원전 공포, 즉 핵 공포의 도가니로 몰아넣음으로써 심리적 공황 상태를 야기했고, 이로 인해 원전에 대한 사회적 수용성은 최대 위기를 맞게 됐으며, 특히 유럽의 원전 산업은 크게 침체됐다. 이후 원전 산업에 대한 세계 각국의 여론은 1990년대 후반 이후 부정성에서 조금씩 탈피하여 자원 위기와 환경 위기 시대에 불가피한 대안이라는 인식에서부터 여전히 우려의 시각으로 보는 찬반양론 사이에 광범한 스펙트럼이 펼쳐지게 됐다. 한국의 경우 유럽과 북미 등 세계 각국의 원전 산업이 크게 침체됐던 것과는 달리, 1970년 9월 고리원자력발전소 1호기 착공 및 1978년 4월 상업 가동을 시작으로 원전 건설에 본격적으로 착수해 1990년대 중반까지 확대 일로였고 한국형 표준 원자로 개발의 결실을 거뒀다. 그런데 1990년 11월 안면도 사용후핵연료 저장소 건설을 둘러싸고 대규모 군중 시위가 벌어지면서 1993년 정부는 안면도 계획을 백지화한 데 이어, 1994년에는 그 대안 지역인 굴업도에서도 반대 운동이 인근 지역으로까지 번지면서 정부의 방폐장 건설 계획은 또다시 중단됐고 원자력에 대한 부정적인 인식은 고조됐다. 그러다가 2009년 12월 27일 아랍에미리트(United Arab Emirates, UAE) 원전 수주 이후 원전에 대한 국민적 호응도는 무려 90%대에 달한 것으로 조사됐다.

그런데 2011년 3월 11일 규모 9.0의 동일본 대지진과 쓰나미로 인해 후쿠시마현에 위치한 후쿠시마 제1원전의 방사능 누출사고가 발생했다. 대지진의 진원지는 '불의 고리(Ring of Fire)'라고 불리는 '환태평양 지진대(circum-pacific seismic belt, 총 길이 4만km)'에 위치해 있는데, 이곳은 태평양판이 유라시아판, 북아메리카판, 인도-호주판 등의 다른 판들과 접하는 곳이다. '환태평양 지진대'는 일본열도를 포함해 인도네시아, 대만, 알래스카, 북미, 남미 안데스 산맥, 칠레 해안까지 이어지는 고리 모양의 지진대로서, 2018년 8월 22일에도 베네수엘라 동북부 해안 지진(규모 7.3), 바누아투 라카토르 지진(규모 6.7), 미국 오레곤 지진(규모 6.2) 등 연쇄 강진이 이 지진대에서 발생했다. 부산대 지구환경시스템학부 김진섭 교수에 따르면 환태평양 지진대에서는 판들이 많게는 연간 4~5cm, 적게는 1~2cm씩 움직이며 부딪치기 때문에 이 지진대에 속한 지역에서는 '언제', '어디서든' 일본과 같은 대형 지진이 발생할 수 있다는 것이다. 전 세계 원자로 가운데 지진 위험이 높은 '불의 고리' 지역 가운데 원자력발전소가 다수 건설돼 있는 나라는 일본이 대표적이다.[22]

후쿠시마 제1원전의 재앙은 쓰나미로 인해 원자로 1~3호기의 전원이 중단되자 원자로를 식혀주는 긴급 노심 냉각장치가 작동을 멈추면서 2011년 3월 12일 1호기 수소폭발, 3월 14일 3호기 수소폭발, 3월 15일 2호기 수소폭발 및 4호기 수소폭발과 폐연료봉 냉각 보관 수조 화재 등이 발생해 방사성 물질을 포함한 기체가 외부로 대량 누출되면서 발생했다. 후쿠시마 원전은 콘크리트 외벽 폭발, 사용후핵연료 저장시설 화재, 방사성물질 유출, 연료봉 노출에 의한 노심 용융, 방사성 오염물질의 바다 유입에 따른 해양오염 등으로 상황이 계속 악화됐다.[23] 4월 12일 일본 정부는 후쿠시마 제1원전의 사고 수준을 국제원자력 사고등급(INES) 중 최고 위험 단계인 레벨 7로 격상한다고 공식 발표했는데, 이는 체르노빌 원전 사고와 동일한 등급이다. 4월

18일 일본 정부는 펠릿(pellet 핵연료봉) 손상 가능성을 공식적으로 인정함으로써 사고가 최악의 상황이며 뚜렷한 해결책이 없음을 간접적으로 시인했다. 후쿠시마 제1원전 주변에서는 핵분열 생성물인 요오드와 세슘 외에 텔루륨, 루테늄, 란타넘, 바륨, 세륨, 코발트, 지르코늄 등 다양한 방사성물질이 검출됐고, 원전부지 내 토양에서는 플루토늄까지 검출되면서 비밀리에 핵 개발을 추진했다는 의혹이 제기되기도 했다.[24]

한국의 원전 산업은 1970년대 들어 두 차례 석유파동을 겪은 후 에너지원의 다원화에 주력하여 1970년 9월 고리원자력발전소(부산광역시 기장군 장안읍 고리 소재) 1호기 착공 및 1978년 4월 상업 가동을 시작으로 본격화됐다. 한국 최초의 원자력발전소(nuclear power plant)인 고리원자력발전소는 정부의 연료 다변화정책의 일환으로 건설돼 가압경수로형(PWR) 4기(총시설용량 313만 7,000kW)를 보유하고 있었으나 2017년 6월 19일 고리 원전 1호기는 '영구 정지' 결정으로 폐쇄됐다. 2012년 12월 4일에는 국내 최초로 개선형 한국표준형원전(OPR1000)인 신고리 1·2호기(100만kW급 2기)가 준공됐다. 국내에서 두 번째로 건설된 월성원자력발전소(경상북도 경주시 양남면 나아리 소재, 1호기 1983년 3월 준공)는 4기(총시설용량 277만 7,800kW)가 가동되었으나 2018년 6월 15일 월성 원전 1호기는 '영구 정지' 결정으로 조기 폐쇄됐다. 이 발전소는 국내 원전에 적용되는 가압경수로형과는 달리 중수(重水)를 감속재로 사용하며, 천연 우라늄을 연료로 사용하기 때문에 농축 우라늄을 사용하는 경수로에 비해 운전 중에도 핵연료를 수시로 교체할 수 있는 것이 장점이다. 1986년 3월에는 전 세계에서 가동 중이던 원자로 271기 중에서 이용률 1위를 기록하기도 했다.

또한 가압경수로형으로서 개선형표준원전(100만kW급)인 신월성 1호기가 시험운전을 마치고 2012년 7월 말부터 상업운전에 들어갔고, 신월성 2호기는

2015년 7월 24일 상업운전을 개시했다. 영광원자력발전소(전라남도 영광군 홍농읍 계마리 소재, 1호기 1986년 8월 준공)는 가압경수로형 4기(총시설용량 390만kW)가 가동 중에 있으며, 특히 3·4호기는 '설계표준화를 통한 한국형 발전소'로 건설됐다. 2003년에는 5·6호기가 건설돼 가동 중에 있다. 한울원자력발전소(경상북도 울진군 북면 부구리 소재, 1호기 1988년 9월 준공, 2013년 5월 울진원자력발전소는 한울원자력발전소로 명칭 변경)는 가압경수로형 4기(총시설용량 390만kW)를 보유하고 있다. 이 발전소는 지금까지 한국의 경수로형 원자로계통이 모두 미국측 회사에서 공급된 것과 달리 프랑스의 표준설계 개념을 도입한 것이 특징이다. 2004년과 2005년에는 각각 5·6호기가 건설돼 가동 중에 있다.

2012년 9월 14일 지식경제부가 경북 영덕과 강원도 삼척을 신규 원자력발전소 예정 구역으로 지정 고시하면서 촉발된 '원전 갈등'은 중간저장 시설 건설 등의 이슈와 맞물리며 더욱 확산됐다. 부지 선정은 기존의 부산 기장(고리), 경북 경주(월성), 전남 영광(영광), 경북 울진(울진) 4개 지역이 지정된 후 30여년 만에 처음으로 이뤄진 것으로 영덕과 삼척에 각각 150만kW급 4기 이상씩 총 8기 이상의 원전 건설 계획이 밝혀졌고, 신규 원전 4기에 937억원이 투입되었으나 2018년 6월 건설이 백지화됐다. 원전 산업은 저렴한 발전 원가를 기반으로 전력의 안정적 공급에 크게 기여한 측면이 있는 반면, 잇따른 원전 사고로 인한 정전 사태 발생 및 방사능 피폭 우려 확산과 핵폐기물 문제 등을 야기했다. 원자력안전위원회가 있음에도 불구하고 인재(人災)로 인한 문제가 계속 발생한 것이다. 현 정부의 '탈원전' 선언 전까지만 해도 세계 5위의 원전 운영국이자 주요 원전 수출국이었던 한국은 총 전력 생산량의 34.1%를 원전에 의존하고 있었다. 또한 우리의 탁월한 원전 기술과 플랜트(plant) 건설을 통한 외화 획득 효과도 기대해 볼 만했다.

지금까지 제기된 원자력발전 관련 세 가지 주요 이슈를 보면, 첫째는 안전성 문제이고, 둘째는 사업성 문제이며, 셋째는 기술력 문제이다. 이에 대해서는 본 장 3절 '원자력 산업의 전망과 과제'에서 다시 논하기로 한다. 국내 원전 전문가들은 '원전 안전성에 대한 우려가 부각돼 있는 상황이지만 고유가로 인한 화력발전 비용과 온실가스 문제, 신재생에너지 확대의 물리적인 한계 등이 원전 축소 움직임과 당분간 대립하게 될 것'이라며 '단기적으로는 신규 원전 건설이 줄어들 수 있지만 중·장기적으로는 세계 원전 비중 축소로 연결될 가능성은 작을 것'으로 보고 있다.[25] 원전은 값싼 에너지로서의 매력과 더불어 국제 유가(油價)가 급등락해도 전력 공급을 안정적으로 유지할 수 있고, 또한 탄소 배출이 적어 화석연료에서 신재생에너지로의 교량 역할을 하며 지구온난화를 완화시킬 것이라고 보는 것이다. 이러한 것들이 성공적으로 이루어질 수 있기 위해서는 원전 안전성을 위한 관리체계 강화가 시급하다.

고준위 방폐물 처리 기술

2018년 6월 말 기준 전 세계 가동 가능 원전은 총 448기이며, 건설 중인 원전은 59기이다. 건설 중인 원전은 중국이 18기로 가장 많고, 인도가 7기로 뒤를 이었다. 에너지경제연구원이 발간한 '세계 에너지 시장 인사이트'(2018.9.3)에 따르면 서울에서 500㎞ 떨어진 중국 산둥성에서 하이양(海陽) 원전 1호기가 최근 시운전에 들어갔으며 2개월 후 상업 운전을 개시한다. 앞으로 모두 8기가 지어지면 설비 용량은 최대 10기가와트(GW)로 아시아 최대 규모의 원자력발전소 단지가 될 전망이다. 중국의 올 상반기 원전 발전량은 전년 동기 대비 12.5% 증가했다. 중국 원전 대부분은 한국과 인접한 중국 동해안에 집중돼 있으므로 방사선 유출 사고가 나면 편서풍과 해류를 타고 방사선 오염물질이 한반도에 유입될 수 있다.[26] 지금도 전 세계적으로 원자력 의존 비율은 상당히 높다. 그럼에도 원자력발전과 핵무기 제조로 인해 생겨난 핵폐기물 처리 문제는 격렬하게 저항을 받고 있다. 동북아 원전의 안정적 운용과 신기술 개발을 위해 동북아원자력공동체의 출범이 요망된다.

전 세계 원전 관련 임시저장 시설에 보관되어 있는 사용후핵연료(고준위 방사성폐기물)는 약 34만t(2015년 기준)이다. 매년 약 1만2,000t의 사용후핵연료가 발생하고 있다. 전 세계 원전 관련 시설에 저장 중인 사용후핵연료의 90%는 저장수조에 담가 강한 방사선을 차폐하고 높은 열을 식혀주는 이른바 습식저장(wet storage)이다. 우라늄 다발인 핵연료는 3~5년 정도 사용하면 핵분열을 방해하는 성분이 누적돼 효율성이 떨어지므로 발전을 계속하려면 주기적으로 새 연료봉을 집어넣어야 하는데 이때마다 사용후핵연료가 나오게 된다. 핵폐기물에서 나오는 방사능은 생태계에 치명적인 해를 입히기 때문에 핵폐기물(저준위, 중준위, 고준위), 특히 사용후핵연료의 처리 문제는 원전 운영국들의 최대 골칫거리가 되고 있다. 사용후핵연료는 핵분열은 멈춘 상태지만 엄청난 열과 함께 방사선을 내뿜는 고준위 방사성폐기물(high level radioactive waste)이기 때문에 안전한 처리가 요망된다. 이 방폐물이 반감기를 거듭해 인체에 해롭지 않은 수준으로 안정화되려면 최소 10만년이 걸린다고 한다.[27]

사용후핵연료를 처리하는 방식에는 두 가지가 있는데, 그 하나는 수백~수천m 깊이의 지하 암반이나 바닷속에 묻는 영구처분(final disposal) 방식이고, 다른 하나는 우라늄을 다시 뽑아내 핵연료로 재사용하는 재처리(reprocessing) 방식이다. 지금까지 영구처분 방식이 실현되지 못한 것은 지각활동을 포함해 어떤 충격에도 버틸 수 있는 시설을 짓기도 어렵고, 사용후핵연료를 영구적으로 담을 수 있는 용기를 만들 기술도 없었기 때문이다. 사용후핵연료 재처리는 우라늄을 재활용할 수 있고 방사성 핵종 폐기물(방폐물) 양을 크게 줄일 수 있다는 장점이 있긴 하지만, 그 과정에서 핵무기 원료인 플루토늄이 나온다는 심각한 문제가 있다. 플루토늄은 반감기, 즉 물질 자체가 보유한 방사능이 절반으로 줄어들기까지 걸리는 기간이 2만년이 넘는 매우 위험한 원소다. 핵보유국 중 프랑스·영국·러시아 등이 재처리를 하고 있고, 비핵(非核) 국가 중에서는 일본만이 재처리 시설을 갖고 있다. 이두 가지 방식, 즉 영구처분 방식과 재처리 방식을 현실적으로 절충한 것이 사용후핵연료를 격납용기에 담아 지하 깊숙한 곳에 저장하는 '중간저장' 방식이다. 이 방식은 사용후핵연료 관련 기술의 진보를 대전제로 현재의 포화 상태를 완화하면서 사용후핵연료를 안전하게 처리하는 새 기술이 나올 때까지 보관하는 임시저장과 영구처분의 중간 단계 방식이다.[28]

　1978년 첫 원전 가동을 시작한 이래 40년이 되도록 방사성폐기물처분장(방폐장)을 갖지 못한 채 방사성폐기물(방폐물)을 각 원전의 임시 저장시설에 저장해 온 한국은 늦어도 2024년엔 저장용량이 포화상태가 될 전망이다. 국내 사용후핵연료의 대부분은 원전 부지 내 약 10m 깊이의 수조(水槽)에 저장해 왔다. 각 원전 내의 임시저장 시설 용량이 한계를 드러내면서 방사성이 강한 고준위(高準位) 방폐물인 사용후핵연료를 보관할 '중간저장(Interim Storage)' 시설 건설은 지속적인 이슈가 되고 있다. 이 시설 건설은 인허가와 설계 등을 합쳐 대략 10년이 걸리므로 지금 시작해도 시간이 매우 촉박하다. 2015년 8월부터 본격 운영된 국내 유일의 방폐장인 경주 방폐장은 고준위 방폐물인 사용후핵연료는 제외한 채 장갑·작업복 등 중·저준위 방폐물(low and intermediate level radioactive waste)만 저장하는 방폐장이다. 이는 중간 저장 시설이 포함된 방폐장 건설이 지역 주민의 반대로 계속 무산되면서 궁

여지책으로 나온 것이다. 2015년 6월 29일 사용후핵연료 공론화위원회는 '사용후핵연료 관리에 대한 권고안'을 산업통상자원부 장관에게 제출했다.

방폐물(폐액, 폐유, 폐고형물) 처리 관련 유리화 국내기술 현황은 삼성중공업 (러시아와 기술협력)의 1kW급 DC 이행형 프리즈마(prizma) 용융 시스템, 원텍산업기술연구소(미국 PTC사와 협력)의 150kW급 DC 비(非)이행형 프리즈마 용융 시스템, 두산중공업(미국 MELT TRAN사와 협력)의 2,000kW급 탄소전극봉 방식 프리즈마 아크시스템, 한국수력원자력(주) 원자력환경기술원의 CCM+PTM 방식 채택 건설 및 고준위 폐기물 처리 기술 미국 수출 시도, 아토믹코리아(주)의 저전압 DC 전기저항식 용융 시스템(2004년 발명특허 취득)을 통해 대체적인 윤곽을 파악할 수 있다. 이처럼 유리고화 기술 개발을 비롯해 원전 등에서 방출되는 액상 저·중준위 방사성폐기물의 전기저항식 환원 유리화 용융로(鎔融爐) 최적화 운전을 위한 SiO_2 또는 CaO 흡수처리공정 및 처리 시스템을 전문기업에서 개발 중이며 방사성 핵종흡착 및 침전소재 등도 연구 중이다. 그러나 아직까지 만족할 만한 결과를 도출해 내지는 못하고 있다.[29]

한편 2014년 3월에 종료되는 한미 원자력협정을 연장하기 위한 제1차 한미 원자력협정 개정 협상이 2010년 10월 25일 워싱턴에서 개최되어 사용후핵연료 재처리 기술인 '파이로프로세싱(Pyroprocessing 건식 재처리)'의 공동연구에 합의했다. 2013년 4월 워싱턴에서 개최된 제6차 협상에서는 협정 만기를 2016년 3월까지 2년 연장하고 추가 협상키로 합의했다. 2015년 4월 22일 한미 협상이 타결되어 개정 원자력협정에 가서명했으며, 그해 11월 25일 오후 6시(한국시간) 새 원자력협정이 발효됐다. 이처럼 협상이 오래 계속된 것은 원전 산업 발전을 위해 자율성 확대를 추구하는 한국과 비확산 정책을 고수하는 미국의 입장이 팽팽히 맞섰기 때문이다. 1974년 발효된 기존 협정안에서는 한국이 미국의 사전 동의나 허락 없이 핵연료의 농축과 재처리를 하지 못하도록 제한하였으나, 42년 만인 2015년 11월 25일 기존 원자력협정을 대체할 개정안이 발효됨에 따라 한국은 미국의 사전 동의 없이도 사용후핵연료를 국내 시설에서 부분적으로 재처리해 일부 연구 활동을 수행할 수 있게 되었다. 또한 미국산 우라늄의 20% 미만 저농축과, 사용후핵연료에 대한 건식 재처리 기술인 '파이로프로세싱'의 추진 경로를 마련하게 되었다.[30]

국내의 재처리 추진파들은 파이로프로세싱이 사용후핵연료의 유일한 해결책이라고 주장한다. 그 근거로는 핵비확산성, 높은 재활용률과 경제성, 재처리공장의 안전성, 환경친화성(감량화로 방폐장 규모와 관리기간 단축) 등을 제시한다. 또한 효율성을 높이기 위한 방안으로 소듐냉각고속로(Sodium-Cooled Fast Reactor, SFR) 개발도 병행해야 한다고 주장한다. 그러나 일본에서 재처리와 원전의 경제성을 연구한 마쓰야마대 경제학부 장정욱 교수는 8회에 걸쳐 프레시안(pressian)에 연재한 글을 통해 "1) '파이로프로세싱' 재처리 방식도 핵확산에 연결될 수 있다는 점, 2) 사용후핵연료의 93~94% 재활용이 가능하다는 주장에 대해 실제로는 플루토늄의 1~1.2%의 재활용에 불과하다는 점, 3) 어떠한 형태의 재처리도 수백조 원에 달하는 막대한 비용이 필요하고 안전성이 보장되지 않는다는 점, 4) 고속로 개발 역시 경제성과 안전성이 없으며 핵확산에 연결된다는 점" 등의 문제점을 지적하였다.[31] 사용후핵연료 재처리 문제의 대국민 공론화가 시급한 이유다.

2015년 기준으로 전 세계 원전 임시저장 시설에 보관돼 있는 사용후핵연료(고준위 방폐물)는 약 34만t이고 매년 약 1만2,000t 정도가 늘어나고 있다. 한국은 현재 사용후핵연료가 1만5,000t가량 쌓여 있고 매년 750t 정도가 늘어나고 있다. 고준위 방사성폐기물인 사용후핵연료 처리 문제는 원전 운영의 최대 '아킬레스건(腱)'이다. 폐연료봉을 처분하지 못하면 해체도 지연이 불가피하다는 점에서 사용후핵연료는 원전 해체의 최대 변수이기도 하다.[32] 원전 해체는 원전을 영구정지한 뒤 관련 설비를 제거하고 방사성 오염을 제거하며 부지 복원까지 완료하는 것을 말하는데, 즉시해체(15년 내외)와 지연해체(60년 내외)의 두 가지 방식이 있다. 1967년 영구정지된 미국 CVTR 원전은 완전해체에 42년이나 걸렸다.[33] 2018년 현재 전 세계에서 고준위 영구처분장이 결정된 곳은 핀란드의 온칼로(Onkalo) 방폐장이 유일하다. 이 방폐장은 1972년부터 건설이 시작돼 2020년쯤 완공될 예정으로 약 9,000t의 사용후핵연료를 저장할 수 있는 규모다. 현재 전 세계 원전 임시저장 시설에 보관돼 있는 사용후핵연료의 약 1/4을 처리하는 방폐장을 짓는 데 무려 50년에 가까운 시간이 소요되는 셈이다. 미국은 네바다주(州) 유카(Yucca)산 300m 지하 화산암반에 방폐물을 영구처분하는 시설을 지으려 했으나 주민들의 반대로 2009년 무산됐다. '안전과 신뢰'를 보여주지 못함으로 해서 방폐장 건설 속도가 방폐물 축적 속도를 따라잡지 못하는 구조다.

불과 함께 시작돼 운명적으로 죽음의 폭탄과 미래의 에너지원이라는 원자력의 두 얼굴과 마주해 온 '호모 이그니스'는 이제 죽음의 불장난을 그만두고 미래의 청정에너지원 개발에 집단지성(collective intelligence)을 투입해야 할 때다. 자연 세계든 문명 세계든, 크고 작은 위험은 항상 내재해 있는 법─치명적인 아름다움엔 치명적인 독이 숨어 있고, 치명적인 유용성엔 치명적인 위험성이 내재해 있다. 원자력의 불을 꺼버린다고 해서 축적된 사용후핵연료 처리 문제가 해결될 수 있는 것도 아니다. 지금 값싼 원자력의 불을 꺼버리면 문명의 불도 꺼지고 '핵융합(nuclear fusion)' 발전(發電)으로 가는 다리도 끊어지게 된다. 또한 미세먼지와 온실가스, 기후붕괴 등으로 인해 지구 문명은 더 이상 지속가능하지 않게 된다. '호모 이그니스' 문명을 지탱하고 있는 원전의 안전 관리체계를 강화하고 사용후핵연료와 핵폐기물을 안전하게 처리할 수 있도록 연구 개발에 힘쓰는 한편, 원자력발전의 값싼 전기를 이용해 무한에너지인 청정 수소에너지 시대를 앞당겨야 한다. 그리고 이미 개발된 고준위 방폐물 처리 신소재와 원천기술에도 주목할 필요가 있다. 기존의 이론과 학설이 견고하게 뿌리 내리고 있는 학문적 토양에서 새로운 이론과 학설이 자리 잡는 것이 얼마나 어려운가를 아인슈타인은 이렇게 토로했다. "편견을 부수는 것은 원자를 부수는 것보다 어렵다"라고.

과학기술의 발전을 저해하는 것은 바로 이 편견이다. 생각이 열리지 않으면 과학기술의 미래도 없다. 이 절에서는 고준위 방사성폐기물인 사용후핵연료의 영구처리를 가능하게 하는 신소재와 원천기술을 소개하고자 한다. 방사성 핵종 폐기물을 흡착(adsorption) 유리고화(琉璃固化 vitrification)하여 영구처리하는 무기이온 교환체 액티바 신소재와 원천기술이 우리나라 에너지 · 환경 분야 벤처기업인 ㈜에코액티바에 의해 세계 최초로 연구 개발되었다. 제3장에서 고찰한 친환경적인 액티바 첨단소재와 원천기술은 변성구리 제조의 핵심 열쇠이기도 하지만, 이 개발의 원래 취지는 핵폐기물과 악성 산업폐기물 등에 함유된 방사능과 유해물질을 안전하고 완벽하게 영구처리하기 위한 것이었다. 방사성폐기물 유리고화 소재인 액티바의 응용 기술은 저온 용융(550℃ 이하)으로 방사성 물질의 휘발을 방지하고 무결정(無結晶)의 최첨단 유리고화로 영구처리를 가능케 하며, 또한 재처리 과정에서 분리 추출되는 플루토늄의 핵무기 전용 가능성을 원천적으로 차단한다는 점에서 원자력의 평화적 이용을 담보하는 세계 최초의 획기적인 기술이다. 뿐만 아니라 사용후핵연료를 재처리해서 연료로 재활용할 수 있게 하므로 충분히 경제성이 있다.[34]

액티바 신소재와 원천기술은 인류가 당면한 사용후핵연료 처리 문제를 현실적으로 푸는 열쇠가 될 것이다. 우선 원전(原電) 가동에 따른 방폐물을 기존 드럼처리 방식에 비해 획기적으로 감량 처리하고, 유리고화 공법을 사용해 영구적인 안정성이 담보되므로 핵폐기물을 임시로 저장하는 방폐장이 거의 필요치 않게 된다. 또한 전 세계 원전 시장과 방폐물 처리 시장 및 원전 폐로(閉爐) 시장,[35] 국내의 원전 기술과 플랜트(plant) 수출에서 액티바 기술을 적용한 엔지니어링 기술 수출을 병행함으로써 차별화된 국제경쟁력을 확보함은 물론, 원전·군수용·병원·산업체 등에서 나오는 방폐물과 악성 산업 폐기물 처리 시장에서도 이 기술이 유용하게 활용될 것으로 전망된다. 신소재 액티바를 이용한 혁신적 응용기술이 에너지·환경·생명과학 분야에서 국내외적으로 널리 보급되면 고(高)유가와 지구온난화 주범인 온실가스 문제에 직면한 지구촌 각국에서 에너지난 해소와 지구온난화 문제 해결책으로 안전성과 경제성을 갖춘 원전 발전량을 크게 늘리게 될 것이다.[36]

에코액티바는 세계 최초로 유리고화 공법에 액티바 신소재와 응용기술을 적용해 핵폐기물(저준위, 중준위, 고준위)과 악성 산업폐기물 등에 함유된 방사능과 유해물질을 안전하고 완벽하게 영구처리하는 생산기술을 세계에서 유일하게 단독으로 보유하고 있다. 원전(原電) 및 각종 방사성 핵종 폐기물 흡착 및 침전처리제인 신소재 액티바 생산기술과 상용화 기술을 독자적으로 개발한 것이다. 액티바 기술력의 핵심은 전자파의 파동 증폭으로 높은 에너지를 얻어 물 분자와의 공명 활성도를 높여 물의 물성을 고도화한다는 점에서 기존의 무기이온 교환체보다 그 특성과 기능이 월등히 우수한 무기이온 교환체이다. 아래 도표[37]에서 보는 바와 같이, 방사성폐기물 유리고화 소재인 액티바의 응용기술은 저온 용융으로 방사성 물질의 휘발 방지, 무결정(無結晶) 유리고화로 재추출 방지 및 영구처리를 가능케 한다는 점에서 세계적으로 독보적인 기술이다.

방사성 중·저준위	방폐액 흡착 공침 제거율(%)	유리고화온도		7-day PCT 추출도(g/m²)	비고
		초융온도(℃)	용융온도(℃)		
미국 등 세계 각국	무기이온 교환체 개발추진	1,100	1,300		
한국, 일본	무기이온 교환체 개발추진	900	1,200		
(주)에코 액티 바(EcoActiva)	(PH.9)에서 Co80, Cs137 98% 제거 Sr은 2차 80% Na+, Ca²+, SDS, EDTA 1,000ppm 영향없음	550 이하	1,150	B 0.15 Li 0.07 Na 0.1 Si 0.03	폐액과 유리고화 단일 Activa 처리

이스라엘 공대(테크니온) 교수 다니엘 세흐트만(Daniel Shechtman)은 '준결정(準結晶 quasicrystal) 물질'을 발견해 2011년 노벨 화학상을 수상했는데, 방사능이 방출되지 않도록 완전 유리고화하려면 '비정질(非晶質 noncrystalline)' 또는 '무결정질(無結晶質)'이 돼야 한다. 액티바 첨단소재와 원천기술을 개발한 액티바 연구소 윤희봉 소장은 이미 1988년에 '비정질(무결정질)'을 발견하였다.[38] '준결정질'을 발견하고도 노벨상을 수상했는데, 이보다 훨씬 앞서 '무결정질'을 발견했으니 노벨상 수상감이라 할 만하지 않은가. 액티바 신소재를 적용한 응용기술과 생산기술에 대한 특허권은 세계 굴지의 초일류 기업 도요타(Toyota)와 수년간의 국제특허소송에서 승리함으로써 이미 국제적으로 공인된 바 있다.[39]

(주)에코액티바의 위탁연구 수행 연구진의 한 사람인 호서대학교 환경기술연구소 박헌휘 소장은 「Activa에 의한 방사성 핵종의 흡착 유리고화 성능 평가연구」(2004)에서 연구 결과를 다음과 같이 종합 분석하여 액티바의 우수성을 입증하였다. 즉 기존의 무기이온 교환체는 한 가지 이온(Cs-137)에 대한 흡착 기능만 있는 데 비해, 액티바는 두 가지 이온(Cs-137, Co-60)을 동시

에 흡착하므로 특별한 상품 가치가 있다는 것이다. 그에 따르면 방사성 물질을 흡착 유리고화할 경우 액티바 신소재의 장점은 1) 저온에서 유리화가 되며(550℃ 이하), 2) 용융 유리의 점도가 낮고(80poise 이하), 3) 전기 전도도가 양호하며(약 0.45-0.50 S/㎝), 4) 미국 에너지부(United States Department of Energy, DOE) PCT(Product Consistency Test)에서 네 가지 원소(B, Li, Na, Si)의 7일 침출율이 모두 2g/㎡ 이하로서 만족스럽고, 5) 액티바 첨가량이 65%로서 높고(추가 첨가제가 적음), 6) 유리의 균질성이 매우 우수하며, 7) 액티바를 건조하여 세 가지 첨가제만 추가해 투입하므로 유리화 공정이 간단하다는 것이다.[40]

액티바연구소 자료집에 따르면 액티바 신기술은 1차적으로 국내 원자력 설비 등에서 발생하는 액상 폐액을 흡수·침전·분리·제거 건조시켜 전량 유리화 공정을 통해 방사성 물질과 폐기물의 오염원을 안전하게 영구처리할 수 있다. 세계에서 유일하게 저온 용융(550℃ 이하)으로 방사성 물질의 휘발을 방지하고 무결정(無結晶)의 최첨단 유리고화로 영구처리를 가능케 하는 액티바 신소재와 원천기술을 적용하면 방폐물 방사능을 99.53%까지 흡착 유리고화 하므로 자연 토양의 방사능 함유량보다 적어 안전하게 영구처리할 수 있다는 것이 특징이다.[41] 영구처리 후에는 어떠한 형태로든 충격을 주거나 방치하거나 해양투기 등을 하더라도 영구적으로 안전하다고 한다. 또한 10만급 이상의 특수 대형선박에 프리즈마 유리고화 시스템을 장착하여 해상에서 방폐물 처리가 가능하도록 할 경우 세계 각국의 방폐물 관련 산업과 방폐물 처리 시장을 더 크게 확장할 수 있다고 한다.[42] 이처럼 시대적 요청에 부응하는 액티바 신소재를 적용한 핵종 유리고화 공법의 기술적 성공으로 핵폐기물은 물론 각종 악성산업폐기물을 안전하게 영구처리할 수 있게 됨으로써 바야흐로 환경산업에도 '빅뱅'의 시기를 맞게 되었다.

액티바 신소재는 방사성 물질(radioactive material)까지도 흡착시킬 정도로 강한 흡착력을 지닌 까닭에 각종 오폐수, 산업중금속, 생활폐수, 담수지 정화 처리에 응용되고 산업용 보일러나 소각로의 열효율을 크게 높여 다이옥신(dioxin)이 거의 발생하지 않도록 하는 기술에도 이용되고 있다. 특히 구리(Cu) 제련이나 반도체산업 현장에서 발생되는 구리이온 제어에 탁월하며 응용 기술적 측면에서도 활용 가능한 분야가 무궁무진하다. 예컨대, 중금속 및 유해물질 등에 오염된 원자재의 오염원을 제거 처리해 재활용이 가능토록 하는 것이나, 악성 산업폐기물과 변압기 절연유에서 발생되는 불순물과 오염원을 제거 처리해 재활용이 가능토록 하는 것 등이 그것이다.[43] 이처럼 액티바 신기술은 방사성 핵종 폐기물과 각종 악성 산업폐기물을 안전하게 영구처리 함으로써 모든 공해에서 벗어나 지구촌 자연생태환경을 보존하고 삶의 질을 향상시키며 에너지·자원 전쟁을 종식시키고 세계평화를 실현하는 것을 목표로 하고 있다.

방사성 핵종 폐기물 처리와 관련하여 한국은 물론 미국, 일본, 독일 등 원전 선진국에서도 다양한 공법에 의한 유리고화 기술을 연구개발 중이다. 미국, 일본은 원전 및 재처리 시설에서 방출되는 액상 중·고준위 방폐물의 누출을 막는 유리고화 안정화 기술이 활용되고 있으나 '액티바'에 버금가는 우수한 신소재(핵종흡착 및 침전소재)를 이용한 응용기술은 현재까지 자체 개발하지 못한 상태다. 미국 전역에는 엄청난 자금과 시설을 투입하여 십여 곳에 유리고화 공장을 건설하고도 안전성이 입증되는 방폐물 유리고화 사업을 추진하지 못하고 있는 실정이다. 미국 워싱턴 사바나리버사(Washington Savannah River Company, WSRC)는 고준위 방사성폐기물 처리에 관한 한국의 기술력이 국제적으로 가장 우수하다는 것을 인정해 2007년 7월 사바나리버 국립연구소에서 한국수력원자력(한수원)과 고준위 폐기물처리를 위한 기술계약(고준위 방사성폐기물 유리화 기술 수출계약)을 체결하였으나, 한수원 측의 저온

용융 소재 부재로 2009년 9월 해약했다.[44]

원자력에너지 사용은 무엇보다도 원전 설비 운용의 안전성과 핵폐기물처리에 대한 안전성 문제가 선결과제이기 때문에 국제원자력기구(IAEA) 등에서 인정하는 기준과 기술에 부합되어야만 한다. ㈜에코액티바는 위탁연구기관인 한국원자력연구소, 한국수력원자력, 호서대학교 등의 위탁연구 수행 연구진이 중심이 되어 국제원자력기구(IAEA), 외국 유수의 핵폐기물 연구소(독일 뮌헨대학교 원전폐기물연구소 등)와 해외 방사성폐기물 처리 전문기업 등으로부터 액티바 소재를 이용한 방사성 핵종의 유리고화 처리 기술에 대한 성능 테스트 평가와 연구 성과에 대한 실증 실험 결과를 토대로 세계적인 기술력을 인정받았다. 유리고화 기술이란 방폐물 등 각종 유해물질을 첨단공법으로 흡착 제어해 환경에 누출되지 않도록 특수유리 구조 내에 가두어 가장 안전한 형태로 영구처리 하는 방식이다. 이러한 처리 방식은 기존 드럼 처리 방식에 비해 방폐물을 1/25~1/100로 감량해 영구처리 하는 최첨단 기술로서 처리 안전성에 대한 우려를 불식시키고 방폐장 부지 확보에 따른 어려움을 해결할 수 있게 할 것이다.[45]

또한 액티바연구소에서는 국제 석학과 비정부기구들(NGOs)과 국제 해양 관계자와 유엔의 승인을 얻어 프리즈마 유리고화 시스템을 장착한 10만t급 이상의 특수 대형선박을 해상에 띄워 심해(深海)에 방폐물을 투여하는 계획을 추진 중이다. 그렇게 할 경우 세계 각국의 방폐물 처리 시장을 크게 확장할 수 있을 뿐만 아니라 동북아원자력공동체의 출범이 가시화될 수 있다. 윤 소장은 "방사성 핵종이 다양하나 본 액티바를 PH(수소이온농도) 조정 및 약간의 첨가제를 응용하면 전 핵종 폐기물을 안전하게 흡착 유리고화할 수 있다"고 단언하면서, 단일 액티바로 전 공정 소재가 되므로 경제적이고 편리하다고 말한다. 또한 일본 후쿠시마 원전 방사능 누출사고에서와 같이 방사능 등으로 오염된 토양의 복원이나 중금속 폐수 처리 소재 등 환경산업의 첨단소재로도 각광을 받을 것이라고 그는 말한다. 획기적 감량 처리와 영구적 안전성이 입증된 최첨단 유리고화 공법은 단일시장으로는 가장 크게 열리고 있는 세계 방폐물처리업 시장과 탄소배출권 시장, 원전 폐로(閉爐) 시장을 리드하고 선점할 수 있게 할 것이라고 전망한다. 나아가 그는 "지구온난화의 주범인 화석연료를 대체하고 값싼 청정 원자력발전 에너지를 안전하게 생산함으로써 아프리카 사막지대나 알래스카 동토지역에서도 농·축산을 성업화하여 식량과 에너지 위기를 극복하고 물 부족 또한 해소할 수 있다"고 말한다.[46]

이상에서 볼 때 전 세계 원자력발전의 아킬레스건(腱)인 방폐물 유리고화 영구처리 한 가지만으로도 한반도 통일의 물적 토대 구축은 물론, 전 인류를 방폐물의 위협에서 벗어나게 함으로써 세계평화의 이념을 확산시키고 동북아의 경제 문화적 지형을 변화시킬 수도 있다. 방폐물 영구처리 기술이 우리나라의 원전 기술 및 플랜트(plant) 수출과 연계될 경우 관련 산업의 시너지 효과를 높여 성장 잠재력을 더욱 증대시킬 것이다. 정연호 한국원자력연구원장이 언급했듯이,[47] 국가발전과 에너지 안보는 필수불가결한 관계에 있는 만큼, 원자력발전을 통해 에너지 안보를 확보함과 동시에 모든 경제발전의 근간이 되는 풍부하고 청정한 에너지를 확보해야 할 것이다. 실로 에너지 자립이 없이는, 다시 말해 에너지 주권의 확립이 없이는 선진국으로의 진입이나 국가발전 및 경제 도약은 기대하기 어려운 것이다.

원자력 산업의 전망과 과제

세계 각국이 미래형 원전 개발에 박차를 가하고 있다. 2017년 12월 27일 중국 산둥성 시다오완에서 중국 기술로 제조된 세계 최초의 4세대 원전이 완성된 형태로 모습을 드러냈다. 중국이 원전 선진국인 미국·프랑스·러시아를 제치고 미래형 원전을 먼저 만들어 내자 세계 원자력업계는 놀라움을 금치 못했다. 이 '고온가스로(HTR-PM)'는 발전용량이 기존 원전의 5분의 1 수준(210MW)이지만, 방사성 누출이 없는 헬륨가스를 냉각재로 사용하기 때문에 안전성이 뛰어나다. 중국 정부는 '고온가스로' 수출을 위해 사우디아라비아, 아랍에미리트(UAE), 인도네시아, 남아공 등과 양해각서(MOU)를 체결했다. 미국도 미래형 원전 개발에 적극 나서고 있다. 미국 원자력규제위원회는 최근 뉴스케일사의 '소형모듈원전(small modular reactor, SMR)'에 대한 설계 심사에 들어갔다. 육지에서도 원자로를 물속에 통째로 넣는 SMR은 모든 장비가 원자로 안에 다 들어가고 사고가 나도 원자로 주변의 물로 열을 식힐 수 있다. 미국 마이크로소프트(MS) 창업자 빌 게이츠(Bill Gates)는 2013년 차세대 원자로를 한국과 공동으로 개발하고 싶다는 의사를 밝히기도 했지만 현재는 중국핵공업집단(CNNC)과 미래형 원전 기술을 개발 중이다. 그는 2010년 원자력 벤처기업 테라파워를 설립해 우라늄 대신 토륨(thorium, Th)을 사용하는 원자로를 개발 중이다.[48]

토륨은 핵분열 성능이 약해 1970년대 이후 원전에서 우라늄에 밀려났으나 일본 후쿠시마 원전 사고 이후 오히려 원전 안전성을 높일 수 있는 장점으로 부각되면서 토륨 원자로*가 미래 원전 기술로 급부상하고 있다. 우라

---

* 토륨은 원전이 정지하면 중성자를 공급받지 못해 바로 핵분열을 멈추기 때문에 냉각수가 끊겨도 원자로가 녹아내릴 우려가 없다. 또 토륨 원전에서 나오는 사용후핵연료의 83%는 10년 내 방사능 수치가 안전한 수준으로 떨어지고 나머지도 500년 이내 석탄 탄광 수준으로 낮아진다. 토륨 원자로에서 나오는 사용후핵연료에는 무기를 만들 플루토늄이 나오지 않으므로 핵확산 우려도 없다.

뉴보다 매장량이 4배나 많고, 폐기물 발생량이 적으며, 냉각수가 끊겨도 원자로가 녹아내리지 않고, 경제적이며 친환경적인 '새로운 원전'으로의 움직임이 가속화되고 있다. 2017년 8월 네덜란드 원자력 연구기관(NRG)은 유럽위원회(EC)의 지원을 받아 45년 만에 토륨 원자로 실험을 재개한다고 발표했고, 인도는 2018년 말부터 토륨 원자로에서 실제 전기 생산에 들어갈 계획이며, 중국은 2024년에 토륨 원자로를 가동할 계획이다. 황일순 서울대 원자핵공학과 교수는 '그동안 러시아와 토륨 원전 연구를 같이할 수 있었던 것도 우리나라가 원전 강국이었기 때문'이라며 "탈원전이 현실화되면 미래 원전 연구에서도 한국이 소외될 수밖에 없다"고 우려했다.[49] 빌 게이츠가 '원자력 전도사'로 나서게 된 것은 무엇보다도 안정적인 전력 공급이 없이는 문명의 혜택을 누릴 수 없음을 알고 전기나 에너지 부족으로 기본적 권리조차 누리지 못하는 수십억 명의 인류에게 필요한 핵심 에너지 기술이 바로 원자력임을 인지했기 때문이다.

한편 러시아는 2018년 4월 세계 최초의 해상 원자력발전소인 '아카데미크 로모노소프'를 성공적으로 바다에 띄웠다. 미국 MIT의 자콥 부온지오르노 교수는 영국 경제지 이코노미스트지와의 인터뷰에서 "해상 원전은 안전성을 높이는 것은 물론, 전기 생산 단가도 육지 생산의 3분의 1로 줄일 수 있다"[50]고 말했다. 중국 국영 원전 회사인 중국광핵집단도 선박형 해상 원전 20척을 2020년대에 완공하여 영토 분쟁지역인 남중국해에서 자국 인공섬에 전력을 공급할 목적으로 운영한다는 방침이다. 프랑스 원자력위원회는 태풍의 위험마저도 피할 수 있도록 육지에서 15㎞ 떨어진 수중에 원전을 건설하여 250㎿급 원자로에서 생산한 전기를 수중 케이블로 육지로 전송하는 방안을 추진 중이다.[51] 이처럼 원전은 신기술 개발을 통해 계속해서 진화하고 있다. 세계 각국은 전 지구적인 기후변화에 대응하기 위해 새로운 원전

기술 개발을 서두르고 있다. 신재생에너지가 아직은 화석연료를 대체할 수 없는 상황에서 에너지 안보 차원에서도 다양한 미래 원전 연구 지원은 필요하며, 신재생에너지의 지속적인 확대를 위해서도 온실가스 배출이 없는 원전이 현실적인 대안으로 꼽힌다.

딜로이트와 에너지경제연구원이 작성한 '원전 산업 생태계 개선 방안'이라는 정부 용역 보고서(2018.8.31)는 현 정부의 탈원전 정책으로 12년 내로 원전 산업 인력 약 1만 명이 일자리를 잃고, 국내 원전 예비품 · 기자재 납품업체의 시장 이탈에 따른 원전 산업 생태계 붕괴로 예비 부품 공급에 차질이 생기고, 운영 · 유지보수 업체도 상당수 폐업하기 때문에 원전 안전과 '국민 안전' 역시 위협받는다고 적시했다. 전문가들은 '탈원전이 계속되면 국내 중소 · 중견기업들이 고사하면서 원전 수출은 힘들어질 것'이라고 지적한다. 또한 보고서는 "원전 연구 인력 4,000여 명의 경우 국가 안보와 관련 핵 인프라 및 기술 수준 유지를 위해 일정 규모를 장기적으로 유지할 필요가 있다"며, 국내 원자력 전공 기피 현상이 심화되고 있는 것에 대해 우려를 표했다.[52] 게다가 대부분의 원전 업체들은 원전 부문과 조선 · 철강 · 전자 등 다른 업종을 겸영(兼營)하는데, 조선 · 철강 경기마저 좋지 않아 '탈원전 시점도 최악'[53]이라는 원전 업체들의 자체 평가가 나왔다. 원자력 생태계는 한번 무너지면 복원이 어렵기 때문에 섣불리 탈원전으로 가기보다는 원전의 기술 향상을 통해 안정성을 강화하고 '핵융합' 발전(發電)이 상용화되는 시기가 오기까지 원전이 '브리지(다리)' 역할을 할 수 있도록 하는 것이 현실성 있는 방안이다.

세계 각국이 원자력에 다시 주목하는 이유는 원자력발전의 치명적 유용성 때문이다.[54] 첫째, 원자력발전은 저렴한 발전단가와 효율적인 발전으로 경제성이 높은 대체에너지라는 점이다. 원자력발전은 안전성 문제가 대두되긴 하지만 다른 발전에 비해 전력 판매단가가 현저하게 낮고 에너지 생산이 효율적이기 때문에 고유가와 에너지난 해소를 위해 여전히 대안으로 떠오를 수밖에 없는 것이다. 전국적인 대규모 정전 사태와 최근의 전력대란을 겪으면서 전력공급 위기 예방과 더불어 안정적인 전력공급을 위해 저가(低價) 대체에너지로서의 원자력발전 에너지의 중요성이 다시 부각되고 있다. 원자력발전에 대한 찬반 논란이 많음에도 불구하고 전문가들은 그래도 현실적 대안은 원전뿐이라고 말한다. 현재로서는 원자력을 대체할 만한 전력 공급원을 가지고 있지 않을뿐더러 4차 산업혁명의 진행과 더불어 폭증하는 전력수요를 감당할 수도 없고 태양력·풍력·조력 등 신재생에너지 보급을 확대하는 데에도 한계가 있기 때문이다. 따라서 신재생에너지 기술이 고도로 발전하고 방사능 부작용이 전혀 없는 '핵융합' 발전이 상용화되어 에너지 문제가 해결될 때까지는 원전이 교량 역할을 할 수밖에 없을 것이라고 보는 것이다.

둘째, 원자력발전은 지구온난화 주범인 이산화탄소(CO_2) 배출이 없으며 대기오염을 극소화한다는 점이다. 현재로서는 이산화탄소 배출이 없는 원자력발전이 화석연료의 대안이자 신재생에너지의 실용적 한계를 극복할 수 있는 방책이라는 것이다. 대다수의 기후학자들은 전 세계가 화석에너지 사용으로 인해 핵전쟁이 발발한 경우와 맞먹을 정도의 위험에 처해 있다고 본다. 화석에너지 사용에 따른 기후변화의 위기는 지구온난화와 해빙, 혹한·혹서·홍수·가뭄·폭풍, 사막화와 기근, 생물종 다양성의 감소와 대기·해양의 오염, 해수면 상승과 해수 온난화 및 해류 방향의 변화 등 전 지구적 생태 재앙과 환경문제로 이어져 수많은 '환경난민(environmental refugees)'의 발생과 더불어 국제 정치경제의 새로운 쟁점이 되고 있다. 기후붕괴의 연착륙을 위해서나 대기오염으로 인한 사회적 비용[55]을 줄이기 위해서도 원자력 발전은 피할 수 없는 대안이 되고 있다. 신재생에너지가 보완재이긴 하지만 설비에 막대한 보조금을 지급하고 또 보급을 확대하는 데에는 현실적인 한계가 있다.

셋째, 원자력발전은 수소에너지(브라운가스 $2H_2+O_2$) 산업의 지름길이라는 점이다. 수소는 화석연료와 달리 자연 어디에든 존재하며 공급량도 무한하다. 그러나 무한에너지인 청정 수소에너지는 쉽게 이용할 수 있는 형태로 존재하는 것이 아니기 때문에 자연으로부터 추출·저장해 전력 생산에 이용하려면 시간·노동·자본이 들어간다. 현재로서는 수증기 개질(改質) 공정이 가장 저렴한 수소 생산법이기 때문에 수소의 반 정도는 천연가스로부터 추출된다. 문제는 수증기 개질 공정에서 부산물로 생성되는 이산화탄소를 분리·격리시키려면 수소 생산비가 증가한다는 것이다. 따라서 화석연료에 대한 의존도를 낮추고 대체에너지원을 사용해 전력을 생산하여 '물 전해(電解 electrolysis)' 방식으로 수소를 추출할 것이 요망된다. 그러나 높은 전기료 때문에 현재 수소의 연간 생산량 가운데 물 전해로 얻어지는 것은 4%에 불과하다. 대체에너지원 가운데 원자력은 가장 저렴할 뿐만 아니라 원자력발전 가동에 따른 방사성폐기물(방폐물)은 액티바가 영구적으로 유리고화할 수 있으므로 안전성도 확보된다. 말하자면 원자력을 사용해 전력을 생산한 후 액티바 신소재와 원천기술을 적용해 물 전해 공정을 거쳐 추출하면 훨씬 더 많은 수소에너지를 저렴하게 추출해 낼 수 있다.

넷째, 원자력발전은 해수담수화(海水淡水化 또는 海水脫鹽 desalination) 산업의 발전에도 크게 기여할 것으로 전망된다. 해수담수화란 바닷물에서 염분과 용해물질을 제거해 순도 높은 음용수, 생활용수, 공업용수 등을 얻어 내는 일련의 수처리 과정을 일컫는 것이다.[56] 유엔 미래보고서(2011)에서는 지구온난화, 산업화 및 도시화에 따른 수자원 오염과 인구증가, 그리고 급격한 기후변화로 인한 강수량의 불균형으로 물 부족 문제가 심화되고 있으며 2025년에는 세계 인구의 절반가량이 물 부족 상태에 직면할 것이라고 경고했다. 이에 따라 세계 각국의 수자원 확보 경쟁도 '물 전쟁'이라고 할 만큼 치열하게 전개되고 있다. 2012년에 우리나라도 104년 만에 온 최악의 가뭄으로 논밭이 마르고, 해산물이 집단 폐사하고, 가로수가 말라 죽는 등 심각한 위기를 겪었다. 이러한 가운데 지구상 물의 98%를 차지하는 해수나 기수(brackish water: 담수와 해수의 중간수)를 인류의 생활에 유용하게 쓸 수 있도록 염분을 제거해 담수로 만드는 해수담수화 기술이 물 부족을 해결할 가장 확실한 방법의 하나로 주목받으면서, 21세기 물 산업이 20세기 석유산업을 추월할 것이라는 전망까지 나오고 있다.

지금까지 해수담수화 기술은 해수를 가열해 발생한 수증기를 응축시켜 담수를 얻는 증발법(다단증발법(MSF)·다중효용법(MED))과 해수에 녹아 있는 염분을 반투막에 걸러내어 담수를 얻는 역삼투법(RO)이 주로 이용돼 왔으며, MSF 또는 MED와 RO를 혼용하여 담수를 생산하는 하이브리드(Hybrid) 방식이 적용되는 경우도 있다. 이 외에도 결정화법, 이온교환막법, 용제추출법, 가압흡착법 등이 해수담수화에 적용된다.[57] 우리나라가 해수담수화 플랜트 시장을 주도하는 증발법은 화석연료를 사용해 해수를 가열하는 과정에서 에너지 소비량이 많고 대기오염을 유발시킨다는 것이 단점이다. 역삼투법은 유지관리비용이 높고 미국, 일본, 프랑스 등 기술 선점국가들과의 기술 격차 해소가 과제로 남아 있다. 경제성과 효율성이 뛰어난 것으로 알려진 신개념의 가스 하이드레이트(Gas Hydrate)법은 전 세계적으로 아직 원천기술을 보유한 나라가 없고 상용화된 기술도 없으며 원천기술 개발 초기 단계에 있다.[58] 어떤 공법이든 해수담수화 산업이 성공하려면 담수화플랜트에 이용되는 저렴하고도 청정한 에너지원의 확보가 필수적이다. 원자력에너지는 전력원가 절감으로 산업 경쟁력을 제고할 것이다. 액티바 신소재와 기술은 원전 가동에 따른 방폐물을 안전하게 영구처리할 뿐만 아니라 탁월한 정수 효능이 있어 물에 투과시키면 '파이워터'보다 2.2배 강한 활성수가 되므로 기능성 미네랄 에너지수, 약알칼리성 음용수 생산에도 적용이 가능하다고 한다.

이와 같이 원자력발전은 저렴한 전력 생산, 공해 추방, 수소산업의 실용화, 해수담수화 산업의 발전 등에 유용한 조건을 제시한다. 원자력발전을 하는 각국이 공통적으로 안고 있는 딜레마가 방사성 핵종 폐기물을 완전 흡착 유리고화해서 안전하게 영구처리하는 것인데, 전 세계에서 유일하게 액티바 첨단소재와 원천기술이 이를 가능케 한다. 액티바 신소재와 첨단기술은 원전 폐기물(고준위, 중준위, 저준위)은 물론, 의료 폐기물, 군사 폐기물, 원전 해체 폐기물 등 광범한 방폐물처리업 세계시장을 갖고 있으며, 향후 에너지 산업에서도 화석연료 의존도를 낮추고 저렴하고 청정한 대체에너지원을 확대시킴으로써 환경친화적인 에너지 체계 구축에도 크게 기여할 것이다.[59] 에너지경제연구원 김진우 원장은 지속적으로 증가하는 전력수요에 대해 안정적이고 경제적인 전력 공급과 더불어 화석연료에 대한 의존도를 줄이기 위한 대안으로 원자력발전의 중요성을 강조하면서 이러한 정책기조가 현재 우리나라 에너지 수급 상황에서 바람직하다고 평가한다. 아울러 관련 부처의 전문성을 높이고 기후변화협약 대응 등 환경 대책과 에너지정책 간의 조화와 균형이 필수적이라고 본다.

현재 우리나라가 직면한 전력 수급 문제와 관련하여, 그는 최근 10년간 GDP 증가율은 4.5%인데 비해 전력수요는 6.5%가 늘었다면서 전력 수급 문제가 적기에 발전 설비를 충분히 확보하지 못한 측면도 있지만 지난 5년간 원가 이하의 너무 낮은 전기요금이 지속된 데 따른 전력수요의 급증이 근본적인 원인이라고 지적한다. 따라서 전력 수급 문제의 주된 대책은 우선 전기요금을 원가 수준으로 현실화함으로써 수요를 조절하고, 중장기적으로는 발전 능력 확충을 위해 기존의 도매전력 가격 결정 방식을 개선할 것이며, 나아가 에너지 저소비형 사회로의 전환을 위해 스마트그리드(smart grid: 에너지 효율을 최적화하는 차세대 지능형 전력망)를 구축하고 에너지 절약을 생활화하는 문화를 만들어 가야 한다고 주장한다.[60] 최근 에너지 시장이 급변함에 따라 한국·중국·일본의 초광역 전력망을 연결해 안정적이고 효율적인 전력 수급 체계를 구축하는 동북아 슈퍼그리드가 비상한 관심을 모으고 있는데, 이 사업은 정보통신 기반의 스마트그리드와 함께 차세대 전력망 기술 중 하나다.

그런데 2012년 초 발생한 고리 1호기 사고 은폐 등 원전 사고가 잇달아 발생하면서 원전에 대한 국민의 불안은 여전하다. 지금까지 제기된 원자력발전 관련 이슈는 크게 세 가지 측면에서 고찰해 볼 수 있다. 즉 원전의 안전성 문제, 사업성 문제, 기술력 문제가 그것이다.[61] 첫째, 원전 안전성 문제는 고리 1호기, 월성 1호기 등 설계수명이 다한 원전의 수명 연장 논의, 방사성폐기물 관리 시설 설치를 둘러싼 찬반 논쟁, 원자로 압력용기 검사 방법에 대한 불신 등에서 잘 나타나고 있다. 여기서 방사성폐기물 관리 시설 설치 문제는 앞서 언급한 바와 같이 고준위 방폐물을 영구처리하는 유리화 기술에 필수적인 저온 용융 소재 액티바 첨단소재와 원천기술이 이미 개발돼 상용화 단계에 있으므로 해결될 수 있을 전망이다. 원전 수명 연장 논의와 압력용기 검사 방법의 문제는 기술력 증진과 더불어 안전에 대한 철저한 관리 체계가 수립되면 해결될 수 있다. 다만 원전 안전성을 위한 관리 체계 강화와 관련하여, 미국 원자력 회사 엑셀론이 운영하는 미국 일리노이주 드레스덴 원자력발전소 3호기에 주목할 필요가 있다. 드레스덴 원전 3호기는 1971

년부터 가동된 노후 원전이지만 2031년까지 운영허가를 받았으며, 2017년 이용률 '100%'를 기록했다. 엑셀론은 "드레스덴 원전은 첨단 설비와 혁신적인 기술에 상당한 투자를 하고 있다"면서 "(사고 관련) 위험을 완화하고 제거하는 데 주력하고 있다"[62]고 설명했다.

둘째, 원전 사업성 문제는 세계 최초로 표준설계를 인가받은 스마트 (System-Integrated Modular Advanced Reactor, SMART) 원자로 사업화가 불투명해진 데 따른 것이다. 원전 안전에 대한 국민들의 불안감이 커지면서 사고 발생 시 위험을 최소화할 수 있는 원전을 개발하려는 노력이 진행된 결과, 한국원자력연구원이 15년간 순수 국내기술로 중소형 원전 '스마트'를 개발해 2012년 7월 4일 원자력안전위원회에서 표준설계 인가를 받았으나, 부처 간 이견과 사업화 전략 부재로 빛도 못 보고 좌초될 위기에 처하기도 했다. 전기 출력이 100MW(메가와트)급인 스마트 원전은 1,000MW 이상 대형 원전과 달리 증기 발생기, 냉각재 펌프, 가압기 등 주요 기기가 원자로 용기에 내장된 일체형이어서 지진이나 지진해일(쓰나미) 등으로 사고가 나더라도 방사성 물질이 외부로 유출될 소지는 거의 없다고 한다. 해수담수화, 전력생산, 지역난방 등의 다양한 목적에 활용할 수 있도록 만든 것이 특징이다. 해외 수출을 위해서는 우선 국내에서 시험 가동을 해야 하는데, 에너지 정책을 총괄하는 지식경제부와 한국전력공사(한전)가 소극적인 태도를 보이는데다가 지경부는 스마트와 거의 비슷한 개념의 소형모듈원전(SMR)을 따로 추진하여 중복 투자 논란까지 일기도 했다.[63] 2015년 3월 한국은 사우디아라비아와 SMART 공동상용화를 위한 양해각서(MOU)를 체결하였으며, 상용화를 위한 양국 협력이 진행 중이다.

근년에 들어 원전 시장에서의 미니멀리즘(minimalism) 바람으로 '중소형 원전'을 선호하는 국가들이 늘고 있다. 한국과학기술원(KAIST) 장순홍 교수에 따르면, 원전을 도입하고 싶지만 대형 원전을 건설하기엔 경제력이 부족하거나 국가 전력망 규모가 작아서 큰 원전이 부적절한 나라, 땅은 넓은데 인구는 적고 분산돼 있어 대형 원전을 건설하면 송·배전망 구축에 과다 비용이 드는 나라, 오래된 화력발전소를 비슷한 크기의 원전으로 교체하고자 하는 나라 등이 이에 해당된다. 우리 원자력계가 독자기술로 개발한 스마트 원전은 출력이 대형 원전의 약 10분의 1로서 '중소형 원전'을 선호하는 국가들의 기대에 부응할 것으로 여겨진다. 그가 제시하는 스마트 원자로의 경쟁력은 '1) 지진이나 지진해일(쓰나미) 등에 의한 전원 차단으로 냉각수를 돌리는 펌프가 가동을 멈춰도 자연 대류 현상만으로 냉각수를 돌려 최대 20일까지 원자로의 열을 제거할 수 있게 한 점, 2) 전 세계 발전소의 93%가 출력 500MW 이하 규모의 중소형으로 대다수가 화력발전소인데 화석연료 가격 상승과 시설 노후화로 많은 국가들이 중소형 원전으로의 교체를 희망한다는 점, 3) 핵분열 연쇄반응에서 발생한 열을 전력 생산뿐 아니라 해수담수화에 동시 활용할 수 있도록 설계한 점, 4) 중소형 원전 세계 시장 규모가 2050년까지 50~100기, 금액으로는 약 350조원이라는 점' 등이다.[64]

셋째, 원전 기술력 문제는 안전성·경제성·핵비확산성을 충족한 '제4세대 원전 시스템' 기술력 확보와 관계된 것이다. 원자력발전이 고도의 기술을 필요로 하는 기술집약적인 산업인 만큼 기술력 증대와 기술 자립 및 안전성 확보를 위한 연구 개발 투자도 더욱 확대해야 한다. 우리나라는 2009년 12월 27일 아랍에미리트(UAE)로부터 원전 4기를 수주하는 데 성공했다. 미국, 프랑스, 일본, 러시아, 캐나다에 이어 여섯 번째 원전 수출국이 된 셈이다. 그런데 아랍에미리트에 이어 제2의 한국형 원전 수출 후보지로 꼽혔던 터키 흑해 연안 시노프 원전 수주의 경우, 2010년 6월 양해각서(MOU)를 체결하고 협상을 벌여 왔지만 터키 정부가 지급 보증을 꺼린 데다 전력 판매단가 부문에서 합의점을 찾지 못해 협상에 진척을 이루지 못했다. 2013년 5월 3일 아베 신조(安倍晉三) 일본 총리와 레제프 타이이프 에르도안 터키 총리가 터키 앙카라에서 정상회담을 갖고 시노프 원전 4기의 우선협상권을 일본 최대의 원전기업인 미쓰비시(三菱) 중공업과 프랑스 아레바 컨소시엄에 부여하기로 합의했다고 발표해 사실상 일본의 수주가 확정됐다.[65] 그러나 마이니치 신문은 2019년 1월 4일자 보도에서 일본이 원전 건설 계획에서 사실상 철수 수순을 밟게 될 것으로 전망했다. 원전 예정 부지 주변에서 활단층 존재가 드러남에 따라 건설 사업비가 애초의 두 배 이상으로 불어난 데다가 터키 통화 리라의 폭락으로 채산성이 악화되어 일본 정부가 터키 정부에 대폭적인 부담 증액을 요구하는 최종 조건을 제시할 방침이지만 이를 수용할 가능성은 낮기 때문이다.

액티바 신소재와 원천기술을 개발한 윤 소장에 따르면 원전 선박, 특히 방폐물 유리고화 영구처리 시스템이 장착된 원전 선박 건조는 원전 수출산업의 호재로 작용할 수 있다고 한다. 그 이유로는 1) 지상의 원자력발전소 건설의 난점(지질의 적합성, 수요지 접근의 난점, 공정 기간 및 비용 절감의 한계), 2) 원자력발전선 공급의 이점(지질적 제한의 해소, 수요지 접근 용이, 지상건설보다 공정 기간 및 경비 약 20% 절감), 3) 조선공업의 활성화 및 고급인력 유출 방지, 4) 방폐물 유리고화 영구처리 시스템 장착으로 수주 시너지 효과 등을 들고 있다. 그리하여 그는 해양조선소를 갖춘 국내 조선소 1개소를 선정하여 두만강 하구 인접 러시아 극동의 카루비아만에 원자력 발전선을 건조할 것을 제안한다. 그곳은 러시아 천연가스 터미널 후보지, 고구마 등 사료초와 어분 확보로 가축 사료 후보지, 광물자원 및 관광요충지, 열차수송선의 터미널 후보지, 한국과의 해양수송 터미널 후보지로 새로운 신도시 건설이 가능하고, 유럽과 아프리카까지 철도 수송의 요지가 될 전망이 높은 최적의 입지조건이 구비된

곳이기 때문이라는 것이다.[66]

우리나라의 원자력 산업은 1970년대부터 미국을 비롯한 원전 선진국으로부터 기술을 도입한 이후 꾸준한 원전 건설과 생산설비 투자 등 많은 노력을 경주해 건실한 생산 능력과 수출 경쟁력을 갖추었다. 또한 세계 최초로 원전 건설의 공기(工期)를 획기적으로 단축시킬 수 있는 'SC(Steel Plate Concrete 강판콘크리트) 구조 모듈화 공법'을 개발하는 등 독자기술 개발에도 박차를 가해 왔다. 우리의 선진 원자력 기술이 세계적으로 활용돼 인류의 평화와 번영에 기여하기 위해서는 우선적으로 원자력에 대한 우리 국민들의 이해를 증진시키고 부처 간 이견을 조율하여 경쟁력 있는 사업화 전략을 세워야 한다. 또한 원자력의 기술 자립과 기술력 증대, 원자력발전의 안전성 및 경제성 확보 등 해결해야 할 과제도 많다.

특히 원전(原電) 민영화 방안을 진지하게 검토해 볼 필요가 있다. 원전 가운데 일부를 민영화하자는 것이다. 원전의 민영화는 막대한 세금과 원전 기술료 및 관리감독비로 인한 국가 수입 증대, 전력 단가 저하에 따른 원전 수출경쟁력 제고, 고등기술자 수용에 따른 일자리 창출과 구조적인 원전 납품 비리 근절, 원전 기술의 생명공학 및 농작물 재배에의 광범한 응용 등으로 원전의 경제성 및 안전성을 확보하고 기술력을 증진시킴으로써 국부(國富) 창출에 크게 기여할 수 있다고 윤 소장은 말한다. 우리나라는 식량과 에너지 자립도가 낮기 때문에 이를 높이기 위해서는 원전 민영화가 효율적인 방안이 될 수 있다는 것이다.

국내에서 원자력이 인정받지 못하고 갈등이 심화되면 차세대 수출산업으로 떠오르는 원전 수출이 어려워질 수밖에 없다. 철저한 안전관리 체계 확립과 더불어 부패나 비리가 없는 원자력 풍토를 만들고 지자체와 지역 주민들과의 공감대를 형성할 수 있어야 한다. 한국수력원자력에 따르면

2002~2012년에 발생한 국내 원전 고장 95건의 원인을 분석한 결과 '자연열화(시간 흐름에 따라 부서지는 현상)'로 인한 고장은 29건(31.2%)인 반면, 오작동과 정비 불량 등으로 인한 고장은 66건(68.8%)인 것으로 나타났다. 즉 자연열화를 제외한 나머지 원인으로 인한 고장은 충분히 사전에 막을 수 있었던 것이다.[67] '전문적인 직무 훈련 프로그램 개발과 전문 인력 양성' 등이 시급한 이유다.

문명의 흥망성쇠를 좌우해 온 '불'의 발달사에서 '제2의 불'인 전기에 이어 '제3의 불'인 원자력이 21세기 새로운 역사의 장을 여는 에너지원이 되고 있다는 것은 주지의 사실이다. '호모 이그니스' 문명의 전개 과정은 '불'의 발달사와 긴밀히 연계돼 있는 까닭에 불은 인류 문명의 형성에 중추적인 역할을 담당해 오고 있지만 때론 인류에게 엄청난 재앙을 가져오기도 한다. 그렇다고 불을 사용하지 않을 수 없듯이, 원자력 또한 마찬가지다. 안전하게 사용해야 하는 것이다. 원전의 폐해를 철저히 겪지 않고서는 그것을 극복하는 방안 또한 강구되기 어려운 것이 진화의 이치다. 신재생에너지 기술이 고도로 발전하고 '핵융합' 발전이 상용화되어 에너지 문제가 완전히 해결될 때까지는 원전이 '브리지' 역할을 할 수밖에 없는 것이다. 이산화탄소(CO_2) 배출로 지구온난화의 최대 주범이 된 화력발전은 이미 석유 카운트다운 시작과 더불어 중소형 원전으로의 방향 전환을 모색하고 있다.

우리나라는 현실적으로 원자력발전을 대체할 만한 에너지원이 없으며, 그렇다고 녹색성장이 최대 화두인 21세기에 성분의 90%가 메탄가스인 셰일가스가 근원적인 해결책이 될 수도 없다. 미국 코넬대 교수인 로버트 호워스(Robert Howarth)가 계산한 셰일가스의 온난화 강도를 보면, 100년의 장기 영향에선 셰일가스의 온난화 작용이 화석연료 중에서도 악성인 석탄과 비슷하고, 20년의 단기 영향에선 석탄보다 1.2~2배 강력한 온난화 작용을 나타내고 있어 수십 년 내에 온난화가 티핑 포인트(tipping point)를 넘어버릴 수도 있다고 한다. 셰일가스가 채굴 · 운송 · 저장 · 정제 과정에서 새어 나가는 메탄가스를 단위 질량으로 따지면 이산화탄소와는 비교할 수도 없을 만큼 강력한 '온실 기체'라는 것이다.[68] 한편 식물에서 추출하는 바이오연료는 성장이 빠르고 대량생산이 가능한 청정에너지원으로 화석연료를 대체할 가장 현실적인 대안으로 주목받았으나 다수의 부작용이 보고됐다. 즉 바이오연료를 생산하기 위해 삼림을 파괴하고 토착민을 강제 이주시키는가 하면, 식용작물을 바이오연료로 이용해 세계 식량난을 가중시킨 것이다.

바야흐로 우리나라가 21세기 프로메테우스가 되어 전 세계에 '평화의 불'을 전해줄 때가 왔다. 동남아시아와 중동 등 전력수요가 급증하는 신흥국을 중심으로 원전을 도입하는 사례가 늘고 있다. 산유국인 UAE와 사우디아라비아 등은 국내 전력수요는 값싼 원전으로 충당하고 값비싼 석유는 수출하겠다는 전략을 구사하고 있다. 이러한 상황에서 방폐물을 유리고화 영구처리 하는 액티바 신소재와 원천기술이 우리나라의 원전 기술 및 플랜트 수출과 연계된다면 훨씬 경쟁력을 높일 수 있지 않을까? 액티바 신소재와 원천기술은 저온 용융으로 방사성 물질의 휘발을 방지하고 무결정(無結晶) 유리고화로 재처리 과정에서 분리 추출되는 플루토늄의 핵무기 전용 가능성을 원천적으로 차단함으로써 원자력의 평화적 이용을 담보한다. 전 세계 원전의 아킬레스건을 해결하는 이러한 신소재와 원천기술이 한국에서 개발된 것도 전 세계에 '평화의 불'을 전해주는 시대적 소명을 다하기 위함이 아닐까?

What Rules
the 21st Century?

"수소는 어디서든 구할 수 있고 적절히 이용만 하면 고갈되지 않는다.
따라서 지구상의 모든 인류가 '힘'을 얻게 되면서 수소는 사상 초유의
진정한 민주적인 에너지가 될 것이다."

"Since hydrogen is found everywhere and is inexhaustible if properly
harnessed, every human being on Earth could be 'empowered,' making
hydrogen energy the first truly democratic energy regime in history."

- Jeremy Rifkin, *The Hydrogen Economy*(2002)

05

수소에너지와 핵융합에너지

- 수소와 '핵융합' 발전
- 수소에너지 생산 및 실용화
- 수소경제 비전과 에너지의 민주화

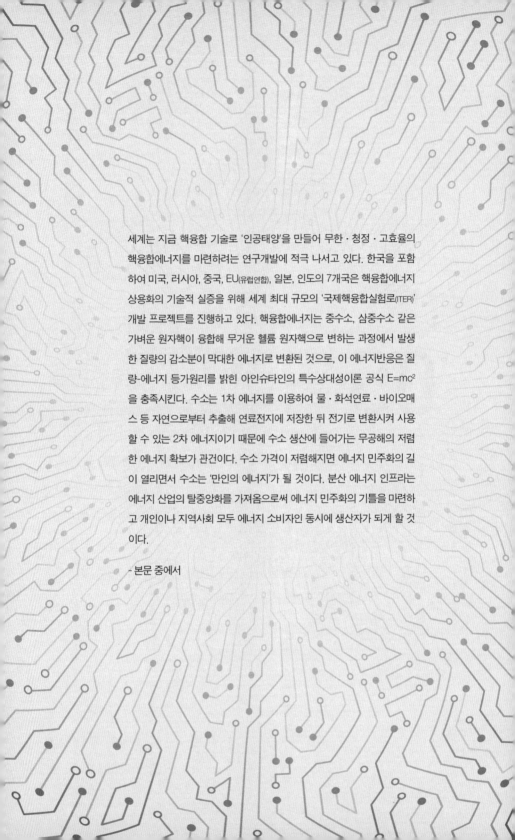

세계는 지금 핵융합 기술로 '인공태양'을 만들어 무한·청정·고효율의 핵융합에너지를 마련하려는 연구개발에 적극 나서고 있다. 한국을 포함하여 미국, 러시아, 중국, EU(유럽연합), 일본, 인도의 7개국은 핵융합에너지 상용화의 기술적 실증을 위해 세계 최대 규모의 '국제핵융합실험로(ITER)' 개발 프로젝트를 진행하고 있다. 핵융합에너지는 중수소, 삼중수소 같은 가벼운 원자핵이 융합해 무거운 헬륨 원자핵으로 변하는 과정에서 발생한 질량의 감소분이 막대한 에너지로 변환된 것으로, 이 에너지반응은 질량-에너지 등가원리를 밝힌 아인슈타인의 특수상대성이론 공식 $E=mc^2$ 을 충족시킨다. 수소는 1차 에너지를 이용하여 물·화석연료·바이오매스 등 자연으로부터 추출해 연료전지에 저장한 뒤 전기로 변환시켜 사용할 수 있는 2차 에너지이기 때문에 수소 생산에 들어가는 무공해의 저렴한 에너지 확보가 관건이다. 수소 가격이 저렴해지면 에너지 민주화의 길이 열리면서 수소는 '만인의 에너지'가 될 것이다. 분산 에너지 인프라는 에너지 산업의 탈중앙화를 가져옴으로써 에너지 민주화의 기틀을 마련하고 개인이나 지역사회 모두 에너지 소비자인 동시에 생산자가 되게 할 것이다.

- 본문 중에서

수소에너지와 핵융합에너지

가벼운 원소들의 융합에 기반한 반응로(핵융합 반응로)는 미래에 거의 무한한 에너
지 공급을 제공할 수 있다.
Reactors based on the fusion of light elements may provide an almost
unlimited supply of energy in the future.

- Leslie Colin Woods,
*Theory of Tokamak Transport: New Aspects for Nuclear Fusion Reactor
Design* (2006)

수소와 '핵융합' 발전

미국 록펠러대 환경학자 제시 오수벨(Jesse Ausubel)에 따르면 에너지 체계
의 진화를 이해하는 데 있어 가장 중요한 요소는 '탈탄소화(decarbonization)' 경
향이다. 탈탄소화란 나무 연료, 석탄, 석유, 천연가스 순으로 단위 질량당 탄
소(C)의 수가 적어지는 것을 말한다. 수소 대 탄소 원자 비율을 보면, 나무는
1:10, 석탄은 1:2, 석유는 2:1, 천연가스는 4:1이다. 말하자면 에너지원의 변
화에 따른 탈탄소화로 이산화탄소(CO_2) 방출량이 줄어들었다는 것이다. 에
너지 형태 또한 무거운 것에서 가벼운 것으로, 물질적인 것에서 비물질적인
것으로 진화하면서 에너지와 경제활동의 탈물질화도 병행돼 왔다. 즉 에너
지 형태가 고체(석탄)에서 액체(석유)로, 그리고 기체(천연가스와 수소 등)로 변하면
서 에너지 처리 속도도 빨라지고 효율도 높아진 것이다. 이처럼 철로로 운
송되는 석탄에서 파이프라인을 통해 움직이는 석유로, 그리고 석유보다 훨
씬 가볍고 빠르게 이동하는 가스로 에너지 형태가 변하면서, 이에 따라 빠
르고 효율적이며 가볍고 비물질적인 관련 기술, 상품, 서비스도 등장했다.
에너지의 탈탄소화는 탄소 원자가 전혀 포함돼 있지 않은 수소에너지로 귀

착된다.[1]

이는 곧 인류 역사를 오랫동안 지배해 온 탄화수소(hydrocarbon)*의 종말과 더불어 수소가 미래의 주요 에너지원으로 등장하는 것을 의미한다. 수소는 지표면의 70%를 구성하고 있으며 물, 화석연료, 살아 있는 모든 생명체 속에 들어 있지만 쉽게 이용할 수 있는 형태로 존재하는 것이 아니어서 화석연료와는 달리 자연으로부터 추출해 연료전지(fuel cell)에 주입한 뒤 전기로 변환시켜야 하는 제2의 에너지 형태로 존재한다. 수소는 영국의 화학자이자 물리학자인 헨리 캐번디시(Henry Cavendish)가 처음 발견했다. 1776년 그는 전기 불꽃으로 수소와 산소를 결합하여 화합물인 물 생성에 성공한 실험을 영국 왕립학회에 보고했다. 당시는 물 성분에 이름이 없었으므로 그는 하나를 '생명 유지 기체(산소)', 다른 하나를 '가연성 기체(수소)'라고 불렀다. 산소와 수소라는 정식 명칭은 앙투안 로랑 라부아지에가 1785년 캐번디시의 실험을 성공적으로 재현하면서 명명한 것이다.[2] 수소가 모든 생물의 에너지원이라 볼 수 있는 것은, 태양은 수소 핵융합으로 에너지를 방출하고, 식물은 태양에서 나오는 빛으로 광합성을 하고 먹이 사슬을 통해 사람과 동물의 먹거리가 되기 때문이다.

미국 텍사스대 교수인 앨프리드 W. 크로스비(Alfred W. Crosby)는 그의 저서 『태양의 아이들 *Children of the Sun*』(2006)에서 모든 에너지의 근원이 태양이라고 주장하며 태양과 에너지의 관점에서 인류문명사를 풀어내고 있다. 태양의 아이들인 인류는 에너지를 얻기 위해 동식물을 섭취하거나 길들여 부리기도 하고, 물의 낙차를 이용해 전기를 생산하고, 풍력을 이용해 배를

---

* 炭化水素란 탄소와 수소만으로 이루어진 탄소 화합물로서 석유와 천연가스의 주요 구성성분이다.

운항하기도 했다. 에너지 이용의 역사에서 커다란 변곡점을 맞게 된 것은 18세기 제임스 와트(James Watt)의 증기기관 발명으로 화석연료(석탄)를 에너지화하는 방법을 터득하면서였다. 18세기 말 영국이 산업혁명을 완수할 수 있었던 것은 강력한 동력원인 석탄이 그 나라에 지천으로 깔려 있었기 때문이다. 크로스비에 의하면 송나라는 유럽에서 산업혁명이 일어나기 700~800년 전에 이미 산업혁명을 시작했다. 1078년에 송나라는 숯을 이용해 12만 5,000t의 철광석을 처리했는데 이는 400년 뒤 유럽의 철 생산량(러시아 제외)의 두 배에 해당한다. 그러나 숯의 원료인 나무가 부족해지면서 좌초됐다고 한다.[3] 2차 세계대전 당시 '발지 대전투(Battle of the Bulge)'에서 연합군이 승리한 것은 무기나 전술 때문이 아니라 나치 군대의 전차 연료가 바닥났기 때문이었다고 한다.

이처럼 에너지는 역사적 사건과 인물 뒤에서 배후조종자 역할을 해 온 것이다. 흔히 20세기를 석유 전쟁의 시대, 21세기를 물 전쟁, 희토류(稀土類) 전쟁의 시대라고 하는 것도 권력을 지탱하고 확장하는 것이 바로 에너지의 확보와 이용에 달려 있음을 단적으로 나타낸 것이다. 프로메테우스의 '불' 이후 인류는 전기와 원자력, 나아가 석유-가스 고갈 시대를 대비해 무한·청정·고효율의 차세대 에너지를 마련하기 위해 '핵융합(nuclear fusion)' 기술로 '인공태양(artificial sun)'을 만들려는 연구 단계에까지 와 있다. 그러나 크로스비는 인류 문명의 발전에 부스터(booster) 역할을 한 화석연료(fossil fuels)가 중독 현상을 일으켜 '에너지 대량소비'를 촉발하고 에너지를 향한 인류의 끝없는 욕망이 태양에너지를 남용하면서 오늘날의 지구온난화와 같은 대재앙에 직면하게 됐다고 지적한다. 즉 태양에너지로 만들어진 인류의 1차 에너지원인 동식물, 특히 나무(장작)의 남용으로 삼림이 황폐해지고, 땅속에 저장된 태양에너지인 석탄과 석유까지 남용하면서 재앙이 시작됐다는 것이다.

인류는 지금 수소에너지와 핵융합에너지가 만드는 새로운 에너지 사회를 향해 나아가고 있다. 화력에너지의 근간인 화석연료는 환경 파괴 문제와 자원 고갈의 내재적 한계가 있으며, 원자력에너지는 방사성 물질의 오염 가능성의 문제가 있고, 태양광 · 풍력 · 바이오매스(biomass) 등의 신재생에너지는 대규모 발전(發電)이 어렵다는 문제가 있다. 이들 에너지의 대체에너지로 제시된 것이 수소에너지와 핵융합에너지이다. 수소는 자원 고갈의 내재적 한계가 없는 무한한 자원이며, 환경 파괴의 위험성도 없는 청정에너지이다. 수소에너지는 연료전지의 형태로 보급되어 '연료전지 자동차(fuel cell vehicle, FCV)'에 사용되고 있다. 한국의 현대자동차는 2013년 세계 최초로 연료전지 자동차(투싼 ix35)를 양산하기 시작했고, 2018년 3월에는 현재 출시된 모든 수소차 중 주행거리가 가장 긴 차세대 수소차 '넥쏘'를 출시했다. 일본의 도요타 자동차는 2014년 세계 최초로 연료전지 자동차를 일반인에게 판매하기 시작했다. 연료전지는 물을 수소와 산소로 분해하는 '물 전해(電解 electrolysis)'의 역반응(reverse reaction), 즉 수소와 산소를 화학 반응시켜 물을 얻는 반응을 이용해 전기에너지를 만든다. 수소를 전력 생산에 이용하려는 연구도 활발히 진행되고 있다.

핵융합에너지는 원자력에너지보다 안전성이 높고, 온실가스를 전혀 배출하지 않으며, 태양광 · 풍력 · 바이오매스 등의 신재생에너지와는 비교가 안 될 정도로 대규모 발전이 가능하다. 핵융합 반응은 두 개의 원자핵이 충돌 · 합체해 새로운 하나의 무거운 원자핵으로 변환되는 반응이다. '핵융합' 발전(nuclear fusion power generation)은 중수소(deuterium(D/ 2H))와 삼중수소(tritium(T/ 3H))를 1억℃ 이상의 높은 온도를 가하여 플라스마 상태로 만든 뒤,

핵융합 반응을 일으켜 이때 발생하는 엄청난 열에너지를 사용해 발전하는 것이다. 핵융합 발전의 연료 1g은 석유 8t을 태웠을 때와 같은 에너지를 발생시킬 수 있다고 하니, 핵융합 발전의 에너지 발생은 석유의 800만 배가 되는 셈이다. 핵융합 발전에서는 노트북 배터리 1개에 포함된 리튬 6g과 중수소 1.7g으로 일반적인 가정 1세대의 30년분 에너지 소비량(전기, 가스 등)을 공급할 수 있다고 하니, 핵융합에너지는 그야말로 '꿈의 에너지'이다.[4]

핵융합 발전(發電)은 태양이 에너지를 만들어내는 원리를 이용해 전기를 만드는 것으로, 핵융합 발전의 실현은 지상에 '인공태양'을 만드는 것이나 다름없다. 태양보다 10배 뜨거운 인공태양이 에너지의 미래로 떠오르면서 인공태양을 만들 글로벌 핵융합 발전이 속도전을 내고 있다. 핵융합의 원료는 수소의 동위원소인 중수소(듀테륨: 양성자 1개, 중성자 1개인 원자핵과 전자 1개로 구성)와 삼중수소(트리튬: 양성자 1개, 중성자 2개인 원자핵과 전자 1개로 구성, 반감기 12.3년의 방사성 물질)다. 중수소와 삼중수소의 결합은 핵융합 반응이 가장 일어나기 쉬운 조합으로, 이 DT 핵융합 반응을 통해 핵융합에너지를 얻는다. 중수소는 해수(海水)에 다량 존재하기 때문에 바닷물을 전기분해(電解)하면 얻을 수 있으므로 자원의 양은 무한하며 핵융합 연료로서 유망한 에너지원으로 꼽힌다. 삼중수소는 자연계에서의 존재량은 매우 미미하지만, '핵융합로(nuclear fusion reactor)' 내에서 리튬-6(6Li)과 중성자의 핵반응에 의해서 가장 효과적으로 얻을 수 있다.

리튬은 바닷물에도 1㎥당 약 0.2g 포함되어 있으므로 바닷물에서 리튬을 채취할 수 있으면 고갈될 우려가 없다. 중수소, 리튬(핵융합로 내에서 삼중수소로 핵변환)은 향후 1,500만년 이상 사용 가능한 매장량이 있다고 한다. 2014년 2월 일본 원자력연구개발기구는 세라믹으로 만든 이온 전도체의 특수한 막을 사용해 바닷물에서 리튬을 분리하는 기술이 호시노 쓰요시(星野 毅)에 의해 개발됐다고 발표했다.[5] 원자력발전에 이용되는 핵분열 연쇄반응에서 문제가 되는 '폭주반응(runaway reaction)'은 핵융합 발전에서는 일어나지 않으므로 안전성이 높다. 태양이 핵융합 반응을 통해 에너지를 발생하는 원리는 태양의 중심 온도가 1억도 이상인 초고온 플라스마(plasma: 고체 · 액체 · 기체에 이은 '제4의 물질', 즉 이온화한 기체) 상태에서 경수소(프로튬 protium: 양성자 1개인 원자핵과 전자 1개로 구성) 4개가 융합해 무거운 헬륨(helium, He) 원자핵으로 바뀌는 핵융합 과정에서 나타나는 질량 감소가 막대한 양의 에너지로 방출되는 것이다.

핵융합에너지는 바닷물에서 연료를 추출해 낼 수 있으므로 연료가 무한하고 온실가스와 고준위 방사성폐기물이 발생하지 않아 친환경에너지로 평가된다. 또한 산출 장소가 지역적으로 편중돼 있는 석유 등 에너지 자원과는 달리 바닷물은 세계적으로 널리 분포해 있으므로 에너지 확보를 위한 국제적 분쟁의 우려가 없으며, 또한 핵융합 기술은 군사적으로 전용될 가능성이 없다는 장점이 있다. 핵융합로에서도 방사성폐기물은 발생하지만—핵융합 반응으로 발생하는 중성자에 의해 노(爐)의 벽이 방사화하기 때문에—원자력발전에서 발생하는 '고준위 방사성폐기물'은 발생하지 않는다. 어느 수준의 방사성폐기물이 어느 정도 발생하는가는 노(爐)의 벽 재료로 어떤 것을 사용하는가에 따라 크게 달라진다. '저방사화 페라이트강(reduced activation ferritic steel, RAFs)'은 내열성이 높은 철강을 방사화하기 어렵도록 개량한 것으로, 중성자를 흡수하기 어려운 원소를 많이 사용함으로써 잘 방사화하지 않도록 한 것이다. 이 경우, 노(爐)가 정지되고 50~100년 후에는 '핫 셀(hot cell)'*을 사용해서 취급하게 될 때까지 방사능이 줄어든다. 'SiC/SiC 복합재료(SiC

---

* '핫 셀'은 방사성 물질이 안전하게 취급되도록 충분한 차폐를 실시하고 그 외측에서 매직핸드 등 원격 조작 장치를 이용해 작업하는 설비를 말한다.

는 실리콘 카바이드)는 1개월 정도만에 같은 수준으로 줄어든다고 한다.[6] 본서 제3, 4장에서 살펴본 '액티바' 신소재와 기술은 방사성폐기물의 발생을 원천적으로 차단하는 노(爐) 개발에도 핵심 열쇠를 제공한다.

핵분열 반응이든 핵융합 반응이든, 원자핵이 변하는 '핵반응'은 일반적인 화학 반응보다 압도적으로 큰 에너지를 만들어낸다. 원자력발전은 우라늄, 플루토늄 같은 원자가 외부 중성자의 포격에 의해 핵분열의 연쇄반응을 일으키는 과정에서 나오는 원자력에너지로 발전을 한다. 반면 핵융합 발전은 중수소, 삼중수소 같은 가벼운 원자핵이 융합해 무거운 헬륨 원자핵으로 변하는 과정에서 나오는 핵융합에너지로 발전을 한다. 핵융합로에서 사용되는 연료의 경우, 반응 전(중수소 원자핵과 트리튬 원자핵)과 반응 후(헬륨 원자핵과 중성자)를 비교하면 반응 후에 약 0.4% 가벼워지는데 이 질량의 감소분이 엄청난 에너지로 변환되는 것이다.[7] 핵분열과 핵융합의 에너지는 핵분열 또는 핵융합 과정에서 질량 결손이 발생하면서 그에 상응하여 발생하는 에너지들로서, 이들 에너지반응은 질량-에너지 등가원리(principle of equivalence)를 밝힌 아인슈타인의 특수상대성이론 공식 $E=mc^2$(에너지=질량×광속의 제곱)을 충족시킨다.

그러나 지상에서 태양의 핵융합을 구현하기란 쉽지 않다. 핵융합을 일으키는 플라스마가 안정적으로 유지되려면 중력이 강력하거나 온도가 높아야 하는데 지구는 태양보다 크기가 훨씬 작은 만큼 중력도 약하다. 그래서 과학자들은 태양보다 훨씬 높은 1억5,000만℃의 초고온 상태를 만드는 방식을 택했다. 최근 한국 국가핵융합연구소는 2018년 8월 말부터 12월까지 진행한 케이스타(KSTAR · 초전도핵융합연구장치) 실험에서 1억℃의 초고온 고성능 플라스마를 1.5초까지 유지했다고 밝혔다. 1억℃ 이상의 초고온상태인 플라스마를 오래 유지해야 실제 에너지 발전에 이용할 수 있기 때문에 과학자들은 플라스마가 자기력선에 감기는 속성을 이용해 '토카막(Tokamak)'*이라는 핵융합 장치를 개발했다. 한편 2017년 7월 3일 중국과학원은 안후이성 허페이시에 있는 '핵융합 유도 토카막 실험장치(EAST)'에서 5,000만℃의 초고온 플라스마를 만들어 101.2초 동안 안정적으로 유지하는 실험에 성공함으로써 세계 최장(最長) 기록을 세웠다. 쑹윈타오 중국과학원 플라스마물리연구소 부소장은 '핵융합 연쇄 반응이 안정적으로 일어나 에너지 생산이 가능하도록 플라스마 연소 지속 시간을 1,000초 이상 유지하는 게 목표'라고 밝혔다.[8] 또한 2018년 11월 13일 중국 관영 CCTV 등은 최근 중국과학원 플라스마 물리연구소가 독자 핵융합 실험로 이스트(EAST)를 이용해 1억℃의 초고온에 이르는 데 성공했다고 보도했다.

세계는 지금 기후 위기와 에너지 위기를 극복하고 차세대 에너지 주도권 확보를 위해 핵융합 기술로 '인공태양'을 만들어 무한·청정·고효율의 핵융합에너지를 마련하려는 연구개발에 적극 나서고 있다. 한국을 포함하여 미국, 러시아, 중국, EU(유럽연합), 일본, 인도의 7개 국은 핵융합에너지 상용화의 기술적 실증을 위해 세계 최대 규모의 핵융합로 개발 프로젝트를 진행하고 있다. 프랑스 남부 생폴 르 뒤랑(Saint-Paul-lès-Durance, 이전에는 '카다라슈(Cadarache)'라고 명명)에 건설되고 있는 '국제핵융합실험로(International Thermonuclear Experimental Reactor, ITER)'는 지름과 높이 모두 약 30m에 달하는 사상 최대 규모의 핵융합 실험장치로 '인공태양'으로도 불린다. 핵융합에너지의 실현을 위해 ITER(이터) 거대 프로젝트에 참가하고 있는 7개국의 총 인구는 세계 인구의 절반 이상이 되며, GDP(국내 총생산)로는 세계의 4분의 3 이

---

* 토카막은 도넛 형태의 자기 핵융합 실험장치로 핵융합 때 물질이 플라스마 상태로 변하는 핵융합 발전용 연료기체를 담아두는 용기다.

상을 차지한다. ITER는 '원형로(原型爐: 핵융합로의 기술을 실증하고 發電해서 실용로로 연결하는 爐)'의 바로 전 단계인 '실험로'에 해당한다. 운전 개시는 2020년경을 목표로 하고 있으며, 2020년대 중반에 실증로(DEMO), 2035년경에는 상업용 발전소 건설 및 운영, 2040~50년경에는 본격적인 핵융합 발전 시대의 도래 및 실용화를 목표로 하고 있다.[9]

태양을 비롯한 항성의 에너지원이 핵융합 반응이라는 사실은 독일 태생의 미국 물리학자 한스 베테(Hans Bethe) 등에 의해 밝혀졌다. 그 후 1940년대부터 각국에서는 지상에 '인공태양'을 만들어 핵융합에너지를 발전에 이용하려는 연구가 활발해졌으며 여러 방식의 장치를 개발했다. 핵융합 기술은 1950년경 러시아가 차세대 대표 기술로 확정해 연구를 시작하여 개발한 '토카막' 방식의 장치가 핵융합 연구의 주류가 되었다. '국제핵융합실험로' ITER도 토카막 방식이다. 토카막 방식의 장치는 대형일수록 성능이 향상되기 때문에 기초 연구 단계에서 실용화 직전의 연구 개발 단계로 진행할수록 대형화된다. 1985년 미국 레이건(Ronald Wilson Reagan) 대통령과 소련 고르바초프(Mikhail Sergeyevich Gorbachev) 서기장의 정상회담을 시작으로 핵융합 발전의 국제 연구 계획이 출범하고 유럽연합과 일본이 합류해 ITER 계획이 발족되었다. 이후 미국의 이탈과 재합류, 중국, 한국, 인도의 합류를 거쳐 현재의 7개국 대표체제가 되었다.[10] 핵융합로 개발에 필요한 핵심기술은 크게 3개 분야, 즉 1억도 이상의 초고온 플라스마를 생산하는 기술, 1억도 이상의 초고온 플라스마를 가둬둘 수 있는 토카막(인공태양) 제작 기술, 핵융합을 일으킬 수 있는 연료의 개발 기술이다.

한국은 2005년 12월 인도와 함께 ITER 참여가 확정됐다. 2007년 세계 최초의 한국형 초전도 토카막 장치인 KSTAR(Korea Superconducting Tokamak Advanced Research, 대전광역시 유성구 소재 국가핵융합연구소(NFRI)에 위치) 개발에 성공하였으며, 종합 시운전을 거쳐 2008년 KSTAR 최초 플라스마 발생 실험을 성공적으로 마침으로써 핵융합 기술의 선도국 대열에 합류했다. 한국형 차세대 핵융합로(인공태양) KSTAR는 플라스마 지속시간이 5~10초에 불과했던 미국, 일본의 기존 구형 핵융합로보다 훨씬 성능이 뛰어나다고 한다. 세계 3대 핵융합로라고 불리던 미국, 유럽연합, 일본의 토카막(Tokamak)은 대부분 일반 전자석으로 제작된 반면, KSTAR는 초전도체를 이용하여 효율을 향상시켰다. 초전도 자석을 이용한 토카막이라는 핵융합 실험장치를 기반으로 하는 KSTAR는 2022년까지 3억℃ 이상의 플라스마를 300초 이상 지속시키는 것을 목표로 한국형 핵융합 실증로(K-DEMO)의 핵심기술 개발에 힘쓰고 있다. KSTAR의 규모는 ITER의 약 25분의 1 정도다.[11] ITER 열차폐체(Thermal Shield)는 한국이 100% 조달을 책임지는 핵심부품으로, '핵융합 반응 시 진공용기 및 저온용기의 내부열이 극저온 용기에 전달되는 열을 최소화해 초전도 상태 및 핵융합 환경을 유지하게 하는 장치'[12]다.

핵융합 실증로 개발을 위해서는 핵심기술 중의 하나인 블랭킷(blanket) 개발이 선행되어야 한다. 블랭킷은 중수소와 삼중수소의 핵융합 반응 시 발생하는 에너지를 열에너지로 변환하여 발전(發電)할 수 있도록 하는 모듈이다. 또한 1억℃ 이상의 플라스마 상태에서 중수소와 삼중수소의 핵융합 반응으로 헬륨과 고에너지의 중성자가 움직이는 환경에서 핵융합로의 구조물을 보호해야 할 뿐만 아니라 핵융합 반응의 주원료인 삼중수소를 지속적으로 공급하는 역할도 담당한다. 블랭킷은 1억℃ 이상의 플라스마와 맞닿는 대면부(Plasma Facing Component, PFC)와 블랭킷의 모듈과 내부의 증식재를 보호하기 위한 구조부(First Wall, Side Wall, Back Wall 등)로 이루어져 있다. 대면부 소재로는 고온 강도가 우수하고 용해점이 높은 W 또는 W 합금이 많이 연구되고 있고, 구조부 소재로는 대면재 정도의 고온 특성이 요구되지는 않지만 발전 효율성의 측면에서 우수한 고온 특성이 요구된다. 아울러 '중성자 내 조사성, 저방사 특성, 크리프(creep) 특성, 수소 저항성, 용접특성' 등 극한의 특성이 요구된다. 이에 기존 설비의 추가 없이 대량/대형 생산이 가능하고, 용접특성이 우수한 페라이트/마르텐사이트(Reduced Activation Ferritic/Martensitic, RAFM)강(鋼)이 가장 유력한 후보 소재로 평가되고 있다.[13]

핵융합 상용화에 있어 '초고온 확보'와 '안정성'을 동시에 충족시키기 위해 과학자들은 토카막과 스텔라레이터(Stellarator)라는 상반된 두 가지 핵융합 방식을 절충하는 방안을 모색하고 있다. 한국·중국과 ITER 등이 채택한 토카막은 외부에 전자석이 붙어 있는 도넛 형태 용기 안에 플라스마를 가둬 초고온의 플라스마를 만들 수 있다. 반면 독일·일본이 개발 중인 스텔라레이터는 토카막보다 전자석 코일을 더 촘촘하게 설치하는 방식으로 플라스마 온도는 상대적으로 낮지만 오랜 시간 플라스마 상태가 유지되므로 안정성을 확보할 수 있다.[14] 과학전문매체 'phys.org'는 2018년 8월 25일(현지 시각) MIT 뉴스 보도를 인용해 '토카막의 딜레마(토카막의 플라스마 밀도를 높이면 전류구동 효율이 급격히 떨어지는 현상)'를 극복한 미국 매사추세츠공대(MIT) 플라스마과학 융합센터 백승규 연구원의 연구 성과를 집중 보도했다. 백 연구원 팀은 장치 내 총 전류를 증가시키면 경계 플라스마의 난류를 줄일 수 있다는 점에 주목하여 총 전류를 50만A(암페어)에서 140만A로 3배 가까이 높이자, 고밀도에서도 플라스마 전류를 생성하는 LHCD(낮은 하이브리드 전류 유도)* 효과가 다시 나타났다. 백 연구원은 'LHCD가 안정적인 토카막 구동과 차세대 핵융합

---

* LHCD 기술은 토카막 내부에 마이크로파를 가해 플라스마 전류를 생성하고, 이를 통해 전자들을 한 방향으로 가속하는 기술로서 이는 안정적인 토카막 운영의 전제조건이다.

로의 방법이 될 것'이라고 전망했다.[15]

한편 상온 핵융합(cold fusion)은 실온에서 핵융합을 일으키는 것으로 저온 핵융합, 저(低)에너지핵반응(LENR, Low Energy Nuclear Reaction)이라고도 한다. 1989년 3월 미국 유타대 교수 스탠리 폰즈(Stanley Pons)와 마틴 플라이슈만 (Martin Fleischmann)은 플라이슈만-폰즈 실험(Fleischmann-Pons Experiment)을 통해 상온 핵융합이 가능하다고 주장했다. 이들은 팔라듐 전극을 이용해 중수(D₂O)를 전기분해하는 실험을 하는 과정에서 비정상적으로 많은 양의 열이 방출되는 것이 상온 핵융합에 의한 결과라고 역설했다. 이는 '과학의 사기'로 간주되기도 했으나, 1973년 노벨 물리학상 수상자인 영국 케임브리지대 교수 브라이언 조셉슨(Brian David Josephson)은 영국 가디언 지와 미국 네이처 지에 기고한 글에서 "상온 핵융합은 사기라는 대중의 생각과는 달리 진실은 좀 더 복잡하며, 그 뒤로도 여러 나라 많은 과학자들이 상온 핵융합을 진지하게 연구했고 점점 더 많은 사람들이 그 가능성을 받아들이고 있다"고 했다.

1992년 1월 스탠퍼드 국제연구소 부설 전기연구소(EPRI)의 연구실이 폭발, 상온 핵융합 연구가인 앤드루 라일리(Andrew Reilly)를 포함한 두 명의 과학자가 숨지는 사건이 발생하면서, 미국이 겉으로는 사기극 운운하면서도 비밀리에 상온 핵융합 연구를 진행해 왔다는 의혹이 제기되었다. 1994년 2월 일본 통산성은 삿포로의 수소에너지 연구개발센터 실험실에서 미쓰비시 중공업, 히타치, 도시바 등 민간 5개 업체와 함께 상온 핵융합에 대한 연구작업에 착수했다. 2005년 4월 UCLA 연구팀은 상온에서 수정을 이용해 핵융합 실험에 성공한 결과를 네이처에 게재했다. 2009년 3월 미국 버지니아주의 JWK사(회장 제이 김, 한국명 김재욱)는 미국화학협회(ACS)에서 미 해군연구소와 공동으로 저에너지핵반응(LENR)을 실시하여 성공했다고 발표했다.

공동연구한 미 해군 우주해양전쟁시스템센터의 보고서에는 '상온에서 높은 에너지를 지닌 중성자가 생성됐다는 최초의 과학적 보고'라고 밝혔다. 이외에도 상온 핵융합에 관한 연구 사례는 다수가 있으며 지금도 연구는 계속되고 있다.[16]

원자력 연구자들은 핵융합을 궁극적인 에너지원으로 생각하고 있고, 또 청정 핵융합에너지의 상용화가 궁극적으로는 가능하다는 전망도 나오고 있다. 그러나 단기간에 그렇게 될 수 있는 것은 아니기 때문에 에너지 안보 차원에서도 다양한 대체에너지원을 확보할 필요가 있다. 태양열, 풍력, 지열, 조력 등 다양한 종류의 신재생에너지가 있지만 수소에너지가 '탈화석연료 시대'의 대체에너지원으로 가장 주목받고 있다. 그 이유는 태양열과 태양광 에너지는 에너지 밀도가 낮고, 풍력·지열·조력 등은 특정 지역에서만 제한적으로 이용 가능한 데 비해, 수소는 우주 구성 원소의 90%를 구성하는 무한·청정·고효율의 지속가능한 미래의 주요 에너지원이기 때문이다. 수소 산업을 전개하려면 현재로서는 원자력발전이 지구에 미치는 온실가스 영향을 최소화하는 가장 저렴한 방법이다. 수소가 미래의 에너지원으로 각광을 받는 것은 핵융합 발전에 국한되지 않는다. 미국 캘리포니아 주에서는 태양광을 이용한 해수면 수소 발생 저장을 통해 농업 에너지를 비축하는가 하면, 하와이 주에서는 석유 의존도를 줄이고 풍부한 지열과 태양열을 수소 연료로 전환해 에너지 자급을 도모하고 있고, 몽골에서는 태양광과 풍력을 이용한 수소에너지 발전 시스템의 구축으로 고비사막의 녹지화가 진행 중이다.

세계 각국은 수소를 주 에너지원으로 하는 '수소 사회(hydrogen society)'를 선점하기 위해 발빠르게 움직이고 있다. 일본은 2017년 4월 "세계 최초로 수소 사회를 실현시키겠다"고 선언했고, 중국은 2018년 2월 정부 지원 아래 17개

중국 국유기업과 기관이 참여한 '중국 수소에너지 및 연료전지 산업 혁신연합'을 출범시켰다. 영국 대형 가스 회사인 '노선 가스 네트웍스'는 인구 80만 명인 리즈시에서 기존 천연가스 배관으로 각 가정에 수소를 보내고 이를 통해 가정용 전기를 만드는 시스템을 준비 중이다. 미국 아마존은 대규모 물류 센터에 수소를 연료로 쓰는 수소 전기 지게차를 사용하고 있다.[17] 기존의 축전지 에너지 저장 방식과는 달리, 대용량의 에너지를 장기보존 관리, 재사용할 수 있는 수소스테이션(hydrogen station)을 기본적인 인프라로 구축하고, 대체에너지원을 사용해 전력을 생산하여 물 전해(電解) 공정을 거쳐 수소를 추출·저장한 후 필요한 전력을 생산하는 방식으로 완전한 에너지 독립 단지를 조성할 수 있다면, 생태환경과 산업환경 문제는 획기적이고도 근본적으로 해결될 수 있을 것이다. 태양광 분야 중 폴리 실리콘 전지판 기술과 수소저장합금 조성 및 수소 함유율 증진 기술이 획기적으로 개발될 경우, 동북아 지역, 나아가 지구촌의 수소에너지 인프라 구축과 지역별 대규모 에너지·식량 단지 조성에 대해서도 생각해 볼 수 있다.

수소에너지 생산 및 실용화

수소(hydrogen, H)는 주기율표 1족 1주기에 속하는 비금속원소로 원자번호 1(양성자 1개)이다. 'hydrogen'이란 영어 원소명은 그리스어로 물을 뜻하는 히드로(hydro)와 생성한다는 뜻의 제나오(gennao)가 합쳐진 데서 유래했다. 수소는 모든 동식물, 물, 석탄, 석유 등을 구성하는 성분 원소의 하나로 수소 원자 두 개가 결합한 상태, 즉 수소 분자(H_2)로 존재한다. 수소는 가장 가볍고 우주 질량의 75%, 우주 구성원소의 90%, 인체 구성원소의 63%를 차지하는 가장 풍부한 원소로서 무색·무미·무취의 기체다. 매장 지역이 편중돼 있고* 재생이 불가능하며 매장량이 한정돼 있는 화석연료와는 달리, 수소는 풍부한 물을 원료로 이용해 만들어낼 수 있고 사용 후에는 다시 물로 재순환되므로 고갈될 위험이 없는 무한 에너지원으로 기대를 모으고 있다.

수소가 상업용으로 생산된 것은 1920년대 유럽과 북미에서였다. 1920년 캐나다의 일렉트롤라이저사(社)는 사상 처음으로 물을 수소와 산소로 분리하는 상업용 전해조(電解槽)를 생산해 미국 샌프란시스코의 한 업체에 판매했다. 현재 일렉트롤라이저는 세계 굴지의 전해수소 발생기 생산업체로 성장했다. 영국의 유전학자이자 진화생물학자인 존버든 샌더슨 홀데인(John Burdon Sanderson Haldane)은 수소의 잠재력을 간파하고 1923년 케임브리지대학에서 강연 중 수소가 미래의 에너지가 될 것이라고 예단했다. 이후 그는 수소의 생산, 보관, 이용법에 관한 실제 청사진을 논문으로 남겼다. 그는 '액화수소가 지금까지 알려진 에너지 저장법 가운데 가장 효율적인 것'이라며, 어디서든 에너지를 저렴하게 얻을 수 있기 때문에 산업이 크게 분산되는 사회적 이점이 있고 또한 매연이나 쓰레기가 전혀 배출되지 않아 지구온난화가스의 발생을 최소화하는 환경적 이점도 있다고 지적했다.[18] 이후 홀데인의 주장은 항공 연료로서의 수소의 가능성을 간파한 시코르스키(Igor Sikorsky)에 의해서 기술적으로 더욱 정교하게 다듬어졌다.

수소가 항공 연료로 처음 사용된 것은 1920~1930년대의 일이다. 수소는 대서양 정기 항로에 투입된 독일 비행선에 부력제로서뿐만 아니라 연료 보

---

* 탄화수소 가운데 특히 석유는 잔여매장량의 65%가 중동지역에 편중돼 있기 때문에 앞으로도 국제적 분쟁을 야기할 소지가 다분히 있다. 현재 전 세계 석유 공급량의 27%를 공급하고 있는 중동이 2020년에는 63%를 공급할 것으로 예상된다. 따라서 에너지원의 다양화에 의한 안정적인 공급원 확보가 이루어지지 않으면 대부분의 나라들은 중대한 '에너지 안보' 문제에 봉착할 수 있다.

조제로서도 사용되었다. 1930~1940년대 독일과 영국은 수소를 실험용 자동차와 기차, 잠수함 등의 연료로도 사용했다. 1952년 프란시스 베이컨(F. T. Bacon)은 수소-산소 연료전지(베이컨 전지)를 개발하여 특허를 취득하였고, 미국에서 이 특허를 개량하여 우주계획(US space programme)에 사용하게 됐다. 태양에너지를 기점으로 하는 수소경제(hydrogen economy)는 1962년 전기화학자인 보크리스(Jhon OM Bockris)에 의해서 창시됐다. 그러나 과학자, 엔지니어, 정책입안자들이 수소의 연료 가치에 다시 주목하게 된 것은 1973년 석유 위기 이후다. 1974년 3월 '수소경제 마이애미 에너지 회의(The Hydrogen Economy Miami Energy(THEME) Conference)'가 개최되고 국제수소에너지협회(IAHE)가 창설됐다. IAHE 회장인 네자트 베지로글루(T. N. Veziroglu)는 화석연료의 고갈과 지구환경 문제에 대한 영구 해결책으로 수소에너지 시스템을 제안했다.

이후 1980년대 에너지 위기가 완화되고 유가가 다시 떨어지면서 각국의 수소 연구 투자는 급감했다. 그러나 지나친 화석연료 사용으로 야기되는 지구온난화에 대처하기 위해 탄화수소 연료에서 수소에너지로의 전환을 촉구하는 과학자들의 목소리가 높아지면서, 1990년대 수소에 대한 관심이 다시 살아나기 시작했다. 1999년 2월 아이슬란드가 세계 최초의 수소경제 국가에 대한 비전을 공표하면서 수소에너지의 잠재적 가능성은 극명하게 드러났다. 국제수소협회 의장국인 아이슬란드는 지열을 이용한 대표적인 수소에너지 인프라 국가이다. 세 개 다국적 기업, 아이슬란드 대학교, 아이슬란드 연구소, 뉴 비즈니스 벤처 펀드 등 여섯 개 아이슬란드 기관으로 이뤄져 컨소시엄 지분 51.01%를 보유하고 있는 합작업체 '아이슬란드 뉴 에너지'는 20년 안에 아이슬란드 경제 전체를 수소 기반으로 바꿔 아이슬란드에서 화석연료 에너지를 추방하고 궁극적으로 유럽에 수소를 수출하는 최초의 수소 수출국이 되려는 야심찬 계획을 가지고 있다.[19]

에너지 자원에는 석유·석탄·천연가스 등의 화석연료, 태양·지열·풍력·해양 등의 자연에너지, 그리고 원자로·고속증식로나 핵융합로 등에 의한 핵에너지가 있다. 현재의 에너지 시스템에서는 1차 에너지인 화석연료의 대부분을 석유제품, 도시가스, 코우크스 등의 연료와 전력이라는 2차 에너지로 변환하여 파이프라인이나 송전선 등의 각 네트워크로 수송하여 공장이나 가정으로 공급한다. 말하자면 현재의 에너지 시스템은 연료와 전력의 이원(二元) 체제를 기반으로 한 복합 시스템이다. 지금까지 필요한 에너지는 주로 화석연료에 의해 충족됐지만, 매년 에너지 소비량이 급상승함에 따라 현재의 에너지 시스템은 석유 자원의 고갈 위험과 화석연료에 의한 지구환경의 변화로 지속가능하지 않은 것으로 드러났다. 이에 따라 에너지 자원의 다양화에 의한 효율적인 에너지 이용법이나 새로운 대체에너지원의 개발이 인류의 중요한 과제로 떠오르게 되었다. 미래의 에너지 소비는 화석연료의 비중이 감소하고 이를 대체하는 태양열, 지열, 풍력, 해양 등의 재생 가능한 자연에너지나 원자로, 고속증식로 등과 같은 핵에너지의 비중이 점차 증대될 전망이다. 이러한 에너지 소비 시스템에서는 일반적으로 에너지는 열의 형태로 공급되고 전기에너지의 잉여분을 저장·수송이 가능하도록 2차 에너지를 연료로 변환하여 이용하는 기술 개발이 시급하다.[20]

수소는 물을 전기분해나 열분해에 의해 제조하고, 이 수소를 고압기체수소, 액체수소 또는 금속수소화물의 형태로 저장, 수송하여 필요에 따라 수소를 연소하여 열에너지로, 내연기관을 이용하여 기계에너지로, 또한 연료전지와 더불어 전기에너지로 모두 높은 효율로 변환하여 이용할 수 있고, 수소는 다시 물로 되돌아간다. 이런 수소는 에너지 변환매체로서 매우 우수하여 수소에너지 시스템의 개발은 그 필요성이 뚜렷한데 그에 따른 유효적절한 에너지변환·저장기술

을 확립하는 것이 급선무이다.[21]

수소가 2차 에너지로서 각광을 받게 된 것은 다음과 같은 특징 때문이다. 첫째, 풍부한 물을 원료로 하고 있고 각종 1차 에너지를 사용하여 제조되므로 자원 고갈의 우려가 없다는 점, 둘째, 연소 시 물과 극소량의 질소산화물만 발생할 뿐 다른 공해 물질이 전혀 발생하지 않는 청정 연료라는 점, 셋째, 물에서 수소를 생성하고 생성한 수소를 연소하여 다시 물로 재순환하는 사이클이 빠르게 진행되므로 지구상의 물질 순환에 피해가 없다는 점, 넷째, 전력은 저장이 어렵지만 수소에너지는 저장이 용이하다는 점, 다섯째, 수소에너지는 석유를 대신해 유체에너지로서 자동차나 항공기, 로켓 등의 연료로 사용될 수 있다는 점, 여섯째, 수소와 금속 또는 합금과의 가역반응이 에너지 변환 기능을 갖고 있으므로 케미컬 히트펌프나 전지 등의 광범위한 이용이 가능하다는 점, 일곱째, 수소에너지는 연료전지(fuel cell)에 의해 직접 발전도 가능하다는 점, 여덟째, 화학공업용 등의 원료로 널리 사용된다는 점* 등이 그것이다.[22]

이러한 특징을 갖는 수소가 대량으로 저렴하게 생산되면 현재의 전력 경제는 수소에너지 경제로 대체될 것이다. 화석연료·원자력·태양열·지열·풍력·해양 등의 1차 에너지와는 달리, 수소는 1차 에너지를 이용하여 물·화석연료·바이오매스 등 자연으로부터 추출해 연료전지에 저장한 뒤 전기로 변환시켜 사용할 수 있는 2차 에너지이다. 수소 연료전지로 아득한

---

* 수소는 가격이 高價여서 우주계획을 제외하고는 연료 또는 에너지 전달 물질로 직접 사용되고 있지는 않다. 수소는 화학공업용 등의 원료로 널리 사용되고 있는데, 원유의 질을 높이기 위한 정제공장이나 각종 화합물을 합성하기 위한 화학공장 및 야금처리 과정에서 사용되고 있다.

미래까지 쓰고도 남을 전기를 생산해 낼 수 있으나, 문제는 생산 단위당 연료전지의 비용이 아직은 비싸고 또 현재 대다수 연료전지가 천연가스 등 너무 '더러운' 탄화수소 연료를 이용한다는 것이다. 그리하여 새로운 에너지 게임에 뛰어든 참여자들은 비용 문제에 대처하고 새 에너지 시대로 나아가는 길을 닦고자 '분산전원(distributed generation)'—'공장, 기업, 공공건물, 주거지 등 최종 소비자가 머무는 지역이나 인근에 위치한 집합 혹은 단독 소형 발전소'—이라는 혁신적 송전 방식에 주목한다. 컨설팅업체 아서 리틀(Arthur D. Little)은 1999년 백서에서 '분산전원'이 기존 송전망의 보완 시스템이나 대안으로 기능할 가능성과 더불어 공업, 상업, 주거 환경에 전력 공급 솔루션을 제공할 수 있는 것으로 결론지었다.[23]

에너지 매체로서의 수소의 용도는 세 가지로 대별된다. 첫째는 석유를 대신하는 유체에너지라는 점이다. 고갈될 위험에 처해 있는 석유를 대신해 고출력의 수소에너지를 이용하면 발열량이 높은 에너지를 필요로 하는 자동차나 항공기, 로켓 등의 연료로 사용할 수 있다는 것이다. 수소는 발열량이 석유보다 약 세 배가량 높은 효율적인 에너지이다. 둘째는 에너지의 수송 및 저장이 가능한 화학적 매체라는 점이다. 전기에너지는 에너지의 수송 매체로서 가장 우수한 성질을 갖고 있지만 저장할 수 없다는 단점이 있다. 따라서 새로운 저장 시스템이 필요한데 여기에 수소를 이용한다는 것이다. 즉 저장이 불가능한 전기에너지를 저장하기 쉬운 화학에너지인 수소로 변환하여 저장하는 것이다. 또한 수소는 중량 당 에너지 밀도가 높은 우수한 수송 매체이다. 셋째는 에너지 변환의 매체라는 점이다. 수소와 금속 또는 합금의 반응은 가역성이 우수하여 에너지로 변환하는 기능을 갖는다는 것이다.[24]

수소는 우주에서 가장 풍부하게 존재하는 원소이지만 자연 상태에서 단독으로 존재하는 경우는 거의 없다. 수소는 자연 상태에서 거의 대부분 수소 기체가 아닌 수소 화합물로 존재하기 때문에 자연으로부터 추출·저장해 전력 생산에 이용하려면 시간, 노동, 자본이 들어간다. 수소를 생산하는 방법에는 수증기 개질(改質 reforming) 공법 및 부분 산화법, 전기분해법, 석탄 가스화 및 열분해법, 부생(副生)수소(원유 정제 과정에서 부산물로 나오는 수소), 물의 열화학분해법 및 광분해법[25] 등 여러 가지가 있다. 이 가운데 가장 효율적이고도 경제적으로 광범위하게 이용되고 있는 수소 생산방법은 탄화수소(주로 천연가스)를 증기로 개질하는 방법이다. 아직까지는 수증기 개질 공정이 가장 저렴한 수소 생산법이기 때문에 오늘날 수소 가운데 반 정도는 수증기 개질 공정을 거쳐 천연가스로부터 추출된다. 그러나 천연가스는 탄화수소체이기 때문에 수증기 개질 공정에서 이산화탄소가 부산물로 생성돼 지구환경을 악화시킨다는 문제가 있다. 더욱이 2020년경 세계 천연가스 생산이 절정에 이르고 2025년 이후 천연가스 가격 상승으로 발전용 천연가스 소비가 급감할 것이라는 예측[26]도 나오고 있다.

오늘날 수소 생산은 대부분 저렴한 천연가스 또는 원유부산물(피치)을 분해하여 생산하므로 에너지 단가가 천연가스나 원유보다 고가일 수밖에 없다. 수소는 산업용 기초 소재에서부터 일반 연료, 수소자동차, 수소비행기, 연료전지 등 현재의 에너지 시스템에서 사용되는 거의 모든 분야에 이용 가능하지만,[27] 현재로서는 가격이 비싸 우주로켓이나 부가가치가 높은 화학공업용 등의 원료로만 사용된다. 앞으로 경제성이 확보되면 일반 연료나 동력원 등으로 사용이 가능할 것이다. 화석연료 고갈과 지구환경 악화로 21세기에는 에너지원의 다양화에 의한 안정적인 공급원 확보와 에너지의 청정화가 요구된다. 따라서 향후 에너지 산업에서는 화석연료 의존도를 줄이고 원자력, 태양열, 풍력, 수력, 지열 등의 재생 가능한 대체에너지원을 사용해 전력을 생산한 후 공해가 발생하지 않는 물 전해(電解 electrolysis) 방식으로 수소를 추출·저장하여 필요한 전력을 생산하는 방식이 요망된다. 수소 생산에 재생 가능한 대체에너지원을 활용하면 이들 에너지가 '저장' 에너지로 전환돼 언제 어디서든 이용할 수 있고 이산화탄소 방출도 전혀 없다는 장점이 있다.

수소는 인류 사회에 '지속적으로 전력을 공급할 수 있는 가장 확실한 에너지 저장 수단'[28]이다. 현재 발전소의 에너지는 저장이 매우 어렵기 때문에 생성되자마자 사용되지 않으면 대부분 버려진다. 따라서 불규칙적으로 생산되는 재생에너지와 마찬가지로 수소 저장 기술로 저장할 필요가 있다. '어떤 에너지로 전기를 생산하면 전기는 즉각 흐른다. 따라서 태양이 가려지거나 바람이 불지 않는다면, 물이 흐르지 않거나 화석연료를 얻을 수 없다면, 전기를 생산할 수가 없고 경제 활동도 정지되고 말 것'[29]이기 때문이다. 오늘날 원자력발전의 증대로 심야 전력 생산이 수요보다 많아지면 이때 잉여 전력으로 물을 전기분해하여 수소를 추출해낼 수 있다. 무탄소 재생 가능 에너지로 생산한 전력을 물 전기분해에 활용해 수소를 추출·저장할 수 있게 되면 환경친화적인 에너지 체계 구축에도 크게 도움이 될 것이다. 높은 전기료 때문에 현재 수소의 연간 생산량 가운데 물 전기분해로 얻어지는 것은 4%에 불과하지만, 중·장기적으로 볼 때 재생 가능 에너지로 전기분해용 전력 생산에 드는 비용은 지금보다 훨씬 줄 것으로 기대된다.

수소의 저장 방법에는 15~20MPa(메가 파스칼)의 고압수소가스로 저장하는 방법, 수소가스를 0.1MPa로 -253℃까지 냉각시켜 액체수소로 저장하는 방법, 금속이나 합금을 수소와 반응하게 하여 금속수소화물로 저장하는 방법 등이 있다. 수소는 고압 봄베로 채우면 약 1/150으로 축소할 수 있고, 액화하면 약 1/800으로 축소할 수 있으며, 금속수소화물로 저장하면 수소의 체적을 약 1/1,000으로 축소하여 저장할 수 있다. 금속수소화물로 저장하는 방법은 수송 가능한 새로운 수소 저장법으로 주목받고 있다.[30] 대표적인 수소저장합금(水素貯藏合金 hydrogen storage alloy)으로는 Mg_2Ni, $LaNi_5$, $TiFe$ 등이 있는데, 네덜란드의 필립스연구소에서 발견된 희토류계 합금($LaNi_5$)은 고가(高價)인 점을 제외하고는 현존하는 실용합금 중에서 제일 우수한 특징을 갖는 것으로 평가된다.[31] 본서 제3, 4장에서 살펴본 비철금속인 액티바를 사용해 수소를 저장하면 액티바가 육각형의 벌집형 구조로 돼 있어 수소저장합금에도 유효하다고 한다.[32] 저장합금은 폭발을 방지하고 압축 저장하여 오래 쓸 수 있게 하므로 순수 수소를 사용하는 핵잠수함 등에 주로 이용되고 있다.

수소의 안전성에 관한 성질을 보면, 수소는 폭발 범위, 폭파 범위가 넓고 착화가 쉬우며 확산 속도가 빠르고 누출이 쉬워 폐쇄된 공간에서는 폭발 하한계에 이르기 쉽다. 그러나 수소의 비중이 매우 작고 공기 중에서 부양 속도, 확산 속도가 빠르므로 개방 공간에서의 폭발은 거의 없어 안전성이 높다고 한다. 실내에서는 상향 환기(upward ventilation)하면 가솔린이나 프로판과 비교해 폭발 및 화염의 위험성은 낮다는 것이다.[33] 사실 폭발의 위험은 수소뿐만 아니라 천연가스, 석유 등 모든 종류의 연료가 다 가지고 있다. 전문가들에 따르면 수소는 우주에서 가장 가벼운 기체인 까닭에 누출 후 축적되지 않고 빠르게 확산되므로 오히려 수소가 여타 탄화수소 계열의 연료보다 안전성 확보가 쉽다고 말한다. 앞으로 수소에너지의 실용화를 위해서는 몇 가지 기술 개발의 선결과제가 있다. 즉 값싼 수소를 대량으로 제조할 수 있는 기술 개발, 수소를 안전하게 저장·수송할 수 있는 기술 개발, 효율성이 높은 수소에너지 변환 기술의 개발, 수소에너지 응용 기술 개발, 사회적 에너지로서의 기술 개발[34] 등이 그것이다.

본서 제3, 4장에서 살펴본 액티바는 수소에너지 생산 소재로도 활용될 수 있다. 경제성이 높은 값싼 대체에너지인 원자력발전으로 전력을 생산한 후 액티바 신소재와 기술을 적용해 물 전해(電解) 공정을 거쳐 수소를 추출하면, 액티바가 7~20㎛ 파장대 광파를 흡수·방사하여 물 분자를 공명시켜 에너지를 증폭시키게 되므로 기존 전기분해 방식에 의해 추출하는 것보다 70~100% 증산할 수 있다고 한다. 광에너지를 흡수 방사하는 무기물 이온교환체인 액티바는 기존의 무기이온 교환체보다 그 특성과 기능이 월등히 우수한 것으로 나타난다. 액티바 공법은 물의 고분자 덩어리(클러스터 cluster)를 저분자 덩어리로 분해하여 표면적을 넓게 하므로 스파크 작용을 받는 전기 영향권이 넓어져 같은 전력으로 기존 생산 능력보다 배(倍)를 증산할 수 있는 기술이다. 또한 이 공법이 전기 더빙(dubbing)에 응용되면 액티바의 작용으로 물 알갱이가 작게 분해돼 수증기량이 많아지고 압력이 커져 전력이 30~50% 증산될 수 있다고 한다.[35]

액티바 기술력의 핵심은 전자파의 파동 증폭으로 높은 에너지를 얻어 물 분자와의 공명 활성도를 높여 물이 가지는 물성을 고도화하는 것이다. 대체에너지원 가운데 원자력은 가장 저렴하고, 또한 원자력발전에 따른 방사성 핵종 폐기물(방폐물)은 액티바가 유리고화(琉璃固化) 영구처리할 수 있으므로 안전성도 확보된다. 그렇게 되면 값싸게 대량으로 수소를 제조할 수 있으므로 수소에너지의 실용화를 촉발할 수 있다. 원자력발전은 다른 발전에 비해 전력 판매 단가가 현저하게 낮을 뿐만 아니라 지구온난화 주범인 이산화탄소 배출이 전혀 없고 대기오염을 극소화한다는 점에서 화석연료의 대안이자 신재생에너지의 실용적 한계를 극복할 수 있는 방책이다. 화석연료의 종말에 대한 예측과 더불어 화석에너지 사용에 따른 기후변화의 위기가 지구촌을 강타하고 있는 현 시점에서 신재생에너지는 아직 경제성과 기술 개발이 미흡한 단계다. 따라서 원자력발전으로 전력을 생산하여 액티바 첨단소재와 원천기술을 적용해 물 전기분해 공정을 거쳐 더 많은 수소를 추출할 것이 요망된다.

이와 같이 대체에너지원 가운데 가장 저렴한 원자력발전으로 전력을 생산하고, 방폐물은 액티바가 유리고화 영구처리하며, 액티바 신소재와 첨단기술을 적용해 물 전해(電解) 공정을 거쳐 수소를 증산하면 생산원가 절감으로 경쟁력이 제고될 뿐만 아니라 안전성도 확보되므로 원자력시대에서 수소시대로의 이행을 촉발할 수 있다. 지구환경 회복과 청정 대체에너지원의 확보, 그리고 인류의 삶의 질의 향상을 위해서는 특히 수소에너지 브라운가스(Brown Gas $2H_2+O_2$)* 산업이 대단히 중요하다. 수소에너지 브라운가스(워터에너지)[36]는 물의 전기분해 방식에 의해 생산되는 완전 무공해 연료로서 물(H_2O)의 구성비 그대로 수소와 산소가 2:1로 혼합된 상태로 존재하는 혼합가스다. 불가리아 태생의 호주 과학자 율 브라운(Yull Brown)**이 개발했다고 하여 브라운가스로 불린다. 브라운은 브라운가스를 자동차 연료로 쓰는 실험에 성공하여 '물로 가는 자동차'의 청사진을 제시함으로써 오늘날 '수소자동차'로의 길을 열었다. 브라운가스는 자체 산소에 의해 완전 연소되는 독특한 연소 특성을 나타내는 까닭에 단순히 수소만으로 존재하는 종전의 수소가스나, 산업현장에서 널리 쓰는 기존의 수소-산소 혼합가스와는 달리 명명하

---

* 2002년 2월 28일 대체에너지 개발 및 이용·보급촉진법 개정 법률안이 국회를 통과함에 따라 물 전기분해 방식에 의해 생산되는 브라운가스는 수소에너지라는 이름의 대체에너지로 입법화됨으로써 수소에너지라 불리게 됐다.

** 1971년 무공해 에너지 개발에 착수한 브라운은 물(H_2O)에서 나오는 수소원자와 산소원자를 잘 혼합하면 보다 안전하게 연소된다는 사실을 발견하고 고효율의 電解槽 개발에 성공함으로써 독특한 연소 특성을 나타내는 혼합가스를 개발하게 되었다.

게 된 것이다.

브라운가스는 에너지를 일으킨 후 물이 되고 물은 다시 브라운가스로 생산되고 수증기로 증발하여 대기 건조를 막고 또 습도를 높여 미세 분진(粉塵)을 잡는 데에도 크게 기여할 수 있다. 또한 브라운가스는 기존 설비를 이용할 수 있으므로 보완시설이 많이 필요치 않고, 수소가스와 달리 압축 저장할 필요가 없으며, 가스렌지처럼 노즐 끝에 전기촉매를 써서 전기스파크를 일으켜야 불이 켜지므로 위험하지 않다. 브라운가스는 주로 용접, 특수 가열 등의 용도로 사용되지만, 공급가격의 안정화가 이루어지면 일반 가정이나 발전소 등에서 연료로 사용할 수 있다. 브라운가스가 실용화되기 위해서는 전력생산비를 최대한 낮추어 원가 절감과 수송 등 공급 구조 및 공급의 안정성 등이 평가돼야 한다. 청정에너지로 높은 평가를 받고 있는 브라운가스는 중국 등 세계 여러 나라에서 실용화가 추진되고 있는 추세다. 브라운가스의 실용화는 무엇보다도 저렴한 핵연료로 원자력 전력을 생산하여 생산원가를 절감하고, 또한 원자력발전에 따른 방폐물은 액티바에 의한 유리고화 영구처리로 안전성이 입증되어야 한다. 그렇게 되면 브라운가스는 온실효과에 따른 지구온난화를 완화하고 청정 문화사업을 활성화하는 데 크게 기여할 수 있을 것이다.

수소경제 비전과 에너지의 민주화

1974년 3월 세계 각지에 있는 일단의 과학자들이 '수소경제 마이애미 에너지 회의'에 참가해 수소에너지 시스템을 기반으로 하는 '수소경제(hydrogen economy)'를 제창한 지도 어언 45년이 다 되었다. 이제 수소경제는 가시권으로 진입했다. '수소경제'를 주창한 제러미 리프킨의 말처럼 인류 역사상 처음으로 어디서든 구할 수 있는 에너지 형태, 이른바 '영구 연료(forever fuel)'를 손에 넣을 수 있는 문턱까지 이르렀다. 리프킨은 2020년경 세계 석유 및 천연가스 생산이 절정에 이르면 그 대안으로 수소에너지가 인간 문명을 재구성할 새로운 에너지 체계로 부상하면서 기존의 경제, 정치, 사회를 근본적으로 바꿀 것이라고 예단했다. 그는 수소 시대(hydrogen era)의 혁명적 도래와 더불어 수소에너지 공유의 실현을 위한 방법을 다음과 같이 제시한다.

> 세계적인 수소에너지망(HEW)은 역사상 또 다른 기술, 상업 및 사회 혁명으로 기록될 것이다. HEW는 1990년대 세계적 통신망의 발전 과정을 따르게 될 것이며 통신망과 마찬가지로 새로운 참여문화를 가져올 것이다…수소가 '만인의 에너지'가 되느냐 못되느냐는 주로 초기 개발 단계에서 수소를 어떻게 이용하느냐에 달려 있다…수소에너지 공유가 실현되기 위해서는 공공기관과 비영리단체, 그중에서 특히 수억의 인구에게 에너지를 공급하고 있는 공공 소유 비영리 전력업체들과 세계적으로 7억 5,000만명 이상의 회원을 가진 수천 개 비영리 협동조합이 새로운 에너지 혁명의 초기 단계부터 뛰어들어 모든 나라에 '분산전원협회(DGA)'가 설립되도록 도와줘야 한다. 인류를 HEW로 한데 묶기 위해서는 민간 부문의 적극적 참여도 필요하다.[37]

리프킨은 수소경제 인프라 건설이 상업적 열의만 있다면 10년 안에 가능하다고 본다. 오늘날 인터넷 경제와 웹 인프라가 10년도 채 안 돼 정착되어 사업 및 통신 방식에 근본적 변화를 몰고 왔듯이, 수소경제와 세계 에너지망이 차세대 상업혁명을 견인할 것이라는 전망이다. 또한 컴퓨터, 휴대폰, 휴대용정보단말기(PDA)처럼 수소 가격도 결국 저렴해질 것이며, 그렇게 되면 에너지 민주화의 길이 열리면서 수소는 '만인의 에너지(the people's energy)'

가 될 것이라고 내다보았다.[38] 그는 오늘날 세계 경제 위기가 화석연료에 의존한 지금의 경제성장 모델이 그 유효성이 다해 가는 데서 오는 말기적 증세라며 성장이냐 복지냐 식의 의미 없는 이분법 논쟁에 빠지기보다는 다가오는 수소경제시대에 대비하는 것이 더 중요하다고 말한다.

그의 수소경제 비전은 에너지체계가 문명의 성격을 결정한다는 대전제를 바탕으로 하고 있다. 21세기에는 에너지 생산 및 분배의 통제 중심이 '화석연료를 기반으로 한 중앙집권형 거대 에너지기업 중심에서, 거주지에서 직접 재생 가능 에너지를 생산하고 잉여분은 에너지 정보 공유체를 통해 교환하는 수백만의 소규모 생산자 중심으로'[39] 이동할 것이라고 본다. 이로 인해 물자의 분배 방식뿐만 아니라 정치권력의 행사 방식, 사회적 관계의 관리 방식, 나아가 문명의 구성 방식까지 에너지 체계가 총체적으로 결정하게 되는 것이다. 이러한 '에너지의 민주화(democratization of energy)'에는 미래 인류 문명을 재구성할 심오한 암시가 함축돼 있다. 누구든 에너지 소비자인 동시에 생산자가 되면 에너지 통제권 부여와 에너지 민주화로 기존의 상의하달식 접근법은 하의상달식 접근법으로 대체될 수밖에 없는 것이다. 한마디로 세계 경제의 패러다임 전환에 따른 수평적 권력이 에너지, 경제, 그리고 세계 권력 구조를 재편하게 되리라는 전망이다.

분산전원에 분산시스템 지능이 접목되면서 에너지 방정식이 바뀌고 있다. 처음으로, 에너지에 대한 전통적인 상의하달식 접근법이 새로운 하의상달식 접근법으로 대체될 전망이다. 이러한 에너지의 민주화가 실현되면 모든 사람이 소비자인 동시에 에너지 공급자가 될 수 있다. 분산전원, 지역 에너지망 구축, 나아가 세계 에너지망 창출은 세계 통신망 건설에 뒤따르는 당연한 결과다. 쌍방향 통신과 쌍방향 에너지 공유라는 두 기술혁명이 계속 융합함에 따라 새로운 유

형의 경제, 사회 기반이 조성되고 있다.[40]

리프킨은 오늘날 수소 연료전지 '분산전원(distributed generation)' 기술이 컴퓨터 및 통신 혁명과 맞물려 새 경제 시대를 열기 시작했다고 본다. 수소에너지망(hydrogen energy web, HEW)에 각자의 연료전지를 연결하는 분산시스템을 통해 역사상 처음으로 에너지 민주화가 이뤄지고, 저렴한 수소에너지로 제3세계를 빈곤으로부터 해방시킬 것이며, 세계 권력구조를 아래로부터 재편할 것이라고 보는 것이다. 미국 에너지부가 외부에 의뢰해 2000년 발표한 연구 보고서에 따르면 쌍방향 에너지망 창출의 가장 큰 걸림돌은 '전력 독점 공급과 낡은 규제 정책 및 인센티브'인 것으로 판명됐다. 그런데 보고서가 발표된 지 2년 만에 변화의 조짐이 나타났다. 전력업계는 송전망 독점 유지에서 얻을 수 있는 이점보다 분산전원으로 얻을 수 있는 이점이 많다는 결론에 이르면서 분산전원 발전기의 소유주 및 운영자들과 협력해 쌍방향 에너지망을 창출하기 시작한 것이다. 그러나 여전히 남은 문제는 분산전원 소유주도 공정하고 동등하게 기존 송전망에 접근할 수 있게 하는 단일 표준을 확립하는 것이다.[41]

리프킨에 따르면 오늘날 인터넷 세대에게는 사유제냐 공유제냐, 자본주의냐 사회주의냐보다는 정치제도가 수평적이냐 수직적이냐, 분산적이냐 집중적이냐가 관건이다. 말하자면 '소유(possession)'가 아닌 '공유(sharing)'가 새로운 경제 모델이 되고 있는 것이다. 그는 수소경제의 미래가 수소의 '지위(status)'를 어떻게 정하느냐에 따라 결정된다고 보고 이는 월드 와이드 웹으로부터 교훈을 얻을 수 있다고 한다. 웹은 중앙통제실이 없는 분산 통신망이기에 누구든 중앙이 될 수 있다. 웹은 모든 이용자가 언제든 콘텐츠 공급자가 될 수 있도록 고안돼 누구든 다른 사람과 접촉하고 상호작용에 참여할 수 있게 하는 일종의 네트워크다. 인류 역사상 유례가 없는 통신의 민주화가 이루어진 것이다. 이러한 새로운 쌍방향 통신 매체 시대의 도래와 더불어 지금도 계속되고 있는 핵심적인 논란거리는 무료 정보는 무엇이고 저작권 소유자나 시스템 관리자에게 사용료를 지불해야 할 정보는 무엇이냐 하는 것이다. 수소에너지망(HEW)을 둘러싸고 그와 유사한 논란이 벌어질 수 있다. 인터넷에서 정보가 자유롭게 유통되듯 우주에서 가장 기본적이고 보편적인 원소인 수소도 자유롭게 공유해야 한다고 주장할 수 있다는 것이다.[42]

리프킨은 인류가 수소 시대 초기부터 수소에너지원의 특성이 가장 잘 반영된 제도적 틀을 짜는 문제에 대해 심사숙고해야 한다고 강조한다. 재생 불가능한 화석 에너지원의 경우 에너지 처리비는 처음에는 많이 들다가 관련 기술의 정교화와 비용 저감(低減)으로 감소하지만 결국 매장량이 고갈되면서 다시 늘어나기 마련인 데 비해 가장 풍부한 원소인 수소는 다르다는 것이다. 수소는 대량으로 생산될수록 처리비는 저렴해져 결국 '거의 무료(almost free)'가 될 것이라는 전망이다. 하지만 수소 운송용 첨단 에너지망을 구축하고 유지하는 데 많은 비용이 들 수 있기 때문에 수소에너지망과 거기서 비롯될 수소경제는 색다른 구조적 설계가 필요하다는 것이다. 그것은 새 에너지 체계의 사유와 공유 양 측면이 조화를 이루는 공생관계로 사업 방식을 이끌어 갈 설계여야 한다는 것이다.[43]

과학과 기술의 꾸준한 혁신에도 불구하고 세계 빈부 격차는 오히려 늘어나고, 세계의 많은 지역이 절망적 빈곤으로 허덕인다. 리프킨은 세계 전역에서 빈곤이 지속되는 주요 원인 중 하나가 에너지, 특히 전기에 접할 수 없다는 점을 든다. 전력이 있어야 농기구를 가동하고 공장과 작업장을 운영하며 가정, 학교, 기업의 전등을 밝힐 수 있다는 것이다. 현재 세계 인구 중 1/3

이 전력을 전혀 접하지 못한다는 것은 땔감이나 가축 분뇨 등을 찾아 헤매는 일상의 생존 노동에 묶여 경제적 기회를 놓치고 있음을 의미한다. 그에 따르면 인간이 단순한 생존 차원을 넘어 진보할 수 있는 역량의 잣대는 1인당 에너지 소비량이다. 오늘날 개도국 전역의 1인당 에너지 소비량이 미국의 1/15에 불과하고 세계 평균 1인당 에너지 소비량이 미국의 1/5에 불과하다는 사실은 에너지에 접할 수 있는 '연결자'와 그렇지 못한 '비연결자'의 골이 매우 깊다는 것을 말해 준다.[44] 이러한 골을 메워 나가는 것이 빈부 격차를 줄이는 길이다.

지난 20세기 내내 '가진 자와 못 가진 자(the haves and have-nots)', 에너지 '연결자와 비연결자(the connected and unconnected)' 사이에 날로 벌어져 온 빈부 격차는 화석연료 에너지체계의 본질에서 비롯된 것이다. 다시 말해 화석연료 시대(fossil fuel era)와 더불어 등장한 고도로 중앙집중화한 에너지 인프라와 그에 걸맞은 경제 인프라가 소수에 의한 다수의 지배를 가능하게 했던 것이다. 정치적 경계선에 의해 생겨난 민족국가는 화석연료시대의 독특한 산물로서 그러한 경계선은 생태계의 역동성과 무관했던 까닭에 주민들이 지속가능한 방식의 삶을 영위하기 힘들었다. 하지만 탈중앙화, 민주화한 에너지망이 갖춰진 수소경제에서는 생태학적으로 보다 지속가능한 방식으로 상공업 활동이 확산되면서 거주 지역의 밀도가 균형을 이루게 될 것이라고 리프킨은 전망한다.[45] 이렇게 볼 때 수소에너지 체계로의 전환과 세계 각지의 지역사회를 한데 잇는 분산전원 에너지망 구축이야말로 수십억 인구가 빈곤에서 벗어날 수 있는 유일한 방법이다.

분산에너지 인프라(decentralized energy infrastructure)는 개인, 지역사회, 국가들이 각기 독립된 가운데 상호 의존의 가치도 수용함으로써 에너지 민주화의 기틀을 마련할 것이다. 개인이나 지역사회가 모두 에너지 소비자인 동시에 생산자가 되면 권력 형태에도 극적인 변화가 생겨 하의상달식 세계화 재편이 이뤄질 것이다. 그렇게 되면 "지구의 다양한 생리학이 집약된 경제, 사회 구조를 창출함으로써 본질적으로 생명을 긍정하고 재생하는 새로운 가능성으로 충만한 세계로 나아갈 수 있다. 오래도록 야만적인 지정학적 통치에 결국 종지부를 찍고 지속적인 생물권 정치를 창출하기 위한 새로운 순례를 시작할 수 있다"[46]고 리프킨은 말한다. 영국 UCL 블록체인테크놀로지센터장 파올로 타스카(Paolo Tasca)는 '2018 미래에너지포럼'에서 에너지 산업의 파괴적 혁신을 이끄는 블록체인에 대해 이렇게 발표했다. "블록체인(데이터 분산 저장) 기술로 에너지 산업이 탈중앙화를 이룰 것이다. 소비자(개인)가 직접 생산한 에너지를 중앙의 중개기관(전력회사) 없이 직거래하는 것이다. 미래 에너지 산업의 중심은 공급회사가 아니라 소비자이다."[47]

2017년 11월 13일(현지 시각) 독일 본에서 열린 '제2차 수소위원회 총회'에서 글로벌 컨설팅업체 맥킨지가 발표한 '수소경제사회 구현을 위한 로드맵'에 따르면, 2050년 수소산업 분야에서 연간 2조5,000억 달러의 시장 가치가 창출되고 3,000만 개 이상의 일자리가 창출되는 것으로 전망된다. 그때가 되면 수소에너지는 전체 에너지 수요량의 18%를 담당하며 이산화탄소는 매년 60억t가량 감축될 것으로 예측된다. 이는 2016년 우리나라가 배출한 이산화탄소(5억8,800만톤)보다 10배 이상 많은 규모다. 수소는 연료 효율이 높고 온실가스 배출이 없는 무공해 청정에너지이기 때문에 수소사회의 도래는 경제적 파급 효과뿐만 아니라 전 산업분야에서 에너지 이용의 탈탄소화를 통해 기후변화를 완화하는 중심축 역할을 할 수 있다. 또한 수소 수요는 2015년 8EJ(Exa Joule: 엑사줄, 에너지 소비 단위)에서 2050년에는 10배 가까이 늘어난 78EJ에 이를 것으로 전망된다. 이는 전 세계 에너지 수요의 약 78일치 분에 해당한다. 수송 분야는 전체 수소에너지의 28%, 수소전기차는 전체 차량의 20~25%를 차지할 것으로 예상된다. 발전 분야에서도 전 세계 가정과 산업에서 필요한 전력 및 열의 10% 이상을 수소에너지가 담당할 것으로 전망된다.[48]

인류가 꿈꾸는 수소경제시대의 모습은 수소를 이용해 온실가스 배출 없는 에너지 생산·소비 환경을 구축하는 것이다. 미래학자들은 2050년경 인류가 사용할 에너지 가운데 상당 부분을 원자력과 함께 수소가 감당할 것으로 내다보고 있다. 특히 환경 규제가 강화되는 운송 분야에서 각국과 기업은 수소를 주요 에너지원으로 도입하기 위해 필사적인 노력을 경주하고 있다. 우리나라의 경우 2020년에는 수소가 연간 116만t, 2040년에는 606만t이 필요할 것으로 예측된다. 수소경제를 구축하려면 미래 원자력 기술이 필수적이다. 초고온가스로(VHTR)는 높은 열과 전기, 화학반응을 이용해 수소를 대량생산할 수 있어 주요 원자력 강국이 상용화를 서두르고 있다. 초고온가스로는 1,000℃ 이상 고온에서도 방사능이 누설되지 않는 세라믹 피복을 입힌 원료를 사용하는 원자로여서 외부로 누출되는 방사선이 동급 경수로에서 방출되는 방사선량의 1/1,000 이하라고 한다. 특히 원자로 가동 과정에서 발생하는 고온의 열과 전력을 수소 생산 플랜트로 보내고 플랜트에서는 물을 원료로 한 고온전기분해법이나 황산을 사용하는 열화학법을 사용해 수소를 대량생산하게 된다.[49]

우리나라도 원자력-수소생산 시스템 상용화를 목표로 초고온가스로와 이에 필요한 핵연료, 그리고 수소 생산 공정을 개발해 왔다. 전체 에너지의 97% 이상을 해외에 의존하는 우리나라로서는 수소 대량생산 원천기술을 확보하는 것이 에너지 안보 차원에서도 매우 중요하다. 우리나라 원자력수소 생산기술은 세계적 수준에 올라서 있다. 2008년 한국에너지기술연구원

연구진에 의해 원자력수소 생산공정 실증이 성공을 거둔 것이다. 이 공정은 물 전해에 필요한 900도의 온도를 원자력을 이용해 수소를 생산하는 것으로 향후 수소 대량생산 원천기술로 활용될 것으로 전망된다.[50] 수소는 대량 생산뿐만 아니라 효율적으로 저장하고 운반하는 기술 또한 확보해야 할 최우선 과제다. 한국과학기술연구원(KIST)의 '자기냉각 액화물질 융합연구단'은 수소를 액화시켜 사용하는 것이 고압으로 압축해 사용하는 것보다 에너지 효율이 2.8배 높은 것으로 보고 수소를 액화해 저장하고 운반하는 방법을 연구 중이다. 또한 수소 증발을 막는 재액화 기술로서 '자기냉각기술'도 국내 연구진에 의해 개발 중이다.[51]

2005년 참여정부는 친환경 수소경제 비전을 제시하고 국가경제 시스템의 전반적인 변화를 시도하며 수소경제 원년을 선포했다. 2005년 당시 정부가 수소·연료전지를 차세대 신성장 동력으로 집중 육성하고 '에너지저소비형 친환경 경제강국'을 건설하기 위해 제시한 장기 비전을 보면, 수소제조·저장·공급 등 안정적 인프라 구축과 더불어 수소경제이행촉진법 제정·수소경제센터 신설·핵심기술센터 구축 등 지원기반 강화 계획이 포함돼 있다. 이에 따르면 수소·연료전지 보급으로 오는 2040년경 전체 자동차의 54%, 발전설비의 22%, 주거 전력 설비의 23%, 모바일 기기의 100%가 연료전지로 대체될 것으로 전망했다. 수소경제로의 전환은 단순히 연료전지의 개발·보급을 넘어 에너지의 안정적인 공급과 고용 창출 및 물가 안정으로 이어져 국가 산업 전반에 영향을 미칠 것으로 기대됐다. 수소경제 비전이 구현될 경우 오는 2040년경 수소연료전지 산업 규모는 109조원, 고용효과는 100만 명으로 전망되고 이산화탄소 배출량은 탄소경제하의 추정치보다 20% 정도 줄어들 것으로 예상됐다.[52] 여기에 신재생에너지 비중을 확대하는 내용의 실행 계획이 병행되면서 청정에너지 시대의 도래에 대한 기대감이 컸다.

우리나라의 경우 수소경제 전환 추진 전략은 오는 2040년쯤으로 예상되는 화석연료 고갈에 대비하고 기후변화협약 등 국제적인 환경 규제 강화 추세에 부응하여 현재의 석유 중심 경제체제가 무공해 무한에너지인 수소 중심 경제체제로 재편되는 미래 사회를 열기 위한 것이었다. 국가 경제가 유가 상승에 좌우되는 석유 의존 경제체제로는 지속가능한 경제발전을 도모할 수가 없으므로 장기적인 대책 마련이 필요하다는 정부의 판단에 따른 것이다. 2005년 9월 '친환경 수소경제 구현을 위한 마스터플랜(안)'이 확정되고 2040년 상용화 단계에 이르기까지 수소경제 실현을 위한 구체적인 로드맵도 나왔다. 연료전지 개발에 중점을 둔 산업화 전략과 연료전지산업이 도입되는 수송용, 발전용, 가정용의 분야별 정책 방향 등 액션플랜(action plan)도 마련됐다. 정부가 마련한 마스터플랜에 따르면 수소경제에 진입하기 위해 추진되는 3단계 계획은 2010~2020년까지의 기술 개발 단계, 2020~2030년의 도입 단계, 그리고 2030~2040년의 상용화 단계로 이뤄져 있다.[53]

2013년 한국과학기술정보연구원(KISTI)이 교육과학기술부와 공동으로 녹색기술 5개 분야(그린카, 대체수자원, 그린IT, 이차전지, 태양전지 등)의 선진국 기술 수준과 기술개발 동향을 파악할 수 있도록 작성한 '녹색기술 지식맵'에 따르면 한국은 수소(연료)차 양산에서는 가장 앞섰지만 연료전지 원천기술 경쟁력에서는 보완해야 할 점이 많은 것으로 나타났다. 2000년 이후 연료전지 관련 특허 출원 수는 일본의 1/4 가량이고 특허 수준에서도 영국, 독일, 프랑스, 이탈리아, 캐나다에 비해 떨어지는 것으로 분석됐다. 수소차는 유해가스 배출과 소음을 획기적으로 줄일 수 있는 반면, 가격이 1억원을 넘어 대중화가 어렵다. 대중화되려면 차 값의 40~60%를 차지하는 연료전지 가격을 대폭 낮출 수 있도록 촉매물질인 백금 사용량의 감소와 미국 듀폰이 독점하고 있는 전해질막의 국산화가 과제다. 연료전지는 자동차뿐만 아니라 일반 가정

과 빌딩, 발전소 등 고정형으로도 쓰인다.[54]

　당시 정부는 2040년까지 최종 소비 에너지 가운데 수소에너지 비중을 15%로 상향 조정하기로 했다. 그러나 수소 생산에 들어가는 에너지를 고려하면 수소는 에너지원이 아니라 '에너지를 저장하고 이용하는 운반체'에 불과하다는 일부 지적도 있듯이, 수소 생산에 들어가는 무공해의 저렴한 에너지 확보가 관건이다. 수소경제시대에 대비하기 위해선 운송설비, 수소스테이션 등 물적 인프라뿐만 아니라 인적 인프라도 중요하다. 대학 및 연구소 중심의 전문 인력 양성과 더불어 부문별 핵심기술 인력을 집중적으로 양성해 수소 이외의 다양한 대체에너지와 신재생에너지에 대한 연구도 지속적으로 병행할 필요가 있다. 수소경제시대라 할지라도 수소가 모든 에너지를 완전히 대체할 수는 없기 때문에 에너지 안보 차원에서도 필요하고 또 수소와 신재생에너지가 만나면 시너지 효과를 창출할 수도 있기 때문에 병행 연구가 필요한 것이다. 수소에너지 시대 주도권을 선점하려는 선진국들의 기술개발 경쟁이 본격화되고 있는 시점에 우리나라의 잦은 정부조직 개편은 일관성 있는 정책을 집중적으로 추진하기 어렵게 했다는 비판이 일기도 했다.

　2005년 9월 '친환경 수소경제 구현을 위한 마스터플랜(안)'이 확정될 당시 정부 주관부서는 산업자원부*였으나 2008년 산업자원부·정보통신부·과학기술부·재정경제부의 기능을 통합하여 지식경제부로 개편됐고, 2013년 응용 R&D 업무를 미래창조과학부로 이관하고 통상 업무를 외교통상부로부터 넘겨받아 산업통상자원부로 개편되어 오늘에 이르고 있다. 2005년 화

---

* 산업자원부의 연혁을 보면, 1948년 상공부 신설, 1977년 동력자원부 신설, 1993년 상공부와 동력자원부를 통합하여 상공자원부로 개편, 1994년 상공자원부를 폐지하고 통상산업부로 개칭, 1998년 통상산업부의 통상 업무가 외교통상부로 이관돼 산업자원부로 개칭된 것이다.

려하게 출범한 수소경제 마스터플랜이 제시한 장밋빛 전망 중 현실화된 것은 거의 없다. 2013년 현대자동차가 세계 최초로 수소차 상용화에 성공하긴 했지만, 당시 정부가 마스터플랜에서 2020년 국내 수소차 보급을 200만대로 추정했던 것에 비해 2018년 9월 현재 수소차 보급은 국가가 수소차 한 대당 수천만 원의 보조금을 지급했는데도 1,000대에도 못 미치고 있다. 2020년까지 2,800개 이상 건립하겠다던 수소스테이션(충전소)도 현재 전국에 10개가 안 된다. 2020년부터는 신재생에너지로 수소를 생산하려던 계획도, 가정용 전력의 상당 부분을 연료전지로 대체하려던 계획도 발전용 연료전지 개발사업이 별다른 성과를 내지 못하면서 모두 실현되지 못했다.[55]

2018년 8월 13일 기획재정부가 혁신성장의 로드맵이라 할 수 있는 '혁신성장 전략투자 방향'에서 3대 전략투자 분야로 '수소경제'를 언급하면서 수소경제에 대한 관심이 다시 고조되고 있다. 2019년 예산안에서 확정된 수소경제 투자금액은 1,100억원으로 2018년(422억원) 대비 두 배 이상 늘었다. 수소경제 관련 연구를 하는 한 국책기관 관계자는 "수소경제의 개념이나 기술이 마스터플랜이 나왔던 당시나 지금이나 큰 차이가 없다"며 '다만 수소차 활성화를 위해 수소 생산 및 유통 등 인프라 구축에 보다 초점이 집중된 게 차이점'이라고 밝혔다. 수소를 만들려면 반드시 다른 에너지가 필요하다는 점은 수소경제의 최대 딜레마이자 최우선으로 해결해야 할 과제이기도 하다. '천연가스 개질법은 경제적이고 효율적이지만 생산비용이 가솔린보다 2배가량 높을 뿐만 아니라 수소제조 과정에서 이산화탄소(CO_2)를 발생시켜 수소차가 친환경차라는 논리를 무색케 한다'는 난점이 있다. 재생에너지를 이용할 경우 수소 제조비용은 가솔린 대비 최대 5배에 달한다고 포스코 경영연구원은 분석했다.[56] 수소에너지 상용화를 통해 수소경제를 활성화하기 위해서는 발전단가는 낮고 효율성은 높으며 환경오염이 없는 원자력발전이 필요하다.

친환경 수소경제 구현을 위한 마스터플랜을 수립한 지 13년이 지났지만, 수소산업 관련 인프라는 여전히 열악한 수준이고, 연료전지 산업 육성 등 생태계 구축은 제자리걸음 수준이다. 기술력에서 앞선 수소차도 충전소 등 인프라 구축이 늦어지고 있다. 수소차는 전기를 저장할 필요 없이 수소차가 발전기 역할을 하며, 유해 배출가스가 전혀 없는 무공해 차량으로 공기 청정 기능도 갖고 있다. 현대자동차의 '넥쏘'나 도요타의 '미라이' 등 수소차는 엄밀히 말하면 수소전기차다. 넥쏘는 3중으로 이뤄진 공기 정화 시스템을 갖추고 있어 초미세 먼지의 99.9% 이상이 걸러지고 깨끗한 수증기만 배출된다. '수소차 10만대가 4시간 달리면 제주도 전체 인구(68만1,095명)가 하루 숨 쉴 양보다 많은 공기가 정화된다'고 한다. 현대차에 따르면 넥쏘를 한 시간 운행할 경우 공기 26.9kg이 정화되는데 이는 성인(체중 64kg 기준) 42.6명이 한 시간 동안 호흡할 수 있는 양이다. 넥쏘 10만대가 하루 평균 2시간을 주행할 경우 서울시 전체 인구(985만명)의 86%인 845만명이 한 시간 동안 숨 쉴 수 있는 공기가 정화된다.[57]

수소에너지를 보급·활성화하기 위한 진흥법률로는 신재생에너지법과 '환경친화적 자동차의 개발 및 보급 촉진에 관한 법률'이 있다. 수소에너지는 친환경적 에너지임에도 불구하고 안전성 문제와 고가의 설비(연료전지)를 요구하는 개발상의 난점 때문에 수소에너지를 이용하려는 사업자가 없었고 수소에너지 관련 사업을 규제할 입법의 필요성도 적었다. 그러나 최근 기술 발전으로 수소연료전지 발전사업자, 수소충전사업자와 수소연료전지차가 등장함에 따라 수소에너지와 관련된 법률을 정비해야 할 필요성이 커졌다. 수소에너지 관련 사업자들이 갖는 불확실성을 제거하고 동시에 공공의 안전을 위한 기준을 마련하기 위해 우선 저압의 수소에너지에 적용할 수 있는 법규를 제정할 필요가 있다. 수소에너지가 전기처럼 하나의 독립된 에너지 원으로서의 위치를 구축하게 되면 '전기사업법'처럼 수소의 생산, 저장, 수송, 이용 단계의 사업을 정의하고 안전·품질·거래 기준을 정한 독립된 법률을 제정하는 것이 바람직하다.[58]

우리나라가 국제사회와 공동으로 탄소 배출이 없는 핵연료를 이용한 수소에너지 산업을 대규모로 일으킨다면 값싸게 대량으로 수소를 제조할 수 있으므로 수소에너지의 실용화를 촉발함으로써 에너지의 민주화와 더불어 세계평화의 꿈은 가시화될 것이다. 1895년 X선(또는 뢴트겐선)을 발견하여 최초의 노벨 물리학상(1901)을 수상한 독일의 물리학자 빌헬름 뢴트겐(Wilhelm Conrad Röntgen)이 진단 의학계에 혁명을 일으키며 방사선에 관한 후속 연구를 촉발시키고 근대과학의 새로운 지평을 열었듯이, 엄청난 고부가가치를 창출해내는 액티바 첨단소재와 원천기술은 '원소 변성'과 더불어 '고준위 방사성폐기물 처리', '수소에너지와 핵융합에너지' 등과 연결되어 기존의 과학계에 지진을 일으키며 자원과 에너지 문제 등에 관한 후속 연구를 촉발시키고 21세기 과학의 새로운 지평을 열 것이다. 이러한 과학혁명은 고용 창출 효과는 물론 지속가능한 복지를 구현하고 미래 신성장 동력의 중추적인 역할을 담당함으로써 동북아의 역학 구도와 경제 문화적 지형을 변화시키고, 그에 따른 한반도 통일과 더불어 세계 질서는 급속하게 재편될 것이다.

What Rules
the 21st Century?

"디지털 트랜스포메이션은 기술에 관한 것이 아니라 전략과 새로운 사고방식에 관한 것이다. 디지털 시대에 맞게 전환하려면 IT 인프라보다 전략적 사고방식을 훨씬 더 업그레이드해야 한다."

"Digital transformation is not about technology—it is about strategy and new ways of thinking. Transforming for the digital age requires your business to upgrade its strategic mindset much more than its IT infrastructure."

- David L. Rogers, *The Digital Transformation Playbook: Rethink Your Business for the Digital Age*(2016)

06

5G 이동통신과 디지털 트랜스포메이션 (Digital Transformation)

- 5G 이동통신, 4차 산업혁명의 대동맥
- 디지털 트랜스포메이션의 성공 조건과 생존 전략
- 플랫폼 비즈니스와 플랫폼 제국의 미래

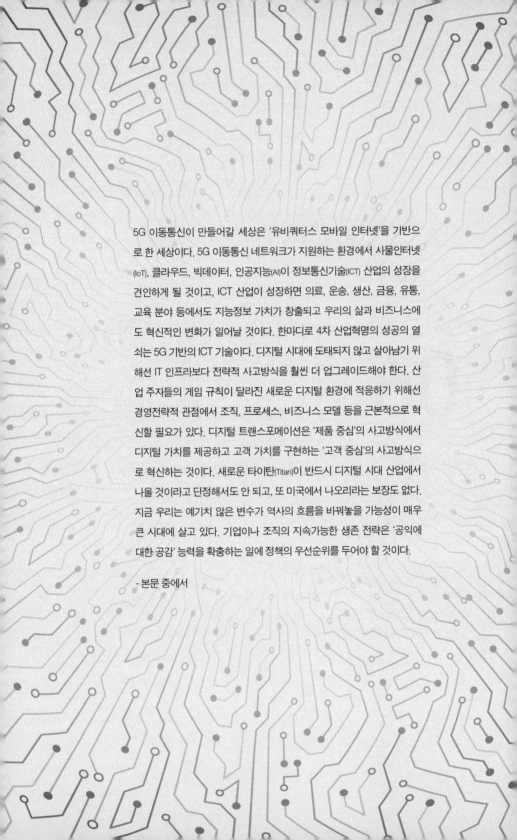

5G 이동통신이 만들어갈 세상은 '유비쿼터스 모바일 인터넷'을 기반으로 한 세상이다. 5G 이동통신 네트워크가 지원하는 환경에서 사물인터넷(IoT), 클라우드, 빅데이터, 인공지능(AI)이 정보통신기술(ICT) 산업의 성장을 견인하게 될 것이고, ICT 산업이 성장하면 의료, 운송, 생산, 금융, 유통, 교육 분야 등에서도 지능정보 가치가 창출되고 우리의 삶과 비즈니스에도 혁신적인 변화가 일어날 것이다. 한마디로 4차 산업혁명의 성공의 열쇠는 5G 기반의 ICT 기술이다. 디지털 시대에 도태되지 않고 살아남기 위해선 IT 인프라보다 전략적 사고방식을 훨씬 더 업그레이드해야 한다. 산업 주자들의 게임 규칙이 달라진 새로운 디지털 환경에 적응하기 위해선 경영전략적 관점에서 조직, 프로세스, 비즈니스 모델 등을 근본적으로 혁신할 필요가 있다. 디지털 트랜스포메이션은 '제품 중심'의 사고방식에서 디지털 가치를 제공하고 고객 가치를 구현하는 '고객 중심'의 사고방식으로 혁신하는 것이다. 새로운 타이탄(Titan)이 반드시 디지털 시대 산업에서 나올 것이라고 단정해서도 안 되고, 또 미국에서 나오리라는 보장도 없다. 지금 우리는 예기치 않은 변수가 역사의 흐름을 바꿔놓을 가능성이 매우 큰 시대에 살고 있다. 기업이나 조직의 지속가능한 생존 전략은 '공익에 대한 공감' 능력을 확충하는 일에 정책의 우선순위를 두어야 할 것이다.

- 본문 중에서

5G 이동통신과 디지털 트랜스포메이션(Digital Transformation)

2020년까지 모든 기업은 디지털 포식자 또는 디지털 희생양이 될 것이다.
By 2020, every business will become either a digital predator or digital prey.

- Forrester Research Report(2016)

5G 이동통신, 4차 산업혁명의 대동맥

5세대(5th Generation, 5G) 이동통신은 4세대(4G) 'LTE-Advanced Pro' 에 이은 차세대 통신 기술로서 공식 명칭은 'IMT-2020(International Mobile Telecommunications-2020)'이다. 글로벌 이동통신사들이 2006년에 설립한 비영리 표준화 단체인 '차세대 모바일 네트워크 연합(Next Generation Mobile Networks, NGMN)'은 5G 이동통신을 '완벽한 모바일 및 연결된 사회를 가능케 하는 엔드투엔드(end-to-end) 생태계'[1]로 규정한다. 2.6GHz(기가헤르츠) 대역의 4G LTE와는 달리 5G는 28GHz의 초고대역 주파수를 사용함으로써 현재 LTE보다 최소 20배 이상 빠른 속도, 0에 가까운 지연 속도로 초고화질(UHD) 영상, 3D 입체영상, 360도 동영상 및 홀로그램 등 대용량 데이터를 전송할 수 있다. 전기전자 및 정보통신 분야의 UN으로 불리는 국제전기통신연합(International Telecommunication Union, ITU)은 2020년 'IMT-2020'의 상용화를 목표로 2017년부터 5G 후보 기술의 표준화 일정을 세웠다. 우리나라는 2018년 2월 평창 동계올림픽에서 KT가 세계 최초로 5G 기술을 활용한 시범 서비스를 선보였다.

전 세계가 5G 이동통신 상용화를 위해 발빠르게 움직이고 있다. 5G를 준비하는 세계 통신업체 수는 2017년 9월에는 42개국 81개 업체였으나, 불과 4개월만인 2018년 1월에는 56개국 113개 업체로 늘어났다. 글로벌 IT기업 에릭슨(Ericsson)에 따르면 5G 상용화 이후 디지털 혁신이 진행됨에 따라 2026년 세계 ICT(정보통신기술) 시장 규모는 3조2,810억달러(약 3,505조7,400억원)에 달할 것으로 전망된다. 이는 2016년 시장 규모 9,390억달러(약 1,003조원)의 3배를 넘는 수치다. 5G 통신은 반경 1km 이내 사물인터넷(Internet of Things, IoT) 기기 100만개를 동시에 연결할 수 있으며, 데이터 송수신 과정에서 발생하는 지연 시간을 0.001초 이내로 줄일 수 있어 자율주행차(autonomous car) 등 미래 기술 상용화의 핵심 인프라로 주목받고 있다.[2] 5G 이동통신 네트워크는 특히 속도·용량·연결성에 있어 자율주행차 외에도 4차 산업혁명이나 디지털 트랜스포메이션을 이끌 핵심기술인 사물인터넷, 인공지능(artificial intelligence, AI), 로봇공학, 블록체인(Blockchain), 클라우드(Cloud), 가상현실(virtual reality, VR)/ 증강현실(augmented reality, AR), 빅데이터 등을 구현하는 핵심 인프라인 점에서 4차 산업혁명의 대동맥이자 디지털 트랜스포메이션의 거대 동력이다.

국가별 '5G 준비' 주요 내용을 보면, 한국은 2018 평창올림픽에서 5G 시범 서비스를 선보인 데 이어 2019년 3월 5G 상용화를 목표로 2018년 6월 주파수 경매[3]를 완료했으며 장비 및 단말기 개발도 진행 중이다. 한편 삼성전자와 SK텔레콤은 기존의 4G LTE 이동통신과 현재 개발 중인 5G 이동통신을 연동해 시연하는 데 세계 최초로 성공함으로써 5G 전국망이 구축되지 않아도 4G와 5G망을 오가며 고속 데이터 통신을 이용할 수 있는 길을 열어놓았다.[4] '5G 준비'와 관련하여 미국은 1~2위 통신업체인 버라이즌과 AT&T가 2018년 말 5G 시범 서비스를 목표로 움직이고 있으며, 반도체 기업 인텔은 평창올림픽에 5G 장비를 지원한 데 이어 2020년 도쿄올림픽에도 5G 장비를 지원하기로 했다. 중국은 '2020년 5G 상용화, 2030년 5G 최강국'을 선언하고 중국 3대 통신업체가 1,800억달러(약 192조원)를 투자할 계획이다. 영국은 2020년 5G 상용화를 목표로 2018년 3월 세계 최초로 5G 전용 주파수 경매가 이뤄졌다. 바레인, 이집트, 모로코, 남아프리카공화국, 아랍에미리트 등 중동과 아프리카 국가들도 5G 준비를 시작했다.[5]

2018년 9월 12일(현지 시각)부터 14일까지 미국 로스앤젤레스 컨벤션센터에서 '더 나은 미래를 상상하라(Imagine a Better Future)'라는 주제로 북미 최대 이동통신 전시회 'MWCA(Mobile World Congress Americas) 2018'이 열렸다. 세계이동통신사업자협회(GSMA)가 주최한 이번 전시회에는 글로벌 IT 기업은 물론 이동통신, 모바일 장비·솔루션·콘텐츠 공급업체 등 약 1,100여 개사가 참가해 부스를 열고 5G 기술과 혁신 제품, 서비스 등을 소개했다. 한국은 63개 기업이 참가했다. 삼성전자·노키아·버라이즌 등 글로벌 기업들은 2019년 초로 다가온 5G 상용화에 맞춰 VR/AR, 홀로그램, 자율주행차 등 첨단 서비스를 공개했다. MWCA에서 공개된 대표적인 5G 서비스로는 삼성전자가 선보인 스마트폰과 스마트워치 그리고 센서 등을 이용한 도시 교통 제어 시스템, 노키아가 선보인 빌딩·공연장 등의 에너지 효율을 조절하는 5G 기술, 버라이즌이 선보인 홀로그램 영상 통화와 5G 스마트 공장 시스템, T모바일이 선보인 5G망을 이용한 무인 트럭 운송 시스템, 퀄컴이 선보인 스냅드래곤 칩셋을 이용한 자율주행 기술, KT가 시연한 비디오게임 메탈슬러그 VR 등이 있다.[6]

한편 인도에서는 5G 시장의 주도권을 놓고 한국 삼성전자와 중국 화웨이(華爲)가 장비·반도체·스마트폰 등 하드웨어 전 분야에서 치열한 경쟁을 벌이고 있다. 2017년 기준 세계 통신장비 시장점유율을 보면, 화웨이(중국)

28%, 에릭슨(스웨덴) 27%, 노키아(핀란드) 23%, ZTE(중국) 13%, 삼성전자(한국) 3%, 기타 6%이다. 2017년도 화웨이 매출은 925억달러에 이른다. 5G 장비에 강한 화웨이는 인도 1위 통신업체인 바티 에어텔에 5G 통신망을 구축하기로 했고, 반도체·스마트폰서 앞선 삼성은 인도 2위 통신업체인 릴라이언스 지오와 손잡고 5G 통신망 구축에 나섰다. IT(정보기술) 업계 관계자에 따르면 5G 하드웨어의 수직 계열화가 가능한 기업은 세계에서 삼성, 화웨이밖에 없기 때문에 두 회사의 경쟁은 더욱 치열해질 것으로 전망되고 있다. 그런데 최근 미국과 호주에 이어 일본이 자국 내 5G 장비 입찰에서 중국의 대표적 통신장비 업체인 화웨이와 ZTE를 배제하기로 방침을 정한 것으로 알려졌다. 배제 이유는 중국 정부가 중국산 통신장비를 통해 자국 내 통화 내용을 불법 수집할 가능성을 두고 국가 안보를 우려한 것이다. 미국은 5년 전부터 화웨이 통신장비에 경고조치를 해 왔으며, 이러한 미국의 화웨이 견제 배경에는 4차산업 동맥인 5G망을 중국에 맡길 수 없다는 우려가 깔려 있다. 영국 역시 화웨이 장비가 국가 안보 위협에 관련성이 있다는 경고를 했다.[7]

국내 테크(기술) 기업들은 2025년 7,900억달러(약 850조원) 규모로 성장할 것으로 예상되는 5G 시장의 주도권을 잡기 위한 설비투자를 본격화하고 있다. 최근 3년간 이동통신 3사(SK텔레콤, KT, LG유플러스)가 5G 서비스를 위한 네트워크 업그레이드·효율화·최적화에 대부분 투입한 연구개발(R&D) 비용은 2조866억원에 달한다.[8] 5G 통신망이 구축되면 집 안에 있는 전자제품이 인터넷으로 연결되고 인공지능에 의해 통제되는 '스마트홈(Smart Home)'이 구현되고, 나아가 도시 전체가 하나로 연결되는 '스마트시티(Smart City)' 시대도 열릴 수 있다. 그런데 2019년 3월 '세계 최초' 5G 상용화를 앞두고 이동통신 3사는 딜레마에 처해 있다. 화웨이 장비를 쓰자니 보안이 문제이고, 다른 장비를 쓰자니 시간이 촉박하고, 마땅한 킬러 콘텐츠(killer contents·핵심 콘텐츠)는 없고, 영상과 게임 콘텐츠는 LTE로도 충분하고, 5G 전국망 구축에만 통신 3사가 10조원 이상을 투자해야 하지만 당장 회수할 길은 막막하다는 것이다.[9]

　　그러나 총성 없는 5G 전쟁은 이미 시작됐다. 이번 'MWCA 2018'의 주최측인 세계이동통신사업자협회(GSMA) 사무총장이 개막 기조연설에서 말했듯이 '5G는 이제 미래가 아닌 현실(5G is no nore the future, but the reality)'이다. 5G 기술 선점이 곧 5G 시장 선점이고 이 5G 시장 선점에 전 세계 테크 기업들의 명운이 걸려 있다. 5G 시장 선점을 위해서는 통신망 구축뿐만 아니라 이른바 '파괴적 혁신(disruptive innovation)'을 통한 비즈니스 모델 개발도 중요하다. 인공지능이나 로봇, 자율드론 같은 5G 활용 분야에도 선제적인 투자가 필요하다. 4세대 통신 LTE가 스마트폰과 결합해 앱(응용 프로그램)이라는 새로운 경제를 창출해내고 페이스북과 우버, 에어비앤비 등 거대 테크 기업을 탄생시켰다면, 5세대 통신 'IMT-2020'은 시간과 공간의 제약을 뛰어넘어 산업과 생활방식을 완전히 바꾸는 4차 산업혁명(the fourth industrial revolution) 시대 또는 디지털 트랜스포메이션(digital transformation) 시대를 촉발함으로써 '물리적 행성과 사이버 행성이 초연결되는 디지털 행성(Digital Planet) 시대'[10]로의 문명사적 대전환을 이루게 될 것이다.

　　그러면 먼저 이동통신 기술의 진화 과정에 대해 살펴보기로 하자. 이동통신의 각 세대별 진화 과정에는 세 가지 변화 프레임이 존재한다. 첫 번째 프레임은 스펙트럼이다. 이는 각 세대별 사용된 주파수에 있어서의 변화다. 초기에는 적은 대역폭으로도 서비스가 가능했지만 4G부터는 더 많은 데이터를 전송하기 위해 많은 스펙트럼을 확보하려는 통신사들 간의 경쟁이 치열해졌다. 두 번째 프레임은 각 세대별 기술이다. 이는 각 세대별 사용된 무선 다중접속 방식, 압축, 코딩 기술 등에 있어서의 변화다. 세 번째 프레임은 서비스에 대한 것이다. 각 세대별 어떤 서비스가 나왔고 또 그것이 어떤 가치를 갖고 있느냐는 것이다.[11]

1세대(1G) 이동통신은 FDMA(Frequency Division Multiple Access 주파수 분할 다중접속) 방식의 아날로그 셀룰러(cellular: cell 구성을 갖는 이동통신망) 시스템이다. FDMA는 제한된 주파수 대역을 여러 채널로 나누어 사용자들에게 서로 다른 채널을 할당하여 통화하는 방식으로, 1978년 미국에서 개발된 AMPS(Advanced Mobile Phone System)와 1985년 영국에서 개발된 TACS(Total Access Communication System) 방식의 두 가지가 있다. 무선을 이용한 양 방향 개인 음성 통신 서비스가 처음으로 제공되었으며 다른 부가 기능은 없었다. 그러나 아날로그 이동통신 기술은 폭발적인 수요 증가에 부응하지 못한데다가 통신 기밀이 보장되지 못하여 디지털 방식으로의 전환이 필요하게 되었다.

2세대(2G) 이동통신은 TDMA(Time Division Multiple Access 시분할 다중접속) 방식의 디지털 셀룰러 시스템이다. 디지털 셀룰러 시스템은 아날로그 시스템보다 주파수의 효과적 이용, 서비스의 다양화 및 고도화, 비용의 저렴화, 수용 용량의 증가 등 여러가지 이점으로 인해 개인 디지털 이동통신 시대가 본격화되었다. 2세대 이동통신 기술은 TDMA 및 CDMA(Code Division Multiple Access 코드 분할 다중접속) 방식으로 구분된다. TDMA는 하나의 주파수 대역을 여러 개의 시간 영역으로 분할하여 여러 사람이 동시에 하나의 주파수 대역을 사용할 수 있도록 하는 방식으로, 미국 방식의 IS(Interim Standard)-136과 영국 방식의 GSM(Global System for Mobile Communications)의 두 가지가 있다. SMS(Short Message Service) 서비스 및 모뎀을 이용한 데이터 서비스가 가능해졌으며, 수용 용량이 FDMA 방식보다 3~8배 이상 증가했다. CDMA는 여러 사용자가 시간과 주파수를 공유하면서 각 사용자에게 서로 다른 코드를 할당하여 송수신하는 방식으로, FDMA 방식보다 10배에서 최대 20배 이상의 수용 용량과 양질의 통화를 제공한다. FDMA나 TDMA는 30KHz 대역을 분할했지만, CDMA는 1.25MHz 대역을 확산하여 사용하며 각 사용자는 확산 코드에 의해 구분된다. 미국 퀄컴(Qualcomm) 사(社)가 개발한 IS-95는 CDMA 방식이다. 1990년대에 크게 유행했던 '삐삐(Beeper)'는 1997년 'CDMA 폰'이 등장하면서 사라졌다.

2.5세대(2.5G) 이동통신은 3G로 가기 위한 과도기적 단계의 기술로서 2G의 인프라를 그대로 사용하면서 3세대에 가깝게 고도화시킨 통신 서비스를 제공한다. 아날로그 셀룰러 시스템(1G)에서 디지털 셀룰러 시스템(2G)을 지나 1990년대 후반에 등장한 개인 휴대 통신(Personal Communications Service, PCS) 서비스가 이에 해당한다. PCS는 기존의 이동전화보다 저렴하고 편리한 보행자 중심의 이동 통신 서비스로, 소형 및 경량화된 단말기를 저렴하게 공급하면서 대중화에 성공했다. IS-95B는 800MHz 대역과 1.9GHz 대역을 사용하는 2.5세대 기술이다. 기존 시스템보다 음성 수용 용량이 1.5배 정도 증가하여 경제적인 가격으로 고품질의 서비스가 가능해졌다. 또한 WAP 게이트웨이(Wireless Application Protocol Gateway)*를 통해 휴대폰에서 인터넷이 가능해졌고, 최대 153Kbps의 데이터 속도가 제공되었으며, 휴대폰에 컬러 액정 및 블루투스와 WLAN 기능이 탑재되면서 이동통신 기술을 통해 음성만을 전달하는 것이 아니라 다양한 부가 서비스 및 데이터 서비스에 집중하게 되었다. 그러나 데이터 전송 속도는 멀티미디어(데이터, 음성, 영상)를 서비스하

---

* WAP 게이트웨이란 "데스크톱 PC용 HTML(인터넷 언어)을 호출기, 휴대형 개인정보 단말기, 휴대전화 등 이동단말기용 WML(무선 방식 언어)로 자동 변환해 주는 소프트 웨어"다(http://100.daum.net/encyclopedia/view/31XXXXX20686 (2018.9.28)).

기에는 매우 부족하였으며, 국제 로밍도 되지 않았다. 이를 해결하기 위해 IMT-2000이 등장했다.

3세대(3G) 이동통신은 범세계 이동통신 기술로 공식 명칭은 'IMT-2000' 이다. 여기서 '2000'은 2000년대 서비스, 2GHz 주파수 대역 사용, 최대 2,000Kbps의 데이터 전송 속도를 의미하는 것으로 붙여진 것이다. 2G와는 달리 3G 단말기에는 가입자 식별 모듈인 USIM칩이 탑재되어 있다. IMT-2000은 CDMA 트랙이 계속 진화하여 데이터 전송 속도가 증가되면서 음성 서비스에 국한되지 않고 멀티미디어 서비스를 제공할 수 있게 되어 손안의 영상통화 시대를 열게 되었지만 서비스가 활성화되지는 못했다. 또한 국제 적으로 공통된 주파수 대역을 사용하여 국제 로밍이 가능하도록 계획되었 지만, IMT-2000은 IS-95를 기반으로 하는 동기식 CDMA2000과 GSM을 기반으로 하는 비동기식 WCDMA(Wideband Code Division Multiple Access 광대역 코드 분할 다중접속)의 두 가지 방식*으로 나뉘게 되면서 국제 로밍은 좌초됐다.[12] 그런데 2007년 애플의 '아이폰(iPhone)' 등장으로 스마트폰 시장이 폭발적으로 커지면서 매년 늘어나는 데이터 용량을 무선시설 증대로는 더 이상 감당하기 어렵게 되자 이동통신사들은 보다 효율성이 뛰어난 4세대 이동통신으로의 진화를 도모하게 되었으며, 그 결과 3GPP(3rd Generation Partnership Project) 이

---

* 신호를 송수신하는 양측이 시간을 동일하게 맞추면 동기식, 그렇지 않으면 비동기식 이라고 한다. 동기식은 미국이 지구 상공에 쏘아 올린 GPS 위성을 이용해 시간대를 맞춰 데이터를 송수신하는 것인 데 비해, 비동기식은 위성을 이용하지 않고 기지국과 중계국만 거쳐 데이터를 송수신한다. 동기식은 미국 방식으로 퀄컴 사가 원천기술을 보유하고 있으며, 비동기식은 유럽 방식으로 에릭슨·노키아 등 유럽 업체들이 원천 기술을 보유하고 있다. 비동기식인 WCDMA의 규격은 3GPP 표준화 단체에서 작성하 였으며, 동기식인 CDMA2000의 규격은 3GPP2 표준화 단체에서 작성하였다. 한국은 동기식인 CDMA 방식에 기술적 우위를 가지고 있다.

동통신 표준화 단체에서 LTE를 후속 이동통신 기술로 채택했다.

4세대(4G) 이동통신은 OFDMA(Orthogonal Frequency Division Multiple Access 직교 (直交) 주파수 분할 다중접속) 방식의 무선통신 기술을 이용하여 주파수 이용 효율을 비약적으로 발전시킴으로써 기존의 3세대 이동통신에 비해 전송 능력을 획기적으로 개선했다. 3세대 이동통신에서 단말기당 최대 수 Mbps 정도의 전송 속도가 가능했다면, 4세대 이동통신에서는 단말기당 최소 100Mbps 이상의 전송 속도가 가능해짐으로써 보다 빠르고 스마트한 데이터 통신 서비스 시대가 열리게 되었다. 이러한 전송 속도의 획기적인 증가는 'OFDMA로 대표되는 무선 접속 기술, 정보를 전송하는 주파수 대역폭의 증가, 변복조(變復調 modem) 기술의 발전, 그리고 정보를 처리하는 신호 처리 기술의 발전'에 따른 것이다.[13] LTE는 롱텀에볼루션(Long Term Evolution)의 약어로 글자 대로라면 장기적인 진화이기 때문에 4G의 도래가 좀 오래 걸릴 것으로 예상되기도 했지만 3G 이후 4G 시대는 생각보다 빠르게 도래했다.

LTE의 진화는 크게 세 단계로 나눌 수 있다. 먼저 3GPP 릴리즈 8 및 9의 시기이다. 이 시기는 엄밀하게 말하면 4G LTE라기보다는 3.9G에 해당되지만 OFDM, MIMO(Multiple Input Multiple Output 다중 레이어 전송) 등 주요 핵심기술은 모두 등장했다. 다음으로 3GPP 릴리즈 10, 11, 12의 'LTE-Advanced'에 해당하는 시기로 이때부터 진정한 4세대 이동통신이 시작된다. 대표적인 기술로 CA(Carrier Aggregation) 및 CoMP(Coordinate Multipoint)를 들 수 있다. 그리고 현재는 3GPP 릴리즈 13, 14의 'LTE-Advanced Pro'에 해당하는 시기이다. 주요 기술로는 빔포밍(Beamforming: 스마트 안테나의 한 방식), 다중 CA, D2D(Device to Device), LAA(License Assisted Access), LWA(LTE-WLAN Aggregation) 등을 들 수 있다. 5G는 3GPP 릴리즈 15부터 본격적으로 논의 및 표준 확립이 이루어지고 있다.[14] 현재의 'LTE-Advanced Pro'망은 기존 LTE망 속도를 개선하여 데이터 통신 시 다운로드 및 업로드의 효율과 속도를 높인 기술로서 5G로 진화하는 마지막 단계다.

한국의 5G 기술력은 글로벌 무대에서도 인정을 받고 있다. 2018년 6월 12일(현지 시각) 영국 런던에서 인포마 텔레콤앤미디어(Informa Telecom & Media)* 주관으로 진행된 '5G 월드 어워드 2018(5G World Awards 2018)'에서 한국의 KT는 '최우수 5G 코어망 기술상', '최우수 IoT 사업자상', '올해의 블록체인 혁신상' 총 3개 부문에서 수상했으며, 6월 27일에는 중국 상하이에서 세계이동통신사업자협회(GSMA) 주관으로 진행된 '아시아 모바일 어워드 2018(Asia Mobile Awards 2018)'에서 'LTE에서 5G로의 진화를 위한 최고의 혁신(Best Innovation for LTE to 5G Evolution)' 부문을 수상했다. 이어 2018년 9월 19일(현지 시각) 싱가포르 마리나 베이 샌즈(Marina Bay Sands)에서 인포마 텔레콤앤미디어 주관으로 진행된 'TechXLR8 Asia 2018'에서도 KT는 '최우수 LTE-5G 융합상(Best Plan for Integrating LTE Advanced Pro and 5G)', '최첨단 기술 적용상(Cutting edge proof of concept award)', '최우수 IoT 접속기술상(Best IoT Connectivity Solution)' 총 3개 부문에서 수상했다. KT가 수상한 '최우수 LTE-5G 융합상'은 LTE-Advanced Pro 망을 고도화하고 5G로의 진화를 안정적으로 이끌어낸 기술력을 인정받은 것이다.

여기서 5G에 대한 논의를 확장하기에 앞서 우리나라의 이동통신은 어떻게 진화해 왔는지 간략하게 살펴보기로 하자. 우리나라에서는 1980년대 들어 이동통신 수요 증가와 새로운 통신기술 발달로 이동통신산업의 중요성이 대두되기 시작했다. 한국 이동통신산업은 대내외 환경 및 정책적 변화 등에 따라 대략 3단계로 구분할 수 있다. 1단계는 1984년 이동통신 서비스

---

* 인포마 텔레콤앤미디어는 전 세계 43개국 150여개 지사를 가지고 있는 글로벌 정보통신기술(ICT) 연구기관이다.

가 처음 실시된 이후 기본적인 통신 인프라가 구축된 1990년대 초까지이다. 1984년 3월 '한국이동통신'이 한국전기통신공사의 자회사로 설립되어 서울·안양·수원 등 수도권지역에서 AMPS 방식의 아날로그 셀룰러 서비스를 제공하였으며, 지속적인 인프라 구축을 통해 1993년 말 전국 74개 시 전역과 읍 및 인접 고속도로 주변 지역에서도 서비스 제공이 가능하게 되었다.

2단계는 규제 완화와 신규사업자 선정을 통해 복수경쟁체제 도입이 진행된 2000년대 초반까지이다. 통신사업 구조조정의 일환으로 1994년 제2 이동통신사업자로 신세기통신 선정 및 한국이동통신의 민영화, 1996년 PCS 사업자로 한국통신프리텔, LG텔레콤, 한솔PCS 선정 등으로 이동통신사업은 독점체제를 종식하고 복수경쟁체제가 형성되었다. 특히 1996년 1월부터 디지털 방식의 CDMA 이동전화 서비스가 도입되어 세계 최초로 CDMA 기술 상용화를 이룩하면서 2G에 중요한 진화의 축을 만들게 된다. 코드 분할 다중접속 방식으로 이동통신서비스의 국가표준을 채택하고 관련 기술을 적극 개발함으로써 선진업체에 의존하던 이동통신장비 및 단말기의 기술개발에 성공하였으며, 휴대단말기의 경우 국내 산업의 수출을 주도하고 있다. 1999년 말에는 SK텔레콤(舊 한국이동통신)이 신세기통신을 인수·합병하고, 한국통신프리텔(현 KTF)이 한솔M.com(舊 한솔 PCS)을 인수하는 등 사업자간 합종연횡이 일어남에 따라 이동통신시장은 셀룰러 이동전화 계열인 SK텔레콤과 PCS계열인 한국통신프리텔과 LG텔레콤의 3개사로 개편되었다. 2000년 12월 이동통신 가입자는 2,680여만 명에 달하는 것으로 집계됐다.

3단계는 이동통신 사업의 경쟁체제가 어느 정도 정립된 2000년대 초반 이후이다. 3G 시스템 도입을 위한 IMT-2000 사업을 추진하여 2000년 12월에 SK텔레콤과 KTF가 비동기식(WCDMA) IMT-2000 사업자로 선정되어 2003년 12월 말에 비동기식 상용 서비스를 시작하였다. 동기방식과 비동기방식의 균형발전을 위하여 2001년 8월에 LG텔레콤이 동기식(CDMA2000) 사업자로 추가 선정되었다. 2007년 10월 한국이 세계 최초로 개발한 와이브로(Wireless Broadband, Wibro) 기술이 국제전기통신연합(ITU)에서 'IMT-2000'으로 통칭되는 3세대 이동통신(3G)의 여섯 번째 국제표준으로 채택됐다. 2007년 애플의 아이폰 등장으로 이동통신은 스마트폰의 시대로 접어들었으며, 데이터 통신을 기반으로 한 멀티미디어 서비스가 폭발적으로 증가하면서 무선 데이터 서비스가 이동통신 회사들의 주력 서비스가 되었다. 2009년 이동통신서비스 전체 매출의 99.5%를 차지한 이동전화는 다양한 부가서비스와 WiBro, DMB(Digital Multimedia Broadcasting) 등 신규서비스를 제공하면서 이동통신시장을 주도하고 있다. 한국 이동통신산업이 글로벌 5G 리더십을 구축하고 신성장동력을 마련하기 위해서는 융복합화 추세에 대응한 신규서비스 개발과 더불어 콘텐츠, 하드웨어 등 관련 산업에도 적극적인 투자가 요망된다.[15]

이상에서와 같이 이동통신 기술의 진화는 인류의 정치, 경제, 사회, 문화 전반에 걸쳐 커다란 변화를 가져오면서, 소셜 네트워크에 의해 상호 연결되어 있는 신인류를 지칭하는 '호모 커넥티쿠스(Homo Connecticus)'라는 신조어까지 등장했다. 국제 표준화 기구인 ITU(국제전기통신연합)에서는 5G 이동통신의 핵심 서비스를 '초고속을 제공하는 eMBB(enhanced Mobile Broadband)', '초저지연(超低遲延)을 제공하는 URLLC(Ultra-Reliable and Low Latency Communication)', '초연결을 제공하는 mMTC(massive Machine Type Communication)'라는 말로써 압축적으로 설명하고 있다. ITU에서 정의한 5G 이동통신과 관련된 성능 목표는 다음의 세 가지로 정리할 수 있다. "1) 정지 상태에서 최대 데이터 전송 속도는 20Gbps급을 보장해야 한다(eMBB). 2) 어떤 서비스는 1밀리세컨드 이내에 반응할 수 있는 초저지연 성능을 보장해야 한다. 또한 데이터의 송수신이 성공할 확률이 1-10-5 이상을 만족하는 고신뢰 성능을 보장해야 한다

(URLLC). 3) 1㎢ 면적에 100만 명의 군중이 밀집해 있더라도 원활한 통신을 보장해야 한다(mMTC)." 초고속의 eMBB 서비스는 UHD, VR/AR, 홀로그램 등의 서비스를 염두에 둔 목표다. 초저지연의 URLLC 서비스는 자율주행차나 드론, 로봇, 공장 자동화 등 기계들간의 통신에 요구되는 사항이다. 초연결의 mMTC 서비스는 대규모 경기장이나 공연장, 지하철 환승 구간 등 밀집한 공간에 요구되는 사항이다.[16]

5G 이동통신이 만들어갈 세상은 '유비쿼터스 모바일 인터넷(ubiquitous and mobile internet)'을 기반으로 한 세상이다. 언제 어디서나 컴퓨팅 환경이 편재되어 있는 세상에서 우리는 생산된 정보를 유통하고 결합하여 쉼 없이 새로운 정보를 만들어내며 가상세계를 구축하게 된다. 스위스 세계경제포럼(WEF · 다보스포럼)의 창립자이자 회장인 클라우스 슈밥(Klaus Schwab)은 4차 산업혁명의 기술적 특징으로 "유비쿼터스 모바일 인터넷, 더 저렴하면서 작고 강력해진 센서, 인공지능(AI)과 머신러닝(machine learning)"[17]을 들고 있다. 통신은 도로, 항만, 철도, 전력, 수도 같은 전통적인 사회간접자본과는 달리 발전하면 할수록 가상성이 강해지면서 다른 기술과의 결합이 원활해지고, 나아가 다른 기술들이 결합할 수 있도록 하는 플랫폼 역할이 확대된다. 모바일 인터넷 기능이 탑재된 휴대전화의 기능은 이미 다른 사회간접자본과 결합되어 있다.[18] 스마트폰 애플리케이션으로 작동하는 네비게이션은 목적지로 가는 최적의 길을 안내하고, 사물인터넷(IoT)을 기반으로 한 '스마트홈'은 집 안에 있는 가전제품과 보안 시스템, 조명 등을 서로 연결해 원격으로 제어할 수 있게 한다. 에너지 효율을 최적화하는 차세대 지능형 전력망인 스마트그리드(smart grid)는 통신기술과 다른 사회간접자본이 결합하는 대표적인 예다. 5G 통신의 연장선상에서 생활 무인화(無人化) 혁명도 전개되고 있다. 근년에 들어 중국은 자동화 · 무인화 바람이 불어 유통 · 서점 · 자동차

판매서 드론 배달까지 직원없는 '무인 점포'가 확산되고 있다.

4차 산업혁명은 물리학, 디지털, 생물학 기술을 다차원적으로 융합하여 인간과 기계, 현실세계와 가상세계, 공학적인 것과 생물학적인 것, 조직과 비조직을 융합하는 특징적 형태를 보이고 있다. 슈밥은 이 세 가지 분야의 신기술이 4차 산업혁명 시대를 견인할 것으로 예단하면서 신개발과 신기술의 공통된 특성으로 디지털 기술과 정보통신기술(Information & Communication Technology, ICT)이 기반기술(base technology)로 활용되고 있는 점을 꼽았다. 자율주행차, 드론, 트럭, 항공기, 보트를 포함한 다양한 무인운송수단, 디지털 견본을 사용해 유연한 소재로 3차원의 물체를 만들어내는 3D 프린팅과 열·습도 등의 환경 변화에 반응하는 능력을 갖춘 자가변형(self-altering) 기기 4D 프린팅, 클라우드 서버를 통해 원격 정보에 접근하고 다른 로봇들과 네트워크로 연결되며 '인간과 기계의 협업'을 중점으로 하는 첨단 로봇공학, 더욱 가볍고 강하며 재생가능하고 적응성이 높아진 신소재 등은 대표적인 물리학 기술 분야다.[19]

다음으로 사물인터넷 또는 만물인터넷(internet of all things)으로 대표되는 디지털 기술은 4차 산업혁명의 기반기술로서의 역할을 수행한다. 스마트폰, 태블릿, 컴퓨터와 같이 인터넷과 연결된 기기들의 기하급수적인 증대로 원격 모니터링 기술이 광범위하게 활용되면서 공급망 관리방식이 근본적으로 바뀌고 있다. 모든 박스와 화물운반대, 컨테이너에 센서와 송신기 혹은 전자태그(RFID: 소형 반도체 칩을 이용해 사물의 정보를 처리하는 기술)를 부착시켜 위치 추적을 할 수 있고, 소비자 역시 물품의 배송 상황을 거의 실시간으로 확인할 수 있다. 이 외에도 디지털 기술로 주목받는 것으로는 비트코인과 같은 디지털 화폐를 통해 금융거래를 비롯한 모든 종류의 거래를 가능케 함으로써 경제 시스템의 변화를 가져올 블록체인(blockchain) 기술, 온디맨드(주문형) 경제(on-demand economy)를 실현시킨 디지털 플랫폼 기술, 금융과 IT가 융합한 금융서비스 산업을 의미하는 핀테크(FinTech: Finance와 Technology의 합성어) 등을 들 수 있다.[20]

기술혁신은 유전학과 합성생물학(synthetic biology) 같은 생물학 분야 기술에서도 나타난다. 컴퓨터 능력의 비약적인 향상으로 연산력과 데이터 분석이 발전하여 유전자 염기서열분석의 비용은 줄고 절차는 간소해졌으며, 손상된 DNA를 제거해 문제를 해결하는 유전자 가위 기술도 계속해서 진화하고 있다. 크리스퍼(CRISPR)-Cas9라는 3세대 유전자 가위 기술의 개발로 유전자 편집(genome editing 게놈 편집) 및 교정 분야의 기술이 급속도로 발전하고 있다. 하지만 크기가 큰 Cas9 시스템은 원하는 타겟만 편집하는 기능이 비교적 낮아 안전성 문제와 급성 면역거부반응을 일으키는 문제가 있다. 이에 반해 새로운 유전자 가위인 Cpf1은 Cas9보다 상대적으로 작은 크기로 안정성이 높아 유전자 치료에 적합한 강점을 지니지만 유전자 교정 효율이 낮다는 것이 단점이다. 한국생명공학연구원 유전자교정연구센터 김용삼 박사 팀은 차세대 유전자 교정 도구인 크리스퍼-Cpf1의 장점은 유지하면서도 효율을 높이는 기술 개발에 성공함으로써 바이러스 전달체를 이용한 유전자 치료 활용 가능성을 높였다. 연구 결과는 생물학 분야 세계적 학술지인 『네이처 커뮤니케이션 *Nature Communications*』(2018.9.7) 온라인판에 게재됐다.[21] 또한 유전자 편집 기술과 결합한 바이오프린팅(bioprinting: 생체조직 프린팅 기술)을 통해 피부와 뼈, 조직의 생산이 가능해지고, 유전자지도(genome map)를 통해 질병을 예측하여 선제적으로 대응할 수 있는 개인 맞춤형 헬스케어 시대가 열릴 것이다.

독보적인 인공지능 개발자로서 현재 구글에서 인공두뇌 개발을 이끌고 있는 미국의 미래학자 레이 커즈와일(Ray Kurzweil)은 'GNR'을 4차 산업혁명을 견인할 대표적인 브레이크스루(breakthrough) 기술이자 21세기 인류 문명의 획기적인 전기를 마련할 기술로 규정한다. 'GNR'은 정보와 생물학의 교집합(交集合)인 'G(Genetics 유전학)', 정보와 물리세계의 교집합인 'N(Nanotechnology 나노기술)', 강력한 AI(인간 지능을 뛰어넘는 인공지능) 'R(Robotics 로봇공학)'을 총칭한 것이다. 커즈와일은 21세기 전반부에 'GNR'이라는 세 개의 혁명, 즉 유전학의 혁명, 나노기술의 혁명, 로봇공학의 혁명이 중첩적으로 일어날 것이라고 전망한다. 그리하여 그가 제5기라고 칭한 시대, 즉 인류 문명의 대변곡점인 '특이점(Singularity)'의 시대가 시작될 것이라고 본다. 그에 따르면 "현재 우리가 처한 시점은 'G' 혁명의 초기 단계로서 우리는 생명의 정보 처리 과정을 이해함으로써 질병을 근절하고 잠재력을 극적으로 확대하고 수명을 획기적으로 연장할 수 있도록 인체의 생물학을 재편하는 법을 익히고 있다.…'N' 혁명은 생물학의 한계를 훨씬 넘어 우리 몸과 뇌, 우리가 상호 작용하는 세상을 분자 수준으로 재설계하고 재조립하게 해 줄 것이다. 'R' 혁명은 우리가 직면한 가장 강력한 혁명이다. 인간의 지능에서 파생되었지만 그보다 훨씬 강력하게 재설계될 인간 수준의 로봇들이 등장할 것이다."[22]

커즈와일은 우리가 이미 '좁은 AI(narrow AI)'의 시대에 들어섰다고 말한다. 좁은 AI란 '한때 인간의 지능으로만 수행할 수 있었던 유용한 특정 기능들을 인간 수준으로, 혹은 그보다 낫게 수행하는 인공지능'[23]을 말한다. 그가 소개하는 '좁은 AI'의 적용 사례들로는 국방과 지능 분야, 우주 탐사 분야, 의학 분야, 과학과 수학 분야, 기업·금융·제조업 분야, 제조업과 로봇공학 분야, 음성과 언어 분야, 오락과 스포츠 분야 등에 걸쳐 있다.[24] 만약 전 세계의 AI 시스템들이 일시에 기능을 멈추게 되면 경제의 하부구조는 순식간에 멈추어 서게 될 것이고, 은행은 업무 정지 상태에 들어갈 것이며, 대부분의 교통도 마비될 것이고, 대부분의 통신 역시 불가능할 것이다. 수많은 영역에서 이미 AI는 놀라운 능력을 발휘*하고 있으며, 기계 지능이 인간 지능과 동등한 작업을 할 수 있는 분야가 점점 늘어나고 있다. 커즈와일은 강력한 AI의 등장 시나리오를 이렇게 설명한다. '2020년대가 되면 뇌 용량과 맞먹는 연산 플랫폼이 등장하게 될 것이고, 2020년대 중반이나 말이 되면 매우 정교한 뇌 모델들을 가지게 될 것이다. 2030년대는 진정한 AI의 시대가 될 것이고, 2040년대가 되면 우리 문명의 축적된 지식과 기술을 생물학적 인간 지능보다 수십억 배 유능한 연산 플랫폼에 모두 옮길 수 있을 것이다.[25] 커즈와일은 강력한 AI의 도래가 금세기에 겪게 될 가장 중요한 변화라며, 결국 비생물학적 지능이 생물학적 지능을 압도하는 날이 올 것이라고 예단한다.

1967년 독일 뮌헨에 설립된 유럽 최대의 전략 컨설팅 회사 롤랜드버거(Roland Berger)는 4차 산업혁명의 주요 특성을 일곱 가지로 대별하고 있다. 첫째, 가상 물리 시스템(Cyber Physical System, CPS)과 시장이다. 4차 산업혁명에서 IT 시스템은 실시간 제어가 가능한 CPS로 연결되어 모든 하부 시스템, 프로세스, 공급자와 소비자 네트워크 등과 훨씬 더 긴밀하게 상호 연결되므로 시장의 요구 강도는 높아질 것이다. 둘째, 4차 산업혁명에서 로봇은 상호 연결형 업무를 수행하고, 스마트센서가 장착된 인간-기계 인터페이스(Human-Machine Interface, HMI)를 사용하게 될 것이다. 셋째, 빅데이터다. 미래의 공장

---

* 미국 온라인 매체 버즈피드가 인공지능을 이용한 합성 기술 '딥페이크(deepfake: 딥러닝(deep learning)과 거짓(fake)의 합성어)'의 위험성을 경고하고자 딥페이크 기술을 이용해 제작한 오바마 전 미국 대통령의 가짜 영상은 합성여부를 식별하기 어려워 거짓 정보 확산에 대한 우려를 낳고 있다. 딥페이크 기술이 가까운 미래에 정치관과 외교관을 뒤흔들 변수가 될 수 있다는 것이다. 딥러닝 기술을 이용해 AI가 제작한 가짜 뉴스를 AI를 이용해 구분해낼 기술도 개발 중이지만, 딥페이크 기술 발전 속도가 이를 방지하는 기술 개발 속도보다 빠르다는 게 문제라고 한다. 최근 떠오른 미래 유망한 인공지능 기술로는 비주얼 인식(visual recognition) 서비스가 있다.

은 저장, 처리 및 분석할 필요가 있는 방대한 양의 데이터를 생산할 것이다. 넷째, 연결성의 새로운 특성이다. 4차 산업혁명에서 연결성은 디지털 세계의 범위를 벗어나 실제 현실 세계의 특징이 된다. 다섯째, 에너지 효율성과 분산화이다. 4차 산업혁명 주체들에 영향을 미치는 기후변화와 자원 부족은 제조에 탄소 중립 기술사용의 필요성을 촉발함으로써 공장의 에너지 분산에 영향을 미친다. 여섯째, 가상 산업화이다. 4차 산업혁명 시대에는 실제 생산을 준비하기 위해 시뮬레이션을 거치고 가상에서 검증된 가상 공장과 제품이 적극 활용될 것이다. 일곱째, 팩토리 4.0이다. 팩토리 4.0은 기업을 상호 연결된 하나의 글로벌 시스템으로 보며, 센서 · 3D 프린터 · 차세대 로봇과 같은 새로운 기술을 적용하고, 제조의 완전한 연결을 지향한다.[26]

따라서 4차 산업혁명 시대의 환경은 정보통신기술(ICT)을 중심으로 사람, 기계, 산업, 국가 등 지구상에 존재하는 모든 사람과 사물, 서비스가 상호 연결되어 다양한 플랫폼을 기반으로 물리적 세계(오프라인)와 사이버 세계(온라인)가 결합함으로써 새로운 가치를 창출하는 초연결 사회(hyper-connected society)를 기본축으로 한다. 4차 산업혁명의 개념은 2010년 독일 제조업이 직면한 문제를 해결하기 위해 제조업에 ICT를 접목하여 최적화된 스마트팩토리(Smart Factory)를 구현하고 확장하는 프로젝트를 제시한 '인더스트리 4.0'에서 출발하여 2011년 하노버 박람회에서 소개된 이후 전 세계에서 사용되고 있다. 2016년 다보스포럼 이후에는 보다 광의의 개념인 4차 산업혁명이 공식적으로 제기되면서 4차 산업혁명을 견인할 인공지능과 로봇, 3D 프린팅과 퀀텀 컴퓨팅(quantum computing), 빅데이터와 클라우딩, 나노 · 바이오 기술 등 신산업을 둘러싼 세계 각국의 주도권 경쟁이 치열해지고 있고, 국내의 경우 특히 사물인터넷과 스마트 헬스케어가 유망 신산업으로 떠오르고 있다. 기술혁신에 따른 현실과 가상현실의 융합으로 모든 것이 연결되고 확장되어 보다 지능적인 사회로의 진화가 가속화되고 있다. 최근에는 '인터넷 플랫폼을 기반으로 모든 사물·공간·산업·사람을 지능적으로 연결·융합해 인류의 사회·경제·생활방식을 변화'시킨다는 개념으로 확대되고 있다. 사물인터넷이 수평적 연결을 통해 빅데이터를 생성하고 인공지능이 해석하고 판단을 내려 자율 제어를 수행함으로써 정확하고 효율적인 의사 결정을 통해 지능적인 제품 생산과 서비스를 제공하는 것이다.

초연결·초융합·초지능의 4차 산업혁명은 'IBCA(IoT, Big Data, CPS, AI)의 오케스트라'이다. IoT(사물인터넷)를 통해 모인 데이터들을 클라우드(Cloud)에 저장하여 축적된 빅데이터로 CPS(가상 물리 시스템: 인공지능을 기반으로 물리적 세계와 사이버 세계를 네트워크로 연결한 지능형 시스템)를 구축하여 정확하고 효율적인 의사 결정을 통해 새로운 서비스와 비즈니스 모델을 창출해낼 수 있다. 독일의 '플랫폼 인더스트리 4.0(Platform Industrie 4.0)', 미국의 '산업 인터넷(Industrial Internet: 산업혁명과 인터넷 혁명을 융합하는 신산업혁명)[27] 컨소시엄', 중국의 '중국제조 2025',[28] 한국의 '제조업 혁신 3.0'과 같은 세계 각국의 4차 산업혁명 프로젝트는 초점이 조금씩 다를 수 있겠지만 그 본질은 두 가지로 압축될 수 있다. "첫째는 사람과 기계 설비, 공장을 연결하고 모든 사물을 네트워크화하는 만물초지능 통신 기반을 구축하겠다는 것이고, 둘째는 이 기반 위에 4차 산업혁명을 견인하는 플랫폼과 표준화를 선점하겠다는 것이다."[29] 산업구조 면에서는 고도로 네트워크화되고 유연해질 것이며, 온라인과 오프라인, 수요와 공급의 양방향을 실시간으로 연결하는 O2O(online to offline)·옴니채널(omni-channel: '모든'을 뜻하는 omni와 '경로'를 뜻하는 channel의 합성어) 서비스가 활성화될 것이다.

한국 정부는 제조업 혁신 3.0, 민·관 협력 중심의 신산업 육성 정책 등을 내세우며 4차 산업혁명에 대비하고 있다. 핵심 내용은 스마트팩토리 보급 및 확산, 제조업의 소프트파워 강화 등을 통해 제조업을 혁신하고 스마트산업, 에너지신산업, 첨단소재 등 신산업을 육성하는 것이다. 이를 위해 인공지능·바이오·빅데이터 등 원천기술 확보에 연구개발을 집중하고 융합연구를 유도하고 있다. 한국 기업들도 미래형 포트폴리오로 재편하고 바이오·스마트카 등 유망 분야에 적극 투자하며 인공지능 기반의 스마트팩토리 솔루션 개발 사업에도 진출하고 있다.[30]* 한국정보화진흥원(NIA)은 2017년 3월에 발표한 '4차 산업혁명과 지능정보사회의 정책과제 100선'에서 '4차 산업혁명 TOP 22 정책과제'를 제시했다. 2017년 10월 대통령직속 4차산업혁명위원회는 4차 산업혁명이 촉발하는 산업·경제, 사회·제도, 과학·기술 전 분야의 변화에 대응해 각 분야가 긴밀히 연계된 종합 정책을 통해 '사람 중심'의 4차 산업혁명 정책을 추진하겠다고 밝혔다. 산업·경제 분야에서는 모든 산업 분야를 '지능화 기술'과 전면적으로 융합해 경쟁력을 높이고 신산업과 일자리를 창출키로 하는 한편, 새로운 기술과 서비스가 시장에 안착할 수 있도록 혁신 친화적 방향으로 규제를 재설계하고, '규제 샌드박스(신기술 테스트를 한시적으로 허용)' 도입, '네거티브 규제(명확히 금지된 것 외에는 모두 허용)' 확대, 신산업 상용화에 맞춘 개별규제 해소, 공정한 경쟁시장 환경 조성 등도 추진키로 했다.[31]

제조업에 디지털 혁명이 접목되는 방식으로 시작된 4차 산업혁명은 '불안하고(volatile), 불확실하고(uncertain), 복잡하고(complex), 모호한(ambiguous)' 시장의 경쟁을 근본적으로 혁신하고 있다. 현재 변화의 축을 이루는 요소는 속

---

* 현재 4차 산업혁명은 주로 제조업과 서비스업을 중심으로 진행되고 있다. 농업, 축산업, 수산업 등 1차 산업도 스마트팜(Smart Farm: 사물인터넷을 활용한 인터넷 기반의 정보통신기술을 접목해 만들어진 지능형 농장) 개념을 중심으로 4차 산업혁명이 진행되고 있지만 기업들의 관심도는 타 산업에 비해 상대적으로 낮다.

도와 유연성이다. 속도 면에서는, "제품 개발에서 시장 출시, 주문에서 도착까지의 소요 시간이 단축되고 있으며, 원격 모니터링과 예지 정비로 장비와 산업 플랜트의 고비용 다운타임(downtime)이 사라지고 가동 중단 역시 줄어들고 있다." 유연성 면에서는, "디지털화, 연결성, 가상 도구 설계로 맞춤형 대량생산 시대가 열리고 있으며, 궁극적으로 일련의 소규모 생산이 가능하고 수익도 발생한다. 인간과 기계는 훨씬 더 생산적으로 일하고 자원은 좀 더 효율적으로 이용된다."[32] 4차 산업혁명의 가시화 시기는 기술혁신 속도와 개발도상국에서의 확산 속도에 의해 결정될 것이다. 미국의 IT(정보기술) 시장조사기관 가트너(Gartner)가 제시한 하이프 사이클(Gartner's Hype Cycle)에 따르면, 4차 산업혁명을 주도하는 기술들의 가시화 속도가 빨라지고 있으며, 특히 자율주행차, VR 기술, 3D 프린팅 기술은 현실화 단계에 진입하고 있다. 개도국에서의 확산 속도도 빨라질 것으로 전망된다. 4차 산업혁명의 진행으로 향후 10년 내에 산업·경제 전반에 걸쳐 광범위한 변화와 혁신이 있을 것으로 전망되며, 특히 산업 패러다임이 크게 바뀔 것이다. 지능형 로봇, 스마트팩토리, 센싱과 사물인터넷 등을 통해 전 산업분야에서 생산성 혁신이 진행되고, AI, 빅데이터, 3D 프린팅 등으로 개인 맞춤형 제조가 가능해지며, 자율주행차, 스마트홈·스마트시티 등으로 편의와 안전성이 향상될 것이다.[33]

이러한 산업 지형의 '거대한 변화(deep shift)'는 위협인 동시에 기회가 된다. 4차 산업혁명 시기에 조직, 프로세스, 역량 등을 변화시키고 혁신하는 기업은 살아남을 것이다. 우선 4차 산업혁명은 생산 과정에서 보다 많은 자유와 유연성을 제공하기 때문에 비교적 낮은 생산 원가로 고객 맞춤형 제품 생산이 가능해질 것이며 3D 프린터의 사용이 현저하게 확장될 것이다. 산업계는 '산업 민주주의' 트렌드에 따라 작고 자율적인 '이동식 제조 조직(mobile manufacturing unit)'이 현지 시장용 제품을 생산해 낼 수 있다. 이런 유형의 게임 체인저(game changer)는 외국인의 직접투자 환경을 변화시킬 수 있다. 가치사슬의 분화로 제조 네트워크에서 설계자와 실제 제품 공급자의 역할, 고객과의 접점 등은 크게 바뀔 전망이다. 전통적 산업 경계가 희미해지고 산업과 비산업 응용 분야 사이의 경계 역시 흐려지면서, 고품질 디지털 서비스와 안전하고 종합적인 디지털 인프라가 성공적인 4차 산업혁명을 위한 전제조건이 될 것이다. CPS 세계에서는 물리적 기계와 도구를 공급하는 업체들의 중요도는 감소하는 대신, 센서·IT·소프트웨어 공급자들의 중요도는 증가할 것이다. '메이커 스페이스(Maker Space: 사물을 즉석에서 만들어낼 수 있는 협업 공간)'와 같은 개방형 생산기지와 클러스터가 조성되므로 조직은 훨씬 더 분산되고 유연해질 것이다.[34]

또한 정보통신기술의 발달에 따라 '협력적 소비'를 기반으로 한 '공유경제(sharing economy)'가 혁신 키워드로 급부상하면서 소유권의 이전이 발생하는 생산자와 구매자의 관계가 사용권의 이전이 발생하는 공급자와 사용자의 관계로 변화하고 있다. 피어그룹 간 공유(peer-to-peer sharing)가 일상화되고, 사용자가 동시에 콘텐츠 제작자인 '지금의 세상(now world)'에서 디지털화 추세는 더 높은 투명성을 확보하는 방향으로 진행되고 있다. 이러한 디지털화 추세는 헬스케어 분야에서도 분명한 트렌드로 나타나고 있다. 헬스케어 시장의 추진 동력은 모바일과 무선 애플리케이션이며, 2015년부터 2020년까지 디지털 헬스케어 시장은 매년 20% 이상 성장한다. 제약과 의학 기술 기업들의 디지털화는 R&D 또는 일반 관리 항목의 비용을 상당히 줄여줄 것이다. 아마존, 구글 등의 거대 기술 기업은 이미 헬스케어를 미래 핵심 투자 분야로 선정했다.[35] 한편 롤랜드버거는 디지털화된 빅데이터가 비즈니스는 물론 공공정책에서도 효율성을 개선하여 공익을 도모할 수 있다고 보았

다. 빅데이터는 흔히 용량(Volume), 다양성(Variety), 속도(Velocity)를 뜻하는 3V
로 정의된다. 빅데이터는 세 분야의 주요 혁명이 융합되면서 등장했다. "인
공지능은 비정형 데이터 처리를 가능하게 하고, 분산 컴퓨팅은 데이터 처리
능력을 획기적으로 개선하고, 머신 러닝은 데이터 학습이 가능한 스마트 알
고리즘을 개발한다."[36]

이상에서 살펴본 바와 같이 4차 산업혁명을 견인하는 핵심기술들이 실
현되기 위해서는 기반기술로서의 정보통신기술(ICT)이 매우 중요하다. 세
계 ICT 융합 시장의 크기는 2013년 기준 1조6,700만 달러에서 2017년에는 3
조 달러로 늘어났다. 인터넷에 연결되는 사물의 수는 2013년 대비 2017년에
260억개로 10배가 되고 2020년에는 470억개의 디바이스들이 네트워크에 접
속할 것으로 전망된다. 이러한 초연결 사회의 기반이 All-IT 네트워크[37] 5G
이동통신이 될 것이고, IT · 자율주행차 · AR/VR · 헬스케어 등의 버티컬 산
업이 5G 이동통신 네트워크 인프라 기반의 융합 서비스를 제공할 것이다.
이 5G 이동통신 네트워크가 지원하는 환경에서 IoT, Cloud, 빅데이터, 인공
지능(AI)이 ICT 산업의 성장을 견인하게 될 것이다. ICT 산업이 성장하면 의
료, 운송, 생산, 금융, 유통, 교육 분야 등에서도 지능정보 가치가 창출되고
우리의 삶과 비즈니스에도 혁신적인 변화가 일어날 것이다.[38] 한마디로 4
차 산업혁명의 성공의 열쇠는 5G 기반의 ICT 기술이다. 따라서 4차 산업혁
명을 선도하기 위해서는 ICT 산업의 성장을 견인할 수 있도록 5G와 AI의 융
합을 통해 '지능형 네트워크'로의 진화가 요망된다. 이러한 네트워크 기술의
진화는 비즈니스 모델과 서비스 생태계에도 혁신적인 변화를 가져와 이전
에 경험하지 못한 새로운 서비스의 실현을 가능하게 할 것이며, O2O(online
to offline) · 옴니채널(omni-channel) 서비스의 활성화를 통해 현실세계의 최적화
를 도모하게 될 것이다.

1925년 설립된 세계 최고 수준의 민간 연구개발 기관인 벨연구소 소장 마커스 웰던(Marcus Weldon)이 대표 저자로 참여한『미래 X 네트워크 *The Future X Network: A Bell Labs Perspective*』(2016)에서는 새로운 기술혁명을 가져올 미래 네트워크를 형성하기 위한 세 가지 기술적 촉진제로 '클라우드 통합망, 사물인터넷, 증강지능'[39]을 들고 있다. 디지털 혁신은 지금도 계속되고 있고 사물은 지능화된 사물로 급속히 진화하고 있다. 미국의 시장조사기관 가트너가 공개한 '2019년 전략 기술 트렌드'를 보면, 기업들이 주목해야 할 10대 기술로 ① 자율 사물(Autonomous Things: 로봇·드론·자율주행차 등), ② 증강 분석(Augmented Analytics: 머신러닝을 이용해 데이터 관리·분석), ③ 인공지능 주도 개발(AI-Driven Development, '일반인 개발자' 시대 촉발), ④ 디지털 트윈(digital twin: 현실 세계의 디지털 버전), ⑤ 자율권을 가진 에지(Empowered Edge: AI칩 등과 결합하며 기기 스스로 정보 처리), ⑥ 몰입 경험(Immersive Experience: AR·VR·MR), ⑦ 블록체인(Blockchain), ⑧ 스마트 공간(Smart Spaces: 인간과 기술 시스템이 지능적인 생태계에서 상호작용하는 환경), ⑨ 디지털 윤리와 개인정보보호(Digital Ethics and Privacy), ⑩ 양자 컴퓨팅(Quantum Computing, 2023~2025년 상용화 예상)을 꼽았다.[40] 하원규 한국전자통신연구원 책임연구원은 2010년대 4G 사물인터넷으로부터 2020년대 초연결성이 강화된 5G 만물인터넷으로, 2030년에는 지능화가 반영되기 시작하는 6G 만물지능 인터넷으로, 그리고 2040년에는 7G 만물초지능 인터넷으로 진화할 것[41]으로 전망하고 있다.

디지털 트랜스포메이션의 성공 조건과 생존 전략

새로운 디지털 기술이 보급되면서 디지털 환경이 급속하게 변화함에 따라 디지털 시대에 적응하기 위한 생존 전략의 일환으로 '디지털 트랜스포메이션(Digital Transfomation · 디지털 혁신)'이 변화와 혁신의 최우선 과제가 되고 있다. 2020년까지 디지털 트랜스포메이션을 성공적으로 이끈 기업은 '디지털 포식자(digital predator)'가 될 것이고, 그렇지 않은 기업은 '디지털 희생양(digital prey)'이 될 운명에 처할 것이라고 시장조사기관 포레스터 리서치(Forrester Research)는 예측하였다. 컬럼비아대 경영대학원 교수이자 세계적인 디지털 전문가인 데이비드 로저스(David L. Rogers)는 그의 저서『디지털 트랜스포메이션 플레이북 The Digital Transformation Playbook』(2016)에서 디지털 트랜스포메이션의 중심 주제를 이렇게 요약하고 있다. "디지털 트랜스포메이션은 기술에 관한 것이 아니라 전략과 새로운 사고방식에 관한 것이다(Digital transformation is not about technology—it is about strategy and new ways of thinking)."[42]

디지털 시대에 도태되지 않고 살아남기 위해선 IT 인프라(IT infrastructure)보다 전략적 사고방식(strategic mindset)을 훨씬 더 업그레이드해야 한다는 주장이다. 이는 기업 내에서 기술 관련 리더십의 역할 변화에서도 분명히 드러난다. "기업 내에서 CIO(Chief Information Officer 최고 정보 책임자)의 전통적인 역할은 프로세스를 최적화하고, 리스크를 줄이며, 현재의 사업을 효율적으로 운영하는 것이었지만, 새롭게 등장한 CDO(Chief Digital Officer 최고 디지털 책임자)는 훨씬 더 전략적인 관점에서 기술을 활용해 기업의 핵심 비즈니스 자체를 다시 생각하고 새로운 혁신을 이끌어내는 데 집중한다."[43] 산업 주자들의 게임 규칙이 달라진 새로운 디지털 환경에 적응하기 위해선 경영전략적 관점에서 조직, 프로세스, 비즈니스 모델 등을 근본적으로 혁신할 필요가 있다.

근년에 들어 미국 등을 중심으로 디지털 트랜스포메이션은 4차 산업혁명과 더불어 지속적인 이슈가 되고 있다. 이 두 개념은 디지털 기술을 기반기술로 하고 있다는 점에서 상호 연관되다 보니 동일 개념으로 사용되기도 하지만, 정확한 이해를 위해 구분할 필요가 있다. 현재의 4차 산업혁명이 '인터넷 플랫폼을 기반으로 모든 사물·공간·산업·사람을 지능적으로 연결·융합하여 인류의 사회·경제·생활방식의 총체적 변화'에 초점을 두고 있다면, 디지털 트랜스포메이션은 '기업의 조직, 프로세스, 비즈니스 모델, 기업 문화, 커뮤니케이션 등을 디지털 기반으로 근본적으로 변화시킴으로써 기업의 경쟁력을 강화하려는 경영전략'[44]에 초점을 둔다. 한편 '인더스트리 4.0(Industrie 4.0)'은 2010년 독일 제조업이 직면한 문제를 해결하기 위해 제조업에 정보통신기술(ICT)을 접목하여 최적화된 스마트팩토리를 구현하고 확장하는 프로젝트를 제시한 것으로 지속적인 디지털화와 모든 생산단위의 연결성을 강조한다. 4차 산업혁명은 독일의 인더스트리 4.0(Industrie 4.0)으로부터 촉발되어, 2016년 스위스 다보스포럼에서 인류 문명이 4차 산업혁명의 초기 단계에 진입해 있다는 주장이 제기되고 글로벌 경제위기를 극복할 수 있는 대안으로 4차 산업혁명이 다뤄지면서 4차 산업혁명이란 용어가 일반화되었다. 우리나라에서도 디지털 트랜스포메이션을 중심으로 하는 패러다임 전환이 '제조산업의 혁신과 생존을 위한 열쇠'로 인식되고 있다.

디지털 트랜스포메이션은 기존의 경영혁신이나 IT혁신과는 그 특성이 다르다. 디지털 트랜스포메이션은 아날로그적 사고를 단순히 디지털적 사고로 변환하는 것이 아니라 아날로그의 영역인 물리적 세계와 디지털의 영역인 사이버 세계를 유기적으로 결합한다. 또한 디지털 기술을 현장에 적용하는 것이 아니라 조직의 업무 개념 자체에 대한 변화와 조직 전반에 걸친 혁신을 요구한다. 디지털 트랜스포메이션은 선진기업들의 성공사례를 벤치마킹하는 것이 아니라 디지털 고객 경험을 바탕으로 고유한 디지털 비즈니스 모델을 개발하고 서비스를 디자인하며, 혁신적인 디지털 가치를 제공하고 디지털 생산성을 창출하는 활동이다. 또한 조직의 문제를 해결하는 것이 아니라 디지털 고객 경험을 개발하고 디지털 비즈니스 모델과 디지털 기술을 활용하여 해결을 시도한다. 디지털 트랜스포메이션은 IT 조직이 중심이 되어 추진하는 정보시스템 개발이 아니라 디지털 플랫폼 생태계 구축을 통해 새로운 오퍼링(offering: 디지털 가치, 서비스 가치, 상품가치)[45]의 패턴을 제시하는 것이다. 또한 기업 내부를 혁신하는 것이 아니라 고객, 공급자 등의 가치를 최대화하기 위한 조직 외부 관점의 혁신이다. 디지털 트랜스포메이션은 기업활동을 디지털로 전환하는 것이 아니라 고객에게 제공하는 오퍼링, 고객과 조직의 상호작용 확대를 위한 비즈니스 모델과 내부 운영 측면에서 고객 가치를 구현하는 디지털 운영 혁신을 하는 것이다.[46]

이처럼 디지털 트랜스포메이션은 기존의 경영혁신이나 IT혁신에 비해 문제에 대한 접근 방식이 훨씬 더 전략적이고 구체적이며 본질적이다. 그렇다면 이러한 새로운 접근 방식이 필요하게 된 배경은 무엇인가? 디지털 신기술의 촉발로 모바일, 클라우드(Cloud), 사물인터넷(IoT), 인공지능, 로봇, 빅데이터 등 다양한 분야에서 자동화, 지능화가 가속화됨에 따라 기업의 경쟁력 강화와 지속 생존을 위한 경영전략적 차원에서 고객 관리, 비즈니스 모델, 운영 프로세스 등 기업 운영 전반에 대한 혁신이 요구되었기 때문이다. 고객 경험 혁신은 스타벅스, 버버리, 카카오뱅크 등에서, 비즈니스 모델 혁신은 아마존(Amazon), 에어비앤비(Airbnb), 우버(Uber), 애플(Apple), 구글(Google), 페이스북(Facebook) 등에서, 운영 프로세스 혁신은 ZARA(패션 브랜드), GE(General Electric Co)의 플랫폼 프레딕스(Predix), 아마존의 웹 서비스 AWS 등에서 그 사례를 찾아볼 수 있다. 시장분석기관 콘스텔레이션 리서치(Constellation Research)의 애널리스트 레이 왕(Ray Wang)은 '디지털 혁명으로 인해 2000년 이후 포춘(Fortune) 500대 기업 중 52%가 인수합병이나 파산으로 인해 사라지고 있다'고 분석했다. 아마존, 페이스북, 구글, 우버, 에어비앤비 등으로 대표되는 '퓨어 디지털 네이티브(Pure Digital Native)'라고 불리는 혁신 스타트업의 등장으로 기존 플레이어의 시장은 빠르게 새로운 버티컬 플랫폼 시장으로 대체되고 있다. 비즈니스 모델 혁신을 통해서 새로운 고객 경험과 가치를 창출하지 않고서는 더 이상 미래의 성장을 담보할 수 없게 된 것이다.

'퓨어 디지털 네이티브'란 전통적인 기업의 가치사슬에서 벗어나 혁신적인 디지털 기술을 활용하여 파괴적 혁신을 통해 '새로운 고객 경험과 가치를 창출하는 데 능한 디지털 조직'을 의미한다. 기존 비즈니스 모델을 위협하는 퓨어 디지털 네이티브의 급성장은 중국에서도 나타나고 있다. 샤오미, 징동, 알리바바, 디디추싱 등 중국의 퓨어 디지털 네이티브도 글로벌 유니콘으로 빠르게 성장하고 있다. 바야흐로 데이터 자본주의 시대로 진입함에 따라 디지털 고객 경험에서 발생하는 다양한 데이터를 실시간으로 분석하여 고객 가치 중심의 네트워크 효과(network effect)를 확보하는 체제로 기업 환경이 급변하고 있다. 특히 머신러닝과 딥러닝, 컴퓨터 비전 기술의 발전으로 기업들은 매장, 유통망, 공장 등 오프라인 자산을 늘리는 전략에서 고객 데이터 중심의 알고리즘 노동자를 늘리는 전략으로 선회하고 있다. 퓨어 디지털 네이티브가 구사하는 디지털 전략은 AI, 빅데이터, 클라우드, IoT, VR/AR과 같은 기반기술을 바탕으로 모바일과 웹을 고객 접점으로 활용하여 네트워크 효과로 새로운 고객 가치와 경험을 제공하는 것이다.[47]

디지털 트랜스포메이션의 동인(動因)을 몇 가지 측면에서 살펴보면, 우선 정책적 측면에서는 4차 산업혁명을 통한 고용확대 및 장기적인 경제침체로부터의 탈피 필요성이다. 미국의 경우 디지털 트랜스포메이션의 출발은 2007년 미국의 서브프라임 모기지(subprime mortgage) 사태에서 2008년 미국 역사상 가장 큰 파산인 리먼 브라더스(Lehman Brothers)의 파산(bankruptcy)으로 이어지는 이른바 '2007-2008 글로벌 금융위기'이다. 경제적 측면에서는 기업의 경쟁력 강화와 지속 생존을 위해 디지털 비즈니스 모델 개발과 디지털 운영 혁신의 필요성이다. 사회적 측면에서는 인터넷의 광범위한 보급에 따른 개인 중심의 경제 도래와 '데이터 경제' 시대의 도래에 따른 데이터 기반 분석의 필요성이다. 기술적 측면에서는 모바일 인터넷과 스마트폰, SNS, 클라우드, 데이터 기반분석, AI, IoT, VR/AR, 3D 프린터, 플랫폼 등 디지털 기술의 급격한 발전이다.[48] 이들 디지털 기술의 급격한 발전은 '초고속 · 초저지연 · 초연결'의 서비스를 제공하는 5G 이동통신으로의 진화와 맥을 같이 하는 것으로 5G 네트워크 인프라 기반의 융합 서비스를 제공할 것이다. 5G 가 만들어갈 '유비쿼터스 모바일 인터넷'을 기반으로 한 세상은 디지털 트랜스포메이션의 바탕을 이루는 것이다. 5G 관련 논의는 앞 절에서 이뤄졌으므로 여기선 생략하기로 한다.

디지털리테일 컨설팅 그룹(Digital Retail Consulting Group)이 제공한 디지털 트랜스포메이션의 단계별 진화 모델을 보면, 1990년대 후반 인터넷이 등장한 이후 3단계에 걸쳐 발전해오고 있다. 1단계인 디지털 인프라 구축 단계는 1990년대 말에 해당하는 시기로 '디지털 제품 출시 및 인프라 기반 구축' 단계이다. 인터넷이 본격적으로 도입되기 시작하면서 음악, 엔터테인먼트 분야에서 디지털 제품이 출시되고 기업 내 디지털 인프라가 구축되는 시기이다. 2단계인 디지털 비즈니스 추진 단계는 2000년대 초에 해당하는 시기로 'e-커머스(electronic commerce) 및 디지털 비즈니스 강화' 단계이다. 인터넷의 대중화로 인터넷 기반의 전자상거래와 마케팅 및 비즈니스 강화를 위해 디지털 비즈니스 전략이 적극적으로 추진된 시기이다. 3단계인 디지털 트랜스포메이션 전환 단계는 2010년대 초에 해당하는 시기로 '비즈니스 모델 및 경영전략에 초점을 둔 디지털 트랜스포메이션' 단계이다. 디지털 기술의 발전과 산업구조의 변화에 따라 조직, 프로세스, 비즈니스 모델 등 기업 운영 전반에 걸쳐 디지털 운영 혁신을 하는 시기이다.[49]

디지털 트랜스포메이션은 '제품 중심'의 사고방식에서 디지털 가치를 제공하고 고객 가치를 구현하는 '고객 중심'의 사고방식으로 혁신하는 것을 의미한다. 디지털 가치는 상품가치나 서비스 가치와는 별개로 '디지털 기술을 활용하여 부가가치를 창출하고 생산성을 높여주는 것'이다. 모바일, 앱, AI, 콘텐츠, SNS 등과 같은 디지털 가치를 적극적으로 활용하면 고객 가치 구현과 더불어 기업의 경쟁력도 강화될 것이다. 기술혁신에 따라 고객 관계 관리(customer relationship management, CRM) 기법도 바뀌고 있다. 멀티채널(multi-channel), 크로스채널(cross-channel)이 온·오프라인의 경계가 사라진 하나의 옴니채널(omni-channel)로 통합되면서 온라인 상에서도 고객의 구매 성향과 구매 관련 행동을 분석해 고객 가치를 실현하고 고객만족을 극대화하는 eCRM(electronic CRM)이 주목을 받고 있다. 근년에 들어 옴니채널은 채널과 테크 중심의 전략에서 벗어나 고객과 데이터에 초점을 맞춘 새로운 디지털 서비스를 제공하고 있다. 고객감동을 이끌어내어 기업 경쟁력을 강화할 수 있도록 옴니채널 전략을 디지털 트랜스포메이션의 관점에서 바라보기 시작한 것이다.

여기서 옴니채널의 특징은 O2O(online to offline)와 비교해 보면 분명히 드러난다. 옴니채널은 온·오프라인의 연결이라는 채널 접근은 O2O와 같지만 기업이 추구하는 방향성과 전략은 다르다. O2O는 기업이 주도적으로 플랫폼을 기반으로 전 사업 분야에 걸쳐 신규 사업을 온·오프라인 채널로 확장하고 고객 인식 및 결제 기술을 중심으로 하는 전략을 추구한다. 반면 옴니채널은 고객 채널을 기반으로 신규 사업보다는 기존 채널을 통합하고 연계하는 데 중점을 두고 유통 및 금융 분야를 중심으로 고객 경험 및 관리 기술을 활용하는 전략을 추구한다.[50] 옴니채널 구현을 위한 디지털 기술로는 인식 기술, 위치 기반 기술, 분석 기술, 모바일 쇼핑 애플리케이션, 결제 기술,

디지털 체감 기술, 디지털 사이니지(Digital Signage: 실시간 디지털 미디어), 드론 등을 들 수 있다.

우선 고객을 인지하는 인식 기술로는 QR코드, RFID(전자태그), NFC(무선 근거리 통신), 이미지 인식 기술(image recognition technology) 등이 있다. 고객을 안내하는 위치 기반 기술로는 인터넷 접속을 지원해주는 와이파이(Wi-Fi), 위치 정보를 제공하는 GPS, 고객의 위치를 파악해 고객과 커뮤니케이션할 수 있는 용도로 활용되는 비콘(Beacon),* 위치 반경 내 고객을 유혹하는 지오펜싱(Geofencing: 지리를 뜻하는 geographic과 울타리를 뜻하는 fencing의 합성어) 등이 있다. 고객을 파악하는 분석 기술로는 옴니채널의 기술인 빅데이터 분석, 방문 고객의 행동 패턴을 분석하는 매장 트래킹(tracking) 분석, 고객의 행동을 예측하고 취향까지 분석하는 AI 등이 있다. 이외에도 고객과 커뮤니케이션하는 모바일 쇼핑 애플리케이션, 고객의 지갑이 되는 결제 기술, 고객의 현실에 가상을 입히는 디지털 체감 기술, 고객을 움직이게 하는 디지털 사이니지, 고객에게 직접 배달하는 드론 등을 들 수 있다.[51]

디지털 트랜스포메이션의 전략은 제품, 비즈니스 모델, 운영·관리 프로세스, 고객 경험의 네 가지 영역을 대상으로 추진될 필요가 있다. 제품의 영역에서는 제품에 디지털을 접목시켜 제품의 정보를 실시간으로 파악하고 원격 조작·관리하며, 제품 사용에 따른 데이터를 기반으로 상품기획 및 서비스 연계지원이 이루어지게 하는 전략이다. 비즈니스 모델의 영역에서는 비즈니스 모델에 영향을 줄 수 있는 다양한 변화 요인을 분석하여 차별화된

---

* 비콘은 쇼루밍(showrooming: 오프라인 매장에서 제품을 살펴본 후 구매는 온라인 사이트를 이용하는 쇼핑 행태) 고객의 매장 구매 유도 및 온·오프라인 연결 매체로 부상하고 있다.

가치를 제공할 수 있도록 비즈니스 모델을 혁신하는 전략이다. 운영·관리 프로세스의 영역에서는 비즈니스 프로세스 전반에 걸쳐 속도와 유연성을 확보하며 이를 위해 표준화되고 자동화된 방식의 제품 개발, 기술 도입, 운영 관리가 가능한 조직을 구축하는 전략이다. 고객 경험의 영역에서는 기업 중심의 마케팅이 아닌 고객 중심의 커뮤니케이션을 강화하며, 디지털 기술을 활용하여 고객 관련 데이터를 체계적으로 분석하고 실시간으로 고객의 니즈(needs)에 대응하며 온·오프라인 채널을 통합적으로 운영하는 전략이다.[52] 이러한 디지털 트랜스포메이션 전략이 성공을 거두기 위해선 기본적으로 리더십 역량(leadership capability)과 디지털 역량(digital capability)이 모두 충족되어야 한다.

디지털 트랜스포메이션의 전략 추진은 전통적인 경영 혁신이나 전략 수립과는 달리 CEO의 명료한 디지털 비전을 바탕으로 비전 수립, 조직 정비 및 인재 확보, 거버넌스 체계 구축 등의 리더십 역량과, 비즈니스 모델 개발, 혁신 및 R&D 추진 등의 디지털 역량으로 이루어진다. 우선 리더십 역량은 CEO의 미래에 대한 명료한 디지털 비전을 바탕으로 조직의 참여를 유도하고 디지털 역량이 구축될 수 있도록 우선순위를 제시하여 톱다운(top-down) 방식으로 운영하고 관리하는 능력이다. 비전 수립을 위해서는 '시장, 기술, 고객 등의 디지털 환경 변화 요인을 분석하고, 자사의 내재화된 핵심 역량을 파악하며, 기업 문화 및 조직체계의 체질을 개선하고, 디지털 기술도입 및 지속적인 R&D 혁신'을 도모할 필요가 있다. 조직 정비 및 인재 확보를 위해서는 '디지털 추진 전담 조직을 신설하고, 최고 디지털 책임자(CDO)를 임명하며, 디지털 기술 및 추진 핵심 인재를 확보'할 필요가 있다. 또한 체계화되고 일관성 있는 디지털 트랜스포메이션 비전과 전략을 추진하기 위해선 이를 운영, 관리, 조정, 평가할 수 있는 거버넌스 체계 구축이 필요하다. 거

버넌스 구축을 위해서는 조직, 프로세스, 정책, 평가 체계가 마련될 필요가 있다.[53]

다음으로 디지털 역량은 패러다임의 변화에 대응하는 새로운 디지털 기술을 적용하여 기업 경영을 효율화하고 새로운 고객 경험을 제공하며 디지털 비즈니스 모델을 창출하는 능력이다. 여기에는 비즈니스 모델 개발, 혁신 및 R&D 추진 등이 있다. 비즈니스 모델 개발은 기존 비즈니스 모델의 역량을 분석하여 사업 전략의 방향성을 정의하고, 변화의 우선순위를 설정하며, 신규 디지털 비즈니스 모델을 도출하고, 최적의 디지털 비즈니스 포트폴리오를 구축하는 네 단계로 진행된다. 디지털 트랜스포메이션의 비즈니스 모델 접근은 다음의 다섯 가지 형태로 구분할 수 있다. 첫째는 '산업의 재창조(reinventing industries)'이다. 이는 인프라를 재형성하거나 새로운 고객 행동 패턴을 창출하는 비즈니스 모델이다. 상생의 생태계를 기반으로 한 플랫폼 비즈니스(platform business), 소유 개념이 아닌 '협력적 소비'를 기반으로 한 공유경제(sharing economy), 원하는 때에 원하는 서비스를 원하는 만큼 고객에게 제공하는 온디맨드(주문형) 비즈니스(on-demand business) 등이 이에 해당된다. 둘째는 '제품 또는 서비스 대체(substituting products or services)'이다. 이는 제품과 서비스를 새로운 디지털 기술 및 포맷으로 대체하는 모델이다. 말하자면 디지털 플랫폼 비즈니스 모델로 전환하는 것이다. 전화번호부를 생산하던 비즈니스 모델이 디지털 디렉토리 서비스를 기반으로 한 새로운 비즈니스 모델로 대체된 경우 등이 이에 해당된다.

셋째는 '새로운 디지털 비즈니스의 창출(creating new digital business)'이다. 이는 센서, 인공지능, 로봇 등의 디지털 기술을 접목해 스마트 제품과 새로운 서비스를 창출하는 비즈니스 모델이다. 디지털 비즈니스 모델을 개발한 대표적인 사례로는 디즈니(Disney)를 들 수 있다. 넷째는 '가치 전달 모델의 재구성(reconfiguring value)'이다. 이는 가치사슬을 단축시키거나 직접 제공하는 방식으로 전환하기 위해 디지털 기술을 활용하여 제품, 서비스 및 데이터를 재결합하는 형태의 비즈니스 모델이다. 기업간 전자상거래를 하는 B2B(business to business) 기업이 포털 서비스 구축을 통해 다수의 소비자와 직거래하는 B2C(business to consumer) 형태의 비즈니스 모델로 전환하는 경우이다. B2C의 예로는 옥션, G마켓 등이 있다. 다섯째는 '가치 제안의 재정의(rethinking value proposition)'이다. 이는 디지털 역량을 활용하여 새로운 고객 경험과 가치를 제공함으로써 고객의 니즈를 충족시켜 주는 비즈니스 모델이다. 미국 내 라틴계 상인들의 데이터를 수집·분석하는 새로운 '루미나(Luminar)' 서비스 등이 이에 해당된다. 디지털 트랜스포메이션의 디지털 역량에는 비즈니스 모델 개발과 더불어 '신기술 도입 및 활용, 비즈니스 모델 구축, R&D 역량 확보, 비즈니스 생태계 구축, 디지털 문화 확산을 주도하는 혁신 및 R&D 추진 전략'도 포함된다.[54]

산업 및 비즈니스 구조가 빠르게 디저털화하는 추세 속에서 구글이나 아마존과 같이 디지털 트랜스포메이션을 적극적으로 추진한 선도기업은 디지털 가치를 개발하고 디지털 생산성을 통해 시장을 선도하지만, 그렇지 못한 기업은 교착상태에 빠지거나 통제불능 상태에 빠져 기업 간의 간극이 극명해지고 있다. 세계경제포럼(다보스포럼)의 분석에 따르면 전 세계적으로 2025년까지 디지털 트랜스포메이션에 의한 경제 사회적 부가가치 창출 규모는 100조 달러에 이를 것이라고 한다. 컨설팅 기업인 엑센추어(Accenture)는 글로벌 경제에서 디지털 경제가 차지하는 비중이 2005년 15%에서 2015년 22%로 확대되어 2020년에는 25%에 이를 것으로 전망했다.[55] 이제 디지털 트랜스포메이션은 거역할 수 없는 시대의 흐름이며 근본적인 전환을 위한 것이다. 기업이 디지털 트랜스포메이션에 성공하려면 위에서 고찰한 리더십 역량과 디지털 역량의 조건이 모두 충족되어야 한다. 디지털 트랜스포메이션의 성공 조건을 요약하면 다음과 같다.

첫째는 디지털 비전 수립 역량이다. 디지털 트랜스포메이션은 기업 경영 전반에 대한 혁신 전략으로 기업의 경쟁력 강화와 지속 생존을 위해선 CEO의 명료한 디지털 비전(digital vision)과 우선순위 제시가 톱다운 방식으로 이뤄져야 하며, 오픈 이노베이션(open innovation 개방형 혁신)을 통해 변화를 추진하겠다는 CEO의 강력한 의지가 천명되어야 한다. 또한 선진사례에 대한 단순한 벤치마킹이나 유행에 따른 디지털 신기술의 도입은 디지털 트랜스포메이션에 신속히 대응할 수 없으므로 디지털 환경 변화 요인을 분석하고 기업의 핵심 역량을 파악한 후 상황과 전략에 맞는 목적과 비전을 설정하여 단계별로 지속적인 R&D 혁신을 도모해야 한다. 둘째는 조직의 참여 유도 역량이다. 오픈 이노베이션을 추진할 전담 조직을 신설하고 디지털 생산성을 극대화할 수 있도록 CDO(최고 디지털 책임자)에 혁신의 주도권을 부여하며, 디지털 기술 및 추진 핵심 인재를 확보하고 조직의 대규모 참여를 유도할 수 있어야 한다.

셋째는 디지털 거버넌스(digital governance) 구축 역량이다. 디지털 혁신 전략을 추진하기 위해서는 이를 운영, 관리, 조정, 평가할 수 있는 거버넌스 체계가 구축되어야 하며, 디지털 거버넌스 구축을 위해 조직(운영위원회), 프로세스, 정책, 평가 체계가 마련되어야 한다. 넷째는 핵심 운영 역량 및 고객 경험 창출 역량이다. 핵심 운영 역량은 자원 조정, 외부 인터랙션(interaction), 생태계 가치 중심으로 전환되어야 하며, 이를 바탕으로 고객 경험 창출 역량이 확보되어야 한다. 다섯째는 비즈니스 모델 혁신(business model innovation) 역량이다. 디지털 패러다임의 변화에 따른 SWOT(강점(strength), 약점(weakness), 기회(opportunity), 위협(threat)의 이니셜) 분석을 기반으로 사업 전략을 재설정하고 파괴적 혁신을 통해 새로운 디지털 비즈니스 모델을 도출하고 최적의 디지털 비즈니스 포트폴리오를 구축해야 한다.[56]

따라서 디지털 트랜스포메이션은 조직·문화 변혁단계(organizational & cultural transformation)에서 시작하여 기술적 변혁(technological transformation) 단계를 거쳐 비즈니스 모델 변혁(business model transformation) 단계로 이어진다. 조직·문화 변혁을 위한 실행으로는 디지털 사업 비전 제시, 전담 조직 신설, CDO 영입, CoE(Center of Excellence 전문가 조직)를 중심으로 한 학습 조직 강화 등을 들 수 있다. 기술적 변혁을 위한 실행으로는 디지털 기술 도입, 기술 벤처/스타트업과의 제휴, 액셀러레이팅, 차세대 기술 보유 업체에 대한 투자 및 M&A 등을 들 수 있다. 비즈니스 모델 변혁을 위한 실행으로는 산업/시장 재창조, 디지털 플랫폼 비즈니스 모델로의 전환, 가치 전달 모델의 재구성, 가치 제안의 재정의 등을 들 수 있다.[57] 최근 들어 주목받고 있는 '스타트업 액셀러레이팅(Startup Accelerating)'이란 컨셉은 오픈 이노베이션의 관점에서 기업 외부의 역량을 내부와 연결시켜 공동 사업화할 수 있는 새로운 비즈니스 모델을 발굴하려는 함의를 지닌 것이다.

데이비드 로저스는 그의 저서 『디지털 트랜스포메이션 플레이북』(2016)에서 디지털 트랜스포메이션에 적응하려면 사업 전략을 포괄적으로 이해해야만 한다고 말한다. 말하자면 사업 전략을 포괄적으로 이해하는 것이 디지털 트랜스포메이션에 적응하는 길이고 이는 곧 기업/산업이 지속적으로 생존할 수 있는 전략이기도 하다. 1768년에 처음 발간된 브리태니커 대백과사전(Encyclopaedia Britannica)이 온라인 기반 커뮤니티가 작성하는 위키피디아(Wikipedia)와 같은 무료 대백과사전의 등장으로 244년만인 2012년에 인쇄본의 발간 중단이 공시되었다는 사실은 디지털 혁명의 위력을 말해준다. 이후 브리태니커는 새로운 고객 경험과 고객의 니즈에 대한 이해를 바탕으로 새로운 경영전략을 모색하면서 편집 품질과 교육 서비스라는 핵심 기조를 유지한 결과, 온라인 구독 모델로 전환하는 데 성공하였을 뿐 아니라 변화하는 교실 커리큘럼과 학습에 필요한 새로운 제품을 출시할 수 있었다.

로저스는 컬럼비아대 비즈니스 스쿨에서 쌓은 경험과 비즈니스 컨설팅 경험을 바탕으로 디지털 혁신이 바꾼 고객(customer), 경쟁(competition), 데이터(data), 혁신(innovation), 가치(value)라는 다섯 가지 전략의 핵심 영역에 집중하여 기존의 비즈니스가 디지털 시대에 어떻게 적응해 나가야 하는지에 대한 가이드를 제공한다. 디지털 트랜스포메이션의 첫 번째 영역은 고객이다. 디지털 시대에는 기업과 고객의 관계가 극적으로 변화하고 있다. 로저스는 아날로그 시대에서 디지털 시대로의 변화에 따라 고객에 대한 전략 가설이 〈표 6.1〉과 같이 변화함을 보여준다. 즉 대중시장(mass market)의 고객에서 동적인 네트워크(dynamic network)의 고객으로, 방송을 통한 고객 커뮤니케이션에서 양방향(two-way) 커뮤니케이션으로, 기업이 핵심 영향력자에서 고객이 핵심영향력자로, 구매를 설득하는 마케팅에서 구매와 재구매, 지지를 고무하는 마케팅으로, 단방향(one-way) 가치 흐름에서 상호적인(reciprocal) 가치 흐름으로, 기업 규모의 경제에서 고객 가치의 경제로 변화한다는 것이다.

아날로그 시대	디지털 시대
대중시장의 고객	동적인 네트워크의 고객
방송을 통한 고객 커뮤니케이션	양방향 고객 커뮤니케이션
기업이 핵심 영향력자	고객이 핵심 영향력자
구매를 설득하는 마케팅	구매와 재구매, 지지를 고무하는 마케팅
단방향 가치 흐름	상호적인 가치 흐름
기업 규모의 경제	고객 가치의 경제

〈표 6.1〉 고객: 디지털 시대에 변화된 전략 가설[58]

디지털 트랜스포메이션의 두 번째 영역은 경쟁이다. 로저스는 플랫폼 비즈니스의 전략적 중요성에 대한 인식을 바탕으로 아날로그 시대에서 디지털 시대로의 변화에 따라 경쟁에 대한 전략 가설이 〈표 6.2〉와 같이 변화함을 보여준다. 즉 정해진 업계 내의 경쟁에서 유동적인 업계 전역에 걸친 경쟁으로, 파트너와 경쟁자의 명확한 구분에서 파트너와 경쟁자의 모호한 구분으로, 제로섬(zero-sum) 게임의 경쟁에서 핵심 영역에서 협력하는 경쟁자로, 핵심 자산이 기업 내에 있는 것에서 핵심 자산이 외부 네트워크에 있는 것으로, 독특한 특징과 장점을 가진 제품에서 파트너와 가치를 교환하는 플랫폼으로, 분야별 소수의 지배적 경쟁자에서 네트워크 효과(network effect)에 따른 승자독식(winner-takes-all)으로 변화한다는 것이다.

아날로그 시대	디지털 시대
정해진 업계 내의 경쟁	유동적인 업계 전역에 걸친 경쟁
파트너와 경쟁자의 명확한 구분	파트너와 경쟁자의 모호한 구분
제로섬 게임의 경쟁	핵심 영역에서 협력하는 경쟁자
핵심 자산이 기업 내에 존재	핵심 자산이 외부 네트워크에 존재
독특한 특징과 장점을 가진 제품	파트너와 가치를 교환하는 플랫폼
분야별 소수의 지배적 경쟁자	네트워크 효과에 따른 승자독식

〈표 6.2〉 경쟁: 디지털 시대에 변화된 전략 가설[59]

디지털 트랜스포메이션의 세 번째 영역은 데이터다. 데이터를 가치 창출의 원천으로 삼고자 한다면 데이터를 핵심 전략 자산으로 다룰 필요가 있다고 로저스는 말한다. 로저스는 아날로그 시대에서 디지털 시대로의 변화에 따른 데이터의 역할 변화와 그에 따른 기업 내 리더십의 변화를 설명하며 데이터에 대한 전략 가설이 〈표 6.3〉과 같이 변화함을 보여준다. 즉 아날로그 시대에 데이터는 기업 내에서 생산되며 비싼 것인 데 비해, 디지털 시대에 데이터는 어디서나 계속해서 생산된다. 아날로그 시대에 데이터의 난제는 저장과 관리인 데 비해, 디지털 시대에 데이터의 난제는 가치 있는 정보로 전환하는 것이다. 아날로그 시대에 기업은 구조화된 데이터만 활용할 수 있는 데 비해, 디지털 시대에는 비구조화된 데이터의 활용성과 가치가 증대했다. 아날로그 시대에는 폐쇄적인 운영 조직에서 데이터를 관리한 데 비해, 디지털 시대에 데이터의 가치는 조직 간 연결에 있다. 아날로그 시대에 데이터는 프로세스 최적화의 도구인 데 비해, 디지털 시대에 데이터는 가치 창출을 위한 핵심 무형 자산이다.

아날로그 시대	디지털 시대
데이터는 기업 내에서 생산되며 비싸다	데이터는 어디서나 계속해서 생산된다
데이터의 난제는 저장과 관리	데이터의 난제는 가치 있는 정보로 전환하는 것
구조화된 데이터만 활용	비구조화된 데이터의 활용성과 가치 증대
폐쇄적인 운영 조직에서 데이터 관리	데이터의 가치는 조직 간 연결에 있다
데이터는 프로세스 최적화의 도구	데이터는 가치 창출을 위한 핵심 무형 자산

〈표 6.3〉 데이터: 디지털 시대에 변화된 전략 가설[60]

디지털 트랜스포메이션의 네 번째 영역은 혁신이다. 디지털 시대의 기업 혁신은 빠른 실험과 지속적인 학습에 기반을 두고 완제품에 집중하기보다는 실리콘밸리의 많은 린 스타트업(Lean Startup)처럼 MVP(minimum viable product)를 개발하고 출시 이전이나 과정, 이후에 개선을 반복해 나가는 방식이다. 로저스는 아날로그 시대에서 디지털 시대로의 변화에 따라 혁신에 대한 전략 가설이 〈표 6.4〉와 같이 변화함을 보여준다. 즉 직관과 감각에 기반을 둔 의사 결정에서 실험과 검증에 기반을 둔 의사 결정으로, 아이디어의 테스트가 비싸고 느리고 어려운 것에서 아이디어의 테스트가 값싸고 빠르고 쉬운 것으로, 실험은 전문가에 의해 간헐적으로 실행되는 것에서 실험은 누구나 꾸준히 하는 것으로, 혁신의 관건이 정답을 찾아내는 것에서 정확한 문제를 푸는 것으로, 실패는 반드시 피해야 하는 것에서 실패는 빠르게, 적은 비용으로 학습하는 것으로, 완제품에 집중하는 것에서 MVP 출시 후 반복 개선에 집중하는 것으로 변화한다는 것이다.

아날로그 시대	디지털 시대
직관과 감각에 기반을 둔 의사 결정	실험과 검증에 기반을 둔 의사 결정
아이디어의 테스트가 비싸고 느리고 어렵다	아이디어의 테스트가 값싸고 빠르고 쉽다
실험은 전문가에 의해 간헐적으로 실행	실험은 누구나 꾸준히 실행
혁신의 관건은 정답을 찾아내는 것	혁신의 관건은 정확한 문제를 푸는 것
실패는 반드시 피해야 하는 것	실패는 빠르게, 적은 비용으로 학습하는 것
완제품에 집중	MVP 출시 후 반복 개선에 집중

〈표 6.4〉 혁신: 디지털 시대에 변화된 전략 가설[61]

디지털 트랜스포메이션의 다섯 번째 영역은 가치이다. 전통적인 기업의 가치 명제는 오랫동안 경쟁 우위를 유지할 수 있는 원천으로 생각되었지만, 디지털 시대에는 고객 가치를 구현하는 디지털 운영 혁신이 요구된다. 로저스는 아날로그 시대에서 디지털 시대로의 변화에 따라 가치에 대한 전략 가설이 〈표 6.5〉와 같이 변화함을 보여준다. 즉 가치 명제는 업계에서 결정하던 것에서 고객 니즈의 변화에 따라 결정하는 것으로, 현대 가치 명제를 실행하는 것에서 고객 가치에 대한 다음 기회를 발견하는 것으로, 가능한 오랫동안 비즈니스 모델을 최적화하는 것에서 바꾸어야 할 때가 오기 전에 먼저 진화하는 것으로, 현재 사업에 미치는 영향에 따라 변화를 판단하는 것에서 다음 사업의 창출 가능성에 따라 변화를 판단하는 것으로, 시장의 성공으로 안주하는 것에서 강박적인 생존만이 가능한 것으로 변화한다는 것이다.

아날로그 시대	디지털 시대
가치 명제는 업계에서 결정	가치 명제는 고객 니즈의 변화에 따라 결정
현재 가치 명제를 실행	고객 가치에 대한 다음 기회 발견
가능한 오랫동안 비즈니스 모델을 최적화	성장곡선의 앞선 상태에서 바뀌어야 할 때가 오기 전에 먼저 진화하기
현재 사업에 미치는 영향에 따라 변화를 판단	다음 사업의 창출 가능성에 따라 변화를 판단
시장의 성공으로 안주함	편집증적(강박적)인 생존만이 가능

〈표 6.5〉 가치: 디지털 시대에 변화된 전략 가설[62]

디지털 시대의 기업이 이상과 같은 다섯 가지 영역의 혁신에 직면해 지속적인 생존과 기업의 경쟁력 강화를 위해선 혁신 전략을 실행할 새로운 사고의 틀이 필요하다. 로저스가 제시하는 디지털 트랜스포메이션을 위한 생존 전략 가이드는 〈표 6.6〉과 같이 다섯 가지 핵심 전략 주제로 이루어져 있다. 즉 '고객 네트워크를 활용한다(Harness Customer Networks)', '제품이 아니라 플랫폼을 만든다(Build Platforms, Not Just Products)', '데이터를 자산으로 만든다(Turn Data Into Assets)', '빠른 실험으로 혁신한다(Innovate by Rapid Experimentation)', '새로운 가치 명제로 적응한다(Adapt Your Value Proposition)'는 것이다. 이 다섯 가지 전략 주제의 핵심 개념은 다음과 같다. 고객 영역에선 고객 네트워크를 활용하여 마케팅의 흐름을 재정립하고 구매 경로와 고객 네트워크의 핵심 행동 패턴을 파악한다. 경쟁 영역에선 제품이 아니라 플랫폼을 만드는 전략으로 플랫폼 비즈니스 모델을 구축하고, 직·간접 네트워크 효과와 중개 및 직거래, 경쟁 가치 흐름의 기본 원리를 이해한다. 데이터 영역에선 데이터를 자산으로 만들기 위한 전략으로 데이터 가치의 틀, 빅데이터의 동인(動因), 데이터 주도 의사 결정의 인과관계 등을 이해한다. 혁신 영역에선 발산식·수렴식 실험, 최소 실행가능한 프로토타입을 통해 빠른 실험으로 혁신하며 혁신의 규모를 확대하는 방법을 이해한다. 가치 영역에선 가치 명제에 지속적으로 적응해 나가는 전략으로 시장 가치의 핵심 개념과 하락하는 시장 입지를 극복하는 방법을 이해하고 가치 명제 진화의 단계에 적응하는 역량을 강화한다.

도메인	전략 주제	핵심 개념
고객	고객 네트워크를 활용한다	마케팅 흐름의 재정립 구매 경로 고객 네트워크의 핵심 행동 패턴
경쟁	제품이 아니라 플랫폼을 만든다	플랫폼 비즈니스 모델 직·간접 네트워크 효과 중개와 직거래 경쟁 가치 흐름도
데이터	데이터를 자산으로 만든다	데이터 가치의 틀 빅데이터의 동인 데이터 주도 의사 결정
혁신	빠른 실험으로 혁신한다	발산식 실험 수렴식 실험 최소 실행가능한 프로토타입 규모 확대 방법
가치	새로운 가치 명제로 적응한다	시장 가치의 개념 하락하는 시장에서 벗어나는 길 가치 명제 진화의 단계

〈표 6.6〉 디지털 트랜스포메이션 가이드[63]

우리는 지금 디지털 기술이 고객, 경쟁, 데이터, 혁신, 가치의 규칙을 모두 새로 쓰고 있는 시대에 살고 있다. 새로운 가치 명제로 적응하고 다변화하고 지속적으로 새로운 고객 가치를 창출해 내는 것이 디지털 혁신에 대응하여 기업이 생존하고 성장할 수 있는 길이다. 브리태니커 대백과사전처럼 디지털 혁신에 성공하는 기업도 많지만, 코닥이나 블록버스터처럼 실패하는 기업도 많다. 그 핵심 이유 중의 하나는 조직의 민첩성(organizational agility)에 있다. 민첩한 조직을 만들려면 자원 할당(allocating resources), 측정의 변화

(changing what you measure), 인센티브 배정(aligning incentive)의 세 가지 부분에 집중할 필요가 있다고 로저스는 말한다. 자원 할당은 새로운 벤처에 대한 자원 지원의 가능성에 대한 것이고, 측정의 변화는 새로운 비즈니스 모델로의 진화 단계에서 새로운 사고를 지원할 수 있는 지표로서의 가능성에 대한 것이며, 인센티브 배정은 조직 내에서 지원과 포상이 이뤄지는 방식에 대한 것이다.[64] 디지털 트랜스포메이션은 우리 시대의 대세로 자리 잡고 있으며 펼쳐갈 잠재력 또한 무한하다. 기업이나 조직이 디지털 혁신에 민첩하게 대응하면 새로운 고객 가치 창출의 기회를 찾아 적응·변화해 갈 수 있을 것이다.

플랫폼 비즈니스와 플랫폼 제국의 미래

21세기 디지털 기술은 사물인터넷·만물인터넷, 가상 물리 시스템(CPS), 인공지능(AI), 빅데이터 등을 중심으로 플랫폼 기반 네트워크에 기초해 있다. 플랫폼은 비즈니스와 경제 및 사회 생태계를 철저히 바꾸는 매우 혁신적인 개념이다. 오늘날 가장 빠른 성장세로 가장 강력한 파괴력을 지닌 기업들, 즉 구글, 우버, 애플, 에어비앤비, 아마존, 마이크로소프트(Microsoft), 이베이(eBay), 페이스북, 위워크(WeWork: 글로벌 공유오피스 기업), 디디추싱(Didi Chuxing: 중국판 Uber), 샤오미(Xiaomi), 루닷컴(Lu.com: 중국 핀테크 분야 기업), 바이두(Baidu), 알리바바(Alibaba), 텐센트(Tencent)* 등 유니콘(unicorn) 기업(기업 가치 10억

---

* 중국의 대표적 인터넷 기업인 바이두(Baidu), 알리바바(Alibaba), 텐센트(Tencent)는 영문 이니셜을 따서 BAT라고 부른다. BAT는 미국의 대표적 인터넷 기업군인 'TGIF(트위터·구글·애플아이폰·페이스북)'와 맞먹을 정도로 고속 성장하고 있다. 유니콘 기업이 계속 성장함에 따라 기업 가치가 100억 달러 이상인 비상장 스타트업

달러 이상의 비상장 스타트업)의 한 가지 공통점은 이들 기업 모두 '플랫폼 비즈니스 모델(Platform Business Model)'을 구현하고 있다는 것이다. 현재 한국엔 비상장 유니콘 스타트업이 쿠팡 · 옐로모바일 두 개뿐이지만, 2019년까지 적어도 3~4개의 유니콘 기업이 더 탄생할 것으로 스타트업계에서는 보고 있다. 더 많은 유니콘 기업이 탄생하려면 스타트업 규제를 푸는 것이 급선무라고 전문가들은 말한다. 플랫폼은 경제뿐 아니라 교육과 행정, 의료와 에너지 분야에까지 변화를 가져오기 시작했다. 플랫폼은 이미 우리의 삶 자체를 변화시키고 있으며 이러한 변화의 물결은 앞으로 더 깊숙이 우리의 일상 속으로 밀려들 것이다.

플랫폼 비즈니스 모델은 사업자가 제품 또는 서비스를 직접 제공하지 않고 제품이나 서비스를 제공하는 생산자 그룹과 이를 필요로 하는 사용자 그룹을 서로 연결하여 플랫폼 내에서 활발한 거래가 이루어지게 함으로써 가치를 생성하고 수익을 창출한다. 이 모델의 특징은 플랫폼 내에서 다양한 판매자와 구매자 간에 거래가 상시로 이뤄지는 '양면시장(two sided market)'에 있다. 양면시장은 네트워크 효과(network effect)에 의해 활성화된다. 월간 이용자 수가 20억 명이 넘는 페이스북처럼 상대 집단의 크기가 클수록 이익이나 효용성도 더 높아진다. 기업의 경우 많은 사람들이 방문하는 길목에 광고나 서비스가 노출되도록 하는 것이 마케팅 효과가 크기 때문에 높은 광고비나 수수료를 지불하더라도 페이스북 플랫폼에 들어가려고 할 것이다. 플랫폼 비즈니스는 개인이 아닌 플랫폼 자체의 가치 극대화에 집중한다는 점에서 개인 고객이 이용하는 제품과 서비스의 생애 가치 극대화에 집중하는

은 '데카콘(decacorn) 기업', 기업가치가 1,000억 달러 이상인 비상장 스타트업은 '헥토콘(hectocorn) 기업'으로 구분하기 시작했다.

파이프라인 비즈니스와는 차이가 있다. 파이프라인 기업은 '선형적 가치사슬(linear value chain)' 프로세스를 고수하고 소유의 경계가 명확하며 공급 중심의 규모의 경제를 이루게 되는 반면, 플랫폼 기업은 가치의 창출과 이동이 동시다발적으로 발생하고 자산을 공유하며 수요 중심의 규모의 경제를 이루게 되는 특징을 보인다. 플랫폼 비즈니스의 수익모델 패턴에는 크게 중개수수료, 구독료, 광고료, 라이센싱, 아이템 판매 등이 있다.[65]

플랫폼의 파괴력에 대해서는 혁신적인 플랫폼 몇 가지 사례에서 확연히 드러난다. 전 세계 최대 숙박 공유 업체인 에어비앤비는 호텔 방 하나 소유하지 않은 채 시작하여 전통적인 숙박 서비스 산업으로부터 고객층을 흡수해 190여 개 국가에서 서비스 이용자가 1,000만 명을 넘어섰다. 스마트폰 기반 차량 공유 업체인 우버는 단 한 대의 차량도 소유하지 않은 채 시작해 5년도 안 되어 기업 가치가 500억 달러 이상인 것으로 평가됐고 전 세계 200개 이상 도시에서 택시 산업의 판도를 뒤바꾸고 있다. 페이스북은 직접 창작한 콘텐츠 하나 없이도 연 광고 수익이 약 140억 달러(2015년)에 달하는 세계 최대의 미디어 기업이다. 또한 중국의 거대 소매 기업 알리바바가 소유한 비즈니스 포털 중 한 사이트인 타오바오(Taobao)는 단 한 개의 재고도 없이 10억 종에 달하는 상품을 구비하고 있다. 이런 사례들은 기업 생존에 필수적인 자원조차 소유하지 않은 스타트업 기업들이 플랫폼 비즈니스 모델을 이용해 전통적인 산업을 지배하고 시장 판도를 뒤바꾸고 새로운 산업을 창출하고 직업 세계를 바꿀 수 있음을 보여준다. 이것이 바로 플랫폼의 위력이다. 사람과 조직, 자원을 인터랙티브(interactive)한 생태계에 연결해 엄청난 가치를 창출하고 교환할 수 있게 해 주는 것이 플랫폼의 기술이다.[66]

플랫폼의 가장 중요한 목적은 플랫폼 내에서 다양한 거래가 활성화되어 모든 참여자들이 가치를 창출할 수 있게 하는 것이다. 시가 총액 기준으로 볼 때 가치를 창출하는 플랫폼 기업들이 집중되어 있는 곳은 북아메리카이며, 대규모의 동종 시장을 형성하고 있는 중국의 플랫폼 기업들도 빠르게 성장하고 있다.[67] 플랫폼 혁명의 후보 대상은 교육과 미디어 기업처럼 '최종 상품'이 정보인 기업은 물론 고객 요구·가격 변동·수요와 공급·시장 추세에 대한 정보 접근이 중요한 기업들이다. 따라서 대부분의 비즈니스가 플랫폼 혁명의 후보군에 속하고, 급성장세를 보이는 세계적인 브랜드들이 플랫폼 기업들인 것으로 나타난다. 2017년 글로벌 시가총액 기준 세계 5대 기업(애플, 구글, 마이크로소프트, 아마존, 페이스북) 모두 플랫폼 비즈니스 모델을 따르고 있으며 앞으로도 그 비중은 계속 늘어날 전망이다. 가치의 창출과 이동이 단계적으로 일어나는 단선적인 파이프라인[68] 방식이 생산자와 소비자 그리고 플랫폼이 변수로 개입되는 복합적인 관계로 변화하면서 플랫폼이 창출한 가치의 교환이 이루어진다. 말하자면 '전통적인 선형적 가치사슬에서 플랫폼의 복합적인 가치 매트릭스'로의 변화가 진행되고 있는 것이다.[69]

오늘날 플랫폼 모델이 빠르게 효율적으로 확장되면서 비즈니스의 거의 모든 측면에서 혁신적 변화가 감지되고 있다. 비효율적인 게이트키퍼(gate keeper)가 사라지고 있고, 공급자의 성격이 달라지고 있으며, 품질 관리 방식이 바뀌고 있고, 기업 활동의 초점이 이동하고 있다. 아마존의 경우 전통적 게이트키퍼인 편집자가 독자 커뮤니티에서 제공하는 자동 시장 신호로 대체되기 때문에 킨들(Kindle) 플랫폼 시스템이 빠르게 효율적으로 확장하면서 성장할 수 있었다. 또한 공급자의 성격도 달라지고 있다. 에어비앤비는 단 하나의 객실을 보유하지 않고도 플랫폼을 통해 지불된 임대료의 9~15퍼센트(평균 11퍼센트)를 수수료로 가져간다. 품질 관리 방식도 바뀌고 있다. 모든 종류의 플랫폼이 킨들 플랫폼과 유사한 피드백 고리(feedback loop)에 의존하는 방식으로 바뀌고 있다. 플랫폼이 유튜브의 경우처럼 콘텐츠의 품질에 대한 커뮤니티의 반응을 수집하고, 에어비앤비의 경우처럼 서비스 제공자의 평판에 대한 커뮤니티의 반응을 수집할수록 이후 시장에서 상호작용이 더 효율적으로 이뤄진다. 기업 활동의 초점 또한 이동하고 있다. 최근에는 정보 기술 시스템도 아웃 오브 디 오피스(out-of-the-office) 실험이 소셜 미디어와 빅데이터를 활용하여 이뤄지고 있으며, 혁신은 더 이상 사내 전문가들과 연구 개발팀의 전유물이 아니라 크라우드소싱과 플랫폼에 있는 독립적인 참여자들의 아이디어를 통해 일어난다.[70]

플랫폼의 출현은 "새로운 공급원을 활용해 가치 창출 구조를 변경하고, 다른 형태의 소비자 행동을 가능케 함으로써 가치 소비 구조를 변경하며, 커뮤니티 주도 큐레이션을 통해 품질 관리 구조를 변경한다. 플랫폼의 출현은 다수의 산업에서 구조적 변화를 야기하고 있다. 특히 가치와 자산의 분리, 재중개화(reintermediation), 소유와 통제의 분리, 시장 통합을 통해 시장 구조에 변화를 가져왔다."[71] 정보 집약적 산업은 물론 고비용에 확장이 가능하지 않은 인간 게이트키퍼를 고용하는 대표적인 산업인 소매업과 출판업도 디지털 플랫폼에 취약하므로 변화될 가능성이 크다. 플랫폼에 의한 시장 통합은 효율성 제고와 비용 절감 효과가 있으므로 고도로 분화된 산업 역시 변화될 가능성이 크다. 전통적인 시장, 의료 보험과 주택 담보 대출 시장에 이르기까지 정보 비대칭으로 인해 공정한 거래가 어려운 시장에서도 변화가 일어나고 있다. 정부 규제가 심하고, 실패 비용이 높고, 자원 집약적인 산업(광업, 석유와 가스 탐사, 농업 등)은 단기간 플랫폼에 의해 바뀔 가능성이 낮은 산업들이다. 하지만 교육이나 의료 모두 정보 집약적이고, 확장성이 없는 게이트키퍼가 있고, 고도로 분화되어 있고, 정보 비대칭성을 갖추고 있기 때문에 플랫폼 혁명에 대비하지 않으면 도태되고 말 것이다.[72]

에너지 생산과 분배에서도 단방향의 파이프라인 모델에서 다방향 플랫폼 모델로 이동하고 있다. 소수의 대형 전력회사들이 지배했던 중앙집중식 에너지 생산과 통제방식은 앞으로 수백만에 달하는 소규모 생산자·소비자들로 대체되면서 에너지의 민주화가 이루어질 것이다. 금융도 모두 플랫폼으로 향하고 있으며 플랫폼 모델은 점점 더 많은 금융업계 리더들에게 주된 혁신 메커니즘이 되고 있다. 물류와 수송은 고도로 효율적인 알고리즘을 지닌 플랫폼의 역량에 힘입어 차량과 자원의 이동을 넘어 수급 조절까지 맞추는 방향으로 진화하고 있다. 앞으로 모든 노동 및 전문 서비스 시장에 플랫폼 모델이 적용될 것이며, 그 결과 서비스 제공업체들간에 부와 힘, 권위의 계층화가 더욱 뚜렷해질 것이며, 최고 수준의 전문 서비스 분야에서는 승자독식 시장이 출현하게 될 가능성이 높다. 샌프란시스코에 의해 리드되고 있는 '플랫폼으로서의 정부'라는 개념은 점차 확산되고 있으며, 전 세계의 정부 플랫폼은 지원 기관과 정치 지도자들이 허용하는 만큼만 개방적이고 민주적이며 강력해질 것이다.[73] 따라서 플랫폼화가 정부의 즉각적인 대응력을 높이고 효율과 자유의 시대를 열어가기 위해서는 '의식의 플랫폼(platform of consciousness)' 정비가 먼저 이뤄져야 할 것이다. 본서 제1장에 '한'사상을 배치한 것은 그 때문이다.

플랫폼화가 가져온 효율성의 개선과 혁신적 역량의 증대, 그리고 늘어난 소비자 선택지들은 새로운 형태의 가치를 창출하기 시작했다. 플랫폼 비즈니스가 도입된 이후 플랫폼이 적용되는 영역이 점차 넓어지고 그 영향력도 커지고 있어 플랫폼을 제대로 활용하지 못하는 비즈니스는 성공할 수 없게 되었다. 그러나 실제로 활성화된 플랫폼 비즈니스 모델을 구현하기란 매우 어렵다. 플랫폼에 참여하는 다양한 이해관계자들의 역할과 이들에 대한 인센티브가 명확하게 제시되어야 하기 때문이다. 이는 단순히 기술에 관한 것이 아니라 전략과 새로운 사고방식에 관한 것으로 파이프라인 씽킹(pipeline thinking)에서 플랫폼 씽킹(platform thinking)으로의 전환을 전제로 한다. 플랫폼 사업자가 개인 고객이 이용하는 제품과 서비스의 생애 가치 극대화에 집중하거나 공급 중심의 규모의 경제에 착안한다면 해당 플랫폼은 제대로 작동하기 어려울 것이다. 플랫폼 비즈니스가 성공하려면 새로운 디지털 비즈니스 모델 발굴 및 최적의 디지털 비즈니스 포트폴리오 구축과 함께 개인이 아닌 플랫폼 자체의 가치 극대화에 집중하여 플랫폼 참여자들의 역할과 니즈에 대한 이해를 바탕으로 지속적인 교류와 참여를 유도하는 수요 중심의 규모의 경제에 착안해야 할 것이다.

모든 혁명적 변화가 그러하듯 플랫폼 혁명에도 기회와 위험은 상존해 있다. 변화를 기회로 이끈 대표적인 사례 중의 하나가 패스트패션의 선두주자 자라(ZARA)다. ZARA의 성공은 온·오프라인을 성공적으로 통합한 디지털 트랜스포메이션 전략 때문인 것으로 평가된다. 조직·문화 영역에선 수평적 조직 문화와 디자이너의 자율과 권한 보장 및 데이터 기반의 신제품 개발이 동력을 제공했다. 기술 영역에선 '재고 최적 분배 시스템' 개발과 RFID(전자태그) 도입으로 시장 경쟁 방식을 바꾸고 지속적인 경쟁우위를 확보했다. 비즈니스 모델 영역에선 온·오프라인 통합 전략을 통해 패스트패션 브랜드에서 세계적인 디지털 리테일 그룹이 되었다. 세계적인 대기업 GE는 전통적인 제조 기반 비즈니스 모델에서 완전히 새로운 고객 가치, 생태계 가치를 획득하는 플랫폼 비즈니스 모델로의 혁신을 통해 변화를 기회로 이끌었다. 조직·문화 영역에선 제조기업에서 데이터 분석 기업으로의 변신을 선언하고 2020년까지 전 세계 10대 SW(소프트웨어) 기업으로의 등극을 천명함과 동시에 전담 부서 설치 및 핵심 인력 영입과 '프레딕스 클라우드(Predix Cloud)' 플랫폼의 기반을 구축했다. 기술 영역에선 기존 제조업에 프레딕스 클라우드 플랫폼을 번들링(bundling)해 고객에게 제공함으로써 '산업 인터넷'이라는 새로운 영역을 구축했다. 비즈니스 모델 영역에선 전 세계 산업 인터넷 플랫폼인 '프레딕스'를 개발하고 '디지털 트윈(digital twin)'이란 새로운 제조 패러다임을 만들어 기존 가전회사에서 '제조 플랫폼 기업'으로의 변신에 성공했다.[74]

플랫폼 혁명은 근본적이고 글로벌한 특성을 갖기 때문에 모든 국가와 경제, 부문, 개인이 상호 영향을 주고받게 된다. 플랫폼 혁명에 따른 변화가 양산할 문제에 대해, 개인과 지역 사회가 불확실성과 손실로 고통 받게 되는 것에 대해, 사회는 반드시 인식하고 창조적인 균형사회를 만들기 위해 노력해야 할 것이다. 또한 우리 사회는 플랫폼 혁명이 창출한 구조적 변화에도 대응해야 한다. 서구 사회가 18, 19세기 산업혁명의 부산물인 탈선과 착취에 효과적으로 대응하는 데 여러 세대가 걸렸듯이, 현대 사회가 플랫폼 혁명에 따른 경제·사회·정치권력의 변화에 적절히 대응하는 데도 시간이 걸릴 것이기 때문에 지금 이 문제에 대해 고민해야 한다.[75] 플랫폼 혁명은 통제할 수 없는 외부 영역의 힘이 아니다. 분열적이고 비인간화(dehumanizing)되기보다는 궁극적으로 인간의 제 가치가 실현된 세상에 초점을 맞추어야 한다. 플랫폼 혁명이 창출할 구조적 변화에 대응하며, '의식의 플랫폼' 정비를 통해 부와 힘, 권위의 계층화 현상을 완화하고 적극적으로 해결하기 위한 솔루션에 대한 논의가 활성화되어야 할 것이다.

기업가이자 뉴욕대 스턴경영대학원 교수 스콧 갤러웨이(Scott Galloway)는 그의 저서 『더 포: 아마존, 애플, 페이스북, 구글의 숨겨진 DNA *The Four: The Hidden DNA of Amazon, Apple, Facebook, Goole*』(2017)에서 창조와 혁신의 아이콘으로 불리는 아마존·애플·페이스북·구글을 '더 포(The Four)'이자 '디지털 거인(타이탄)'이라 칭하면서 이들 기업의 성공 스토리를 새로운 시각에서 조명한다. 많은 화제와 논쟁을 불러일으켰던 이 책은 '디지털 거인'의 숨겨진 DNA를 밝혀내고 그들 간의 플랫폼 전쟁과 그들을 위협하는 떠오르는 새로운 승자를 파헤치며 플랫폼 제국의 미래를 전망한다. 2008년 세계 주식시장에서 가장 가치 있는 기업으로 꼽힌 중국 국영 석유기업 페트로차이나(PetroChina)와 미국의 석유재벌 엑손모빌(ExxonMobil), 그 뒤를 이은 제너럴일렉트릭, 차이나모바일, 중국공상은행은 10년이 지난 지금 모두 시가총액 10위권 밖으로 밀려났고, 그 자리를 아마존, 애플, 페이스북, 알파벳(구글 모회사) 등 거대 IT 기업들이 대신하고 있다.

갤러웨이에 따르면 고속 성장하는 기술 기업들의 공통점은 '비범한 도둑질'과 '사기'로 디지털 제국을 이뤘다는 것이다. 그는 네 개의 거인기업이 저지른 범죄를 크게 두 가지 사기 유형으로 분류한다. 첫 번째 유형은 취득(taking)이다. 이는 다른 기업에서 정보제공자(Information Provider, IP)를 훔친 다음 목적에 맞게 용도를 고치는 것이다. 후발 경쟁자들이 같은 행동을 할 때에는 대규모 소송으로 대응한다. 두 번째 유형은 다른 사람이 구축한 자산에서 일방적으로 이익을 취하는 것이다. 네 개의 거인기업은 뒤늦게 나타나* 선발진입자들의 실수를 교훈 삼아 그들의 자산을 사들였고 그들의 고객을 자사 고객으로 만들었다. 네 개 거인기업의 시가총액을 합하면 2조8,000억 달러로 인도와 영국, 프랑스의 GDP보다 많다. 구글은 전체 검색 부문의 92%를 차지하며, 페이스북은 월간 20억 명이 넘는 사용자들에게 콘텐츠를 배포하고, 애플은 앱스토어를 통해 이뤄지는 구매품에 30%의 수수료를 매기며, 아마존은 그 이름으로 제시되는 보도자료가 몇 시간 안에 한 산업 부

---

* 페이스북은 마이스페이스, 애플은 최초 PC 개발자들, 구글은 초기의 여러 검색엔진, 아마존은 최초의 온라인 유통업체들 뒤에 각각 나타났다.

문 전체의 시가총액을 뒤흔드는 파괴력을 지니고 있다.[76] 갤러웨이는 이들 거인기업이 어떤 전략을 통해 막강한 힘과 영향력을 갖게 되었는지를 분석적으로 설명한다.

갤러웨이에 의하면 다른 세 개의 거인기업도 마찬가지지만 아마존이 경쟁자들을 따돌리고 고속 성장한 근본적인 이유는 사람들의 '본능'에 호소했기 때문이다. 이에 덧붙여 단순하고도 명쾌한 스토리 덕분에 큰 자본을 유치할 수 있었다. 아마존은 선택의 핵심 가치를 강화하기 위해 아마존 마켓플레이스를 도입하여 개별 판매자들이 물건을 팔도록 아마존에 따로 장터를 열어주었다. 그리하여 개별 판매자들은 소비자 기반의 세계 최대 전자상거래 플랫폼에 접근하는 혜택을 누렸고, 아마존은 재고 비용 발생 없이도 판매제품 목록을 비약적으로 늘렸다. 현재 아마존 마켓플레이스 매출액은 아마존 전체 매출액의 40%인 400억 달러에 이른다. 아마존의 플러스 성장이 다른 유통업체들의 마이너스 성장을 가져오는 제로섬 게임 현상을 보이면서ㅡ가장 큰 피해를 본 기업은 월마트ㅡ지금 주식시장에는 아마존에 유리한 호재가 다른 유통업체에는 불리한 악재이며 그 반대도 마찬가지일 거라고 보는 자기충족적 예언(self-fulfilling prophecy)이 생겨났다. 그런데 진짜로 절망적인 순간은 아마존에 좋은 것이 사회에는 나쁜 것이 아니냐고 사람들이 묻기 시작할 때라고 갤러웨이는 말한다.

최근 아마존은 '아마존 고(Amazon Go)'와 '아마존 에코(Amazon Eco)'라는 서비스를 도입하여 운영 전반에 걸쳐 제로클릭(zero-click), 즉 클릭 없는 주문을 지향한다. 아마존 고에서 상품을 구매하면 센서가 고객의 가방과 앱을 스캐닝하므로 계산원이 하던 물품 계산 절차가 사라진 것이다. 갤러웨이는 이 '아마존 고 작전'이 매장 계산원으로 일하는 340만 명의 미국인을 위기로 몰아넣었다고 지적한다. 이는 미국 전체 노동인구의 2.6%로 미국의 초중고 교사를 모두 합한 수치에 근접한다. 또한 '아마존 에코'에는 아마존의 음성 인식 인공지능 '알렉사'가 탑재되어 질문에 대답하고 인터넷 서핑을 할 때 응대하는 방식으로 인간의 물품 수집 과정을 새로운 차원으로 끌어올렸다. 갤러웨이는 아마존이 향후 소매유통업계를 독점 장악할 가능성이 크다고 본다. 또한 아마존은 '전 세계에서 가장 큰 매장을 갖고 있다'는 스토리텔링을 앞세워 적자를 감수하면서 소비자 편익(더 낮은 비용, 더 넓은 선택폭, 더 빠른 배송)에 막대한 자본을 투자한 결과, '최상위 포식자'가 되었다는 것이다. 아마존은 다른 세 개의 거인기업과 마찬가지로 모험과 실패를 두려워하지 않으며, 바로 이 실패 유전자가 아마존 왕국을 만들었다는 것이다. 갤러웨이가 우려하는 것은 이 네 개의 거인기업이 모두 '일자리를 파괴하고 있다'는 것이다.[77]

애플은 '자기만의 우주를 만든 고가 사치품 전자 기기 회사'로 정의된다. 1985년 자신이 만든 애플에서 해고되었다가 1997년 복귀한 스티브 잡스(Steve Jobs)는 첫 번째 옵션으로 '모험을 선택하는 기업'으로 만들었다. 21세기의 처음 10년 동안 상품의 기존 범주를 완전히 허물어 총 가치가 1조 달러에 이르는 새로운 제품과 서비스를 내놓는 등 유례가 없을 만큼 거대한 기업으로 바꿔놓았다. '잡스는 기업을 창립해서 그 기업을 세계에서 가장 가치 있는 기업으로 만든 최초의 인물'이라고 갤러웨이는 평가한다. 수익을 성공 지표로 볼 경우 애플은 2015 회계연도에 534억 달러의 순수익을 기록한 역사상 가장 성공적인 기업이었다. 그런데 '글로벌 명품' 애플은 인간의 본능적 욕구와 연결되면서 마침내 고객들이 아이폰을 '물신(物神) 숭배'의 대상으로 여기는 지경에 이르렀고, 심지어 의회조차 애플의 탈세 문제를 거론하지 않을 정도로 아이폰이 주는 매력에 흠뻑 빠지게 되었다고 갤러웨이는 말한다. 그에 따르면 애플의 성공 열쇠는 일종의 메타희소성(meta-scarcity)이다. 아이팟, 아이폰, 애플 워치 등 애플 제품을 '이성적으로' 구매할 여유가 있는 사람은 전 세계 인구 중 1%에 불과한데, 당신이 아이폰을 들고 다니면 바로 그 1%에 속하는 셈이 된다는 것이다. 2015년 일사분기에 아이폰은 전 세계 스마트폰 선적 물량의 18.3%밖에 되지 않았지만 수익은 세계 스마트폰 수익의 92%를 차지했다. 이것이 사치품 마케팅이라는 것이다.

갤러웨이가 컨설팅한 애플 등 사치품 브랜드 업체의 공통적인 다섯 가지 핵심 특징은 다음과 같다. 첫째는 우상화한 창업자다. 우상화한 창업자가 현실에서 어떤 인물이었는지는 중요하지 않다. 실제 현실에서 스티브 잡스는 좋은 사람이 아니었고 아버지로서도 흠결이 있었지만 세상은 그를 숭배하는 열풍을 만들어냈고, 2011년 그가 사망하자 세상은 그를 애도하며 우상화한 창업자를 스타 반열에서 성인 반열로 신격화했다는 것이다. 둘째는 장인정신이다. 애플이 적용한 사치품의 본질은 단순성, 즉 궁극적 세련미에 있다. 장인정신으로 구현한 물건을 소유하고 그것과의 교감이 즐거움을 줄 때 브랜드 충성심은 커지기 마련이라는 것이다. 셋째는 수직적 통합이다. 스티브 잡스(Steve Jobs)는 패션 브랜드 갭(GAP)을 운영하는 미키 드렉슬러(Mickey Drexler)를 영입해 최초의 오프라인 매장을 열어 애플의 브랜드 가치와 이윤을 끌어올리고 사치품 회사로 발돋움하게 했다. 애플의 성공을 결정지은 것은 애플 직영 매장이었다는 것이다. 넷째는 세계 무대로의 확산이다. 애플은 세계적인 공급망(supply chain)을 운영하며 저렴한 생산비로 막대한 수익을 올림으로써 역사상 가장 수익성이 좋은 기업으로 꼽힌다. 다섯째는 프리미엄 가격이다. 애플은 상당 수준의 프리미엄 가격을 붙였고 애플 고객은 그럴 만한 가치가 충분히 있다고 생각한다는 것이다. 갤러웨이는 2007년 애플이 아이폰을 앞세워 핀란드를 상업적으로 침공해 핀란드 경제의 근간을 뒤흔든 사건을, 1939년 소련이 탱크를 앞세워 핀란드를 침공한 사건에 비견될 만한 것으로 본다.[78]

페이스북은 '콘텐츠 없이 가장 영향력 있는 미디어 기업'으로 정의된다. 페이스북은 구글과 함께 세계 최대 미디어 기업으로 거듭나고 있으며 역사상 다른 어떤 기업보다 미디어 관련 지출을 장악할 가능성이 큰 것으로 전망된다. 페이스북과 구글은 전 세계 모바일 광고의 51%를 장악하고 있고 그 점유율은 계속 늘어나고 있다. 2016년 이 두 기업은 미국 디지털 광고 수익 성장률의 103%를 차지했다. 갤러웨이는 전 세계 사용자와 무한대에 가까운 자본 동원 능력, 계속 진화하는 데이터 분석 인공지능을 갖춘 페이스북이 구글과 함께 아날로그와 디지털 미디어 세상을 파괴할 것이라고 본다. 페이스북의 연료는 무료로 제공되는 수십억 사용자의 신상 정보이고 이는 페이스북이 가장 손쉽게 돈을 벌 수 있는 기본 자원으로 이용된다. 사용자가 자신의 본심을 클릭과 '좋아요', 포스팅으로 드러내면 이들을 상대로 제품과 서비스를 팔기가 쉬우므로 페이스북의 목표는 더 많은 클릭과 공유를 촉진해서 돈을 버는 것뿐이라고 그는 꼬집어 말한다. 페이스북 알고리즘은 그러한 콘텐츠를 가능한 많은 사람들에게 유포시키는 방식으로 사회의 양극화를 조장하고 강화한다는 것이다. 뉴스 부문에서 존경받는 기업은 공공 책임성을 인식하지만, 페이스북의 유일한 과제는 클릭 수의 증가와 수익 창출에 있다는 것이다.

갤러웨이에 따르면 페이스북이라는 플랫폼이 한층 더 위험한 것은 진짜 뉴스 옆에 가짜 뉴스를 나란히 게재함으로써 가짜 뉴스를 진짜로 둔갑시켜 사람들을 속이는 것이다. 또한 다른 세 개의 거인기업과 마찬가지로 페이스북 경영진은 탐욕적이고 보수적이며 세금을 포탈하고 일자리를 파괴하는 행동을 한다는 것이다. 가짜 뉴스를 제거하려면 페이스북이 공공 책임성을 인정하게 해야 하지만, 정작 어려운 것은 가짜 뉴스를 없앨 때 페이스북이 수십억 건의 클릭과 그에 따른 수익도 포기해야 한다는 점이다. 페이스북은 콘텐츠에 대한 비판을 회피하고자 자사가 '콘텐츠를 생산하는' 미디어 회사가 아니라 '콘텐츠를 위한' 플랫폼일뿐이라고 강변하지만, 플랫폼은 사회에 끼치는 해악에 대한 책임을 면제해줄 목적으로 만들어진 게 아니라는 것이다. 페이스북의 인공지능 역시 페이스북 사용자가 가장 클릭하기 좋은 콘텐츠(클릭 수, 사용자 수, 사이트에 머무는 시간을 고려함)를 가려서 뽑도록 인간이 프로그래밍한 것이다. 갤러웨이는 언론이 제 역할을 하지 못하도록 미디어를 통제하고 왜곡하는 일은 현대 문명을 가장 심각하게 위협하는 것이라며, 오늘날 미디어를 과점하는 페이스북과 구글이 자사를 '미디어가 아니라 플랫폼일뿐'이라고 한 말은 사회적 책임을 회피하는 것이며 가짜 뉴스를 생산해 유통하도록 허용하는 것이나 다름없다고 주장한다.[79]

구글은 '모든 것을 알고 모든 것에 응답하는 현대판 신'으로 묘사된다. 구글이 현대판 신으로 추앙받는 이유 중 하나는 구글이 우리의 가장 내밀한 비밀을 알고 있고 그 모든 이야기를 편견 없이 다 들어주기 때문이다. 구글에 하는 여섯 개 질문 가운데 하나는 다른 누구에게도 하지 않은 질문이다. 난생 처음 하는 질문을 기꺼이 그리고 그토록 많이 구글에 한다는 것은 구글을 그만큼 신뢰하기 때문이라는 것이다. 구글의 일반검색은 질문자가 누구인지를 따지지 않고 무료로 공정하고 공평한 정보를 제시한다. 애플 이전에도 PC가 있었고, 아마존 이전에도 온라인 서점이 있었으며, 페이스북 이전에도 소셜 네트워크가 있었던 것처럼 구글 이전에도 검색엔진은 있었다. 네 개의 거인기업이 세계를 정복한 것은 다른 기업들과는 차별화되는 각각의 특성이 있었기 때문이다. 애플2에서 잡스의 디자인과 스티브 워즈니악(Steve Wozniak)의 시스템 구성, 아마존의 평점 매기기와 리뷰, 페이스북의 사진 등과 마찬가지로 구글의 단순한 홈페이지 구성과 광고업자들이 일반검색 결과에 영향을 미치지 못하도록 한 차단 설정은 구글을 독보적인 검색

기업으로 만들었다. 2016년 구글은 900억 달러를 수금했고 360억 달러의 현금흐름을 움직였지만 구글에 추가로 세금을 부과하자고 주장한 사람은 없었다. 다른 거인기업들처럼 구글은 대다수 기업과는 반대로 가격을 올리는 게 아니라 꾸준히 내리는 경향이 있으며, 이러한 이유로 매년 놀라운 성장률을 기록해 왔다는 것이다.

또한 구글은 다른 거인기업들과 마찬가지로 자신이 속한 산업 부문에서 수익을 흡수한다. 이렇게 해서 현재 구글의 시가총액은 동일 부문 2위부터 9위까지 기업들의 시가총액을 합산한 것과 비슷하다. 그러나 다른 세 거인기업과는 달리 거대한 검색엔진을 장악한 알파벳 안에서 무슨 일이 일어나고 있는지 제대로 아는 사람은 거의 없다고 말한다. 우리는 누구도 자신의 생각을 훔쳐볼 수 없을 거라고 믿지만 우리가 구글에서 검색한 목록을 통해 구글은 이미 우리가 하는 것뿐 아니라 하고 싶어하는 것까지 알아낸다. 우리의 의도가 검색어를 통해 노출되면 구글의 검색엔진이 광고 분야에서 엄청난 힘을 발휘하게 만든다. 지금까지 구글은 '사악해지지 말자(Don't be evil)'는 핵심 모토 아래 자사의 알고리즘이 보유한 예지력을(우리가 알고 있는 한) 다른 일에 이용하지 않았다. 어쩌면 가장 큰 죄악은 신을 속이는 것, 즉 검색엔진 최적화 조작과 같이 구글의 검색 알고리즘에 장난을 치는 것인지도 모른다. 구글은 명품 회사로 변신한 애플과는 달리 자사를 '공익 기업'으로 만들었다. 네 개의 거인기업 중 시장지배력이 가장 큰 구글은 국내외에서 반독점 행위로 제소당할 위험에 노출되어 있으며 브랜드의 법률적 보호망을 강화할 필요를 느끼고 있다. 그러나 구글은 장막 뒤에서 전 세계 모든 정보를 하나로 꿰어 현재 인터넷상에 있거나 앞으로 나올 생산적인 정보의 모든 캐시(cache: 데이터를 임시로 저장하는 장소)를 포착하고 통제하려는 목적만을 위해 일해 왔다고 갤러웨이는 분석·평가한다.[80]

'웃는 얼굴의 파괴자'(아마존), '글로벌 명품'(애플), '전 세계인의 친구'(페이스북), '현대판 신'(구글)─갤러웨이가 붙인 네 기업의 별칭이다. 아마존은 매장, 애플은 기계류, 페이스북은 소셜 네트워크, 구글은 검색엔진으로 각각 하나의 독립적인 사업으로 출발하여 초기에는 서로 경쟁할 것 같지 않았다. 그런데 2009년 당시 구글의 CEO이자 애플의 이사이던 에릭 슈미트(Eric Schmidt)가 두 기업 사이에 이해충돌이 발생할 것을 예견하고 애플의 이사직을 사퇴한 이후 네 기업은 광고, 음악, 서적, 영화, 소셜 네트워크, 휴대전화 등에서 서로의 영역을 노리는 치열한 경쟁을 해 왔다. 최근에는 자율주행자동차 시장에서도 같은 현상이 벌어지고 있다. 그런 중에서도 애플은 사치품 브랜드로서의 입지를 강화하여 큰 폭의 이윤과 상당한 경쟁력을 확보했다. 갤러웨이는 애플을 기술 브랜드에서 사치품 브랜드로 전환한 스티브 잡스의 판단을 역사상 가장 중대한 기업계 통찰 중 하나로 꼽는다. 기술 기업은 규모를 바꿀 수는 있어도 유행을 타지 않는 경우는 드물기 때문이다. 그에 따르면 이 네 개의 거인기업 중에서도 애플은 창업자와 창업 당시 경영진이 모두 물러난 뒤에도 살아남은 유일한 기업이며 다른 셋보다 한층 더 우월한 유전자를 지녔기 때문에 더 오래 생존할 가능성이 높다. 저비용 제품과 프리미엄 가격이라는 두 개의 목표를 동시에 달성한 애플은 덴마크의 GDP나 러시아 주식시장 전체의 자산 가치와 맞먹는 현금을 벌어들인다. 갤러웨이는 애플이 어느 시점이면 자사가 확보한 현금을 사회에 환원함으로써 사회적 책임을 다하는 기업이 되어야 한다며 세계 최대 규모의 무료 대학교 설립을 제안한다.[81]

 다음으로 갤러웨이는 네 개의 거인기업의 특성을 다섯 번째 거인기업이 될 잠재력을 안고 새롭게 떠오르는 여러 회사에 적용한다. 페이스북과 구글은 25년 전만 해도 전혀 존재하지 않던 범주를 지배하고, 아마존과 애플은 잘 구축되어 있던 부문에 뛰어들어 성공을 거두었다. 아마존은 효율적인 운영 기술과 투자자들을 유치하는 탁월한 능력을 발휘해 경쟁자들을 제압한 반면, 애플은 제품 혁신을 주도해 최고 수준의 리더십을 확보했다. 페이스북은 창업자가 서른두 살이 채 되기 전에 10억 명의 사용자를 확보한 반면, 애플은 세계적인 기업으로 부상하기까지 한 세대가 걸렸다. 이 네 개의 거인기업에는 제품, 시장, 주식 가치, 인재 선발 그리고 경영진 등에서 강점이 있다. 갤러웨이는 다섯 번째의 거인기업이 반드시 디지털 시대 산업에서 나올 것이라고 단정해서는 안 되며, 미국에서 나오리라는 보장도 없고, 또한 현재의 기업이 향후 수십 년 동안 현재의 지위를 유지할 것이라고 생각해서도 안 된다고 말한다. 새롭게 떠오를 승자로 그가 제시하는 후보군으로는 '전례가 없는 사업 모델' 알리바바, '색다른 고객 경험을 주는' 테슬라, '미래의 모습을 보여주는 창' 우버, '공룡의 재발견' 월마트, '이제 막 기운을 차린' 마이크로소프트, '가장 가능성 높은 후보' 에어비앤비, '여전히 미국을 대표하는' IBM, 버라이즌 · AT&T · 컴캐스트 · 타임워너가 있다.

갤러웨이는 알리바바, 테슬라, 우버, 에어비앤비 등을 다섯 번째 타이탄으로 거론하면서도 어떤 우연적인 변수가 역사의 흐름을 바꿔놓을지는 아무도 모른다며 플랫폼 제국의 미래에 대해 열린 전망을 보여준다. '어느 연구소 실험실이나 대학교 기숙사에서, 또는 주방 식탁이나 스타벅스 테이블에서 어떤 신생기업들이 지금의 거인기업들을 과거의 유산으로 만들어 버릴 새로운 기업을 구상하고 있을 수도 있다'는 것이다. 네 거인기업이 기존 시장의 거인을 딛고 올라선 것처럼 이들 역시 언젠가는 후발 경쟁자들에 추월당할 운명이라는 것이다. 갤러웨이가 네 개의 거인기업에 대해 갖는 문제의식은 이들이 탈세를 하고 사생활을 침해하며 이익을 늘리기 위해 일자리를 파괴한다는 사실, 그것도 너무 능숙하게 잘 한다는 사실에 있다. 기술 경제는 극소수 집단에게는 엄청난 부를 안겨 주는 반면, 나머지 대다수는 풍요를 구경만 하게 만들었으며 중산층을 소멸하게 만들어 선동정치가 나타날 수 있다는 것이다. 현재 네 개의 거인기업이 고용한 직원은 약 41만8,000명이지만 이들의 시가총액을 합하면 2조3,000억 달러다. 이는 6,700만 인구를 가진 프랑스의 GDP와 맞먹는 규모의 부를 소유하고 있다는 뜻이다.

네 개의 거인기업은 모두 지능이나 기술 측면에서 맨해튼 프로젝트나 아폴로 프로젝트를 무색케 할 정도로 이들의 연산 능력은 무한대이지만 비용은 현저하게 싸며, 통계분석과 최적화, 인공지능 면에서 세 세대에 걸쳐 축적된 모든 것을 유산으로 물려받았다. 역사상 유례가 없는 인간과 금융자본의 집중으로 요약할 수 있는 이 과정의 종반전에 대해 갤러웨이는 네 개의 거인기업이 과제로 설정하고 있는 것은 빈곤 퇴치나 질병 퇴치, 우주 탐사가 아니라 돈을 벌어줄 또 다른 것을 상품으로 파는 데 있다고 말한다. 어제의 영웅과 혁신자는 수십만 명에게 제공할 일자리를 창출했고 지금도 창출하고 있지만,[82] 시가총액이 4,480억 달러인 페이스북의 직원은 1만7,000명에 불과하다. 규모가 큰 기업은 그만큼 많은 일자리를 창출할 것으로 생각하지만 실제로는 높은 보상이 주어지는 소수의 일자리만 창출하고 나머지는 부스러기 같은 일자리를 놓고 쟁탈전을 벌인다는 것이다. 현재의 추세대로라면 미국은 300만 명의 영주와 3억5,000만 명의 농노가 사는 나라가 될 것이며, 지금은 과거 그 어느 때보다 수십억만장자가 되기 쉽지만 오히려 백만장자가 되기는 그 어느 때보다 어렵다는 의미심장한 말로써 끝맺고 있다.[83]

이 네 개의 거인기업을 알아야 우리가 사는 디지털 시대를 제대로 이해하고 우리 자신과 가족의 경제적 안정을 보장할 역량을 쌓을 수 있다는 갤러웨이의 말은 미국인만이 아니라 우리 모두에게 해당된다. 디지털 경제(digital economy)의 영역에서 국경이란 더 이상 존재하는 것이 아니기 때문이다. 갤러웨이는 한국어판 서문에서 한국의 기업 및 소매유통업체들이 더 크고 더 강하며 더 빠른 네 개 거인기업의 위협에 맞서 어떻게 스스로를 보호할 수 있을 것인지에 대해 이렇게 조언한다. 한국 기업들이 이 네 개 거인기업에 대응할 수 있는 유일한 방법은 "한국 내의 다른 기업들을 적이 아닌 전략적 협력자로 받아들여 데이터와 같은 자원을 공유하는 컨소시엄을 만들고 또 아마존이 미국에서 거머쥐게 된 독점력과 같은 것을 결코 거머쥘 수 없도록 하기 위한 컨소시엄을 만드는 것이다."[84] 새로운 타이탄이 반드시 디지털 시대 산업에서 나올 것이라고 단정해서도 안 되고, 또 미국에서 나오리라는 보장도 없다는 갤러웨이의 말은 깊이 음미해볼 필요가 있다.

세계적 석학 재레드 다이아몬드(Jared Diamond)가 제시했듯이 인류는 지금 세 가지 유형의 문제, 즉 세계적인 기후변화, 질병과 이민과 테러를 유발하는 부의 불평등, 환경자원의 관리 문제에 직면해 있다. 이 문제들을 해결하지 않고서는 인류의 삶 자체가 더 이상 지속가능하지 않다는 것은 자명하다. 지금 우리는 예기치 않은 변수가 역사의 흐름을 바꿔놓을 가능성이 매우 큰 시대에 살고 있다. 무엇보다 중요한 것은 열린 사고를 하는 것이다. 생각이 열리지 않으면 과학기술의 미래도 없고, 신소재와 첨단기술이 개발되어 있어도 보이지 않으므로 활용할 수도 없게 된다. 앞으로 '공익에 대한 공감' 능력이 없는 기업이나 조직은 사회적 수용이 어려워질 것이다. 따라서 기업이나 조직의 지속가능한 생존 전략은 공익에 대한 공감 능력을 확충하는 일에 정책의 우선순위를 두어야 할 것이다.

"디지털 패브리케이션 기술은 연구 커뮤니티와 개인이 오픈소스 하드웨어, 소프트웨어 및 자체 학습 프로세스를 기반으로 지속가능한 도구를 개발할 수 있는 새로운 방법을 가리킨다. …우리는 전문적인 사용자가 되는 영역에서 능숙한 디지털 툴메이커로 빠르게 이동하고 있다. 최종 의도는 모든 사람이, 어디에서나, 자신의 제품을 생산하는 것이다."

"The digital fabrication technologies are pointing to new ways to foster the communities of researches and individuals to develop sustainable tools based on open source hardware and software and self-learning processes… we are moving rapidly from an area of being aspiring expert users to one of being adept digital toolmakers. The final intention is that any person, anywhere, could produce its own devices."

- Alexandra Paio, et al., "Prototyping Vitruvius, New Challenges: Digital Education, Research and Practice," *Nexus Network Journal*, Vol.14, No. 3, winter 2012.

07

디지털 패브리케이션 (Digital Fabrication)과 3D 바이오패브리케이션 (Biofabrication)

- 디지털 & 퍼스널 패브리케이션과 팹라이프(FabLife)
- 3D 프린팅과 바이오패브리케이션
- 4D 프린팅 기술의 응용과 전망

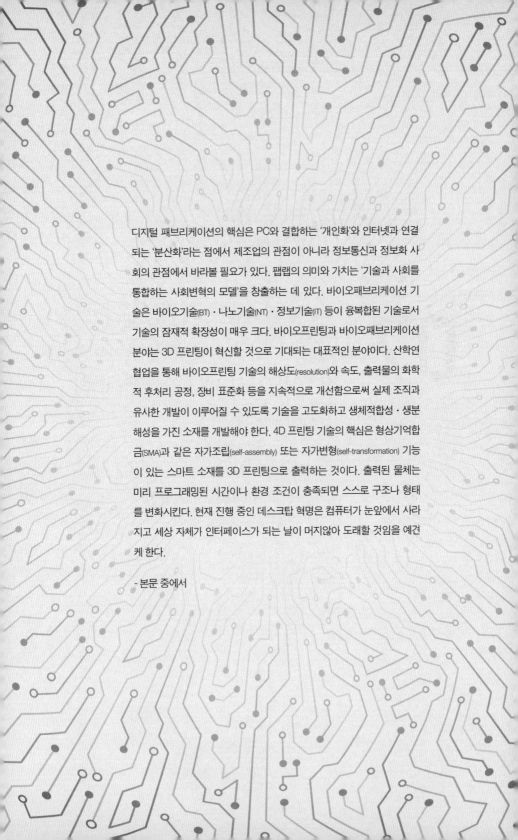

디지털 패브리케이션의 핵심은 PC와 결합하는 '개인화'와 인터넷과 연결되는 '분산화'라는 점에서 제조업의 관점이 아니라 정보통신과 정보화 사회의 관점에서 바라볼 필요가 있다. 팹랩의 의미와 가치는 '기술과 사회를 통합하는 사회변혁의 모델'을 창출하는 데 있다. 바이오패브리케이션 기술은 바이오기술(BT) · 나노기술(NT) · 정보기술(IT) 등이 융복합된 기술로서 기술의 잠재적 확장성이 매우 크다. 바이오프린팅과 바이오패브리케이션 분야는 3D 프린팅이 혁신할 것으로 기대되는 대표적인 분야이다. 산학연 협업을 통해 바이오프린팅 기술의 해상도(resolution)와 속도, 출력물의 화학적 후처리 공정, 장비 표준화 등을 지속적으로 개선함으로써 실제 조직과 유사한 개발이 이루어질 수 있도록 기술을 고도화하고 생체적합성 · 생분해성을 가진 소재를 개발해야 한다. 4D 프린팅 기술의 핵심은 형상기억합금(SMA)과 같은 자가조립(self-assembly) 또는 자가변형(self-transformation) 기능이 있는 스마트 소재를 3D 프린팅으로 출력하는 것이다. 출력된 물체는 미리 프로그래밍된 시간이나 환경 조건이 충족되면 스스로 구조나 형태를 변화시킨다. 현재 진행 중인 데스크탑 혁명은 컴퓨터가 눈앞에서 사라지고 세상 자체가 인터페이스가 되는 날이 머지않아 도래할 것임을 예견케 한다.

- 본문 중에서

07 디지털 패브리케이션과 3D 바이오패브리케이션

제조 실험실(랩랩)은 어디에서나 (거의) 모든 것을 만들 수 있는 장소다.
Fabrication laboratories(FabLab) are places to make (almost) anything anywhere.

- Neil Gershenfeld, *Fab: The Coming Revolution on Your Desktop —From
Personal
Computers to Personal Fabrication* (2005)

디지털 & 퍼스널 패브리케이션과 팹라이프(FabLife)

오늘날 컴퓨터공학(computer engineering)과 생명공학(biotechnology, BT), 양자
역학(quantum mechanics)의 활발한 융합과 시너지 효과로 물질에 대한 인간의
통제가능성과 더불어 모든 생명체의 설계도를 밝혀 낼 수 있을 것으로 기
대되는 포스트 게놈 시대(post-genome era)의 도래에 대한 예단을 낳고 있다.
언제 어디서나 컴퓨팅 환경이 편재해 있는 유비쿼터스 컴퓨팅의 시대가 머
지않아 열리게 될 전망이고, 미래 인류의 삶에 가장 큰 영향을 미칠 양자역
학 분야로 지목되는 나노기술에 의해 원자의 위치나 그 성질을 조작하여
필요한 물건을 집에서 만드는 만능 제조기의 탄생이나, '양자 얽힘(quantum
entanglement)'[1] 현상을 이용한 양자 텔레포테이션(teleportation · 순간이동)의 가능
성까지도 점쳐지고 있다. 또한 디지털 데이터를 바탕으로 3D 프린터 등 디
지털 공작기계(machine tools)를 이용해 제조하는 디지털 패브리케이션(Digital
Fabrication)이 빠르게 확산되고 있다. '정보'를 다루는 컴퓨터와 사물을 다루
는 패브리케이터(Fabricator)의 연결은 '정보'와 '물질'의 상호 전환의 원리(the
principle of interconversion)를 밝힌 것으로 정보와 물질이 등가(equivalence)이며

이원화될 수 없음을 보여준다.

이제 '정보'와 '물질'을 단순히 이분법으로 나누는 것은 의미가 없다. 비트
(Bit)와 아톰(Atom)은 동전의 양면 같아서 어느 한쪽의 일방통행이 아니라, '아
톰(물질)에서 비트(정보)로', 혹은 '비트에서 아톰으로'*처럼 쌍방향으로 이어진
다. 이 둘의 결합 방식과 새로운 관계를 만드는 방법이야말로 탐구해야 하
는 연구 주제가 되고 있다. 정보를 담은 물질, 물질성을 입힌 정보를 만드는
방법 또한 야심찬 연구 주제다.[2]

게이오대학 환경정보학부 교수이자 SFC 연구소 소장인 다나카 히로야
(Hiroya Tanaka)는 2010년 팹랩 재팬(FabLab Japan)이란 단체 발족을 주도한 이후
2011년 일본 최초로 가마쿠라시에 '팹랩 가마쿠라'를 개설하고, 2013년 팹
아시아 네트워크(Fab Asia Network)를 설립했다. 2014년부터 '아시아 팹랩 회의'
가 시작되고 아시아 각국이 팹랩(fabrication laboratory, FabLab · 제조 실험실)을 통해
가까워지면서 팹랩을 통해 지속가능한 아시아적 가치를 발견하는 것이 주
요 과제가 되고 있다. 그는 '팹랩 가마쿠라' 개설 이후 지금까지 일어난 가장
큰 사건으로 '메이커스 운동(Makers Movement)'의 등장을 꼽았다. 세계팹랩회
의가 개최된 2005년부터 본격적으로 시작된 팹랩의 활동은 디지털 패브리
케이션 스킬에 기반한 제조를 통해 창업하는 '하드웨어(제품) 스타트업'이란
사회 흐름과 맞물려 확대 추세에 있다. 팹 재단(Fab Foundation) 자료에 따르
면, 팹랩은 2017년 3월 기준 100여 개 국가에서 1,117개가 운영되고 있으며,

---

*   '아톰(물질)에서 비트(정보)로', 혹은 '비트에서 아톰으로'라는 물질과 정보(비물질)의
    상호 전환의 원리는 질량-에너지 등가원리(질량과 에너지의 상호 전환의 원리)를 밝
    힌 아인슈타인의 방정식 $E=mc^2$에서 이미 밝혀진 것이다.

미국 149개, 프랑스 144개, 인도 42개, 일본 16개, 한국 16개 등이다. 현재 팹랩은 단독 공방이 아니라 '디지털 공작기계를 갖춘 시민 공방의 글로벌 네트워크'로 정의된다.

그러나 다나카는 팹랩의 대의에서 볼 때 '창업'은 '절반'에 지나지 않으며 그 나머지 '절반'은 특별히 창업을 하지 않더라도 직접 물건을 제조함으로써 삶과 일의 의미가 높아지고 생활이나 사회에 능동적으로 참여하는 일상의 세계라고 말한다. '팹 간호사 프로젝트'(간호사가 3D 프린터를 사용할 수 있다면 어떤 변화가 일어날지를 살피는 프로젝트)가 실행에 옮겨지거나, 일반인들이 망가진 탑승물이나 집을 스스로 수리하거나 개조할 수 있다면 더 즐겁고 활기찬 사회가 될 것이라고 보는 것이다. 말하자면 '팹(Fab)'이라는 세계를 통해 더 폭넓은 세계로 네트워킹되는 것이다. 이런 사람들이 늘어나는 추세는 '하드웨어 스타트업'에 비해 잘 드러나지는 않지만 결국 사회를 바꾸고 새로운 문화를 만드는 원천이 될 것이라고 보는 것이다. 다나카는 팹랩의 중요한 목적이 단지 '물건'을 만드는 것이 아니라 문화와 사회처럼 보이지 않는 것을 만드는 것이라며, 팹랩의 사회문화적 가치에 착안할 것을 강조한다. '팹'이라는 새로운 제조 방법을 실천하는 가운데 '퍼스널 패브리케이션을 이야기하는 맥락(context)이 늘어나고, 사람들의 수만큼 이야기되고 해석되며, 나아가 그 활동이 점점 다차원적이며 다방면으로 확산'됨으로써 우리 사회와 문화에 본질적인 변화를 가져오게 되리라고 보는 것이다.[3]

이러한 변화는 '팹사회(Fab Society)'와 '팹라이프(FabLife)'의 도래에 대한 예단을 낳고 있다. 다나카에 의하면 팹사회는 다음 두 가지 현상으로 정의된다. "기술적 측면에서는 '디지털(digital)'과 '피지컬(physical)'이 연결되는 것이고(3D 프린터, VR/MR/AR, IoT), 사회적 측면에서는 '메이커(maker)'와 '유저(user)'가 연결되는 것이다(제조 혹은 제작하는 시민의 등장)."[4] 한마디로 기술과 사회의 조화를 강조한 것이다. 디지털 패브리케이션의 핵심은 PC와 결합하는 '개인화'와 인터넷과 연결되는 '분산화'라는 점에서 제조업의 관점이 아니라 정보통신과 정보화 사회의 관점에서 바라볼 필요가 있다. '디지털화'의 관점에서 디지털 패브리케이션 기술은 설계에서부터 물류, 제조 등의 프로세스와 이들 과정의 모든 것에 대한 디지털화를 의미하기 때문에 정보화 사회를 완성하는 '마지막 한 조각'이 될 수 있다는 말이다. 즉 ICT가 ICFT(Information Communication Fabrication Technology)로 진화하고, 정보와 물질이 상호 전환되는 새로운 네트워크 사회, 즉 팹사회가 구현되는 것이다.

팹랩으로 대표되는 메이커 스페이스(Maker Space)를 통해 시민들이 제조에 참여하는 흐름이 가속화되고 사용자가 시장을 주도하는 경향이 강해지고 있다. 디지털 패브리케이션 기술의 진화와 시장 구조의 변화로 볼 때 팹사회로의 전환은 필연적이다. 팹사회로의 이행이 가져올 새로운 가치는 새로운 혁신과 새로운 경제의 탄생이다. 창조적 생활인이 선도적인 역할을 수행하는 팹사회는 '인터넷 환경을 전제로 한 새로운 것들의 기획·설계·생산·유통·판매·사용·재사용이 일반화된 사회'로 전례가 없는 혁신을 기대할 수 있다. 또한 '3D 프린터 등에서 사용하는 소재의 유통, 3D 데이터를 유통·판매하는 플랫폼의 제공, 제조 노하우를 가르치는 인재 육성 서비스 등 다양한 분야에서 새로운 경제가 탄생할 것'으로 예상된다. 팹사회에서는 제조업의 소재가 필요한 장소에서 필요한 만큼 조달되므로 현지 생산, 현지 소비가 이뤄지며, 이는 친환경 사회 실현과 이상적인 '지역 창생'에도 기여할 것이다.[5]

다나카에 따르면 지금은 '퍼스널 패브리케이션(Personal Fabrication)'의 여명기이며 '제조'의 다의성(多義性)과 복합성에 대해 생각해 봐야 할 때이다. 제조 자체를 목적으로 하는 사람들도 있지만, 제조를 문제 해결 혹은 커뮤니티 만들기의 수단으로 생각하는 사람들이 늘어날 수도 있고, 또한 민예와 공예, 공장과 기계, 디지털 패브리케이션의 연계와 절충도 모색하게 될 것이며, '팹'이 촉매가 되어 기존의 요소가 새롭게 재편되어 갈 것이다. 군사적인 목적으로 개발된 컴퓨터가 연구와 비즈니스에 응용되고 점차 개인화, 일반화되면서 '퍼스널 컴퓨터'로 불리게 되고 일, 놀이, 학습까지 포괄하는 '(멀티) 미디어'가 되었다. 퍼스널 패브리케이션은 퍼스널 컴퓨터와 인터넷의 보급 확산으로 '기술의 사회화'가 진행되면서 '자유로운 발상으로 가능성을 개척하는 사람들'이 늘어나고 자생적인 커뮤니티가 형성되어 다수의 프로젝트가 실행에 옮겨지면서 각 분야의 전문가들도 이에 합류하게 되는 일련의 상황을 총체적으로 설명하는 용어다.

따라서 '퍼스널 패브리케이션'이란 용어에는 디지털 및 데스크탑 패브리케이션 기술을 활용하는 개인의 독창적인 시각이 내포되어 있기 때문에 경험과 문화를 이끌어가는 '사람'이 중요하다. 제조는 독창적인 세계를 제작하는 방법이며 사람 수만큼의 프로젝트가 탄생하게 된다. 퍼스널 패브리케이션 문화는 디지털 '공작기계의 보급'과 '만들기 위한 지식의 교환 및 공유'가 양 축이 되고, 개인의 자발성과 창조성이 그 동력이 된다. 이처럼 다양한 디지털 공작기계와 그에 맞는 작업 공간을 확보하고 또 만들기 위한 지식의 교환 및 공유를 위하여 실험적 공방(工房)인 '팹랩(FabLab)'이 생겨났다. 퍼스널 패브리케이션은 UCC(user created content · 사용자 제작 콘텐츠), CGM(consumer generated media · 소비자 생성 미디어)의 문화를 사물의 영역까지 확장하는 시도이다. 디지털 데이터와 공작기계의 연결로 소프트웨어와 하드웨어의 경계가 점차 희석되고, 미디어와 메시지, 컨테이너와 콘텐츠의 관계가 사물의 영역에서는 패브리케이터와 프로젝트에서 일어난다. 20세기형 제조업이 대량생산 · 대량소비 · 대량폐기, 제작자와 사용자의 이분화라는 문제를 발생시킨 데 반해, 퍼스널 패브리케이션은 기업의 제조 프로세스 혁신과 더불어 다품종 소량의 온디맨드(주문형)(on-demand) 생산을 추구하며 사용자가 동시에 제작자인 상황을 만들어 갈 것이다.[6]

디지털 패브리케이션은 글로벌화와 개인화를 기반으로 제품 개발에서 생산, 유통에 이르는 전 과정의 변화를 추동해내고 있다. 2017년 기준 한국은 전체 GDP의 27.6%를 제조업에 의존하고 있다. 이는 29.3%를 제조업에 의존하는 중국에 이어 전 세계에서 두 번째로 높은 수준이다. 이처럼 제조업 비중이 높은 우리나라는 다품종 소량생산 시대에 대비하고 제조업의 디지털화 추세 속에서 글로벌 경쟁력을 확보하기 위해 2020년까지 기존 제조업 공장 1만여 개를 스마트 공장으로 전환하는 사업을 추진하고 있다. 제조업의 디지털화는 제품이나 서비스의 개발에서 전 세계적인 협업 네트워크를 구성해 수평적인 통합을 이뤄야 하며, 상품기획에서부터 설계와 생산, 판매와 AS에 이르는 프로세스의 모든 것에 대한 디지털화를 의미한다. CAD/CAM* 기술의 등장으로 설계 부분에서 시작된 디지털 패브리케이션*은 컴퓨터로 제어하는 방식의 CNC가 주류를 이뤘으나, 최근에는 레이저 절단기나 3D 프린터, 협업 로봇 등의 다양한 기술이 등장하면서 영역을 넓히고 있다. 특히 3D 프린팅(three dimensional printing)을 일컫는 적층 가공(additive manufacturing) 기법은 재료를 자르거나 깎아서 생산하는 기존의 절삭 가공(subtractive manufacturing)과는 달리, 재료를 층층이 쌓아 제작하기 때문에 별도의 금형이나 절삭과정 없이 제품화가 가능하므로 생산 과정이 단축 되고 비용 절감 효

---

* CAD는 'computer aided design'의 약어로 '컴퓨터 지원 설계'를 말하며, CAM은 'computer aided manufacturing'의 약어로 '컴퓨터 지원 제조 · 가공'을 말한다. CAD 설계(데이터)를 바탕으로 공작기계를 조작 · 가공하기 때문에 CAD/CAM으로 통합하여 사용하는 경우가 많다.

과가 크다. 지금까지의 디지털 기술이 IT 관련 기업들의 성장을 견인하면서 기존의 거대 기업들을 순위에서 몰아냈듯이, 제조업 분야에서도 디지털 기술의 적극적인 수용을 통해 새로운 유니콘이 탄생할 수도 있다.[7]

디지털 패브리케이션에서 말하는 '제조'는 전통적인 민속공예품이나 공산품 제조가 아니다. 그것은 3차원으로 물체를 제조하는 3D 프린터, 커팅머신, 밀링머신(milling machine: 공작물을 절삭하는 공작기계), CNC(computerized numerical control · 컴퓨터 수치 제어)와 같은 공작기계를 통해 컴퓨터상의 디지털 데이터가 다양한 가공법으로 나무, 천, 종이, 수지, 금속 등의 재료와 직간접으로 연결된 제조 기법이다. 지속적인 기술혁신을 통해 공작기계의 저가격화, 소형화, 고성능화가 이뤄지면서 책상 위의 공장이 생기게 되었다. 이를 '데스크탑 패브리케이션(Desktop Fabrication)'이라고 부른다. 또한 '디지털 공작기계의 개인화'와 프로토타이핑(prototyping · 모형 제작) 환경이 일상생활로까지 확산되면서 개인용 컴퓨터(PC) 시대를 지나 개인용 제작기(personal fabricator, PF) 시대가 도래하고, 종국에는 가정에서 공장까지 생산 공정이 확장되는 자율 분산형 '클라우드 패브리케이션(Cloud Fabrication)' 상태로 변화하게 될 것이라는 전망까지 나온다.[8] 퍼스널 컴퓨터에서 퍼스널 패브리케이션에 이르기까지 현재 진행 중인 데스크탑 혁명은 컴퓨터가 눈앞에서 사라지고 세상 자체가 인터페이스가 되는 날이 머지않아 도래할 것임을 예견케 한다.

팹랩의 창시자는 개인용 제작기 PF시대의 도래를 예단한 미국 MIT(매사추세츠공과대학) 교수이자 CBA(Center for Bits and Atoms) 소장 닐 거센펠드(Neil Gershenfeld)이다. 거센펠드는 1998년 '(거의) 모든 것을 만드는 방법(How to make (almost) anything)'이라는 강좌를 개설해 많은 학생들에게 큰 호응을 얻게 되면서, 디지털 및 데스크탑 패브리케이션 기술을 사회에 어떻게 활용할 것인지를 조사·탐구했다. 그 후 그는 3차원 프린터 등 디지털 공작기계의 실생활에 대한 응용 가능성을 검증하기 위해 대학 외부에 실험적으로 오픈 커뮤니티 랩(시민 공방)을 열었다. 그는 2002년 보스턴 빈민가에 세계 최초의 팹랩을 설치한 데 이어 인도의 시골 마을, 아프리카의 가나, 노르웨이 북부 등지에도 실험적으로 팹랩을 설치했으며, 전 세계로 그 수를 확장하고 있다. 이들 팹랩 간에는 느슨한 네트워크가 형성되어 있다. 여러 지역에 설치된 팹랩에는 많은 사람들이 모여 필요에 따라 사용자가 직접 물건을 만드는 일이 자생적으로 시작되었다. 각 지역에서의 사례가 그의 저서 『팹: 다가오는 데스크탑 혁명—PC에서 PF까지 *Fab: The Coming Revolution on Your Desktop—Personal Computers to Personal Fabrication*』(2005)[9]에서 소개된 이후 팹랩은 빠르게 전 세계로 퍼져 갔다.

팹랩이나 해커스페이스(hackerspace)와 같은 일반인들을 위한 제작 공간의 증가는 '메이커스 문화(Makers Culture)'를 확산시키는 동인이 되고 있다. 세계는 지금 '메이커스 문화' 열풍에 휩싸여 있다. 2018년 10월 18일 미국 캘리포니아주 서부에 있는 도시 샌머테이오(San Mateo)에서 제10회 '메이커스 페어(Makers' Fair)'가 일주일간 열렸다. 메이커스 페어는 대중들로부터 커다란 반향을 불러일으켰는데, 이는 특히 학부모들로부터 적극적인 지지를 받고 있기 때문이다. 미국 타임지는 샌머테이오에서 열린 행사 관련 특집기사를 통해 "메이커스 페어가 미래 STEM 교육에 큰 빛을 던져주고 있다"고 평했다. STEM(science, technology, engineering, mathematics) 교육이란 과학·기술·공학·수학이 상호 소통하는 융합교육을 말한다. 행사 책임자 데일 도허티(Dale Dougherty)는 "융합을 통해 젊은 메이커 문화가 창조되고 있다"고 말했다.[10] '메이커스'란 1990~2000년대를 풍미한 DIY(Do It Yourself: 스스로 만들기) 문화의 확대 개념이다. 3D 프린터, CNC 장비들이 소형화해 일반인들에

게 보급되면서 사용자 스스로가 제작자가 될 수 있게 된 것이다. 3D 로보
틱스(Robotics)의 CEO이자『메이커스 *Makers*』(2012)의 저자인 크리스 앤더슨
(Chris Anderson)이 주창한 '메이커스 운동'은 1인 제조기업의 탄생 및 공유경제
(sharing economy)의 급부상과 맞물려 글로벌 산업계에 커다란 변화를 초래할
전망이다. '메이커스 운동'은 디지털 패브리케이션의 진화와 맥을 같이 한다
는 점에서 팹랩과 일맥상통하는 점이 많다.

디지털 패브리케이션은 개인에 의한 제조를 지칭하는 '퍼스널 패브
리케이션'으로 불리는 경우가 많지만, 팹랩에서 디지털 패브리케이션은
DIWO(Do It With Others: 공동으로 만들기)를 지칭하는 '소셜 패브리케이션(Social
Fabrication)'에 더 가깝다. 팹랩은 시민 기반의 혁신을 위한 플랫폼으로서의
역할[11]을 하고 있다. 팹랩의 특징은 상호 연관된 다음의 세 가지로 요약할
수 있다. 첫 번째 특징은 '현실과 가상을 융합한 네트워크'라는 점이다. 팹랩
은 다양한 배경을 가진 시민이 자유롭게 모여 창의적 발상이나 아이디어를
디지털 데이터를 바탕으로 디지털 공작기계를 이용해 실제로 제조할 수 있
는 오픈 워크숍 공간이다. 팹랩에서는 '도구의 사용법 배우기(learn)', '도구를
가지고 실제로 만들기(make)', '성공이나 실패 체험을 타인과 공유하기(share)'
를 공통의 기본적 순환주기로 인식한다. 실제 프로젝트를 통해 다양한 연대
감이 생겨나고 서로 가르치며 배우는 자생적인 커뮤니티가 형성됨에 따라
디지털 제조 기술의 사용법은 외부로 확장되면서 사회문화적인 확산을 이
루게 된다.

팹랩의 두 번째 특징은 '세계의 팹랩을 연결하는 글로벌 네트워크'라는 점
이다. 팹랩에서는 웹 환경의 오픈소스를 활용하여 설계 데이터 등 제조에
관한 지식과 노하우, 디자인 등을 세계적으로 공유하는 활동이 일어난다.
또한 전 세계 팹랩 관계자가 한자리에 모이는 세계 팹랩 회의가 연 1회 개최

됨으로써 글로벌 네트워크의 면대면(face-to-face) 연계가 일어난다. 팹랩의 세 번째 특징은 '현실 공간과 가상 공간을 최적 결합한 네트워크 구조'라는 점이다. 전 세계 팹랩은 팹(Fab)의 특성을 살린 웹 환경하에서의 오픈소스화 추진으로 가상의 느슨한 네트워크로 연결된 '가상 공간'으로서의 측면이 있다. 또한 소셜 패브리케이션이나 세계 팹랩 회의와 같이 면대면 '현실 공간'으로서의 측면도 동시에 가지고 있다. 팹랩은 가상 공간과 현실 공간을 최적 융합한 네트워크 구조로서 지역 및 글로벌 차원에서 지식 및 창의력의 결집을 추구한다. 팹랩의 네트워크는 지역 차원에선 개별 팹랩 내에서 인적 네트워크의 긴밀성과 협업 지식을 높이고, 글로벌 차원에선 세계의 다양한 팹랩을 중개하는 사회자본이 초국경적으로 구축되는 순기능적 역할을 한다.[12]

팹랩은 실험과 연구 활동을 실천하는 커뮤니티의 장으로 최근에는 글로벌 연계성을 가진 공동연구도 활발해지고 있다. 팹랩 관계자들에 따르면 공학의 관점에서 팹랩은 1.0부터 4.0까지의 큰 흐름이 만들어지고 있다. '팹랩 1.0'은 데스크탑 및 디지털 패브리케이션 기술을 이용해 기존의 소재를 가공하는 현재의 단계다. 디지털 패브리케이션은 다음의 네 가지 관점에서 민예와 공예, 장치 및 도구를 만드는 '수작업'과는 구별되는 특징을 보인다. 첫째는 '리피트 프로토타이핑(repeat prototyping · 반복 조형)'이다. 3D 프린터는 제조업에서 시제품을 빠르게 만드는 데 사용되면서 '래피드 프로토타이핑 머신(rapid prototyping machine · 속성 시제품 개발 기기)'으로 불리기도 하지만, 공작기계가 일상화되면서 재수정이 가능한 '반복성'과 결합됨으로써 1회 시행 비용을 낮추고 대안을 내놓을 기회를 비약적으로 높이게 되었다. 데이터(정보)를 물질화(제조)하면서 그 결과를 보고 다시 데이터를 만드는 작업을 반복하는 순환 제조법이 일반화되면 시제품(prototype)과 제품(product)의 경계선은 흐려진다. 이처럼 무한 반복되는 베타 버전 제조에서 '(설계) 데이터'와 '(이를 물질화한) 제품'은 둘 다 결과물이며 (거의) 일체화된다.

둘째는 '디지털 물질성(materiality)과 텍스트성(textuality)'이다. 디지털 패브리케이션은 데이터의 세밀한 변화(파라미터의 조절)가 물질의 연쇄적인 질감의 변화로 표현된다. 이러한 디자인 기법은 '디지털 물질성'과 '디지털 텍스트성'이라고 불리는데, 수작업으로는 찾지 못한 소재의 잠재적 가능성을 기계적 창의성 연구를 통해 새롭게 도출해 내는 것이다. 셋째는 '오픈소스화(open sourcing)'이다. 디자인 분야에서 설계 데이터와 만들기 방법을 공개·공유하는 '오픈소스 디자인'은 인터넷에 공개하면 다른 사람이 이용하거나, 개조 및 변조하거나, 발전시킬 수 있으며 '사회적으로 공유된 실용물'이 된다. 이미 웹상에는 3D 프린터와 커팅기를 전제로 한 수많은 생활용품 데이터가 공개돼 있으며 대개 무료다. 넷째는 '적량 생산(right quantity production)' 혹은 '변량 생산(flexible production)'이다. 생산이라는 관점에서 보면, 디지털 패브리케이션은 수작업을 통한 단품 생산이나 공장에서의 대량생산과는 달리 '필요한 때에 필요한 양만큼' 만들어내는 구조다. 말하자면 단품 생산과 대량 생산 사이에 위치하는 소량, 적량, 혹은 필요한 수량만큼 확장 가능한 생산 형태이다.[13]

'팹랩 2.0'은 공작기계가 스스로 복제해 나간다는 개념이다. 공작기계를 사용하여 공작기계를 만들고 이를 계속 이어가는 것이다. 디지털 패브리케이션은 공작기계를 매개로 정보(디지털 데이터)와 물질(재료)의 상호 전환의 원리를 탐색하고 구축하며, 기존 공작기계의 파라미터(매개 변수)를 개척한 후에는 정보와 물질을 상호 전환하는 새로운 방식의 공작기계를 스스로 만들어갈 것이다. 2.0 단계에서 팹랩은 '공작기계를 사용하는 장소'가 아니라 '공작기계를 만드는 장소'가 되며, 3D 공작기계는 소재와 가공의 조합이 수없이 이루어지기 때문에 아주 다양해질 것이다.

팹랩 3.0은 (거의) 모든 것을 조합해 낸다는 개념이다. '물건을 구성하는 최소 단위(구성 요소)'가 설정되어 '분해'와 '조립'만으로 물건을 제작하는 방식이다. 다가올 '팹랩 3.0'의 출발점은 '조립성·분해성 설계' 기법을 사용한 인공물의 순환이다. 미세한 모듈을 대량으로 준비하여 '어셈블러(Assembler)'로 불리는 조립 기기에서 입체적으로 배치하고 결합하는 방식으로 궁극적으로는 '모든 인공물'을 만들어내려는 것이다. 이 방식은 어셈블러를 거꾸로 돌리면 물건을 다시 구성 요소로 분해할 수 있는 '프로세스의 가역성(reversibility)'을 보여준다. 이러한 가역의 프로세스는 제품과 부품을 서로 변환 가능한 상태가 되게 한다. 사용하지 않는 물건은 파기되기 전에 분해되고, 분리된 부품은 다른 물건으로 조립되어 사용되는 이 프로세스는 '만들어진 물건의 순환계'로서 자원을 순환시키는 '생태학적 패브리케이션'의 단면을 보여준다.

'팹랩 4.0'은 팹랩 3.0의 연장선상에 있는 최종 단계다. 이 단계에서는 팹랩 3.0에서 제작된 '물건을 구성하는 최소 단위'에 컴퓨터 구동 장치(Actuator)가 삽입되어 어셈블러나 디스어셈블러 같은 외적인 기계 없이도 물건 스스로 분해·조립 혹은 변색된다. 작은 모듈에 컴퓨터 구동 장치가 내장되어 물건 자체가 지능과 작동 시스템을 갖고 스스로 조립·분해하거나 변색하면서 다양한 인공물을 구성하게 되는 것이다. 모듈 자체에 구동계가 있고, 해야 할 행동을 프로그래밍해 두었기 때문에—비트(정보) 프로그래밍에서 아톰(물질) 프로그래밍으로 바뀌도록—'프로그램이 가능한 물질(programmable matter)'로도 불린다. 팹랩 3.0과 4.0에서 '최소 단위(구성 요소)'를 설정하고 조립과 분해만으로 물건을 제작한다는 것은 구성 요소를 독립적으로 조작할 수 있도록 물건 자체가 '분리'되는 디지털한 상태가 되어 있다는 것을 의미한다. 구성 요소 자체가 형태를 바꾸고, 색을 바꾸고, 물성을 바꾸면서 주변과 연동되어 움직이는 것이다. 실제로 '분자기계(분자를 최소 단위로 조립하는 기계)'가 연구소 수준에서 일부 실현되고 있는 만큼, '프로그램이 가능한 물질'도 머지않아 실현될 전망이다.[14]

팹랩은 무엇이든 다 만드는 곳이 아니라 '(거의) 모든 것을 만드는' 곳이다. 팹랩의 설비와 기술에는 한계가 있기 때문이다. 하지만 이 말에는 그보다 더 높은 수준의 메시지가 담겨 있다고 다나카 히로야는 말한다. 우선 무기나 병기처럼 '사람을 해치는 물건'의 제작을 금지하는 것이 팹랩의 정신이며, '무엇이든'에서 제외되는 확실한 하나라는 것이다. 나아가 무엇이든 만드는 것이 좋은 것인가, 만들어선 안 되는 것이 있는가, 무엇을 만들어야만 하는가 등 토론하며 답해야 할 '질문'이 제시되고 있다는 것이다. 특히 팹랩과의 협업이 많은 바이오테크놀로지 분야에서는 만드는 것의 생명윤리적 의미에 대한 논의도 이루어지고 있다. 퍼스널 패브리케이션이 진행될수록 '어떻게(How) 만들까?'와 함께 '왜(Why) 만드는가?'에 대한 진지한 물음이 계속되어야 하며, 또한 만드는 것의 결과에 대해서 책임을 지고 윤리적 판단을 하는 사고도 동시에 키워야 한다는 것이다. 팹랩과 D랩(D-Lab: '적정 기술'이라는 관점에서의 개발도상국 개발을 목표로 하는 커뮤니티)이 유기적으로 결합하는 미래에 대한 구상은 팹랩의 정신에 부응한다.[15]

현재 공통으로 인식되고 있는 팹랩에 필요한 네 가지 요소는 '일반 시민에게 개방되어 있을 것, 팹랩 헌장(The Fab Charter)[16]의 이념에 따라 운영할 것, 일반적인 권장 장비(레이저 커터, CNC 조각기, 밀링 머신, 종이/비닐 커터, 3D 프린터 등)를 갖추고 있을 것, 글로벌 네트워크에 참여하고 있을 것' 등이다. 디지털 패브리케이터가 설치된 메이커 스페이스 시설로는 온라인사이트(Instructables.com / Lynda.com), 커뮤니티(헤커스페이스), 팹랩, 테크숍(Tech Shop) 등이 있다. 전 세계의 팹랩은 운영 주체별로 다양한 운영 형태를 보이고 있다. 정부·지자체 및 대학·연구기관의 지원으로 설립된 곳, 대학·전문학교 내의 시설로 운영되는 곳, 문화시설·과학박물관·도서관과 일체화된 경우도 있다. 이 외에도 NPO(비영리단체)/NGO나 개인의 노력으로 설립된 곳, 사단법인·재단법인으로 설립된 곳, 영리기업에 의해 독자적으로 운영되는 곳 등이 있으며, 각각 독자적인 운영 스타일을 지니고 있다. 팹랩은 팹랩 헌장을 준수하고 이미 가입된 팹랩의 검증 조사를 거치면 정식 등록이 허가된다.[17]

팹랩이 가장 많이 보급되어 있는 미국은 2014년 '메이커스 이니셔티브 국가(Nation of Makers Initiative)'를 선포하고, 제조업의 르네상스가 실현되는 메이커 국가를 목표로 공공기관, 비영리기관, 학교 등에서 메이커 공간 설치 및 관련 교육 추진과 함께 민관협력 메이커 인프라 구축 및 운동을 확산시키고 있다. 또한 민간의 자발적인 팹랩 활동이 국가 정책에 신속하게 반영될 수 있도록 '2013 국가 팹랩 네트워크 법안(National Fab Lab Network Act of 2013)'[18]이 초당적으로 연방의회에 제출되었으며, 이 법안으로 설립되는 NPO 형태의 국가 팹랩 네트워크에서는 인구 70만 명당 적어도 1개 팹랩을 설치하는 것을 목표로 하고 있다. 영국은 2004년 기술전략위원회(Technology Strategy Board, 2014년 8월 'Innovate UK'라는 운영명 채택)를 설치하고 산학연계 방식의 제조 기술 연구 및 프로젝트를 진행하고 있으며, 2013년 이후에는 3D 기술을 이용한 연구개발 프로젝트에 투자하고 있고, 2015년에는 항공우주산업 등에 관한 신제품 개발을 목적으로 3D 프린터 센터 설립을 추진한다고 발표했다. 독일에서는 대학과 정부, 연구기관이 제휴하여 디지털화에 의한 생산방법과 추가 생산에 관한 연구를 진행하고 있다. 러시아에서도 모스크바 시내에 20개, 러시아 전역에 100군데 이상의 설치를 계획하는 등 국가나 시 차원에서 적극적으로 팹랩의 보급에 힘쓰고 있다.[19]

한편 중국은 창업 촉진 정책의 일환으로 2015년 3월 '대중 창업 지도의견'

에 따라 해커스페이스 등 창업공간 확대 및 선전(深圳) 중심의 오픈 이노베이션을 촉진하고 있다. 또한 '창조 차이나(Created in China)'를 위해 전략적으로 메이커를 육성하고 있는 10개 도시에 3D 프린터 기술산업 혁신센터 건설 및 해커스페이스 운영 지원 등 다양한 인프라를 구축 중이다. 특히 상하이는 2012년부터 100곳의 메이커 스페이스를 건설하는 등 베이징, 선전과 함께 중국의 메이커 문화를 선도하고 있다. 2012년 산관학 공동 출자에 의한 '3D 프린터 기술산업연맹' 발족에 이어, 2013년에는 '중국 3D 프린팅 연구소'가 설립됐다. 일본은 2013년 팹시티 요코하마 2020년 계획이 수립된 데 이어, 2014년, 2015년에 걸쳐 총무성 산하 팹사회연구회가 설립됐다. 제조업의 강점을 바탕으로 지역 산업 기반의 창조성과 독창성을 겸비한 메이커 제품 및 서비스 개발 활동이 활발히 전개되고 있으며, 또한 고유한 제조 문화를 토대로 침체된 제조산업에 새로운 의미와 가치를 부여하고 기술혁신을 도모하기 위한 방법의 일환으로 메이커 운동을 추진하고 있다.[20]

한국 최초의 팹랩은 2013년 팹 재단에 등록한 팹랩 서울이다. 팹랩 서울은 2013년 SK텔레콤의 지원 아래 종로구 세운상가 5층에 3D 프린터, 레이저커터 등의 장비를 갖춘 시제품 제작소 'SK 팹랩 서울'이 문을 열면서 시작되어, 지금의 팹랩 서울로 명칭이 변경되면서 비영리법인 타이드인스티튜트가 설립되어 운영되고 있다. 한국 정부는 메이커 운동을 창업의 동력으로 삼고자 무한상상실, 창작터, 셀프제작소 등 공공형 메이커 스페이스를 확대 보급하고 있으며, 팹랩이나 테크숍 등 민간 주도의 메이커 스페이스도 늘어나는 추세다. 2014년 '3D 프린팅 산업 발전 전략'이 발표됨에 따라 '3D 프린팅 산업발전협의회'가 구성되고, 이를 지원하는 민관 공동의 '3D 프린팅 발전 추진단'이 발족되면서 교육기관과 도서관 등에 3D 프린터 배포 및 인재 육성, 중소기업을 위한 3D 프린터 활용 지원 등이 추진되고 있다.[21] 끝으로,

팹랩의 의미와 가치는 '기술과 사회를 통합하는 사회변혁의 모델'을 창출하는 데 있다. 따라서 팹랩의 정신을 커뮤니티 내 참여자들이 공유하는 것이 무엇보다 중요하다. '우리는 무엇을 만들어야 하는가? 그리고 '왜 만드는가?' 이 질문은 앞으로도 계속되어야 할 것이다.

3D 프린팅과 바이오패브리케이션

근년에 들어 특히 조직공학(tissue engineering, TE) 및 재생의학(regenerative medicine, RM) 분야에서 조직 재구축을 위해 3D 프린팅 기술을 접목하여 세포에서 실제 조직이나 장기를 제작하는 '바이오패브리케이션(Biofabrication · 생체조직 제조(바이오 제조))' 기술에 대한 연구가 활발히 진행되고 있다. 바이오패브리케이션 연구 분야는 초기 단계보다 빠르게 성장하면서 지속적으로 개발되고 진화하며 확장되고 있다. 이는 부분적으로는 세계 최대 프린터 회사 스트라타시스(Stratasys) 사가 보유했던 '용융압출조형(fused deposition modeling, FDM)' 방식의 기술 특허가 2009년에 만료된 것을 기점으로 다양한 기술 특허가 풀림에 따라 오픈소스 기반 3D 프린터가 시장에 진입하면서 3차원(3D) 프린팅으로 알려진 적층 조형(additive manufacturing, AM) 장비를 더 저렴하고 널리 사용할 수 있게 된 데 기인한다. 바이오패브리케이션이란 용어는 진주의 바이오미네랄화(biomineralisation)와 관련하여 1994년에 처음 만들어졌으며, 이후 2003년에는 포유류 치아에 에나멜을 증착시키는 것과 관련하여 사용되었다. 또한 미국 국방고등연구계획국(DARPA)은 생물학적 성장 메커니즘을 모방한 고해상도 3D 구조를 만드는 데 사용되는 방법을 기술하기 위해 '바이오패브리케이션—생물학적 재료와 건축 공법 메커니즘의 사용'이라는 정의를 사용했다.

2004년에는 그레고리 페인(Gregory F. Payne)과 공동 연구자들이 생물학적 소재 및 생체 촉매(biocatalysts)를 포함하는 나노 구조의 조립품의 생성을 설명하기 위해 '바이오패브리케이션'을 사용했다. 즉 그들은 '생물학과 미세 제조의 결합(the marriage between biology and microfabrication)'*이라는 다소 광의의 정의를 사용했다. 오늘날 바이오패브리케이션이란 용어는 유기/무기 복합 재료를 만드는 맥락에서 광범위하게 사용되고 있으며, 더 일반적으로는 살아 있는 유기체에 의한 재료의 제작에서 널리 사용되고 있다. TE(조직공학) 및 RM(재생의학) 커뮤니티 내에서 바이오패브리케이션이란 용어는 살아 있는 세포 및 세포 응집체의 조작과 위치 설정을 통합하는 3D 제조 전략의 응용과 함께 나타났다. 『바이오패브리케이션 Biofabrication』(2009) 저널 첫 호에서 미로노브(V. Mironov) 등은 바이오패브리케이션을 '살아 있는 세포, 분자, 세포외기질(細胞外基質 extracellular matrices, ECM) 및 생체 물질과 같은 원자재로부터 복합 생물 및 비생물 제품의 생산'으로 정의했다. 현재 바이오패브리케이션은 다양한 프로세스와 현상을 설명하기 위해 많은 과학 커뮤니티와 이질적인 분야에서 폭넓게 사용되고 있다.[22] 바이오패브리케이션 기술은 바이오기술(BT) · 나노기술(NT) · 정보기술(IT) 등이 융복합된 기술로서 기술의 잠재적 확장성이 매우 크기 때문에 여기서는 일의적으로 규정하기보다는 원어 그대로 '바이오패브리케이션'으로 사용하기로 한다.

바이오패브리케이션 기술은 세포와 물질을 빌딩 블록으로 사용하며 주로 TE 및 RM 응용 분야에 사용된다. 바이오패브리케이션이란 용어의 역사적 진화는 TE와 RM 분야에서 사용될 때 바이오프린팅(Bioprinting)이란 용

---

* 그레고리 페인 등은 biology의 'bio'와 microfabrication의 'fabrication'을 결합한 의미로 'biofabrication'이라는 용어를 사용했다.

어의 진화와 병행하여 이루어졌다. 바이오프린팅이란 용어는 2004년 영국 맨체스터 대학에서 열린 '바이오프린팅, 바이오패터닝과 바이오어셈블리 (Bioprinting, Biopatterning and Bioassembly) 워크숍'이라는 제목으로 처음 사용되었 다. 워크숍 보고서에서 바이오프린팅은 '하나 이상의 생물학적 기능을 수행 하는 규정된 조직과 함께 생물학적으로 관련된 물질(분자, 세포, 조직, 생분해성 생체 물질 등)을 패터닝하고 조립하기 위한 물질 전달 프로세스의 사용'으로 정 의되었다. 이후 바이오프린팅이란 용어는 기계 제작 도구를 사용하여 2차 원(2D) 또는 3차원(3D)의 생물학적 실체를 구성하거나 패턴화하여 인공 구조 물을 만드는 과정을 구체적으로 기술하기 위해 사용되었다. 2010년 기예모 (F. Guillemot) 등은 바이오프린팅을 '재생의학, 약리학 및 기초 세포 생물학 연 구에 사용되는 생체 공학 구조를 생산하기 위해 규정된 2D 또는 3D 조직과 함께 살아 있거나 살아 있지 않은 물질을 패터닝하고 조립하기 위한 컴퓨터 지원 전달 프로세스의 사용'으로 정의했다.[23]

오늘날 3D 프린팅의 기초가 된 것은 일본 히데오 코다마(Hideo Kodama) 박 사의 광경화성(光硬化性) 수지 관련 연구 및 컴퓨터를 이용한 3D 도면 제작 기 술에 관한 두 건의 보고서와 미국의 두 발명가 찰스 헐(Charles W. Hull)과 스 콧 크럼프(S. Scott Crump)의 특허 기술 두 건이다. 헐에 의해 처음 도입된 광 경화성 수지 적층 조형 방식인 광조형법(光造形法 stereolithography, SLA)은 정확 한 3차원 설계와 지지체 재료 및 임플란트 개발을 위해 적극적으로 채택되 었으며,[24] 1986년 특허가 발효되자 헐은 3D 시스템즈(3D Systems)를 창업했 다. 크럼프가 창안한 용융압출조형(FDM) 방식은 고체 필라멘트를 녹여서 적층하여 3차원으로 프린팅하는 방식으로, 1989년 특허가 발효되자 크럼 프는 스트라타시스(Stratasys)를 창업했다. 3D 프린팅 기술을 세계 최초로 발 명해 상용화에 성공한 3D 시스템즈와, 적층 기술 솔루션 분야를 선도하며

3D 프린터의 보편화(대중화)를 주도한 스트라타시스는 현재 전 세계 3D 프린 팅 기술시장의 양대 산맥이다.[25] 한편 세포의 3D 위치 설정을 위한 프린팅 기술의 사용은 1986년 로버트 클레베(Robert Klebe)에 의해 '사이토스크립 셀 (cytoscribing cells: 세포를 미세 위치 설정하고 2차원 및 3차원 합성 조직을 만드는 방법)'이라는 용어로 입증되었으나, 이 용어는 후속 문헌에 의해 채택되지 않았다.

'장기 프린팅(organ printing)'이란 용어는 2003년에 처음 등장했으며 '속성 조형 컴퓨터 지원 3D 프린팅 기술(a rapid prototyping computer-aided 3D printing technology)'[26]*로 정의되었다. 상호 긴밀하게 연계된 바이오프린팅과 바이오 패브리케이션 기술은 의료 및 바이오 분야에 3D 프린팅 기술을 접목한 것 이다. 바이오프린팅은 '살아 있는 세포를 원하는 구조 및 패턴으로 적층 조 형(제조, 가공)하여 조직(tissue)이나 장기(organ)를 제작하는 3차원(D) 입체 프린 팅 기술'[27]이다. 따라서 적층 조형(AM)은 일반적으로 3D 프린팅으로 알려져 있다. 바이오패브리케이션 또한 3D 프린팅 기술을 접목하여 '생물학적 기 능을 가진 구조의 생성'을 목적으로 한다는 점에서 적층 조형이라고도 알려 져 있다. 손상된 인체의 장기를 효과적으로 대체하기 위해 '3D 바이오프린 팅' 기술을 이용해 사람 뼈나 조직·장기 등 생체조직을 제작하는 '통합 조 직 및 장기 프린팅 시스템(The Integrated Tissue and Organ Printing System, ITOP)'은 근 년에 들어 급성장하면서 크게 주목을 받고 있다.

미국의 3D 바이오프린팅 벤처기업 오가노보(Organovo)는 사람의 간(liver) 조직을 3D 프린터로 출력하여 쥐에 이식하는 데 성공했으며, 호주의 한 연 구기관은 3D 바이오프린팅 기술로 뇌 조직을 제작하는 데 성공했다. 하지

---

* 일반적으로 3D 프린팅으로 알려진 적층 조형은 '속성 조형(rapid prototyping)'에서 유래하였다.

만 아직 기술이 안정적이지 않아 생체적합성(biocompatibility)과 혈액 및 산소의 공급이 불확실하고 크기가 너무 작아 인체에 이식하지는 못했다. 2016년 2월 미국 웨이크포레스트 의과대학 앤서니 아탈라(Anthony Atala) 교수팀은 귀, 연골, 근육 등 조직을 3D 바이오프린팅 기술로 제작하여 ITOP라는 새로운 방법을 통해 쥐에 이식한 결과, 이식 5개월 후 뼈가 정상 뼈와 비슷한 모양을 띠며 혈액의 공급이 원활한 것으로 드러났다. 이들 연구팀이 개발한 기술은 생분해가 가능한 플라스틱 물질, 사람·쥐 등에서 추출한 살아 있는 세포, 그리고 폴리머(Polymer 重合體: 화학적 합성에 의한 고분자) 등을 소재로 활용해 귀, 연골, 뼈 등의 조직을 만들 수 있다. 연구팀은 실제 연골, 근육 등으로 이루어진 사람 귀 모양의 조직을 3D 프린터로 제작해 쥐에 이식한 후 5개월 동안 관찰한 결과, 플라스틱과 폴리머 부분은 생분해되고 세포 부분은 정상적으로 성장하여 귀 조직은 연골을 형성했고, 근육 부분은 신경을 생성했으며, 인간 줄기세포를 이용해 프린팅한 뼈 조직은 혈관을 생성한 것으로 나타났다. 쥐를 대상으로 한 이 실험을 인체에 이식하기 위해선 더 많은 시간과 연구가 필요할 것으로 보인다.[28]

한편 중국 쓰촨대학 캉위젠(康裕建) 교수 연구팀은 3D 프린팅으로 원숭이의 지방층에서 추출한 줄기세포를 넣어 혈관을 찍어내어 같은 원숭이에 이식하는 데 성공하였으며, 인공혈관은 캉 교수가 CEO를 맡은 리보텍(Revotek)이 자체 개발한 3D 프린팅 기술로 제작(2016.12)하였다. 일본 도야마대학 마코토 나카무라(Makoto Nakamura) 교수는 잉크젯 프린터의 잉크 입자 크기가 인간 세포와 비슷하다는 점에 착안하여 3D 바이오프린터를 개발하였다.[29] 국내에서도 3D 바이오프린팅 기술의 활용에 대한 관심이 높아지고 있다. 포스텍 조동우 교수 연구팀은 인체 내 손상된 조직·장기를 재생할 수 있는 3D 프린팅 기술을 개발해 기존의 생물·의학 기반의 조직공학 및 재생의학을 기계공학 기반으로 전환시키는 데 크게 기여했다. 연구팀이 개발한 3D 조직·장기 프린팅 시스템은 제작 크기 및 정밀도에 있어 세계 최고 수준의 바이오프린팅 시스템으로 다양한 생체조직과 세포를 동시에 제작할 수 있다. 특히 광대뼈 성형에 3D 프린팅 구조물을 활용해 실제 성공한 사례는 세계 처음이다. 이 연구팀은 2017년에는 서울성모병원 박훈준 교수와 혈관화된 심근패치를 세계 최초로 개발했다. 조 교수 연구팀이 개발한 3D 프린팅 기술의 최종 목표는 모든 종류의 인공조직·장기를 만들어내는 것이다.[30]

또한 2016년 2월 3D 프린터 업체 로킷(Rokit)은 바이오와 3D 프린팅 기술을 융합해 조직공학 및 의학 연구용 3D 바이오프린터 '에디슨 인비보(Edison Invivo)'를 출시했다. 에디슨 인비보는 3D 바이오프린팅 기법으로 인공장기와 피부 등 세포 구조체를 만들 수 있으며, 필라멘트 압출방식 익스트루더(Extruder), 액체 디스펜서(Dispenser)를 사용할 수 있고 조직공학 연구에서 많이 쓰이는 재료 대부분과 호환된다.[31] 2013년 3D 프린팅 공학 기술을 의료 및 바이오 기술과 융합해 설립한 티앤알(T&R)바이오팹은 2014년 9월 세계 최초로 맞춤형 인공얼굴뼈 생분해성 보형물을 제작해 이식하는 수술에 성공하며 주목을 받았다. 이 바이오벤처는 생분해성 인공지지체, 조직·장기 바이오프린팅을 위한 바이오잉크(Bioink), 체외 시험을 위한 오가노이드(organoid),* 3D 프린팅 세포 치료제, 3D 바이오프린팅 시스템 등을 생산·판매하고 있으며, 3D 바이오프린팅을 통해 인공장기를 생산하여 필요로 하는 인체에 이식하는 것을 최종 목표로 삼고 있다.[32] 또한 2018년 6월에는 국내 최대의 줄기세포 치료제 파이프라인을 보유한 차바이오텍과 함께 줄기세포

---

* 줄기세포를 자가 재생 및 자가 조직화를 통해 만든 장기유사체 또는 3차원 세포집합체

와 3D 바이오프린팅을 융합한 세포치료제를 공동 개발하기로 했다. 이처럼 의료·바이오 분야는 적극적으로 3D 프린팅 기술을 도입하여 인공장기 및 조직 제작 기술개발과 상용화가 진행 중이다.

3D 프린팅 기술이 바이오 분야에 적용된 것은 2000년을 전후하여 수지적층 조형(FDM) 기술에 생체친화성(bioaffinity)/생분해성(biodegradability) 고분자를 적용해 조직재생용 인공지지체(synthetic scaffold: 세포가 들어갈 틀로서 ECM(細胞外基質)의 역할을 함)를 직접 제작하여 의공학 분야에 활용하면서부터였다. 특히 의학, 생명과학 및 공학의 교차점에 있는 조직공학 분야에서 비상한 관심을 불러일으키고 있는 인공지지체는 세포의 재생능력만으로 재생이 어려운 조직 및 장기의 재건을 위해 뼈 조직의 결손 부분을 채워 세포 배양의 성능과 효율을 높여 조직과 유사한 장기를 구현할 수 있도록 구조적으로나 기능적으로 도움을 주는 생체재료 구조물이다. 바이오패브리케이션은 의학, 공학 및 제조를 포함한 다양한 분야에서 혁신을 주도하고 있다. 이 혁신기술은 다양한 범위의 합성 및 천연 재료를 사용하여 복잡한 기하학적인 3D 구조를 신속하게 구축하거나 자유자재로 설계 변경을 가능하게 하며, 세포, 생체적합성 물질 및 지원 구성 요소를 복잡한 3D 기능을 하는 살아 있는 조직으로 3D 프린팅할 수 있게 했다.

의료·바이오 분야의 미래기술로 주목받고 있는 3D 프린팅 기술은 소재의 다양화를 통해 시제품을 제작하는 프로토타이핑에서부터 보청기, 임플란트, 인공 뼈, 의학 보조기 등의 분야에서 의료용 3D 프린팅 기술 연구가 활발하게 진행되고 있고, 또한 3D 프린팅과 CNC(컴퓨터 수치 제어) 가공을 복합적으로 사용하는 건축, '세포농사(cellular agriculture)'라고 불리는 기술을 통해 식재료를 만들어내는 3D 푸드 프린팅, 그리고 생필품이나 전자기기 분야 등 다양한 분야에 적용되고 있다. 특히 헬스케어는 그 유용성과 대체 불가능성 등으로 인해 고속성장을 계속할 것으로 전망된다. 근년에는 비행기나 자동차의 엔진 부품을 제작하는 용도로도 활용되고 있다. 2018년 8월 6일 글로벌 시장조사기관 IDC에 따르면 3D 프린팅 시장 규모는 2019년 140억 달러(약 15조7천360억원)에서 2022년 230억 달러(약 25조8천520억원)에 이를 전망이며, 2017년부터 2022년까지 5년간 연평균 성장률은 18.4%로 예상됐다. 분야별 시장 규모를 보면 3D 프린터와 소재 시장 규모는 2022년 각각 78억 달러(약 8조7천672억원)와 80억 달러(약 8조9천920억원), 맞춤형 출력 서비스와 3D 프린팅 시스템 통합 서비스가 주도하는 서비스 시장 규모는 48억 달러(약 5조3천952억원), 소프트웨어 시장 규모는 24억 달러(약 2조6천993억원)에 이를 것이란 분석이다.[33]

의료분야는 3D 프린팅 기술 활용도가 높아 가장 큰 성장률이 예상되는 분야이다. 3D 프린팅 분야별 성장률(CAGR)은 의료 18.2%, 항공 15.9%, 소비재 15.3%, 자동차 14%, 국방(12.7%), 기계(10.7%), 교육 연구(8.75%) 등이다.[34] 3D 프린팅의 주 방법인 적층 조형 기법을 활용하는 의료분야는 전체 3D 프린터 사용 분야의 16.4%를 차지하고 있다.[35] 적층 조형 시스템은 보청기, 치과 및 외과 임플란트와 같이 상대적으로 소형이고 환자 맞춤형을 필요로 하는 의료장비 생산에 적합하다. 3D 프린팅 기술을 의료분야에서 활용한 3D 바이오프린팅은 시제품 제작에 주로 활용되던 래피드 프로토타이핑(RP) 기술을 생체조직에 응용한 것으로, 3차원 모델링 설계 데이터를 바탕으로 살아 있는 세포를 원하는 구조 및 패턴으로 적층하여 조직이나 장기를 제작하는 기술이다. 기본적인 원리는 3D 프린터와 유사하지만, 생체적합성 고분자, 천연고분자, 바이오 분자, 생체 활성 물질, 세포 등을 프린팅 소재로 사용한다는 점에서 차이가 있다.[36] 미국의 시장조사기관 가트너가 제시한 하이프 사이클(Gartner's Hype Cycle)에 따르면, 이식용 3D 바이오프린팅 시스템, 고관절/견관절 임플란트, 생명과학 바이오프린팅은 발생기(technology trigger) 단계에 있다.[37]

특히 바이오프린팅과 바이오패브리케이션 분야는 3D 프린팅이 혁신할 것으로 기대되는 대표적인 분야이다. 일반적으로 3D 바이오프린팅이라고도 알려진 바이오패브리케이션 기술은 고령화 시대에 이식하기 위한 조직과 이식용 장기가 턱없이 부족한 현실에서[38] 이식에 적합한 조직과 장기의 제작을 다루는 TE(조직공학) 및 RM(재생의학) 분야에 획기적인 돌파구를 마련할 것으로 기대된다. 3D 바이오프린팅의 전반적인 철학은 현재 비생물학적(nonbiological) 3D 프린팅에 적용되는 철학과 유사하지만, 재료나 세포 유형, 성장/차별화 요인 및 이러한 살아있는 생물학적 구조의 민감성으로 인해 발생하는 기술적 도전과 같은 많은 추가적인 복잡성이 있다. 이러한 새로운 복잡성을 해결하려면 공학, 생체재료, 세포생물학, 물리학, 컴퓨터 과학 및 의학 분야의 최첨단 기술을 통합해야 한다. 오늘날 융복합 기술의 진보로 다층 피부, 혈관 및 신경 이식, 기관, 근육, 뼈, 연골 및 심장 조직을 포함한 이식 가능한 조직 구조의 생성이 촉진되었다.[39] 인공지지체, 세포에 축적된 생체 물질 및 인공지지체가 없는(scaffold-free) 세포 물질의 3D 프린팅은 기능적인 조직과 장기의 제작으로 조직공학 분야를 크게 발전시킬 전망이다.

3D 바이오프린팅 기술을 도출한 세 가지 주요 개념은 다음과 같다. 즉 생물체의 특성을 산업 전반에 적용하여 3D 바이오프린팅 기술을 통해 인공 장기나 세포 등을 복제하는 생체 모방(biomimicry), 몸속의 작은 조직들이 모여 큰 단위인 장기가 되는 조직의 발생학적 특성을 3D 프린팅에 적용한 소형 조직(mini tissue), 그리고 발달 단계에 있는 조직의 초기 세포를 구성하는 물질이 스스로 이상적인 기능과 구조를 가진 조직을 만드는 자율적 자가조

립(autonomous self-assembly), 이상의 세 가지다. 3D 바이오프린팅 기술을 적용하기 위해서는 소재의 선택에 있어 프린팅 가능성, 생체적합성, 생분해성 및 부산물, 기계적 물성 등을 고려해야 한다. 프린팅 가능성은, 재료의 점도가 너무 낮으면 프린팅 후 구조 유지 문제가 발생할 수 있고, 점도가 너무 높으면 노즐이 막힐 수 있으므로 프린팅하기 적합한 재료여야 한다는 것이다. 생체적합성은, 부적합한 조직은 자가면역반응이 일어나 기능을 상실하게 되므로 생체적합성을 가진 재료가 필요하다는 것이다. 생분해성 및 부산물은, 세포가 성장할 공간을 확보하기 위해서는 만들어진 지지체나 조직의 분해속도가 세포의 성장 속도와 같도록 조절할 수 있어야 하며, 또한 분해되면서 나오는 부산물이 독성이 없어야 하고 체내에 빠르게 흡수되어야 한다는 것이다. 기계적 물성은, 신체의 부위나 역할에 따라 물리적 특성이 다르므로 각 기능에 맞는 재료를 선택하여 구조체를 제작해야 한다는 것이다. 예컨대, 뼈는 하중을 견딜 수 있는 단단한 소재로, 혈관은 압력을 버틸 수 있고 변형이 쉬운 탄성력을 가진 소재로 제작해야 한다는 것이다.

3D 바이오프린팅에 사용되는 소재로는 자연유래(천연) 고분자, 합성고분자가 있다. 자연유래 고분자는 젤라틴(gelatin), 키토산(chitosan), 콜라겐(collagen), 히알루론산(hyaluronic acid), 알지네이트(alginate), 피브린(fibrin), 케라틴(keratin), 셀룰로오스(cellulose), 아가(agar), 젤란검(Gellan gum) 등이 있고, 합성고분자는 PLA(Polylactic acid), PEG(Polyethylene glycol), PVA(Polyvinyl alcohol), PLLA(Poly-L-lactic acid), PLGA(Poly lactic-co-glycolic acid), PCL(Poly-caprolactone), PTFE(Polytetrafluoroethylene) 등이 있다. 자연유래 고분자는 가공 및 조형이 쉬우며, 생체적합성이 높고, 세포부착성과 생리활성이 좋고 면역반응이 일어나지 않아 생체모방 ECM 제작이 용이한 반면, 내열성이 낮아 열에 의한 변성이 쉽게 일어나고, 기계적 물성이 낮아 구조나 형태가 쉽게 변형되며 체

내에서 분해속도를 조절하기 어렵다. 합성고분자는 생분해성 고분자로 체내에서 분해되며 분해 산물에 독성이 없고, 기계적 물성이 좋아 강도 확보가 용이하며 체내에서 분해속도를 조절하기 쉬운 반면, 천연고분자에 비해 가공이 어렵고 생리활성이 떨어지며 형태를 만들기 위해 열을 가하거나 유기용매로 녹인 후 형태를 만들어야 한다.[40] 자연유래 고분자나 합성고분자는 재생의학 분야에서 널리 사용되고 있다. 예컨대, 피부 재생에 이용하는 경우 키토산 또는 콜라겐 등의 바이오 소재를 이용해 3D 프린팅할 수 있다. 또한 인공혈관용 소재의 경우 혈관 내벽의 물성 및 화학적 특성, 물질전달체계 등을 고려하여 열에 대해 안정적이고 소독이 간편하며 뛰어난 소수성(疏水性 hydrophobe: 물 분자와 쉽게 결합하지 못하는 성질)을 가진 폴리테트라플루오로에틸렌(PTFE) 소재를 이용한다.[41]

현재 생체조직 재생에 사용되는 소재의 대표적인 사례는 유도만능줄기세포(induced pluripotent stem(iPS) cell 또는 역분화 줄기세포), 배아줄기세포(embryonic stem(ES) cell), 중간엽 줄기세포(mesenchymal stem cell, MSC)를 이용한 것이다. iPS 세포(유도만능줄기세포)는 이미 성숙하고 분화된 세포를 미성숙한 세포로 역분화시켜서 신체 모든 조직의 세포로 분화할 수 있도록 배아줄기세포와 같은 만능성을 유도해 낸 세포이다. 일본은 2012년 교토대 야마나카 신야(山中伸弥) 교수가 유도만능줄기세포로 노벨 생리학·의학상을 받은 것을 계기로 줄기세포 치료제 최강국으로 떠오르고 있다. 그동안 일본에서 iPS 세포로 만든 세포를 환자에게 이식한 임상시험은 '가령황반변성(ARM)' 등 눈(目)의 난치병 치료와 관련해 두 차례 있었다. 일본 정부는 2018년 6월 iPS 세포로 만든 근육세포를 중증 심부전 환자의 심장에 이식하는 오사카대의 임상연구계획을 승인한 데 이어, 7월에는 세계 최초로 iPS 세포를 활용한 파킨슨병 치료 임상시험을 승인했고,[42] 9월에는 iPS 세포로 혈소판을 만들어 재생불량성빈혈 환자에게 투여하는 교토대의 임상시험 계획을 승인했다.[43] 또한 11월에는 iPS 세포로 만든 신경세포를 파킨슨병 환자에게 이식하는 첫 임상시험이 이뤄지면서 아직 파킨슨병의 근본적인 치료법이 없는 현실에서 이번 임상시험이 상용화로 이어질지 귀추가 주목된다.

ES 세포(배아줄기세포)는 초기 착상 전 배아 단계에서 추출한 만능성 줄기세포이다. 일반 세포와는 달리 신체 모든 조직의 다양한 세포로 분화할 수 있는 잠재력을 지녔으나 아직 분화되지 않은 세포로서 특수한 조건에서 배양한다면 무한대로 세포증식이 가능하다. 배아줄기세포로 각종 난치병 치료에 쓰이는 장기 세포를 시험관에서 만들어 이식할 수 있다면 무병장수가 실현될 수 있다. 현재 백혈병, 파킨슨병, 당뇨병 등에 걸린 환자에게 배아줄기세포를 세포 대체 요법으로 사용하기 위해 맞춤형 정상 세포를 외부에서 배양, 주입하여 치료하려는 시도가 행해지고 있으며, 특히 불임 환자에게 새로운 희망을 줄 수 있다.[44] 현재 배아줄기세포 연구 분야에서 국가적인 연구력을 집중하고 있는 나라는 단연 미국이다. 미국 연방식품의약청(FDA)은 2008년 말 세계에서 처음으로 인간 배아줄기세포를 이용해 척수손상 환자를 치료하는 생명공학기업 제론(Geron)사의 임상시험을 승인했다. 코네티컷대학 줄기세포연구팀에서는 불임클리닉 환자에게서 기증받은 배아들로부터 두 개의 배아줄기세포주(株)를 만드는 데 성공했다.[45] 일본도 배아줄기세포 연구에 꾸준히 투자해오고 있다. 환자들을 위한 줄기세포 치료용 제품의 제조·판매가 일본에서 세계 최초로 허용될 것으로 보인다. 후생노동성은 이르면 2018년 연내에 이를 정식 승인할 방침인 것으로 알려졌다.[46]

MSC(중간엽 줄기세포)는 다분화능(multipotent)을 가진 기질세포(基質細胞 stromal cell)로 뼈세포, 연골세포, 근육세포, 지방세포, 섬유아세포(纖維芽細胞 fibroblast) 등 다양한 세포로 분화할 수 있으며 자가증식 능력이 뛰어나고, 구조적 지지 기능 외에도 면역세포의 기능을 조절하고 염증을 억제하므로 조직재생에 적합하다. 2018년 11월 14일 가톨릭대 서울성모병원에 따르면 김태윤(피부과)·강경선(서울대 수의대)·김연수(충남대 신약전문대학원 분자유전학) 교수팀은 활성산소를 제거하는 항산화효소인 SOD3(Superoxide dismutase 3) 유전자를 도입한 인간 중간엽 줄기세포(SOD3-MSC)를 아토피피부염 유사 피부염증 모델 생쥐에 피하 투여해 새로운 치료제로서의 잠재력을 확인했다.[47] 또한 2018년 12월 4일 차의과학대 분당차병원 정태녕(응급의학과)·김옥준(신경과) 교수팀은 세포 내 활성산소의 생성을 억제해 세포사멸을 감소시키는 아포시닌(apocynin) 약물과 태반 유래 중간엽 줄기세포의 병용요법을 세계 최초로 개발해 급성기 뇌내출혈 환자의 치료법을 새롭게 제시했다. 이번 연구 결과는 생명과학전문 국제학술지 '분자과학 저널(International Journal of Molecular Sciences)'에 게재됐다.[48]

다음으로 3D 바이오프린팅의 출력 방법은 크게 세 가지, 즉 잉크젯(Inkjet) 방식, 미세압출(Microextrusion) 방식, 레이저 보조(Laser-assisted) 방식이 있다. 잉크젯 방식은 생물학적, 비생물학적 3D 프린팅 모두에 있어 일반적으로 가장 많이 사용되는 것으로, 저점도의 액상을 미세 자극을 통해 미세한 액적(液滴·액상입자)을 토출하는 방식이다. 출력속도가 높고 제품 제작 시간이 짧고 비용이 절감되는 장점이 있지만, 일정하지 않은 세포 포장과 온도에 의한 생체재료의 변성 등의 단점이 있다. 미세압출 방식은 상업적으로 3D 프린팅에서 가장 많이 사용되는 것으로, 일정 점도 이상의 재료를 다양한 방식으로 밀어내어 노즐부로 토출하는 방식이다. 잉크가 액체 방울로 떨어지는 잉크젯 방식과는 달리, 목걸이처럼 연결된 액체 방울을 생성하며 이를 이용한 고밀도의 세포 적층이 가능해 복잡한 구조 형성이 용이하다는 장점이 있는 반면, 점성이 높아 잉크젯 방식에 비해 세포 부착성이 낮고 세포 생존율도 낮다는 단점이 있다. 레이저 보조 방식은 레이저를 이용하여 생체물질을 출력하는 것으로, 일반적으로 사용되는 방식은 아니지만 노즐 대신 레이저를 이용해 재료에 에너지를 전달하여 구조를 만드는 방식이다. 노즐 대신 레이저를 사용하기 때문에 세포나 생체물질이 출력 도중 막히는 문제가 없다는 장점이 있지만, 원하는 모양을 도출하기 위해 가교(架橋 cross-linking)를 빠르게 진행해야 하며 비용이 많이 들고 제작 시간이 길다는 단점이 있다.[49]

3D 바이오프린팅은 컴퓨터 공학 및 수학 모델링에서 기계공학 및 생체재료과학(biomaterials science)과 생물학에 이르기까지 다양한 분야의 상호 소통에 기반을 둔 다학제 분야다. 3D 바이오프린팅과 바이오패브리케이션의 잠재적 응용 분야는 1) 인간 질병 및 개발의 시험관 내 3D 모델, 2) 약물 발견과 독성 및 미용 연구를 위한 시험관 내 3D 조직 모델의 새로운 연구, 3) 임상 이식에 적합한 3D 인간 조직 및 장기의 자동화된 로봇 바이오패브리케이션이 포함된다.[50] 의학, 생명과학 및 공학이 융복합된 조직공학(tissue engineering) 분야는 현대 의학에서 가장 중요한 미해결 과제를 포함하여 다양한 선천성, 외상성 조건이나 질병 및 노화 관련 조건에서의 재생은 물론, 조직 및 장기 교체의 필요에도 부응하면서 지난 20여 년에 걸쳐 광범위하게 개발되어 왔다. 조직공학의 생물학적 기초에 대한 이해가 증진되고 중요한 기술적 진보가 이루어짐에 따라 이제 연구 및 임상적 응용에 적합한 기능적인 조직 대체물(functional tissue replacements)을 새로이 구성하기 위해 공학적 설계 원리를 사용할 수 있게 되었다.

현재 진행 중인 '바디온어칩(Body on a Chip)'이라고 불리는 바이오프린팅 과제는 칩 시스템 위에 미니 심장, 간, 혈관, 폐를 프린팅하는 기술로, 특정 장기의 세포운동이나 물리화학적 반응의 메커니즘을 연구할 수 있고, 신약 테스트나 독성평가에 대한 모델로 이용될 수 있다. 향후 3D 바이오프린팅과 바이오패브리케이션 기술은 손상된 조직을 대체하는 수준을 넘어 유전자 정보를 바탕으로 인체 맞춤형 조직 제작과 뇌-컴퓨터 인터페이스(BCI), 외골격(exoskeleton) 등 ICT 기술을 적용함으로써 보다 향상된 증강휴먼(augmented human)으로 발전할 가능성이 크다.[51] 3D 바이오프린팅과 바이오패브리케이션 기술은 이제 연구 및 임상 단계를 넘어 기술 상용화를 향해 나아가고 있다. 산학연 협업을 통해 바이오프린팅 기술의 해상도(resolution)와 속도, 출력물의 화학적 후처리 공정, 장비 표준화 등을 지속적으로 개선함으로써 실제 조직과 유사한 개발이 이루어질 수 있도록 기술을 고도화하고 생체적합성·생분해성을 가진 소재를 개발해야 한다. 그러기 위해서는 공학, 의학, 생물학, 생명과학, 생체재료과학 등 다양한 분야와의 긴밀한 융합을 통해 생체환경에 대한 이해를 증진시키고, 각 신체 부위가 갖는 세포의 종류와 구조적 및 기능적 특징을 이해할 필요가 있다.

우리나라는 물리학, 화학, 의학 등 과학의 다양한 분야에서 이미 괄목할 만한 저변 연구가 확대되어 왔고, 특히 생명과학, 정보통신, 초분자화학(supramolecular chemistry) 등의 분야는 세계적인 권위를 인정받고 있다. 3D 프린팅과 바이오패브리케이션은 그 활용범위가 전방위적으로 확대되고 있으며, 우리의 수준 높은 연구와 기술이 시너지를 낼 수 있는 유망산업으로 성장 잠재력이 높은 분야이다. 보건·의료 분야의 레드(Red) 바이오산업, 에너지·환경 분야의 화이트(White) 바이오산업, 식품 및 자원 분야의 그린(Green) 바이오산업 등으로 분류되는 바이오산업은 미래 경제의 핵심 산업으로 떠오르며 인류의 중요한 난제들을 해결할 수 있을 전망이다. OECD가 2030년경 세계 경제의 새로운 패러다임을 이끌 바이오경제(Bioeconomy) 시대로의 진입을 예단한 것도 이러한 맥락에서이다. 생명과학적 이해의 바탕에 공학적 관점으로 게놈을 설계해 생명체를 만들어내는 합성생물학(synthetic biology)의 충격과 마주하고 있는 지금, 우리는 무엇을 선택하며 무엇에 집중하고 있는가? 오늘 우리의 '선택과 집중'은 '내일'의 재료가 되어 4D 프린팅으로 출력되어 나올 것이다.

4D 프린팅 기술의 응용과 전망

근년에 들어 3D 프린팅의 한계를 극복할 신기술로 4D 프린팅(4th dimension printing)이 주목받고 있다. 3D 프린팅 기술이 디지털 정보와 3D 프린터를 이용하여 원하는 입체를 구현하는 것이라면, 4D 프린팅 기술은 3D 프린팅에 자가변형(self-transformation) 또는 자가조립(self-assembly)[52] 등의 기능이 더해진 것으로 출력물의 크기와 부피의 한계는 물론이고 부품 조립의 불편까지 해소한 더 진화된 기술이다. 예를 들어, 규모가 큰 집을 3D 프린터로 출력할 경우 집과 같은 크기의 프린터가 있으면 좋겠지만 천문학적 비용이 발생하고, 그렇다고 작은 부품들을 프린팅하여 일일이 조립하는 것은 '래피드 프로토타이핑(rapid prototyping)'에서 유래한 3D 프린팅의 본래 취지를 무색하게 한다. 3D 프린팅 기술이 2D의 평면에 '공간'을 도입한 것이라면, 4D 프린팅 기술은 3차원(3D) 입체에 '시간'이라는 1차원(1D)이 추가된 것이다. 4D 프린팅 기술의 원리는 우선 캐드(CAD) 등의 모델링 프로그램으로 만들려는 제품을 디자인하고, 이 디자인을 자가조립 또는 자가변형 기능이 있는 스마트 재료를 넣은 3D 프린터로 출력해, 출력된 물체가 재료에 내장된 프로그램에 따라 시간 또는 주변 환경(열, 중력, 진동, 공기역학 등)이 변하면 구조나 형태가 스스로 변하도록 한 것이다. 말하자면 4D 프린팅은 '자가변형 구조물을 출력하는 시스템'이다. 어떤 조건에서 어떤 구조나 형태로 변하게 할지는 엔지니어가 미리 프로그래밍하여 스마트 재료에 내장할 수 있고 3D 프린팅으로 출력한 뒤 출력물 스스로 조립하므로 팽창하는 소재를 활용하면 대형 건축물 제작도 가능하다.

4D 프린팅 기술은 2007년 미국 국방고등연구계획국(DARPA)의 프로젝트로 개발이 시작됐다. 2010년 미국 MIT 공대 컴퓨터과학인공지능연구소(CSAIL) 교수 다니엘라 루스(Daniela Rus)와 에릭 드메인(Erik D. Demaine), 그리고 하버드대 공학 및 응용과학대 교수 로버트 우드(Robert Wood) 공동 연구팀이 종이접기 로봇을 개발하여 종이배와 종이비행기로 자가변형하는 것을 성공시켜 미국국립과학원회보(PNAS)에 발표했다. 2013년 4월 미국 MIT 자가조립연구소(Self-Assembly Lab) 스카일러 티비츠(Skylar Tibbits) 교수가 '4D 프린팅의 출현(The emergence of 4D printing)'이라는 제목의 테드(TED: Technology, Entertainment, Design) 강연[53]을 통해 자가변형하는 복합물질을 만드는 신기술을 공개하면서 세상에 알려졌고, 이때 4D 프린팅이라는 용어도 3D 프린팅에서 진화한 개념으로 처음 사용됐다. 그는 3D 프린팅으로 출력한 가는 막대기 모양의 구조물이 물속에서 3차원 정육면체로 스스로 변하는 장면을 시연했다. 그는 이러한 자가변형 프로세스가 미래에 더 적응성 있는 인프라를 생산할 수 있게 해 주는 제조 기술이 될 것이라고 했다. 3D 프린터 세계 1위 업체인 스트라타시스(Stratasys)와 공동개발 중인 이 기술의 기본 개념은 3D 프린팅을 통해 복합물질을 만들고 여기에 자가변형이라는 새로운 기능을 추가한 것이다. 그는 물질들이 스스로 형태를 갖추도록 만드는 단초를 분자공학(molecular engineering)과 나노공학(nanotechnology)에서 찾았다. 분자 또는 나노 단위로 입자를 다루는 이 최신 공학기술은 단백질과 같은 생체 분자들이 스스로 결합하여 모양을 갖추는 원리를 응용한 것이다.

그는 이 최신 공학기술을 나노 세계가 아닌 일상세계의 물체에 적용했다. 나노공학은 물리학적 혹은 생물학적 물질이 모양과 성질을 바꿀 수 있도록 프로그래밍하는 것이 가능하다. 가령 캐드나노(caDNAno)라 불리는 오픈소스 소프트웨어는 나노로봇의 구조를 설계하도록 도와주고, DNA를 이용해서 기능적 구조들을 자가조립할 수 있게 해 준다. 프린팅된 출력물들이 스스로 모양과 성질을 바꾸는 것은 마치 나노공학에서 자가변형 또는 자가조립이라는 기술로 전선이나 모터 없이 로봇공학을 구현하는 것과 동일하다는 것이다. 그러나 나노기술을 일상생활에서 구현하는 데는 많은 어려움이 따르므로 티비츠의 연구는 나노 크기에서 프로그램이 가능한 적응성 물질(adaptive material)과 일상의 건축이라는 두 가지 서로 다른 세계를 하나로 통합하는 데 초점을 두고 있다. 그의 연구의 목표는 스마트한 로봇을 만드는 것이 아니라 자가조립 프로그래밍이 가능한 물질을 만드는 것이다. 4D 프린팅 프로젝트는 3차원 자가조립 프로세스 실험을 4차원으로 확장한 것이다. 티비츠는 세계 최대 설계 · 디자인 프로그램 개발 회사인 오토데스크 (Autodesk, Inc.)와 합작하여 '프로젝트 사이보그(Project Cyborg)'라는 소프트웨어를 만들었다. 이 소프트웨어는 자가조립 행동을 시뮬레이션해 볼 수 있고, 자가조립 프로세스를 최적화할 수 있게 해 준다. 이 소프트웨어의 가장 중요한 점은 분자 단위의 자가조립 시스템과 일상생활 크기 수준의 자가조립 시스템의 설계 모두에 이용할 수 있다는 점이다.[54]

4D 프린팅 기술의 핵심은 형상기억합금(shape memory alloy, SMA)과 같은 자가조립 또는 자가변형 기능이 있는 스마트 소재를 3D 프린팅으로 출력하는 것이다. 출력된 물체는 미리 프로그래밍된 시간이나 환경 조건이 충족되면 스스로 구조나 형태를 변화시킨다. 여기서 잠시 형상기억합금에 대해 살펴보면, 형상기억합금이란 형상기억 효과(shape memory effect)를 나타내는 합금을 말한다. 일반적으로 형상기억 효과란 저온에서 변형이 일어나도 열을 가하면 변형되기 전의 원래 형상으로 되돌아오는 현상이다. 형상기억

합금의 발견은 1930년대로 거슬러 올라간다. 1932년 미국의 아르네올랜더(Arne Olander)는 금과 카드뮴의 합금에 초탄성이 있다는 것을 알아냈고, 1938년 그레닝거(Greninger)와 무란디안(Moorandian)은 구리와 아연의 합금 온도가 올라가거나 내려가면 형태의 변화가 생겼다가 다시 원래의 형태로 되돌아온다는 것을 알게 되었다. 이러한 형상기억 효과가 널리 알려진 것은 1960년대에 들어서이다. 1963년 미국 해군 병기연구소(United States Naval Ordnance Laboratory)는 형상기억 효과를 나타내는 니켈-티타늄 합금(nickel-titanium alloy)을 발견했다. 이 형상기억합금은 1969년 7월 역사상 처음으로 달에 착륙한 아폴로 11호 안테나를 만들 때 처음 사용된 특수 금속이다. 지구와의 통신을 위해 장착된 이 안테나는 평소에는 접혀 있다가 주변의 온도가 달 표면과 같아지면 지름 2.7m의 안테나로 변하도록 만들어졌다. 이 형상기억합금 안테나는 이후 보이저 2호, 갈릴레오와 같은 행성 탐사선에도 계속해서 사용되었다.[55]

'니티놀(Nitinol)'이라고 명명되는 니켈-티타늄 합금은 오늘날까지도 가장 우수한 형상기억합금으로 알려져 있다. 니켈-티타늄 합금 외에도 지금까지 20여 가지의 합금이 형상기억 효과가 있는 것으로 확인되었으며, 이 중에서 잘 알려지고 발전된 형상기억합금은 구리(Cu)-아연(Zn)-알루미늄(Al), 구리-알루미늄-니켈 등이다.[56] 니켈-티타늄 합금은 성능이나 가공성은 뛰어나지만 재료비용이 비싼 반면, 구리-아연-알루미늄 합금 등은 재료비용이나 가공성은 유리하지만 효과면에서 다소 떨어지는 것으로 평가된다. 인체친화성이 높고 초탄성(超彈性)·흡진성(吸振性) 등의 특성을 가진 형상기억합금은 인공장기 및 인공근육, 척추 교정봉 등의 의료분야, 화재경보기 등의 온도 디바이스, 우주선의 안테나 및 항공기의 파이프 연결 장치, 전자기기 등 다방면에 응용되고 있다. 이러한 형상기억합금과 같은 스마트 재료를 사용하는

4D 프린팅 기술은 항공우주, 헬스케어, 국방, 자동차, 제조 및 내구소비재, 의류, 건설, 로봇, 사회기반시설에 이르기까지 머지않은 미래에 다양한 분야에서 폭넓게 활용되고 응용될 전망이다. 인간이 도달하기 어렵거나 불가능한 장소, 즉 '극한 환경(extreme environment)'인 우주나 심해, 혹은 체내와 같은 극소공간에 노동력을 투입하지 않아도 스스로 조립되는 구조물이 형태를 구성해 문제를 해결하는 데 사용될 수 있다. 4D 프린팅 기술의 응용 분야 및 적용 사례는 다음과 같다.

우선 항공우주 분야에서는 미국항공우주국(NASA)이 선보인 우주 환경에 맞게 변하는 '4D 스페이스 패브릭'을 들 수 있다. 우주에서 사용할 수 있는 이 새로운 형태의 패브릭(직물) 소재는 우주선을 운석으로부터 보호하는 방어막으로 사용할 수 있고, 우주복을 만들거나 행성 표면에서 물질을 채취할 때 사용할 수도 있다. 3D 프린팅 기술을 이용해 만들어진 이 패브릭은 반사 성질과 열 관리 효과, 접히는 성질과 뛰어난 인장 강도(tensile strength) 등 4개의 주요 기능이 있어, 물체의 형태와 기능을 함께 만들어내는 기술이라고 해서 4D 프린팅에 해당한다고 한다. 프랑스의 항공기 제작회사 에어버스(Airbus S.A.S.)는 비행 환경에 따라 형태를 바꾸는 엔진을 개발하는 등 항공산업에도 4D 프린팅 기술이 활용될 전망이다. 헬스케어 분야에서는 자가변형이 가능한 생체조직과 인체에 삽입하는 바이오 장기, 조직재생 의료기기 등 환자 맞춤형 생체재료 개발, 스마트 약리학(smart pharmacology), 개인 맞춤형 의약품, 프로그램형 세포 개발, 4D 프린팅으로 제작한 부목, 그리고 인체에 들어가 암세포를 잘라내고 끊어진 혈관을 잇고 약물을 전달하는 나노로봇에 이르기까지 다양하게 활용될 수 있다. 국방 분야에서는 위장막이나 위장복에 활용될 자가변형 천이 각광받고 있으며, 물만 뿌리면 스스로 우뚝 서서 펼쳐지는 천막 막사가 가능하다. 3D 프린팅 전문 매체 '3D프린트닷컴

(3dprint.com)'은 특히 국방 분야에서 4D 프린팅의 활약이 기대된다고 전했다. 시장예측 전문가들은 2019년 전체 시장의 약 55%를 군수 시장에서 담당할 것으로 예측했다.

자동차 분야에서는 비나 눈, 지표면 등 도로 조건에 따라 자가변형해 적응할 수 있는 코팅기술이 개발되면 자동차 부품의 수명이 늘어날 수 있고, 자동차 차체를 프로그래밍이 가능한 재료로 제작하면 운전자의 취향에 따라 외관을 자유롭게 바꿀 수도 있을 것이다. BMW가 선보인 컨셉트카 '비전 넥스트 100(Vision Next 100)'은 외관에 4D 프린팅 신기술을 적용해 운전대 조작 및 환경에 따라 디자인이 변화하도록 설계한 것이다. 영화 '트랜스포머'에서처럼 자동차가 로봇으로 변신하는 '트랜스포머' 로봇이 현실화할 수 있는 가능성을 보여줬다는 평가가 나온다. 또한 자동차 외장에 4D 프린팅 기술을 적용해 사고로 차체가 훼손되었을 때 그 부위에 열을 가하거나 일정 주파수의 진동을 주는 등의 특정 조건이 충족되면 원상 복구되는 기능 개발에 활용될 수 있다. 제조 및 내구소비재 분야에서는 제품 운송 후 목적지에서 4D 프린팅 기술을 적용해 자가변형이 가능한 제품을 개발하면 운송비용과 인건비를 대폭 절감할 수 있다. 또한 온도나 습도 등의 조건에 따라 형태를 변형하는 의류, 주택과 같은 건축에도 4D 프린팅 기술이 활용될 수 있다. 적응성 인프라 개발이 필요한 사회기반시설에도 이러한 신기술이 활용될 수 있다. 물의 양과 속도에 따라 스스로 늘어나거나 수축하는 배수관, 특정 온도에서 반응하는 밸브나 파이프. 파손 시 스스로 복구하는 교량이나 도로 등은 모두 4D 프린팅 기술이 활용된 것이다.[57]

MIT가 공개 시연한 4D 프린팅 기술로는 물과 만나면 팽창되는 나무를 이용해 3D 프린팅으로 코끼리 모양의 평면 설계도를 출력하고, 이를 물에 담가 스스로 입체 코끼리 모양으로 변신한 것을 들 수 있다. 나무 소재로 만든 출력물이 자가변형을 통해 입체 코끼리 모양으로 최종 완성된 것이다. 또 다른 시연 사례는 4D 프린팅을 통해 형상기억합금과 전기회로가 내장된 평평한 판에 물을 만나면 형상이 변형되도록 프로그래밍을 하고서, 시연 당시 순식간에 평판이 개구리로 변신한 것을 들 수 있다. 한편 MIT 셀프어셈블리랩(Self-Assembly Lab)에서 선보인 신발은 4D 프린팅 기술이 적용되어 자유자재로 모양을 바꾼다. 조깅할 때는 발바닥에 가해지는 압력이 높아지기 때문에 신발이 스스로 수축하고, 조깅을 멈추면 신발이 저절로 늘어나 발을 편안하게 해준다. 현재 4D 프린팅 기술은 미국이 주도하고 있지만—특히 우주항공과 국방 분야에 접목하려는 연구가 많다—향후 유럽과 중국, 일본 등 아시아 국가들도 본격적으로 나설 전망이다. 우리나라도 한국과학기술연구원(KIST), 광주과학기술원(GIST) 등이 연구를 시작했다. 문명운 KIST 계산과학연구센터장은 형상기억 소재를 사람 팔보다 굵은 원통으로 제작하여 착용 후 헤어드라이어로 열을 가하면 팔의 형태에 맞게 깁스 크기가 줄어드는 맞춤형 깁스를 개발했다. KIST는 일정 시간 이상 열과 연기가 감지되면 흡착 소재가 스스로 팽창해 연기를 빨아들이는 '4D 화재 시스템'을 개발하고 있다.[58] 한편 이용구 광주과학기술원(GIST) 기계공학부 교수 연구팀은 4D 프린팅 창의 재료로 사용되는 형상기억합금(SMA)과 형상기억고분자(shape memory polymer, SMP) 두 소재의 실제 구동력을 측정할 수 있는 장비인 '헤파이스토스 1'을 최근 개발했다.[59]

4D 프린팅 기술을 이루는 핵심 요소는 특정 조건에 반응하는 스마트 소재(smart materials)와 변형 과정을 예측할 수 있는 설계 기술, 그리고 스마트 소재를 프린팅할 수 있는 고기능성 3D 프린터 및 공정기술이다.[60] 먼저 프린터의 해상도가 현재의 수십 마이크로미터에서 수 마이크로미터 내지 100 나노미터급으로 발전할 필요가 있다. 프린터의 속도는 최근 기술의 급격한

발전에 따라 빠르게 향상되고 있다. 4D 프린팅 기술에서 스마트 소재 개발은 매우 중요한 부분이다. 스마트 소재는 외부 환경의 자극(온도, 습도, 빛, 압력, 전기장, 자기장 등)을 감지하고 판단하여 가역적인 방법으로 반응, 제어하는 지능적 행동을 나타내는 적응형 또는 지능형 재료이다. 3D 프린팅 소재가 4D 프린팅 기술에서는 사용하기에 부적합한 경우가 많고 또 특정 기능성 소재나 복합소재는 기존의 3D 프린터로 프린팅할 수 없는 경우도 있어 고기능성 프린터 및 공정기술 개발이 요구된다. 지금은 주로 물이나, 온도 변화, 빛에 반응하는 소재들을 중심으로 연구개발이 진행 중이다. 4D 프린팅 기술에서 생체친화성/생분해성 특성을 가진 바이오 소재는 대표적인 소재 중의하나다. 일반적인 환경 반응 소재는 반응 속도가 수초 혹은 1시간 이내로 짧지만, 바이오 소재는 변화를 완료하는 시간이 한 달이나 1년 정도로 매우 긴시간 동안 변화하는 특징이 있다.[61]

스마트 소재는 나무나 종이 등 기본적인 소재는 물론 형상기억합금이나 형상기억고분자(SMP · 형상기억폴리머) 등 첨단소재까지 다양하게 활용할 수 있다. 대표적인 스마트 소재로는 형상기억폴리머(SMP), 형상기억합금(SMA), 압전재료(壓電材料 Piezoelectric material), 자왜재료(磁歪材料 magnetostrictive material), 전기유변유체(electrorheological fluid), 광섬유(optical fiber) 등이 있다. 프로그래밍이 가능한 탄소섬유, 유리섬유, 그라펜(고강도 나노 카본 소재) 등을 함침(含浸 impregnation)한 소재의 개발은 미래 신소재 시장에 활기를 불어넣을 전망이다. 스마트 재료 기술의 응용 분야는 제조업, 항공우주, 방위, 자동차, 에너지 생산, 마이크로전자제품, 헬스케어, 토목 등 다양하다. 적용 사례는 혈당량을 측정하고 인슐린 펌프를 작동하는 스마트 의료기기, 소변 중의 요소를 검사하여 건강 상태를 알려주는 스마트 변기, 형상기억합금으로 만든 치과용 재료, 독성 물질을 감지 및 제거하는 스마트 정수기, 외부 밝기에 따라 자동으로 켜지고 꺼지는 자동차 전조등 등이 있다.

4D 프린팅에서 스마트 소재와 함께 핵심 요소 중의 하나는 설계이다. 4D 프린팅을 하려면 출력된 구조물에 변형을 가할 수 있을 만큼 힘이 필요하지만, 지금까지 개발된 4D 프린팅용 스마트 소재의 경우 충분하지 않기 때문에 부족한 힘을 최대한 활용하기 위해 다양한 방법으로 설계가 이루어지고 있다. 형상기억고분자를 사용하여 4D 프린팅을 연구하는 KIST의 경우 고분자의 형상을 복구하려는 힘이 약하기 때문에 전개도의 내부 채움 정도를 30% 미만으로 하여 자체 무게를 감소시키고 접히는 부분의 두께를 최적화함으로써 바닥을 가열하는 방식만으로도 2분 내외로 자가조립이 가능하게 되었다.[62] 4D 프린팅 기술의 응용 확대와 다변화를 위해서는 금속-세라믹, 금속-플라스틱 등 2개 이상의 다종 소재나, 친환경적이고 고기능성(형상기억·고강도·고전도성 등)을 갖춘 소재를 프린팅할 수 있는 공정 개발이 요구된다. 제품의 설계 기술 또한 4D 프린팅 기술의 특징을 살릴 수 있어야 하며, 또한 누구나 쉽게 사용할 수 있는 소프트웨어의 개발이 필요하다. 4D 프린팅 분야의 스마트 소재, 프린팅 공정 및 소프트웨어의 발전을 통해서 복합 소재, 복합 구조체 등을 구현할 수 있을 것이며 많은 혁신적인 응용 확대가 이루어질 수 있다.[63]

그러면 향후 4D 프린팅 시장은 어떻게 전망할 수 있을까? 먼저 스마트 소재 시장 동향과 기술 동향을 간략히 살펴보기로 하자. 미국 시장조사기관 얼라이드 마켓 리서치(Allied Market Research)의 2016년 보고서에 따르면, 세계 스마트 소재 시장의 규모는 〈표 7.1〉에서 보는 바와 같이 2015년 289.7억 달러에서 연평균 14.9%의 성장률을 보이며 2022년 726.3억 달러에 이를 것으로 예측했다. 2015년 이후 2018년 현재까지 아태지역이 세계 시장에서 가장 큰 비중을 차지한 것은 중국, 인도의 급속한 산업화로 인해 건설, 제조, 자동차, 가전 산업 등에서 스마트 재료의 수요가 증가했기 때문인 것으로 보인다. 또한 아태지역의 각국 정부가 스마트 기기에 대해 높은 투자를 진행하며 중소기업의 투자 활성화를 유인하는 지원 정책을 편 것도 스마트 소재의 사용을 가속화시키고 있다.

지역	2015년	2016년	2017년	2018년	2019년	2020년	2021년	2022년	CAGR(%)
북미	85.2	92.2	100.5	111.1	124.6	142.4	166.4	199.8	13.8
유럽	76.9	83.6	91.8	102.1	115.3	132.7	156.2	189.1	14.6
아태	93.9	103.3	114.7	129.0	147.3	171.5	204.3	250.1	15.9
기타	33.6	36.9	40.8	45.7	52.0	60.3	71.5	87.3	15.4
합계	289.7	316.0	347.8	387.8	439.2	506.9	598.5	726.3	14.9

〈표 7.1〉 세계 스마트 소재 시장 전망(단위: 억 달러)[64]

세계 스마트 소재 시장의 주요 기업은 미국의 APC International, CTS, Channel Technologies Group, LORD, Advanced Cerametrics, 독일의 Ceram Tech, 덴마크의 Noliac, 일본의 KYOCERA, TDK 등이 있다. 이들 기업은 제품 혁신과 함께 다양한 스마트 소재의 연구개발과 수요 증가를 위해 R&D 활동에 상당한 투자를 하고, 또한 세계 시장 지배력과 이윤 증대를 위해 M&A에 집중할 것으로 보인다. 국내의 스마트 소재 관련 기업을 보면, 형상기억합금 부문에서는 ㈜에스엠에이가 TiNi, TiNiNb, TiNiCu, TiNi계 형상기억합금을 개발하여 선재, 판재, 스프링, 링 등 형상의 제품을 제조하고 있고, ㈜메타텍은 치과재료용 형상기억합금 제조 및 가공기술을 확보하고 기능성 초전형 세라믹소자 및 초전형 적외선 센서의 국산화에 성공하여 생산 중에 있으며, ㈜강앤박메디컬은 형상기억합금을 이용해 의료용 소재를 개발하여 제조, 판매하고 있다. 국내에서 스마트 소재에 대한 연구개발은 대학과 연구소를 중심으로 비교적 활발히 진행되고 있으며, 주로 센서, 액추에이터(Actuator)용 스마트 소재와 에너지 저장용 탄소나노튜브 기반의 복합재료 연구가 수행되고 있다.[65]

이처럼 안정적이고도 지속적인 성장률을 보이는 세계 스마트 소재 시장과 기술 동향은 4D 프린팅 시장에도 청신호가 될 것으로 보인다. 글로벌 시장 조사기관 마켓앤마켓(Markets and Markets)은 산업별 4D 프린팅 활용을 타임라인으로 분석하여 〈표 7.2〉에서 보는 바와 같이 2019년에는 항공우주·국방산업, 2020년에는 건설·헬스케어, 2021년까지는 자동차·의류·공공기술에 적용될 것으로 내다봤다. 미국 비즈니스 컨설팅 회사 프로스트 앤설리번(Frost & Sullivan)은 4D 프린팅이 소비재 중에서 패션과 생활용품 시장에 가장 먼저 영향을 줄 것으로 예측했고, 이어 가전제품에 영향을 줄 것으로 보았다. 특히 전기전자 부품 중에서는 스마트센서 및 적응형 센서(adaptive sensors) 개발에 기여할 것으로 보았다. 또한 산업용 시장에서는 보건의료산업의 인공생체조직과 인공장기 및 바이오프린팅, 빌딩건설 재료(파이프 등)와 자동차 바디 등에 이용될 것으로 전망했다.

마켓앤마켓의 시장예측보고서에 따르면 4D 프린터 시장 규모는 2019년 6,300만 달러에서 연평균 42.95% 성장하여 2025년 5억 5,560만 달러로 약 9배 커질 것으로 예상된다. '3D프린트닷컴'에 따르면 현재 '4D 프린터(4D Printer·자가변형 기기)' 시장에 진출하고 있는 업체는 스트라타시스를 비롯해 3D 시스템즈, 오토데스크, 엑스원(Exone), 휴렛팩커드(Hewlett-Packard), 오가노보(Organovo) 등인 것으로 알려졌다. 또한 최종소비자(END-USER) 산업별 4D 프린팅 시장 규모는 〈표 7.2〉에서 보는 바와 같이 항공산업의 경우 2019년에는 28.4백만 달러에서 연평균 34.2% 성장하여 2025년에는 165.9백만 달러, 자동차 산업의 경우에는 2021년 11.3백만 달러에서 연평균 20.2% 성장

하여 2025년에는 23.6백만 달러에 이를 것으로 전망된다.[66]

End-User Industry	2019	2020	2021	2022	2023	2025	CAGR (2019-2025)
Aerospace	28.4	38.1	51.1	68.6	92.1	165.9	34.23%
Automotive	-	-	11.3	13.6	16.3	23.6	20.20%
Clothing	-	-	8.7	10.0	11.5	15.3	15.21%
Construction	-	14.0	18.3	24.0	31.5	54.0	31.00%
Defence & Military	34.7	47.6	65.2	89.5	122.8	231.1	37.19%
Healthcare	-	9.3	11.5	14.1	17.4	26.3	23.12%
Utility	-	-	8.2	10.4	13.3	21.6	27.41%

Source: Secondary Literature, Expert Interviews, and Markets and Markets Analysis

〈표 7.2〉 최종소비자(End-User) 산업별 4D 프린팅 시장(단위: 백만 달러)[67]

또한 마켓앤마켓이 분석한 국가별 4D 프린팅 시장 예측을 보면 북미 시장은 2019년 26.6백만 달러에서 연평균 43.3% 성장하여 2025년에는 230.5백만 달러, 유럽 시장은 2019년 17.8백만 달러에서 연평균 35.4% 성장하여 2025년에는 109.4백만 달러에 이를 것으로 분석되며, 아태시장은 2019년 14.1백만 달러에서 연평균 51.8% 폭풍 성장하여 2025년에는 172.6백만 달러에 이를 것으로 분석된다. 4D 프린팅 산업의 가치사슬은 최종소비자와 4D 프린터 제조업체, 4D 프린터용 재료 공급업체, 4D 프린팅 설계소프트웨어 업체로 구성된다. 4D 프린팅 최종소비자는 개인고객에서부터 자동차 산업, 항공기 산업, 군수 산업 등의 기업고객에 이르기까지 다양하다. 2021년까지는 4D 프린팅 기술이 자동차ㆍ의류ㆍ공공기술에도 적용될 것으로 분석되고 있어 4D 프린팅 활용도는 더욱 높아질 것이며, 연평균 42%의 성장률이 예상되는 4D 프린팅 시장의 수요 증대는 4D 프린팅 시장의 거대화를 촉발할 것이다. 프로스트 앤 설리번(2014) 보고서에 의하면 '대량생산이 가능해진 후 몇 년이 지나면 4D 프린팅 기술 비용은 떨어질 것이고 광범위한 산업에 걸쳐 다양한 기업들이 생산 시스템을 4D 프린팅 기술로 통합하는 사례가 늘어날 것이고, 특히 북미에서는 관련 연합이나 연구기관, 대학, 벤처기업, 대형 업체 등 이들의 R&D 투자를 장려하는 낙관적인 재정 환경으로 4D 프린팅 활용도는 더욱 높아질 것'이라고 전망한다.[68]

한국과학기술정보연구원(KISTI)이 10대 미래 유망기술의 하나로 선정한 4D 프린팅은 고부가 가치가 있는 미래를 이끌 유망기술인 만큼, 높은 초기 개발비용의 극복을 위해서는 국가 차원의 지속적이고도 과감한 투자와 지원이 요망된다. 4D 프린팅 기술의 활성화 및 상용화를 위해서는 상대적으로 높은 개발비용 및 기술 표준화 문제가 해결되어야 하며, 이를 위해서는 정부와 민간 기업의 대폭적인 지원과 협업이 요구된다. 앞서 살펴보았듯이 4D 프린팅 기술개발은 미국 국방고등연구계획국의 프로젝트로 시작됐으며, MIT 자가조립연구소는 스트라타시스, 오토데스크와 같은 프린팅 선두 민간 기업들과 공동 프로젝트 추진을 통해 4D 프린팅 기술 상용화를 도모하고 있다. 국내에서도 산학연의 기술개발 협력이 적극적으로 추진될 필요가 있다. 또한 4D 프린팅은 바이오 분야에 널리 활용될 것으로 전망되고 있어 이에 따른 관련 법규를 마련하는 것도 4D 프린팅 기술의 상용화를 위한 필수조건이다. 이 외에도 4D 프린팅이 기술적 혁신과 상용화를 실현하기 위해서는 관련 정책의 일관성과 지속성이 절실히 요구된다.

끝으로 한 가지 질문이 떠오른다. 4D 프린팅 기술이 프로그래밍 코드를 이용해 현실세계의 물질을 제어하는 환경을 만드는 단계에 이르면, 인류의 행복지수는 그만큼 높아질 것인가? '과학의 인간성' 회복을 위해 전 생애를 바친 생물학자이자 과학사학자인 제이콥 브로노우스키(Jacob Bronowski)는 그의 저서 『과학과 인간의 미래 A Sense of the Future Essays in Natural Philosophy』(1977)에서 '진리가 과학의 핵심'[69]이라고 단언한다. '자연에 대한 이해의 궁극적 목표는 인간성에 대한 이해이며 자연 속에서의 인간 조건에 대한 이해'[70]라고 한 그의 말은 '인간의 얼굴을 한 과학'을 추구하는 휴머니스트 과학자로서의 면모를 살필 수 있게 한다. 디지털 패브리케이션과 3D 바이오 패브리케이션 그리고 4D 프린팅 또한 '가장 깊은 의미의 인간 실현'[71]을 추구하는 기술이 되어야 하지 않을까? 이러한 신기술이 하드웨어와 소프트웨어의 경계를 허물고 현실세계와 디지털 가상세계가 콜라보레이션(collaboration)을 이루는 새로운 패러다임의 세상을 건설하기를 기대해 본다.

What Rules
the 21st Century?

종일토록 봄을 찾아 헤매었건만 봄은 보지 못하고
짚신이 닳도록 산 위의 구름만 밟고 다녔네.
뜰앞에 돌아와 웃음 짓고 매화 향기 맡으니
봄은 매화 가지에 이미 무르익어 있었던 것을.

盡日尋春不見春
踏破芒鞋隴頭雲
歸來笑捻梅花嗅
春在枝頭已十分

당(唐)나라 니고(尼姑)

유엔세계평화센터
(UNWPC, UNEPP)

08

- UNWPC(UNEPP), 동북아의 '고르디우스 매듭'을 푸는 열쇠

- 동북아 광역 경제 통합과 한반도 평화통일

- 신유라시아 시대의 도래와 세계 질서의 문화적 재편

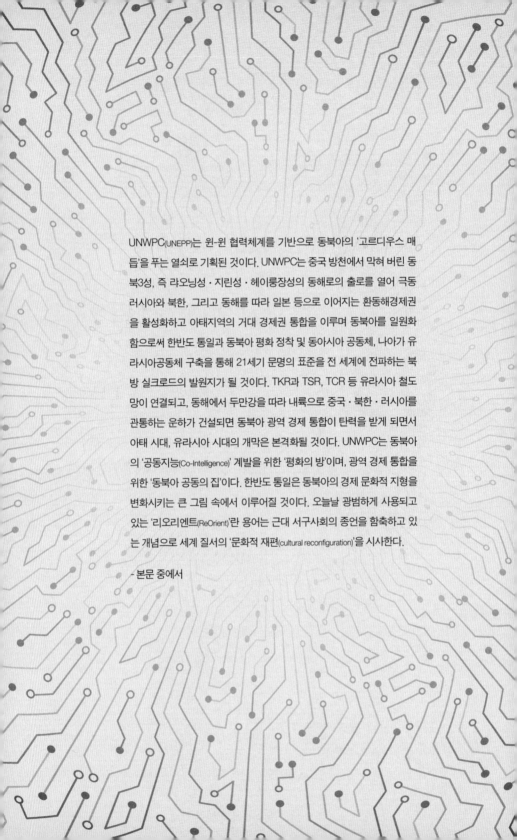

UNWPC(UNEPP)는 윈-윈 협력체계를 기반으로 동북아의 '고르디우스 매듭'을 푸는 열쇠로 기획된 것이다. UNWPC는 중국 방천에서 막혀 버린 동북3성, 즉 라오닝성 · 지린성 · 헤이룽장성의 동해로의 출로를 열어 극동 러시아와 북한, 그리고 동해를 따라 일본 등으로 이어지는 환동해경제권을 활성화하고 아태지역의 거대 경제권 통합을 이루며 동북아를 일원화함으로써 한반도 통일과 동북아 평화 정착 및 동아시아 공동체, 나아가 유라시아공동체 구축을 통해 21세기 문명의 표준을 전 세계에 전파하는 북방 실크로드의 발원지가 될 것이다. TKR과 TSR, TCR 등 유라시아 철도망이 연결되고, 동해에서 두만강을 따라 내륙으로 중국 · 북한 · 러시아를 관통하는 운하가 건설되면 동북아 광역 경제 통합이 탄력을 받게 되면서 아태 시대, 유라시아 시대의 개막은 본격화될 것이다. UNWPC는 동북아의 '공동지능(Co-Intelligence)' 계발을 위한 '평화의 방'이며, 광역 경제 통합을 위한 '동북아 공동의 집'이다. 한반도 통일은 동북아의 경제 문화적 지형을 변화시키는 큰 그림 속에서 이루어질 것이다. 오늘날 광범하게 사용되고 있는 '리오리엔트(ReOrient)'란 용어는 근대 서구사회의 종언을 함축하고 있는 개념으로 세계 질서의 '문화적 재편(cultural reconfiguration)'을 시사한다.

- 본문 중에서

08 유엔세계평화센터(UNWPC, UNEPP)

무지한 자는 자신의 이익에 집착하며 행위하고, 지혜로운 자는 자신의 이익에
집착하지 않고 세상의 행복을 위해 행위한다.
Even as the unwise work selfishly in the bondage of selfish works, let the
wise man work unselfishly for the good of all the world.

- *The Bhagavad Gita*, 3. 25.

UNWPC(UNEPP), 동북아의 '고르디우스 매듭'을 푸는 열쇠

UNWPC(UNEPP)는 동북아시아의 '고르디우스 매듭(Gordian knot)'을 푸는 열
쇠다. 고르디우스의 매듭을 푼다는 것은 난해한 문제를 획기적인 발상의 전
환을 통해 단번에 해결하는 것을 은유적으로 나타낸 말이다. 고르디우스의
매듭 이야기에 얽힌 내력은 다음과 같다.

기원전 8세기 왕가의 후손이면서도 가난한 농부였던 고르디우스(Gordius)는 테
르미소스의 신탁에 의해 프리기아(Phrygia: 지금의 터키)의 왕이 되었다. 전설에 의
하면 고대 소아시아의 프리기아 왕국에는 왕이 없었는데 어느날 '테르미소스에
우마차를 타고 오는 자가 왕이 될 것이다'라는 신탁이 내려왔다. 그러던 중 고르
디우스와 그의 아들 미다스(Midas)가 우마차를 타고 고향인 테르미소스성에 들
어오자 사람들은 그가 신탁에서 말해진 왕이라고 생각하고 왕으로 추대했다.
그리하여 그는 새 도시 고르디움을 건설해 수도로 삼았으며 일등공신 우마차를
신전에 봉헌했다. 신전의 신관들은 신전 기둥에 밧줄로 복잡한 매듭을 만들어
이 우마차를 묶었다. 그리고는 이 매듭을 푸는 자가 아시아를 정복하는 왕이 될

08 유엔세계평화센터 | **407**

것이라는 신탁을 남겼다. 이후 수많은 영웅들이 도전했지만 성공하지 못했다. 그런데 기원전 333년 알렉산드로스 대왕이 이곳을 점령했다. 신탁을 전해 들은 그는 단칼에 매듭을 끊어 버렸고, 마침내 그 예언은 성취되었다.

'고르디우스의 매듭'은 대담한 발상을 통해서만 풀 수 있는 난해한 문제를 은유적으로 일컫는 말이다. 동북아에도 얽히고설킨 매우 복잡한 매듭이 있다. 이 매듭을 풀지 않고서는 동북아의 평화와 번영을 도모할 수가 없다. 특히 동북아는 한반도를 둘러싸고 동북아 헤게모니 장악을 위한 세계 4강(强)의 이해관계가 첨예하게 대립하는 지역이기 때문에 동북아의 이 '매듭'을 풀지 않고서는 지구촌의 평화와 번영을 기약하기 어렵다. 하여 이 매듭을 풀기 위해 많은 시도가 있어 왔지만 모두 성공하지 못했다. 그 주된 이유는 크게 두 가지다. 우선 플레이어들이 이 매듭의 성격을 제대로 인식하지 못했기 때문이다. 이 매듭을 북핵이라는 단일 중대 변수로 인식하고 '국제 정의(international justice)' 운운하며 중국과 러시아의 '자비(mercy)'를 대전제로 비현실적인 로드맵을 작성한 데 있다. 그러다보니 1994년 10월 21일 체결된 북미 제네바 합의나, 2003년 8월 이후 진행된 북핵 6자회담(the six-party talks)이 실효성 있는 성과를 거두지 못했다. 동북아의 이 매듭은 단일 변수가 아니라 얽히고설킨 복합 변수다. 동북아 헤게모니 장악이라는 측면에서 (적어도 지금은) 북한과 구조적으로 긴밀하게 연계되어 있는 중국과 러시아라는 또 다른 중대 변수를 종속변수 정도로 인식하고 선악의 잣대를 들이대며 '자비'를 강요했으니, 기대했던 성과가 나올 리 만무하다.

동북아의 매듭을 푸는 데 실패한 또 다른 이유는 비현실적인 인식에 따른 잘못된 접근 방법이다. 북핵 문제는 얼핏 보면 미국과 북한 두 나라가 핵폐기와 체제 보장을 맞교환하는 식으로 해결될 수 있을 것 같지만, 양국 간의 신뢰 문제뿐만 아니라 이 과정의 처음부터 끝까지 중국과 러시아라는 중대 복합 변수가 지속적으로 작용하기 때문에 '완전하고 검증가능하며 불가역적인 핵폐기'를 의미하는 CVID는 실현되기 어렵다. 이 외에도 '영구적이고 검증가능하며 불가역적인 핵폐기'를 의미하는 PVID, '완전하고 검증가능하며 불가역적이고 신속한(즉각적인) 핵폐기'를 의미하는 CVIID, '최종적이고 완전하게 검증된 비핵화'를 의미하는 FFVD 등이 있다. 진리는 단순 명쾌하다. 정치적 수사가 화려해질수록 목표 지점에서 멀어진다. 한 국가가 타 국가의 체제를 지속적으로 보장할 수 없다는 것은 자명하다. 또한 북한의 존재는 동북아의 역학 구도에 중요한 '상수(常數)'로 작용하기 때문에 중국이나 러시아가 쉽게 포기할 수 없는 카드다. CVID를 기대하기 어려운 이유다. 그럼에도 협상이 진행된다는 것은 다른 대안을 찾지 못한 것이거나, 시간을 끌 필요가 있거나, 중간 기착지가 있거나, 또는 이들의 복합적인 이유에 기인하는 것으로 볼 수 있다. 동북아의 '매듭'을 풀기 위해 다자간 협력을 이끌어낼 수 있는 한 가지 분명한 대전제는 이 매듭을 둘러싼 플레이어들의 게임이 제로섬이 아닌 윈-윈(win-win) 협력체계의 접근 방법이어야 한다는 것이다.

그러면 혹자는 '모두에게 이로운 그런 방법이란 게 현실적으로 있을 수 있겠는가'라고 물을지 모른다. 우리의 건국이념인 홍익인간(弘益人間: 널리 인간 세계를 이롭게 함)을 보라. 하이데거가 예찬했듯이 자리타리(自利他利)에 기반한 이념으로 수천 년 동안 동아시아를 평화롭게 다스리지 않았는가. 2017년 9월 유엔 안보리의 대북제재 결의 2375호, 같은 해 12월 유엔 안보리의 더 강화된 새 대북제재 결의 2397호 등은 북한을 협상 테이블로 유도하는 유용한 도구로서의 역할을 해 오고 있다. 이제 북핵 문제에 대해 현재 진행 중인 국가 간의 협의와는 별개로, 중국과 러시아, 북한 등 동북아의 '매듭' 관련 당사국들이 보다 적극적인 의미에서 '동북아 그랜드 디자인(NEA Grand

Design)'을 공동으로 추진할 필요가 있다. 북핵 문제는 북핵이라는 단일 중대 변수로 다뤄서는 실효성이 없기 때문에 동북아의 평화와 번영이라는 큰 틀 속에서 다루자는 것이다. 동북아 그랜드 디자인이 성공적으로 추진되면 수많은 매듭들은 풀리게 된다. 새 시대의 진정한 힘은 생명을 죽이는 무기체제에서가 아니라 생명을 살리는 정신문화와 신과학기술과 경제력에서 나온다. 지구 생태계가 대규모 재앙의 티핑포인트(tipping point)로 다가서고 있다는 경고가 잇달아 나오고 있는 지금, 핵무기 보유는 자폭 테러가 될 수도 있다. 핵무기를 만들 기술은 있지만 실제로는 보유하지 않고도 가장 강력하고 존경받는 나라가 되는 것, 그건 바로 우리 한반도가 지향해야 할 길이 아니겠는가?

필자가 '동북아 그랜드 디자인'으로 추진해 온 유엔세계평화센터(United Nations World Peace Centre, UNWPC 또는 유엔생태평화공원(UN Ecological Peace Park, UNEPP)*는 윈-윈 협력체계를 기반으로 동북아의 '고르디우스 매듭'을 푸는 열쇠로 기획된 것이다. 중국·북한·러시아의 3국접경지역에 추진 중인 UNWPC(UNEPP, 이하 UNWPC로 單稱) 건립은 1995년 유엔 창립 50주년 기념사업으로 제임스 스페드(James Gustave Speth) UNDP 총재와 헐버트 버스톡(Herbert A. Behrstock) UNDP 동아시아지역 대표에게 필자가 처음 발의하였고, 본 발의를 지지한 상기 2인이 UN 명칭 사용에 동의함으로써 시작되었다. 1995년 10월 중국 측과 2자 조인식이 있었고(당시 이안 데이비스(Ian Davis) UNIDO 중국대표

---

* 1999년 4자 조인식 당시 영어 표기는 United Nations World Peace Centre(UNWPC 유엔세계평화센터), 한국어 표기는 유엔세계평화공원(UNWPP)이던 것을 이 프로젝트의 핵심 개념을 살려 한국어 표기는 '유엔생태평화공원(UNEPP)'으로 개칭하였음. 단, UNWPC 영문 표기는 그대로 유지하여 한국어 표기와 병기함.

는 필자가 UN본부에 보내는 메시지에
지지 서명함), 그로부터 3년 반 만
인 1999년 4월 중국 훈춘 현지
에서 유엔측 대표, 중국 훈춘
시 인민정부 시장, 러시아 하

산구정부 행정장관 등과 필자   UNWPC 건립협의서 협정을 위한 4자 조인식 장면
는 3국접경지역 약 2억평(조인
식 직후 추가된 1억평 포함) 부지에
UNWPC 건립을 위한 4자 조

인식*을 갖고 두만강 하구 방
천에서 기념비 제막식(UN 경비
조달, UN로고 刻印)을 가졌다. 당시   UNWPC 4자 조인식에서 연설하는 필자
4자 조인식은 4개국어(English,
Korean, Chinese, Russian: 동일한 법률적 효력 발생)로 작성되었으며, 필자 등 4자 대표
는 각각 열여섯 번씩의 서명을 하였다. 4자 조인식의 유엔 측 대표로는 당시
코피 아난(Kofi Annan) UN 사무총장과 제임스 스페드 UNDP 총재의 재가를
받아 솜사이 노린(Somsey Norindr) UN 한국주재대표가 참석해 서명하였다.

 1995년 필자가 유엔 측에 처음 발의한 UNWPC 개발계획은 포용적 성장
(inclusive growth)과 포용적 혁신(inclusive innovation)을 통해 동북아의 역내 구도
를 안정적인 평화구도로 정착시키려는 포괄적 의미의 동북아 피스이니셔티
브(Northeast Asia Peace Initiative, NEAPI)이다. 여의도 면적의 약 240배에 달하는 이

---

*   조인식 직후인 1999년 5월 UNWPC 건립을 지지하는 Federico Mayor UNESCO 사무
    총장의 서한이 접수되었다.

곳은 중국 방천경구(防川景區)를 중심으로 경신평원경구(敬信平原景區), 회룡봉경구(回龍峰景區)와 러시아 하산구, 북한의 부포리 일대*를 포함하고 있으며, 한반도와 일본, 몽골 그리고 미국과 유엔이 직간접으로 연결돼 있고 아태지역 국가들의 이해관계가 내재된 곳으로, UNWPC 건립을 위한 필요충분조건을 갖춘 곳이다. UNWPC는 아시아-유럽을 동서로 관통하는 태평양의 관문으로서,「최대보전 최소개발(97%보전, 3%개발)」개념으로 자연친화적이고 생태효율적인 생활을 직접 체득할 수 있도록 지구촌의 미래 청사진으로 계획된 것이다.

　UNWPC의 구상 배경은 유엔개발계획(UNDP) 주관하의 다자간 개발협력사업인 두만강지역개발계획(TRADP)과 관련이 있다. TRADP라는 이름으로 시작된 동북아 지역경제의 활성화와 통합의 추진은 최초의 훈춘-나진 · 선봉-포시에트에 연(連)하는 1천㎢의 소삼각지역(TREZ)에 대한 개발에서 시작해 옌지(延吉)-청진-블라디보스토크 · 나홋카 · 보스토치니에 연하는 1만㎢의 대삼각지역(TREDA), 그리고 몽골, 한국, 일본을 포함하는 동북아지역으로 확대됐으나, 다자간 경제협력체의 형성과 공동개발 추진은 지지부진했다.** 이는 한반도를 둘러싸고 첨예하게 대립하고 있는 4강(强)의 정치 · 군사

---

* 　4자 조인식 수개월 전에 바르마(H. Varma) WTO(세계관광기구) 대표가 평양을 방문하였을 당시, 북한에서는 나진 · 선봉 특구위원장 정도가 아니라 고위급을 보내겠다는 전언을 보내오기도 했으나 조인식 당일에는 참석하지 않았다. 하지만 추진 과정에서는 북한이 참여하였고, 또 조인식 때 북한이 원하면 언제든 참여할 수 있도록 문호를 개방해 두었기 때문에 설계에는 북한 지역도 포함시켰다.

** 　2000년대 초 TRADP 추진이 지지부진하던 당시 블라디보스토크에서 개최된 유엔 관계자 회의에서 '동북아의 희망이 UNWPC에 있다'는 이야기가 나왔다는 말을 유엔 관계자가 필자에게 전해주었다. 또한 1995년 필자의 UNWPC 구상을 강력하게 지지했던 헐버트 버스톡 UNDP 동아시아지역 대표는 그 이후로도 UNWPC에 관심을 가지고 진행 상황에 대해 주위에 묻곤 했다는 말을 전해들을 수 있었다.

적 이해관계와 복잡하게 얽혀 있는 역내 국가들의 이해관계에 기인하는 것으로 이 지역 국가들 간의 연대로서는 그 난맥상을 푸는 데 한계가 있을 수밖에 없다는 것이 필자의 관점이다. 2005년 9월 TRADP는 GTI(Greater Tumen Initiative 광역두만개발계획)로 전환됐으며, 북한은 지난 2009년 탈퇴했다. TRADP는 국민국가 패러다임을 넘어선 '동북아 그랜드 디자인'이 부재했고, 회원국들의 적극적인 참여를 추동해내지 못했으며, 첨예한 이해관계를 조율할 수 있는 메커니즘이 부재했기 때문에 실효를 거두지 못했다. UNWPC는 바로 이러한 TRADP의 내재적 한계를 극복하고 지속가능한 협력과 접경지역의 발전 및 효율적인 지역 통합을 통해 한반도 평화통일과 더불어 본격적인 아태 시대를 개막하려는 취지를 담고 있다.

UNWPC 건립은 점차 국민국가의 패러다임이 깨어지고 지구촌 패러다임이 형성되는 문명의 대전환기를 맞이하여 4강(强) 구도로 이루어진 기존의 동북아 판을 국가 간의 경계를 초월하여 동북 간방(艮方)을 중심으로 다시 짜기 위한 것이다. 새로운 동북아 거점 확보의 필요성은 한소수교, 한중수교로 북방 사회주의권이 열리면서 동북아 권역의 외연적 확대와 더불어 지정학적으로나 경제지리학적으로, 또는 물류유통상으로 이 지역의 통합적 가치가 증대된 데 따른 것이다. 북한·중국·러시아 3국이 접하는 이른바 '황금의 삼각주' 일대는 아시아-유럽의 동서문화권이 만나는 지점이자, 한반도와 일본 등의 해양문화권과 중·러의 대륙문화권이 만나는 지점이며, TKR(한반도 종단철도)과 TSR(시베리아 횡단철도)이 만나는 지점으로 전 세계의 중심축이 되는 사통팔달 지역이다.

지정학적으로는 반도와 대륙, 해양과 대륙을 가교하는 동북아의 요지로서, 물류유통상으로는 유라시아 특급 물류혁명의 전초기지로서 새로운 동북아 시대의 허브(hub)가 될 수 있는 요건을 갖춘 곳이다. 또한 TSR의 전철화

(電鐵化) 작업이 완공됨으로써 TSR을 축으로 남북한~러시아 동서남북~유럽 전체를 연결하는 물류망 확보와 극동으로 연결되는 송유관-가스관 건설을 위한 극동 시베리아 개발과 같은 '철의 실크로드'[1] 계획이 탄력을 받게 됨에 따라 역내 국가들의 이해관계는 더 복잡해질 전망이다. 이러한 핵심 지역에 위치한 UNWPC는 세계적인 중개무역지로서의 기초적 조건을 갖추게 되었다. UNWPC는 인간과 인간, 인간과 자연의 연대성의 원리에 기초해 주권국가를 기본 단위로 하는 연대의 내재적 한계를 극복할 수 있는 이른바 윈-윈 구조의 협력체계의 가능성을 열어 보임으로써 21세기 새로운 동아시아 시대를 여는 해법을 제공하기 위한 것이다.

UNWPC는 미래의 유엔 본부가 들어설 수 있는 곳이다. 원래 국제연맹은 그 본부가 스위스 제네바에 있었으나 제2차 세계대전 직후 미국의 부상과 더불어 프랭클린 D. 루스벨트(Franklin D. Roosevelt) 대통령이 국제연합(UN) 창설 청사진을 제시하고 존 D. 록펠러 2세(John Davison Rockefeller, Jr.) 가 뉴욕 맨해튼의 본부 부지 2만여 평(약 7만㎡)을 증여함으로써 뉴욕으로 옮겨 왔듯이, 21세기에는 동아시아, 특히 동북아가 세계의 중심이 될 것이고 그렇게 되면 대삼각과 소삼각의 중심인 UNWPC가 세계의 중심이 될 것이다. 당시 유엔 본부 터는 양조장, 도살장, 공장들이 난립한 슬럼가였는 데 반해, UNWPC는 자연 생태계가 그대로

UNWPC 기념비

보존된 천혜의 땅이다. 그런 점에서 UNWPC는 환경·문화의 세기에 걸맞는 미래 지구촌의 수도로 예정된 곳이다.

이 지역은 도로, 철도, 해운, 항공 등 국제교통망과 통신망의 요지이며 거대한 개발 잠재력을 갖추고 있어 UNWPC 건립을 추진하기에 최적지라 할 수 있다. 가깝게는 두만강을 사이에 두고 중국 훈춘 방천지구와 북한 나진·선봉 특구가 마주하고 있으며, 산과 평원을 사이에 두고 러시아 하산, 포시에트항, 자루비노항과 접하고 있고, 멀리는 중국 옌지, 북한 청진, 러시아 블라디보스토크 등지의 개발과 연계돼 발전할 수 있다. 3국이 접해 있는 지리적 특수성으로 인하여 경제 여건의 상보성은 물론 중국 동북지역과 러시아 극동지역의 개발에 상호 협력할 수 있는 기초적 조건을 갖추고 있는 곳이기도 하다. 말하자면 지정학적 입지가 상품화될 수 있는 가치가 높은 곳이다. '해상상업제국의 무역왕'[2] 장보고(張保皐)가 고대 동아시아의 중추항이었던 청해진을 거점으로 중개무역을 통해 세계적인 물류망을 연계하는 무역 네트워크를 구축했던 것처럼, 3국접경지역은 동북아의 새로운 허브, 즉 중개무역지로 발전시킬 수 있는 인적 및 물적 자원을 갖춘 곳이기도 하다.

새로운 동아시아 시대에 3국접경지역은 상생의 삶을 구현하는 세계평화센터로서 기능하게 될 것이다. 말하자면 이 지역을 '하나인 동북아', '하나인 지구촌' 건설을 위한 세계평화의 중심지로 만들자는 것이다. 장보고 시대에는 러시아 하산에 접해 있는 포시에트(옛 발해의 鹽州)에서 일본과의 교류를 위해 자주 배가 다녔고, 중국 훈춘(옛 발해의 東京)에서 나진·선봉을 거쳐 동해안을 따라 신라와의 간헐적인 교류가 이루어졌다. 또한 그러한 경계로서의 입지는 2000년 4월 속초-자루비노-훈춘을 통해 백두산으로 가는 새로운 해륙로가 열리면서 일층 강화되고 있다. 오늘날에는 인구 증가, 산업화 및 무기체제(특히 핵무기 및 생화학무기체제)의 발달 등으로 환경생태 문제가 첨예한 이슈

一眼望三國

중국 · 북한 · 러시아 3국접경지역

가 되고 있다. 환경과 경제가 통합된 환경복지(environmental welfare) 개념에 기초한 이른바 환경생태공동체 건설이 21세기 '환경의 세기'의 화두가 되고 있다. 동북아지역 환경복지 문제의 긴요성은 남북한, 중국, 러시아, 일본 5개국이 전 세계 면적의 20%, 세계 총 인구의 25% 이상을 점하는 광역 협력 지역이라는 사실에서도 분명히 드러난다. 특히 14억이 넘는 중국 인구의 마이카(My Car) 시대가 열리면서 고질적인 황사 문제와 더불어 환경복지 문제는 주변국들의 시급한 현안으로 떠오르고 있다. 동북아 연대는 환경공동체 이외에도 경제적 여건의 상보성을 바탕으로 한 에너지공동체, IT공동체 등의 개념을 포괄한다.

　필자는 UNWPC가 중국 방천에서 막혀 버린 동북3성(省), 즉 랴오닝성 · 지린성 · 헤이룽장성의 동해로의 출로를 열어 극동러시아와 북한, 그리고 동해를 따라 일본 등으로 이어지는 환동해경제권을 활성화하고 아태지역의 거대 경제권 통합을 이루며 동북아를 일원화함으로써 한반도 통일과 동북아 평화 정착 및 동아시아공동체, 나아가 유라시아공동체 구축을 통해 21세기 문명의 표준을 전 세계에 전파하는 북방 실크로드의 발원지가 될 것이라고 전망한다. TKR과 TSR, TCR(중국횡단철도) 등 유라시아 철도망이 연결되고, 동해에서 두만강을 따라 내륙으로 중국·북한·러시아를 관통하는 운하가 건설되면 동북아 광역 경제 통합이 탄력을 받게 되면서 아태 시대, 유라시아 시대의 개막은 본격화될 것이다. 당시 UNWPC 건립 부지의 지질 및 지형적 특성 등을 조사하고 건립계획서 작성에 필요한 제반 사항을 파악하기 위해 실무조사단과 함께 중국과 러시아 현지를 답사하면서 필자는 솟구쳐 오르는 감회를 이렇게 읊었다.

그대는 듣는가, 도라촌(道羅村)*에 새벽이 오는 소리를
두만강 아흔아홉 굽이 회룡봉(回龍峰)
태극으로 물이 휘감아 용틀임하는 그곳에
우주의 중심 자미원(紫微垣)을 수놓으리
하산의 수천 까마귀떼 장엄한 열병식은
간방(艮方)의 새 세상 도라지(道羅地)를 예고했네

21세기 동북아 시대에는 동북아 지역이 세계의 경제, 환경문화, 안보의 중심이 될 것이다. 그러므로 이 지역 국가들 간의 관계가 세계 안보, 갈등과 분쟁의 단초로 작용하게 되며 만일 첨예한 갈등 상태가 지속되면 국제역학 관계의 불안정이 심화될 수밖에 없다. 이러한 이유로 이 지역에서의 문제를

---

* 도라촌은 도(道)가 펼쳐지는(羅) 마을(村)이라는 뜻을 가진 필자가 만든 신조어로 지구촌의 미래 청사진 UNWPC를 지칭한다.

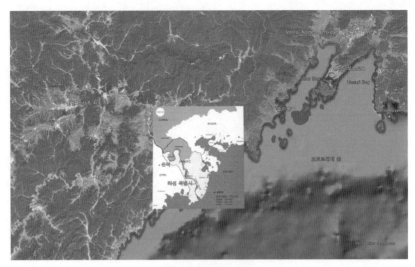

UNWPC 경계 설정

상호 대화와 이해로 해결하는 새로운 패러다임이 필요한 것이다. UNWPC
는 환(環)동해경제권 및 환황해경제권의 활성화와 더불어 경제·정치 개념
을 환경생태 개념의 규제 하에 둠으로써 동북아 발전의 새로운 패러다임을
제시하게 될 것이며, 동북아 평화의 중심 나아가 세계 평화의 중심으로 자
리 잡게 될 것이다. 국제정치적 의미에서 이러한 평화지대(peace zone)의 설
치는 전쟁억지 효과를 가져올 뿐만 아니라 국제교류협력의 증진과 공동투
자개발 환경을 조성해 동북아지역의 통합을 가속화시키고 나아가 이 지역
을 세계의 중심지로 만들어 갈 것이다. 더욱이 UNWPC가 군사적으로 예민
한 3국접경지역에 위치해 있음으로 해서 동북아 역내 국가 간의 긴장과 갈
등을 완화시키는 완충지대 역할을 할 수도 있을 것이다. 이를테면 장고봉(張

_{鼓峰}) 사건*과 같은 참화의 재현을 방지하는 국제정치적 환경을 조성할 수 있다는 것이다.

특히 중국의 경우 UNWPC 건립 지역인 경신평원경구, 회룡봉경구, 방천경구가 속해 있는 지린성(吉林省)은 랴오닝성(遼寧省)이나 헤이룽장성(黑龍江省)과는 달리 다른 성의 항구를 통하지 않고서는 직접 바다로 나갈 수 있는 길이 없다. 과거에는 두만강 하구를 통해서 동해로 나갈 수 있었으나, 1938년 장고봉 사건으로 동해로의 출해권이 상실된 채 지금에 이르고 있다. 현재 중국은 나진 · 선봉에 대한 50년간의 개발 운영권을 확보하고는 있지만, 두만강 하구를 통해 바로 동해로 나가는 것에 비길 수는 없다. UNWPC 건립으로 동북아 상황이 변화하여 동해 출해권이 회복되면 막대한 농산물, 목재, 석탄, 광물 등의 물류 운송 비용이 대폭 절감될 것이라는 점에서 중국으로서는 UNWPC 건립의 경제적 효과에 착안하지 않을 수 없을 것이다.

한편 러시아의 경우 구소련의 붕괴로 러시아의 유럽 영토를 구성하였던 우크라이나, 벨라루스, 몰도바가 독립 유럽국가로 분리되면서 유럽 쪽의 영토를 대거 잃게 됨에 따라 아태지역으로 관심을 돌려 극동지역의 자원 개발에 힘쓰는 한편, 안보 차원에서 역내 패권국가의 출현을 막고 영향력을 유지하기 위해 특히 중국, 일본, 미국 등 세계 열강들과 만나는 극동지역 중시 정책을 펴게 되었다. UNWPC 건립 지역인 하산이 속해 있는 연해주가 러시아 영토로 병합된 것은 1860년 영국 · 프랑스 연합군의 베이징 침입 당시 조

---

* 1938년 여름, 중국과 소련 국경의 장고봉에서 일어난 소련군과 일본군 사이의 충돌사건. 불명확한 경계로 인한 국경분쟁으로 시작된 이 사건은 일본 군대의 적극적인 공세로 점차 확대되면서 1938년 7월 15일부터 8월 11일까지 일본군의 공격 · 점령, 소련군의 반격 · 탈환이라는 치열한 전투가 계속되다가 일본군이 결정적으로 패배하면서 8월 12일에 정전교섭이 성립되어 장고봉의 소련 귀속이 사실상 승인되었다.

정에 나섰던 대가로 청국과 그들 간에 맺어진 '베이징 조약(北京條約)'에 의해서이다. 따라서 연해주가 러시아 영토가 된 것은 겨우 158년(2018년 현재)밖에 되지 않으므로 UNWPC와 같은 평화지대 내지는 완충지대의 설치는 그들의 영토적 불안 해소에 도움이 될 수 있을 것이다.

중국·북한·러시아가 접경해 있는 UNWPC 건립 지역은 역사적으로 국경 분쟁이 잦은 지역이었거니와, 현재도 긴장과 갈등이 잠재해 있는 곳이다. 방천에서 영토가 끝나 버린 중국이 스스로 동해로의 출로를 열고자 한다면 북한과 러시아 영토를 침범하게 되는 것이니 북한과 러시아가 경계할 것이고, 러시아가 3국에 걸친 영역을 개발하고자 한다면 중국과 북한 영토를 침범하게 되는 것이니 중국과 북한이 경계할 것이다. 그렇다고 제3국이 이 지역을 개발하고자 한다면 이 역시 북한, 중국, 러시아 영토를 침범하게 되는 것이니 허용될 수 없을 것이다. 기업 또한 한 부분으로 참여할 수는 있겠으나 단기이윤을 추구하는 기업의 속성상 21세기 새로운 문명의 표준이 적용될 이 광대한 지역의 그랜드 디자인을 맡아서 실행하기는 어려울 것이다. 거대 기업이나 미국, 일본 등의 거대 자본이 움직일 경우 그 배경에 의혹을 가질 수도 있을 것이고, 모종의 정치적 힘이 작용할 수 있으리라는 것은 짐작할 수 있는 일이다. 3국접경지역은 지역의 특성상 특정 국가가 나서서 이러한 원대한 비전을 펼칠 수는 없기 때문에 북한, 중국, 러시아 3국 주체 외에 지속가능한 역내 협력과 지역 통합을 위한 제4의 대안적 주체로 UNWPC를 구상하게 된 것이다. UNWPC는 동북아 지역 차원에서 지속가능한 역내 협력과 지역 통합이 이루어지려면 이 지역 국가들 간의 연대만으로는 그 난맥상을 푸는 데 한계가 있을 수밖에 없다는 인식에서 나온 것이다. 동북아의 평화와 번영 그리고 한반도 통일을 위한 비전과 전략을 제시하는 UNWPC 개발계획의 특성은 다음 몇 가지로 요약할 수 있다.

첫째, 목표 면에서의 고찰이다. 이 계획은 제로섬 게임을 기반으로 하는 국가들 간의 연대나 단기이윤 추구가 목표인 기업들의 투자개발과는 달리, 동북아 역내 국가 간에 '경제적 윈-윈 구조'의 협력체계를 강화하고 새로운 협력 유형으로서의 녹색 거버넌스(green governance)[3]와 민·관·기업 간의 파트너십(partnership)과 비정부기구의 활동을 통해 지역 균형 발전과 광역 경제 통합을 촉진함으로써 한반도 평화통일과 동아시아공동체 구축에 기여하고 21세기 아태 시대 개막을 본격화하며, 나아가 유라시아공동체 형성에 기여함을 목표로 한다.

둘째, 내용 면에서의 고찰이다. 이 계획은 단편적이고 일시적인 투자개발 계획이 아니라 동북아의 '공동지능(Co-Intelligence)' 계발을 통하여 지역 주민의 삶의 질을 제고하고 동북아의 지속적인 안정과 번영을 도모하려는 종합적이고 지속가능한 개발계획이다. 세계평화 및 분쟁 해소 기여, 저공해 환경친화적 개발, 에너지 절약 모델 제시, 생태 관광(eco-tourism) 개발, 지역 경제 발전 유도, 지속가능한 개발, 저밀도 개발 등에 주안점을 두고 동북아의 평화와 번영을 통해 생태적 지속성(ecological sustainability)을 띤 지구공동체의 실현에 기여하려는 목적으로 기획된 것이다.

셋째, 실행가능성(feasibility) 면에서의 고찰이다. 이 계획의 1차적인 물질적 토대는 세계 최초로 개발된 액티바(Activa) 첨단소재와 원천기술—특히 고준위 방사성폐기물(high-level radioactive wastes) 유리고화(琉璃固化 vitrification) 영구처리, 핵자(核子) 이동으로 철(Fe)로 구리(Cu) 제조, 수소 생산 등—에 의해 마련될 것이다. 말하자면 이 계획은 '동북아 그랜드 디자인'을 가지고 정신과 물질의 총합으로서 기획된 것이라는 점에서 적극적인 의미를 부여할 수 있다.

넷째, 전략 면에서의 고찰이다. 이 계획의 큰 그림은 운하(canal) 건설과 더불어 시작된다. 아태 시대가 본격적으로 열리기 위해서는 중국 동북3성의 막대한 물동량과 시베리아의 풍부한 부존자원(賦存資源)이 동해로 운송되고 북한을 포함한 극동지역의 경제가 활성화될 수 있도록 동해에서 두만강을 따라 내륙으로 중국·북한·러시아를 관통하는 운하와 항만이 건설될 필요가 있다. 이러한 운하가 건설되면—이 단계가 되면 TKR과 TSR도 연결될 수 있을 것이다—동북아 광역 경제 통합이 탄력을 받게 되면서 한반도 평화통일과 더불어 아태 시대의 개막은 본격화될 것이다.

다섯째, 비전 면에서의 고찰이다. 이 계획은 지구촌의 미래 청사진을 제시하는 원대한 비전을 가지고 있다. 적절한 시기에 중국·북한·러시아 3국의 동의하에 UNWPC 구역이 무비자(No-Visa) 지대로 설정되고 국제 표준에 맞는 화폐 통용과 관리가 이루어지면—본서 제2장 3절에서 제시한 바와 같이 카퍼(copper) 기반의 세계 단일 화폐 '우리(Uri)'를 UNWPC 구역에서 통화 시스템으로 시험 운행해 볼 수 있을 것이다—광역 경제 통합이 더욱 탄력을 받게 되면서 '동북아경제권' 형성이 가속화되고 세계 금융의 중심지로도 각광을 받게 될 것이다. 바야흐로 한반도 통일과 더불어 본격적인 동아시아 시대가 열리는 것이다.

이제 인류는 사회적 존재로서만이 아니라 자연적 존재로서의 의미를 재조명해 보고 생명 경외의 차원에서 인류 문명의 구조를 재구성해야 할 시점에 처해 있다. 오늘날 지구촌에 만연해 있는 개인 및 공동체의 질환은 자연이 원상회복되고 우주자연의 본질에 순응하는 삶을 추구함으로써 비로소 치유될 수 있다. UNWPC는 경제 교류 협력은 물론 환경생태·문화예술 교류와 같은 새로운 차원의 중개무역이 요망되는 시대에 인류가 지향해야 할 가치관과 추구해야 할 삶의 형태를 총괄적이고도 구체적으로 제시하며 생명 경외의 문화·문명을 선도적으로 창출해 낼 것이다. 필자 등이 중국 산동반도 적산(赤山)에 추진한 「장보고기념탑」 건립(1994.7.24 준공, 현지 문물보호단위로 지정)이 장보고의 역사적 복권(復權)의 상징적인 시작이었다면, UNWPC 건립은 그의 국제 경영 모델을 오늘의 지구촌 경영에 적용하기 위한 구체적인 실천 계획이다.

21세기 환경 · 문화의 시대를 맞이하여 환경생태 · 문화예술의 강점을 지닌 3국접경지역에서 세계적인 북 축제, 평화를 위한 회의, 연구와 문화예술 활동, 유비쿼터스(ubiquitous) IT시스템 구축, 무한동력 개발, 수소에너지 발전 시스템 구축, 생태관광, 의료, 자연농업 등 환경친화적 활동은 상생의 표본이 됨은 물론, 지역 주민의 삶의 질을 향상시키고, 역내 경제개발을 촉진하며, 협력과 유대를 한층 제고해 나가는 견인차 역할을 하게 될 것이다. 그리하여 이 지역을 유라시아 중개무역지로서의 입지를 강화하고 환경생태 · 문화예술 · 신과학의 메카(mecca)가 되게 함으로써 인류의 보편적 가치인 평화의 이념을 지구촌 차원으로 확산시키고 사실상 지구촌을 움직이는 중심이 되게 할 것이다. 말하자면 이 지역은 동북아 문화경제활동의 중심지이자 지구촌 환경문화교육센터로서 「저(底)환경비용 고(高)생산효율」의 사회 체제를 구축함으로써 환경 회생과 지속적인 인간개발을 성취하게 하고, 유엔 관련 기관과 유관 국제기구 및 전 세계 환경 관련 기업체와 단체, 그리고 NGO와 민간 부문이 참여하여 우주자연-인간-문명이 조화를 이루는 상생의 패러다임을 구현하게 될 것이다.

UNWPC는 크게 4개 구역, 즉 문화 · 정신적 중심 구역인 자미원지구, 활동 중심 구역인 업무 지구, 관광 · 생활 · 산업 중심 구역인 경신(敬信)지구, 그리고 준(準)UNWPC 지구로 나눌 수 있다. UNWPC 건립은 시설물을 설치하는 유형적 건립과 행사 위주의 무형적 건립으로 구분된다. UN세계평화를 위한 「한울림」 북 축제(UN World Peace「Hanullim」Drum Festival), 세계현자회의

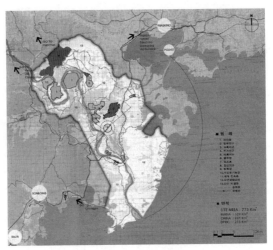

UNWPC 토지이용계획도

(World Wise People's Conference) 등은 후자에 속하는 것이다. 매년 세계평화를 위한 한울림 북 축제를 개최하여 UNWPC 건립을 만방에 알리고, 모든 국가·부족·문화권이 참가할 수 있는 북(drum)을 매개로 한울림을 통해 인류의 정신순화를 도모하고, 지역과 세계의 평화를 기원 및 촉구하며, 아울러 텐트 거주를 통해 자연친화적 생활 방식을 체득하게 한다. 그리고 세계현자회의를 정기적으로 개최해 전 세계 각 분야의 현자들이 인류에게 보내는 메시지를 CNN, BBC 등을 통해 전 세계에 파급함으로써 UNWPC가 사실상 세계의 중심축으로서의 기능을 하게 한다. 다양한 민족과 국가가 명멸했던 곳인 만큼 각종 문화적인 콘텐츠를 개발하는 것도 21세기 환경문화시대를 선도하는 방안이다. 1차적으로는 경신지역에 본부 설치와 더불어 평화의 광장 등이 건설되면 '세계 북 축제' 등도 개최할 수 있을 것이다. 다양한 환경, 문화, 교육, 관광 활동과 더불어 건설은 경신지역을 1차로 시작해 나머지는 여건이 조성되는 대로 지구촌 차원의 점진적인 참여가 뒤따를 것이다.

UNWPC 1차 조성지역으로 중국 훈춘 경신지구의 주요 항목으로는 UNWPC 본부(세부설계도 및 조감도 완성), 세계평화의료원, 예술관(공연장), 평화의 광장, 세계테마파크(세계민속촌 포함), 유엔평화대학 등이 있다. UNWPC 1차 조

UNWPC 본부 조감도

성지역인 경신지역은 TKR과 TSR이 연결될 경우 그 종착역인 러시아 하산(UNWPC 지역)에서 장령자(長岭子)를 넘으면 바로 진입하게 되는 최단거리 지역으로 옌지공항에서 자동차로 1시간 30분 정도 거리다. 두만강 하구 끝까지 도로포장이 잘 되어 있고, 자연생태계가 그대로 보존되어 있으며, 많은 호수와 수려한 경관으로 생태관광지가 될 수 있는 요건을 갖춘 곳이다. 경신 연꽃은 세계에서 가장 오래된 1억3,500만 년의 역사를 가지고 있으며 여름에는 연꽃 축제가 열리는 연꽃의 고향이다. 특히 경신지역은 러시아 하산과 더불어 일제시대 항일독립운동의 거점이기도 했다.

UNWPC 본부 위치는 드넓은 경신 평원에 풍수지리상 배산임수(背山臨水)의 대명당으로 평평한 산기슭이 병풍처럼 본부를 두르고 있으며, 정면 가까이는 대형 자연호수가 있고 멀리는 두만강이 있다. 본부 뒷산 너머는 러시아이며, 북한으로 건너가는 권하교(圈河橋)도 바로 이곳에 위치해 있고, 안중근(安重根) 의사 사적지가 있는 곳이기도 하다. 맑은 날에는 동해도 볼 수 있다. 세계평화의료원은 미국, 일본 등지의 평화기금을 유치해 원폭피해자, 백혈병 등을 치료하기 위한 것이다. 예술관은 세계적인 공연을 통해 지구

촌 문화예술 교류의 중심이 되게 하기 위한 것이다. 특히 북한, 중국, 러시아의 탁월한 예술성을 널리 전파하고, 세계적인 아티스트로 하여금 그의 이름을 딴 아트홀(Art Hall)을 건설하게 하는 것도 하나의 방안이다. 평화의 광장은 세계 북 축제 등의 행사를 하기 위한 것으로 엄청난 규모의 설치비 및 관리유지비가 드는 기존의 시설물과는 달리, 자연 풀밭을 그대로 살린 자연친화적인 형태로 조성할 예정이며 설치비 규모는 크지 않다. 세계테마파크는 미국, 중국, 일본 등지의 투자자들로 하여금 100여 개국의 테마파크를 조성할 예정이다. 유엔평화대학은 주변 여건이 조성되는 대로 유치할 예정이다.

경신에서 자동차로 30분이 채 안 되어 국경 끝에 이르는데, 북한과 러시아를 끼고 두만강을 따라 내려가는 그 길은 가히 환상적이다. 국경 끝 '망해각(望海閣)'에 이르면 중국, 북한, 러시아 3국이 동일 평면상에 광막하게 펼쳐진다. 정면으로는 동해가 바라다보이고, 왼쪽으로는 TKR과 TSR이 만나는 지점인 러시아 하산이 마주 보이며, 오른쪽으로는 북한 땅이 펼쳐져 있다. 망해각에서 중국 영토는 끝이 나고 그 아래로는 두만강을 경계로 북한 땅과 러시아 땅이 동해에 이르기까지 가없는 들판처럼 광막하게 펼쳐진다. 망해각에서 동해까지의 거리는 약 16㎞이니 자동차로 10분 정도의 거리다. 실로 UNWPC는 아태 시대, 유라시아 시대 신문명의 허브가 될 수 있는 요건을 갖춘 곳이다. 이러한 지정학적·지경학적 이점을 잘 활용해 UNWPC를 성공적으로 구축하면 세계 문명의 중심이 급속하게 동북아로 이동할 것이다.

요컨대 UNWPC 건립은 동북아 지역의 긴장과 갈등 해소를 통해 21세기 환경·문화의 시대를 선도함과 동시에 동아시아 나아가 지구촌의 문화예술·경제활동의 중심지이자 환경문화교육센터로서 지역 통합과 세계평화의 기반을 조성하는 데 기여하게 될 것이다. 아울러 동북아의 협력적이고 호혜적인 구도 속에서 한반도 통일 또한 남과 북이 윈-윈 하는 평화적인 방식으로 이루어질 수 있을 것이다. 이상에서 볼 때 UNWPC 개발계획은 한반도의 평화적인 통일 분위기를 조성하고, 지역 통합과 광역 경제 통합을 촉진하며, 세계평화의 기반을 조성함으로써 21세기 아태 시대, 유라시아 시대를 여는 마중물 역할을 할 수 있을 것으로 기대된다.

동북아 광역 경제 통합과 한반도 평화통일

대외경제정책연구원(KIEP)이 한반도 통일 과정에서 동북아 경제 통합 가능성과 그 효과에 대해 분석한 결과를 보면, 남북한이 2030년까지 점진적으로 경제적 통합을 이룰 경우 한·중·일 FTA 체결과 무역량 급증, 남북한·중·일·러 간 산업 분업 체제 형성 등으로 동북아 경제 공동체가 형성될 가능성이 매우 높은 것으로 나타났다. 동북아 국가 간 경제협력이 활성화되면 동북아경제권이 세계경제에서 차지하는 GDP 비중이 2012년 22.5%(세계 3위)에서 2040년엔 28.7%로 크게 늘면서 지역총생산(GDP) 규모가 47조달러에 달해 북미경제권(NAFTA, 37조달러)과 유럽경제권(EU, 26조달러)을 제치고 세계 최대의 경제 공동체(경제 블록)로 부상하게 되리라는 전망이다. 그렇게 되면 남북한·중국·러시아·일본·몽골 등 역내 국가들 모두가 '통일 이익'을 나눠 갖는 '경제적 윈-윈 구조'가 만들어진다는 것이다.[4] 또한 동북아 국가 간 경제협력의 심화로 한반도가 통합될 경우 북한과 중국 동북3성, 러시아 연해주, 일본 서부를 잇는 5,000㎞ 길이의 세계 최대 산업·경제 벨트인 이른바 '동북 벨트'가 형성될 것으로 전망된다. 이 '동북 벨트'는 자본과 기술, 자원과 노동력을 모두 갖추고 있는 데다 유라시아 대륙 철도와 북극항로의 시발점이라는 지리적 이점도 있어 동북아 물류·산업의 허브가 될 것으로 기대된다.

교통망의 단축에 따른 물류비용의 대폭적인 삭감으로 동북아에 물류 · 에너지 혁명이 일어날 수 있다는 것이다. 특히 전문가들은 중국 훈춘의 수출입업, 북한 나진 · 선봉의 물류 · 가공산업과 청진의 조선 · 제철산업, 러시아 블라디보스토크의 에너지산업과 일본 서부 니가타의 기계설비 · 부품소재로 이어지는 거대한 환동해경제권의 부상과 더불어 창춘(長春)의 자동차 · 농업과 하얼빈의 기계 · 석유화학산업 등 중국 동북3성 내륙 지역이 여기에 합류할 경우 세계적인 경쟁력을 가진 산업 벨트로 부상할 가능성이 높은 것으로 본다. 유엔공업개발기구(UNIDO) 등 국제기구도 이 동북 벨트 개발에 상당한 관심을 갖고 있는 것으로 알려져 있다.[5] 서울대 통일평화연구원은 동북아 지역이 전 세계 GDP의 30%에 육박하는 경제 규모, 5%대의 경제성장률과 9억명 이상의 노동력, 세계 최다의 지하자원, 대학 진학률, 기술력 등에서 모두 세계 1위인 명실상부한 글로벌 경제 허브가 될 것으로 전망했다. 유럽연합(EU)의 전 단계였던 유럽경제공동체(EEC)의 아시아판이 될 가능성도 있으며, 동북아 국가 모두에게 이로운 '윈-윈 경제'로 탈바꿈하게 된다는 것이다. 또한 동북아 역내 경제협력의 활성화로 금융 거래가 늘고 동북아 경제권의 규모가 지속적으로 커진다면 뉴욕 · 런던 금융시장을 제치고 세계 금융의 중심지로 부상할 가능성도 있다는 전망이 나온다.[6]

동북아 광역 경제 통합과 한반도 평화통일은 긴밀한 함수관계에 있다. 동북아 역내 경제협력이 탄력을 받게 되면 '경제적 윈-윈 구조'를 만들어냄으로써 동북아가 글로벌 경제 허브로 부상하고 금융 허브로도 각광을 받게 되면서 공동 번영의 전환점이 될 수 있기 때문이다. 동북아 역내 경제협력의 증진은 비록 그것이 지리적 근접성과 문화적 등질성(等質性)에 기초한 북미와 유럽에서 전개된 경제 통합 개념과는 다르긴 하지만, 냉전 종식 이후 세계질서의 재편과 더불어 동북아 사회주의권의 변화에 따라 여타 지역주의에 대응하고 지속적인 경제성장을 도모해야 할 필요성에 따른 것이다. 더욱이 국제경제 추세가 한편으론 WTO(세계무역기구)체제의 출범으로 세계주의가 가속화되고 있고 다른 한편으론 EEA(유럽경제지역)*의 결성과 이에 대응한 NAFTA(북미자유무역협정)의 출범 등으로 지역주의 추세도 확산됨으로써 자유경제질서를 추구하는 세계주의와 배타적·보호주의적 성격이 강한 지역주의의 공존이라는 양면적 특성을 지니게 됨으로써 이러한 필요성은 더욱 절실해지고 있다.

특히 신고립주의와 보호무역주의를 표방한 미국 도널드 트럼프 정부의 등장은 외교, 안보, 경제 등 여러 분야에서 많은 난제를 안겨줄 전망이다. 트럼프 대통령이 '미국우선주의(America First)' 기조를 전방위로 확대함에 따라 세계 통상환경은 일촉즉발의 전운마저 감돈다. 미국은 트럼프의 핵심 대선 공약이던 NAFTA 재협상을 1년여 만에 성공적으로 타결함으로써 NAFTA는 '미국-멕시코-캐나다협정(US-Mexico-Canada Agreement, USMCA)'이라는 새 이름으로 바뀌었다. USMCA는 북미 3국만이 아니라 종래의 세계무역 질서에도 적지 않은 파장을 일으킬 것으로 전망되며, 'TPP의 양자화(bilateralization of the TPP)'[7]라는 우려 섞인 시각을 낳고 있다. 포괄적·점진적 환태평양경제동반자협정(Comprehensive and Progressive Trans-Pacific Partnership · CPTPP)은 2016년 2월 미국을 포함해 태평양에 접한 아시아와 아메리카 지역 12개국이 협정에 서

---

* EEA(European Economic Area)는 1994년 1월 EU(European Union) 12개국과 EFTA(European Free Trade Area) 6개국이 만든 세계 최대의 공동단일시장으로, 경제는 물론 정치, 외교문제에 대해서도 공동대응을 하고 있다. 그런데 영국은 2008년 금융위기 이후 'EU 회의론'이 확산된 데다가 EU의 난민 포용정책에 대한 비판적 인식이 확산되면서 2016년 6월 23일 국민투표 실시 결과, 유럽연합(EU) 탈퇴를 뜻하는 '브렉시트(Brexit)'가 결정됐다.

명했지만, 2017년 트럼프 대통령 취임 직후 탈퇴를 선언하면서 미국을 제외한 11개국이 참여하고 있다. 일본이 주도하는 다자간 무역협정인 포괄적이고 점진적인 TPP(CPTPP)는 2018년 12월 30일 발효됐다.

이와 같이 협력과 경쟁, 개방과 보호라는 양면적 특성을 지닌 세계경제 질서에 적응하기 위한 역내국가 간 경제협력의 필요성은 경제의 안보논리적 측면이 강조되면서 더 커지게 되었다. 동북아 지역에서 정치이념과 경제발전 수준이 상이한 국가 간의 경제협력이 이루어질 수 있는 것은 이 지역경제가 갖는 상호보완적인 측면 때문이다. 중국, 러시아, 북한, 몽골은 경제개발과 사회간접자본 확충을 위해 자본 및 기술이 필요하며, 한국과 일본은 자원 및 노동력이 부족하고 시장개척을 위해 대륙으로의 진출이 필요하다. 동북아의 경제여건을 보면, 우선 중국은 상대적으로 저렴하고 풍부한 노동력과 잠재력이 큰 시장을 가지고 있으며 특히 동북지방에 풍부한 천연자원과 급성장세를 타는 소비재공업이 있고, 러시아 극동지역과 북한은 일정한 수준의 중공업의 기초와 풍부한 천연자원을 가지고 있다. 일본은 막대한 자본과 선진기술을 가지고 있으며, 한국은 일정량의 자본과 고속성장을 이루어낸 개발경험과 경영관리기술을 가지고 있다. 이러한 역내 경제여건의 상보성은 중국 동북지역과 러시아 극동지역의 개발에 상호 협력할 수 있는 기초적 조건이 되는 것이다.

동북아의 경제협력은 특히 북한이 개방체제로 편입할 때 더 높은 탄력을 받게 될 것으로 보인다. 이 지역의 경제적 효율성은 역내 국가들이 군사력에 기초한 경성국가(hard state)가 아니라 개인의 창의성과 문화 또는 사회제도에 기초한 연성국가(soft state)를 향해 나아갈 때 실질적으로 증대될 수 있고 동시에 역내 경제협력 또한 보다 활성화될 수 있을 것이다. 향후 동북아 지역에 한반도 서해안과 중국 동해안을 포괄하는 환황해경제권과, 한반도 동해안과 중국 지린성 및 극동 러시아 연해주 그리고 일본 서부지역을 포괄하는 환동해경제권이 활성화되어 다자간 경제협력이 가시화될 경우에는, 주권국가를 단위로 하는 공식적 기구의 설립보다는 국가간 경계를 초월하는 일종의 자연경제지역(Natural Economic Territory) 개념의 형태로 발전될 것으로 전망된다. 동북아 지역에서 이러한 초국가적 발전 패러다임의 긴요성은 TRADP(두만강지역개발계획)의 발족에서 보듯 1990년대 초에 이미 인지되었다.

유엔개발계획(UNDP) 주관하의 다자간 개발협력사업인 TRADP는 1991년 7월 몽골의 울란바토르 회의로부터 시작해 같은 해 10월 평양에서 열린 UNDP 동북아 조정실무관회의에서 발족이 결정됐다. 1992년 2월 서울 제1차 PMC(계획관리위원회: 남북한, 중국, 러시아, 몽골은 정식 회원국, 일본은 옵저버국으로 참여) 회의까지의 주요 의제는 소삼각지역(TREZ)에 대한 회원국들의 공동개발이었고, 같은 해 10월 북경 제2차 PMC 회의 이후에는 중점 개발 대상 지역이 대삼각지역(TREDA)으로 바뀌었다. 2001년 4월 홍콩 제5차 TRADP 5개국위원회 회의에서는 북한이 불참한 가운데 두만강지역개발 대상지역을 연길-청진-나홋카·보스토치니를 연결하는 지역에서 몽골, 한국, 일본을 포함하는 동북아 지역으로 확대키로 합의하였으며, 또한 일본의 회원국 가입을 위해 공동으로 노력해 나가기로 했다. 2002년 6월 블라디보스토크 제6차 TRADP 5개국위원회 회의에서는 두만강지역개발 대상지역을 동북아 일대로 확대하는 문제와 더불어 일본을 회원국으로 참여토록 유도함으로써 동북아 경제협의체로 확대·발전시키는 문제가 거론되었다.

두만강지역개발의 필요성은 대개 세 가지로 요약해 볼 수 있다. 첫째는 경제발전의 잠재력이다. 이 지역의 배후에는 중국 동북3성의 약 1억 인구와 부존자원, 극동러시아의 약 650만 인구와 천연자원, 그리고 북한의 약 2,300만 인구와 지하자원 등이 있어 막대한 농산물, 목재, 석탄, 광물 등 자원을 보다 효과적으로 공급할 수 있다. 이와 같이 약 1.3억의 배후인구를 중심으로 경제개발이 이루어지게 된다면, 이는 곧 수요의 촉발로 이어져 경제발전이 가속화될 것이다. 둘째는 교통망의 단축에 따른 경제적 이익이다. 현재 시베리아를 포함하여 동북3성 및 연해주의 물자가 주 수송로인 하얼빈-장춘-대련항을 통해 일본의 요꼬하마 · 고베로 운송되고 있는데, 이미 대련항은 포화상태에 이르러 새로운 항만의 개발이 긴요한 시점에 와 있다. 만일 이 지역의 개발로 나진 · 선봉항이나 청진항, 포시에트항 또는 자루비노항이 정비되면, 운송거리는 니가타간 900km로서 이는 기존의 2,000km의 절반에도 못 미치는 단거리가 될 것이다. 셋째는 해류을 잇는 관문의 역할이다. 두만강지역의 교통요충지의 활성화는 시베리아횡단철도(TSR)의 관문 확보를 의미하게 되며, 이는 수송상의 문제로 지연되고 있는 시베리아 부존자원의 개발비용의 효율성을 높여 경쟁력을 확보하게 되고 나아가 동북아 경제발전의 견인차 역할로 이어질 수 있을 것이다.[8]

TRADP라는 이름으로 시작된 동북아 지역 경제의 활성화와 통합의 추진은 초기 단계에서는 낙후한 지역 개발을 목표로 한 국지적 사업에 불과했지만, TREDA의 개발이 성공적으로 평가되는 경우 그 협력 범위는 동북아 지역개발지구(NEARDA)까지 확대될 것이라는 점에서 동북아 경제협력의 시금석이 되기도 했다. 그러나 한반도를 둘러싸고 복잡하게 얽혀 있는 4강(强)의 정치 · 군사적 이해관계와 역내 국가들의 정치경제적 이해관계로 인해 다자간 경제협력체의 형성과 공동개발 추진은 지지부진했다. 2005년 9월 TRADP는 GTI로 전환됐으며, 북한은 2009년 탈퇴했다. 지속가능한 역내 협력과 지역 통합이 이루어지려면 초국가적(초국적) 발전 패러다임이 작동해야 하는데 플레이어들이 배타적 국익에 기반한 패러다임으로 제로섬 게임을 하였으니, 이 지역 국가들 간의 연대만으로는 그 난맥상을 푸는 데 한계가 있을 수밖에 없었다. 그래서 북한, 중국, 러시아 3국 주체 외에 지속가능한 역내 협력과 지역 통합을 위한 제4의 대안적 주체로 초국적 발전 패러다임에 입각한 UNWPC(UNEPP)를 구상하게 된 것이다.

세계는 지금 양자(兩者) FTA 시대를 넘어 광역 경제 통합 시대로 향하고 있음에도 동북아는 여전히 영토 문제와 역사 문제 그리고 북핵 문제 등에 갇혀 역내 협력과 경제 통합이 원활하게 이루어지지 못하고 있다. 미국의 역사사회학자 이매뉴얼 월러스틴(Immanuel Wallerstein)의 세계체제론(world-system perspective)[9]은 기존 사회과학이 분석 단위로 국가를 상정하는 것과 분과 학문화를 통해 몰(沒)역사적 분석에 매몰되는 것을 비판하며 세계화의 시대에 걸맞는 초국적 발전 패러다임의 적실성을 명료하게 보여준다. 미국 헤게모니 체제의 쇠퇴와 중국의 등장이라는 세계사적 변화 속에서 한반도 통일문제 역시 동북아의 발전과 세계평화질서 구축과 같은 세계사적인 담론으로 전환될 수 있어야 한다. 한반도 통일은 한반도에 국한되는 문제가 아니라 동북아의 역학 구도에 심대한 변화를 초래함으로써 21세기 아태 시대 세계질서 재편의 신호탄이 될 수 있다는 점에서 한반도를 둘러싼 동북아의 지정학적, 경제지리학적 및 물류유통상의 거시적 변화와 연결시킴으로써 제로섬 게임이 아닌 윈-윈 게임이라는 새로운 발전 패러다임을 제시할 수 있어야 하는 것이다.

초국적 발전 패러다임이 지속적으로 작동하려면 국민국가 패러다임을 넘어선 '동북아 그랜드 디자인'이 있어야 하고, 플레이어들의 적극적인 참여를 유도해 낼 수 있어야 하며, 첨예한 이해관계를 조율할 수 있는 메커니즘이 존재해야 한다. 본서 제8장 1절에서 살펴본 바와 같이 UNWPC는 중국 방천에서 막혀 버린 동북3성의 동해로의 출로를 열어 극동러시아와 북한, 그리고 동해를 따라 일본 등으로 이어지는 환동해경제권을 활성화하고 아태지역의 거대 경제권 통합을 이루며 동북아를 일원화함으로써 한반도 통일과 동북아 평화 정착 및 동아시아공동체 구축을 통해 21세기 문명의 표준을 전 세계에 전파하는 북방 실크로드의 발원지가 되게 할 '그랜드 디자인'을 가지고 있다. 뿐만 아니라 유라시아 철도망이 연결되고, 동해에서 두만강을 따라 내륙으로 중국·북한·러시아를 관통하는 운하가 건설되면 동북아 광역 경제 통합이 더욱 탄력을 받게 되면서 아태 시대, 유라시아 시대의 개막은 본격화될 것이다. 이러한 그랜드 디자인은 러시아의 극동 중시정책에도 시너지 효과를 가져올 뿐만 아니라 남북한이 상생할 수 있는 확고한 경제적 기틀을 마련하는 것이어서 플레이어들의 적극적인 참여를 유도해 낼 수 있으며, 또한 UNWPC가 제4의 대안적 주체로서 이해관계를 조율할 수 있는 메커니즘의 역할을 할 수 있다.

　세계체제론의 관점에서 볼 때 UNWPC는 초국적 실체에 대한 인식 및 협력의 다층적 성격에 대한 이해와 더불어 초국적 발전 패러다임을 모색함으로써 세계시민사회가 직면한 지역화와 세계화, 특수성과 보편성의 통합문제를 담아 내고 있음은 물론, 통일 한반도의 새로운 발전 패러다임을 제시하는 틀을 제공한다. 한반도 통일은 동북아의 역내 구조와 긴밀한 함수관계에 있는 까닭에 역내 국가 간 윈-윈 구조의 협력체계를 증대시킴으로써 자질구레한 갈등을 극복하고 지역 정체성 확립과 상호 신뢰 회복을 도모할 필요가 있다. 그런데 지금까지 역내 국가들은 지역 문제에 상이한 손익 계산법을 적용시켜 갈등을 증폭시킴으로 해서 아이덴티티 공유 및 가치관 공유가 현저하게 결여되었다. 말하자면 조화와 협력을 바탕으로 하는 21세기 아태 시대를 개창해야 할 동북아의 역사적 책무를 방기하고 있는 것이다. UNWPC는 TRADP의 내재적 한계를 극복하고 지속가능한 협력과 접경지역의 발전 및 효율적인 지역 통합을 통해 한반도 평화통일과 더불어 본격적인 아태 시대를 개막하려는 취지를 담고 있다. 남북한, 중국, 러시아, 몽골, 일본 등을 포괄하는 윈-윈 협력체계의 광역 경제 통합은 역내 협력의 시너지 효과를 높이고 지역 통합을 촉진함으로써 지역 정체성 확립과 상호 신뢰 회복을 통해 한반도의 평화적 통일에도 순기능적으로 작용할 수 있을 것이다. 이처럼 UNWPC 개발계획은 21세기 개념의 광역 경제 통합과 한반도 통일 문제를 입체적으로 풀기 위해 구상한 것이다.

UNWPC는 동북아의 '공동지능(Co-Intelligence)' 계발을 위한 '평화의 방(Peace Room)'이며, 광역 경제 통합을 위한 '동북아 공동의 집'이다. 경쟁관계 속의 불안정성이 광범하게 자리 잡고 있는 동북아의 역내 구도를 안정적인 평화 구도로 정착시키려면 공동의 문제 해결과 발전을 위한 '공동지능' 계발과 광역 경제 통합을 통한 상호의존적 협력체계의 강화가 요망된다. UNWPC는 '참여와 성과의 공유'를 의미하는 포용적 성장과 포용적 혁신을 통해 동북아의 역내 구도를 안정적인 평화구도로 정착시키려는 포괄적 의미의 동북아 평화 발의(NEAPI)이다. 북한을 포함해 동북아에 '공동지능' 계발을 제안할 수 있는 근거는—본서 제3, 4, 5장에서 살펴보았듯이—우리나라 과학자에 의해 개발된 액티바 첨단소재와 원천기술이 현재 지구촌의 핵심 난제들, 특히 에너지 문제, 자원 문제, 방사성 핵폐기물(저준위, 중준위, 고준위) 처리 문제, 식량 문제, 건강관리 문제 등의 상당 부분을 해결할 수 있을 것이라는 전망 때문이다. 특히 고준위 방폐물 유리고화(琉璃固化 vitrification) 영구처리, 철(Fe)로 구리(Cu) 제조, 수소 생산, 희토류 생산, 수질 및 토양 개선 등에 대해 액티바 공법은 인류의 미래를 담보하는 세계 최고의 원천기술로서 임상시험 단계를 넘어 공장 양산체제를 갖춤으로써 산업화 단계에 이르렀다.

액티바 공법과 신소재는 핵자(核子 nucleon) 이동의 촉매제로서의 기능과 더불어 제련 시 인고트(Ingot)화 시키는데 이온이 기화되지 않고 용융되게 함으로써 철(Fe)로 고순도의 구리 제조를 가능케 한다. 액티바 신기술을 이용해 철을 구리로 변성할 수 있다면, 같은 원리로 다른 원소 간의 핵자 이동에도 응용함으로써 인류의 난제인 지구 자원 문제 해결에도 획기적인 전기를 마련할 수 있다. 또한 방사성 핵폐기물 유리고화 소재인 액티바의 응용 기술은 세계에서 유일하게 저온 용융(550℃ 이하)으로 방사성 물질의 휘발 방지, 무결정 유리고화로 재추출 방지 및 영구처리를 가능케 함으로써 처리 안전성에 대한 우려를 불식시키고 방폐장 부지 확보에 따른 어려움을 해결할 수 있게 하며, 재처리 과정에서 분리 추출되는 플루토늄의 핵무기 전용 가능성을 원천적으로 차단함으로써 원자력의 평화적 이용을 담보한다. 나아가 프리즈마 유리고화 시스템을 장착한 10만급 이상의 특수 대형선박을 UNWPC 구역인 해상에 띄워 전 세계 원자력발전의 아킬레스건(腱)인 방폐물을 심해(深海)에 투여하는 대역사가 이루어질 경우 동북아는 급속하게 세계평화의 중심으로 부상할 것이다.

액티바 소재는 동북아의 '공동지능' 계발에 다양하게 활용될 수 있다. 액티바는 철로 구리 제조뿐만 아니라 핵자 이동의 원리를 원용함으로써 다양한 원소 변성 소재로 활용될 수 있다. 뿐만 아니라 일종의 핵융합 원리를 기용하고 있어 향후 핵융합 발전에도 일정 부분 기여할 것으로 기대된다. 또한 핵폐기물 유리고화 영구처리 등 원자력발전 산업, 수소 생산 산업 등 에너지 산업 소재로 활용될 수 있다. 이 외에도 암과 에이즈, 백혈병과 당뇨 등 의약산업*과 의약품 첨가제 및 의료기기 소재, 수질(水質) 개선 및 대기오염

---

* 필자가 액티바 소재에 주목한 것은 그것이 전자파의 파동 증폭으로 높은 에너지를 얻어 물 분자와의 공명 활성도를 높여 물의 物性을 고도화한다는 점에 있다. 인체의 경우 약 70%가 물이므로 물성이 고도화된다는 것은 원자핵 주위를 도는 전자의 운동이 활발해지고 진동수가 높아진다는 것으로 이는 곧 생명력이 고양되고 면역체계가 강

방지, 폐수 처리, 소각로, 유기농업, 치산치수 등 환경산업 소재, 농약·방사능 분해와 생장 촉진 등 토양개선제, 동·식물 생장촉진제, 음용수(飮用水) 활성 미네랄 연수화(軟水化) 및 기능성 식품 가공제, 연료 절감기 등 액티바의 활용 범주는 무궁무진하다. 액티바를 이용한 혁신적 응용기술이 에너지·환경·생명과학 분야에서 국내외적으로 널리 보급되면 고(高)유가와 온실가스 문제에 직면한 지구촌 각국에서 에너지난 해소와 지구온난화 문제 해결책으로 안전성과 경제성을 갖춘 원전 발전량을 크게 늘리게 될 것이다. 이렇듯 인류의 미래를 담보하는 '공동지능' 계발은 동북아의 광역 경제 통합을 가속화시킬 것이다.

동북아의 '공동지능' 계발과 광역 경제 통합이 성공적으로 이루어질 경우 한반도 통일에 따르는 주변국들—특히 중국—의 우려도 불식시킬 수 있을 것이다. 북한을 포함하여 동북아의 협력적이고 호혜적인 구도가 정착되면 한반도 통일은 남과 북이 윈-윈 하는 평화적인 방식으로 이루어질 수 있을 것이다. 한반도 평화통일은 아태 시대를 여는 '태평양의 열쇠'이며, 지구촌의 난제를 해결하는 시금석이고, 동북아 나아가 지구촌 대통합의 신호탄이다. 한 가지 분명한 사실은 한반도를 둘러싼 국제정세가 어떻게 변화하든, 통일을 위한 우리의 과제는 여전히 남아 있으며 이제 더 이상 그 과제를 미룰 수가 없게 됐다는 것이다. 그것은 통일을 위한 물질적·정신적 토대 구축이다. 남북경협이 이루어져 북쪽의 풍부한 철을 변성시켜 구리를 제조하면 그 부가가치만으로도 통일비용을 충분히 해결할 수 있는 수준이 될 것이다. 남의 자본·기술과 북의 자원·노동이 만나면 고도의 시너지 효과를 발휘

화된다는 것이므로 치유효과를 가져올 수 있다. 또한 전자의 운동이 활발해지고 진동수가 높아지면 광자가 활성화되어 종국에는 빛의 몸으로 화한다.

할 수 있다는 말이다. 액티바는 물의 물성을 고도화하는 원리를 이용하는 만큼 거의 모든 분야에 응용될 수 있으므로 융합연구에 도미노 현상을 일으켜 21세기 과학혁명을 촉발할 것이다. 또한 전 세계 원자력발전의 아킬레스건인 고준위 방폐물 유리고화 영구처리 한 가지만으로도 한반도 통일의 물적 토대 구축은 물론, 전 인류를 방폐물의 위협에서 벗어나게 함으로써 세계평화의 이념을 확산시키고 동북아의 경제 문화적 지형을 변화시킬 수도 있다.

이처럼 한반도 통일은 동북아의 경제 문화적 지형을 변화시키는 큰 그림 속에서 이루어질 것이다. 물적 토대 구축이 평화통일의 필요조건이라면, 심정적 통합을 이룰 수 있는 정신적 토대 구축은 충분조건이다. 태극 문양의 국기가 상징적으로 말해 주듯 나선형 구조의 전형을 보여주는 한반도의 존재론적 지형은 생명체의 DNA 구조와 마찬가지로 양 극단을 오가며 진화하게 되어 있다. 남과 북, 좌와 우, 보수와 진보 등 양 극단의 요소가 극명하게 나타나는 것은 대통합에의 열망과 의지가 강력하게 분출하고 있기 때문이다. 이러한 양 극단의 실험은 소통의 중요성을 일깨워 주는 학습기제로서 대통합을 위한 자기교육과정이며, 인류 구원의 보편의식에 이르기 위한 자기정화과정이다. 말하자면 한반도 통일을 위한 불가피한 산고(産苦)이며, 그것의 진실은 대통합에 있다. 900여 차례의 외침과 폭정이라는 역사적 학습을 통해 한민족('한'족)의 잠재의식은 이러한 이치에 닿아 있다. 상호 역(逆)파동 관계의 염파(念波)들이 상쇄됨으로써 이원성을 넘어서게 되는 것이다.

양 극단을 통섭해야 할 과제를 안고 있는 한반도의 존재론적 지형은 과학과 의식의 접합을 추구하는 현대 신과학의 본질적 특성과 그 맥이 상통한다. 양 극단의 통합, 그것은 천·지·인 삼재의 유기적 통합성에 대한 자각을 통하여 생명의 전일성을 체득하는 것이다. 21세기 과학혁명의 핵심 키워드는 '생명'이다. 우주만물이 생성·변화하는 원리를 함축하고 있는 태극기는 '생명의 기(旗)'이고, 우리는 태생적으로 생명을 화두로 삼아 온 민족으로서 21세기 생명시대를 개창해야 할 내밀한 사명이 있음을 인지하지 않으면 안 된다. 우리 동이족(東夷族)의 선조인 풍이족(風夷族)이 뱀을 아이콘으로 삼았던 것은, 똬리를 틀고 있는 뱀의 형상이 '쿤달리니(kundalini)'라고 하는 근원적인 에너지[神·생명]의 형상을 표징하고, 또 지그재그식으로 움직이는 뱀의 모습이 진화하는 DNA의 나선형 구조를 닮았기 때문이 아닐까? 우주의 본질인 생명이 무엇인지를 깨닫게 되면 일체의 이원성은 한갓 가설에 지나지 않음을 알게 된다. 서구적 근대를 초극하는 신문명의 건설은 생명의 전일성(holism)에 대한 자각으로부터 시작될 것이다.

  '인류 문명의 대전환기에는 새로운 삶의 양식의 원형(archetype)을 제시하는 성배(聖杯)의 민족이 반드시 나타나게 된다'는 루돌프 슈타이너(Rudolf Steiner)의 예언이 적중하는 시대에 우리는 살고 있다. 루마니아의 작가 콘스탄틴 비르질 게오르규(Constantin Virgil Gheorghiu)는 한민족이 전 세계에서 유일하게 개천절을 봉축하는 '영원한 천자(天子)'이고, '세계가 잃어버린 영혼'이며, 한반도는 동아시아와 유럽이 시작되는 '태평양의 열쇠'로서 세계의 모든 난제들이 이곳에서 풀릴 것이라고 예단했다. '25시'라는 인간 부재의 상황과 폐허와 절망의 시간에서 인류를 구원할 동방은 바로 한민족이라고 단언했던 게오르규의 '25시'는 우리가 살고 있는 지금 이 시대를 가리킨다. 한민족에 대한 그의 찬탄은 문자(한글) 공포일을 국경일로 제정한 유일한 나라, 우주적 질서의 정수(精髓)를 함축한 국기(태극기)를 가진 유일한 나라, 그리고 영원한 꽃 '무궁화(無窮花)'에 대한 영적 직관으로까지 이어진다. 한민족의 사상과 정신문화에 대한 그의 깊은 경외감은 1986년 4월 18일자 프랑스의 유력 주간지 〈라 프레스 프랑세즈(La press Francaise)〉지를 통해 "널리 세상을 이롭게 하는 홍익인간의 통치이념은 지구상에서 가장 강력한 법률이며 가장 완전한 법률이다"라고 발표한 데서도 잘 표출되고 있다. 홍익인간이라는 단군의 법은 그 어떤 종교와도 모순되지 않으며 온 인류의 행복과 평화를 추구하는 인류 보편의 법이기에 21세기 아태 시대를 주도할 세계의 지도이념이라는 것이다.

아시아의 대제국 '환국(桓國)'이라는 국호가 말하여 주듯 한민족은 밝고 광명한 세상, 온 인류가 행복하고 평화로울 수 있는 세상을 만들고자 했다. 현대 물리학의 전일적 실재관(holistic vision of reality)의 원형이 마고의 삼신사상, 즉 '한'사상이고 그 사상의 맥이 이어져 환단(桓檀)시대에 이르러 핀 꽃이 천부(天符)사상이고 경천숭조(敬天崇祖)의 '보본(報本)'사상이며 '홍익인간' 사상이다. 천·지·인 삼신일체의 삼신사상[한'사상]은 한민족의 근간이 되는 사상일 뿐만 아니라 모든 종교와 진리의 모체가 되는 사상이다. 천·지·인 삼신일체는 불교의 삼신불, 기독교의 삼위일체와 마찬가지로 우주의 본질인 생명의 3화음적 구조, 즉 본체-작용-본체와 작용의 합일을 나타낸다.[10] 이렇게 볼 때 '한'사상[삼신사상], 천부사상, '보본'사상, '홍익인간' 사상은 한민족의 정신세계의 총화인 동시에 이 시대 문화적 르네상스의 바탕을 이루는 것으로 21세기 '새로운 삶의 양식의 원형'을 함유한 '가장 오래된 새것'이다.

21세기 동북아 무대는 초국적 기업과 테러 조직, 세계무역기구(WTO)와 국제금융기구(IMF), 전 지구적 연계망을 갖는 비정부기구와 사이버 공간의 네티즌 등의 활동으로 복합화되고 다변화되고 있다. 다자간의 이해관계, 특히 세계 4강의 이해관계가 첨예하게 대립하고 있는 동북아가 개별 국가 안보와 지역 안보, 국내 복지와 지역 복지를 동시에 품는 무대가 되려면 행위자들의 행위 준거와 무대의 룰(rule)에 새로운 문명의 표준이 적용되지 않으면 안 된다. 21세기 문명의 표준은 정신·물질, 자연·문명, 생산·생존 이원론의 극복을 통하여 생산성 제일주의 내지 성장 제일주의적 산업문명을 넘어서는 것이어야 한다. 따라서 근대 산업문명의 폐해라 할 수 있는 국가·지역·계층간 빈부 격차, 지배와 복종, 억압과 차별, 테러와 폭력, 환경생태 파괴 등의 문제를 해결하고 공존의 대안적 사회를 마련하려면 생명의 전일성에 토대를 둔 새로운 문명의 표준이 적용돼야 한다. 본서에서 '한(Oneness)' 사상을 새로운 문명의 표준으로 적시한 것은 그것이 21세기에 급조된 것이 아니라 물극필반(物極必反)의 이치에 따라 현대적으로 발현된 것으로 오랜 세월 누적된 지혜가 그 속에 내재해 있기 때문이다.

신유라시아 시대의 도래와 세계 질서의 문화적 재편

신유라시아 시대에 대한 전망은 탈냉전(post-Cold War) 이후 동북아 권역의 역동적 변화, 즉 한몽수교(1990)와 한소수교(1990), 남북한 유엔동시가입(1991), 한중수교(1992), WTO(세계무역기구)체제의 등장(1995)에 따른 FTA 체결의 확산, NGO와 다국적기업의 활동 증대 및 초국가적 실체의 등장, TSR 전철화 작업의 완공(2002)에 따른 대륙간 물류망 확보 및 송유관·가스관 건설을 위한 극동 시베리아 개발계획의 가시화, 러시아의 '에너지 전략 2020(2002)과 TSR-TKR 연결 논의(2004) 등과 맥을 같이 한다. 유럽연합과 동북아를 연결하는 유라시아 경제권 설계는 막대한 경제적 파급효과와 더불어 상호교류 및 이해의 증진을 통해 평화와 번영의 새로운 문명을 창출해 낼 수 있다는 점에서 한국과 중국, 러시아가 동서문명의 교역로인 실크로드에 다시 주목하는 것은—인류가 처한 문명의 시간대로 보나, 이들 3국이 처한 역사적 현실로 보나—매우 적실성이 있는 것으로 보인다. 아시아와 유럽 간 포괄적 협력을 도모하기 위해 설립(1996)된 협의체 아셈(ASEM: Asia-Europe Meeting 아시아-유럽정상회의, 2018년 기준 49개 국가와 유럽연합, 동남아시아 국가연합(ASEAN)이 참여)은 유라시아공동체 의식의 태동을 보여주는 사례로서 국제사회의 주요 이슈에 대해 상호 긴밀한 협력의 채널을 제공하고 있다.

신유라시아 시대의 도래에 대비해 중국이 2013년 처음 제시한 '신(新)실크로드(New Silk Road)' 구상은 서쪽으로는 중앙아시아와 유럽을 잇는 육상 실크로드 경제 벨트(一帶), 남쪽으로는 동남아와 유럽, 아프리카를 잇는 21세기 해상 실크로드(一路)를 확대함으로써 육·해상 실크로드 주변의 60여 개국을 포괄하는 현대판 신(新)실크로드 경제권을 구축하려는 '일대일로(一帶一路 One Belt, One Road)'[11] 정책이 그 핵심이다. 러시아의 '신동방정책(New East Asia Policy)'은 2012년 중앙부처에 '극동개발부' 신설, 2013년 '극동·바이칼지역 경제사회개발 프로그램 2025' 채택 등을 통해 '극동러시아 시대'의 개막을 알린 정책이다.* 낙후된 극동지역 개발을 위해 한·중·일 주변국들과의 경제협력을 활성화하는 한편, 대 서유럽 에너지 수출의존도를 완화하고 에너지·자원의 수출판로를 동북아지역으로 다변화함으로써 아태지역을 러시아 국가 경제 발전의 동력으로 삼고자 한 것이 그 핵심이다. 2018년 9월 11~13일 러시아 극동개발의 전초기지인 블라디보스토크에서 열린 제4회 동방경제포럼(EEF)**에서 중국과 러시아, 일본 정상 간의 연쇄 회담이 이루어지는 등 EEF는 역내 협력을 모색하는 중요한 플랫폼이 되고 있다.

이러한 시대적 조류에 부응하여 우리나라에서도 부산~북한~러시아~중국~중앙아시아~유럽을 관통하는 '실크로드 익스프레스(SRX)'와 전력·가

---

* 특히 2014년 우크라이나 사태에 따른 서방의 강력한 경제제재로 국제적 고립이 심화되면서 러시아는 극동개발을 국정 최우선 과제로 삼아 개발을 가속화하고 있다.

** 2015년에 출범한 EEF는 러시아 대통령령으로 창설한 연례 국제포럼으로 러시아 극동개발 전략을 국제사회에 홍보하고 주변국들과의 경제협력을 활성화하며 해외투자를 유치하는 플랫폼으로 활용되고 있다.

스 · 송유관 등 에너지 네트워크 구축을 통해 유라시아 대륙을 하나의 경제 공동체로 묶고 북한의 개방을 유도해 한반도 평화통일의 기반을 구축한다는 구상이 제기되기도 했다. 그러나 유라시아 경제권 설계는 한반도를 둘러싼 동북아의 긴장 완화 없이는 구현되기 어렵다. 뉴욕타임스(NYT), 워싱턴 포스트(WP)가 전하듯 비핵화 과정과 제재 해제 시점을 놓고 미 · 북 간 의견 차는 갈수록 커지고 있고, 미 · 중, 미 · 러, 중 · 일의 고착화된 대결구도는 동북아 고차방정식을 더욱 풀기 어렵게 하고 있다. 유라시아 경제권 설계가 가시화되고 아태 시대 개막이 본격화되기 위해선 동북아의 역내 구도에 새로운 방향 제시 및 새로운 방법의 기획과 더불어 신동력을 불어넣을 필요가 있다. 본서 제8장 1, 2절에서 고찰한 UNWPC(UNEPP) 개발계획은 시대적 조류와 각국의 니즈에 부합하는 방식으로 동북아의 역내 구도에 새로운 방향을 제시하고 새로운 방법으로 기획된, 생태적으로 건전하고 지속가능한 (ecologically sound and sustainable) 개발계획으로 아태 시대, 유라시아 시대의 개막을 촉발시키는 원대한 비전이 담긴 것이다.

이제 우리는 모든 것이 수평적으로 연결되고 지정학적으로 연계되는 시대로 진입하고 있다. 한국은 2018년 6월 7일 국제철도협력기구(OSJD)의 정회원으로 가입함에 따라 북한 내 철도 개량 · 건설 등 조치가 이루어질 경우 우리 열차가 TSR(시베리아횡단철도)과 TCR(중국횡단철도) 등 유라시아 철도에서 운행하는 것이 가능해졌다. 국제통계연감(2011)에 따르면 유라시아 대륙은 지구에서 가장 큰 단일 대륙으로 지구 육지 면적의 약 40%, 거주 인구는 세계 인구의 약 71%, 세계 국내총생산(GDP)의 60%를 차지하는 세계 최대 경제 권역이다. 한반도는 실크로드의 출발점이자 종착역이다. 유라시아 경제권의 출발점인 환동해 지역—러시아의 풍부한 부존자원과 중국의 거대 상권,

한국과 일본의 기술과 자본, 그리고 북한의 노동력이 만나는—에서 두만강을 따라 내륙으로 북·중·러를 관통하는 운하와 항만이 건설되고 유라시아 철도망이 연결되면 동북아 광역 경제 통합이 탄력을 받게 되면서 한반도 통일과 더불어 아태 시대, 유라시아 시대의 개막이 본격화되고 한반도에서 유럽까지의 육상 실크로드와 해상 실크로드가 완성될 것이다.

한편 CJ대한통운은 유라시아 철도 네트워크 활성화를 통해 동북아 물류 허브를 선점하기 위해 박차를 가하고 있다. CJ대한통운은 중국횡단철도(TCR)와 트럭을 이용해 중국과 유럽을 연결하는 국제 복합 운송 서비스를 2018년 5월부터 본격 시행했다. 철도와 트럭을 이용해 아시아와 유럽을 연결하는 '도어 투 도어(door to door)' 운송 서비스는 '유라시아 브리지 서비스(EABS)'가 처음이라며, 이를 위해 CJ대한통운은 철도 운영 전문 업체인 독일 RTSB와 협력 체계를 구축했다. 운영 노선은 중국 청두역과 폴란드 로지역, 독일 뉘른베르크역, 네덜란드 틸버그역을 연결하는 총 1만800㎞ 구간이다.

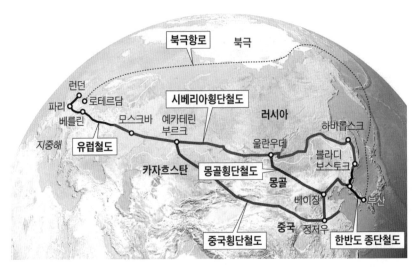

유라시아 장거리 철도 노선[12]

청두에서 틸버그역까지 12~15일 정도 걸리는데 '비용은 항공편의 5분의 1이고, 운송 시간은 최장 50일 가까이 걸리는 해상 운송의 3분의 1 수준'이라고 CJ대한통운은 밝혔다. 2017년 5,800억원가량으로 추정되는 중국~유럽 간 철도 운송 규모는 매년 10~20%가량 성장하여, 2020년에는 8,000억원대에 달할 전망이다. 향후 남북 경제 협력 등을 통해 북한을 거쳐 대륙으로 가는 육로가 열리면 부산에서 바로 유럽으로 화물을 보내는 '철의 실크로드'도 가능할 것으로 전망된다.[13]

아시아와 유럽을 잇는 '열린' 유라시아(Eurasia) 세계는 역사 속에서 꾸준히 그 모습을 드러내 왔다. 유라시아 세계가 유럽과 아시아로 이분화된 것은 유럽의 문화가 선진 문화로 거듭나게 된 근대 이후의 일이다. 그 전까지는 동양의 문화가 훨씬 앞서 있었다. 미국의 철학자 윌 듀란트(Will Durant)는 '서양의 이야기는 동양에서 시작된다.…동양의 문명들이 서양의 시작인 그리스와 로마 문화의 배경과 토대를 형성했기 때문이다.…그리스와 로마가 현대 지성의 모든 원천은 아니며, 서양 문명에 절대 없어선 안 될 발명품들, 즉 서양의 정치 및 경제 기구, 과학과 문학, 철학과 종교의 뿌리가 상당 부분 이집트와 동양에 그 기원을 두고 있다는 사실을 알면 놀라울 따름'[14]이라고 지적했다. 또한 미국의 인류학자 에릭 울프(Eric R. Wolf)는 서양이 동양과는 대립되는 독립적이고 자발적인 혈통을 가지고 있다고 믿는 것은 역사를 도덕적인 성공담으로 간주하는 것이 되므로 잘못된 설정이라고 지적한다. 그렇게 해서 역사는 미덕을 지닌 서양이 나쁜 동양을 어떻게 이겼는지를 보여주는, 미덕을 장려하는 이야기로 개조되기에 이르렀다는 것이다. 실제로 많은 유럽 국가들과 미국은 이런 인종주의적 이데올로기를 이용해 새로운 식민지를 얻는 일을 정당화했다. 근대 이후 고착화된 이분법적 세계관의 오류를 지적한 울프의 다음 말은 신유라시아 시대를 목전에 둔 우리에게 많은 시사점을 제공한다.

> 우리는 교실 안팎에서 서양이라는 존재가 있으며, 이 서양은 다른 사회나 문명들(예를 들면 동양)과 대립하는 독립적인 사회와 문명이라고 배웠다. 심지어는 이 서양이 고대 그리스가 로마를 낳고, 로마가 유럽의 기독교 세계를 낳고, 유럽의 기독교 세계가 문예부흥을 낳고, 문예부흥이 계몽운동과 계몽운동의 정치적 민주주의와 산업혁명으로 이어지는 자발적인 혈통을 가지고 있다고 믿으며 성장했다. 결국 민주주의와 맞물린 산업이 미국에 굴복하면서 생명, 자유, 행복 추구에 대한 권리를 구현했다.…이것은 잘못된 설정이다. 무엇보다 하나의 역사를 도덕적인 성공담, 즉 서양의 각 주자들이 때가 되면 자유의 횃불을 다음 주자에게 넘겨주는 경주로 간주하기 때문이다.[15]

영국의 역사학자 존 홉슨(John M. Hobson)은 그의 저서 『서구 문명의 동양적 기원 The Eastern Origins of Western Civilisation』(2004)에서 "이 책의 주된 주장은 가장 기본적인 유럽중심적 가정, 즉 동양이 서양 강국들의 희생양 혹은 하수인일 뿐 아니라 세계 발전사의 수동적인 방관자이기 때문에 세계 역사의 발전사에서 당연히 제외될 수밖에 없다는 가정에 반대한다는 것이다"[16]라는 그의 관점을 피력했다. 미국의 영문학자 에드워드 사이드(Edward Said)는 1978년에 최초로 '오리엔탈리즘(orientalism)'이라는 용어를 사용했다. 오리엔탈리즘 또는 유럽 중심주의는 동양에 비해 서양의 선천적 우월성을 강조하는 이분법적 세계관의 전형이다. 서양이 현대 세계를 독자적으로 창조하고 개척해 왔다는 주장은 사실과 다르다. 11세기 말~13세기 후반 수차례에 걸친 십자군 원정으로 인한 사라센(이슬람) 문화의 유입은 유럽인들의 지성을 자극하고 이성에 눈을 뜨게 하는 계기가 되었다.

십자군 원정을 통한 천문학, 기하학, 수학 등 자연과학을 비롯한 다양한 이슬람의 선진 과학기술 및 문물의 도입은 유럽의 과학 및 학문의 발달에 커다란 영향을 미쳤다. 또한 유럽은 몽골제국의 무역체계로부터 전 세계의 어느 곳보다 더 많은 혜택을 받았다. 유럽인들은 원나라와의 교역을 통해 인쇄술과 무기, 화약 기술, 항해용 기기 등 16세기 이후에 세계를 지배할 도구를 얻었다. 인류의 4대 발명품으로 꼽히는 화약, 나침반, 인쇄술, 종이는 모두 동양에서 비롯되어 서양으로 전수된 것이다. 동양의 나침반이 유럽으로 전래되어 폐쇄적이었던 중세 유럽의 세계관을 타파하고 대항해의 시대를 열게 했으며 신대륙의 발견으로 이어졌다. 또한 유럽인들은 동양에서 유입된 화약 기술에 기초해 무기를 만들어 내기 시작했다. 유럽의 양피지는 종이로 대체됐고—종이는 유럽에 알려져 있긴 했지만 거의 사용되지 않고 있었다—각지에 대학이 세워지면서 필사본 책에 대한 수요도 늘어나 지식의 전파 속도도 빨라졌다. 그렇게 해서 르네상스와 종교개혁의 지적 토대가 마련되었다.

영국 역사학자이자 옥스퍼드대 비잔틴연구센터 소장인 피터 프랭코판 (Peter Frankopan)은 그의 저서 『실크로드: 새로운 세계사 *The Silk Roads: A New History of the World*』(2016)[17]에서 실크로드는 박제된 과거의 영광이 아니라 새로운 세계의 연결망으로 그 의미가 확장되고 있다며, 고대 제국에서 G2 시대까지의 역사를 조명하며 실크로드의 현재적 의미를 강조한다. 8세기 '세계의 중심'은 바그다드였다. 당시 바그다드는 세계에서 가장 풍요로운 도시였으며, 사통팔달의 교통망을 통해 동방과 서방의 물자들이 집결했고, 화폐경제 시스템에 의해 막대한 조세가 유입됐다. 실크로드는 동서양이 만나고 제국들이 흥망성쇠를 거듭했으며, 세계 거대 종교(불교, 힌두교, 유대교,

기독교, 이슬람교)들이 탄생하고 문명이 부침(浮沈)을 거듭했으며, 사상과 상품들이 오가고 질병들이 흘러 다녔다. 초원과 사막과 평야와 산맥 사이로 수많은 길이 이어진 서아시아와 중앙아시아, 동서양을 가교하는 이곳은 고대 문명의 발상지로서 철학과 과학, 문학과 예술이 꽃을 피웠으며, 이곳의 정치·경제적 변화의 파장은 서유럽이나 중국에까지 미쳤다.

그런데 1492년 이탈리아의 탐험가 크리스토퍼 콜럼버스(Christopher Columbus)의 대서양 횡단 이후 서유럽이 해상 교통로를 장악함에 따라 세계사의 주 무대가 서유럽으로 옮겨지면서 서유럽인들은 마치 그 이전부터 자신들이 주도권을 잡았던 것처럼 역사를 미화하고 왜곡하기 시작했다고 프랭코판은 말한다. 실크로드 지역은 오늘날에도 여전히 열강의 뜨거운 관심의 대상이 되고 있다. 이 지역의 통제권—특히 '검은 비단'으로 불리는 석유 통제권—을 둘러싼 열강의 각축전에서 제2차 세계대전 이후에는 미국이 주도권을 잡게 되었고, 이에 G2의 일원인 중국이 2013년 '일대일로' 전략으로 도전장을 내밀고 있다. 미국의 '아시아 회귀(pivot to Asia)' 정책은 이러한 중국의 부상과 무관하지 않다. 현재도 진행 중인 시리아 내전만 보더라도 그것은 단순한 내전이 아니라 이 지역의 통제권을 둘러싼 국제전으로서의 성격이 강하다. 즉 '비옥한 초승달 지대(Fertile Crescent)'를 둘러싸고 전략적 우위를 지키려는 미국, 중동 진출의 교두보를 확보하려는 러시아, 새로운 플레이어로 진출하는 중국, 지역 패권을 두고 각축전을 벌이는 이슬람주의 세력이 벌이는 국제전으로서의 성격이 강하다. 세계사의 주 무대였던 이 지역이 재부상하고 있는 것이다.

세계적인 경제사 학자이자 종속이론의 선구자로 알려진 안드레 군더 프랑크(Andre Gunder Frank)는 세계경제의 '주도권'이 한(두) 구역이나 지역에 일시적으로 '집중'되었다가 시간이 흐르면 다른 구역이나 지역으로 이동하게 된다며, 이러한 현상이 21세기의 벽두에 다시 일어나고 있다고 본다. 세계경제의 '중심'이 다시 '동양'으로 이동하고 있다는 것이다.[18] 유럽은 아시아의 등에 업혔다가 이내 어깨를 타고 앉았지만 그것은 일시적인 현상일 뿐이며, 이제 그 지위를 다시 상실할 수밖에 없다는 것이다. 유라시아 세계가 이분화된 것은 '서양의 발흥'에 대한 서양의 해석이 여타 유럽 지역에서 이루어진 모든 공헌은 무시하고 예외적인 유럽 내부의 원인과 결과에만 치중하는, 이른바 '터널 역사관'—마샬 호지슨(Marshall G. S. Hodgson)과 블로트(J. M. Blaut)의 표현을 빌리자면—에 빠져 있었기 때문이다. 이제 동양의 재부상과 함께 신유라시아 시대가 떠오르고 있다.

아시아개발은행(ADB)에서 펴낸 『아시아 미래 대예측 Asia 2050: Realizing the Asian Century』(2011)[19]에 따르면 최근 추세를 유지할 경우 2050년 아시아의 1인당 소득은 현재의 유럽 수준에 도달할 것이고, 2050년에는 전 세계 GDP(Gross Domestic Product 국내총생산)에서 아시아의 비중이 현재의 약 두 배로 증가해 52%가 되면서 산업혁명이 일어나기 전에 아시아가 누렸던 지배적인 경제적 위상을 되찾게 될 것이라고 한다. 동아시아공동체(East Asian Community, EAC)의 가능성은 '아시아 세기'의 실현 여부에 달려 있다. '역내 공공 현안을 추구하고 협력의 시너지 효과를 극대화하며 지역의 동반성장을 향한 역내 협력'[20]을 강화하는 것이 '아시아 세기'를 담보하는 길인 동시에 동아시아공동체의 미래를 담보하는 길이다. 미래를 내다보는 통찰력과 협력적인 리더십, 개방성과 투명성, 상호 신뢰의 구축, 아시아 선진국들의 개발원조를 통한 국가 간 소득과 기회의 격차 해소 및 빈곤국의 성장잠재력 극대화, 역내 협력을 통한 아시아 단일시장 기반 조성에 따른 아시아의 장기적 안정과 평화, 기술개발과 에너지 안보, 재난 대비 등에 있어 협력의 시너지 효과 극대화 등은 아시아 번영으로의 길인 동시에 동아시아공동체의 미래를 여는 길이다.

　오늘날 광범하게 사용되고 있는 '리오리엔트(ReOrient)'란 용어는 20세기 역사의 중심 주제가 되었던 '서구의 몰락(the decline of the West)'과 상응하는 개념이며, 근대 서구사회의 종언을 함축하는 개념으로 세계 질서의 '문화적 재편(cultural reconfiguration)'을 시사한다. 유럽중심주의(Eurocentrism) 또는 서구중심주의의 중핵을 이루는 글로벌 자본주의는 사실상 수명이 다한 것으로 간주되면서 대안 경제모델이 나오고 있다. 인도의 철학자이자 경제사회 이론가인 프라밧 란잔 사카르(Prabhat Ranjan Sarkar)는 그의 저서『지성의 해방 *The Liberation of Intellect: Neohumanism*』에서 근대 휴머니즘에 결여된 영성(spirituality)을 강조하며 네오휴머니즘이란 용어를 사용한다. 사카르는 1955년에 사회적·영적 조직인 '아난다 마르가'(Ananda Marga 지복의 길)를 창설하였으며, 이미 1959년에 글로벌 자본주의의 폐해를 지적하며 대안 경제모델로 '프라우트(Prout: Progressive Utilization Theory)[21]를 제시했다. 지역공동체, 협동조합, 경제민주주의, 그리고 영성에 기반을 두고 생태적이며 영적인 시각을 제공하는 대안모델 '프라우트'는 '인간이 다른 존재들과 조화를 이루며 자신의 육체적, 정신적, 영적 잠재능력을 최대한 발휘하는 삶을 살 수 있도록 여건을 조성하는 것'[22]을 목표로 삼는다. 이는 곧 네오휴머니즘이 지향하는 목표이기도 하다.

　사카르의 네오휴머니즘이 지향하는 목표는 제러미 리프킨(Jeremy Rifkin)의 저서『접속의 시대 *The Age of Access: The New Culture of Hypercapitalism, Where All of Life is a Paid-For Experience*』(2001)[23]에 나오는 '하이퍼(超)자본주의(hypercapitalism)' 개념을 떠올리게 한다. 미국 펜실베이니아대 교수이며 미래학자인 리프킨은 단순한 물질적 소유보다는 다양한 경험적 가치를 중시하는 완전한 문화적 자본주의로의 대변신을 '접속(access)'이라는 키워드로 정의함으로써 소유지향적이 아니라 체험지향적인 하이퍼 자본주의의 새로운 문화상을 제시했다. 삶 자체를 소유 개념이 아닌 관계적인 접속 개념으로 인식함으로써 소유(possession) · 사유화(privatization) · 상품화(commercialization)와 더불어 시작된 자본주의가 새로운 국면을 맞게 될 것임을 예고한 것이다. 문화적 다양성의 유지는 생물 종(種) 다양성의 유지와 마찬가지로 지속가능한 문명의 토대를 이루는 것인 까닭에 문화가 단지 상품화를 위한 재료 공급원이 되어서는 안 된다는 것이다. 관계적인 접속을 통한 다양한 문화적 경험은 의식의 확장을 가져오는 단초가 되는 것이라는 점에서 개인주의와 소유의 개념에 입각한 서구중심주의를 극복할 수 있게 하는 사상적 토대가 되는 것이기도 하다.

소유지향적이 아니라 체험지향적인 리프킨의 '하이퍼 자본주의'는 자크 아탈리(Jacques Attali)의 '관계의 경제' 개념에 기초한 '하이퍼 민주주의(hyperdemocracy)'와 그 맥이 통해 있다. 유럽 최고의 석학이라 불리는 세계적인 미래학자 자크 아탈리는 일찍이 세계의 지정학적 중심이 태평양 쪽으로 이동할 것이라고 예측하면서 기상이변, 금융 거품 현상, 공산주의의 약화, 테러리즘의 위협, 노마디즘(nomadism)의 부상, 휴대폰과 인터넷을 비롯한 유목민적 상품의 만능 시대 등을 예고했다.[24] 그는 하이퍼 제국(hyperempire) · 하이퍼 분쟁(hyperconflict) · 하이퍼 민주주의라는 변증법적으로 서로 연결된 세 가지 미래의 물결을 제시했다. 다중심적인 혼돈이 '시장의 세계정부'에 자리를 내줌으로써[25] 국가라는 배경 없이 시장과 보험으로 통합된 지구단일 체제[26]를 형성하는 '하이퍼 제국', 통합된 세계시장으로서의 하이퍼 제국에서 야기되는 무시무시한 '하이퍼 분쟁', 그리고 '하이퍼 민주주의'가 결국 승리하면서 보편적이고 박애의 정신에 기초한 새로운 균형이 확산되리라는 예측이다. 그때가 되면 트랜스휴먼(transhuman)으로 불리는 전위적 주역들의 등장으로 관계의 경제(relational economy)라고 하는 새로운 경제활동이 시장경제와 병행해서 발전하다가 종국에는 시장경제의 종말을 초래할 것이라고 본다. 그리하여 상업적 이익보다는 관계 위주의 새로운 집단생활을 창조할 것이며, 창조적인 능력을 공유하여 보편적인 지능(universal intelligence)을 탄생시킬 것이라고 본다.[27]

앨빈 토플러(Alvin Toffler)와 더불어 미래학계의 양대 산맥으로 꼽히는 존 나이스빗(John Naisbitt)은 21세기 미래를 이끌어 갈 메가트렌드(megatrend) 중 가장 큰 하나로 경제의 글로벌화를 들고, '열린 마음(open mind)'과 '네트워크(network)'를 그 핵심으로 꼽는다. 그는 글로벌 경제의 기본단위(basic units)가 기업이며 국가의 역할은 사실상 끝난 것으로 보고 있다. 그에 따르면 지금까지 정부의 역할은 크게 두 가지, 즉 공평성(fairness)과 자유(freedom)를 달성하는 데 초점을 두어 왔으며, 대부분의 정부는 중앙집중적 계획을 통해 소득이나 복지를 재분배함으로써 공평성을 달성하고자 했지만 성공하지 못했고 앞으로도 성공할 수 없을 것이라고 단언한다. 따라서 앞으로의 정부의 역할은 경제나 사회가 동력을 잃지 않으면서 발전해 나갈 수 있도록 경제적 자유도를 높이고 개인이나 기업이 서로 공평하게 경쟁할 수 있는 환경을 만드는 데 초점을 두어야 한다고 말한다.[28] 말하자면 정부가 나서서 무엇을 해야 하는 시기는 지났다는 것이다. '제2물결'의 낡은 정치제도나 조직은 '제3물결' 시대에는 적용될 수 없을뿐더러 오히려 위기를 증폭시키는 요인이 된다는 것이다.

한편 이탈리아 자율주의(아우토노미아) 운동 이론가 안토니오 네그리(Antonio Negri)와 그의 제자 마이클 하트(Michael Hardt)는 공저 『제국 Empire』(2000)에서 국민국가의 점진적인 주권 상실과 국가 및 초국가 단체들로 구성된 새로운 형태의 주권 출현에 대해 논하고 있다. 오늘날의 세계 질서에 대한 하나의 인식 지도를 제시한 것으로 평가되는 이 저작에서 '제국'이란 전 지구적 규모로 확대된 자본주의 체제에 상응하는 새로운 권력체제를 일컫는 것으로 국민국가들이 네트워크를 이루어 단일한 제국 체제를 형성해 가는 것이라는 점에서 국민국가들 간의 갈등 체제인 '제국주의 체제'와는 본질적으로 다르다. '제국적'이지만 '제국주의적'이지는 않은 이 제국의 네트워크 체제가 창출한 새로운 주체가 바로 네그리와 하트의 또 다른 공저 『다중 Multitude』(2004)에서 말하는 '다중(多衆)'이다. 제국과 다중은 '지구화'의 두 얼굴이며 둘 다 네트워크다. 다중의 네트워크는 '모든 차이들이 자유롭고 평등하게 표현될 수 있는 개방적이고 확장적인 네트워크이며, 우리가 공동으로 일하고 공동으로 살 수 있는 마주침의 수단들을 제공하는 네트워크'이다. 오늘날의 제국의 평화, 즉 팍스 임페리이(Pax Imperii)는 '항구적 전쟁상태' 위에 군림하는 허위적 평화에 지나지 않으며, 이를 극복하고 전 지구적 문제를 해결할 주체는 '다중'이라는 것이다.[29]

이상에서 볼 때 개인주의와 소유의 개념에 입각한 서구중심주의는 더 이상 지속가능하지 않은 것으로 나타난다. '제2물결'의 낡은 정치제도나 조직은 위기를 증폭시키는 요인이 되기 때문에 수평적 권력으로의 패러다임 전환이 불가피하다는 것이다. 리프킨은 세계 경제의 패러다임 자체가 위계형 통제 메커니즘에서 협업 메커니즘으로 바뀌면서 공유성을 기반으로 하는 '액체 민주주의'와 '협업 경제'로의 이행을 촉발할 것이라고 예고한다. 세계 경제 패러다임의 변화로 수평적 권력이 에너지, 경제, 그리고 세계를 근본적으로 바꾸게 될 것이라는 전망이 점차 힘을 얻고 있다. 현재 우리 인류는 얽히고설킨 세계 시장이라는 복잡계와 통제 불능의 '기후'라는 복잡계가 빚어내는 문명의 대순환주기와 자연의 대순환주기가 맞물리는 시점에 와 있다. 아탈리는 인류가 금융, 환경, 인구, 보건, 정치, 윤리, 문화적 재앙이라는 학습 과정을 통해 전 지구적인 공조체제 형성이 시급함을 깨달으면 국가의 경계를 넘어선 세계정부 구성을 통해 이런 위기를 극복할 수 있다고 주장한다. 9·11 테러(2001), 인터넷·검색 엔진·휴대전화·SNS의 출현과 발전, 세계 금융위기(2007~2008), 튀니지의 '재스민혁명(2010)'을 기점으로 민주화 시위 확산, 동일본 대지진(2011.3.11)과 쓰나미로 인한 방사능 누출 사고 등은 초국가적이며 민주적인 세계정부의 필요성을 절감케 한다.

전 지구적 차원의 문제를 해결하고 인류 전체의 이익을 관할하기 위한 해법으로 아탈리가 제시하는 것은 효율적으로 기능하는 전 지구적인 민주주의적 세계정부다. 중앙집권화 되지 않은 초국가성을 띠는 세계정부[30]가 그 해법이라는 것이다. 따라서 다자주의적인 정부나 불완전한 국가를 개혁하는 것만으로는 충분하지 않으며, 권력 장악을 추구하거나 기존의 권력기구 속에 편입된 세계정부를 그려서도 안 되고 초국가적 성격을 띠어야 하는데, 연방제가 그 답이라는 것이다. "최선의 세계정부는 연방 형태의 민주주의 정부로, 자기의 역할을 충실히 수행하는 국가들이 대륙별로 규합하는 형태다. 이 연방제는 세 가지 원칙을 따른다. 연방정부와 각국 정부의 입법권을 나누는 분리의 원칙, 각국 정부가 가진 권한에 대해서는 책임을 지는 독립의 원칙, 각국 정부가 공동체와 공동체의 규칙에 소속감을 느끼며 중앙정부가 다양성과 타협을 유지할 수 있다는 확신을 갖는 귀속의 원칙이다. 각국 정부는 연방제의 각 기구에서 대표성을 갖고 연방법 제정에도 참여한다."[31]

이러한 세계정부 설립이 현 시점에서는 불가능해 보일지 모르지만, 보다 규모가 작고 실용적이며 기존의 기구들을 점진적으로 변화시켜 이상적 모델로 바꾸는 정부는 가능하다고 아탈리는 말한다. 인류가 재앙에서 벗어나기 위한 방법으로 그는 G20과 유엔 안전보장이사회를 결합하는 것과 같은 몇 개의 개혁을 단행할 것과, 국제통화기금(IMF), 세계은행(WB) 등 국제기구들을 그 결합체 산하에 두고 유엔 총회에 관리를 위임할 것을 제안한다.[32] 또한 아탈리는 공공 부채의 심각성을 논의하는 글에서 국가 부채를 일관성 있게 관리하는 시스템으로서의 초국가적 중앙은행의 필요성을 제기한다. 부채 문제의 근본적인 해법으로는 세계 금융 시스템이 지속적인 발전 가능성이 있는 곳에 공공 투자를 하여 세계 공동 재산을 증식시키고, 이와 더불어 국제금융기구를 급진적으로 변화시키고 엄격한 규정을 금융 시장에 적용할 것 등을 들고 있다.[33] 전 지구적인 민주주의적 세계정부에 대한 자크 아탈리의 구상은 다중의 민주주의가 필요할 뿐만 아니라 가능하다는 네그리와 하트의 관점과 일맥상통한다. 아탈리는 세계의 미래에 관심을 가진 '하이퍼 유목민'*이라 불리는 새로운 세계 주체들[多衆]이 초국경적 역동성을 만들어 내고 세계 공공재를 구현할 것이라고 본다.

언제 어디서나 연결되는 오늘날의 유비쿼터스 세상은 각종 정보와 지식으로의 접근성을 높여 주고 있으며, SNS와 집단지성은 개인과 비정부기구들의 제도화된 참여를 활성화시킴으로써 세계정부의 민주주의적 정통성을 강화시킬 것으로 기대되고 있다. 세계화 추진회의인 세계경제포럼(WEF · 다보스포럼)이 열리는 매년 초에 '다른 세계는 가능하다(Another world is possible)'는 이슈를 내걸고 동시에 열리고 있는 반세계화, 대안세계화 추진회의인 세계사회포럼(World Social Forum, WSF)은 국제기구, 초국적 기업, 정부의 신자유주의 정책에 반대해 인권, 주권, 평등, 환경생태, 정의와 공정, 세계평화, 그리고 참여민주주의가 보장되는 대안사회를 추구한다. 또한 영국 일간지 가디

---

* 시민운동가, 기자, 철학자, 역사가 국제공무원, 외교관, 국제주의 운동가, 메세나(mecenat: 기업의 문화예술 지원 활동), 세계경제의 주체들, 가상 경제 및 SNS의 주체들, 모든 종류의 크리에이터들을 아탈리는 '하이퍼 유목민'이라고 부른다.

언이 '가장 영향력 있는 세계 최대의 온라인 행동 네트워크'로 간주한 글로벌 시민단체 아바즈(Avaaz)는 기후변화, 인권, 동물의 권리, 부정부패, 빈곤 및 분쟁 관련 이슈에 대한 활동을 빠른 속도로 전 세계에 전달하고 국제사회 의제로 등장시켜서 강력한 집단행동을 통해 해결하는 것을 목표로 한다. 이들 단체의 활동 모두 세계정부의 민주주의적 정통성 강화에 기여할 것으로 기대된다.

끝으로, 동북아의 역내 협력 강화와 통합의 거버넌스 구축을 통해 동아시아공동체(EAC), 나아가 유라시아공동체를 실현하려면 무엇보다도 동북아의 지속적인 안정과 평화 정착이 필수적이다. 지역 통합 및 공동체 구축의 실현은 민주주의적 가치 및 공공성에 대한 인식의 확대, 그리고 정치경제적 및 사회문화적 상호 의존의 증대와 더불어 상생과 조화의 가치를 바탕으로 하는 지역 정체성 확립과 상호 신뢰 회복에 달려 있다. 오늘날처럼 고도로 네트워크화 되어 있는 국제 환경에서는 개별 국가 이익의 총량이 중장기적으로는 지역 전체 이익의 총량과 함수관계에 있다는 점을 인지하고 개별 국가 차원의 단견에서 벗어나 동아시아, 나아가 유라시아 지역 차원의 장기적인 안목에서 역내 협력과 지역 통합을 이룩할 필요가 있다. 필자가 UNWPC(UNEPP)를 구상하게 된 것도 상생과 조화의 패러다임에 기초한 지역 정체성 확립과 상호 신뢰 회복을 통해 한반도 평화통일과 지구촌의 미래 청사진을 제시하기 위한 것이다.

우리는 지금 세상이라는 이름의 '팹랩(FabLab(fabrication laboratory 제조 실험실))'에서 살고 있다. 오늘날 제조업 분야의 '팹랩'에서도 '사람을 해치는 물건'의 제작을 금지하는 팹랩의 정신이란 것이 있다. 본서는 세상이라는 이름의 '팹랩'의 현주소와 지향해야 할 정신(정보, 데이터)과 정신을 실현할 다양한 물질(재료), 그리고 '정보'와 '물질'의 상호 전환의 원리를 구현할 지구촌의 시범 프로젝트(pilot project)를 펼쳐 보인 것이다. 다시 말해 생명이 곧 영성임을 갈파(喝破)한 '한'사상과, 과학과 의식의 심오한 접합을 함축한 신과학과, 원-원 협력체계의 동북아 그랜드 디자인으로 신유라시아 시대의 신문명을 건설하자는 것이다. 팹랩 UNWPC는 협업 지식을 높이고 진정한 '팹라이프(FabLife)' 모델을 전 세계에 확산시키는 동북아의 플랫폼 역할을 할 수 있을 것이다. 그렇게 되면 만인이 노래하는 국경 없는 세상, '지구적 의식(planetary consciousness)'의 미덕을 노래하는 시대는 오게 되지 않을까?

01 '한(Oneness)'사상

1. 『黃極經世書』,「纂圖指要・下」:"時動而事起天運而人從 猶形行而影會聲發而響";『黃極經世書』,「纂圖指要・下」:"天之時由人之事乎 人之事有天之時乎";『黃極經世書』,「纂圖指要・下」:"時者天也 事者人也 時動而事起…." 北宋시대의 巨儒 邵康節(이름은 雍)이『皇極經世書』에서 元會運世의 數로 밝힌 천지운행의 원리는 天時와 人事가 조응하고 있음을 보여준다. 北宋五子—周敦頤(호는 濂溪)・邵雍(호는 康節)・張載(호는 橫渠)・程顥(호는 明道)・程頤(호는 伊川)—의 한 사람인 그는 천지만물뿐 아니라 세상 '일'(人事)이 생장・분열과 수렴・통일을 순환 반복하는 元會運世라는 천지운행의 원리와 상합하고 있음을 밝히고 있다. 소강절의 象數學說에 기초한 우주관과 자연철학은 周敦頤의 太極圖說과 더불어 동양 우주론의 바탕을 이루고 있다. 우주 1년의 理數를 처음으로 밝혀낸 그의 사상은『皇極經世書』를 통해 세상에 알려졌고, 朱子(이름은 熹)에 의해 성리학의 근본이념으로 자리 잡게 되었다. 그에 의하면 우주 1년의 12만9,600년 가운데 인류 문명의 생존 기간은 乾運의 先天 5만년과 坤運의 後天 5만년을 합한 10만년이며, 나머지 2만9,600년은 빙하기로 천지의 재충전을 위한 휴식기이다.

2. 『孟子』,「公孫丑章句上」:"可以仕則仕 可以止則止 可以久則久 可以速則速 孔子也." 孟子(이름은 軻)는 공자의 時中의 道를 찬양하여 이렇게 말하였다. "벼슬을 할 때면 나가서 벼슬하고, 그만두어야 할 때면 그만두고, 오래 머물러 있을 때면 오래 머물러 있고, 빨리 떠날 때면 빨리 떠나는 것은 공자였다."

3. 『中庸』1章.

4. Michael J. Sandel 지음, 이창신 옮김,『정의란 무엇인가』(서울: 김영사, 2010), 360-361쪽.

5. cf. *The Bhagavad Gita*, 9. 7-8. cf. *The Bhagavad Gita*, 8. 18-19: "…When that day comes, all the visible creation arises from the Invisible; and all creation disappears into the Invisible when the night of darkness comes. Thus the infinity of beings which live again and again all powerlessly disappear when the night of darkness comes; and they all return again at the rising of the day."

6. 『東經大全』,「論學文」.

7. 본 장의 이하 내용은 拙稿,「'한'과 동학의 사상적 특성과 정치실천적 과제」,『동학학보』제48호, 동학학회, 2018, 266-299쪽을 확장, 발전시킨 것임.

8. 신용하,『고조선문명의 사회사』(파주: 지식산업사, 2018), 464쪽.

9. 桓國의 역사적 실재에 대해서는『三國遺事』원본에도 명기되어 있다.『三國遺事』中

宗王申刊本에는 "옛날에 환인의 서자 환웅이 있어(昔有桓因庶子桓雄)…"가 아닌, "옛날에 환국의 서자 환웅이 있어(昔有桓國庶子桓雄)…"로 시작하고 있다. 사실상 일본인들도 한일합방 전에는 『삼국유사』 원본과 일본어 번역본에서처럼 분명히 '桓因'이 아닌 '桓國'이라고 했던 것으로 나타난다.

10. 『桓檀古記』,「太白逸史」蘇塗經典本訓: "所以執一含三者 乃一其氣而三其神也 所以會三歸一者 是易神爲三而氣爲一也." '하나를 잡아 셋을 포함하고 셋이 모여 하나로 돌아감'이란 뜻이다. 이는 곧 일즉삼·삼즉일의 뜻으로 천·지·인 삼신일체를 의미한다. 混元一氣인 '하나(一)'가 곧 천·지·인 삼신이요, 천·지·인 삼신이 곧 혼원일기인 '하나(一)'이다. 여기서 "삼일(三一)은 그 본체요, 일삼(一三)은 그 작용이다"(『桓檀古記』,「太白逸史」蘇塗經典本訓: "三一其體 一三其用"). 말하자면 일즉삼·삼즉일의 원리인 집일함삼·회삼귀일은 작용과 본체라는 불가분의 관계로 분석될 수 있다.

11. 신용하, 앞의 책, 463쪽.

12. cf. 『中庸』 1章: "天命之謂性 率性之謂道."

13. 당시 교육의 원천이 되었던 우리 고유의 風流 속에는 유·불·선이 중국에서 전래되기 수천 년 전부터 3교를 포괄하는 내용이 담겨져 있어 그 사상적 깊이와 폭을 짐작케 한다. 孤雲 崔致遠의 〈鸞郎碑序〉에는 신시시대와 고조선 이래 우리의 고유한 전통사상의 뿌리에 대한 암시가 잘 나타나 있다. 그 내용인즉, "나라에 玄妙한 道가 있으니, 이를 風流라고 한다. 그 教의 기원은 先史에 상세히 실려 있거니와, 실로 이는 3教(儒·佛·仙)를 포함하며 중생을 교화한다…"(『三國史記』 新羅本紀 第4 眞興王 37년 봄 記事). 우리 상고의 巫俗 또한 천·지·인 삼재의 융화에 기초한 심오한 사상적 배경을 가지고 있었다는 점에서 '한'사상의 전형을 보여준다.

14. 천부경은 본래 81(9x9)자가 모두 연결돼 있지만, 필자는 천부경이 담고 있는 의미를 보다 명료하게 풀기 위하여 세 범주로 나누어 살펴보았다. 上經「天理」는 '一始無始一析三極無盡本, 天一一地一二人一三, 一積十鉅無匱化三'으로 구성돼 있고, 中經「地轉」은 '天二三地二三人二三, 大三合六生七八九, 運三四成環五七'로 구성돼 있으며, 下經「人物」은 '一妙衍萬往來用變不動本, 本心本太陽昻明人中天地一, 一終無終一'로 구성돼 있다.

15. 拙著, 『천부경·삼일신고·참전계경』(서울: 모시는사람들, 2006), 47쪽. 생명의 본체가 한 이치 기운을 함축한 전일적인 의식계[본체계], 즉 내재적 본성인 신성이라면, 그 작용은 한 이치 기운의 조화작용을 나타낸 다양한 물질계[현상계], 즉 음양의 원리와 기운의 조화작용으로 체를 이룬 것이고, 본체와 작용의 합일은 한 이치 기운과 하나가 되는 일심의 경계를 일컫는 것이다(拙著, 『동서양의 사상에 나타난 인식과 존재의 변증법』(서울: 모시는사람들, 2011), 142쪽).

16. '불연'은 인간의 지식과 경험으로는 분명하게 인지할 수 없는 세상일을 말하고, '기연'은 상식적인 추론 범위 내의 사실을 말한다.

17. 「侍(모심)」의 세 가지 뜻풀이는 안으로 신령이 있고(內有神靈) 밖으로 氣化가 있어 (外有氣化) 각기 알아서 옮기지 않는다(各知不移)는 뜻이다. 즉 인간의 내재적 본성 인 신성[靈性]과 混元一氣로 이루어진 생명의 유기성 및 상호 관통을 깨달아 順天의 삶을 지향하는 것을 말한다. '신령'과 '기화'는 일심의 二門인 眞如와 生滅의 관계와도 같이 본체[본체계]와 작용[현상계]의 전일적 관계, 즉 생명의 전일성을 밝힌 것이고, '不移'는 천심에서 벗어나지 않는 것으로 「侍天主」 도덕의 실천적 측면과 관계된다. 우리가 '不移' 즉 일심의 경계에 이르면 '신령'과 '기화'가 하나임을 알게 된다는 것이 다.

18. 元曉, 「金剛三昧經論」, 조명기 편, 『元曉大師全集』(서울: 보련각, 1978), 181쪽(이하 『金剛三昧經論』으로 약칭): "言無住菩薩者 此人雖達本覺 本無起動 而不住寂靜 恒起 普化 依德立號 名曰無住."

19. 『金剛三昧經論』, 185쪽 : "無住菩薩言 一切境空 一切身空 一切識空 覺亦應空 佛言可 一覺者 不毁不壞 決定性 非空非不空 無空不空." "무주보살이 말하였다. 「일체 경계가 空하고 일체 몸이 '공'하고 일체 識이 '공'하니, 깨달음(覺) 또한 응당 '공'이겠습니다」. 붓다께서 말씀하셨다. 「모든 깨달음은 決定性을 훼손하지도 않고 파괴하지도 않으 니, 공도 아니고 공 아닌 것도 아니어서 공함도 없고 공하지 않음도 없다」."

20. Fritjof Capra, *The Turning Point*(New York: Simon & Schuster, 1982), pp.15-16.

21. Fritjof Capra, *The Tao of Physics*(Boston : Shambhala Publications, Inc., 1975), p.278: "…modern physics will have come a long way towards agreeing with the Eastern sages that the structures of the physical world are maya, or 'mind only'.

22. 데이비드 봄의 '숨은 변수이론(hidden variable theory)'이 말해주듯, 다양하게 분리 된 것처럼 보이는 물리적 세계 즉 '보이는 우주[explicate order]'는 일체의 이원성을 넘어선 전일성의 세계 즉 '보이지 않는 우주[implicate order]'가 물질화되어 나타난 것으로 이 양 세계는 내재적 질서에 의해 하나로 연결되어 있으며 분해되지 않는 전 체성을 그 본질로 한다. 이러한 질서를 봄은 부분이 전체를 포함하는 홀로그램적 비 유로 설명하고, 현실세계 또한 각 부분 속에 전체가 내포되어 있는 홀로그램과 같은 일반원리에 따라 구성되어 있는 것으로 보았다. 이는 곧 개체성[物性]과 전체성[靈性], 특수성과 보편성이 하나임을 전제한 것으로 '자기조화'의 의미를 내포하고 있다.

23. David Bohm, *Wholeness and the Implicate Order*(London: Routledge & Kegan Paul, 1980), pp.190-197, 205.

24. Augustine, *On the Trinity*, edited by gateth B. Matthews, translated by Stephen McKenna(Cambridge: Cambridge University Press, 2002), Book VIII, p.3: "All bodily analogies to the relationships among the persons of the Trinity mislead."

25. *Ibid,* , p.5: "no one thing is more true than another, because all are equally and unchangeably eternal."

26. 동학 「侍」의 세 가지 의미인 內有神靈 · 外有氣化 · 各知不移를 필자는 「侍」의 '3화음

적 구조'라고 명명하였다.

27. 러시아 태생의 저명한 미국인 수메르학자 사무엘 크레이머(Samuel Creimer)는 인류 최초의 학교, 최초의 민주적 대의제도 등 인류의 문화·문명사에서 최초의 중요한 것 27가지가 모두 수메르인들의 발명품이라고 밝히고 있다.

28. "John" in *Bible*, 4:24.

29. "John" in *Bible*, 14:6.

30. "1 John" in *Bible*, 4:8.

31. "John" in *Bible*, 8:34.

32. "John" in *Bible*, 8:32.

33. *The Bhagavad Gita*, translated from the Sanskrit with an introduction by Juan Mascaro(London: Penguin Books Ltd. , 1962), 4. 24.

34. *Mandukya Upanishad* in *The Upanishads*, translated from the Sanskrit with an introduction by Juan Mascaro(London: Penguin Books Ltd. , 1962), p.83: "OM. This eternal Word is all: what was, what is and what shall be, and what beyond is in eternity. All is OM."

35. "Revelation" in *Bible*, 1:8 : "I am the Alpha and the Omega,"…"who is, and who was, and who is to come, the Almighty." cf. "Revelation" in *Bible*, 21:6 : "I am the Alpha and the Omega, the beginning and the End(나는 알파와 오메가요 처음과 마지막이라)."

36. *Mandukya Upanishad* in *The Upanishads*, p.83: "Brahma is all and Atman is Brahma."

37. 『論語』,「爲政」二 : "子曰「詩三百 一言蔽之 曰思無邪」."

38. 元曉,「大乘起信論別記」, 조명기 편,『元曉大師全集』, 484쪽(이하『大乘起信論別記』로 약칭);『大乘起信論別記』, 483쪽: "猶如海水之動 說名爲波 波無自體故 無波之動 水有體故 有水之動 心與四相義亦如是"; 元曉,「大乘起信論疏」, 조명기 편,『元曉大師全集』, 416쪽(이하『大乘起信論疏』로 약칭): "四相俱有爲心所成 離一心外無別自體 故言俱時而有皆無自立."

39. cf.『莊子』,「知北游」: "生也死之徒 死也生之始 孰知其紀 人之生 氣之聚也 聚則爲死 若死生爲徒 吾又何患 故萬物一也…故曰通天下一氣耳 聖人故貴一." 生과 死가 동반 자이며 만물이 하나이고, 하나의 기운(一氣)이 천하를 관통하고 있기에 성인은 그 하나를 귀하게 여긴다는 것이다. 그 하나가 곧 一氣(混元一氣, 우주의 창조적 에너지) 이다.

40. 아인슈타인은 일반상대성이론을 통해 중력을 리만 기하학(Riemannian geometry) 을 이용하여 휘어진 공간의 곡률로 설명하였으며, 아인슈타인을 포함한 과학자들은 거시적 우주 현상인 중력과 미시적 물리 현상인 전자기력을 포괄하는 '통일장이론'을 추구했지만 완성하지 못했다. 1930년대 들어 중력과 전자기력 외에 약력과 강력이

새로운 힘으로 인식되면서, 자연계의 네 가지 기본 힘 중에서 강력, 약력, 전자기력
은 게이지이론(gauge theory)에 의해, 그리고 중력은 일반상대성이론에 의해 기술되
게 되었다. 그러나 아인슈타인이 추구했던 중력과의 통일은 이루어지지 못했다. 이
를 해결하기 위해 도입한 것이 끈이론(초끈이론) 또는 '막(membrane, M)'이론이다.
1995년 에드워드 위튼(Edward Witten)이 기존의 다섯 개 초끈이론을 통합시킬 수
있는 단일한 이론체계인 M이론을 제시하면서 통일장이론은 새로운 전기를 맞게 되
었다.

41. Stephen Hawking & Leonard Mlodinow, *A Briefer History of Time*(New York: Random House, Inc. , 2005), pp.15-16.

42. cf.『桓檀古記』,「太白逸史」蘇塗經典本訓: '執一含三・會三歸一.' 즉 '하나를 잡아 셋
을 포함하고 셋이 모여 하나로 돌아감'은 一卽三・三卽一의 뜻으로 천・지・인 三神
一體를 의미한다. 여기서 '一'은 보편적인 하나의 '理'[太極]이고, '三'은 개별의 理를 구
유하고 있는 만물로서 본체와 작용이 하나임을 보여준다.

43. 『中阿含經』: "此有故彼有 此生故彼生 此無故彼無 此滅故彼滅(이것이 있으므로 저것
이 있고, 이것이 生하므로 저것이 生한다. 이것이 없으므로 저것이 없고, 이것이 滅하
므로 저것이 滅한다)."

44. Fritjof Capra, *The Turning Point*, p.92.

45. 『明心寶鑑』,「天命篇」제6장: "種瓜得瓜 種豆得豆 天網 恢恢 疎而不漏."

46. 『參佺戒經』第357事「天羅」(應 5果 31形): "每值天候不利 臨難 脫不得身 趁事 達不得
終."

47. 『參佺戒經』第358事「地網」(應 5果 32形): "吉地自遠 凶地自近 臨難 脫不得身 趁事
達不得終."

48. 『符都誌』第1章: "麻姑城 地上最高大城 奉守天符 繼承先天."

49. 『符都誌』第10章: "有因氏 繼受天符三印 此卽天地本音之象而使知其眞一根本者也."

50. 『符都誌』第10章: "有因氏千年 傳天符於子桓因氏…."

51. 『符都誌』第33章: "竟使今人 可得聞而知天符之在…."

52. 『桓檀古記』「三聖紀全」에는 古記를 인용하여 아시아의 대제국 환국의 강역이 남북
이 5만 리, 동서가 2만여 리로 나와 있다. 환국의 疆域에 관한 이러한 내용은 당 태종
때 편찬된 『晉書』의 내용과 일치하며, 『符都誌』에 나오는 중요한 기록의 대부분의 내
용과 일치하고 있다.

53. 박창범 지음, 『하늘에 새긴 우리역사』(파주: 김영사, 2017), 27-32쪽. 이 책 28쪽에는
천체 역학적 계산이 가능한 단군조선 시대의 천문 현상 기록 일람표가 나와 있다.

54. 여기서 또 하나의 웃가야 왕조란 기원전 3898년에 개창한 신시(神市)의 환웅 18
대와 기원전 2333년에 창건한 고조선의 단군 47대와 기원 전후에 세운 부여와 고구
려・백제・신라로 이어지는 위대한 혈맥을 지칭한다.

55. 일본의 『桓檀古記』 연구에 대해서는 최태영, 『인간 단군을 찾아서』(서울: 학고재,

2000), 269-274쪽.

56. 拙著,『천부경·삼일신고·참전계경』, 31-120쪽 참조.

57. 『澄心錄追記』第8章: "…大抵其本 卽天符之法而製之以金者 爲其不變也 作之以尺者 爲其無誤也."

58. 『澄心錄追記』第10章: "新羅創始之本 已在於符都則金尺之法 亦在於檀世者可知也."

59. 『澄心錄追記』第10章: "赫居世王…以十三之年少 能爲衆人之所推則其 血系 必有由緖 而金尺之爲傳來之古物 亦可以推知也."

60. 『澄心錄追記』第13章: "太祖之夢得金尺 豈其偶然者哉."

61. cf.『三國遺事』中宗壬申刊本, 紀異 第1 古朝鮮 王儉朝鮮條: "옛날에 桓國의 庶子 桓雄이 있어 인간 세상에 뜻을 품으매 桓因(또는 桓仁)이 그 뜻을 알고 三危太白을 내려다보니 홍익인간의 이념을 가히 실현할 만한지라 이에 天符印 세 개를 주어 인간 세상을 다스리게 하였다(昔有桓國庶子桓雄 數意天下 貪求人世 父知子意 下視三危太伯可以弘益人間 乃授天符印三箇)."

62. 『檀奇古史』,「前檀君朝鮮」檀典과 第2世 扶婁條.

63. 중요민속자료 [제218-10호] 致祭文

64. 『천부경』의 전래에 대해서는 拙著,『천부경·삼일신고·참전계경』, 31-42쪽 참조.

65. 『三一哲學譯解倧經合編』,「三一神誥序」: "群機有象 眞宰無形 藉其無而陶鈞亭毒 曰天神 假其有而生歿樂苦 曰人物 厥初神錫之性 元無眞妄 自是人受之品 乃有粹駁 譬如百川所涵 孤月同印 一雨所潤万卉-殊芳 嗟嗟有衆 漸ני邪愚 竟昧仁智 膏火相煎於世爐 腥塵交蔽於心寶 因之以方榮方枯 旋起旋滅 翻同帶晞之輩蜉 未免赴燭之屠蛾 不啻孺子之井淪 寧忍慈父之岸視 玆蓋大德大慧大力 天祖之所以化身降世 所以開敎建極也"(괄호 속 根本智, 分別智는 필자의 표기임).

66. 水雲은 '造化'를 '無爲而化'라고 하고, '定'을 '合其德定其心'이라고 하고 있다. 즉 '無爲而化'의 德과 그 기운과 하나가 되는 것이 '造化定'이다(『東經大全』,「論學文」: "造化者 無爲而化也 定者 合其德定其心也").

67. 단군시대로부터 고구려를 거쳐 고려에 이르는 심신훈련단체로 이들은 名山大川을 다니며 심신을 수련했다. 삼국통일의 주역이었던 신라의 화랑과 마찬가지로 국가의 지도자집단을 형성하였으며 살수대첩 등 국가의 중대사에 커다란 역할을 한 것으로 나타난다. 宋나라 사신으로 왔던 徐兢의『高麗圖經』에는 훈련단체 단원들이 머리를 깎은 채 허리에는 검은 띠를 매고 훈련을 받은 것으로 나타나 있다.

68. 檀君八條에 대해서는 신용하, 앞의 책, 467-470쪽.

69. 『桓檀古記』,「太白逸史」蘇塗經典本訓.

70. Gregg Braden, *The Divine Matrix*(New York: Hay House, Inc., 2007), p.4: "The Divine Matrix is the *container* that holds the universe, the *bridge* between all things, and the *mirror* that shows us what we have created."

71. G.W.F. Hegel, *Philosophy of Right*, edited and translated by T. M. Knox(Oxford:

Oxford University Press, 1980), Preface, p.13.

72. http://news.chosun.com/site/data/html_dir/2018/06/20/2018062000127. html?utm_source=naver&utm_medium=original&utm_campaign=news (2018.6.20) UN이 규정하고 있는 난민은 인종, 종교, 민족, 신분, 정치적 의견 등 다섯 가지 이유로 박해를 받을 우려가 있는 사람을 말한다.

73. 안보리 대북제재 결의 2397호의 핵심은 '유류제재 강화'와 '북한 해외노동자 송환' 조치다. 유류제재와 관련해서는, 원유 공급 상한선을 연간 400만 배럴로 명시하고, 정제유 공급량은 연간 200만 배럴(제재 결의 2375호를 통해 450만 배럴에서 200만 배럴로 감축)에서 50만 배럴로 감축하여 당초 공급량 450만 배럴 기준으로 환산시 90% 가량 차단하는 효과가 있다. 또한 UN회원국의 대북 원유 공급량 보고를 의무화하고, 북한의 추가 도발 시 사실상 유류 제한을 강화하는 조치를 명문화했다. 북한 해외노동자 송환과 관련해서는, 러시아와 중국 등 40여 개국에 5만~10만 명 파견된 것으로 추정되는 북한 해외 노동자들을 24개월 이내(2019년 말 이내)에 송환하는 조치도 명문화했다.

74. 또한 CVIID(complete, verifiable, irreversible instant dismantlement)는 '완전하고 검증가능하며 불가역적이고 신속한(즉각적인) 핵폐기'를 의미한다. 2018년 4월 남북정상회담을 앞두고 미국은 CVID가 이뤄지더라도 빠른 시일 내에 이뤄져야 한다며 CVIID라는 표현을 썼다. 한편 미 국무부는 2018년 7월 폼페이오 국무장관의 3차 방북을 앞두고 '비핵화를 철저하게 검증하겠다'는 의지를 담은 'FFVD(final, fully verified denuclearization)', 즉 '최종적이고 완전하게 검증된 비핵화'라는 새로운 용어를 사용했다. 이처럼 계속해서 새로운 용어를 사용한다는 것은 비핵화 협상이 그만큼 난항을 겪고 있음을 시사한다. 한편 태영호 전 영국주재 북한 공사는 2018년 5월 14일 서울 여의도 국회의원회관에서 열린 '북미정상회담과 남북관계 전망'이란 초청 강연에서 "(북미 정상은) CVID가 아닌 'SVID(sufficient, verifiable, irreversible dismantling · 충분한 비핵화)', 즉 핵 위협을 감소시키는 핵 군축으로 갈 가능성이 대단히 크다고 본다"고 주장했다.

75. http://news.chosun.com/site/data/html_dir/2018/05/15/2018051500185.html (2018.5.15) 마이크 폼페이오 국무장관은 볼턴과 같은 날 폭스뉴스 · CBS 방송에 연이어 출연한 자리에서 정부 예산 투입 가능성을 배제한 트럼프 행정부의 북한 비핵화 보상안에 대해 언급하며, '북한이 핵 프로그램을 완전히 폐기하면 안전보장을 제공하고 미국 민간투자를 허용해 에너지(전력)망 건설과 인프라 발전을 지원할 수 있다'고 밝혔다.

76. http://news.chosun.com/site/data/html_dir/2018/05/19/2018051900156.html (2018.5.19)

02 구리본위제도(Copper Standard System)

1. 유발 하라리 지음, 조현욱 옮김, 『사피엔스』(파주: 김영사, 2015), 247쪽.
2. 배리 아이켄그린 지음, 강명세 옮김, 『글로벌라이징 캐피털: 국제통화체제는 어떻게 진화하는가』(서울: 미지북스, 2010), 23쪽.
3. 중국 CCTV 다큐멘터리 〈화폐〉 제작팀 지음, 김락준 옮김 · 전병서 감수, 『화폐경제』(서울: 가나출판사, 2014), 41-42쪽.
4. 위의 책, 42-44쪽.
5. http://www.newsis.com/view/?id=NISX20180514_0000308036&cID=10101&pID=10100(2018.5.14)
6. 쑹훙빙 지음 · 홍순도 옮김, 『화폐전쟁』 3(서울: RHK, 2011), 484쪽.
7. 위의 책, 463쪽.
8. 위의 책, 463-465쪽.
9. 크리스 스키너 지음, 이미숙 옮김, 『금융혁명』(파주: 교보문고, 2017), 34-35쪽.
10. 신시아 브라운 지음, 이근영 옮김, 『빅 히스토리: 우주, 지구, 생명, 인간의 역사를 통합하다』(서울: 웅진지식하우스, 2013), 150-152쪽.
11. 위의 책, 169쪽; Peter N. Stearns, *World History: Patterns of Change and Continuity*(New York: Harper and Row, 1987), PP.13-16.
12. 유발 하라리 지음, 조현욱 옮김, 앞의 책, 257-259, 263, 267쪽.
13. 크리스 스키너 지음, 이미숙 옮김, 앞의 책, 35쪽.
14. http://100.daum.net/encyclopedia/view/177XX61301327 (2018.5.22)
15. https://www.bok.or.kr/portal/main/contents.do?menuNo=200385 (2018.5.22)
16. https://ko.wikipedia.org/wiki/%EA%B7%B8%EB%A0%88%EC%83%B4%EC%9D%98_%EB%B2%95%EC%B9%99 (2018.5.22)
17. http://www.hani.co.kr/arti/society/schooling/627621.html (2018.5.22)
18. 유발 하라리 지음, 조현욱 옮김, 앞의 책, 263쪽.
19. '팍스 로마나'란 아우구스투스 황제 때(재위 BC 27~AD 14)부터 제정의 최고 전성기인 五賢帝 시대(96~180)까지 200여 년 동안 지중해 세계가 비교적 안정을 누렸던 시기를 지칭한다. 오현제란 네르바(Nerva 재위 96~98), 트라야누스(Traianus, 재위 98~117), 하드리아누스(Hadrianus, 재위 117~138), 안토니누스 피우스(Antoninus Pius, 재위 138~161), 마르쿠스 아우렐리우스 안토니누스(Marcus Aurelius Antoninus, 재위 161~180)로 이어지는 다섯 황제를 일컫는다. 그러나 '팍스 로마나'는 아우구스투스 이후 칼리굴라(Caligula, 재위 37~41)와 네로(Nero, 재위 54~68)로 대표되는 공포정치 시대를 거쳐야 했다. 오현제 시대의 특색은 황제의 제위가 세습되지 않고 전임 황제가 적임자를 물색하여 양자로 맞아들였다가 제위를 물려주는 식으로 이어졌다. 『로마제국 쇠망사』를 쓴 18세기 영국의 역사가 에드워드 기번

(Edward Gibbon, 1737~1794)은 오현제 시대를 '인류 역사상 가장 행복한 시기'였다고 상찬한 바 있다.

20. 쑹훙빙 지음·홍순도 옮김,『화폐전쟁』2, 575-577쪽.

21. 313년 콘스탄티누스 대제의 밀라노 칙령(Edict of Milan)으로 그리스도교가 공인된 데 이어 394년 테오도시우스 1세(Theodosius I)에 의해 국교로 채택되고 395년 테오도시우스 1세 사후 로마제국은 동서로 분열된다. 476년 서로마제국이 망한 후에도 동로마제국(비잔틴제국)은 존속되었지만 '팍스 로마나' 시기를 재현하지는 못했다. 1453년 오스만 터키에 의해 수도 콘스탄티노플이 함락되면서 중세는 막을 내리게 된다. 밀라노 칙령은 서로마 황제 콘스탄티누스 1세(별칭 콘스탄티누스 대제, 재위 312~337)와 동로마 황제 리키니우스(Licinius, 재위 308~324)가 밀라노에서 공표한 기독교도에 대한 관용령이다. 이 칙령으로 신교의 자유가 인정되고, 국고로 몰수된 교회 재산의 반환이 명해졌다. 콘스탄티누스 대제는 밀라노 칙령을 공표할 당시에는 서로마 황제였으나 로마의 동부지역을 통치하에 두었던 리키니우스를 몰아내고 324년 동서 로마의 단독 황제가 되었다. 324년 그는 비잔티움을 '새로운 로마(Nova Roma)'로 공표하고 330년 로마제국의 새로운 수도로 정했다. 그의 사후 비잔티움은 '콘스탄티누스의 도시'라는 뜻의 콘스탄티노플로 개명했고, 세계 최초의 기독교 도시로서 이후 천년이 넘도록 로마제국의 수도가 된다.

22. 쑹훙빙 지음·홍순도 옮김,『화폐전쟁』2, 578쪽.

23. 위의 책, 578-579쪽.

24. http://100.daum.net/encyclopedia/view/177XX61301327 (2018.5.24)

25. 세계 최초의 현대적인 개념의 은행은 1157년 베네치아에 설립됐다. 메디치(Médicis) 가문이 주도한 은행업은 베네치아는 물론 멀리 떨어진 피렌체까지도 상업을 발달시켰다(중국 CCTV 다큐멘터리 〈화폐〉 제작팀 지음, 김락준 옮김·전병서 감수, 앞의 책, 57쪽).

26. 크리스 스키너 지음, 이미숙 옮김, 앞의 책, 42쪽, 35-36쪽.

27. 위의 책, 27-29쪽.

28. 위의 책, 28-29쪽.

29. 위의 책, 37-38, 42-43쪽.

30. http://news.chosun.com/site/data/html_dir/2016/05/17/2016051700301.html (2018. 5. 18)

31. 유발 하라리 지음, 조현욱 옮김, 앞의 책, 255쪽에서 재인용.

32. 신용우,「블록체인 기술 현황 및 산업 발전을 위한 향후 과제」, 국회입법조사처 (NARS),『이슈와 논점』(2018.6.29); WEF, "Deep Shift — Technology Tipping Points and Societal Impact," Survey Report, September 2015; https://www.weforum.org/reports/deep-shift-technology-tipping-points-and-societal-impact(2018.6.29)

33. 배리 아이켄그린 지음, 강명세 옮김, 앞의 책, 35, 44-46쪽. 독일의 통화 '마르크'는 1945년 독일이 동·서독으로 나뉘어져 서독의 도이체 마르크(deutsche mark)와 동독의 데데에르 마르크(DDR mark)로 구분해 사용되다가 통일 이후 도이체 마르크로 통합되었다. 2002년 독일이 유럽 단일 통화인 유로(Euro)를 유일 통화로 채택하면서 도이체 마르크의 효력은 중단되었다.

34. 위의 책, 44, 46쪽.

35. 밀턴 프리드먼 지음, 김병주 옮김, 『돈의 이야기』(서울: 고려원, 1992), 101-102쪽.

36. 배리 아이켄그린 지음, 강명세 옮김, 앞의 책, 48쪽.

37. 벤 S. 버냉키 지음, 김홍범·나원준 옮김, 『벤 버냉키, 연방준비제도와 금융위기를 말하다』(서울: 미지북스, 2014), 32쪽.

38. 배리 아이켄그린 지음, 강명세 옮김, 앞의 책, 34쪽.

39. 위의 책, 32쪽.

40. 쑹훙빙 지음·차혜정 옮김, 『화폐전쟁』 1(서울: RHK, 2008), 410-411쪽에서 재인용.

41. 배리 아이켄그린 지음, 강명세 옮김, 앞의 책, 32쪽.

42. 쑹훙빙 지음·차혜정 옮김, 『화폐전쟁』 1, 101-106쪽. 지킬 섬에서 열린 비밀회의 참석자는 넬슨 올드리치(Nelson Aldrich: 미국 상원의원, 국가화폐위원회 의장, 넬슨 록펠러의 외조부), 피아트 앤드루(A. Piatt Andrew: 미국 재무부 차관보), 프랭크 밴더리프(Frank Vanderlip: 뉴욕 내셔널시티은행장), 헨리 데이비슨(Henry P. Davison: JP모건 사장), 찰스 노턴(Charles D. Norton: 뉴욕 퍼스트내셔널은행장), 벤저민 스트롱(Benjamin Strong: J. P. 모건의 오른 팔), 폴 바르부르그(Paul Warburg: 쿤롭 사(Kuhn Loeb and Company) 사장, 로스차일드 가문의 영국과 프랑스 대리인)를 포함한 미국의 거물급 은행가들이었다.

43. 위의 책, 106, 123-132쪽.

44. 위의 책, 358-359쪽.

45. 19세기 영국과 청나라(중국) 사이에 벌어진 아편전쟁(Opium Wars, 1839~42)은 영국의 금본위제와 중국의 은본위제 사이의 주도권을 둘러싼 일종의 '통화전쟁'이었다. 영국은 동아시아 무역에서 정상적인 지불수단인 은이 바닥나자, 인도산 아편을 수출해 대중국 무역적자를 해소하려고 했으나 중국 정부는 아편 금지 정책을 실시했다. 이에 영국이 전쟁을 일으켜 중국의 패배로 끝나면서 중국은 서구 열강과 불평등조약을 체결하게 되는데, 이 불평등조약은 이후 서구 열강의 제국주의적 침략의 발판이 되었다.

46. 당시 미국은 금 보유량 세계 1위였지만 대다수 국가들이 금본위제를 이탈한 상황이었기 때문에 현실적 필요에 의해 금본위제를 포기했다. 하지만 루스벨트는 표면상으로는 금본위제를 포기했지만 다른 한편으로는 금의 가치를 올리기 위해 민간이 보유한 모든 금을 FRB에 저가로 매각하도록 하는 사실상의 '금 몰수' 정책을 추진하기도 했다(쑹훙빙 지음·홍순도 옮김, 『화폐전쟁』 4, 122-123쪽).

47. 위의 책, 148-158쪽.

48. https://ko.wikisource.org/wiki/%EA%B8%80%EB%A1%9C%EB%B2%8C_%EC%84
%B8%EA%B3%84_%EB%8C%80%EB%B0%B1%EA%B3%BC%EC%82%AC%EC%A0%84/%E
A%B8%88%EC%9C%B5%C2%B7%EA%B2%BD%EC%98%81/%EA%B8%88%EC%9C%
B5%EA%B2%BD%EC%A0%9C_%ED%98%84%ED%99%A9/%EC%A3%BC%EC%9A%94_%
EA%B5%AD%EC%A0%9C%ED%86%B5%ED%99%94%EA%B8%B0%EA%B5%AC/IM
F(%EA%B5%AD%EC%A0%9C%ED%86%B5%ED%99%94%EA%B8%B0%EA%B8%88)%E
C%9D%98_%ED%83%84%EC%83%9D (2018.6.8)

49. 쑹훙빙 지음 · 홍순도 옮김, 『화폐전쟁』 4, 258-259쪽.

50. http://100.daum.net/encyclopedia/view/b16a2479b018 (2018.6.9)

51. http://100.daum.net/encyclopedia/view/b24p0651n11 (2018.6.9)

52. Peter A. Petri, "The East Asian Trading Bloc: An Analytical History," in Jeffrey A.
Frankel and Miles Kahler(eds.), *Regionalism and Rivalry : Japan and the United
States in Pacific Asia*(Chicago: The University of Chicago Press, 1993), p.40.

53. http://news.wowtv.co.kr/NewsCenter/News/Read?articleId=A201804020161
(2018.6.8)

54. http://www.sedaily.com/NewsView/1S0S41AIWX (2018.6.12)

55. http://www.yonhapnews.co.kr/bulletin/2018/06/12/0200000000A
KR20180612008800071.HTML?input=1179m (2018.6.12)

56. http://cafe.daum.net/kseriforum/GvKK/3097?q=%EC%BA%90
%EB%82%98%EB%8B%A4%20%ED%80%98%EB%B2%A1%20G7%20
%EC%A0%95%EC%83%81%ED%9A%8C%EC%9D%98 (2018.6.13)

57. http://biz.chosun.com/site/data/html_dir/2018/01/25/2018012500262.html#csidxa
15b95e90696ac2828eb7e6c99149ee (2018.6.13)

58. http://www.sedaily.com/NewsView/1S0N197YQS/GA01?utm_source=dable
(2018.6.14)

59. http://biz.chosun.com/site/data/html_dir/2018/01/25/2018012500262.html#csidxa
15b95e90696ac2828eb7e6c99149ee (2018.6.14)

60. 홍익희 · 홍기대 지음, 『화폐혁명: 암호화폐가 불러올 금융빅뱅』(서울: 앳워크, 2018)
참조.

61. 고란 · 이용재 지음, 『넥스트머니』(서울: 다산북스, 2018) 참조.

62. 쑹훙빙 지음 · 홍순도 옮김, 『화폐전쟁』 3, 464쪽.

63. 쑹훙빙 지음 · 홍순도 옮김, 『화폐전쟁』 4, 259쪽.

64. 리처드 던컨 지음, 김석중 옮김, 『달러의 위기: 세계 경제의 몰락』(파주: 국일증권경
제연구소, 2004), 6-8, 21, 366쪽.

65. 위의 책, 367쪽.

66. 밀튼 프리드먼 지음, 김병주 옮김, 『돈의 이야기』(서울: 고려원, 1992), 252쪽.

67. Alan Greenspan, *The Age of Turbulence: Adventures in a New World*(New York: penguin Press, 2007), p.340: "Requiring a central bank to print money to increase government's purchasing power invariably ignites a hyperinflationary firestorm. The result through history has been toppled governments and severe threats to societal stability."

68. 밀튼 프리드먼 지음, 김병주 옮김, 앞의 책, 253, 256-258쪽.

69. 위의 책, 255-256쪽.

70. 쑹훙빙 지음 · 차혜정 옮김, 『화폐전쟁』 1, 424-425쪽.

71. 위의 책, 362-363쪽. 일반적으로 미국 은행들은 총 저축액의 1~2%의 현금과 8~9% 상당의 어음만을 지급준비금으로 보유한다(위의 책, 362쪽).

72. 위의 책, 100쪽.

73. Richard Duncan, *The New Depression*(Wiley: John Wiley & Sons Singapore Pte. Ltd., 2012), pp.121-122.

74. *Ibid.*, p.ix.

75. *Ibid.*, pp.126-128.

76. 벤 S. 버냉키 지음, 김홍범 · 나원준 옮김, 앞의 책, 26-32, 48-50쪽.

77. 위의 책, 48-49쪽.

78. 위의 책, 49-51쪽.

79. 위의 책, 32쪽. 19세기 후반 미국에서는 경제성장률에 비해 금이 부족하여 통화 공급량이 줄어들어 미국 경제는 디플레이션을 경험하고 있었다. 부채 상환액은 변하지 않은 채 농산물 가격이 하락하면서 특히 농부들과 농업 관련 다른 직종에 종사하던 사람들은 二重苦에 시달렸다. 이 디플레이션이 우연이 아니라 금본위제도로 인해 초래되고 있었음을 알아차린 브라이언은 금본위제도의 수정 필요성을 주요 내용으로 하는 공약을 내걸고 대통령 선거에 입후보했으나 당선되지는 못했다. 그가 말하고자 한 것은 농민들이 금본위제도에 눌려 죽어가고 있다는 사실이었다.

80. http://news.joins.com/article/3521459 (2018.6.20); http://news.joins.com/article/3521457(2018.6.20)

81. 1803년의 프랑스 화폐법은 프랑스 복본위제를 잘 나타낸다. 금과 은 두 금속의 조폐 비율은 15.5 대 1이었다. 프랑스에서 15.5:1의 조폐 비율은 시장 가격에 근접했기 때문에 초기에는 둘 다 유통되었다. 그러나 19세기 마지막 30여 년간 일어났던 것처럼 세계 시장에서 금 가격이 은 가격보다 많이 상승하면 재정거래(arbitrage transaction 차익거래)가 일어난다. 재정거래자는 가격이 저렴한 시장에서 은 15.5온스를 수입해 주조한 은화를 금 1온스 가치의 금화와 교환할 수 있고 또 금을 수출하여 해외시장에서의 가격에 따라 16온스의 은과 바꿀 수 있다. 이처럼 시장의 교환비율이 조폐비율보다 확실하게 높으면 재정거래자는 은을 수입하고 국내의 모든 금이 유통에서 사라

질 때까지 금을 수출한다. 이른바 악화(은화)가 양화(금화)를 구축하는(몰아내는) 그 레샴의 법칙이 작동하는 것이다. 그러나 또한 1850년대 금광 발견의 결과에서와 같이 시장의 교환비율이 조폐비율보다 하락하는 경우 재정거래자는 금을 수입하고 은이 유통에서 사라질 때까지 은을 수출한다. 금과 은 모두가 유통되는 것은 조폐비율과 시장비율이 충분히 근접할 때 만이다(배리 아이켄그린 지음, 강명세 옮김, 앞의 책, 35-37쪽).

82. 쑹훙빙 지음 · 홍순도 옮김, 『화폐전쟁』 2, 558쪽에서 재인용.

83. 위의 책.

84. 위의 책, 560쪽에서 재인용.

85. 위의 책.

86. 위의 책 560-561쪽에서 재인용.

87. 박영숙 · 제롬 글렌 · 테드 고든 · 엘리자베스 플로레스큐 지음, 『유엔미래보고서』(서울: 교보문고, 2012), 143-145쪽, 200-201쪽.

88. 쑹훙빙 지음 · 홍순도 옮김, 『화폐전쟁』 2, 561-562쪽; Benn Steil, "Digital Gold and a Flawed Global Order," *Financial Times*, January 5, 2007.

89. 쑹훙빙 지음 · 홍순도 옮김, 『화폐전쟁』 2, 562-563쪽; Benn Steil, "The End of National Currency," *Foreign Affairs*, May/June 2007.

90. 쑹훙빙 지음 · 홍순도 옮김, 『화폐전쟁』 2, 563-564쪽.

91. 쑹훙빙 지음 · 차혜정 옮김, 『화폐전쟁』 1, 100쪽.

92. 쑹훙빙 지음 · 홍순도 옮김, 『화폐전쟁』 2, 565쪽.

93. 위의 책, 568-569쪽; Morrison Bonpasse, *The Single Global Currency*, Single Global Currency Association, 2006.

94. 쑹훙빙 지음 · 홍순도 옮김, 『화폐전쟁』 2, 580-582쪽.

95. http://www.kookje.co.kr/news2011/asp/newsbody.asp?code=0400&key=20171109.22015003851 (2018.6.30) 2017년 11월 6일부터 17일까지 독일 본에서 열린 제23차 유엔기후변화협약 당사국 총회(COP23)에는 시리아 대표단이 참석해 파리협정 가입 의사를 밝혔다. 2015년 파리 기후변화협정이 체결되던 당시 시리아는 내전이 치열하게 전개되고 있는 데다가 국제사회의 제재로 고립된 상황이어서 대표단을 보낼 수 없는 처지였다.

03 원소 변성 기술

1. 쿠사노 타쿠미, 『도해 연금술』(서울: 에이케이 커뮤니케이션즈, 2012), 8-9쪽.

2. https://terms.naver.com/entry.nhn?docId=1387908&cid=42060&categoryId=42060(2018.7.15)

3. 쿠사노 타쿠미, 앞의 책, 10-11쪽.

4. 안드레아 아로마티코 지음, 성기완 옮김, 『연금술: 현자의 돌』(서울: 시공사, 2011), 15쪽.

5. 위의 책, 116-117쪽.

6. 위의 책, 117쪽.

7. 쿠사노 타쿠미, 앞의 책, 12-13쪽.

8. https://terms.naver.com/entry.nhn?docId=1126398&cid=40942&category Id=32254(2018.7.18)

9. https://terms.naver.com/entry.nhn?docId=631549&cid=50766&categoryId=50794 (2018.7.18)

10. 쿠사노 타쿠미, 앞의 책, 16-17쪽.

11. 위의 책, 18-21, 30-31쪽.

12. 파라셀수스와 파라셀수스주의에 대해서는 Charles Webster, *From Paracelsus to Newton: Magic and the Making of Modern Science*(Cambridge: Cambridge University Press, 1982); Walter Pagel, Paracelsus: *An Introduction to Philosophical Medicine in the Era of the Renaissance*, 2nd rev. edn(Basel and New York: Karger, 1982); Allen G. Debus, *The French Paracelsians: The Chemical Challenge to Medical and Scientific Tradition in Early Modern France*(Cambridge: Cambridge University Press, 1991) 참조.

13. 쿠사노 타쿠미, 앞의 책, 26-28쪽.

14. 위의 책, 34-35쪽.

15. 위의 책, 74-77쪽.

16. 위의 책, 82-83쪽.

17. https://terms.naver.com/entry.nhn?docId=1387908&cid=42060&category Id=42060 (2018.7.18)

18. 안드레아 아로마티코 지음, 성기완 옮김, 앞의 책, 60-61쪽에서 재인용.

19. 위의 책, 130쪽.

20. https://terms.naver.com/entry.nhn?docId=1048367&cid=42560&category Id=42560(2018.7.18)

21. http://scienceon.hani.co.kr/389614 (2018.7.18)

22. 쿠사노 타쿠미, 앞의 책, 210-211쪽.

23. 비인과적 동시성이란 인과적으로 서로 결부되어 있지 않은 정신적 및 물질적 사건이 의미 있는 일치를 보이는 경우를 말한다. 동시성 현상의 세 가지 유형으로는 ① 관찰자의 의식 상태와 과거의 사건이 동시적으로 일치를 보이는 경우(예: 꿈속에서 본 풍뎅이가 실제 나타난 경우), ② 관찰자의 의식 상태와 관찰자의 지각영역 밖의 외부 사건이 동시적으로 일치를 보이는 경우(예: 환상으로 본 화재 사건이 같은 시각에 실제

일어난 경우), ③ 관찰자의 의식 상태와 미래의 사건이 동시적으로 일치를 보이는 경우(예: 꿈속의 사건이 미래에 실제 일어난 경우)가 있다.

24. Carl Gustav Jung, *Synchronicity: An Acausal Connecting Principle*, Collected Works VIII(Princeton, N.J.: Princeton University Press, 1972), p.526; C. G. 융 지음, 한국융연구원 C. G. 융저작번역위원 옮김, 『원형과 무의식』(융 기본 저작집 2)(서울: 솔, 2002) 참조.

25. 파드마삼바바 지음, 유기천 옮김, 『티벳 해탈의 서』(서울: 정신세계사, 2000), 84쪽.

26. 본 절의 이하 내용은 拙著, 『새로운 문명은 어떻게 만들어지는가: 한반도發 21세기 과학혁명과 존재혁명』, 135-149쪽의 내용을 정리, 보완한 것임.

27. 주기율표는 지금까지 발견되거나 인공적으로 만들어진 모든 원자들을 주기율표에 수록한 것이다. 현재 주기율표상에는 지금까지 발견된 118번 원소까지 배치되어 있다. 인공 합성 화학원소 114번과 116번은 2012년 5월에 각각 플레로븀(flerovium, Fl)과 리버모륨(livermorium, Lv)으로 명명됐다. 2016년 6월 국제순수·응용화학연맹(IUPAC)은 원자번호 113번(2004년 합성) 우눈트륨(Ununtrium), 원자번호 115번(2004년 합성) 우눈펜튬(Ununpentium), 원자번호 117번(2010년 합성) 우눈셉튬(Ununseptium), 원자번호 118번(2006년합성) 우눈옥튬(Ununoctium)이라는 잠정적 원소 이름을 각각 '니호늄(Nihonium, Nh)', '모스코븀(Moscovium, Mc)', '테네신(Tennessine, Ts)', '오가네손 (Oganesson, Og)'으로 명명할 것을 권고했고, 같은 해 11월 공식적으로 주기율표에 반영했다.

28. http://terms.naver.com/entry.nhn?docId=933723&mobile&categoryId=562 (2018.8.17)

29. 拙著, 『동서양의 사상에 나타난 인식과 존재의 변증법』, 389-396쪽.

30. http://100.daum.net/encyclopedia/view/b09b3722a (2018.8.17)

31. 곽영직 지음, 『세상을 바꾼 열 가지 과학혁명』(파주: 한길사, 2011), 87-88쪽.

32. 위의 책, 91쪽에서 재인용.

33. http://ko.wikipedia.org/wiki/%EC%A1%B4_%EB%8F%8C%ED%84%B4 (2018.8.17)

34. https://terms.naver.com/entry.nhn?docId=3537327&cid=60217&categoryId=60217 (2018.8.18)

35. http://blog.naver.com/PostView.nhn?blogId=3wisdom3&logNo=100054741826 (2018.8.18)

36. 윤희봉, 『무기이온 교환체 ACTIVA 연구와 응용의 실제와 가설 2권: 파동과학으로 보는 새 원자 모델 편』(서울: 에코액티바, 1999), 38쪽.

37. https://ko.wikipedia.org/wiki/%EC%96%B4%EB%8B%88%EC%8A%A4%ED%8A%B8_%EB%9F%AC%EB%8D%94%ED%8D%BC%EB%93%9C (2018.8.18); http://blog.naver.com/PostView.nhn?blogId=3wisdom3&logNo=100054741826

(2018.8.18)

38. 1896년 프랑스의 물리학자 앙투안 앙리 베크렐(Antoine Henri Becquerel)은 진단방 사선학(diagnostic radiology)의 아버지로 불리는 빌헬름 뢴트겐(Wilhelm Conrad Rontgen)의 X-선 발견(1895)에 자극받아 우라늄에서 최초로 방사선을 발견했고, 1902년 러더퍼드는 방사능 물질에서 방출되는 방사선이 알파선, 베타선, 감마선으로 이뤄져 있다는 것을 발견했다

39. http://blog.daum.net/heeangee490/583 (2018.8.18)

40. http://terms.naver.com/entry.nhn?cid=200000000&docId=1157703&mobile&categ oryId=200001540 (2018.8.18)

41. 윤희봉, 앞의 책, 38-39쪽.

42. 위의 책, 38, 57쪽.

43. 反물질은 反입자(反양성자·反중성자·反전자)로 구성된 물질이다. 反입자는 입자 와 성질이나 질량은 같지만 전기적 성질인 '전하(+ 또는 -)'는 반대인 입자를 말한다. 예컨대, 전자는 마이너스(-)지만, 反전자는 플러스(+)다. 한국 등 14개국 국제연구팀 인 '벨(BELLE) 그룹'에 따르면 빅뱅 이후 물질과 반물질은 같은 양으로 존재했으나 붕괴율이 서로 다른 까닭에 반물질이 순식간에 더 많이 붕괴돼 사라짐으로써 오늘의 우주가 존재하게 됐다. 물질과 반물질은 충돌하면 함께 소멸되므로 반물질과 충돌하 지 않고 살아남은 물질이 현재의 우주를 만들게 됐다는 것이다.

44. 본 절의 이하 내용은 拙著, 『새로운 문명은 어떻게 만들어지는가: 한반도發 21세기 과 학혁명과 존재혁명』, 85-88, 92-94, 150-167쪽의 내용을 정리, 보완한 것임.

45. 윤희봉, 「ACTIVA를 이용한 핵폐기물 처리 공정 제안」, 호서대학교·한국원자력연 구소·원자력환경기술원·(주)에코액티바·(주)이엔이 편, 『ACTIVA에 의한 방사 성 핵종의 흡착 유리고화 성능 평가연구』(2004.1.10), 3-4쪽.

46. 위의 자료집(2010, 2012).

47. 위의 자료집(2010).

48. 위의 자료집. 쿨롱력(Coulomb force)과 자력에 대해서는 윤희봉, 앞의 책, 22-30쪽.

49. 에코액티바 환경기술연구소 자료집(2010).

50. 위의 자료집.

51. 위의 자료집.

52. 위의 자료집.

53. https://terms.naver.com/entry.nhn?docId=3537119&cid=60217&category Id=60217(2018.8.17)

54. http://100.daum.net/encyclopedia/view/b09b2403a (2018.8.17); https://ko.wikipedia.org/wiki/%EB%B2%A0%ED%83%80_%EB%B6%95%EA%B4 %B4 (2018.8.17)

55. 에코액티바 환경기술연구소 자료집(2010).

56. 위의 자료집.

57. http://media.daum.net/politics/newsview?newsid=20120826062204293 (2018.8.18)

58. http://terms.naver.com/entry.nhn?docId=794440&mobile&categoryId=1608 (2018.8.18)

59. http://www.edaily.co.kr/news/news_detail.asp?newsId=01380886616161800&mediaCodeNo=257&OutLnkChk=Y (2018.8.18)

60. 삼일회계법인, 『에코액티바 투자유치를 위한 Information Memorandum』(June 2012), 7쪽에서 재인용.

61. http://www.edaily.co.kr/news/news_detail.asp?newsId=01249686616159176&mediaCodeNo=257&OutLnkChk=Y (2018.8.18)

62. 삼일회계법인, 앞의 자료집, 17쪽.

63. 에코액티바 환경기술연구소 자료집(2002). 액티바는 섭취시 침착되지 않고 완전 배설되며, 특히 석면(발암물질)을 함유하지 않은 유일한 천연 미네랄이다.

04 고준위 방사성폐기물 처리 기술

1. http://news.chosun.com/site/data/html_dir/2018/05/14/2018051400070.html (2018.8.19);
   http://biz.chosun.com/site/data/html_dir/2018/07/05/2018070500206.html#csidx59e594eda8192d6a8686a858506f18b (2018.8.19)

2. http://news.mk.co.kr/newsRead.php?year=2018&no=519745 (2018.8.19)
   '탈원전'을 추진 중인 대만도 안정적 전력 공급을 위해 정비 중이던 원전을 조속히 가동하기로 했으며, 동유럽의 체코·슬로바키아·폴란드도 원전 건설을 추진 중이다. 사우디아라비아는 향후 20년간 원자력 용량을 17GW 증설할 계획이며, 최초 원자로 2기에 대한 입찰을 연내에 마무리할 예정이다(http://biz.chosun.com/site/data/html_dir/2018/06/19/2018061900493.html?utm_source=naver&utm_medium=original&utm_campaign=biz (2018.8.19))

3. http://biz.chosun.com/site/data/html_dir/2018/06/19/2018061900485.html?utm_source=naver&utm_medium=original&utm_campaign=biz#csidx82c1ac111c3e407a866296f65ae106 (2018.8.20)

4. http://biz.chosun.com/site/data/html_dir/2018/08/20/2018082000114.html (2018.8.21);
   http://biz.khan.co.kr/khan_art_view.html?artid=201808011432001&code=920100 (2018.8.21);

http://www.yonhapnews.co.kr/bulletin/2018/08/01/0200000000A
KR20180801046300002.HTML?input=1179m (2018.8.21);

http://news.kbs.co.kr/news/view.do?ncd=4018029&ref=D (2018.8.21);

http://www.newsian.co.kr/news/articleView.html?idxno=31968 (2018.8.21)
2017년 한국전력의 6개 발전 자회사들은 전년보다 721만t 증가한 2억1,409만t의 온실가스를 배출해 탄소배출권 구매에 4,000억원을 지급했다. 2018년 6월까지 온실가스 배출량은 1억1,060만t으로 전년 상반기보다 797만t 늘었기 때문에 2018년 온실가스 배출량도 전년 기록을 경신할 것으로 보인다.

5. http://biz.chosun.com/site/data/html_dir/2018/06/19/2018061900485.html?utm_source=naver&utm_medium=original&utm_campaign=biz#csidx82c1ac111c3e407a866296f65ae1066 (2018.8.20)

6. James Lovelock, *The Revenge of Gaia*(New York: Basic Books, 2006).

7. http://www.newdaily.co.kr/site/data/html/2018/07/04/2018070400111.html (2018.8.22) 전력업계 관계자에 따르면 우리나라 연간 에너지 소비량을 모두 태양광으로 충당하려면 경기도보다 넓은 면적을 태양광 패널로 덮어야 하기 때문에 태양광 발전이 전 세계적으로 보편화한다고 해도 우리나라에서 자리를 잡기는 어렵다고 한다
(http://biz.chosun.com/site/data/html_dir/2012/09/19/2012091902762.html (2018.8.23))

8. http://biz.chosun.com/site/data/html_dir/2018/06/20/2018062000238.html (2018.8.22)

9. James Lovelock, *op. cit.*, pp.11, 87-105. 한편 미국 UC데이비스의 에르미아스 키브립 교수 연구진은 2018년 8월 31일 AP통신과의 인터뷰에서 "해조류를 사료에 섞어 젖소에게 먹였더니 온실가스인 메탄 방출량이 30% 이상 줄었다"는 연구 결과를 제시했다. 유엔 식량농업기구에 따르면 전 세계 온실가스의 18%가 가축의 트림·방귀에서 나오는 메탄이다. 메탄은 이산화탄소보다 방출량은 200분의 1에 불과하지만, 온난화를 유발하는 효과는 25배나 된다
(http://biz.chosun.com/site/data/html_dir/2018/09/06/2018090600044.html (2018.9.6))

10. http://news.chosun.com/site/data/html_dir/2018/11/15/2018111500244.html (2018.11.15)

11. http://ko.wikipedia.org/wiki/%ED%9E%88%EB%A1%9C%EC%8B%9C%EB%A7%88%EC%99%80_%EB%82%98%EA%B0%80%EC%82%AC%ED%82%A4%EC%9D%98_%EC%9B%90%EC%9E%90_%ED%8F%AD%ED%83%84_%ED%88%AC%ED%95%98 (2018.8.23) 본 절의 이하 내용은 拙著,『새로운 문명은 어떻게 만들어지는가: 한반도 發 21세기 과학혁명과 존재혁명』, 169-182쪽의 내용을 정리, 보완한 것임.

12. 김명자, 『원자력 딜레마』(서울: 사이언스 북스, 2011), 106-109쪽. 미국은 종전 후 1956년까지 원자력 개발에 130억 달러를 투입한 반면, 1954년 9월에 착공된 시핑포트 원전 건설에 배정된 예산은 8,500만 달러로 원자력의 평화적 이용에 사용된 예산은 군사 부문에 비해 훨씬 낮았다(위의 책, 118쪽).

13. http://100.daum.net/encyclopedia/view/b17a0198a (2018.8.23)

14. 김명자, 앞의 책, 114, 118쪽.

15. 위의 책, 114-118쪽.

16. 위의 책, 118쪽.

17. 상업용 원자로와 핵연료 개발을 주도한 GE와 웨스팅하우스는 제2차 세계대전 중 원자탄 개발계획에 적극 참여하였으며 이들 기업이 개발한 경수로가 원자력잠수함에서 사용되던 군사용 원자로를 모델로 삼았다는 점은 핵에너지의 평화적 이용이 군사용으로부터 분리되지 않았음을 의미한다.

18. http://blog.naver.com/PostView.nhn?blogId=hhj666&logNo=30018249152 (2018.8.23)

19. 김명자, 앞의 책, 176쪽.

20. http://terms.naver.com/entry.nhn?docId=69593&mobile&categoryId=2563 (2018.8.23)

21. https://ko.wikipedia.org/wiki/%EC%B2%B4%EB%A5%B4%EB%85%B8%EB%B9%8C_%EC%9B%90%EC%9E%90%EB%A0%A5_%EB%B0%9C%EC%A0%84%EC%86%8C_%EC%82%AC%EA%B3%A0 (2018.8.23)

22. http://news.donga.com/Inter/3/02/20110315/35574787/1 (2018.8.23)

23. http://terms.naver.com/entry.nhn?docId=938321&mobile&categoryId=630 (2018.8.23)

24. http://terms.naver.com/entry.nhn?docId=938321&mobile&categoryId=630 (2018.8.23)

25. http://biz.chosun.com/site/data/html_dir/2012/09/19/2012091902770.html (2018.8.23)

26. https://news.naver.com/main/read.nhn?mode=LSD&mid=sec&oid=023&aid=0003397143&sid1=001 (2018.9.6)

27. http://news.chosun.com/site/data/html_dir/2012/07/23/2012072300170.html (2018.8.24)

28. http://news.chosun.com/site/data/html_dir/2012/07/23/2012072300170.html (2018.8.24)

29. 에코액티바 환경기술연구소 자료집(2008, 2012).

30. https://ko.wikipedia.org/wiki/%ED%95%9C%EB%AF%B8_%EC%9B%90%EC%9E%90%EB%A0%A5_%ED%98%91%EC%A0%95 (2018.8.25)

31. http://www.pressian.com/news/article.html?no=3658 (2018.8.25)

32. http://www.seoulfn.com/news/articleView.html?idxno=312656 (2018.8.25)

33. http://luxmen.mk.co.kr/view.php?sc=51100001&cm=Life&year=2018&no=91923& relatedcode= (2018.8.25) 즉시해체의 경우, 해체 준비(해체계획 등 수립) 2년, 사용후 핵연료 냉각 및 반출 5년, 제염(방사성 물질 제거)과 시설물 철거 8년, 용지 복원 2년 의 네 단계(최소 15년)를 거쳐야 한다. 산업통상자원부는 당초 고리1호기 해체 비용 을 6,437억원으로 산정했다. 그러나 전문가들의 분석에 따르면 실제 원전 해체에 들 어가는 비용은 1조원이 넘을 것이라고 한다. 이 비용도 해체 기간이 길어지면 같이 늘어나게 된다. 이러한 이유로 전 세계에서 영구정지된 160개 원전 중 해체가 완료된 곳은 19곳뿐이다.

34. 본 절의 이하 내용은 拙著,『새로운 문명은 어떻게 만들어지는가: 한반도發 21세기 과 학혁명과 존재혁명』, 8-9, 182-191쪽의 내용을 정리, 보완한 것임.

35. 한수원에 따르면 세계 원전 閉爐 시장 규모는 440조원(2014년 기준)으로 추산된다. 김희령 울산과학기술원 원전해체핵심요소 기술연구센터장은 '각종 부대 장치와 해 체 작업까지 고려하면 세계 원전 폐로 시장 규모는 약 9,000억달러에 이를 것'이라고 설명했다 (http://luxmen.mk.co.kr/view.php?sc=51100001&cm=Life&year=2018&no=91923 &relatedcode= (2018.8.26))

36. 에코액티바 환경기술연구소 자료집(2008).

37. 위의 자료집.

38. 윤희봉,『무기이온 교환체 ACTIVA 연구와 응용의 실제와 가설 1권: 기초 점토연구 편』(서울: 에코엑티바, 1988), 34-35쪽.

39. 에코액티바 환경기술연구소 자료집(2008).

40. 호서대학교·한국원자력연구소·원자력환경기술원·(주)에코액티바·(주)이엔이 (E&E) 편,『Activa에 의한 방사성 핵종의 흡착 유리고화 성능 평가연구』(2004.1.10), 6쪽.

41. 위의 책, 1쪽.

42. 에코액티바 환경기술연구소 자료집(2008).

43. 위의 자료집.

44. 에코액티바 환경기술연구소 자료집(2010).

45. 에코액티바 환경기술연구소 자료집(2008).

46. 위의 자료집.

47. http://www.ytn.co.kr/_ln/0115_201301110010150664 (2018.8.26)

48. http://biz.chosun.com/site/data/html_dir/2018/06/20/2018062000232.html?utm_ source=naver&utm_medium=original&utm_campaign=biz (2018.8.30) 유타주 는 2026년부터 누스케일의 SMR로 전력을 생산한다는 계획이다. SMR 12기를 한 세

트로 해서 600㎿급으로 운영한다는 계획인데, 건설비는 약 30억달러(3조3,900억원)로, 기존 1,200㎿급 육상 원전의 200억 달러에 비해 3분의 1에 불과하다(http://biz.chosun.com/site/data/html_dir/2017/09/09/2017090900248.html (2018.8.30))

49. http://biz.chosun.com/site/data/html_dir/2017/09/09/2017090900248.html (2018.8.30)

50. http://biz.chosun.com/site/data/html_dir/2017/09/09/2017090900248.html (2018.8.30)

51. http://biz.chosun.com/site/data/html_dir/2017/09/09/2017090900248.html (2018.8.30)

52. http://biz.chosun.com/site/data/html_dir/2018/09/01/2018090100181.html (2018.9.1) 정부 용역 보고서는 원전 건설을 중단했던 미국, 영국, 독일의 산업 붕괴 실태를 분석 검토한 뒤, "한국은 半島라는 지리적 특성상 주변국으로부터 빠르게 (원전 부품 등) 물건 조달이 불가능하다"며, "국산 원전 모델인 APR1400은 외국에서 예비품을 구하기 어렵다"고 지적했다.

53. http://biz.chosun.com/site/data/html_dir/2018/09/01/2018090100191.html (2018.9.1)

54. 본 절의 이하 내용은 拙著, 『새로운 문명은 어떻게 만들어지는가: 한반도發 21세기 과학혁명과 존재혁명』, 193-203쪽에서 정리, 보완한 것임.

55. 대기오염의 사회적 비용은 오염원으로 인한 건강과 산업, 농축산, 교통 등의 피해비용으로 구성된다. 대기 오염물질이 눈 녹으며 생긴 수증기와 결합하여 '스모그(smog 煙霧)' 현상이 발생하면 황사 발생시 생기는 미세먼지(PM-10)보다 훨씬 작은 초미세먼지(PM-2.5) 농도가 높아져 호흡기에 먼지가 더욱 깊게 침투한다. 겨울 난방 75%를 석탄에 의존하는 중국의 경우 2013년 1월 베이징을 비롯한 중·동부 지역이 최악의 스모그 현상으로 호흡기·심혈관계 환자가 급증하고 일부 지역에서는 공장 조업 중단, 고속도로 폐쇄, 항공기 결항 사태가 빚어졌다. 이러한 중국發 최악의 스모그 속 대기오염 물질이 편서풍을 타고 한국으로 이동하면서 우리나라 전역에도 '중금속 스모그' 현상이 날이 갈수록 심해지고 있다. 동북아시아에도 유럽 국가들처럼 '장거리 대기오염 물질 이동에 관한 협약(CLRTAP)'과 같은 구속력 있는 협약이 필요하다.

56. http://terms.naver.com/entry.nhn?cid=200000000&docId=1162075&mobile&categoryId=200000481 (2018.8.31)

57. http://terms.naver.com/entry.nhn?cid=200000000&docId=1162075&mobile&categoryId=200000481 (2018.8.31)

58. https://blog.naver.com/jin31303130/120146473942 (2018.9.1)

59. 에코액티바 환경기술연구소 자료집(2008, 2012).

60. http://www.e2news.com/news/articleView.html?idxno=67386 (2018.9.1)

61. http://news.donga.com/3/all/20120921/49566451/1 (2018.9.1)

62. http://biz.chosun.com/site/data/html_dir/2018/08/20/2018082002465.html#csidxb
0acd7d0bbaefefa9947a8588c00edd (2018.9.1)
63. http://news.donga.com/3/all/20120921/49566451/1 (2018.9.1)
64. http://news.donga.com/3/all/20120710/47648607/1 (2018.9.1)
65. http://news.chosun.com/site/data/html_dir/2013/05/04/2013050400061.html
(2018.9.2)
66. 에코액티바 환경기술연구소 자료집(2012).
67. http://www.seoul.co.kr/news/newsView.php?id=20121031011005 (2018.9.2)
68. http://news.chosun.com/site/data/html_dir/2012/08/10/2012081002656.html
(2018.9.2) 로버트 호워드가 2011년 3월 『클라이밋 체인지(Climate Change)』라는 과
학전문지에 제기한 '셰일가스 경계론'에 따르면 천연가스는 연료로 태울 때 나오는
이산화탄소 배출량이 석탄의 55%, 석유의 70%밖에 안 되지만, 셰일가스는 채굴 과정
에서 종래의 천연가스 누출량 0.01%에 비해 1.9%의 상당한 양이 누출되며 운송·저
장·정제 과정의 누출량까지 합치면 3.6~7.9%나 되어 새어나가는 천연가스(메탄가
스)를 단위 질량으로 따지면 이산화탄소와는 비교할 수도 없을 만큼 강력한 온실기
체라고 한다.

05 수소에너지와 핵융합에너지

1. Jeremy Rifkin, *The Hydrogen Economy*(New York: Penguin Group Inc., 2002),
pp.178-180.
2. *Ibid.*, p.180.
3. 앨프리드 W. 크로스비 지음, 이창희 옮김, 『태양의 아이들 - 에너지를 향한 끝없는 인
간 욕망의 역사』(서울: 세종서적, 2009), 106-107쪽.
4. 뉴턴프레스 지음, 『수소에너지와 핵융합에너지』(서울: 아이뉴턴(뉴턴코리아), 2016),
98, 108쪽.
5. 위의 책, 108쪽. 중수소는 바닷물 1리터당 0.03그램이 존재하며 이 양만 가지고도 서
울-부산 간을 세 번 정도 왕복할 수 있는 300리터의 휘발유와 동일한 에너지를 낼 수
있다고 한다.
6. 위의 책, 126쪽.
7. 위의 책, 98쪽.
8. http://biz.chosun.com/site/data/html_dir/2017/08/11/2017081101549.html
(2018.9.9)
9. 뉴턴프레스 지음, 앞의 책, 100-101쪽. ITER 건설 총사업비는 약 50억 8,000만 유로이
며, 그 중 유럽연합이 45.46%, 나머지 6개 참여국은 9.09%씩 분담한다. 한국은 원화

로 약 9,000억 원의 비용(현금 22%, 나머지는 현물)을 부담하게 된다. 향후 ITER 사업 참여국들은 ITER사업에 관련된 연구개발기술을 무상으로 공유하고 시설 건설과 운 영에 직접 참여하며, 관련기술 및 지적재산권을 공유하게된다(https://terms.naver. com/entry.nhn?docId=1255100&cid=40942&categoryId=32406 (2018.9.10))

10. 뉴턴프레스 지음, 앞의 책, 100-101쪽.

11. http://ko.wikipedia.org/wiki/KSTAR (2018.9.13)

12. http://www.knpnews.com/news/articleView.html?idxno=1583 (2018.9.13)

13. http://amenews.kr/news/view.php?idx=37130 (2018.9.13)

14. http://biz.chosun.com/site/data/html_dir/2017/08/11/2017081101549.html (2018.9.13)

15. http://dongascience.donga.com/news.php?idx=23587 (2018.9.13)

16. https://ko.wikipedia.org/wiki/%ED%94%8C%EB%9D%BC%EC%9D%B4%EC%8A%88%EB%A7%8C-%ED%8F%B0%EC%A6%88_%EC%8B%A4%ED%97%98 (2018.9.13)

17. http://biz.chosun.com/site/data/html_dir/2018/06/05/2018060500153.html (2018.9.14)

18. Jeremy Rifkin, *op. cit.*, pp.180-181.

19. *Ibid.*, pp.182-184. 본 절의 이하 내용은 拙著,『새로운 문명은 어떻게 만들어지는가: 한반도發 21세기 과학혁명과 존재혁명』, 216-225쪽의 내용을 정리, 보완한 것임.

20. 권호영 · 강길구 공저,『수소저장합금개론』(서울: 민음사, 2003), 17-19쪽.

21. 위의 책, 18쪽.

22. 위의 책, 20쪽.

23. Jeremy Rifkin, *op. cit.*, pp.193-200.

24. 권호영 · 강길구 공저, 앞의 책, 21-22쪽.

25. 수소 생산의 다양한 방법에 대해서는 위의 책, 23-39쪽; 존 O'M. 보크리스, T. 네잣 배지로글루, 프라노 바비 지음, 박택규 옮김,『수소에너지의 경제와 기술』(서울: 겸지사, 2005), 91-103쪽 참조.

26. Jeremy Rifkin, *op. cit.*, pp.185-186.

27. 수소 응용분야는 에너지와 수송(자동차, 선박, 비행기)뿐 아니라 근년에는 의학 분야에서도 활발한 연구가 진행되고 있다. 인체 구성원소의 63%가 수소이니, 앞으로의 연구 진전을 기대해 볼 만하다. 본서에서 주요하게 다루고 있는 액티바의 원리 또한 물 분자와의 공명 활성도를 높여 물이 가지는 물성을 고도화하는 원리이다. 액티바의 生育光波는 물(체액, 혈액)의 활성화와 더불어 체내 포화지방을 분해하는 강한 지방 분해력이 있고, 또한 혈액 속에 있는 화학물질 · 농약성분 · 중금속 및 각종 노폐물 등을 흡착 배출하는 강한 흡착력이 있어 정혈작용이 특히 뛰어나다. 이러한 액티바의 강한 흡착력을 활용하여 방사성 핵종 폐기물의 흡착 유리고화에 성공한 것이다. 인체의 70%가 물이니, 의학 분야에서도 액티바의 원리를 응용한 연구가 활성화될 것

으로 기대된다.

28. Jeremy Rifkin, *op. cit.*, p.191.

29. *Ibid.*.

30. 권호영·강길구 공저, 앞의 책, 42쪽.

31. 위의 책, 71쪽.

32. 에코액티바 환경기술연구소 자료집(2013).

33. 권호영·강길구 공저, 앞의 책, 69쪽.

34. 위의 책, 23쪽.

35. 에코액티바 환경기술연구소 자료집(2013).

36. 브라운가스의 특성으로는 완전무공해, 완전연소, 열핵반응, 임플로션(implosion 응폭)을 들 수 있다(김상남,『워터에너지 시대』(서울: (주)베스트코리아, 2010).

37. Jeremy Rifkin, *op. cit.*, pp.9-10: "The worldwide hydrogen energy web (HEW) will be the next great technological, commercial, and social revolution in history. It will follow on the heels of the development of the worldwide communications web in the 1990s and, like the former, will bring with it a new culture of engagement.···Whether hydrogen becomes "the people's energy" depends, to a large extent, on how it is harnessed in the early stages of development.··· Making that (hydrogen energy ought to be shared) happen will require that public institutions and nonprofit organizations—especially the publicly owned utilities that provide energy to hundreds of millions of people and the thousands of nonprofit cooperatives with a collective worldwide membership that exceeds 750 million people—jump in at the beginning of the new energy revolution and help establish distributed-generation associations (DGAs) in every country."

38. *Ibid.*, p.217. 본 절의 이하 내용은 拙著,『새로운 문명은 어떻게 만들어지는가: 한반도發 21세기 과학혁명과 존재혁명』, 226-234쪽의 내용을 정리, 보완한 것임.

39. 제러미 리프킨 지음, 안진환 옮김,『3차 산업혁명』(서울: 민음사, 2012), 159쪽.

40. Jeremy Rifkin, *op. cit.*, p.206: "The coming together of distributed-generation and distributed system intelligence changes the energy equation forever. For the first time, the potential exists to replace a traditional top-down with a new bottom-up approach to energy—a democratization of energy, in which everyone can be his or her own vendor as well as consumer. Distributed generation, and the creation of a regional energy web and, eventually, a worldwide one are the logical follow-ups to the creation of the worldwide communications web. Interactive communications and interactive energy-sharing···As the two technology revolutions continue to fuse, the foundation is laid for a new type of economy and society."

41. *Ibid.*, pp.205-206.

42. *Ibid.*, pp.218-221.

43. *Ibid.*, pp.225-226.

44. *Ibid.*, pp.237-238.

45. *Ibid.*, pp.242, 253-254.

46. *Ibid.*, p.254: "By creating an economic and social architecture that is a microcosm of the Earth's own diverse physiology, we bring our species into a world full of new possibilities that are both life-affirming and regenerative in nature. We finally end the long and barbaric reign of geopolijtics and begin a new pilgrimage to create a lasting biosphere politics."

47. http://biz.chosun.com/site/data/html_dir/2018/07/09/2018070901807.html (2018.9.16)

48. http://h2news.kr/news/article.html?no=6283 (2018.9.16)

49. http://news.mk.co.kr/newsRead.php?year=2009&no=180540 (2018.9.16)

50. http://www.ytn.co.kr/_ln/0105_200801170730592647 (2018.9.16)

51. http://www.hani.co.kr/arti/science/scienceskill/570658.html (2018.9.16) 액체수소는 수소자동차, 우주로켓 개발, 반도체 및 액정 산업의 환원제 등 그 수요가 크게 증가할 것으로 전망된다.

52. http://www.energydaily.co.kr/news/articleView.html?idxno=16422 (2018.9.16)

53. http://www.koenergy.co.kr/news/articleView.html?idxno=21179 (2018.9.16)

54. http://www.hankyung.com/news/app/newsview.php?aid=2013030556381 (2018.9.16)

55. http://biz.khan.co.kr/khan_art_view.html?artid=201808260937011&code=920100 (2018.9.16)

56. http://biz.khan.co.kr/khan_art_view.html?artid=201808260937011&code=920100 (2018.9.19)

57. http://biz.chosun.com/site/data/html_dir/2018/06/05/2018060500180.html?utm_source=naver&utm_medium=original&utm_campaign=biz (2018.9.19)

58. 유재국, 「수소에너지 관련 현황 및 입법적 개선 방향」, 『이슈와 논점』 제1426호, 국회 입법조사처, 2018.

06 5G 이동통신과 디지털 트랜스포메이션(Digital Transformation)

1. 전창범 지음, 『5G: 이동통신 입문』(서울: 홍릉과학출판사, 2018), 7쪽.

2. http://biz.chosun.com/site/data/html_dir/2018/03/18/2018031801730.html

(2018.9.26)

3. 초고대역인 28GHz 대역 경매에서 이동통신 3사(SK텔레콤, KT, LG유플러스)는 각각 800MHz를 확보했다. 5G 전국망 구축에 사용돼 황금주파수로 불리는 중대역인 3.5GHz 대역은 9라운드 만에 경매가 종료됐다. 경매에 나온 대역폭 280MHz 중 SK텔레콤과 KT는 최대치인 100MHz씩을 확보했으며, LG유플러스(LGU+)는 80MHz를 확보했다. 주파수 대역은 5G 서비스 품질과 직결되며 일반적으로 5G 주파수에서 20MHz 폭 차이는 500Mbps 가까운 속도 차이가 나게 된다. (http://news.donga.com/3/all/20180618/90643760/1 (2018.9.26))

4. http://news.mk.co.kr/newsRead.php?year=2017&no=651915 (2018.9.27) SK텔레콤은 국가고객만족도(NCSI) 이동통신 부문에서 21년(NCSI가 시작된 1998년부터 올해 2018년까지) 연속 1위를 달성했다. 최근에는 세계 1위 양자암호통신 기업인 스위스의 IDQ를 인수했다. 양자암호통신은 양자의 특성을 이용한 통신기술인데 도청이 원천적으로 불가능해 현존 최고의 통신 보안기술로 꼽힌다(http://biz.chosun.com/site/data/html_dir/2018/03/25/2018032501000.html (2018.9.27)

5. http://biz.chosun.com/site/data/html_dir/2018/03/18/2018031801730.html (2018.9.27)

6. http://biz.chosun.com/site/data/html_dir/2018/09/14/2018091400071.html (2018.9.27)

7. http://biz.chosun.com/site/data/html_dir/2018/08/26/2018082602226.html (2018.9.27)

8. http://it.chosun.com/site/data/html_dir/2018/04/26/2018042685069.html (2018.9.27)

9. http://biz.chosun.com/site/data/html_dir/2018/09/04/2018090403602.html (2018.9.27)

10. 하원규 · 최해옥 지음, 『디지털 행성과 창조도시 전략』(서울: 전자신문사, 2013) 참조.

11. 전창범 지음, 앞의 책, 50-51쪽.

12. http://www.nexpert.net/55 (2018.9.29)

13. ETRI 5G사업전략실 지음, 『5G 시대가 온다』(서울: 콘텐츠하다, 2017), 118-119쪽.

14. 전창범 지음, 앞의 책, 56-57쪽.

15. http://100.daum.net/encyclopedia/view/14XXE0068354; http://www.nexpert.net/55 (2018.9.30)

16. ETRI 5G사업전략실 지음, 앞의 책, 121-124쪽.

17. 클라우스 슈밥 지음, 송경진 옮김, 『제4차 산업혁명』(서울: 메가스터디(주), 2016), 25쪽.

18. ETRI 5G사업전략실 지음, 앞의 책, 95-96쪽.

19. 클라우스 슈밥 지음, 송경진 옮김, 앞의 책, 37-39쪽.

20. 위의 책, 41-44쪽.

21. http://www.yonhapnews.co.kr/bulletin/2018/10/04/0200000000A
KR20181004096100063.HTML?input=1179m (2018.10.4)

22. Ray Kurzweil, *The Singularity is Near: When Humans Transcend Biology*(London: Penguin Books, 2005), pp.205-206: "We are in the early stages of the "G" revolution today. By understanding the information processes underlying life, we are starting to learn to reprogram our biology to achieve the virtual elimination of disease, dramatic expansion of human potential, and radical life extension.…The "N" revolution will enable us to redesign and rebuild—molecule by molecule—our bodies and brains and the world with which we interact, going far beyond the limitations of biology. The most powerful impending revolution is "R": human-level robots with their intelligence derived from our own but redesigned to far exceed human capabilities."

23. *Ibid.*, p.264.

24. *Ibid.*, pp.279-289.

25. *Ibid.*, pp.289, 293-294, 296.

26. 롤랜드버거 지음, 김정희・조원영 옮김,『4차 산업혁명 이미 와 있는 미래』(파주: 다산, 2017), 23-27쪽.

27. 미국의 첨단 기술・서비스・금융 기업인 GE(General Electric Company)는 2012년 사물인터넷 시대의 도래를 대비한 신전략으로 '산업 인터넷, 지성과 기계의 한계를 뛰어넘다(Pushing the Boundaries of Minds and Machines)'라는 계획을 발표했다.

28. 중국 정부는 '중국제조 2025'로 차세대 정보통신, 자동차, 첨단장비 등 제조업의 하드웨어를 선진국 수준까지 높이고, '인터넷+'로 소프트웨어를 업그레이드하는 방식으로 4차 산업혁명에 대비하고 있다. 1단계(2015~2025년)는 중국 제조업을 독일・일본 수준으로 높여 세계 제조강국에 진입시키고, 2단계(2026~2035년)는 중국 제조업을 글로벌 제조강국 중간 수준까지 높이며, 마지막 3단계(2036~2045년)는 주요 산업에서 선진적인 경쟁력을 갖춰 세계시장을 혁신적으로 선도하는 제조업 제1강국으로 부상하는 것이다(김동하,「'중국제조 2025'와 '인터넷+'」, 포스코경영연구원,『친디아플러스(Chindia plus)』vol.122, March/April 2017, 15쪽).

29. 하원규・최남희 지음,『제4차 산업혁명』(서울: 콘텐츠하다, 2015), 279쪽.

30. 최동용,「4차 산업혁명과 제조업의 변화」, 포스코경영연구원, 위의 책, 13쪽.

31. http://www.sntd.co.kr/bbs/board.php?bo_table=B04&wr_id=2608 (2018.10.5)
한국과학기술연구원(KIST)은 '혁신형 창업이 가능한 생태계 조성'을 위해 혁신적인 연구・개발(R&D) 수행체계를 도입하여 국방・안보, 재난・안전 등 민간투자가 어려운 공공・사회 분야에 파괴적 혁신을 창출한다는 도전적・타깃지향적 목표를 설정하고 해결책을 제시하는 K-DARPA(KIST, Demand-based Aim-oriented

Research for Public Agenda) 프로그램을 출범했다 (http://www.segye.com/newsView/20180917003204 (2018.10.5))

32. 롤랜드버거 지음, 김정희·조원영 옮김, 앞의 책, 32, 42쪽.

33. 최동용, 앞의 글, 11-13쪽.

34. 롤랜드버거 지음, 김정희·조원영 옮김, 앞의 책, 28-31쪽.

35. 위의 책, 140, 157-158쪽.

36. 위의 책, 167쪽.

37. All-IP 네트워크가 "음성, 영상, 데이터 등 각종 신호 및 트래픽이 인터넷 프로토콜(IP) 기반으로 통합되는 네트워크"라면, 5G 이동통신 네트워크는 "네트워크와 IT의 융합으로 네트워크 인프라 자체가 통신 지향 데이터센터 위에 EPC, eNB 등의 네트워크 기능들이 가상화되어 구현된 All-IT 네트워크로 진화하게 될 것"으로 전망된다 (전창범 지음, 앞의 책, 14-15쪽).

38. 위의 책, 25-26쪽.

39. ETRI 5G사업전략실 지음, 앞의 책, 224-225쪽; Marcus Weldon, *The Future X Network: A Bell Labs Perspective*, CRC Press, 1st edition, March 1, 2016.

40. http://www.zdnet.co.kr/news/news_view.asp?artice_id=20181017121831&type=det&re=zdk (2018.11.5)

41. ETRI 5G사업전략실 지음, 앞의 책, 223쪽.

42. David L. Rogers, *The Digital Transformation Playbook*(New York: Columbia University Press, 2016), Preface, p.x.

43. *Ibid.* : "A Chief Information Officer's traditional role has been to use technology to optimize processes, reduce risks, and better run the existing business. But the emerging role of a Chief Digital Officer is much more strategic, focused on using technology to reimagine and reinvent the core business itself."

44. 김진영·김형택·이승준 지음, 『디지털 트랜스포메이션 어떻게 할 것인가』(서울: e 비즈북스, 2017), 13쪽.

45. 오퍼링의 세 가지 수준은 상품가치, 서비스 가치, 디지털 가치이다. "상품가치는 자동차, TV, 전화, 화장품 등과 같이 제품을 통해서 생활과 업무를 편리하게 하고 생산성을 향상해주며 1, 2차 산업의 산물이다. 서비스 가치는 금융, 법률, 물류, 의료, 교육, 컨설팅, 패션, 오락, 레저 등의 서비스를 통해서 가치를 전달하며 3, 4, 5차 산업의 산물이다. 디지털 가치는 상품과 서비스가 제공하는 가치와 별개로 콘텐츠, 앱, SNS, 마켓플레이스, 공유경제, 모바일, 클라우드, 인공지능, 빅데이터 등의 디지털 기술을 활용하여 부가가치를 창출하고 생산성을 높여주는 것이다." 아날로그 시대에 기업이 고객에게 제공하는 오퍼링은 상품가치와 서비스 가치뿐이지만, 디지털 기술이 발전하면서 디지털 가치라는 새로운 개념이 등장했다(권병일·안동규·권서림 지음, 『디지털 트랜스포메이션』(서울: 청람, 2018), 29-30쪽).

46. 위의 책, 23-24쪽.

47. 김진영 · 김형택 · 이승준 지음, 앞의 책, 27-29쪽.

48. 권병일 · 안동규 · 권서림 지음, 앞의 책, 8-17쪽.

49. 김진영 · 김형택 · 이승준 지음, 앞의 책, 35-36쪽.

50. 김형택 지음, 『옴니채널 전략 어떻게 할 것인가』(서울: e비즈북스, 2018), 37-38쪽.

51. 위의 책, 166-294쪽 참조.

52. 김진영 · 김형택 · 이승준 지음, 앞의 책, 38-39쪽.

53. 위의 책, 41-53쪽.

54. 위의 책, 54-60쪽.

55. 위의 책, 62쪽.

56. 위의 책, 69-74쪽.

57. 위의 책, 87-88쪽.

58. David L. Rogers, *op. cit.*, p.21.

59. *Ibid.*, p.53.

60. *Ibid.*, p.91.

61. *Ibid.*, p.125.

62. *Ibid.*, p.168.

63. *Ibid.*, pp.11-14.

64. *Ibid.*, p.240.

65. 김진영 · 김형택 · 이승준 지음, 앞의 책, 99-105쪽.

66. 마셜 밴 앨스타인 · 상지트 폴 초더리 · 제프리 파커 지음, 이현경 옮김, 『플랫폼 레볼류션』(서울: 부키, 2017), 31-32쪽. 이들 사례 외에도 애플, 구글, 아마존, 마이크로소프트, 이베이, 유튜브(YouTube), 위키피디아(Wikipedia), 아이폰(iPhone), 업워크(Upwork), 트위터(Twitter), 카약(KAYAK), 인스타그램(Instagram), 핀터레스트(Pinterest) 등 수십 개 이상의 혁신적인 플랫폼이 있다. 이런 극적이고 예상치 못한 변화는 산업 격변 가운데 하나일 뿐 이와 유사한 DNA를 공유하는 사례들은 많다.

67. 한편 유럽 플랫폼 기업은 보다 세분화된 시장을 갖추고 있는데, 그 가치는 북아메리카 플랫폼 기업의 4분의 1미만이다. SAP, 스포티파이(Spotify)가 유럽의 플랫폼 기업들이다. 이 외에 라틴아메리카와 아프리카의 플랫폼 기업으로 나스퍼스(Naspers)가 있다(위의 책, 33쪽).

68. 파이프라인의 양쪽 끝에는 각각 생산자와 소비자가 있고, 가치의 창출과 이동이 단계적으로 일어난다. 즉 회사가 먼저 제품이나 서비스를 디자인한 다음, 제품을 제조해서 판매하거나 서비스를 제공하기 위한 시스템이 작동하고, 마지막으로 고객이 등장해 제품이나 서비스를 구매한다. 이러한 단선적 형태로 인해 파이프라인 비즈니스는 '선형적 가치사슬'로 설명되기도 한다.

69. 마셜 밴 앨스타인 · 상지트 폴 초더리 · 제프리 파커 지음, 이현경 옮김, 앞의 책,

36-37쪽.

70. 위의 책, 38-45쪽. 플랫폼 세계에서는 전통적인 마케팅에서 사용하는 푸시(push) 전략보다 바이럴(viral) 확산을 촉진하도록 설계된 풀 전략이 더 중요하다는 점이 플랫폼 비즈니스와 파이프라인 비즈니스의 중요한 차이점이다(위의 책, 187쪽).

71. 위의 책, 146쪽.

72. 위의 책, 418-420, 427쪽.

73. 위의 책, 420-448쪽.

74. 김진영 · 김형택 · 이승준 지음, 앞의 책, 121-127, 153-159쪽.

75. 마셜 밴 앨스타인 · 상지트 폴 초더리 · 제프리 파커 지음, 이현경 옮김, 앞의 책, 452쪽.

76. 스콧 갤러웨이 지음, 이경식 옮김, 『플랫폼 제국의 미래』(서울: 비즈니스북스, 2018), 243-244, 7쪽.

77. 위의 책, 35, 52, 54-62, 71, 89쪽.

78. 위의 책, 122-134, 144-145쪽. 애플이 2007년 출시한 아이폰은 모토로라와 노키아에 큰 피해를 입혔고 일자리 10만 개도 함께 사라졌다. 전성기 시절 노키아는 핀란드 GDP의 30%를 책임졌고 노키아가 낸 법인세는 핀란드 전체 법인세 중 4분의 1을 차지했다. 2011년까지 휴대 전화 분야에서 시장 점유율이 1위였지만 스마트폰의 등장으로 애플 등에 추월당했으며 2013년 9월 노키아는 휴대전화 사업 부문을 미국의 마이크로소프트사에 매각했다. 노키아가 주식시장에서 차지하던 비중도 70%에서 13%로 줄어들었다(위의 책, 144-145쪽).

79. 위의 책, 152-193쪽.

80. 위의 책, 199-212, 234, 236쪽.

81. 위의 책, 136, 145-147쪽.

82. 시가총액 1,560억 달러의 유니레버는 중산층 17만1,000가구를 떠받치고, 시가총액 1,650억 달러의 인텔은 중산층 10만7,000명을 떠받친다(위의 책, 400쪽에서 재인용).

83. 위의 책, 310-311, 342-343, 396-398, 399-400쪽.

84. 위의 책, 9쪽.

07 디지털 패브리케이션(Digital Fabrication)과 3D 바이오패브리케이션(Biofabrication)

1. 과학자들이 하나의 광양자(photon)를 동일한 특성을 지닌 두 개의 쌍둥이(twins) 입자로 나누어 이 실험을 위해 고안된 기계를 이용해 두 입자를 반대 방향으로 발사했을 때, '쌍둥이 광양자들은 지리적으로는 분리돼 있으면서도 그들 중 하나가 변화하면 다른 하나도 자동적으로 똑같이 변화한다'는 실험 결과를 보였는데, 이 신비로운

연결을 물리학자들은 '양자 얽힘'이라고 이름 붙였다.

2. 다나카 히로야 지음, 김윤호 옮김, 『FabLife: 디지털 패브리케이션에서 탄생한 「만드
   는 방법의 미래」』(파주: 한국학술정보(주), 2018), 20쪽.

3. 위의 책, 5, 26, 6, 9쪽.

4. 김윤호 지음, 『팹랩과 팹시티』(파주: 한국학술정보(주), 2017), 9-10쪽.

5. 위의 책, 31-35쪽.

6. 다나카 히로야 지음, 김윤호 옮김, 앞의 책, 23-30쪽.

7. http://www.epnc.co.kr/news/articleView.html?idxno=81476 (2018.11.22) 보잉
   은 적극적인 3D 프린팅 부품 도입을 통해 대당 약 300만 달러의 비용을 줄일 수 있을
   것으로 예상하고 있으며, GE는 3D 프린팅 부품을 사용하는 항공기 엔진을 개발해 실
   제 시연까지 완료한 것으로 알려졌다. * 디지털 팹랩의 건축교육에 대한 영향에 대
   해서는 Gabriela Celani, "Digital Fabrication Laboratories: Pedagogy and Impacts
   on Architectural Education," *Nexus Network Journal*, Vol.14, No. 3, winter 2012,
   pp.469-482.

8. 다나카 히로야 지음, 김윤호 옮김, 앞의 책, 18-21쪽. 팹랩은 생산자와 소비자를 이분
   화한 대기업 중심의 제조를 일반 시민들에게 개방하여 상향식(bottom-up) 혁신으로
   의 전환을 표방한다. 미국 GE 등 일부 대기업에서는 '클라우드 소싱(Cloud Sourcing:
   클라우드 서비스를 이용한 아웃소싱)'의 활용으로 자사의 사양을 공개하고 디자인을
   공모하는 움직임이 나타나고 있으며 기술 플랫폼을 오픈소스화하고 있다. 이렇게 되
   면 현재 분화된 대기업과 팹랩, 메이커 사이에 느슨한 네트워크가 형성될 수 있을 것
   이다(김윤호 지음, 앞의 책, 66-67쪽).

9. Neil Gershenfeld, *Fab: The Coming Revolution on Your Desktop—Personal
   Computers to Personal Fabrication*(New York: Basic Books, 2005).

10. https://www.sciencetimes.co.kr/?p=137034&post_type=news (2018.11.18)

11. Tomas Diez, "Personal Fabrication: Fab Labs as Platforms for Citizen-Based
    Innovation, from Microcontrollers to Cities," *Nexus Network Journal*, Vol.14, No.
    3, winter 2012, pp.457-468.

12. 김윤호 지음, 앞의 책, 60-62쪽.

13. 다나카 히로야 지음, 김윤호 옮김, 앞의 책, 156-166쪽.

14. 위의 책, 156-157, 166-171쪽.

15. 위의 책, 125-127쪽. 엔도 겐(遠藤謙)에 따르면 D랩의 'D'는 예전에는 Development
    를 의미하는 것이었으나 지금은 'Development through Dialog, Design and
    Dissemination(대화, 설계, 보급을 통한 개발)'을 의미한다(위의 책, 127-128쪽).

16. 팹랩 헌장의 내용은 다음의 일곱 가지로 나와 있다. 즉 ① 팹랩이란 무엇인가?(What
    is a fab lab?), ② 팹랩에는 무엇이 있는가?(What's in a fab lab?), ③ 팹랩 네트워크
    는 무엇을 제공하는가?(What does the fab lab network provide?), ④ 누가 팹랩을

이용할 수 있는가?(Who can use a fab lab?), ⑤ 이용자의 의무는 무엇인가?(What are your responsibilities?), ⑥ 팹랩 발명품은 누가 소유하는가?(Who owns fab lab inventions?), ⑦ 팹랩의 비즈니스는 어떻게 가능한가?(How can businesses use a fab lab?)이다. 여기서는 지면 관계상 일반적으로 궁금하게 생각할 수 있는 6, 7항에 대해서만 살펴보기로 한다. 우선 6항은 "팹랩에서 개발된 디자인과 프로세스는 발명자가 원하면 보호되거나 판매될 수 있지만, 다른 사람들이 이용하고 배울 수 있도록 공유해야 한다"고 나와 있다. 7항은 "팹랩은 영리 활동의 시제품을 개발하고 배양하기 위해 이용할 수 있지만 다른 이용자와 충돌해서는 안 된다. 또한 팹랩 내에서보다는 그 이상으로 성장해야 하며, 성공한 발명자나 기업가가 팹랩 및 팹랩 커뮤니티에 이익을 환원할 것으로 기대된다"고 나와 있다. 나머지 자세한 내용은 http://fab.cba.mit.edu/about/charter/(2018.11.23) 참조.

17. 김윤호 지음, 앞의 책, 51-55쪽. 팹랩은 "MIT대학에서 시작된 대학 및 지역 중심의 창작공간으로 글로벌 네트워크를 통해 제품 설계 과정을 DB 형태로 공유, 시제품 제작 활성화"를 주요 특징으로 삼는다면, 테크숍은 "멤버십 기반으로 운영되는 영리 기관으로 대형 공장에서 사용하는 각종 첨단 공구 및 시제품 제작 교육 프로그램 제공"을 주요 특징으로 삼는다(위의 책, 63쪽).

18. 이 법안은 STEM 교육과 같은 과학기술 인재 육성 정책을 추진하기 위한 것이다.

19. 김윤호 지음, 앞의 책, 41-44쪽.

20. 위의 책, 44-45쪽.

21. 위의 책, 45쪽.

22. Jürgen Groll, et al., "Biofabrication: reappraising the definition of an evolving field," *Biofabrication* 8 (2016) 013001, International Society for Biofabrication(ISBF), 2016, pp.1-2. 위르겐 그롤(Jürgen Groll)은 바이오패브리케이션을 '생물학적 기능을 가진 정의된 제품을 만드는 프로세스(a process that results in a defined product with biological function)'로 광의로 기술한다(*Ibid.*, p.2).

23. *Ibid.*

24. Solaleh Miar, et al., "Additive Manufacturing for Tissue Engineering," in Aleksandr Ovsianikov · James Yoo · Vladimir Mironov(eds.), *3D Printing and Biofabrication*(Uitgever: Springer International Publishing AG, 2018), p.5.

25. 3D 프린터의 종류는 재료와 적층하는 방식에 따라 구분할 수 있다. 플라스틱 등 고체를 열로 녹여 분사해 적층하는 FDM/FFF(fused filament fabrication), 광경화성 액상 수지에 레이저나 가시광선을 쪼여 중합반응을 일으켜 선택적으로 고형화시키는 DLP(digital light processing)/SLA, 분말 재료에 레이저를 선택적으로 주사해 조형하는 SLS(selective laser sintering) 등이 있다(http://www.edaily.co.kr/news/read?newsId=01200486619377840&mediaCodeNo=257&OutLnkChk=Y (2018.12.4))

26. Jürgen Groll, et al., *op. cit.*, p.2.

27. 현정우·최은창, 「3D 바이오프린팅 기술개발 동향 분석」, 『전자통신동향분석』 30(5), 한국전자통신연구원(ETRI), 2015, 101쪽. 3D 프린팅 시스템의 메커니즘, 방법, 응용에 대해서는 Dong-Woo Cho, et al., *Organ Printing*(New York: Morgan & Claypool Publishers, 2015) 참조.

28. http://100.daum.net/encyclopedia/view/55XX76500102 (2018.11.30); http://www.irobotnews.com/news/articleView.html?idxno=7025 (2018.11.30)

29. 이현재, 「3D 바이오프린팅 기술 동향 및 전망」, 『주간기술동향』(2017.5.31), 정보통신기술진흥센터, 2017, 19쪽에서 재인용.

30. http://www.kterms.or.kr/?f=01_m6&bcd=1&sub=view&seq=354#self (2018.12.2.) 조 교수가 개발한 3D 프린팅 기술은 크게 3D 전조직체(pre-tissue)와 세포 프린팅 두 가지다. 이에 관해서는 https://www.sedaily.com/NewsView/1KW9SOEZGO (2018.12.2) 참조.

31. http://www.etnews.com/20160217000127 (2018.12.2)

32. http://news.mk.co.kr/newsRead.php?year=2018&no=701453 (2018.12.2); http://www.businesspost.co.kr/BP?command=article_view&num=104056 (2018.12.2)

33. http://www.zdnet.co.kr/news/news_view.asp?artice_id=20180806094910&type=det&re=zdk(2018.12.3)

34. http://blog.naver.com/PostView.nhn?blogId=techforum&logNo=221343724834 (2018.12.4)

35. 현정우·최은창, 앞의 논문, 100쪽. 보청기, 치과 및 외과 임플란트와 같이 상대적으로 소형이고 맞춤형을 필요로 하는 의료장비는 적층 조형 시스템을 통한 생산에 적합하다. 적층 조형 기술은 생체적합성 물질이나 골격의 삽입 없이 세포 배양체를 구성할 수 있는 특성을 가지고 있다(위의 논문, 100-101쪽).

36. 김보림, 「3D 바이오프린팅 기술 동향」, 『융합 Weekly TIP』 81, 융합연구정책센터, July 2017, 2쪽.

37. 이현재, 앞의 논문, 15쪽에서 재인용.

38. 미국의 경우 장기 등이 필요한 환자는 매년 10만 명이지만 단지 2만 건의 장기만 기증을 받고 있고, 약 3.6만 명이 대기자 명단에서 대기 중이며, 5년간 약 1만 명이 목숨을 잃었다. 국내의 경우 2016년 장기 이식 대기자는 3만 286명이었지만, 실제 이식 수술은 15.4%에 불과한 4,658건이었다. 충족률이 갈수록 줄고 있어, 급속한 고령화 추세가 이어지는 상황에서 장기이식관광 등 사회 문제로 대두될 수 있다(위의 논문, 16쪽에서 재인용).

39. Anthony Atala and James J. Yoo(eds.), *Essentials of 3D Biofabrication and Translation*(San Diego, CA: Elsevier Inc., 2015), Preface, p.xvii.

40. 김보림, 앞의 논문, 2-3쪽; 김성호 외, 「3D 바이오프린팅 기술 현황과 응용」, *Korean*

Society for Biotechnology and Bioengineering Journal 30(6), 2015, 269-270쪽.

41. 현정우 · 최은창, 앞의 논문, 101-102쪽.

42. https://www.sedaily.com/NewsView/1S2AAA8Y6S (2018.12.7) 사실 의약품 신속 허가 관련법은 2010년대 초반 한국에서 먼저 입안했으나 줄기세포 치료제 포함 여부 를 놓고 논쟁을 벌이다가 법안이 사장됐고 그 사이, 일본 후생성이 2014년 도입했다.

43. http://news.wowtv.co.kr/NewsCenter/News/Read?articleId=A201809210502&t= KO(2018.12.7)

44. https://ko.wikipedia.org/wiki/%EB%B0%B0%EC%95%84%EC%A4%84%EA%B8%B 0%EC%84%B8%ED%8F%AC (2018.12.7)

45. https://www.yna.co.kr/view/AKR20090310092700003 (2018.12.7)

46. http://www.seoul.co.kr/news/newsView.php?id=20181122500070&wlog_ tag3=daum(2018.12.7) 해당 제품은 일본의 의료기기 회사 니프로가 2018년 6월 신 청한 '스테미라크'로 환자의 몸에서 줄기세포를 추출해 배양한 뒤 다시 환자에게 주 입하는 과정에서 필요한 주사액이다.

47. https://www.sedaily.com/NewsView/1S76Q6IY8S (2018.12.7)

48. http://news.mk.co.kr/newsRead.php?year=2018&no=762634 (2018.12.7)

49. 김보림, 앞의 논문, 4쪽; 김성호 외 앞의 논문, 270-272쪽.

50. Aleksandr Ovsianikov · James Yoo · Vladimir Mironov(eds.), *3D Printing and Biofabrication*(Uitgever: Springer International Publishing AG, 2018), Preface, p.v: "The potential applications of 3D bioprinting and biofabrication include (i) in vitro 3D models of development and human diseases; (ii) new research in in vitro 3D tissue models for drug discovery and toxicological and cosmetic research; and (iii) automated robotic biofabrication of 3D human tissues and organs suitable for clinical transplantation."

51. 이현재, 앞의 논문, 24쪽.

52. 자가조립 기술은 분자 인식 원리(자연계의 생체분자가 다른 생체분자를 인식하는 능 력)를 바탕으로 자연계에서 수십 억 년 동안 복잡하게 생명체를 구성하는 데 이용돼 왔 다. 예를 들어, 단일 DNA 가닥은 반대쪽 단일 DNA 가닥을 인식하고 둘이 결합해 이 중 DNA 가닥을 형성한다. 항체가 특정 항원에 결합하는 것도 같은 원리이다. 나노 크기의 생체물질은 마이크로미터 크기의 세포 한 개를 형성할 때 자가조립 과정을 이용하며, 또한 마이크로미터 크기의 세포 역시 사람의 몸과 같이 훨씬 큰 구조를 이 루기 위해서 자가조립 과정을 이용한다 (https://terms.naver.com/entry.nhn?docId=3579240&cid=58941&category Id=58960 (2018.12.10)

53. https://www.ted.com/talks/skylar_tibbits_the_emergence_of_4d_printing (2018.12.10)

54. 정보통신산업진흥원(NIPA), 「스스로 변형하는 물질을 만들어 내는 4D 프린팅 기술」, 『주간기술동향』(2013.6.12), 36-40쪽. 4D 프린팅을 이용한 적응성 인프라의 예로는 자가변형하는 파이프를 들 수 있다. 티비츠 교수 연구팀은 물의 양과 속도에 따라 스스로 늘어나거나 수축하는 배수관에 주목하였으며, 나아가 연동운동을 통해 물을 저절로 운반하여 값비싼 펌프나 밸브가 필요 없이 그 자체로 조정 가능하고 유연한 파이프를 만드는 것을 실험의 목표로 삼았다.

55. https://terms.naver.com/entry.nhn?docId=1051249&cid=47341&category Id=47341(2018.12.12)

56. http://100.daum.net/encyclopedia/view/b25h1103a (2018.12.12)

57. http://www.segye.com/newsView/20180807000081 (2018.12.12);
https://terms.naver.com/entry.nhn?docId=3579240&cid=58941&category Id=58960(2018.12.12);
http://www.ndsl.kr/ndsl/search/detail/trend/trendSearchResultDetail. do?cn=SCTM00138643(2018.12.12);
http://blog.naver.com/PostView.nhn?blogId=mocienews&logNo=221338827627 (2018.12.12);
http://www.speconomy.com/news/articleView.html?idxno=131944 (2018.12.12);
http://100.daum.net/encyclopedia/view/47XXXXXXd241 (2018.12.12)
4D 프린팅으로 만든 세계 최초의 드레스는 미국의 디자인 스튜디오 너버스 시스템(Nervous Systems)이 만든 키네메틱스 드레스(Kinematics Dress)로 2,000개 이상의 부품으로 구성되어 있으며, 접힌 상태로 출력된 이후 완전한 형태로 변화했다. 한편 미국 미시간대 의대는 '폴리카프로락톤(PCL)'이라는 재료를 사용하여 4D 프린팅으로 제작한 부목을 생후 5개월 아기 목에 이식했다. 또한 미국 오가노보 홀딩스(Organovo Holdings)는 바이오프린팅 프로젝트에 참여해 인간의 근육조직 개발에 주력하고 있으며 4D 프린팅 기술을 활용해 인공 간(liver) 개발을 진행해 오고 있다.

58. http://news.hankyung.com/article/2018092858071 (2018.12.14)

59. http://www.etnews.com/20180402000270 (2018.12.14)

60. 문명운, 「미래 사회를 이끌 4D 프린팅 기술」, 포항공대신문 365호, 2015.10.07; 비피기술거래, 『국내외 4D 프린팅 산업분석보고서』(전주: 비티타임즈, 2018), 3쪽.

61. http://100.daum.net/encyclopedia/view/124XX73300008 (2018.12.15);
https://blog.naver.com/withkisti/221004019888 (2018.12.15)
한국산업기술평가관리원(KEIT), 『3D 프린팅 고분자 소재의 현황과 연구 방향』, 2014.08.

62. https://blog.naver.com/withkisti/221004019888 (2018.12.15);
http://netmandoo.tistory.com/9 (2018.12.15); 비피기술거래, 앞의 책, 12-13, 18쪽.

63. http://100.daum.net/encyclopedia/view/124XX73300008 (2018.12.15)

64. https://blog.naver.com/withkisti/221004019888 (2018.12.15); 비피기술거래, 앞의 책, 15쪽.

65. https://blog.naver.com/withkisti/221004019888 (2018.12.15); 비피기술거래, 앞의 책, 17쪽.

66. http://www.dvnnews.com/news/articleView.html?idxno=16278 (2018.12.16); 비피기술거래, 앞의 책, 21쪽.

67. http://www.dvnnews.com/news/articleView.html?idxno=16278 (2018.12.16.); 비피기술거래, 앞의 책, 22쪽.

68. http://www.dvnnews.com/news/articleView.html?idxno=16278 (2018.12.16); 비피기술거래, 앞의 책, 22-24쪽.

69. 제이콥 브로노우스키, 『과학과 인간의 미래』(서울: 김영사, 2011), 350쪽.

70. 위의 책, 14쪽.

71. 위의 책, 422쪽.

08 유엔세계평화센터(UNWPC, UNEPP)

1. '철의 실크로드'란 한반도종단철도(TKR), 시베리아횡단철도(TSR), 중국횡단철도(TCR), 만주횡단철도(TMR) 등 아시아에서부터 유럽까지를 하나로 연결하는 유라시아철도망을 뜻한다.

2. E. O. Reischauer, *Ennin's Travels in T'ang China*(New York: The Ronald Press Co., 1955), p.287. 미국 하버드대 동양학 교수였고 1960년대 초 주일미국대사를 역임한 라이샤워(Edwin O. Reischauer)는 장보고를 '해상상업제국(Maritime Commercial Empire)'의 '무역왕(Merchant Prince)'으로 칭하여 장보고의 존재를 전 세계에 널리 인식시키는 계기를 제공했다.

3. 거버넌스는 정부와 기업, 시민사회의 다양한 주체들이 참여와 연대, 소통 과정을 통해 경험과 지식을 공유하고 공동의 문제에 전향적으로 대처해 나가는 협력적 관리체제를 지칭한 것이다. 근년에 들어서는 대안적인 관리체제를 의미하는 광의의 개념으로 '거버넌스'라고 원어 그대로 쓰는 것이 일반적이다. 1992년 리우회의에서 환경문제 해결의 주체로 정부와 기업, 시민사회가 주목을 받은 이후 이 세 주체의 협력관계에 기초한 거버넌스에 대한 국제사회의 관심이 증대되었다. 말하자면 사회의 복잡성과 역동성 및 다양성 증대에 부응할 수 있는 새로운 통치체제를 모색하는 과정에서 다양한 주체들의 참여와 협력을 바탕으로 제도적 역량(institutional capacity)을 강화시킨 거버넌스에 주목하게 된 것이다. 특히 환경문제와 생태위기에 보다 탄력적이고도 효과적으로 대처할 수 있도록 거버넌스의 녹색화를 통해 녹색적 가치를 실질적

으로 실현하고자 나타난 것이 녹색 거버넌스이다.

4. http://news.chosun.com/site/data/html_dir/2014/01/24/2014012400303.html (2018.10.30)

5. http://news.chosun.com/site/data/html_dir/2014/01/24/2014012400319.html (2018.10.30)

6. http://news.chosun.com/site/data/html_dir/2014/01/24/2014012400277.html (2018.10.30)

7. http://www.hani.co.kr/arti/economy/marketing/868401.html (2018.11.5)

8. TRADP와 동북아경제권의 관계에 대해서는 김익수 外, 『두만강지역개발사업에 관한 연구』, 대외경제정책연구원(1994.5), 139-146쪽.

9. Immanuel Wallerstein, *The Modern World System:: Capitalist Agriculture and the Origins of the European World Economy in the Sixteenth Century*(New York : Academic Press, 1974) 참조. 본 절의 이하 내용은 拙著, 『새로운 문명은 어떻게 만들어지는가: 한반도發 21세기 과학혁명과 존재혁명』, 318-330쪽의 내용을 정리, 보완한 것임.

10. 이에 관한 자세한 내용은 본서 제1장 참조.

11. 중국은 '中國夢'으로 불리는 2개의 100년 프로젝트를 추진 중이다. 그 하나는 중국 공산당 창건 100주년이 되는 2021년까지 중국 인민이 중산층이 되어 여유 있는 생활을 하게 되는 '샤오캉 사회(小康社會)'의 건설이고, 다른 하나는 중화인민공화국 수립 100주년이 되는 2049년에 모두가 잘 사는 '다퉁 사회(大同社會)'의 건설이다. 21세기 新실크로드인 '일대일로'는 2049년까지 지속되는 장기 프로젝트다.

12. http://news.chosun.com/site/data/html_dir/2016/06/02/2016060202325.html (2018.11.8)

13. http://biz.chosun.com/site/data/html_dir/2018/05/01/2018050102488.html (2018.11.8)

14. 윌 듀런트 지음, 왕수민 · 한상석 옮김, 『문명 이야기(동양 문명 1-1)』(서울: 민음사, 2011), 7쪽.

15. 존 M. 홉슨 지음, 정경옥 옮김, 『서구 문명은 동양에서 시작되었다』(서울: 에코리브르, 2005), 19쪽에서 재인용.

16. 위의 책, 22쪽. 홉슨은 그의 『*The Eastern Origins of Western Civilisation*』(2004)에서 600년 이후 중세 유럽의 농업혁명을 가능하게 했던 대부분의 중요한 기술이 동양으로부터 유입되었고(5~6장), 1000년 이후 유럽의 상업 · 생산 · 금융 · 군사 · 항해혁명을 자극한 중요한 기술과 사상, 제도가 동양에서 발전해 유럽으로 전해졌으며(6~8장), 1700년 이후에는 영국의 농업혁명 및 산업혁명에 박차를 가한 중요한 기술과 기술적인 아이디어가 중국으로부터 전파되었고(9장), 유럽의 계몽운동을 자극했던 사상 역시 동양으로부터 유입되었다는 사실을 자세히 설명하고 있다. 홉슨은 여

기서 유럽의 힘 혹은 정체성의 역할을 강조하고 있다. 유럽인은 제국주의적 정체성을 형성함으로써 서양의 발흥을 가능하게 했다. 유럽의 제국주의적 도용에 있어 종교도 예외는 아니었다. 중세 초기의 유럽인은 이슬람과 대비해 스스로를 정의했는데 이는 기독교 국가 건설을 위한 필요조건이었고 결국 1000년이 끝날 무렵에 출현한 봉건 경제와 정치체계를 병합하는 데 기여했다. 십자군 원정도 이 같은 정체성에서 비롯되었다(위의 책, 44-47쪽). 원래 기독교는 유럽이 아니라 중동에서 발생했지만 이후에는 서구화하고 유럽화하여 십자군 운동 당시 이슬람에 대항하는 '서구 문명'의 방어벽이 되었다.

17. Peter Frankopan, *The Silk Roads: A New History of the World*(London: Bloomsbury Publishing PLC, 2016); 피터 프랑코판 지음, 이재황 옮김, 『실크로드 세계사: 고대 제국에서 G2 시대까지』(서울: 책과함께, 2017).

18. 안드레 군더 프랑크 지음, 이희재 옮김, 『리오리엔트』(서울: 이산, 2003), 63쪽. 프랑크는 여러 데이터를 근거로 18세기 이전의 경제에 대한 분석에서 유럽경제는 많은 부분을 아시아에 의존하고 있었으며, 13~14세기에도 세계 국가들은 세계적 무역체계에 참여하면서 특화산업에 기반을 둔 효율적 분업체계를 유지하고 있었다고 주장한다. 특히 중국은 低생산비용·高효율체제로 도자기, 차, 비단 등을 생산하여 거대한 무역수지 흑자를 내던 시기였고, 그 반대급부로 은이 중국으로 유입됐다. 이 시기에 유럽은 만성적인 무역적자를 메울 상품을 찾지 못한 채 아시아, 아메리카, 아프리카 사이에서 수출품을 이동시키는 중간 관리자 역할을 하며 차익을 챙겼다는 것이다.

19. Asian Development Bank, *Asia 2050: Realizing the Asian Century*(New Delhi, London, Los Angeles, Singapore and Washington D.C.: SAGE Publications India Pvt. Ltd., 2011).

20. 아시아개발은행(ADB) 지음, 박신현·위선주 옮김, 이준규·이창용 감수, 『아시아 미래 대예측』(고양: 위즈덤하우스, 2012), 95쪽.

21. '프라우트'의 자세한 내용에 대해서는 다다 마헤슈와라난다 지음, 다다 찻따란자아난다 옮김, 『자본주의를 넘어 *After Capitalism*』(서울: 한살림, 2014), 79-109, 439-467쪽.

22. 위의 책, 582쪽. "프라우트는 협동조합 체제의 수립을 지지한다. 협동조합에 내재하는 정신이 바로 대등한 협동(coordinated cooperation)이기 때문이다. 오직 협동조합 체제만이 인류 사회의 건전한 인간성의 진보와 다양한 인류 종족 간의 완전하고도 영속적인 단결을 가져올 수 있다(위의 책 198쪽에서 재인용)."

23. Jeremy Rifkin, *The Age of Access: The New Culture of Hypercapitalism, Where All of Life is a Paid-For Experience*(New York: Penguin Group, 2001).

24. 자크 아탈리 지음, 양영란 옮김, 『미래의 물결』(서울: 위즈덤하우스, 2007), 20쪽.

25. 자크 아탈리 지음, 권지현 옮김, 『세계는 누가 지배할 것인가』(서울: 청림출판, 2012), 15쪽.

26. 자크 아탈리 지음, 양영란 옮김, 앞의 책, 233쪽.

27. 위의 책, 18-19쪽.

28. John Naisbitt and Patricia Aburdene, *Megatrends 2000*(New York: William Morrow and Company, Inc., 1990); John Naisbitt, *Global Paradox: The Bigger the World Economy, the More Powerful Its Smallest Players*(New York: William Morrow and Company, Inc., 1994) 참조.

29. 안토니오 네그리 · 마이클 하트 지음, 조정환 · 정남영 · 서창현 옮김, 『다중』(서울: 세종서적, 2008), 17-23쪽. 여기서 다중은 하나의 통일성이나 단일한 동일성으로 환원될 수 없는 수많은 내적 차이로 구성된 자율적인 개인의 집합이다. 인터넷과 같은 분산된 네트워크를 통해 모두가 웹에서 서로 접속하고, 또한 네트워크의 외부적 경계가 열려 있어서 언제든 새로운 관계들이 추가될 수 있다는 다중의 이 두 가지 특징이 더욱 민주적인 조직화로의 경향을 보여준다고 네그리와 하트는 말한다.

30. 자크 아탈리 지음, 권지현 옮김, 『세계는 누가 지배할 것인가』(서울: 청림출판, 2012), 16-19쪽.

31. 위의 책, 318-319쪽.

32. 위의 책, 19쪽. 독일의 철학자이자 사회학자인 위르겐 하버마스(Jürgen Habermas)는 그의 저서 『탈민족국가시대 *The Postnational Constellation*』(1998)에서 세계 정치 공동체로서의 세계정부가 필요한 분야는 오직 인권 분야라고 보고 '세계시민의 정치적 지위 부여'와 더불어 인권 침해자들에 대한 군사적 제재 조처의 필요성을 주장한다. 또한 그는 환경, 남녀평등, 인권 해석, 빈곤 등을 중요한 사안으로 꼽고, 국제형법재판소 창설과 유엔 안전보장이사회의 진정한 행정부로의 전환을 제안하기도 한다(위의 책, 312-313쪽).

33. 자크 아탈리 지음, 양진성 옮김, 『더 나은 미래』(서울: 청림출판, 2011), 201-207쪽.

1. 경전 및 사서

『高麗史』	『高麗圖經』	『金剛三昧經論』
『論語』	『檀奇古事』	『大乘起信論』
『大乘起信論別記』	『大乘起信論疏』	『東經大全』
『孟子』	『明心寶鑑』	『符都誌』
『三國史記』	『三國遺事』	『三一神誥』
『三一哲學譯解倧經合編』	『龍潭遺詞』	『莊子』
『中阿含經』	『中庸』	『澄心錄追記』
『參佺戒經』	『天道敎經典』	『天符經』
『華嚴經』	『桓檀古記』	『黃極經世書』
Bible	*The Bhagavad Gita*	*The Upanishads*

2. 국내 저서 및 논문

곽영직 지음, 『세상을 바꾼 열 가지 과학혁명』, 파주: 한길사, 2011.

권호영 · 강길구 공저, 『수소저장합금개론』, 서울: 민음사, 2003.

고란 · 이용재 지음, 『넥스트머니』, 서울: 다산북스, 2018.

권병일 · 안동규 · 권서림 지음, 『디지털 트랜스포메이션』, 서울: 청람, 2018.

그레이엄 클라크 지음, 정기문 옮김, 『공간과 시간의 역사』, 서울: 푸른 길, 1999.

김동하, 「'중국제조 2025'와 '인터넷+'」, 포스코경영연구원, 『친디아플러스(Chindia plus)』 vol. 122, March/April 2017.

김보림, 「3D 바이오프린팅 기술 동향」, 『융합 Weekly TIP』 81, 융합연구정책센터, July 2017.

김명자 지음, 『원자력 딜레마』, 서울: 사이언스 북스, 2011.

김상남 지음, 『워터에너지 시대』, 서울: (주)베스트코리아, 2010.

김성호 외, 「3D 바이오프린팅 기술 현황과 응용」, *Korean Society for Biotechnology and Bioengineering Journal* 30(6), 2015.

김윤호 지음, 『팹랩과 팹시티』, 파주: 한국학술정보(주), 2017.

김익수 外, 『두만강지역개발사업에 관한 연구』, 대외경제정책연구원, 1994.05.

김인숙 · 남유선 지음, 『4차 산업혁명, 새로운 미래의 물결』, 수원: 호이테북스, 2016.

김진영 · 김형택 · 이승준 지음, 『디지털 트랜스포메이션 어떻게 할 것인가』, 서울: e비즈
　　북스, 2017.

김형택 지음, 『옴니채널 전략 어떻게 할 것인가』, 서울: e비즈북스, 2018.

뉴턴프레스 지음, 『수소에너지와 핵융합에너지』, 서울: 아이뉴턴(뉴턴코리아), 2016.

다나카 히로야 지음, 김윤호 옮김, 『FabLife: 디지털 패브리케이션에서 탄생한「만드는 방
　　법의 미래」』, 파주: 한국학술정보(주), 2018.

다다 마혜슈와라난다 지음, 다다 찻따란잔아난다 옮김, 『자본주의를 넘어 After
　　Capitalism』, 서울: 한살림, 2014.

레이 커지와일 지음, 김명남 · 장시형 옮김, 『특이점이 온다』, 파주: 김영사, 2007.

롤랜드버거 지음, 김정희 · 조원영 옮김, 『4차 산업혁명 이미 와 있는 미래』, 파주: 다산,
　　2017.

리처드 던컨 지음, 김석중 옮김, 『달러의 위기: 세계 경제의 몰락』, 파주: 국일증권경제연
　　구소, 2004.

마셜 밴 앨스타인 · 상지트 폴 초더리 · 제프리 파커 지음, 이현경 옮김, 『플랫폼 레볼류
　　션』, 서울: 부키, 2017.

문명운, 「미래 사회를 이끌 4D 프린팅 기술」, 포항공대신문 365호, 2015.10.07.

밀튼 프리드먼 지음, 김병주 옮김, 『돈의 이야기』, 서울: 고려원, 1992.

박영숙 · 제롬 글렌 지음, 『세계미래보고서 2055』, 서울: 비즈니스북스, 2017.

＿＿＿, 『유엔미래보고서 2050』, 파주: 교보문고, 2016.

박창범 지음, 『하늘에 새긴 우리역사』(파주: 김영사, 2017.

배리 아이켄그린 지음, 강명세 옮김, 『글로벌라이징 캐피털: 국제통화체제는 어떻게 진화
　　하는가』, 서울: 미지북스, 2010.

벤 S. 버냉키 지음, 김홍범 · 나원준 옮김, 『벤 버냉키, 연방준비제도와 금융위기를 말하
　　다』, 서울: 미지북스, 2014.

비피기술거래, 『국내외 4D 프린팅 산업분석보고서』, 전주: 비티타임즈, 2018.

삼일회계법인, 『에코액티바 투자유치를 위한 Information Memorandum』(June 2012).

스콧 갤러웨이 지음, 이경식 옮김, 『플랫폼 제국의 미래』, 서울: 비즈니스북스, 2018.

스티븐 호킹 지음, 현정준 옮김, 『시간의 역사 2』, 서울: 청림출판, 1995.

신시아 브라운 지음, 이근영 옮김, 『빅 히스토리: 우주, 지구, 생명, 인간의 역사를 통합하
　　다』, 서울: 웅진지식하우스, 2013.

신용우, 「블록체인 기술 현황 및 산업 발전을 위한 향후 과제」, 국회입법조사처(NARS),
　　『이슈와 논점』(2018.6.29.).

신용하, 『고조선문명의 사회사』, 파주: 지식산업사, 2018.

＿＿＿, 『한국근대민족운동사연구』, 서울: 일조각, 2017.

쑹훙빙 지음 · 차혜정 옮김, 『화폐전쟁』 1, 서울: RHK, 2008.

쑹훙빙 지음 · 홍순도 옮김, 『화폐전쟁』 2, 서울: RHK, 2010.

＿＿＿, 『화폐전쟁』 3, 서울: RHK, 2011.

_____, 『화폐전쟁』 4, 서울: RHK, 2012.

아시아개발은행(ADB) 지음, 박신현 · 위선주 옮김, 이준규 · 이창용 감수, 『아시아 미래
    대예측』, 고양: 위즈덤하우스, 2012.

안드레 군더 프랑크 지음, 이희재 옮김, 『리오리엔트』, 서울: 이산, 2003.

안드레아 아로마티코 지음, 성기완 옮김, 『연금술: 현자의 돌』, 서울: 시공사, 2011.

안토니오 네그리 · 마이클 하트 지음, 조정환 · 정남영 · 서창현 옮김, 『다중』, 서울: 세종
    서적, 2008.

앨빈 토플러 지음, 김원호 옮김, 『누구를 위한 미래인가』, 서울: 청림출판, 2012.

앨프리드 W. 크로스비 지음, 이창희 옮김, 『태양의 아이들 - 에너지를 향한 끝없는 인간
    욕망의 역사』, 서울: 세종서적, 2009.

에른스트 페터 지음, 이민수 옮김, 『과학혁명의 지배자들』, 서울: 양문, 2002.

에코액티바 환경기술연구소 자료집(2002~2018).

와다 하루키 지음, 이원덕 옮김, 『동북아시아 공동의 집』, 서울: 일조각, 2004.

요시카와 료조 편저 · 한일IT경영협회 지음, KMAC 옮김, 『제4차 산업혁명』, 서울:
    KMAC, 2016.

윌 듀런트 지음, 왕수민 · 한상석 옮김, 『문명 이야기(동양 문명 1-1)』, 서울: 민음사, 2011.

윌리엄 엥달 지음, 김홍옥 옮김, 『화폐의 신: 누가, 어떻게, 세계를 움직이는가』, 서울: 길,
    2015.

유발 하라리 지음, 조현욱 옮김, 『사피엔스』, 파주: 김영사, 2015.

유재국, 「수소에너지 관련 현황 및 입법적 개선 방향」, 『이슈와 논점』 제1426호, 국회입법
    조사처, 2018.

윤희봉, 『무기이온 교환체 ACTIVA 연구와 응용의 실제와 가설 1권: 기초 점토연구 편』,
    서울: 에코엑티바, 1988.

_____, 『무기이온 교환체 ACTIVA 연구와 응용의 실제와 가설 2권: 파동과학으로 보는
    새 원자 모델 편』, 서울: 에코엑티바, 1999.

_____, 『무기이온 교환체 ACTIVA 연구와 응용의 실제와 가설 3권: 물의 물성과 물관리
    편』, 서울: 에코엑티바, 2007.

이근우, 「Activa에 의한 방사성 핵종의 흡착 성능 평가 연구」, 호서대학교 · 한국원자력연
    구소 · 원자력환경기술원 · (주)에코액티바 · (주)이엔이 편, 『ACTIVA에 의한 방
    사성 핵종의 흡착 유리고화 성능 평가연구』(2004.1.10).

이민근, 「일본의 로봇혁명 이니셔티브」, 포스코경영연구원, 『친디아플러스(Chindia
    plus)』 vol.122, March/April 2017.

이현재, 「3D 바이오프린팅 기술 동향 및 전망」, 『주간기술동향』(2017.5.31), 정보통신기
    술진흥센터, 2017.

임정성, 「디지털 인프라 갖추는 인도」, 포스코경영연구원, 『친디아플러스(Chindia plus)』
    vol.122, March/April 2017.

자크 아탈리 지음, 권지현 옮김, 『세계는 누가 지배할 것인가』, 서울: 청림출판, 2012.

자크 아탈리 지음, 양영란 옮김, 『미래의 물결』, 서울: 위즈덤하우스, 2007.

자크 아탈리 지음, 양진성 옮김, 『더 나은 미래』, 서울: 청림출판, 2011.

재레드 다이아몬드 지음, 강주헌 옮김, 『재레드 다이아몬드의 나와 세계』, 파주: 김영사, 2016.

전창범 지음, 『5G: 이동통신 입문』, 서울: 홍릉과학출판사, 2018.

정보통신산업진흥원(NIPA), 「스스로 변형하는 물질을 만들어 내는 4D 프린팅 기술」, 『주간기술동향』(2013.6.12.).

제러미 리프킨 지음, 안진환 옮김, 『3차 산업혁명』, 서울: 민음사, 2012.

제러미 리프킨 지음, 이경남 옮김, 『공감의 시대』, 서울: 민음사, 2010.

제러미 리프킨 지음, 이진수 옮김, 『수소 혁명』, 서울: 민음사, 2003.

제이콥 브로노우스키 지음, 임경순 옮김, 『과학과 인간의 미래』, 파주: 김영사, 2011.

제임스 리카즈 지음, 최지희 옮김, 『화폐의 몰락: 국제통화시스템의 붕괴가 임박하다』, 서울: 율리시즈, 2015.

조명기 편, 『원효대사전집』, 서울: 보련각, 1978.

조윤수, 『에너지 자원의 위기와 미래』, 서울: 일진사, 2013.

존 M. 홉슨 지음, 정경옥 옮김, 『서구 문명은 동양에서 시작되었다』, 서울: 에코리브르, 2005.

존 O'M. 보크리스 · T. 네잣 배지로글루 · 프라노 바비 지음, 박택규 옮김, 『수소에너지의 경제와 기술』, 서울: 겸지사, 2005.

중국 CCTV 다큐멘터리 〈화폐〉 제작팀 지음, 김락준 옮김 · 전병서 감수, 『화폐경제』, 서울: 가나출판사, 2014.

최동용, 「4차 산업혁명과 제조업의 변화」, 포스코경영연구원, 『친디아플러스(Chindia plus)』 vol.122, March/April 2017.

최민자, 『빅 히스토리』, 서울: 모시는사람들, 2018.

_____, 『스피노자의 사상과 그 현대적 부활』, 서울: 모시는사람들, 2015.

_____, 『새로운 문명은 어떻게 만들어지는가: 한반도發 21세기 과학혁명과 존재혁명』, 서울: 모시는사람들, 2013.

_____, 『동서양의 사상에 나타난 인식과 존재의 변증법』, 서울: 모시는사람들, 2011.

_____, 『통섭의 기술』, 서울: 모시는사람들, 2010.

_____, 『천부경 · 삼일신고 · 참전계경』, 서울: 모시는사람들, 2006.

최태영, 『한국 고대사를 생각한다』, 서울: 눈빛, 2002.

_____, 『인간단군을 찾아서』, 서울: 학고재, 2000.

_____, 『한국상고사』, 서울: 삼지사, 1993.

케네스 로고프 지음, 최재형 · 윤영미 옮김, 『화폐의 종말: 지폐 없는 사회』, 서울: 다른세상, 2016.

켄 윌버 지음, 정창영 옮김, 『켄 윌버의 통합 비전』, 서울: 물병자리, 2009.

쿠사노 타쿠미, 『도해 연금술』, 서울: 에이케이 커뮤니케이션즈, 2012.

크리스 스키너 지음, 이미숙 옮김,『금융혁명』, 파주: 교보문고, 2017.

클라우스 슈밥 지음, 송경진 옮김,『제4차 산업혁명』, 서울: 메가스터디(주), 2016.

톰 하트만 지음, 김옥수 옮김,『우리 문명의 마지막 시간들』, 서울: 아름드리미디어, 1999.

파드마삼바바 지음, 유기천 옮김,『티벳 해탈의 서』, 서울: 정신세계사, 2000.

프리초프 카프라 · 슈타인들-라스트 · 토마스 매터스 지음, 김재희 옮김,『신과학과 영성
　　의 시대』, 서울: 범양사 출판부, 1997.

피터 디어 지음, 정원 옮김,『과학혁명: 유럽의 지식과 야망, 1500~1700』, 서울: 뿌리와이
　　파리, 2011.

피터 프랭코판 지음, 이재황 옮김,『실크로드 세계사: 고대 제국에서 G2 시대까지』, 서울:
　　책과함께, 2017.

하원규 · 최남희 지음,『제4차 산업혁명』, 서울: 콘텐츠하다, 2015.

하원규 · 최해옥 지음,『디지털 행성과 창조도시 전략』, 서울: 전자신문사, 2013.

한국산업기술평가관리원(KEIT),『3D 프린팅 고분자 소재의 현황과 연구 방향』, 2014.08.

헤르만 셰어 지음, 배진아 옮김,『에너지 주권』, 서울: 고즈윈, 2009.

현정우 · 최은창,「3D 바이오프린팅 기술개발 동향 분석」,『전자통신동향분석』30(5), 한
　　국전자통신연구원(ETRI), 2015.

호서대학교 · 한국원자력연구소 · 원자력환경기술원 · (주)에코액티바 · (주)이엔이
　　(E&E) 편,『Activa에 의한 방사성 핵종의 흡착 유리고화 성능 평가연구』,
　　2004.01.10.

홍익희 · 홍기대 지음,『화폐혁명: 암호화폐가 불러올 금융빅뱅』, 서울: 앳워크, 2018.

황선희,『한국 근대사의 재조명』, 서울: 국학자료원, 2003.

C. G. 융 지음, 한국융연구원 C. G. 융저작번역위원 옮김,『원형과 무의식』(융 기본 저작
　　집 2), 서울: 솔, 2002.

C. V. 게오르규 지음, 민희식 옮김,『한국 찬가』, 서울: 범서출판사, 1984.

ETRI 5G사업전략실 지음,『5G 시대가 온다』, 서울: 콘텐츠하다, 2017.

Michael J. Sandel 지음, 이창신 옮김,『정의란 무엇인가』, 서울: 김영사, 2010.

3. 국외 저서 및 논문

Ahamed, Liaquat, *Lords of Finance*, New York: The Penguin Press, 2009.

Anthony, Scott, "Innovation Is a Discipline, Not a Cliche," *Harvard Business Review*,
　　May 30, 2012.

Ashvaghosha, *The Awakening of Faith*, trans. Teitaro Suzuki, Mineola, New York:
　　Dover Publications, INC., 2003.

Asian Development Bank, *Asia 2050: Realizing the Asian Century*, New Delhi,

London, Los Angeles, Singapore and Washington D.C.: SAGE Publications India Pvt. Ltd., 2011.

Atala, Anthony and James J. Yoo(eds.), *Essentials of 3D Biofabrication and Translation*, San Diego, CA: Elsevier Inc., 2015.

Augustine, *On the Trinity*, edited by gateth B. Matthews, translated by Stephen McKenna, Cambridge: Cambridge University Press, 2002.

Bohm, David, *Wholeness and the Implicate Order*, London: Routledge & Kegan Paul, 1980.

_____, *Quantum Theory*, New York: Prentice-Hall, 1951.

Boyle, Godfrey, *Renewable Energy*, Oxford: Oxford University Press, 1966.

Braden, Gregg, *The Divine Matrix*, New York: Hay House, Inc., 2007.

Capra, Fritjof, *The Web of Life*, New York: Anchor Books, 1996.

_____, *Belonging to the Universe: Exploration on the frontiers of Science and Spirituality*, New York: Harper & Row Publishers, Inc., 1991.

_____, *The Turning Point*, New York: Simon & Schuster, 1982.

_____, *The Tao of Physics*, Boston: Shambhala Publications, Inc., 1975.

Celani, Gabriela, "Digital Fabrication Laboratories: Pedagogy and Impacts on Architectural Education," *Nexus Network Journal*, Vol. 14, No. 3, winter 2012.

Cho, Dong-Woo, et al., *Organ Printing*, New York: Morgan & Claypool Publishers, 2015.

Christensen, Clayton M. and Derek van Bever, "The Capitalist's Dilemma," *Harvard Business Review*, June 1, 2014.

Commoner, Barry, *The Politics of Energy*, New York: Knopf, 1979.

Crosby, A. W., *Ecological Imperialism: The Biological Expansion of Europe, 900-1900*, Cambridge: Cambridge University Press, 1986.

Debus, Allen G., *The French Paracelsians: The Chemical Challenge to Medical and Scientific Tradition in Early Modern France*, Cambridge: Cambridge University Press, 1991.

Diamond, Jared, *Collapse*, New York: Penguin Books, 2005.

Diez, Tomas, "Personal Fabrication: Fab Labs as Platforms for Citizen-Based Innovation, from Microcontrollers to Cities," *Nexus Network Journal*, Vol.14, No. 3, winter 2012.

Drexler, Eric, *Nanosystems: Molecular Machinery, Manufacturing, and Computation*, New York: Wiley Interscience, 1992.

Drucker, Peter, *Post-Capitalist Society*, New York: Harper Collins, 1993.

Duncan, Richard, *The New Depression*, Solaris South Tower, Singapore: John Wiley

& Sons Singapore Pte. Ltd., 2012.

Emiliani, Cesare, *The Scientific Companion: Exploring the Physical World with Facts, Figures, and Formulas*, 2nd., New York: John Wiley & Sons, Inc., 1995.

Ford, K. W., *The World of Elementary Particles*, New York: Blaisdell, 1965.

Frankopan, Peter, *The Silk Roads: A New History of the World*, London: Bloomsbury Publishing PLC, 2016.

Friedman, Norman, *Bridging Science and Spirit: Common Elements in David Bohm's Physics, the Perennial Philosophy and Seth*, New Jersey: The Woodbridge Group, 1993.

Furr, Nathan R. and Jeffrey H. Dyer, *The Innovator's Method: Bringing the Lean Start-Up Into Your Organization*, Boston: Harvard Business Publishing, 2014.

Gershenfeld, Neil, *Fab: The Coming Revolution on Your Desktop—Personal Computers to Personal Fabrication*, New York: Basic Books, 2005.

Goswami, Amit, *The Self-Aware Universe: How Consciousness Creates the Material World*, New York: Tarcher/Putnam, 1995.

Groll, Jürgen, et al., "Biofabrication: reappraising the definition of an evolving field," *Biofabrication* 8 (2016) 013001, International Society for Biofabrication(ISBF), 2016.

Gilding, Paul, *The Great Disruption*, London: Bloomsbury Publishing PLC, 2011.

Greenspan, Alan, *The Age of Turbulence: Adventures in a New World*, New York: penguin Press, 2007.

Han, T., X. Ge, L. Wang, et al., "5G Converged Cell-Less Communications in Smart Cities," *IEEE Communications Magazine*, March 2017.

Harari, Yuval Noah, *Sapiens: A Brief History of Humankind*, New York: Harper, 2015.

Harrington, Michael, *The Twilight of Capitalism*, New York: Simon & Schuster, 1976.

Hawking, Stephen and Leonard Mlodinow, *A Briefer History of Time*, New York: Bantam Dell, 2005.

Hegel, G. W. F., *The Phenomenology of Mind*, trans. by J. B. Baillie, London: George Allen & Nuwin, 1931.

_____, *Philosophy of Right*, ed. and trans. by T. M. Knox, Oxford: Oxford University Press, 1980.

_____, *The Philosophy of History*, translated by J. Sibree, New York: Dover Publications, 1956.

Heisenberg, Werner, *Physics and Beyond*, New York: Harper & Row, 1971.

Henderson, Hazel, *The Politics of the Solar Age*, New York: Doubleday/Anchor, 1981.

Jantsch, Erich, *The Self-Organizing Universe*, New York: Pergamon, 1980.

Jung, Carl Gustav, *Synchronicity: An Acausal Connecting Principle*, Collected Works VIII, Princeton, N.J.: Princeton University Press, 1972.

Kuhn, Thomas S., *The Structure of Scientific Revolutions*, 3rd edition, Chicago and London: The University of Chicago Press, 1996.

Kurzweil, Ray, *The Singularity is Near: When Humans Transcend Biology*, London: Penguin Books, 2005.

_____, *The Age of Spiritual Machines: When Computers Exceed Human Intelligence*, New York: Penguin Books, 1999.

_____, *The Age of Intelligent Machines*, Cambridge, Mass.: MIT Press, 1989.

Laino, Charlene, "New Blood Test Spots Cancer," December 13, 2002, http://my.webmd.com/content/Article/56/65831.htm

Lovelock, James, *The Revenge of Gaia*, New York: Basic Books, 2006.

_____, *Homage to Gaia*, Oxford: Oxford University Press, 2000.

Maddah-Ali, M. A. and U. Niesen, "Coding for Caching: Fundamental Limits and Practical Challenges," *IEEE Communications Magazine*, August 2016.

McGrath, Rita, "To Make Better Decisions, Combine Datasets," *Harvard Business Review*, September 4, 2014.

Miar, Solaleh, et al., "Additive Manufacturing for Tissue Engineering," in Aleksandr Ovsianikov · James Yoo · Vladimir Mironov(eds.), *3D Printing and Biofabrication*, Uitgever: Springer International Publishing AG, 2018.

Moravec, Hans, *Robot: Mere Machine to Transcendent Mind*, New York: Oxford University Press, 1999.

_____, "When Will Computer Hardware Match the Human Brain?," *Journal of Evolution and Technology* 1(1998).

Morowitz, Harold J., "Biology as a cosmological science," *Main Currents in Modern Thought*, vol. 28, 1972.

Naisbitt, John, *Global Paradox: The Bigger the World Economy, the More Powerful Its Smallest Players*, New York: William Morrow and Company, Inc., 1994.

Naisbitt, John and Patricia Aburdene, *Megatrends 2000*, New York: William Morrow and Company, Inc., 1990.

Nuttall, W. J., *Nuclear Renaissance*, London: Institute of Physics Publishing, 2005.

Ovsianikov, Aleksandr · James Yoo · Vladimir Mironov(eds.), *3D Printing and Biofabrication*, Uitgever: Springer International Publishing AG, 2018.

Pagel, Walter, Paracelsus: *An Introduction to Philosophical Medicine in the Era of the Renaissance*, 2nd rev. edn, Basel and New York: Karger, 1982.

Petri, Peter A., "The East Asian Trading Bloc:An Analytical History," in Jeffrey A.

Frankel and Miles Kahler(eds.), *Regionalism and Rivalry : Japan and the United States in Pacific Asia*, Chicago : The University of Chicago Press, 1993.

Petricoin III, Emanuel F., et al., "Use of Proteomic Patterns in Serum to Identify Ovarian Cancer," *Lancet* 359.9306, February 16, 2002.

Plato, *Republic*, translated by G. M. A. Grube, revised by C. D. C. Reeve, Indianapolis/Cambridge: Hackett Publishing Company Inc., 1992.

Prasad, Ramjee and Sudhir Dixit, *Wireless World in 2050 and Beyond: A Window into the Future*, Uitgever: Springer International Publishing AG, 2016.

Prigogine, Ilya, *From Being to Becoming*, San Francisco: Freeman, 1980.

Prigogine, Ilya and Isabelle Stengers, *Order out of Chaos: Man's New Dialogue with Nature*, foreword by Alvin Toffler, Toronto, New York: Bantam Books, 1984.

Rees, Martin, *Our Final Hour: A Scientist's Warning*, New York: Basic Books, 2003.

Reischauer, E. O., *Ennin's Travels in T'ang China*, New York: The Ronald Press Co., 1955.

Rifkin, Jeremy, *The Age of Access: The New Culture of Hypercapitalism, Where All of Life is a Paid-For Experience*, New York: Penguin Group, 2001.

_____, *The Hydrogen Economy*, New York: Penguin Group Inc., 2002.

Rogers, David L., *The Digital Transformation Playbook*, New York: Columbia University Press, 2016.

_____, *The Network Is Your Customer: Five Strategies to Thrive in a Digital Age*, New Haven, Conn.: Yale University Press, 2012.

Rozman, Gilbert, *Northeast Asia's Stunted Regionalism: Bilateral Distrust in the Shadow of Globalization*, New York: Cambridge University Press, 2004.

Russell, Bertrand, *The History of Western Philosophy*, New York: Simon & Schuster, Inc., 1972.

Sarkar, P. R., *Problems of the Day*, Calcutta; Ananda Marga Publications, 1968.

Satell, Greg, "Peter Thiel's 4 Rules for Creating a Great Business," *Forbes*, October 3, 2014.

Schumpeter, Joseph A., *The Economics and Sociology of Capitalism*, Princeton, N.J.: Princeton University Press, 1991.

Spinoza, Benedictus de, *The Ethics*, in *The Benedict de Spinoza Reader*, translated from the Latin by R. H. M. Elwes, Radford VA: Wilder Publications, 2007.

Stearns, Peter N., *World History: Patterns of Change and Continuity*, New York: Harper and Row, 1987.

Steil, Benn. "Digital Gold and a Flawed Global Order," *Financial Times*, January 5, 2007.

Stewart, James B., "Facebook Has 50 Minutes of Your Time Each Day. It Wants

More," *New York Times*, May 5, 2016.

The Bhagavad Gita, translated from the Sanskrit with an introduction by Juan Mascaro, London: Penguin Books Ltd., 1962.

The Economist, "Artificial Intelligence 'March of the Machines'", *The Economist*, 25 June 2016.

The Upanishads, translated from the Sanskrit with an introduction by Juan Mascaro, London: Penguin Books Ltd., 1962.

Thomke, Stefan and Jim Manzi, "The Discipline of Business Experimentation," *Harvard Business Review*, December 2014.

Tom Goodwin, "The Battle is for the Customer Interface," *TechCrunch*, March 3, 2015.

Wallerstein, Immanuel, *The Modern World System: Capitalist Agriculture and the Origins of the European World Economy in the Sixteenth Century*, New York : Academic Press, 1974.

Ward, Peter, *The Medea Hypothesis*, Princeton, N.J.: Princeton University Press, 2015.

Webster, Charles, *From Paracelsus to Newton: Magic and the Making of Modern Science*, Cambridge: Cambridge University Press, 1982.

WEF, "Deep Shift-Technology Tipping Points and Societal Impact," Survey Report, September 2015; https://www.weforum.org/reports/deep-shift-technology-tipping-points-and-societal-impact(2018.6.29)

Weldon, Marcus, *The Future X Network: A Bell Labs Perspective*, 1st edition, CRC Press, March 1, 2016.

Wessel, Maxwell and Clayton M. Christensen, "Surviving Disruption," *Harvard Business Review*, December, 2012.

Wilber, Ken, *A Brief History of Everything*, Boston: Shambhala, 2007.

_____, *Integral Psychology: Consciousness, Spirit, Psychology, Therapy*, Boston, Massachusetts: Shambhala Publications Inc., 2000.

_____, "No Boundary," in *The Collected Works of Ken Wilber*, vol. I, Shambhala: Boston & London, 1999.

Wilson, Edward O., *Consilience: The Unity of Knowledge*, New York: Vintage Books, 1998.

Wolf, Fred Alan, *Dr. Quantum's Little Book of Big Ideas: Where Science Meets Spirit*, Needham, Massachusetts: Moment Point Press, 2005.

_____, *Mind Into Matter: A New Alchemy of Science and Spirit*, Needham, Massachusetts: Moment Point Press, 2000.

4. 인터넷 사이트

http://www.newsis.com/view/?id=NISX20180514_0000308036&cID=10101&pID=10100 (2018.5.14)

https://www.bok.or.kr/portal/main/contents.do?menuNo=200385 (2018.5.22)

https://ko.wikipedia.org/wiki/%EA%B7%B8%EB%A0%88%EC%83%B4%EC%9D%98_%EB%B2%95%EC%B9%99 (2018.5.22)

http://www.hani.co.kr/arti/society/schooling/627621.html (2018.5.22)

http://100.daum.net/encyclopedia/view/177XX61301327 (2018.5.24)

http://news.wowtv.co.kr/NewsCenter/News/Read?articleId=A201804020161 (2018.6.8)

http://www.sedaily.com/NewsView/1S0S41AIWX (2018.6.12)

http://www.yonhapnews.co.kr/bulletin/2018/06/12/0200000000AKR2018061 2008800071.HTML?input=1179m (2018.6.12)

http://cafe.daum.net/kseriforum/GvKK/3097?q=%EC%BA%90%EB%82%98 %EB%8B%A4%20%ED%80%98%EB%B2%A1%20G7%20%EC%A0%95%EC %83%81%ED%9A%8C%EC%9D%98 (2018.6.13)

http://biz.chosun.com/site/data/html_dir/2018/01/25/2018012500262.html#csidxa15b 95e90696ac2828eb7e6c99149ee (2018.6.13)

http://www.sedaily.com/NewsView/1S0N197YQS/GA01?utm_source=dable (2018.6.14)

http://biz.chosun.com/site/data/html_dir/2018/01/25/2018012500262.html#csidxa15b 95e90696ac2828eb7e6c99149ee (2018.6.14)

http://news.joins.com/article/3521459 (2018.6.20); http://news.joins.com/article/3521457 (2018.6.20)

http://www.kookje.co.kr/news2011/asp/newsbody.asp?code=0400&key=20171109. 22015003851 (2018.6.30)

https://terms.naver.com/entry.nhn?docId=1387908&cid=42060&categoryId=42060 (2018.7.15)

https://terms.naver.com/entry.nhn?docId=1126398&cid=40942&categoryId=32254 (2018.7.18)

https://terms.naver.com/entry.nhn?docId=631549&cid=50766&categoryId=50794 (2018.7.18)

https://terms.naver.com/entry.nhn?docId=1048367&cid=42560&categoryId=42560 (2018.7.18)

http://scienceon.hani.co.kr/389614 (2018.7.18)

http://100.daum.net/encyclopedia/view/b09b3722a (2018.8.17)

http://ko.wikipedia.org/wiki/%EC%A1%B4_%EB%8F%8C%ED%84%B4 (2018.8.17)

https://terms.naver.com/entry.nhn?docId=3537327&cid=60217&categoryId=60217 (2018.8.18)

https://ko.wikipedia.org/wiki/%EC%96%B4%EB%8B%88%EC%8A%A4%ED%8A%B8_%EB%9F%AC%EB%8D%94%ED%8D%BC%EB%93%9C (2018.8.18)

http://terms.naver.com/entry.nhn?cid=200000000&docId=1157703&mobile&categoryId=200001540 (2018.8.18)

http://www.edaily.co.kr/news/news_detail.asp?newsId=01380886616161800&mediaCodeNo=257&OutLnkChk=Y (2018.8.18)

http://news.chosun.com/site/data/html_dir/2018/05/14/2018051400070.html (2018.8.19)

http://biz.chosun.com/site/data/html_dir/2018/07/05/2018070500206.html#csidx59e594eda8192d6a8686a858506f18b (2018.8.19)

http://news.mk.co.kr/newsRead.php?year=2018&no=519745 (2018.8.19)

http://biz.chosun.com/site/data/html_dir/2018/06/19/2018061900485.html?utm_source=naver&utm_medium=original&utm_campaign=biz#csidx82c1ac111c3e407a866296f65ae106 (2018.8.20)

http://biz.chosun.com/site/data/html_dir/2018/08/20/2018082000114.html (2018.8.21)

http://biz.khan.co.kr/khan_art_view.html?artid=201808011432001&code=920100 (2018.8.21)

http://www.yonhapnews.co.kr/bulletin/2018/08/01/0200000000AKR20180801046300002.HTML?input=1179m (2018.8.21)

http://www.newsian.co.kr/news/articleView.html?idxno=31968 (2018.8.21)

http://www.newdaily.co.kr/site/data/html/2018/07/04/2018070400111.html (2018.8.22)

http://biz.chosun.com/site/data/html_dir/2012/09/19/2012091902762.html (2018.8.23)

http://ko.wikipedia.org/wiki/%ED%9E%88%EB%A1%9C%EC%8B%9C%EB%A7%88%EC%99%80_%EB%82%98%EA%B0%80%EC%82%AC%ED%82%A4%EC%9D%98_%EC%9B%90%EC%9E%90_%ED%8F%AD%ED%83%84_%ED%88%AC%ED%95%98 (2018.8.23)

http://news.chosun.com/site/data/html_dir/2012/07/23/2012072300170.html (2018.8.23)

http://terms.naver.com/entry.nhn?docId=69593&mobile&categoryId=2563 (2018.8.23)

https://ko.wikipedia.org/wiki/%EC%B2%B4%EB%A5%B4%EB%85%B8%EB%B9%8C_%EC%9B%90%EC%9E%90%EB%A0%A5_%EB%B0%9C%EC%A0%84%EC%86%8C_%EC%82%AC%EA%B3%A0 (2018.8.23) http://news.donga.com/Inter/3/02/20110315/35574787/1 (2018.8.23)

http://terms.naver.com/entry.nhn?docId=938321&mobile&categoryId=630 (2018.8.23)

http://news.chosun.com/site/data/html_dir/2012/07/23/2012072300170.html (2018.8.24)

https://ko.wikipedia.org/wiki/%ED%95%9C%EB%AF%B8_%EC%9B%90%EC%9E%90% EB%A0%A5_%ED%98%91%EC%A0%95 (2018.8.25)

http://www.pressian.com/news/article.html?no=3658 (2018.8.25)

http://www.seoulfn.com/news/articleView.html?idxno=312656 (2018.8.25)

http://luxmen.mk.co.kr/view.php?sc=51100001&cm=Life&year=2018&no=91923&relat edcode= (2018.8.25)

http://luxmen.mk.co.kr/view.php?sc=51100001&cm=Life&year=2018&no=91923&relat edcode= (2018.8.26)

http://www.ytn.co.kr/_ln/0115_201301110010150664 (2018.8.26)

http://biz.chosun.com/site/data/html_dir/2017/09/09/2017090900248.html (2018.8.30)

http://biz.chosun.com/site/data/html_dir/2017/09/09/2017090900248.html (2018.8.30)

http://biz.chosun.com/site/data/html_dir/2018/09/01/2018090100181.html (2018.9.1)

http://www.e2news.com/news/articleView.html?idxno=67386 (2018.9.1)

http://news.donga.com/3/all/20120921/49566451/1 (2018.9.1)

http://biz.chosun.com/site/data/html_dir/2018/08/20/2018082002465.html#csidxb0ac d7d0bbaefefa9947a8588c00edd (2018.9.1)

http://news.donga.com/3/all/20120921/49566451/1 (2018.9.1)

http://www.seoul.co.kr/news/newsView.php?id=20121031011005 (2018.9.2)

http://news.chosun.com/site/data/html_dir/2012/08/10/2012081002656.html (2018.9.2)

http://biz.chosun.com/site/data/html_dir/2017/08/11/2017081101549.html (2018.9.9)

https://terms.naver.com/entry.nhn?docId=1255100&cid=40942&categoryId=32406 (2018.9.10)

http://ko.wikipedia.org/wiki/KSTAR (2018.9.13)

http://www.knpnews.com/news/articleView.html?idxno=1583 (2018.9.13)

http://amenews.kr/news/view.php?idx=37130 (2018.9.13)

http://biz.chosun.com/site/data/html_dir/2017/08/11/2017081101549.html (2018.9.13)

http://dongascience.donga.com/news.php?idx=23587 (2018.9.13)

http://biz.chosun.com/site/data/html_dir/2018/06/05/2018060500153.html (2018.9.14)

http://h2news.kr/news/article.html?no=6283 (2018.9.16)

http://news.mk.co.kr/newsRead.php?year=2009&no=180540 (2018.9.16)

http://www.ytn.co.kr/_ln/0105_200801170730592647 (2018.9.16)

http://www.hani.co.kr/arti/science/scienceskill/570658.html (2018.9.16) http://www.energydaily.co.kr/news/articleView.html?idxno=16422 (2018.9.16)

http://www.koenergy.co.kr/news/articleView.html?idxno=21179 (2018.9.16)

http://www.hankyung.com/news/app/newsview.php?aid=2013030556381 (2018.9.16)

http://biz.khan.co.kr/khan_art_view.html?artid=201808260937011&code=920100
　　　(2018.9.19)

http://biz.chosun.com/site/data/html_dir/2018/03/18/2018031801730.html (2018.9.26)

http://news.donga.com/3/all/20180618/90643760/1 (2018.9.26)

http://news.mk.co.kr/newsRead.php?year=2017&no=651915 (2018.9.27)

http://biz.chosun.com/site/data/html_dir/2018/03/25/2018032501000.html (2018.9.27)

http://it.chosun.com/site/data/html_dir/2018/04/26/2018042685069.html (2018.9.27)

http://100.daum.net/encyclopedia/view/31XXXXX20686 (2018.9.28)

http://www.nexpert.net/55 (2018.9.29)

http://100.daum.net/encyclopedia/view/14XXE0068354; http://www.nexpert.net/55
　　　(2018.9.30)

http://www.yonhapnews.co.kr/bulletin/2018/10/04/0200000000AKR201810040961
　　　00063.HTML?input=1179m (2018.10.4)

http://www.sntd.co.kr/bbs/board.php?bo_table=B04&wr_id=2608 (2018.10.5)

http://www.segye.com/newsView/20180917003204 (2018.10.5.)

http://news.chosun.com/site/data/html_dir/2014/01/24/2014012400303.html
　　　(2018.10.30)

http://www.hani.co.kr/arti/economy/marketing/868401.html (2018.11.5)

http://www.zdnet.co.kr/news/news_view.asp?artice_id=20181017121831&type=det
　　　&re=zdk (2018.11.5.)

http://news.chosun.com/site/data/html_dir/2016/06/02/2016060202325.html
　　　(2018.11.8)

http://biz.chosun.com/site/data/html_dir/2018/05/01/2018050102488.html (2018.11.8)

https://www.sciencetimes.co.kr/?p=137034&post_type=news (2018.11.18)

http://www.epnc.co.kr/news/articleView.html?idxno=81476 (2018.11.22)

http://fab.cba.mit.edu/about/charter/ (2018.11.23)

http://100.daum.net/encyclopedia/view/55XX76500102 (2018.11.30)

http://www.irobotnews.com/news/articleView.html?idxno=7025 (2018.11.30)

http://www.kterms.or.kr/?f=01_m6&bcd=1&sub=view&seq=354#self (2018.12.2)

https://www.sedaily.com/NewsView/1KW9SOEZGO (2018.12.2)

http://www.etnews.com/20160217000127 (2018.12.2)

http://news.mk.co.kr/newsRead.php?year=2018&no=701453 (2018.12.2)

http://www.zdnet.co.kr/news/news_view.asp?artice_id=20180806094910&type=det
　　　&re=zdk (2018.12.3)

http://www.edaily.co.kr/news/read?newsId=01200486619377840&mediaCodeNo=257&OutLnkChk=Y (2018.12.4)

http://blog.naver.com/PostView.nhn?blogId=techforum&logNo=221343724834 (2018.12.4)

https://www.sedaily.com/NewsView/1S2AAA8Y6S (2018.12.7)

https://ko.wikipedia.org/wiki/%EB%B0%B0%EC%95%84%EC%A4%84%EA%B8%B0%EC%84%B8%ED%8F%AC (2018.12.7)

https://www.yna.co.kr/view/AKR20090310092700003 (2018.12.7)

http://www.seoul.co.kr/news/newsView.php?id=20181122500070&wlog_tag3=daum (2018.12.7)

https://www.sedaily.com/NewsView/1S76Q6IY8S (2018.12.7)

http://news.mk.co.kr/newsRead.php?year=2018&no=762634 (2018.12.7)

https://terms.naver.com/entry.nhn?docId=3579240&cid=58941&categoryId=58960 (2018.12.10)

https://www.ted.com/talks/skylar_tibbits_the_emergence_of_4d_printing (2018.12.10)

http://100.daum.net/encyclopedia/view/b25h1103a (2018.12.12)

http://www.segye.com/newsView/20180807000081 (2018.12.12)

https://terms.naver.com/entry.nhn?docId=3579240&cid=58941&categoryId=58960 (2018.12.12)

http://www.ndsl.kr/ndsl/search/detail/trend/trendSearchResultDetail.do?cn=SCTM00138643 (2018.12.12)

http://blog.naver.com/PostView.nhn?blogId=mocienews&logNo=221338827627 (2018.12.12)

http://www.speconomy.com/news/articleView.html?idxno=131944 (2018.12.12)

http://100.daum.net/encyclopedia/view/47XXXXXXd241 (2018.12.12)

http://news.hankyung.com/article/2018092858071 (2018.12.14)

http://www.etnews.com/20180402000270 (2018.12.14)

http://100.daum.net/encyclopedia/view/124XX73300008 (2018.12.15)

https://blog.naver.com/withkisti/221004019888 (2018.12.15)

https://blog.naver.com/withkisti/221004019888 (2018.12.15)

http://netmandoo.tistory.com/9 (2018.12.15)

http://100.daum.net/encyclopedia/view/124XX73300008 (2018.12.15)

https://blog.naver.com/withkisti/221004019888 (2018.12.15)

http://www.dvnnews.com/news/articleView.html?idxno=16278 (2018.12.16)

찾아보기

[용어편]

【ㄱ】

【ㅊ】

【기타】

[인명편]

[도서편]

무엇이 21세기를 지배하는가

등록 1994.7.1 제1-1071
1쇄 발행 2019년 3월 20일

지은이   최민자
펴낸이   박길수
편집인   소경희
편 집   조영준
관 리   위현정
디자인   이주향
마케팅   조영준
펴낸곳   도서출판 모시는사람들
         03147 서울시 종로구 삼일대로 457 (경운동 수운회관) 1207호
전 화   02-735-7173, 02-737-7173 / 팩스 02-730-7173
홈페이지   http://www.mosinsaram.com/

인 쇄   천일문화사(031-955-8100)
배 본   문화유통북스(031-937-6100)

값은 뒤표지에 있습니다.
ISBN   979-11-88765-34-8   93100

* 잘못된 책은 바꿔드립니다.
* 이 책의 전부 또는 일부 내용을 재사용하려면 사전에 저작권자와 도서출판 모시는사람들의
동의를 받아야 합니다.

이 도서의 국립중앙도서관 출판예정도서목록(CIP)은 서지정보유통지원시스템 홈페이지(http://
seoji.nl.go.kr)와 국가자료공동목록시스템(http://www.nl.go.kr/kolisnet)에서 이용하실 수 있습
니다.(CIP제어번호: CIP2019002615)